图书在版编目(CIP)数据

关云长 / 柳江南,张隼著. —南京:南京大学出版社,2015.9

ISBN 978 - 7 - 305 - 15886 - 5

Ⅰ.①关… Ⅱ.①柳… ②张… Ⅲ.①关羽(160～219)—人物研究 Ⅳ.①K825.2

中国版本图书馆 CIP 数据核字(2015)第 218480 号

出版发行 南京大学出版社
社　　址　南京市汉口路 22 号　　　　邮　编 210093
出 版 人　金鑫荣

书　　名 关云长
著　　者　柳江南　张　隼
责任编辑　陆蕊含　　　　编辑热线　025 - 83592401

照　　排　南京紫藤制版印务中心
印　　刷　南京爱德印刷有限公司
印　　数　1—30000 册
开　　本　787×960　1/16　印张 30.75　字数 439 千
版　　次　2015 年 9 月第 1 版　2015 年 9 月第 1 次印刷
ISBN　978 - 7 - 305 - 15886 - 5
定　　价　58.00 元

网址:http://www.njupco.com
官方微博:http://weibo.com/njupco
官方微信号:njupress
销售咨询热线:(025)83594756

内 容 提 要

  关羽是近两千年来中国历史上忠、义、勇的杰出民族人物代表，被世界华人尊称为武圣和财神，除了《三国志》和《三国演义》的那些故事之外还有哪些新的探索发现？他的忠、义、勇有什么样的时代精神内涵？作者花了十多年时间进行走访考察研究，完成了长篇历史小说《关云长》的创作。

  与《三国志》和《三国演义》不同的是，作者除了对关羽的千里走单骑、温酒斩华雄、单刀赴会等世人皆知的故事进行了重新构思创作之外，还发掘创作了关羽在荆州积极贯彻诸葛亮的联吴抗曹的战略思想与实践，对荆州进行了长达十年的政治社会治理，对建立巩固蜀汉政权取了决定性意义。关羽对手下将士的关爱，以及对老百姓的大义，面对生死威武不屈的英雄气节感人肺腑。更难能可贵的是作者从历史唯物史观的角度，找出了关羽身上义、忠的原初动力，重新展示了关羽身上伟大人物与世间普遍民众朴素的真善美的人格力量。

目　录

第一章　除暴出世

东汉建宁元年，即公元168年的新春佳节对解州人来说，注定是空前绝后的盛宴。十里八乡都知道，今年要在城里进行社火表演，但天公不作美，从前几天开始即下起了鹅毛大雪，一连就是好几天，给整个解州地面披上了一层厚厚的毛茸茸亮晶晶的盛装。天刚放晴，阳光如刀，狠狠地刺在厚重的雪地里，使人感到异常严寒。人们即使坐在火炉边，什么也不干，都会时时泛起一股寒意。然而，粗犷、豪放、无所畏惧的解州人是不理会这些的，他们热情高涨，盼望正月初五快一点到来，因为只有到了这一天才进入真正的社火表演。

下冯村的人们初四一夜没睡，到子夜以后，弄了一顿早餐，吃过饭，拿了一些干粮与饮水，携带着表演社火的全副行头，踏着积雪，浩浩荡荡地向城里进发。

冯贤时年八岁，打从知道要搞社火表演起，就暗地里组织小伙伴，模仿大人的动作，勤学苦练，凭借灵活柔软的身段以及良好的反应能力，技艺即使不能超越那些成年的长辈，至少也可以与他们并驾齐驱，便试图在社火表演的时候，一齐上阵，用精彩的表演赢得长辈们的赞许。可是，他们知道，长辈担心会出意外，可不希望他们上场，便在暗地里置办了一些家伙什，塞进行囊里，在临行的时候，把踩高跷用的器具做成拐杖，兴高采烈与父母一路前行。

数十里路程，几个时辰以后，他们终于抵达了目的地。距离解州城稍近的各村社火表演队伍,已经陆续到达,偌大的场地,四周人头攒动,比夏夜里天幕上的星星还要多。其他队伍人们的脸上到底是怎样的表情,冯贤根本看不出来,但是可以感受得到几乎每一个人的内心里都充满了必胜的渴望。反观自己这边,在大雪地里疾走了好几个时辰,刚刚来到现场,人人筋疲力尽,恨不得一下子倒在雪地里,睡它一个天昏地暗,别说打起精神在万众瞩目中露一手,就是将行头穿戴整齐的力量也没有了。

"要不然,吾且勉力一试,庶几不会丢人现眼。"冯贤之父冯毅虽年近半百,因常年在豆腐坊劳作,很有韧性,此时此刻,倒还有一些力气,一边说,一边准备取出身边一个大汉行囊里的物件,自己穿戴起来,独自一人代表下冯村出征。

"不劳大叔,吾等稍歇,定当上场。"大汉打心里涌起冲天豪情,说道。

"咚,咚咚咚",广场响起了一阵紧似一阵的击鼓声。刹那间,在旷野里引起不小的躁动,一支支表演队伍雄赳赳气昂昂地登上了表演场。

伴随鼓点铿锵有力的节奏,冯贤心里涌起一种难以遏制的冲动,精神一下子暴涨起来,准备招呼小伙伴们拿出各自的家伙,冲上表演场,与那些目空一切的乡邻一较高下。可是,他竟然没有看到一个小伙伴。他吃了一惊,不知道发生了什么事,连忙收回目光,搜寻他们,结果看到本村社火队伍的大汉们正在手忙脚乱地往脸上涂脂抹粉,穿戴表演的衣物,以及把高跷朝脚板上套去。

"彼等是为下冯村的荣誉而战矣。"冯贤暗自赞叹道。

这时候,他看到了那些小伙伴们。原来,他们已经在鼓点响起来的时候,从成人里面钻了进去,正站在最前面,瞪大眼睛,惊奇地放眼朝那些已经摆开架势,准备表演的社火队伍望去,全然忘却了自己来到这里的目的。他本能地想大声呼喊,转而一想,知道自己的声音决然不能穿透人们唧唧喳喳的欢叫声,送达每一个小伙伴的耳鼓,只有在成人用身体组成的密集队形里,见缝插针,像蛇一样地朝最前排蠕动。弄得满头大汗,他终于跟小伙伴们站在一块了。等到大家全都明白了此行的目的,准备换上行头,跟在本村表演队伍的后面,进入表演场地的时候,赫然发现双手空空,于是他们试图钻出人群，找寻自己携带的物件，但如潮的人们已经用各自的身体把周围砌成了铜墙铁壁，他们根本找不到一点可以利用的空隙。没有办法，他们只有眼睁睁地看着表演队伍像一条巨大的蟒蛇，正从看不到尽头的地方，缓缓地朝自己面前移动。

冯贤原以为可以清晰地看到表演者的造型和他们的动作，可是，场地实在太大，表演者是从另一侧向冯贤和他的伙伴们站的位置绕行过来的，他只能看出一些大概。第一支队伍显然是在跑场子，徒步行走的方阵，队形庞大，可以较为清晰地看到有两个人在前面领头，伴随有节奏的鼓点，不断变换队形，场面确实十分壮观。紧随其后的是骡马方阵，同样十分庞大，每一匹骡马背上，都坐了一名身着鲜艳色彩衣服的壮汉，手里各自拿着一些兵器，刀枪剑戟，什么都有，各自摆出固定的姿态，一动不动，由骡马带着他们缓缓前行。从第三波开始，队伍就越来越具有动感了：旱船舞、纸马舞、狮子舞、高台舞、踩高跷，各种各样的队形不停地变换花样，像走马灯一样从冯贤面前经过。当每一支队伍较为清晰地进入他的视线时，他都会为之心潮澎湃，与人们一道欢呼喝彩。

冯贤一下子勾起了登场表演的兴致，决计不管脸上是否涂抹了色彩，身上是否穿上了表演的服饰，脚下是否蹬着高跷，就是素面朝天，也要与伙伴们一道冲进表演场，把他们的技艺展现出来，力压群雄，成为这次社火表演的翘楚。小伙伴们听他一说，纷纷赞同，于是，在冯贤的率领下，就要冲上表演场地了。

忽然，冯贤看到本村的表演队伍来到自己面前。那些平素精力旺盛的长辈们，步伐已经显得踉踉跄跄，随时都会摔倒在地一般。

"挺住！汝等一定要挺住！"冯贤听到了一个熟悉的声音，回头一看，父亲正挽着母亲，站在自己身边，他们的目光里都流露出关切与绝不认输的表情。他不知道父母是什么时候跟自己站在一起的，心里一阵激动，情不自禁地对父母说道："孩儿可以上场，代替他们。"

冯毅诚实和善，不善言谈，近乎木讷，在他很小的时候，就依靠家传的手艺，在村里开了一个专门制作豆腐的小作坊，经过改良，生产出来的豆腐远近闻名,以此使得一家人过上了较为富裕的生活。老来得子,冯毅夫妇对孩子视如珍宝。从冯贤牙牙学语时起,夫妇二人就常常以"天生烝民,有物有则。民之秉彝,好是懿德"来教育儿子,并给儿子讲一些发生在三晋大地上的忠义铁血故事,值得一提的是冯贤特别喜欢听春秋时期羊角哀与左伯桃的故事,每次听到这个故事和观看民间戏曲时都很入神,并且都提出一些问题,虽然不免稚气,但父母总是喜在心头。他们期待儿子长大以后,哪怕不能像这些故事的主角一样,在危难关头挺身而出,以英雄善举赢得人们敬仰,也要做一个秉性善良,俯仰无愧于天地良心的正人君子。

小冯贤没有辜负父母的厚望,几乎从蹒跚学步的时候起,一举一动就走在父母设定的轨道上,对需要帮助的人生出同情之心,并尽可能地给予帮助;对仗势欺人的奸猾之辈恨之入骨,毫不掩饰地大加诅咒,乃至恨不得饱以拳头。为此,不仅大人们喜欢他,孩子们更是愿意与他为伍。

从五岁开始,冯贤便在豆腐作坊里帮助父母干活,先是烧火,后来以木材垫脚,向石磨灌注黄豆,然后又从推磨到摇豆汁、煮豆汁、点石膏、上模版、压豆腐、出豆腐,几乎每一个步骤都做得非常到位,不仅增强了体力,而且身体异常灵巧,无论做什么事情,都非常敏捷精准。

这时候,儿子突然提出要求上场,冯毅略一愣,想起儿子一向的举动,微笑着点了点头,把行囊递了过去;同时,母亲把一对比两个人还高的拐杖递到冯贤面前。这就是踩高跷的全部行头!冯贤心花怒放,立即从父母手里接过那些东西,快速化妆穿戴完毕,人一立起来,颇有傲视群雄的味道。

与此同时,小伙伴们从各自父母手里同样接过了行头,利利索索地武装完毕,便在冯贤的带领下,向表演场地迈出了第一步。他缓缓地吸了一口气,再缓缓地吐了出去,趁着眼睛向四处睃动的机会,身子略一前倾,左脚顺势一抬,以右脚为圆心,划了小半个圈,左脚再一落地,身子朝反方向一个回旋,顺势踢了右脚,好像一只在空中盘旋的燕子,动作潇洒极了,流畅极了。刹那间,看客们全都安静下来,静静地看着,忘掉了说话,忘掉了喝彩。趁此机会,十几个小家伙踩着几丈高的高跷,不断地在旋转之中变换队形,令人目不暇接、眼花缭乱。冯贤眼睛朝小伙伴们一扫,众人立刻会意,随着看客们欢叫声音的高低以及热烈程度,乃至于根据他们的面部表情,随心所欲地制造出谁也想象不到的噱头:小家伙们可以在轻盈地回旋之时突然停下来,人在高跷上不住地颤动,看起来摇摇欲坠,却稳如泰山,并能摆出各种各样的姿态;在不断地变换队形之中,可以突然抬起脚将高跷当成武器,出其不意地朝身边的同伴横扫而去,演绎出一场激烈的混战;可以在跌倒在地以后,麻溜得一跃而起,搞出更加搞笑更加出人意料的动作。

冯贤忽然被靠近自己的一个人吸引了。这是一个粗壮的男人,饶是距离他最近,冯贤还是看不清楚他的脸,只是看到他身材高大,非常魁梧,虽说混在人群里,也能给人一种颇具威严的感觉。在那人的肩上,坐着一个小孩。似乎沉浸于冯贤和他的小伙伴们那令人如醉如痴的表演,那人根本没有感觉到坐在他肩上的小孩子支撑不住,正在朝下面掉落。人们早已被表演场上的气氛煽动起激情,无不跟随冯贤他们这支表演队伍的前进而移动,现场非常混乱,小孩子一旦掉落在地,就算不被众人践踏而死,也将会受到很大的伤害。容不得思索,冯贤本能地向那人跟前冲了两步,身子向前一扑,在雪地里敏捷地翻滚了两下,老远就伸出双手,试图接住掉下来的小孩。人们无不被这突如其来的变化弄得失去方寸,一个个没有意识,好像钉在原地,一动不动。这时候,冯贤仿佛感觉到有一股强大的力量在身边萦绕,是那么柔和,又是那么温暖,令人说不出的滋味。他还没有想清楚这是怎么回事,那个小孩就掉了下来,准确地落在他的怀抱。他嘘了一口气,敏捷地起身,把小孩交给了那壮汉,然后又融于表演。

社火表演获得成功,在很长的时间里,冯贤和他的小伙伴们一直成为解州人谈论的话题。元宵过后,一切归于平静。

这一天,小冯贤正帮助父亲打扫豆腐坊,忽然,听到门外传来了一阵叫嚷声,不知道发生了什么事,他连忙放下手里的活计,向门口冲去,一眼看去,一条粗壮的大汉在小伙伴们的簇拥下,大步流星地走了过来。大汉步伐之稳健,步幅之大,小伙伴们只有一路小跑才能跟得上。

"汝即冯贤乎?令尊可在?"大汉站住了,注视着冯贤,问道。冯贤感觉在哪见过大汉,但一时想不起来,直着眼睛,望着大汉,并没有听见他的问话。

"先生有何见教?"冯毅从儿子身边挤了过去,问道。

大汉双手抱拳,施礼道:"小女承令公子相救,某特来道谢。"

"先生客气。区区小事,何足挂齿。"冯毅说道。随即邀请汉子走向住房。冯贤跟了过去。

那条大汉满脸络腮胡子,下陷的眼珠里闪动着碧蓝的光芒,鼻梁弯钩,说话简单直接,毫不拖泥带水。刚一坐下,他立即自我介绍道:"在下姓胡名戎,胡家岭人氏,打铁为生。此来除了道谢,亦有一个不情之请,敬请准许。"

此人就是胡家岭的铁匠胡戎!过去虽没见过,但是,几乎每一天,冯贤父子都能听到这个名字以及这个人的传说。人们口口相传,这个人的先祖是匈奴人,凭借打造的锋利兵器以及强大的武功,几百年前向大汉天下发动了无数次侵略战争,打得大汉朝廷无法安生。直到汉武帝时期,出了一位能征惯战的名将卫青,由他率部数次征讨,终于打败了匈奴,将横行一时的匈奴人赶往漠北,从此再也不敢窥视大汉。就在那时候,胡戎的先祖逃到解州,在胡家岭一带安家落户,成为解州人的一份子。他们继续发扬匈奴人擅长打造锋利兵器的本领,在胡家岭干起了打铁的营生,不过,不再是打造兵器,而是打造各种耕田犁地用的农家伙计以及厨房用具。他们打造的各种用具,质量无与伦比,成为解州人的必选。经过三晋文化的浸润,这些匈奴人逐渐汉化,为了追求更好的生活,很多人已经不再打铁,干起了别的营生。胡戎家族没有随着这种浪潮改换门庭,继续操持祖宗留下的家业。传到胡戎这一辈,家族凋零,仅有胡戎一个男丁。这时候,因为胡家打造的铁器经久耐用,解州人不再大量需要,胡戎便立下一个规矩,除了及时修理送上门的坏损铁器之外,每天最多接三宗新的生意,剩下的时间就用来闭门读书。他到底读了多少书,有多大的学问,谁也不知道;人们只知道,他几乎从来没有公开表露过一丝半点。

冯毅站起身来,双手抱拳,说道:"先生有何吩咐,但请直言。"

胡戎确实爽快,立刻直言相告。说他在社火表演的时候,看到冯贤身段柔软,反应敏捷,颇具侠义心肠,也表现出了很好的组织指挥能力,是一个可造之才，自己虽说没有多大的本事，但颇通文墨，也有一点拳脚功夫，希望把冯贤收作徒弟，带到胡家岭，将平生的本领全部倾囊相授，让他在时机到来之际，可以超然出世，上安朝廷，下救黎民。

冯毅很为难。尽管他并不能确定胡戎到底有多少本事，但此人专程从胡家岭跑到下冯村，准备收儿子为徒，定是世外高人，儿子拜此人为师，长大以后必定会有一番作为；但是，一想到自己老来得子，却要骨肉分离，心里就忍不住难过。他下意识地朝妻子望去，看到她嘴唇翕动，身子微微有点发颤，心里暗自叹息。

"古人虽云，父母在，不远游，亦有云，男儿当志在四方。贤伉俪秉性良善，亦当知道，如今虽则天下升平，但危机暗藏，一旦失控，必将天下大乱。令公子从吾为师，习得本领，如能造福苍生，非但为冯氏祖宗争光，亦可青史留名，岂不胜于碌碌无为于父母膝下乎？且胡某为人爽朗，冯贤随吾，吾将视之为子，彼思念父母之时，抑或汝等思念彼，吾当令其探视。"胡戎一眼看穿了冯毅夫妇的心思，体贴地说道。

冯毅无话可说，连忙吩咐夫人烧火做饭，张罗着要为儿子举行拜师礼。

胡戎阻止了他们，说道："胡某生性清净，不喜繁文缛节。吾带冯贤去胡家岭，虽为师徒，亦乃忘年之交，何用俗礼。冯贤可有字号？"

"长生。"

"长生富贵，固是人之所求，但更须为国为民。吾且给彼云长字号，可否？"

就这样冯贤跟随胡戎来到了胡家岭。进了铁匠铺，他见到一个比自己略小点的女孩，人很机灵，扑闪着一双大眼睛，直直地盯着他。他不好意思地偏过头去，只听师傅说道："玥儿，此系云长，尔当以兄长呼之。"

原来小姑娘名叫胡玥，就是大年初一那天从师傅肩上掉落下来的那个小孩。冯贤心里想道。

胡玥听了父亲的话，立刻唤了一声："云长兄长。"

紧接着，胡戎对冯贤说道："此系吾女，名唤玥儿，汝以妹相称可也。"

冯贤不好意思地叫了一声："玥儿妹妹"，便被胡戎带着观看即将学艺的铁匠铺。胡家的铁匠铺很大。炉子里虽没有生火,但因常年生火打铁的原因,人一走进去,没有一丝凉意,感到十分温暖。煅烧炉建在中央,与砧子紧紧相连。靠近墙壁,一字排开,从小到大的顺序,排列了十几个铁锤。另外几堵墙壁上悬挂了各种各样的农具与菜刀之类较小型号的东西,较大型号的铁器,则依据打造好的与没有打造好的,或者修理好的以及等待修理的,整齐地靠着墙壁摆放,似乎行军打仗的队形。一个角落里,堆放着团成奇形怪状的煤球,上面插着一把巨大的铁铲,时刻准备为煅烧炉添加燃料一般。

"云长,依汝观之,有何感想?"胡戎带着冯贤在屋子里转一圈,突然停了下来,问道。"师傅铁匠铺非比他人,当并非仅为打铁,亦可练功。"冯贤回答道。胡戎脸上绽出了笑容:"汝果然机灵。汝须谨记,凡欲成事,不靠机灵,得勤学苦练,养成本领。自明日始,汝白日习练铁艺,晚上读书。"

顿了一下后胡戎继续说道:"汝取来最小的铁锤。"冯贤在豆腐坊里干了三年,很有一些力道,果然将那把只有十斤重的铁锤拿了起来。"汝抢起,放下,如此往复,至不能支。"冯贤依言,仅仅做了三五下,就气喘吁吁,眼冒金花,浑身骨头好像散了架一样。胡戎笑道:"汝年少力弱,能如此者,亦算不错。汝须谨记,练武无捷径,须打好基础;唯有恒心,方能成功。"

"汝且退到一边,为师且来一试。"胡戎边说边朝煤球那儿大跨一步,手一挥,一把硕大的铁铲不知怎么就到了他的手上。

紧接着,冯贤看见师傅略一弯腰,双手灵巧地把铁铲插进煤球堆,微微一动,一团黑色的煤球就好像飞速射出的响箭一样,嗖嗖一响,人还没有看清是怎么回事,就见从煅烧炉上蹿起了一团火光。冯贤惊讶极了,想要叫好,忽然觉得眼前人影一闪,只见师傅已经站在煅烧炉边,用一把大铁钳夹起了一个长形的铁块,放进了煅烧炉。紧接着,胡戎猛拉了几下风箱,煅烧炉里蹿起的火光越来越大。过了一会儿,胡戎拿起大铁钳,朝煅烧炉里夹了一下,夹起那块烧得红彤彤的铁块,一边往铁砧上放,一边顺手拿起那把最大的铁锤,抡得像一台不停旋转的风车,在那块烧红的铁块上击打起来,每击打一下,便溅起无数火星。最初几下,冯贤没有看见师傅有其他动作,很快,他赫然发现师傅竟然围绕铁砧旋转起来,靠近煅烧炉的一段,铁砧几乎与煅烧炉连接在一块，没有空余的地方，师傅不知怎么轻轻一闪身，人就跨了过去。他不由得万分惊讶，更加惊讶的是，他能明显地感觉到，师傅每每稍微移动一下地方，使出的力道会有所不同。

铁块上的红色渐渐消退，胡戎重新把它投入煅烧炉，转过面来，望着犹如木雕一样的冯贤，问道："汝看出何事？"

"吾……"冯贤还没有从震惊状态中苏醒过来，支吾道。

胡戎和蔼地说道："汝今不知，无妨。唯有决心，天下万事，均可为之。汝且去，为炉灶加煤。"

冯贤走向煤球，铆足劲，准备拿起那把大铁铲，将一些煤球投入煅烧炉。可是，铁铲仿佛千斤之重，他根本拿不动。他本能地朝师傅望去，看到了师傅鼓励的目光，于是把心一横，再度使出平生力气，试图把铁铲拿起来，却仍然不能成功。

师傅明知道我不能拿得动铁铲，为什么还要我拿它呢？冯贤想道。他想起来了，师傅只是让他添加煤球，并没有叫他一定要用铁铲，立马准备用手拿几块送过去，忽而，脑子里闪出另一个念头："父母常言，为人做事，诚实为先。师傅虽未明告吾以大铁铲加煤，然彼已用，即是告吾，必用大铁铲。"他暗自叹了一口气，说道："师傅，徒儿力弱，难以拿动大铁铲。然有朝一日，徒儿必不辜负师傅厚望。"

胡戎爽朗地笑了起来："身为匠人，一进铺子，即须使用铺子器具。由此观之，汝必能学到本领。"

接下来，胡戎在打造这把大刀的过程中，把添加煤球、锻打铁器的各种注意事项都说了一遍，然后说道："练功需坚持，循序渐进。今日，师傅乃是鼓足汝之信心与勇气，更是观察汝。师傅之先祖虽是匈奴人，长于武功，不善文采，但被卫大将军打败以后，隐居于此，逐步融于大汉文化。吾等既尊重春秋大义，又习得中国古老兵法，同样为大汉的苍生着想，在世道即将混乱不堪之际，需要有本领的仁人志士匡扶天下。师傅老矣，不复能驰骋疆场，希望把一生所学传授给赤胆忠心者。"

暑往秋至，冬去春来，不知不觉，冯贤已经在师傅家里待了九年。在胡戎的精心指教下，他已经能够运用最大的铁锤，像师傅一样围绕铁砧娴熟地闪转腾挪，并挥洒各种动作，将这把铁锤中的巨无霸运用自如，一天下来，也不会感到疲倦，同样能够根据炉火的需要，挥起那把大铁铲，将适量的煤球准确地抛进煅烧炉，并且可以按照客官的要求，独自打出任何一件铁器；他读了很多书，也许，自幼以来对《春秋》《左传》的感知对他产生了极其深刻的影响，他最喜欢的还是这两种书简；情感方面，他已经把师傅当成了跟父母一样亲近的人，随着年龄的增长，对胡玥产生了一种依恋的感觉，而且，他明显地感到，胡玥对他产生了同样的情感。他渴望拥抱这种情感，但每当这种情感涌上心头，他的脑子里就会莫名其妙地出现师傅独自一人孤零零地待在铁匠铺叹息的情景，只有强迫自己把依恋之感压下去。

这天夜里，胡戎站在院子里，把他叫了过来，说道："冯贤，汝不惮艰苦，勤学苦练，不仅打好了练武的基本功，而且有了很好的文化功底，为师稍加点拨，即可练出万人难敌的武功。不过，一个人武功再高，亦不可能所向无敌；何况，一旦天下混乱，依靠单打独斗，是不可能扫清寰宇的，汝更需研习兵法，做万人敌。从今日起，师傅教汝万人敌。一年以后，汝即可以师。届时，只要汝抓住机会，不难有一番作为。"

此后，冯贤白天仍在铺子里跟师傅一道干活，晚上先练习一阵拳脚功夫、刀术，或剑术，然后学习兵法。这时候，冯贤赫然发现，所有师傅教授的武功，其实都可以在学习打铁的过程中找到影子。他终于明白，原来师傅的铁匠铺就是一个练武场。早已打好了基础，练起武功套路，他得心应手，师傅往往只需要念出口诀，或者稍加指点，他就可以很好地发挥。对于学习兵法，他稍感枯燥，觉得那东西不如《春秋》《左传》来得容易接受，但还是会硬着头皮学下去。跟胡玥的感情却在迅速升温，两人已经到了眼睛一睁，看不到对方就有些心不在焉的感觉。谁都希望能够早一点起床，晚一点睡觉，为的是能够多看一眼对方，哪怕一句话也不说，人在跟前，就感到很满足，心里就非常充实，干起事情来得心应手。

胡戎冷眼旁观，对女儿与徒弟的那点小心思心知肚明，女儿得此佳夫，自己有此佳婿，乃人生最大快事，自然乐观其成。

一年之期即将过去，胡戎不仅将全部武功传授给了冯贤，而且将孙子《十三篇》，以及吴起、尉缭子、黄石公、姜太公等人留下来的兵法全部倾囊相授。于是，这一天，胡戎起了一个早床，亲自生起了煅烧炉，嘱咐冯贤将一块藏了很久的好铁取出来，递给他一份图样，让他按照上面的尺寸与样式打造两把大刀，又对女儿交代了一些事情，就离开了胡家岭，一路大步流星，赶往下冯村，把冯贤学徒的事情原原本本地告诉了冯毅夫妇，最后说道："云长与小女玥儿青梅竹马，情笃意深，均已至大婚年龄。若二位愿意，冯贤出师之日，吾亲送小女来，为其行完婚合卺之礼，如何？"

　　事是好事，但儿子走后，冯毅越来越感到力不从心，河东郡守换成董卓以后，几乎每隔一年半载，都会变换花样，制定各种名目的税收，豆腐坊的收入勉强可以糊住嘴巴，哪里拿得出银子置办婚事呢？胡戎早就想到了这一点，不用冯毅夫妇费心，一切费用都由他负担，并当场拿出一锭银子，交给冯毅，让他央请村人前去解州城购买操办婚礼需要的一切。

　　胡戎回到家里，已是黄昏。冯贤已经打造了两把大刀，把它奉上。胡戎拿在手里，只见刀刃上闪烁出凛冽的寒光，轻轻一抖，从刀刃上发出一阵寒风般的呼啸，不由微微一笑，把它扔给冯贤，自己朝后面倒退了几步。冯贤会意，把刀接在手里，也不作势，横砍竖劈，上下翻飞，左右旋转，将一把大刀挥舞得呼呼作响。少顷，胡戎已经看不见冯贤的身影，只能看到一个巨大的圆球，闪动着寒光，在不停地运动，掀起了一阵紧似一阵的狂风，冲击着门户，拍打着窗棂，摇曳着树枝，发出了连绵不绝的鸣响，似乎演奏一曲人间从来没有听到过的乐曲。

　　曾几何时，冯贤已经练完了那套刀术，收刀站立，面不改色心不跳。胡玥见了，忍不住喝彩道："好！太棒了！"

　　"云长之有今日，全赖师傅教导。师傅应知，此刀太轻，云长使来，颇不称手。"冯贤说道。胡戎含笑道："尺有所短寸有所长，刀亦然。重刀有重刀的好处，短刀有短刀的优点。汝非上阵杀敌，何用重刀？此短刀，系汝跟随师傅十年来，勤恳学艺，忠义做人，师傅送给汝之礼物。刀成，汝即出师，可回下冯村，与汝父母团聚矣。"

胡玥听到这里，忽然变了脸色，眼眶里饱含的泪水忍不住将要掉落。冯贤先是感到万分欣喜，继而心里泛起一种不舍的情愫，望着师傅，不知道说什么好。

"分别历来令人伤感，然人生总要面临分别，此乃不可逃避之宿命。云长，汝为人忠义，分别在即，吾仅希望汝记住，师傅教汝武功兵法，是为了让汝匡扶正义，拯救黎民。汝务须以出世之心，行入世之事，力戒与他人争一日之短长。"胡戎说到这里，忽然停了下来，朝冯贤和女儿两人扫视了一眼，继续说道："汝等相处十年，心意相通，不想分别，吾亦不忍心令汝等分开。吾去了一趟下冯村，已经跟冯贤父母商议妥当，汝等明日亲去解州城，置办一应成婚之物，后天回下冯村成亲。"

胡玥和冯贤喜出望外，二人均低下头，心头怦怦跳个不停，好一会儿都不敢说话。但胡玥随即想到，自己离开了胡家岭，父亲便孤身一人，形单影只，不由得轻声说道："女儿唯愿长陪父亲。"

胡戎笑道："男大当婚女大当嫁，汝有自己的生活，父亲亦有父亲的生活。此系正理，奈何以父亲之故，毁女儿生活耶？"

冯贤与胡玥的婚礼非常简单，但对于生活越来越艰难的下冯村人来说，仍然是相当奢华的，在很长时间里，一直为人们所津津乐道。

成亲以后，鉴于父母越发年迈，又是新婚燕尔，冯贤舍不得离开家庭，没有立即谋划未来的出路，决定先帮助父亲支撑起豆腐坊，解决一家人的生存问题再说。这时候，他赫然发现，童年时代看到的那种恬静舒适的生活已经不见了，下冯村及其附近村落的人们日子过得很艰难，根本买不起豆腐，他不得不在做完豆腐以后，挑到更远的地方去卖。他走过的每一个村落，人们度日如年不说，甚至连饮水都很困难。他很想探究原因，可是，人们一看到他投来的询问目光，便无力地摇晃几下巴掌，神色暗淡地离了开去。回到家里，他把看到的情况告诉父母。

父母叹息道："自汝去了胡家岭，休说解州，整个河东郡，老实本分之人，尽皆度日如年。"

冯贤终于明白，董卓担任河东郡守以来，横征暴敛，大肆盘剥，害得本来生活富足的本分人家荡尽家财,穷家小户更是几乎每天都揭不开锅;那些凶残暴戾之徒,趁此机会,为了巴结董卓,变本加厉,欺压良善人家,甚至卑鄙到将各家各户的井水全部封闭,迫使百姓到他们指定的地方挑水,每挑一担水,都要百姓为他们干半天活,或者签下欠他们银子的契约。

"朗朗乾坤之下,岂容彼等如此作恶!"冯贤目眦尽裂,愤怒地喊叫道。

"贤儿,如今朝廷腐败,奸人当道,庶民百姓焉得不苦?"冯毅叹了一口气,说道,"此乃劫数。汝为人忠义,秉性善良,跟着胡先生练出一身本事,固需为黎民百姓做一番事情。然汝媳妇怀有身孕,父母日益老迈,想过一段平静的日子,无论如何,汝得暂时忍耐一些时日。"

胡玥虽怀有身孕,但听说百姓生活如此痛苦,又因学过岐黄之术,便与冯贤商量,从豆腐坊里辟出一个空间,开设一间诊室,以低廉的收费甚至免费替百姓看病。

为了维持诊室运转,冯贤只有每天早早起床,多做一些豆腐,挑到更远的地方去卖。他跑了更多的地方,接触了更多的人,见识了更多官吏的狡诈狠毒,聆听到了更多黎民百姓痛苦的哀叫,越发从心底里萌生了要救众人出苦难的念头。忽一日,他听到了一个消息,说是董卓已经离开河东郡,不由得感到异常欢畅,觉得这一下,黎民百姓的苦难终于到头了。伴随这一消息而来的是,胡玥临盆,生下了一个儿子。小家伙是在五月十三日出生的,乍一出生,哇哇的哭叫声,就颇有些惊天动地,不仅冯贤夫妇欣喜不已,冯毅夫妇更是整天脸上都写着笑意。

"董卓走了,冯家有后了,此系上天要吾等过上平平安安的日子,就叫孙儿冯平吧。"冯毅高兴地说道。

"此子必然不凡。"胡戎得到消息,亲来探望,说道。

小冯平的出生,给一家人带来了无限欢乐。下冯村及其附近村落的人们莫不送来了衷心祝贺。这时候,冯贤心里想道:吾已身为人父,应该凭借一身的本领,出世替国家替黎民百姓做一些事情,让孩子真正过上平安的生活。眼下,董卓一走,河东郡守换人,正是废除董卓时期一切不合理制度的时候,吾必须好好谋划一下,直接去河东郡守衙门面见大人,陈述自己的主张,说服郡守大人接受,还整个河东郡一个太平世界。

规划好了以后,冯贤邀请整个下冯村的乡邻参加,为儿子举行了百日宴,便告别父母、岳父与妻儿,背起行装,前去求见郡守,可是,一连数天,不仅没有人为他通传,反而被守门人好一阵呵斥,把他赶走。

满腔热忱遭遇寒流,冯贤心灰意冷,取道返回,路过县衙,看到两个差役轰赶一名老汉。冯贤上前问话。老汉说道:"壮士,汝不要管老汉的事了。老汉年岁已高,自从女儿被吕熊抢去,已是孤身一人,拼却性命,能为女儿讨回公道,也还罢了;万一不能,唯有一死。不愿连累壮士。"

"冯某纵非英雄好汉,亦知路见不平,定当拔刀相助。老人家请讲,吕熊乃是何许人也,如何抢去令爱?汝曾告官否?"

老者眼睛里闪出了一抹亮光,看了冯贤一会儿,摇了摇头,说道:"壮士,汝亲眼所见,衙门之人为何要赶走老朽?只因几十天来,老朽每日均到衙门告状,可是,县太爷除了第一天让老朽进了衙门,问了吾有何冤情,以后,只要老汉一到衙门口,就被轰走,连衙门都进不了。"

"这等衙门,能干出什么好事来!"冯贤双眼怒睁,愤怒地说道。

老者似乎遇上了救命菩萨,唰唰地掉下泪水,滔滔不绝地说道:"不瞒壮士,老汉姓韩名守义,唯有一个女儿。女儿三岁那年,老伴病逝,老汉便与女儿相依为命。家住盐池边,平常日子过得下去。前几年,财主吕熊勾结官府,把方圆几十里的地面,划为七区,派遣心腹,建了庄园,罗致不少爪牙,强迫各家各户把自家的水井填埋了,日常用水,都要到这七个庄园里去挑。每挑一次水,都要为吕熊白白干一会儿活,或者拿铜钱买水。即使如此,小老家的日子也还勉强可以过得下去。不过,很多人家受不了,不得不离开故土,远走他乡。今年,吕熊使出毒计,只准未成亲的女孩去取水。结果,只要彼之爪牙看上了,就将女孩强留下来。姿色稍差的,遭彼之属下恣意凌辱;姿色强一点的,都被彼当作泄欲的工具;姿色更好的女孩,彼便送给董卓。由是,乡民纷纷携儿带女,背井离乡,方圆几十里的地面,已是十室九空。"

"夫攻伐之事未有不攻无道而罚不义也。攻无道而伐不义则福莫大焉黔首利莫厚焉。禁之者是息有道而伐有义也是务汤武之事而遂桀纣之过也。""义兵至则邻国之民归之著流水诛国之民望之若父母行地滋远得民滋众兵不接刃而民服若化。"听到这里，冯贤的脑子里刹那间闪现出自己从《吕氏春秋》中读到的词句，虽然里面说的是国家间的攻伐之事，但穷凶极恶之徒如此残害黎民百姓，与之意义相同，不由得他不勃发出要严惩恶徒的心思，怒骂道："此何若人也，禽兽尔！可恶！全都该死！"

韩守义顿了一会儿，继续说道："吕熊一搞出新鲜规矩，小老即知彼憋着坏水，谎称家里只有小老一人，瞒过了彼之爪牙。逃走的人一多，吕熊就派遣人马四处查探，小女再也瞒不住了，一去吕家挑水，就没有回来。小老找到吕府，被彼等打了出来。小女生死不明，去向不知，小老活着还有什么劲，索性横下一条心，非得吕府给出一个说法不可。那群禽兽不如的东西，打断了小老的腿。小老只要不死，就决不罢休，心想总有一个地方说理吧？便向县衙告状。结果，县衙知道仅仅问了一次，就再也不管不问了。事已至此，小老贱命一条，每天都会来到县衙，希望老天开眼，还小老一个公道。"

"县衙不管，直接找吕熊要人去！"冯贤怒气冲天，扶着韩守义，径直向吕熊所住的庄园走去。

天黑时分，他们来到了吕府门口。其时，吕府的大门已经关闭，从庄园里透射出来的烛光，映出了庄园的轮毂：那是一个非常庞大的空间，气势雄伟。人在远处，即能听到里面传出的喧闹声。冯贤为激愤所驱使，根本无暇去分辨那些声音，一站在大门口，腾出一只手来，使劲地拍打着大门。立即，他听到了一阵慌乱的叫唤声，紧接着，吱的一声响，大门打开了，几个下人脸上露出谄媚的笑容，弓着身子，眼望冯贤，准备迎接远道而来的贵宾一般。忽然看到韩守义，站在最前面的那个下人脸色突变，厉声喝问："老贼头，汝又来耶？"

冯贤不听犹可，一听之下，不由怒从心起，一个耳光呼扇而去，那人随即发出一阵杀猪般的嚎叫。

"汝等为虎作伥，不啻畜生！滚一边去，教吕熊出来答话。"冯贤怒吼道。

"何方小子，竟敢到吕府撒野。汝吃了熊心豹子胆耶？"慌慌忙忙冲过来了一大群人，各自手里拿着铁棒、大刀、长剑、长枪等各种各样的兵器，堵在冯贤和韩守义面前。一个满脸凶狠的家伙说道。话音还没有落地，他抢起大刀，呼啦一下朝冯贤劈了过去。

"且住！"冯贤怒喝道。宛如头顶响起一阵炸雷，那人一个激灵，浑身发抖，大刀咣当一声掉落在地。冯贤说道："汝等虽跟随吕熊作恶多端，罪该万死，但吾不想杀人，暂且饶恕汝等。只教吕熊出来答话。"

"谁人如此嚣张，竟敢擅闯吕府，直呼本老爷名讳？"忽然响起了一个洪亮的声音。堵在冯贤面前的那群人本能地朝两边分开，一条大汉出现在冯贤面前。

"汝就是吕熊？"冯贤冷冷地问道。

"小子，汝敢闯进吕府，以此种口吻跟吕某说话，着实胆子不小。不过，很合吕某胃口。吾喜欢跟英雄豪杰交朋友，只要汝肯来吕府效力，吕某一定会对汝另眼相看。"大汉慢慢走向冯贤，说道。

"忠义之人岂能跟奸佞之徒为伍？"冯贤朝地上啐了一口唾沫，慨然说道，"吕熊，汝虽死有余辜，冯某不想行凶杀人，只要汝把韩老爹的女儿还给彼，把汝抢来的所有女孩都放回家，解散汝之属下，答应乡民可以恢复自家的水井，汝原来所做的一切，冯某既往不咎，任汝继续在这里当庄园主。"

吕熊仰天哈哈大笑道："小子，汝癞蛤蟆打喷嚏好大的口气！汝有何资格命令吕某？吕某今日不给汝一个教训，汝就不知道吕某是谁。"说到这里，他把头一摆，朝属下说道："关门，布阵。"

院落里立刻响起一阵杂乱的脚步声，以及大门被关闭的声音，紧接着，几十条大汉手拿各式各样的武器，把冯贤和韩守义围在中心，做出了攻击的架势。

"不想给吕熊当帮凶的退下！"冯贤冷冷地说道。

"上！"吕熊吼叫道。

一时间，木棍、铁棒、长枪、大刀等各种各样的家伙朝冯贤和韩守义身上打了过来。冯贤把韩守义罩在胸前，伸手朝前面一抓，一把大刀落入手中。这时候，噼里啪啦，从两侧和背后有一些大刀和铁棍一齐奔到冯贤身边。冯贤挥起大刀，身子打了一个旋，带动韩守义与他一起转了一圈，又是一阵噼里啪啦,铁棍、大刀、长枪、利剑落了一地,同时,响起了一阵阵哀叫声。

韩守义本来有些发虚,定睛一看,那些人东倒西歪,在地上恸哭不绝。他感到很吃惊,以为冯贤用了什么邪术,压根不相信地望着他。

冯贤把大刀指向吕熊,怒喝道:"吾再说一遍,立即放掉韩老爹的女儿并所有汝抢来的女孩,填平汝家水井! 否则,休怪吾不客气。"

"果然有几分功夫!"吕熊喝彩一声,紧接着话锋一转,冷笑道,"不过,吕某纵使想听从阁下吩咐,也不可能了。实话告诉汝,韩老鬼的女儿,吾已经送给董郡守,汝有本事,就找彼要去;其他的女孩,汝也要不回去了,有的已经死了,有的成了吕某和吕某属下的妻妾;至于水井嘛,汝打赢了吕某再说。"

吕熊的话音还没有落地,人已经欺身来到冯贤面前,手里变戏法一样地出现了两把大刀,突然一挥而起,卷起一阵微风,恶狠狠地朝冯贤砍了过来。

这是一个练家子,而且是一个劲敌,冯贤心里说道。他保持全身戒备,等待刀锋将要砍下来的时候,带着韩守义,略一闪身,准备躲避开去,然后从后面给其一击。吕熊似乎早就料到他会有这样的动作,刀锋一转,顺势朝韩守义脖子上削了过去。韩守义连一声叫唤都没来得及发出,脑袋就落了地,一腔热血喷薄而出,溅了冯贤一身。

吕熊说道:"小子,汝想保护的人没了,犯不着再为彼出头露面。念汝练武不易,只要跟着吕某,保你一生荣华富贵。"

"住口!"冯贤怒喝道,"汝禽兽不如,继续活在人世间,不知还会做出多少伤天害理的事。今日,即是汝之死期!"

话音尚未落地,冯贤便挥起大刀,向吕熊猛扑过去。吕熊亦不示弱,同样手提大刀,向冯贤冲了过去。哐当一声,两把大刀砍在一起,发出了惊心动魄的鸣响,两人不约而同地向后退了几步,又同时向对方扑去。一来二往,两人在院落里来回厮杀了许久,吕熊毕竟体力不支,眼看就要败下阵来,慌忙朝后院逃去。冯贤提了大刀,飞奔而去。将要赶上吕熊的那一刻,忽然,冯贤被一条粗大的绳索绊倒在地。他为人机敏,试图翻滚到一边去,却从树上跳下十几个人来,抢起铁棍与刀枪,没头没脑地朝他身上打去。

"冯某本想留下汝等性命,汝等竟怙恶不悛,不知悔改,如不替天行道,一并杀掉汝等,不知要有多少百姓遭难。"冯贤一念至此,在翻滚的同时,手里的大刀贴着地面挥了过去,将几个家伙的脚砍断了,趁着他们错愕的机会,一跃而起,手起刀落,早将几个人送入了地狱。

吕熊见手下人偷袭成功,迅速回过身来,站在一边,一见冯贤把背对着自己,大喜过望,急忙冲了过去,双刀同时拦腰砍向冯贤。冯贤听到风声,立即闪身躲开,但还是躲闪不及,后背被锋利的刀锋划出了一条不浅的血痕。吕熊一招得手,更加凶相毕露,一刀紧似一刀,渐渐把冯贤逼向了只有招架之功毫无反手之力的地步。吕熊得意极了,一边不停地出刀,一边说道:"小子,念汝一身好功夫,只要愿意跟随吕某,吕某仍可把汝当成自家人。"

"汝死期已至,尚在做梦!"冯贤反应敏捷,身中刀创之后,立刻转换战术,不再强求攻击,决定采取诱敌之计,步步退却,等待吕熊自以为成功在即防备松懈的时候,反戈一击,一举击灭这个凶狠的歹徒。如今,时机已经来临,他仿佛换了一个人,大喝一声,刀在手里不知怎么一挥,就分开了吕熊的刀锋,径直刺进了吕熊的心口。

这时候,吕熊的手下同时举起刀枪,从背后杀向冯贤。冯贤听到风声,一个转身,吓得那伙人不住地后退。他用刀指着他们,用充满肃杀的语气说道:"冯某已经给了汝等机会,汝等自寻死路,可别怪冯某手下无情!"

刷刷刷,冯贤手起刀落,接连几下,几十口人全部倒了地,向阎王报到去了。

紧接着,冯贤在吕府到处搜索韩守义的女儿,但没有看到她的踪迹,抓住吕熊的夫人一问,问出了更多骇人听闻的事情,原来那些少女被吕熊群党扣留下来以后,几乎人人遭到轮奸,然后全部被活埋,心里想道,如果不把吕熊一伙全部杀掉,他们还会作恶的。于是,一夜之间,接连跑去了吕熊另外六个住处,将作恶多端的吕熊群党一百零八人全部杀死。

除掉了奸恶之徒,冯贤心里久久难以平静,不知道自己接下来应该怎么办。忽然,他想到了父母,想到了妻儿,想到了岳父,连忙拔脚朝下冯村跑去。几十里地,他一个多时辰就跑到了家。其时,胡戎亦在他家。他赶紧将自己为了救人杀掉吕熊群党的事情说了出来。胡玥脸色苍白,说不出话来。小冯平哇哇大哭。

"彼等作恶多端,确实该杀!吾儿做得对。只是,官府不会放过吾儿。孩子,汝逃命去吧。"父亲首先说道。

"吾固知平儿出生,会给冯家带来巨大变化,不承想,竟是为了给贤婿斩杀恶人磨刀。贤婿征战之路,只恐由此开始。"胡戎顿了一下,面向冯毅夫妇,调转话头,说道,"官府同样不会放过二位亲家,不会放过吾等。"

"吾老年得子,已无愧于祖宗。今年岁已高,跑不动了,不跑了,汝等一块跑去,官府来人,吾自会应对。"冯毅说道。

但是,冯贤一定要带着父母和妻儿一道逃命。冯毅夫妇苦苦劝说无效,借口去收拾行装,双双投入自家的水井,自尽身亡。冯贤悲愤莫名,哭得差一点闭过气去。

胡戎说道:"人死不能复生,贤婿不必伤怀。尊翁如是做者,系不欲拖累汝。胡玥生产不久,冯平年幼,亦不能奔波,就由为师把彼等带到一个安全的地方,汝独自一人逃命更安全。汝须切记,任何时候,不要忘了忠义,不要忘了匡扶正义,救国救民。"

随即,胡戎推倒一面墙壁,将水井给填埋上了,再拿出一些药物,在冯贤脸上一涂,顿时,冯贤一张白净的脸,变成了枣红色。

在岳父的催促下,冯贤强压下满腔的悲痛,背上行囊,拿起了自己打造的两把大刀,告别师傅和妻儿,踏上了逃命之旅。一路朝河北方向走去,尽皆遇到搜捕的官兵,他心里想道:如今自下冯村通往河北的路径被封,难以通行,何不反其道而行之,先朝郡守衙门方向走去,在官府觉得最不可能出现的地方安顿下来,等待官府渐渐松懈,然后寻找机会离开呢?打定主意,他果真向郡守治所走去。尽管白脸变成了红脸,但脸庞轮毂依旧,他八岁那年在社火表演上大出风头,人皆记住了他的脸。到了郡守治所,一接触到官府兵丁投来狐疑的目光,他就无法心安理得,只有匆匆离开,此后昼伏夜行,避开大道,专门拣山路行走,费尽周折,总算没有被搜捕的官兵发现踪迹。

这一天,冯贤来到了大庆关,再往前走,就是涿州地面,将会完全逃离河东官府的追捕了。关口的墙壁上,张贴着缉捕冯贤的告示,守关的官兵对过往人等均需检查点验,并要求自报姓名,登记在册。

轮到冯贤,他情急智生,指关为姓,以字号寓意为名,说道:"某姓关名羽,字云长,解州人氏,父母双亡,无法在解州立足,前往涿州投奔亲戚。"

由此,他顺利地过了关口,进入涿州地界。

第二章　桃园结义

冯贤逃过官府的追杀，以关羽的名字进入了涿州地界。历经逃亡的艰辛与痛苦，随即松弛下来，浑身上下倍感酸软，他几乎无法继续行走，便走进距离大庆关不远处的一个客栈，登记入住以后，一头倒在床上，就昏迷过去，什么也不知道了。

关羽一天一夜没有打开房门，既没有叫吃的，也没有叫喝的，客栈主人深感奇怪，亲自来到房门口先是轻声询问，随后大声叫喊，半晌，里面都没有人答应，急忙喝叫伙计们破门而入，赫然发现关羽一动不动，宛如一具僵尸。

"客官醒来，汝这是为何？"店主惊讶地询问道。没有人能够回答他。

在这从河东通往涿州的交通要道上开设客栈，店主见过形形色色的人物，碰到过各种各样的事情，见多识广，奉行与人为善、和气生财的经营理念，与四面八方颇有交情，只要客官有危难之处，定会伸手相帮。叫不醒关羽，遂赶紧着人叫来郎中，为他诊治。郎中望闻切听，忙碌了好一会儿，告诉店主，此人身体没病，是长期劳累与饥饿造成的，只要好好调养，就会恢复。临了，留下一张单子，开具了几副中药。店主付了诊疗费用，派遣一名伙计，去郎中那儿取回了几副中药，叮嘱伙计要经常留意关羽的状况，等他苏醒之后，将草药煎成药汁，给他喂下去。

三天之后，关羽终于悠悠地苏醒过来，浑身软弱无力，连说话都很困难。伙计见了，欣喜万分，连忙跑去告诉店主，并且立即打开前几天取回的草药，倒进药罐，生火煎药。店主同样很欣慰，上得楼去，进入客人的住房，近得床前,俯下身子,和气地说道:"客官,汝总算醒了!"

"吾身在何处?"关羽疑惑地问道。

"客官忘矣。汝来小店投宿,连睡三天三夜,今日方醒。"

"多承店主照料,冯某感激不尽。"

"客官贵姓?"店主一愣,惊讶地问道。

关羽反应很快,立即意识到自己在客栈登记的姓名与所说的姓氏不符,令店主生疑了,眼睛一闭,再也不说话。

这时候,一个伙计按照店主吩咐,端着一碗粥走了进来。

店主亦自觉失言,连忙调换话题,说道:"客官,鄙人绝无他意,如有冒犯,请勿见怪。汝多日不吃不喝,身体虚弱,先喝了粥,鄙人再慢慢为客官调养。"

关羽十分感激地朝他点了一下头,努力地想支撑起身子,但是,无论如何不能成功,只能躺在床上,让客栈伙计慢慢给他喂下去。关羽刚刚吃完一碗粥,煎药的伙计端了药汁进来,伺奉关羽喝完药。

店主说道:"客官入住小店,小店自当竭尽全力,为客官效力。客官先静养,如有吩咐,不妨直言。"

"谢谢店主!"关羽稍微有了一些力气,感激地说道。

用满怀感激的目光送走了店主与伙计,关羽脑子里依然昏昏沉沉,恹恹欲睡。可是,他再也睡不安稳,一旦进入睡眠状态,马上做起了梦。他梦见自己八岁的时候在雪地里凭借踩高跷的技艺,赢得众人欢呼喝彩的情景;紧接着,已经经历过的许许多多往事好像走马灯一样在眼帘不断地飘过:认识胡玥的场面是多么温馨,在打铁铺子里跟师傅学艺又是如此令人难忘,夜读《春秋》、《左传》的场面刻骨铭心,研读兵法的情景栩栩如生,与胡玥成亲的日子阳光灿烂,做豆腐卖豆腐的生活异常充实,儿子出生以后全家其乐融融的画面久久不愿离去。他试图一直停留在这些美好的回忆里,可是,突然,意识进入一个血淋淋的场面。他挥起大刀,一夜之间,跑了数十里,去了吕熊党徒的七个住所,斩杀一百零八个恶徒,回到家里,父母投井而死,妻儿在师傅兼岳父的带领下不知道逃到哪里去了,自己到处奔波,好几次差一点被人抓住,好像噩梦缠身,在他脑子里萦绕不退。

他大叫一声:"爹! 娘!"从噩梦惊醒过来,身子一挺,竟然坐了起来,下意识地准备下地,眼前一黑,脑子一阵天旋地转,人又昏迷过去。他再一次看到了爹娘,爹娘鲜血淋漓,嘴唇翕动,一定在说什么,他却一点也听不见。他万分急切,向父母冲了过去,终于清晰地听到了父母的话:"贤儿,为人在世,最要紧的是要常怀忠义之心,不要因为爹娘的死,就发生改变。世间的恶徒不会像吕熊一样,被人一眼看穿,还有许许多多奸邪之徒,打着正义的旗号,干尽伤天害理的勾当,你不要被假象蒙蔽双眼。""爹,娘,孩儿记住了你们的话,你们不要走,孩儿还有更多的事情要你们指教,孩儿还要伺奉你们。"关羽央求道。然而,父母从眼前飘然而去,他再也看不到他们的身影。他又是一声大叫,再一次苏醒过来,睁大眼睛,朝四周望去,过了好一会儿,总算明白自己到底身在何处,又是如何逃到这里来的。

"匡扶正义,以至父母惨死,妻离子散,家破人亡。"关羽长叹一口气,在心里说道,"《春秋》《左传》里面的英雄,尽皆如此。冯某亲身经历,方得以知晓春秋大义与千古英雄实乃常人难以企及者。"

即便理解匡扶正义蕴含着惨痛的牺牲,对于父母的去世以及骨肉分离,他还是难以释怀。他毕竟是凡夫俗子,重视人世间最重要的亲情与友情,在逃亡途中,他无暇念及这些,现在,来到一个没人知道自己是谁的安全处所,他就不能不想念父母,想念妻子,想念尚在襁褓之中的儿子,想念教会自己武功与读书的师傅兼岳父。想着想着,他脑子一闪,浮现出客栈老板狐疑的目光,不由得心里一惊,敏锐地意识到,店主一定从他昏迷之时的胡乱喊叫声中,察觉出他的来历可疑。怎么办? 难道要杀掉店主吗? 不,乱杀无辜,绝不是大丈夫行为。况且,店主为人和善,理应是一个热心快肠的人,即使知道什么,也绝不会说出去。倒是自己,今后更得严加注意,不要露出马脚才好。

想到这里,他依稀记起在过关的时候,曾经谎报了一个姓名,加之脸庞已经变成枣红色,就没有被人认出,得以进入涿州地界的。报的是什么字号呢? 他稍微一想,想起来了,他给自己起的新名字是关羽,在客栈登记的名字也一定是关羽。关羽，关羽，关羽确实是一个好名字，从今往后，冯贤这个人已经从世界上消失了，活在人世间的是关羽。任何时候，任何地点，任何人问起来，出于下意识的本能，都要说自己是关羽，让关羽这个名字真正融于自己的骨髓。

他想了更多。忽然，他仿佛记起，自己逃得匆忙，身上几乎没有携带银两，一路东躲西藏，依靠山上的野果，和打一些野味为生，进入涿州地界以后，看到这里有一个客栈，想都不想，便住了进来。这本来已经够麻烦的了，谁知一病不起，竟然有劳店家照顾自己，为自己请来郎中，煎药伺候，这份情谊，天高地厚，别说感激他们，就是住店的银两也拿不出来，实在不像话。怎么办呢？一走了之，不是良善之辈的做法，关某乃忠义之人，绝对不会这样做。好在自己得到父亲的真传，制作的豆腐远近闻名，客栈想必用得着，关某就先在客栈安身，为店家制作豆腐，偿还这笔账务和人情。

想到这里，关羽立马请来店主，说道："不瞒先生，关某身无分文，得此大病，若非先生救助，实难活命。关某无以为报，亦无银两给付房钱，幸而可以制作豆腐，如蒙先生收留，关某可为先生制作豆腐。"

店主呵呵一笑，连声说道："客官确乎忠义之人。英雄亦有落难日，区区小事，何足挂齿。客官不必放在心上，一旦恢复身体，来去自由，童某绝不阻拦。"

关羽心头一热，恨不得翻身而起，倒头下拜，但是，他还是浑身乏力，身子一动，竟然马上跌倒在床。

自此往后，店主只要有时间，就会过来与关羽闲聊。关羽这才知道，店主姓童名小钱，家道殷实，颇读了一些书，但并没有遵循孔孟之道，到官场上混一个前程，一开始，与三两个知己结伴而行，到处风花雪月，吟诗作对，倒也非常快活。忽一日，来到大庆关边，看到往来的人众很多，竟然找不到一个舒适的投宿之处，便决定在这里开一个有档次的客栈。他确实很有眼光，客栈一旦开业迎宾，来客如潮，让他赚了一个盆满钵满。客栈不仅为有钱人开放，为了给贫穷潦倒的穷苦人家提供住宿之处，他在客栈后面建立了一座更大的房屋。为此，那些风雅之士就有些鄙视他了，送给他一个小铜钱的外号,意思是他浑身充满铜臭,连一个铜钱这样的小钱也要赚。他一笑置之,仍然我行我素,毫不更改。

童小钱确实与众不同,算得上厚道之人。关羽在心里对他有了这样的评价,便也能对他推心置腹地谈一些自己逃难时候遇到的事情,不过,他总是小心翼翼,尽量绕开解州吕熊党徒被杀之事。

事实上,童小钱并不是一个喜欢探听别人隐私的人,大部分时间,都是他在说,关羽在听。从童小钱的嘴巴里,关羽听到了很多从来没有听说过,也没有想到过的事情,大到朝廷,小至平头百姓哪一家生了一个儿子,哪一家的女人有失风化,被官府缉捕,等等等等,几乎天下所有的事情,没有童小钱不知道的。

"既然如此,他也许已经知道吕熊党徒被杀的事情。"关羽心里有些疑惑,好几次都想试探一下,但临了还是忍住了,心里想道:他就是知道了又怎么样呢?难道他还能把冯贤与关羽联系起来,说冯贤就是关羽吗?

即使心里已经有了主张,关羽还是忍不住要朝这个方面去想。童小钱知道自己是从河东那边过来的,吕熊被杀,缉捕冯贤的告示已经贴在大庆关了,几乎人所共知,自己如果不说一说这件事,他岂不是更加起疑吗?想到这里,关羽说道:"童先生见闻广博,解州吕熊党徒被人一夜全部杀掉,想必亦知端的。"

童小钱笑道:"传闻很多,童某相信冯贤在替天行道。"

"有何传闻?"关羽心里有点吃惊,问道。

"童某亦曾听说冯贤乃是为了与吕熊争夺一个漂亮女孩,一狠心,诛杀了吕熊一家。"

关羽心里已经冒火,但不能不忍住,强作笑脸,摇头道:"不可思议。难道关某眼见为虚?"

童小钱微微一笑,说道:"人皆有嘴,任其自说。关先生亲眼所见,何需理会无耻传言。童某即使没去解州,亦曾听闻吕熊逼迫百姓填埋水井,只准往彼指定之地取水,已知彼必死于某一英雄之手。可惜,吕熊虽死,一切依旧,董卓高官厚禄,杀掉吕熊的英雄遭到缉捕,生死不明。"

关羽似乎从来没有想过这个问题，经过童小钱一说，电光火石之间，脑子里闪出一个疑问："莫非杀董卓、除河东郡守、解州县令，问题始能解决？"

不，不能杀掉他们，他们是朝廷命官，杀掉他们，岂不是直接与朝廷作对？三晋文化传承的忠义，首先便是忠于自己追随的目标。如今，虽说早就不是春秋战国时代，士人不必忠义于某一个人，但是，必须忠于朝廷，朝廷命官是朝廷的代表，岂能擅杀？他一直为这个问题苦恼了好几天，尽管觉得为自己不向朝廷命官动手找到了理由，但很快就被童小钱几句话给撕得支离破碎。

童小钱说道："朝廷命官并非朝廷，清廉爱民的朝廷命官系万民依托，祸害百姓的朝廷命官实乃害民贼，亦系朝廷的蟊贼，斩杀彼等，即是替朝廷清除祸患。朝廷查实命官之罪证，明正典刑，即为此明证。"

"此乃朝廷旨意，非小民所能随意杀却。"关羽迟疑地说。

童小钱笑了："岂不闻汉高祖斩蛇起义以前，陈胜吴广不堪暴秦，揭竿而起，天下英雄群起响应，短短几年，灭亡秦朝乎？若陈胜、吴广、汉高祖皆以为天下乃秦王朝之天下，彼等只有听命于朝廷的份，岂有大汉天下数百年基业！岂不闻天下非一人之天下，乃天下人之天下，以有道诛无道，匡扶天下，拯救万民，方为英雄豪杰？"

关羽不能不承认，他是知道这些事情的，只不过，在此之前，他仅仅从《春秋》《左传》之中领会到了必须对跟随的主人忠义，没有从另一方面思考；现在，童小钱的话给他打开另外一扇门窗，使他明白，真正的忠义是针对天下苍生的。为了天下苍生，他可以毫不手软地斩杀一切祸害百姓、祸害天下的乱臣贼子。

不知不觉，关羽已经完全恢复元气。他决计履行诺言，先为客栈制作一个时期的豆腐，以偿还这段时间来欠下的债务，另一方面，通过与童小钱闲谈，他增长了不少见识，也深知在客栈待下去，可以通过来往的客人，打探夫人胡玥和儿子冯平的消息，一旦得知她们的准确消息，可以央求童小钱帮忙，把她们接到这里，夫妇父子团聚了，然后再作打算。

童小钱亦似乎对关羽产生了一些情谊，不舍得让他离开，果然在后院辟出一个空间,按照关羽的计划,开设了豆腐坊。豆腐坊的一切事体,全由关羽打理,本钱是童小钱拿出来的,赚取的银两,全部归于客栈,关羽独自一人,只需有一口饭吃、有一个住宿的地方即可。童小钱本想给关羽一定的份额,关羽执意不接受,他只好作罢,但暗地里,仍然决定把关羽应得的一份全部留起来,等他离开的时候,一并给予他。

关羽做豆腐的手艺没有荒废,制作出第一板豆腐以后,童小钱亲自命令厨房做了一桌豆腐宴,邀请几位贵宾一道尝了鲜。这些人都是走南闯北,见过世面的,吃过不少山珍海味,大抵上除了没有品尝过皇帝御厨制作的菜肴,其他所有的菜肴,几乎尝遍,居然全都被这道豆腐独特的口味征服了,人人啧啧称赞,发誓一辈子也不会离开客栈,专吃这道豆腐,就是最大的享受。

消息不胫而走,很快传遍周围各地。翌日,方圆几十里地的有钱人,都被人用轿子抬着,纷纷涌进客栈,试图一尝关羽豆腐的风味。但关羽遵循乃父的规定,每天仅仅只煮一次豆腐,数量自然满足不了众多垂涎三尺的嘴巴。他们不干了,纷纷找到童小钱,出高价央求关羽能够多做一次豆腐。童小钱倒是很理解关羽,饶是很希望增加发财的机会,还是微笑着请大家等到第二天再一饱口福。就这样,关羽豆腐成为客栈的招牌。

几乎每天晚上,童小钱都会与关羽长谈。两人谈论的话题越来越多,涉及的范围越来越广泛,大有相见恨晚的感觉。从童小钱这里,关羽听说了一些朝廷不为人知的许许多多事情。原来朝廷竟然被一群阉党控制,他们卖官鬻爵,诛杀忠良,任用奸邪之徒,致使整个朝堂之上,忠良不能开口说话,奸佞之徒横行。

"如此朝廷,势必重蹈秦二世覆辙。关先生素怀忠义,不欲以天下苍生为念,等待时机来临,解万民于倒悬,救万众于水火,振臂一挥,推翻朝廷,帮助有道之人建立一个太平世界乎?"童小钱说着说着,就激动起来了,询问关羽道。

关羽从未想过要推翻朝廷,深感震惊,好半天也说不出话来。

童小钱顿了一下,说道:"童某固知关先生很有原则,改变初衷,实属不易。童某不须关先生马上回答,务请关先生多多思考。"

此后，童小钱仍然每天都会挤出时间，寻找机会跟关羽攀谈，不过，再也没有直截了当地提起那个话题，而是继续说一说不知道从哪里得来的有关朝廷的各种消息。

关羽对朝廷的事情知道得越多，就越发不知道应该做出怎样的选择，因为他并没有听到确切的说法，是皇帝颁布了什么样的诏书，使得天下万民难以生存的，而是那些阉党或者权臣蒙蔽了皇帝，或者架空了皇帝。他觉得，既然如此，干吗不从清君侧入手，诛杀那些阉党与权臣，一定要揭竿而起，推翻皇帝吗？昔日赵盾兄弟做得最远，也不过是赵穿弑了国君，拥立了新君，而不是赵盾兄弟坐上国君的宝座，或者完全架空国君，反倒对新国君更加忠心耿耿嘛。同样，他也没有完全排斥童小钱，反而更加渴望接近童小钱，以便从他那儿得到更多的消息，促使自己早点定下决断。

通过长期攀谈，关羽深感童小钱是一个值得信赖的人，终于把自己的秘密告诉了他，并且请求他帮助自己打听夫人胡玥和儿子冯平的消息。

童小钱一点不觉得意外，说道："实不相瞒，关先生壮举传至小店，童某曾派人前往解州，欲救援先生，惜乎未能寻得先生踪迹。关先生一进客栈，童某便料定汝系斩杀吕熊党徒的英雄，常请人打探夫人和令公子的消息，无奈胡戎先生乃世外高人，神龙见首不见尾，欲觅一个安全之地隐藏，谁都无法找到彼等。"

"如此，关某不必忧心彼等安危。"关羽明知道岳父有鬼神不测之机，关心则乱，根本没有想到这一层，如今听童小钱一说，完全放下心来。

童小钱笑道："关先生来至小店时间不短了，未知有何打算？"

关羽说道："秉承童先生指教多矣，关某知道，童小钱亦非寻常之人，能跟随童先生左右，常受童先生指教，此愿足矣。"

"关先生绝非池中之物，奈何一定要在客栈安身呢？如今，天下纷纷扰扰，迟早会有变化，关先生理当出世，以神妙莫测之武功与权谋，为天下苍生，博一个朗朗乾坤。"

关羽眼前呈现了一幅拯救万民、匡扶天下的壮美景象，父母的教诲，师傅的训导，似乎都是为了这一刻，不由浑身血液沸腾，恨不得马上横空出世，横刀跃马,辅佐有道明君澄清寰宇,但是,一想到离开客栈,并不知道到底要到哪里去,就未免踌躇起来了。

"吾固知关先生心意。若关先生按童某所言去做,童某必将竭尽所能,把一切告诉先生。"于是,童小钱拉开了长长的话题。他满怀敬意地说起张角,说他是一个不能及士的读书人,眼见得黎民百姓饱受磨难,怀着救万民于水火之心,召集了一些门徒,分散到四面八方,以医术救助民众,被人称作大贤良师。如今,张角门徒之多,弟子之广,已经可以分作三十六方,大方有三五万人,小方万余人之多,他们忧国忧民,深得民心。朝廷继续腐烂下去,他们必将为解救天下苍生,学习陈胜吴广的榜样,揭竿而起,推翻汉朝的统治。关先生如果有心以天下苍生为念,可以投靠大贤良师,作一方渠帅。

"敢问,童先生亦拜在大贤良师门下乎?"

"童某在此开设客栈,系奉大贤良师旨意,收揽人才。"童小钱凝视着关羽,说道,"先生如果愿意,当是第一等人才。"

"关某并非不想投奔大贤良师,只是,有些事情,还得仔细考虑。"关羽说。

童小钱笑道:"关先生乃忠义为民之士,斩杀吕熊同党,与大贤良师为天下苍生的善举不谋而合,正是同道中人。童某可以肯定,关先生终有一天会追随大贤良师。"

为了促使关羽尽快定下决定,在接下来的几天里,童小钱陆续向关羽谈起了接受自己建议,前去投靠张角的一些来自河东郡以及三晋地面的人物。其中,有一个名叫周仓的人,平陆人氏,跟关羽一样,同属河东郡,以从解州贩卖食盐为生,性格豪放,为人忠义,喜爱抱打不平,因为受到盐吏百般盘剥,生活难以为继,得到童小钱资助与点拨,已经投入大贤良师门下。还有一个名叫张辽的人,更是英雄了得,单枪匹马,可以对付数百强人。此人亦曾在听说一伙豪强勾结官府,欺男霸女,害得当地许许多多百姓流离失所之后,一怒之下,杀掉那些歹人,适逢童小钱打从那儿经过,将张辽扮作自己的随从,出了关卡,亦投奔大贤良师去了。

童小钱绘声绘色的讲述,使得周仓和张辽二人在关羽心目中留下了很深的印象。关羽急切地问道:"周仓、张辽二人现在何处?"

"自古英雄好汉惺惺相惜。童某理解关先生心意,欲尽快结识彼等。"童小钱说道,"大贤良师门徒遍及天下,一旦有人相投,必会量才启用,派往各地。某给彼等指出了投奔大贤良师的道路以后,并不知道他们身在何处。若关先生前去投奔大贤良师,吾亦不可能知道关先生具体去向。不过,一旦天下有变,童某可以与各位全部沟通联系。"

"大贤良师的善举,关某确实佩服得紧。童先生可否容关某先去拜见大贤良师,后谈是否相投?"

童小钱知道,关羽已经动心了。他有理由相信,关羽此去,沿途从众多民众的言谈中,更多地了解大贤良师的善行,一定会被大贤良师的人格魅力所折服,投入大贤良师门下。眼下,大贤良师旗下已经有了数十万兵马,三十六方渠帅,人人武功了得,个个通晓兵法,但与关羽相比,不仅缺少一份霸气,更缺乏智谋。一旦关羽加盟,大贤良师揭竿而起就指日可待了。

身居客栈,童小钱能够从过往大庆关的形形色色人物那里探听各种各样的消息,对于河东郡、涿郡及其附近地面的忠勇之士,都了如指掌,很多人已经在他的指引下,投奔了大贤良师,或者即将投奔大贤良师,但是,涿郡张飞、刘备,至今还没有投靠大贤良师的想法。这两个人虽说名不见经传,但以他们的行事方式及给过往客官留下的口碑,童小钱认为,他们一定堪当大任。

说起张飞、刘备二人,家世、性情各不相同。张飞生于世代屠狗杀猪人家,黝黑的脸庞上满是络腮胡子,根根像钢针一样,为人豪爽,喜欢帮助他人,粗中有细,一双拳头,无人能敌,令涿郡地面的奸猾之徒,一听他的名字就瑟瑟发抖。刘备是中山靖王后裔,因为祖上没有及时向朝廷奉献祭祀宗庙的物品,被褫夺了封号和封地,家庭早已破落,如今的刘备只能靠编织、贩卖席子与鞋子为生。饶是如此,他亦不甘寂寞,经常结交英雄豪杰,得到了很多江湖人士的拥戴。

童小钱听说刘备、张飞二人的名声以后,想把他们引进大贤良师门下,曾经派遣一个心腹,前往涿郡,分别找到二人,试图先探一探他们的口风。

可是，心腹还没有说明来意，二人一句"在下目光短浅，唯愿长居故里，不作他想"，就把他给打发了。因此，童小钱迟迟没有亲自出马关说他们。

如今，关羽有心前往大贤良师身边一探究竟，童小钱心里活动开了：如果能够让关羽去说服刘备、张飞二人，让他们三人一同去见大贤良师，大贤良师将会多三员猛将，要想赢得天下，理当更加容易。盘算完毕，童小钱把刘备、张飞二人的情况告诉了关羽，让他邀请这二人一同前往。

"童先生说得如此慎重，想必刘备、张飞都是忠义豪侠之辈，关某能先结识彼等也好。"提了童小钱为他准备的行装，带了童小钱写给张角的推荐信，关羽离开了客栈，前往涿郡进发。

几天以后，快要抵达涿郡，关羽心里想道，此行无论是去拜会张角，还是首先面见刘备、张飞，都将是决定一生命运的大事。童小钱是一个可以信赖的人，但仅仅听说过刘备、张飞的名字，就认为他们可以交往，属同道中人，未免过于草率。想那吕熊，一开始也有很好的名声，谁能想到，他竟是超级无敌的恶霸呢？关羽决定谨慎一些，先仔细观察刘备、张飞的为人，如果二人确实像童小钱说的那样，再向他们说出掏心窝的话，邀请他们一块去看一看张角究竟是否值得投靠；否则，自己宁可独自一人前往。他已经知道，张飞住在涿郡城外，但每天一大清早，城门刚开的时候，就会来到城内固定的地方摆摊卖肉；刘备家住桑家楼，一样在城外，也是一大清早，就挑着编织好的席子与鞋子，到城内另一端出售，只要在涿郡落脚，随时可以暗地里打探他们的一切，并亲自观察他们。为此，关羽决定先在城内寻找几间房子，先以制作豆腐维持生计，一边熟悉当地情况，一边寻找机会打探消息。

涿郡人生活富足，遍地都是经商的人，房子很不好找，关羽很费了一番工夫，总算在一个僻静的地方找到了几间房子。紧接着，他就开始购买制作豆腐的用具，以及各种原料。全部备齐，又花费了几天的时间，终于可以开工了。他首先把黄豆浸泡起来，然后仔细地洗刷磨盘以及新买回的各种器具，准备等黄豆浸泡好了之后，就投入使用。

这时候，他稍稍有了一些空暇时间，根据童小钱描绘的形象，在脑子里勾画刘备和张飞的样貌。大体轮廓很快勾画完毕，细节方面始终觉得不像，刘备可以用眼睛看到自己的双耳,双手伸直,自然下垂,能够与膝盖并齐,究竟该是怎样一副形象呢?他从来没有看到过这样的人,也没有听说过这样的人,无法确定;张飞声若洪钟,人如奔雷,又是怎样一副模样,他还是拿不定。更重要的是,人一忙起来,他就忘记了询问城里人到底怎么看待他们。他们如果真像童小钱说的那样颇有名声,是英雄豪杰,不该没有人说起他们呀。关羽心里说道。

也许,刘备、张飞对他们来说,已经变成了日常生活的一部分,谁也不需要谈起,但谁都知道他们是豪杰。这么一想,关羽就释然了。

但到底是否事实,他不得而知,便决定询问一下自己的房东。于是,趁着房东前来观看他制作豆腐的机会,关羽问道:"未进城时,曾闻刘备、张飞皆为豪杰,如何进得城来,没人说起彼等呢?"

"关先生有所不知,那刘备、张飞都在城里经商,一个卖鞋卖席,一个杀猪屠狗,平素喜欢结交朋友,只要谁家有事,彼等丢下各自事体,前往帮助,彼等忠于原诺,只要许下诺言,无不可以办到,是以人皆视之为豪杰。彼等经商,跟众人同处一城,彼此相知,孰会经常念叨彼等?"

"某闻彼等住于城外。"

"彼等均在城里经商,即住城里。关先生,汝亦在城里经商,准会跟彼等打上交道。届时自知。"

"老伯可否为某详细说一说此二人?"

老汉本来就是一个闲不住的人,一见关羽追问,可就不走了,席地而坐,摆出了一副长谈的架势。关羽立即虔诚地俯下身子,洗耳恭听,终于知道了刘备、张飞的许多事情。

还在孩提时期,刘备就是一个天不怕地不怕的主,在与小伙伴玩耍、争斗的时候,总爱冲锋在前,再大的孩子,都被他治得服服帖帖,由此成为孩子王,只要发出号令,一众小伙伴尽皆俯首听命。一旦听说某地有人做出不法勾当,他准会邀上同伴,一连跑上十里百里,把人家打得鼻青脸肿,逼迫人家从此以后再也不敢横行霸道。也有一些不法之徒试图逞强,跟刘备和他的小伙伴们大打出手,可是,刘备一旦拼上性命,哪里顾得上个人的生死?手里拿起什么是什么，与人硬拼，硬是把人打得落花流水，从此以后，那些不法之徒一听刘备的名字，就闻风丧胆，再也不敢作恶。有人问他为什么要这样做，他说："吾乃中山靖王之后，定当承继先祖威风，光复门庭。"就有人问了："收拾彼等蟊贼，即可光复汝家门庭吗?"刘备竟然回答："有朝一日，刘某将扫清寰宇，使奸党无所遁形!"

此人从小志向远大，奈何他家里很穷，父亲早死，与母亲相依为命，别说读书识字，就是吃饭穿衣，也很成问题。他的叔父刘元起非常欣赏他，时常接济他，并出资供他拜名士卢植、郑玄为师，研习学问。跟他一起求学的还有一个公孙瓒，此人是官宦子弟，十分看重刘备。有了这些名家的提点，刘备的名声越来越响。只可惜，他毕竟家境贫寒，没人向朝廷举荐，至今仍然依靠贩卖鞋子及在家里编织好席子以后，拿到城里出售来谋生。

不要以为他没有办法获得更好的生活，事实上，他颇有名声，又师出名门，为人仗义，乐于助人，一些有钱人，争先恐后地愿意结交他，为他提供丰足的衣食。其中，就有中山的富商张世平、苏双，愿意给他提供一幢住房，供给一家人富足的生活，但被他拒绝了。他说："刘某安于现状，静待天命。"

他没有更多的钱租赁铺子，只是在城西摆了一个摊子，几乎每一天都会挑着担子，把鞋子、席子之类的东西挑到摊位上去卖。因为交游广泛，一开始，他刚支起摊位，东西就被人一抢而空。接连好几次都是这样，他琢磨开了，一定是有人暗中给他帮忙。他不愿意随便受人恩惠，更不愿意受人恩惠还不知道是谁施给他的，便立下规矩，凡是到自己摊位上购买鞋子与席子的，必须带着里正的签名，以资凭证。也许，帮助他的人明白，刘备此举是为了从里正那儿查出自己，不便再雇人大量购买了。即便如此，每一天，刘备总是比别人卖得更多。城里还有几家原来也是卖鞋子、卖席子的，刘备干上了同样的买卖，人家的生意就不好做了。刘备知道了这件事，一连几天，再也不到摊位上来了，一问，原来他正在寻思别的谋生门路。如此心善之人，天下少有。那些商户打探到刘备根本干不了别的事情，便私下里合计了一回，结伴而行，去了桑家楼，告诉刘备，各做各的生意，谁也不会影响谁，如果他不愿意做，大家都不做了，整个涿郡从此便再也没有一个人卖鞋子卖席子,涿郡人只能跑到外地去购买了。刘备不忍拂了大家的好意,答应继续干这门生意,不过,提出一个条件,要是自己每天卖出的货物明显比别家多一些,就会拿出多余的盈利,与大家平分。他就是这么一个有胸怀的人。自从他再度挑上担子走向大街,没有人不称赞他的仁义。

无论是谁,遇到难题,只要他知道了,哪怕自己事情缠身,也一定会抛开一切,立即前往帮助人家解决。涿郡原来并不平静,有一些人游手好闲,你说他们是不法之徒吧,他们却都没有干过违法的勾当,你说他们是良善之辈吧,他们整天无事生非,总要把一个平静的地方搞得鸡犬不宁。官府管不了,其他人不愿意管。刘备得到消息,把担子一放,一口气奔到那些人的面前,以比武的方式赢了他们,然后教他们做人的原则,把他们收拾得服服帖帖,从此以后,他们再也没有搞出任何事情来。

关羽听到这里,心想:"如此说来,刘备确实胸怀远大。彼不屑于蝇头小利,追寻的是春秋大义,关某亦不能与彼相提并论。若说动彼一道去投奔大贤良师,关某不仅可以向童先生有个交代,亦能够遂平生之志。"

说完了刘备,紧接着,老汉说起了张飞。在老汉的嘴里,张飞人长得粗壮,相貌粗鲁,但粗中有细,气度与胸襟虽说不能跟刘备相提并论,也是一个听到有难必然会伸手相帮的豪杰。此人家住城外,颇有田庄,本来依靠田庄就可以过上丰足的日子,却跑到城里开了一个肉铺、一个酒铺,雇了一帮伙计,替他打理生意。他自己一般不到城里来,只是听说某人可能有几分本事,才进城来,寻找那人比武。如果他三拳两脚把人家打倒在地,就会大摇其头,叹息一声,嘱咐伙计甩给那人几串铜钱,扬长而去;一旦他费了老鼻子力气,才把人家放倒,他就会格外高兴,又是酒又是肉地款待人家,完了只要那人愿意跟着他,他就会收留人家,当作心腹;要是谁能够把他打倒在地,那就不得了了,说不定,他连自己的庄园都会送给人家。不过这件事从来没有发生过,也许永远不会发生。

你想,他张飞那是多大的神力呀?衙门口的石狮,关先生看见了吧?少说也有五百斤重,一天,他喝醉了酒,被人一激,东倒西歪地跑去衙门口,朝石狮看了几眼,停下脚步,蹲下马步,双手一撮,就要去搬弄那座石狮。守门人哪里容得了有人在衙门口惹是生非,提着棍棒,跑了过来,喝令他快快离开。张飞也不理睬,伸出双手,将要挟上石狮。守门人恼羞成怒,劈头一棍子打了过去。噼啪一声,棍子断了,咣当一声,掉在地上。

"好!"看热闹的人发出了一阵惊讶的大叫,排山倒海一般。原来,那一棍子打在张飞身上,只当是给他挠痒痒,他没事人一般,一声大喝,双手朝石狮底座上一抓,一下子就将它抓起来,顺势举过了头顶。紧接着,张飞举着石狮,折转身子,缓步向人群走来。

"大胆狂徒!怎敢如此无礼!"从衙门口方向传来一声暴喝。随即,一群人提了棍棒,快速地朝张飞扑了过来,几乎一眨眼的工夫,就将他围住了。

张飞略一愣,下意识地朝声音的发出者望去,竟然是县令,只见他满面怒容,一团杀气。张飞一个激灵,酒醒了,意识到自己闯祸了,不该把衙门口的石狮举起来炫耀,脑子一转,堆上笑脸,说道:"大人不要某举石狮,某放回原地就是,何苦如此发怒。"

"大胆张飞,汝平素轻狂,本县不予计较,今日竟然胆大妄为,藐视本县,藐视朝廷,本县岂能容汝胡作非为。"县令看到张飞已经轻松自如地把石狮放回原位,立即喝令众捕快,"抓住张翼德!"

"大人为何抓吾?"张飞向后一跳,问道。

"大胆!汝藐视本官,藐视朝廷,尚敢询问本官。动手,把彼抓起来。"县令怒喝道。

张飞笑了:"大人之意,莫非亲眼看到某举起石狮乎?大人详查,石狮就在原地,丝纹未动,某手里亦无石狮,岂能说某举了石狮?"

"可恨张飞,如此强词夺理,莫非本县亲眼所见,如此众多之人亦看到,皆为假的不成?"县令愈发愤怒不已。

"想必大人尚在梦中,亦未可知。"张飞说道。

这时候,刘备分开人群,走到县令面前,朝县令鞠躬道:"大人,翼德经商多年,深知朝廷法度和大人令声,岂敢藐视大人、藐视朝廷?想必果如翼德所言,大人尚在梦中尔。"

见县令愤怒未息,刘备朝县令面前再走一步,压低声音说道:"大人三思,想那张飞本是喝了一些酒,做出如此糊涂事,现已酒醒,知道错了,给出台阶,让大人和彼都能下得来。大人何不见好就收,放彼一马呢?大人真要依法惩办,一旦上面获知此事,大做文章,追究大人保护不了衙门口石狮之罪,大人尚望继续坐在县太爷位置上吗?"

县令听了,觉得有理,哈哈一笑,说道:"本县虽非梦中,然时时会有幻觉,想必今日又是如此。"

于是,一场天大的祸事平息下来。

自此,张飞与刘备日益亲密,几年下来,已经结成了知己,每当涿郡有事,两人一块出面,很快就可以平息,让县令当得很是轻松。

"刘备、张飞如此侠肝义胆,确实值得钦佩。"关羽说道。

房东老爹没有继续接腔,鼻子猛力地嗅了一下,感到香气扑鼻,不由得有些狐疑,抬起眼睛,看到一板豆腐已经制作完成,关羽正在细心地切割豆腐,忍不住走了过去,弯下腰,鼻子朝豆腐闻了一下,惊讶地说道:"关先生的豆腐香气逼人,润滑柔软,鲜嫩无比,老汉活了一辈子,临死之前能够看到如此好的豆腐,真是不枉此生。"

"老爹喜欢,云长每天都给老爹一些。"关羽笑道,顺手划出一块豆腐,递给了老汉。

老汉捧在手里,闻了又闻,看了又看,然后嘬起嘴唇,轻轻尝了一下,说道:"关先生的豆腐天下一绝。有如此手艺,用不多了多久,关先生即当与刘备、张飞一样,为人所共知。"

人老话多,老汉得到了豆腐,恭维了关羽一阵,喜滋滋地回去以后,很快就把消息传遍了周围的人们。于是,人们络绎不绝,前来观赏。关羽为人仗义,不会计较些微豆腐,把它们分给大伙,得到了更多人的夸赞。天已经亮了,豆腐已经没有了,关羽不能出摊,检查了一下浸泡的黄豆以后,想起了老汉说过的刘备、张飞。他恨不得马上见到他们,关了门,径直向城东走去。

远远地,关羽看见前面围了很多人,一个个唧唧喳喳,非常兴奋,在议论什么。难道是张飞的肉铺发生什么事情吗?他心里想道,加快脚步,如飞一般地朝前奔去。几乎瞬息之间,他就来到了那儿,不过,被一群人挡住了视线,看不清摊位上到底有什么东西。他轻轻地拨弄了一下人群,挤到了最前面,只见案板上放了半边新鲜猪肉,上面压了一块巨大的石头,看那架势,足有四五百斤,石头上面是摊开的竹简,上面刻画着一些字。围观的人群显然不识字,一个个圆睁着眼睛,朝竹简上翻来覆去地看。另一端,站着一条大汉,脸色黝黑,腰宽体胖,身材高大,双手抱在胸前,煞有气势。他几乎连眼睛都懒得抬一下,说道:"无论是谁,若搬开压住猪肉的石块,即奉送猪肉一刀。有力气者,尽管放马一试。"

"肉铺开至如此地步,除了张飞,岂有他人!"关羽心里想道,但从此人的喊话声中,知道他并非张飞本人,不过是张飞雇来的伙计。放在一般生意人身上,关羽肯定把它当成噱头,但是,听说了张飞的事迹,关羽觉得不像,似乎更多地希望结交天下英雄。既然想与张飞结交,而且,看这位伙计目中无人的样子,也确实可恼,关羽决定跟张飞开一个玩笑,试探一下此人到底有多大的气量。于是,他问道:"此话当真?"

那人瞥了他一眼,说道:"我家张大爷说话,一口唾沫一个钉。只要客官能够举起石头,即可取走一刀猪肉。"

"汝刚才说的是搬开石头,为何变成举起石头?"关羽问道。

"客官,上面分明写的就是举起石头。刚才,是吾说错了。"那人狡辩道。

关羽微微一笑,心里想道:"这人见机得快,看到关某也是一条壮汉,而且敢于出言询问,想必知道关某有点手段,就故意加了码,还以为关某不识字。也罢,看在准备跟张飞论交的份上,就不要撕破脸皮。让他看一看关某的手段。"

想到这里,关羽朝案板跟前走了一步,乜着眼,似乎在打量从哪里下手将石头举起来一般。众人屏住呼吸,一齐看着他。一位老汉说道:"壮士,石头不下四百斤,猪肉虽好,但犯不上伤了身体。"关羽感激地看了他一眼,说道:"关某省得,多谢老爹提醒。"随即,他转过面,也不作势,双手朝石头上一搭,用力一抓,高高地举起了石头,然后转了一个圈,稳稳地把石头放在地上,拿起那被石头压着的半边猪肉,往肩头一甩,扛起来就走。

"壮士留步,怎的如此不讲客气,扛起张某的半边猪肉就走?"只见一条人影,好像闪电一般,从铺子里冲出来,眨眼的工夫,就拦在那个肩扛猪肉的红脸大汉面前,挡住了他的去路。

关羽停下脚步,朝那人望去,不觉暗暗喝彩,心里想道,传言果然不错,此人就是张飞,好一条威风凛凛的壮汉。他决计跟张飞戏耍一番,看一看此人到底有怎样的本领与胸襟,说道:"这是关某赢来的猪肉,吾须跟谁讲客气呢?"

张飞似乎没有想到关羽会有这么一说,一时间竟然答不上话来,支吾了一下,说道:"不错,客官是搬开了石头,按照张某的规矩,可以取走一刀猪肉,但是,汝不该拿走半边猪肉呀。"

"这就是一刀猪肉。"关羽说道。

"一刀猪肉岂能砍去半边?客官分明强词夺理。"张飞反应敏捷,一把将猪肉扯住,欲要拿回,关羽则死活不让。于是,两人各自拿着猪肉的一端,大声争吵不休,各说各有理,互不相让,争论了一个沸反盈天,弄得几乎全涿郡城的人都围拢过来,把二人围了一个水泄不通。

"汝伶牙俐齿,张某不跟汝逞口舌之能,只拳脚上见高低。"

"拳脚上关某也不怕汝。"

话音刚一落地,两人似乎心意相通,同时将猪肉朝案板上一甩,拉开架势,动起了拳脚。行家一出手,便知有没有。二人果然都是好本事,双双挥动铁拳,都是刚劲有力,虎虎生威,每一拳打过去,都带起一阵微风。刚开始,人们还能看得出来哪一个是张飞,哪一个是红脸汉子,不一会儿,二人纠缠在一起,越打越快,犹如一阵阵旋风刮过,谁也看不清楚他们的模样,只是感到,周身不停地卷起了一阵阵波澜,绵绵不绝。

"住手!"忽然,人们听到了一个异常响亮的声音,紧接着,风消失了,波涛不见了,他们的眼睛里,同时看到了三个人:一个双耳垂肩的白面汉子站在红脸大汉和张飞的中央。显然,是刘备阻止了他们的争斗。

关羽从来没有见过刘备,如今仅仅看了他一眼,就被他的气度征服了,心想自己前来涿郡,本是为了结识刘备和张飞的,结果竟然以这样的方式与他们见面,不由暗叫一声惭愧,有满腹的话想说,但说不出口。

"刘兄言之有理，都怪某鲁莽。"张飞哈哈一笑，双手抱拳，对关羽说道，"这位壮士，张某多有得罪，还请海涵。"

"久闻二位大名，如雷贯耳。某姓关名羽，草字云长，流落江湖多年，颇听说了二位名声，今日有缘相见，实感三生有幸。今关某来到涿郡，开了一间豆腐坊，还请多多关照。"关羽拱手说道。

"都是生意人，理当如此。"刘备、张飞同时说道。

关羽制作的豆腐已轰动了半个涿郡。刘备、张飞身居涿郡，通过与来往涿郡的名商巨贾交往，听说过大庆关客栈的豆腐驰名天下，立马想道，难不成此人就是在大庆关客栈制作豆腐的师傅？二人尽管从来没有去过大庆关客栈，但对它并不陌生。原来以为那不过是一间普通的客栈，没料到，店主竟然派人前来探听口风，试图说服他们投奔大贤良师张角。他们这才知道，那是张角安排的暗桩，意在鼓动有能之人加入他们的阵营。刘备隐隐觉得，张角迟早有一天会造反，自己是皇室之胄，岂能与他们为伍，立即婉言谢绝。张飞本来有些动心，在刘备的劝说下，收起了念头。眼下，既然判断关羽来自大庆关客栈，二人寻思一阵，决定以这样的方式与关羽相见，一来试探一下他的武功，二来在与他相识之后，可以以切磋武艺的借口，经常与他接触，套出大庆关客栈的意图，如果能够劝说关羽从此与大庆关客栈分手，跟他们一条心，更是天下之福。

三人相互抱拳，哈哈大笑。张飞果然豪爽，命令属下，在铺子里动手炒菜，三人把酒畅谈，直到城门快要关闭才分手。

从此以后，刘备、张飞、关羽各怀心思，几乎每一天都会碰面，谈论各种各样的话题。不知不觉，半年过去了，关羽准备为童小钱游说刘备、张飞。关羽打定主意之际，刘备、张飞也决定摊牌，试图劝说关羽脱离童小钱。

这一天，三人再度聚首。张飞首先说道："关先生，半年以来，吾等了解甚深，皆怀抱匡扶天下、救国救民之志，是时候决定共同进退了。"

刘备说道："若每天都能开怀畅谈，何必一定要共同进退？"

"关某不才，亦知朝廷混乱，阉党当道，权臣弄权，大汉江山弄得满目疮痍，百姓民不聊生。"关羽稍微顿了一下，说道，"不瞒二位，关某本名冯贤，河东解州人氏，自幼从名师练出一身武功，颇能识文断字，习练兵法，原指望为朝廷出力，孰料自董卓担任河东郡守以来，勾结恶霸豪强，欺压良善，逼得良善之辈走投无路，背井离乡。云长欲为黎民百姓伸张正义，儿子百日以后，前往河东，试图劝说官府遵从朝廷律法，体恤民情，叵耐官府强梁，根本不给吾说话的机会，把吾赶走。吾接着想在解州寻找机会，一样碰壁。适逢一老者准备击鼓诉冤，县衙不予理睬。关某得知解州恶霸吕熊恶行，一时大怒，一夜之间，跑了一百多里，寻吕熊党徒七处，斩杀一百零八恶徒。父母年迈，为使关某逃亡，双双投井自尽，妻子被师傅接走，关某独自逃命至今。某寻思，既然朝廷无法成为黎民百姓的依靠，吾等即可效仿陈胜吴广，顺从天意，推翻朝廷，解万民于倒悬，以匡扶天下，拯救民众。"

"杀得好！张某遇到此等恶徒，一样会将彼等斩尽杀绝。"张飞一下子忘掉了跟刘备之间的约定，拍案大叫道，"如此朝廷，确实该反。吾等扯起造反旗，杀向洛阳，把皇帝拉下马。"

刘备沉思片刻，说道："刘某乃皇室之胄，不敢谋逆。某认为，此非朝廷过错，实乃阉党、权臣造逆而成。如今阉党当道，朝堂之上，已是异常混乱，世道必然有变。刘某仍愿等待时机，有朝一日，可以报效朝廷，除尽阉党，肃清权臣，还黎民百姓一个朗朗乾坤。"

"吾等均为白身，怎能除尽阉党，肃清权臣？"关羽沉吟道。

张飞虽说是一个急性人，口无遮拦，往往还没有想好，话就自然而然地出了口。但是，他也是一个聪明人，听得出来刘备有些责备他不该为关羽喝彩的意思，便闭上嘴巴，不再做声。

刘备说道："无他，静待天时而已。"

关羽长叹一声，说道："如此，黎民百姓不知还要蒙受多少灾厄。吾等口口声声所说的匡扶天下，救国救民，何日得以实现？"

刘备挥了挥手，说道："岂有揭竿而起，反抗朝廷，才是匡扶天下之理？朝廷果然到了必须推翻不可的时候吗？依某看来，恐未必尽然。如今固然阉党当道，奸贼弄权，害得民不聊生，但朝堂之上，仍然有忠义之士不避艰难，不畏死亡，奋起反抗阉党权臣，虽死无悔。此等朝廷，仍受忠义之士拥戴，一旦推翻，岂是国家与黎民百姓之福？再者，一旦吾等扯旗造反，即使最终赢得天下，得经多少战争，多少杀戮，有多少黎民百姓会死于战乱，有多少黎民百姓会蒙受更大灾难？此岂是国家与黎民百姓之福？"

老实说，关羽亦思考过这些问题。当初，童小钱试图拉他入伙的时候，就是考虑到了这些因素，他没有给出正面回答。后来，与童小钱接触多了，听说了张角、张梁、张宝兄弟更多的善行良举，又知道大贤良师手下已经拥有数十万之众，人人感激张氏兄弟，势必会形成一股强大的力量，一旦扯旗造反，将是一支非常可怕的力量。朝廷已经衰落，岂能号令官军？官府的种种劣行已经激起了黎民百姓的普遍不满，两厢一对比，关羽觉得，大贤良师一旦举义，旌旗所向，很快就可以推翻朝廷。因而，他动了心，准备投靠张角，以全副本领辅佐大贤良师，尽快完成匡扶天下的壮举。现在，听了刘备的话，他忽然发现，刘备所言并非没有道理，一个仍然受到忠义之士拥戴的朝廷，在遭到民众造反的时候，并非不能组织强大的官军，以剿灭造反的队伍。两者势均力敌，战争旷日持久，给黎民百姓带来的灾难就没完没了。一旦造反的队伍处于劣势，而这是很有可能的，毕竟，他们没有受过严格的训练，并不知道如何有效地使用刀枪剑戟，也不知道如何排阵打仗，自己要想帮助这样的队伍，强力与官军作对，鹿死谁手倒在其次，战争打下去，给国家给黎民百姓带来了深重灾难，就不是匡扶天下，而是贻害天下，这绝不是忠义之士所为，而是乱世强盗。一念及此，他不免心里打了一个寒战，很久都没有回过神来。

清醒以后，关羽的思维走进另外一个层面：自己虽说没有答应童小钱一定会投奔张角，但答应过要去会一会张角，眼下，有必要去面见张角吗？如果见了，被张角说服，留在他那儿，帮助他打天下，而刘备、张飞是不会去的，一旦张角造反，他二人还会协助官军，征剿义军，那么，自己不是要与他二人刀枪相向吗？不去面见张角，又答应过童小钱，在童小钱面前失信，同样有违忠义之道。关羽一直踌躇不定，颇伤脑筋。

随后的日子里，关羽一如既往，除了制作豆腐，就是与刘备、张飞攀谈。他们好像签署过契约，谁也不再谈到底应该怎么办，而是谈论当天获悉的各种情况。其中，最多的还是有关大贤良师的举动。得到的消息越多，关羽越发对张角有了一种崇拜的感觉，只是，他仍然不能决定自己到底要怎么办。

转瞬进入严冬。这一天，童小钱进了城，径直找到关羽，说道："云长谋生不易，童某深感佩服。"

关羽心里咯噔一响，说道："关某身受童先生厚恩，许诺过童先生的，一定会有所交代。跟刘备、张飞接触至今，云长已经做过一次试探，彼等心意已定，认定大贤良师必将与朝廷作对，不愿意与大贤良师为伍。关某不便独自前行，留在此地，准备继续劝说彼等。"

"如今十常侍专权，祸害朝廷，戕害百姓，已经天怒人怨，大贤良师准备加快起义步伐。刘备、张飞不愿与吾等为伍，由他去吧。云长可择日启程，大贤良师身边需要良将。"

关羽沉吟道："刘玄德曾言，朝廷尚有忠义之士，不必推翻，大贤良师宜利用已经取得的威望，拯救万民，清除奸党。"

童小钱目光如炬，盯着关羽看了好一会儿，叹了一口气，说道："朝堂之上，阉党横行，权臣不法，弄得赤地千里，民不聊生，民怨沸腾。若不推翻，无非新瓶装旧药，实非解决之道。吾辈只有以不畏死之决心，一举推翻朝廷，方能拯救黎民百姓，匡扶天下。"

"如此一来，天下真的就会大乱。"关羽也是一声叹息，说道。

"天下早已大乱，吾辈不过是为了澄清寰宇。"见关羽似乎还想说下去，童小钱明白了他的心意，挥了一下手，制止了他，说道，"云长并非吾辈中人，童某不再打扰云长，只希望汝不要迷失本性，确实以匡扶天下为己任。"

童小钱飘然离开，其实为关羽到底如何行动做出了最后的选择。他完全放弃了前去面见张角的想法。

中平元年即公元184年春节过后不久，关羽听到一个传闻，说是大贤良师派遣人马，收买在朝堂上专权的阉党，准备以他们为内应，发动起义，一举推翻大汉王朝，可是，有一个人中途反悔，向朝廷自首告密，朝廷雷霆大怒，立即斩杀了与阉党联络的人，下旨扑灭大贤良师的信徒。张角不能坐以待毙，火速发出起义的号令。一时间，以冀州为主要地域，张角的信徒用黄巾包裹头部，发出"苍天已死，黄天当立，岁在甲子，天下大吉"的誓言，正式揭竿而起，向朝廷宣战。

"彼等果然造反了！"关羽暗自发出一声感叹，心头涌起以一种难以形容的滋味。

"仓促上阵，彼等很快就会被朝廷剿灭。"刘备胸有成竹地说道，"吾等匡扶天下的机会来临，快快做好准备，一旦得到号令，就加入官军，剿灭黄巾贼寇，建功立业。"

"痛快，张某誓把那些黄巾贼杀个干干净净。"

"难道吾等真的要围剿黄巾军吗？"关羽迟疑地说道，"纵使彼等并非义士，亦乃为了天下苍生。"

"云长，张角名为匡扶天下，实乃残害苍生。若彼真的为了黎民百姓，岂能勾结阉党？此乃正人君子所不齿者。"刘备目光如刀，瞪着关羽，说道。

关羽当然清楚，这种行径确实为忠义之士所鄙视，但他读过兵法，并没有把张角拉拢阉党为内应当作了不得的大事，仅仅把它看成为了达成目的，减少杀戮的手段。现在，听刘备一说，心里不觉动摇了。

刘备继续说道："吾辈不去剿灭彼，他人亦会。与其让给他人，不如吾等趁此机会，奋力拼杀，以匡扶正义，有何不可？"

"不错，上天给了机会，吾辈必须紧紧抓住。"张飞立即附和道。

关羽似乎被打动了，沉默不语。

张飞一见，哈哈大笑，说道："吾等均为忠肝义胆之人，如今谋求大事，正宜结为兄弟，以同心协力，共同进退。"

"翼德言之有理。"刘备马上赞同。关羽亦有此心，连忙点头答应。

张飞说道："吾庄园后面有一座桃园，正是桃花盛开时节，明天正午，吾三人就去桃园之中，祭告天地，正式结为兄弟。"

次日，刘备、关羽结伴而行，来到张飞庄园。庄园果然不小，除了房子之外，后面还有一片桃花林园，在那儿打了口水井，井水冬暖夏凉，若是夏季，猪肉没有卖完，张飞便命人把猪肉拴上，放入水井之中，以作保鲜之用；此时刚刚开春，桃花盛开，满园香气扑鼻，一群手下人等，正遵照张飞的吩咐，在桃园里摆放乌牛白马祭礼等物。见了刘备、关羽,张飞大喜,三人各叙年龄,刘备最大,关羽次之,张飞最小,先以此确定了长幼顺序。

正午时分,一切准备就绪,三人以刘备居中,关羽、张飞分居左右,焚香拜了几下,一起明誓:"念刘备、关羽、张飞,虽然异姓,既结为兄弟,则同心协力,救困扶危;上报国家,下安黎庶;不求同年同月同日生,只愿同年同月同日死。皇天后土,实鉴此心。背义忘恩,天人共戮!"

自此,刘备、关羽、张飞完成了结义之举,三人以刘备为大哥,关羽为二弟,张飞为三弟相称。

第三章　参剿黄巾

　　张角正式发动起义后，自称天公将军，其弟张宝称地公将军，张梁称人公将军，分别率领人马，到处焚烧官府，捕杀官吏，攻打豪强，没收地主财物，声势浩大，令黎民百姓拍手称快、官府豪强望风而逃。朝廷惊慌失措，急忙派遣何进为大将军，率左右羽林和五校尉营镇守洛阳及其附近的关隘，拱卫京城，同时诏令皇甫嵩、朱儁、卢植等率领大军分头进击，企图扑灭黄巾军，并解除党锢，重新起用党人。一时间，各地官府在兵力不足的情况下，纷纷动员豪强招兵买马，拉起队伍，配合官军围攻黄巾军。冀州是黄巾军的主要战场，涿郡地处冀州要冲，虽说暂时还没有受到波及，但很快就会有黄巾军打过来。冀州刺史刘焉手下兵马有限，遂发榜鼓励乡民组织武装，进行备战。刘备、关羽、张飞看到榜文，大喜过望，立刻决定招募人员，拉起武装，并变卖家财，用于购买铁器，打造武器。很快，他们召集了三百余人，将张飞庄园里的树木全部砍掉，平整出了一个很大的空间作为训练场所，并在最里面筑起一个高台，安放了一面非常大型的战鼓，以作号令。紧接着，兄弟三人分工：刘备与官府接洽，争取支援；张飞负责筹集粮草与兵器；关羽主抓训练。

　　暂时没有刀枪，一点也难不倒关羽，他因陋就简，命令人马先从砍掉的树木里面，寻找一些粗壮笔直的树干，制造成简易的大棒，自己则冥思苦想，筹划训练内容与进度。他不能像当年师傅教导自己一样循序渐进，以练出绝世武功，只能根据实用的原则，教给即将上阵的兵士们拼杀技巧，以及如何列队、如何变换队形、如何按照鼓点的疏密程度与敌作战。

夜色朦胧之际，关羽正在屋里思考如何进行训练，刘备带着一个满身戎装的将领走了进来，欢喜莫名地对关羽说道："云长，来，参见邹校尉。"

邹校尉名靖。刘备前去接洽官府，首先遇到了他，是他带领刘备拜见刘焉的。

刘焉见刘备来投，大喜道："玄德忠心为国，志气可嘉，人皆如此，何愁蛾贼不灭！"

但是，刘备希望得到更实际的东西，听了刘焉的话，纵然满心欢喜，也不能不在谦让一番以后，说出了队伍面临的窘状。

刘焉踌躇了一会儿，说道："朝廷不差饿兵，乃自古之理。可是，阉党当道，权臣弄权，朝廷暗弱，并无征剿黄巾贼寇的钱粮。冀州乃黄巾贼寇主要反叛之地，本刺史调集各路兵马，正与黄巾贼寇作战，亦是左支右绌，勉强支撑。不过，为了保卫汉室江山，纵有千难万难，本刺史也会想办法帮汝。今日，吾先派邹靖随汝查看情况，拟定计划，尔后当逐一实现。"

就这样，刘备带着邹靖来到了张飞庄园。

邹靖是一个不爱客套的人，领了刺史的命令，一见到关羽，立即询问兵马准备的情况。关羽回答说，他已经聚齐三百余条大汉，平整了地面，划分了队伍，准备了最简易的武器，明天早晨就可以开始训练。

"汝可带吾前去观看。"邹靖说道。

于是，刘备、关羽兄弟二人，一边一位，拱卫着邹靖，一齐走向兵士集中的地方。这时候，兵士们正遵照关羽的指令，在整理各自的器械。老远就可以听见摩擦器械的声音，以及兵士们的说话声。屋子里全都燃起了烛光。一壁到地的门窗，映出了兵士们的身影。邹靖戎马至今，即使看起来隐隐约约，也可以很快分辨得出来，一个个正在修整他们的兵器。

"关羽究竟给了彼等何种兵器？"邹靖感到很好奇，心里问道。他听得出来，那根本不是铁器摩擦的声音。他走进一间屋子，这哪是一群准备打仗的兵士，完全是一伙将要出门贩卖货物的商贩，穿着形形色色的衣服，各抱着一根棍子，用刀子或者石头在上面打磨。他不觉哑然失笑，打从心底涌出一阵难以名状的滋味。

"没人一拉起队伍，就威武雄壮。"关羽听出邹靖的笑声里很有些轻视的意思，微微一笑，胸有成竹地说道，"关某已经发出号令，明天卯时，听到击鼓之声，全体集合，实行操练。邹校尉若有时间，不妨留下来，且看关某如何操练。"

此人如此镇定，气象豪迈，说话虎虎生威，确实不可小觑。如今，刺史大人急于扩充兵马，但没有足够的银两养活队伍，派遣自己前来的目的，无非是想实地查看一下，刘备、关羽、张飞等人集合的队伍，到底能不能成事，如果不能，就没有必要在他们身上花费时间和精力，任其自生自灭可也；如果他们确实有本领，就可以为他们提供必要的帮助。眼下，按照关羽的做法，操练、兵器，都可以因陋就简，自行解决，没准关羽踩出一条道路以后，各地可加以仿效，迅速壮大声威，一旦黄巾贼寇胆敢进犯涿郡，管教他们有来无回。邹靖一念及此，果然爽快地答应道："云长成竹在胸，本校尉且留宿庄园，明日且看云长手段。"

这时候，张飞回来了，心里虽说着实因为一天下来，没有筹集到一点钱粮而感到万分懊恼，但是一见到邹靖，自以为可以得到官府支持，脸上立马露出了高兴的神采。兄弟三人命人做好饭菜，热情地款待邹靖，腾出一间房子，送他休息去了，便聚在一块，各自诉说一天的经历，对未来充满憧憬。

次日卯时，一阵嘹亮的号角声穿透凛冽的寒幕，在庄园上空回响。刹那间，庄园里传来了一阵阵杂沓的脚步声，以及人紧张而兴奋的喘息声。三百余条大汉，各自手拿一根木棒，奔向了操练场。

其时，关羽已经站在平台的正中央，腰上挂了双剑，是他出师之日，在胡家岭师傅的铺子里亲自打造的，虽说没有戎装，倒也威风凛凛，从浑身上下透射出可以触摸得到的威严与肃杀之气。刘备、张飞簇拥着邹靖，站在靠近那面大鼓的地方，同样颇有威势地打量这些正在奔跑着的人群。

他们毕竟初次集合，没有接受过任何操练，不知道到底应该站在哪里，以及怎么站立才是最好的，异常慌乱，挤挤撞撞，发出了一阵接一阵讥笑声。关羽一直虎着脸，默不作声，双眼威严地朝他们扫来扫去。人群乱了一会儿,终于在关羽的逼视下,安静下来,齐刷刷地看着平台,再也不敢动弹了。

"诸位,今张角起兵造反,我等为了匡扶天下、拯救黎民百姓,自愿投身行伍,准备与黄巾军作战。《春秋》有云,无法则乱。行伍更须如此,唯有服从号令,才能保住各自性命,才能打胜仗,才能建功立业。今日,关某先颁布禁令七条,凡有违反,一律格杀勿论。"关羽顿了一下,说道,"一、操练时必须服从号令,违令者斩;二、遵守各种规定,违令者斩;三、贪生怕死者斩;四、扰乱军心者斩;五、遗弃兵士者斩;六、祸害百姓者斩;七、通敌者斩。"

队伍里发出了一阵交头接耳的声音。关羽提高了嗓门,大声宣布了自己任命的执法官,将两个虎背熊腰、力大无穷的壮汉唤上台来,每人授予长剑一把,转过面来,厉声问道:"违反七杀令者,一律以此剑斩之。汝等都清楚了吗?"

队伍里响起了一阵嗡嗡的声音,紧接着,有人拖泥带水地回答道:"清楚了!"

"汝等清楚了吗?"关羽提高了嗓门,震得每一个人的耳朵都嗡嗡作响。众人似乎感觉到了一些害怕,本能地一起回答:"清楚了!"

"如此甚好! 现在,进行操练。"关羽稍顿了一下,说道,"操练第一,整顿队形。汝等听好了,按现在所站位置,各以左边第一人为基准,排列成一条直线。行动。"

人群再一次响起了嗡嗡的声音,大家不约而同地相互看来看去,似乎找不到哪儿是左,又该怎么排成一条直线。

"汝等不知何为左边,何为排列成一条直线吗?"关羽威严地喝问道,见大家不敢回答,说道:"如此,乃关某命令不清,理当斩吾。执法官,将关羽拿下,立斩不赦!"

人群惊讶极了,没有一个人敢动弹,全都像木头一样,紧紧地盯着平台出神。两名执法官也蒙了,手提长剑,站在那儿,一动不动。

"二弟,使不得。"刘备冲了过去,阻拦道。

"二哥,岂能拿脑袋开玩笑。脑子一掉就长不上去了。"张飞同样大惊失色,抱住关羽的双肩,说道。

"军法无情。"关羽冷峻地说道,"执法官,执行命令!"

两名执法官双手有点发抖,手里的长剑不住地晃动,眼睛朝刘备、张飞、关羽看来看去,不知道该怎么办才好。

"执行命令!"关羽厉声喝道。

"吾不当执法官了。"两名执法官将长剑丢在地上,哭叫着说道。人情不自禁地跪倒在地,大哭起来。

"军令不清,贻害无穷,关某还有何面目生于人世!汝等不敢斩杀关某,关某自己了断。"关羽挣脱张飞的双手,从刘备面前闪身而过,飞快捡起一把长剑,就要朝脖子上抹去。

张飞手疾眼快,死死地按住了关羽拿剑的手,说道:"二哥,我等三人桃园结义,誓言犹在,汝死,吾和大哥也不能独生。"

"二弟,并非命令不清,此乃众人初入军营,不能适应耳。吾等武功,亦非一蹴而就,一练数年方成。"刘备说道,"假以时日,汝定能把这些忠肝义胆的兄弟,打造成一支令人生畏的力量。"

"关头领,我等有罪,惩罚我等。"人群全部跪倒在地,一齐叫道。

邹靖冷眼旁观,最初还以为是关羽早就编排好了节目,及至现在,终于明白,关羽是当真了,心里想道,单从此人这一举动上就可以看出,他确实深谙兵法,是一个军事干才,有这样的人操练并且带领队伍,一定可以干出一番事业了。于是,他大踏步走上前来,扶着关羽的双手,说道:"果如玄德所言,关头领并非军令不清,全系彼等不能适应之故。汝不必担责。况且,蚁贼即将打到涿郡,关头领一代才俊,正是带兵征战蚁贼、匡扶天下的时候,岂能为此执行军法?请关头领看天下苍生面上,暂且收起执行军令之念,待与蚁贼决战后再说。"

"罢了!"关羽仰天大叫一声,说道,"关某暂且可以不死。若关某之令得不到执行,关某项上人头仍需取走。"

他扶起两名执法官,将长剑再一次交到他们手里,说道:"汝等执行军法,怎可徇私?又怎可擅自放下执法之剑?再有下次,按照军法,汝等亦得处斩。不然,何以服众?"

两名执法官挺直腰板，大声回答道："我等誓死执法，绝不敢稍有违背。"

关羽迅速转过身，面向队伍，请大家全都起来，顿了一会儿，等大家肃静下来，说道："各位听令！吃饭之际，端碗者系左手。每次操练，关某都以每一列最左边的兵士为基准，整理队伍。排成一条直线，即其他人必须在听到号令以后，迅速把眼睛看向最左边的基准兵士，依次排开，自动拉成一条直线。明白吗？"

"明白！"队伍里发出了一阵排山倒海般的吼叫声。

关羽微微点了一下头，说道："各位听令！按照现有队形，以每一列最左边的兵士为基准，排成一条直线。行动！"

队伍里响起了一阵哗啦啦的声音，只见人头攒动，不一会儿，在关羽面前，就摆开了三十余列整齐的队伍，组成了一个令人望而生畏的队形。

关羽满意地点了一下头，又下了一道命令："各列基准兵士听令！第一列基准兵士不动，第二列基准兵士向后退一步，第三列基准兵士向后退两步，第四列基准兵士向后退三步，其他各列基准兵士按照这种算法，同时展开行动。"

紧接着，关羽下达了新的命令："各列向基准兵士靠拢，排成一条直线。"

队形稍微有点乱套，一阵短暂的忙乱过后，一个疏开的队形呈现在关羽以及站在平台上观看的刘备、张飞、邹靖等人面前。邹靖有些纳闷，难道关羽第一天就要训练兵士们上阵杀敌的本领吗？

果不其然，关羽开始讲解动作要领："第一课，操练拼杀。拼杀不仅要杀掉敌人，更需要保护自己。如何保护自己？必须掌握拼杀技巧，练成高人一等的体力与耐力，作战时奋力冲杀一往无前。这些，均来源于最基本之操练。其法是，听到持枪命令，立即双手协力，端起棍棒，右手握住棍棒底端，紧贴腰部，棍棒向上倾斜，左手向前，抓住棍棒适当处。随后，屏神静气，听到'刺杀'的命令，立刻双手协力，将棍棒猛力刺出。"

关羽讲解完毕，拿起一根棍棒，一边讲解，一边做出相应的动作。完了，下达命令："持枪！"每一个人都按照关羽演示的动作，将棍棒持了起来。紧接着，随着关羽喊出了"刺杀"的命令，每一根棍棒都顺势插了出去。尽管看上去不太整齐,但仍然显得非常壮观。

邹靖不由得心里暗暗喝彩,脸上露出了赞许的神色,但他默不作声,目不转睛地继续观看下去。

关羽命令兵士们反复练习了好几遍,刺杀的动作越来越整齐。这时候,他开始命令兵士们按照鼓点进行操练了。早已选定的击鼓手听到命令,迅速站在那面大鼓的跟前,一手握住一根鼓棒,先缓慢地击打出征的战鼓,导引兵士们一步一步地向前刺杀,随后,鼓点越敲越急,兵士们的动作也越来越快。邹靖的眼帘,依稀黄巾军已经呐喊着冲了过来,关羽正率领这些兵士,不顾一切地迎着他们冲上前去。顷刻之间,刀枪剑戟,纠缠在一起,发出了不绝于耳的噼啪声。不一会儿,黄巾军便死伤惨重,大败而归。

邹靖身在行伍,从来没有见过仅仅半天的工夫,一支事先没有进行任何训练的临时组成的队伍,竟然拥有如此身手,不言而喻,一旦供给他们适当的兵器,将之纳入官军的行列,就是一支可以期待的队伍。"为了汉室江山,为了黎民百姓,哪怕解散自己的队伍,也要为他们提供可以上阵杀敌的装备。"邹靖心意一定,人也安静下来了,他静静地观看关羽接下来的每一个表演。

午饭时间到了,关羽命令人马停止操练,准备吃完午饭以后,稍事休息,再继续训练。

从半天的操练中,已经看出了关羽及其队伍的不同凡响,邹靖决定不再看下去,立即回去禀报刘焉,与刘备、关羽、张飞一道吃饭之际,他说道:"云长确实具备一代名将的风范。三位拉起的队伍,必为保护涿郡的柱石,邹某定当竭尽全力,为汝等提供装备粮草。只是,黄巾贼寇人多势众,汝等仍需招募更多兵员。"

"某等谨遵校尉的命令。"刘备、关羽、张飞万分激动,一齐爽快地答应道。

午饭之后,送走了邹靖,关羽继续训练兵士,刘备、张飞各自带了一名随从,分头行动,前往附近村庄,动员壮汉前来投军。

天黑时分,刘备、张飞还没有回来,关羽命令人马吃过饭,点上了火把,亲自带往操练场,实施夜间训练。这时候,刘备、张飞各自带着十几条大汉回到了庄园。兄弟三人见了,各自道了一句辛苦,关羽将集合的队伍带往训练场,刘备、张飞召集新到的壮汉吃了晚饭,亦领着他们向操练场走去。

突然,远处传来马匹的奔腾与嘶叫声,犹如出征的战鼓,将刘备、张飞的注意力全部吸引住了。二人立即停住脚步,本能地朝马匹声响的方向望去。他们什么也没有看到,但清晰地听见杂沓的马蹄声正朝庄园飞奔而来。听声音,那些马匹何止成十上百,完全是一支久经沙场的骑兵部队。

那些还没有经受过任何训练的壮汉,叽叽喳喳地叫了起来:"莫非黄巾贼寇打到这里来了?"

刘备、张飞二人相互打量了一眼,脑海里突然冒出张世平、苏双两个名商巨贾来,禁不住脸上泛出了惊喜的光芒,一时间忘了走上操练场,一齐转身向庄园门口跑去。

来人确实是张世平、苏双。在他们后面,拥挤着上百马匹,还有十余个壮汉。

张飞立即命令下人给马匹添加草料,预备马匹夜宿的地方,带领那些壮汉吃饭休息,自己则与刘备一道,将张世平、苏双迎入客厅,摆开宴席,热情招待二人。

下人各用一个托盘端了一些饭菜,摆放在张世平、苏双面前。

张飞说道:"吾与大哥欲起兵诛杀黄巾贼寇,官府没有银两给我等购买兵器,我等只有自筹,以粗茶淡饭相待二位贵宾,实在怠慢了。"

"汝等为了剿灭黄巾贼寇,苦待自己,令人敬佩。"张世平、苏双齐声说道。

这两个人自幼合伙贩卖马匹,往来涿郡,与刘备、张飞相识,常在张飞庄园留宿,与他们很有交情。这一次,一隔数年,二人再度从漠北弄了数百马匹,准备去颍川一带贩卖,适逢张角领导黄巾军发动起义,此去的道路上,到处都在打仗,无论是官军,还是黄巾军,看到他们的马匹,不由分说,动手抢夺。二人见势不妙,只有带领随从落荒而逃,最后只剩下不到一百匹马。想到距离涿郡不远,那儿还有刘备、张飞两位老相识,便决定先见了他们再说,这才一路奔到张飞的庄园。

"刘某与云长、翼德结义，正为此事。此刻，云长正在训练队伍，只要黄巾贼寇胆敢侵犯涿郡，管教彼有来无回。"刘备说道。

张世平、苏双兴致高昂，连饭都不吃了，要去看一看关羽是怎样操练人马的。

操练场四周，已经布满燃烧的火把，把偌大一个空间照得犹如白昼。关羽腰挂双剑，目光威严，步子沉稳，在平台上来回走动，观看并纠正兵士的动作。

看到这幅情景，张世平、苏双立即将关羽惊为天人，打从心里涌起一种敬佩的感觉。再看那些兵士时，竟然穿着各种各样的衣服，手里握着的是一根木棍，暗地里一声叹息，站在那儿，一动不动地看完了整个操练过程。

"云长，来，认识下两位名商巨贾。"刘备等关羽训练完毕说道。

关羽正朝这边走来，张世平、苏双立即抢上前去，抱拳说道："关兄弟军事奇才。某等初次相识，为表敬意，奉上近百匹良马，上好钢铁一块。"

"大哥、三弟常说二位仁义，果然如此。关某虽当不得二位谬赞，一定会竭尽全力，匡扶天下。"关羽说到这里，略顿了一下，似乎觉得那些话不足以表明自己的心志，又加上一句道，"自今日起，关某蓄起胡须，不扫平天下，永不理须。"

有了马匹和上好的精铁，关羽、刘备、张飞合计着要抽调人手，组建一支骑兵部队，并且为自己打造一件称手的兵器。可是，组建骑兵部队，必须会骑马才行。涿郡虽说民风彪悍，几乎人人都练过一些武功，也有一些人骑过马，但更多的人甚至连马匹都没有见过，兄弟三人必须寻找颇有马上功夫的教头，教授队伍骑术，然后谋划如何运用骑兵。张世平、苏双骑术了得，爽快地答应在庄园留住一个时期，直到把骑兵训练完成，并且把跟随他们贩卖马匹的随从全部交给他们，作为教头，充当骑兵。至于兵器，邹靖已经说动冀州刺史刘焉，打算为兵士提供兵器以及粮秣补给，刘备、关羽、张飞决定用张世平、苏双赠予的精铁，为自己打造兵器。合计了好一会儿，刘备准备打造双股剑，一手一柄，这样看起来威风；关羽心仪青龙偃月刀，觉得只有这等重兵器，才能配得上自己的神武；张飞自幼练习枪法，一根长枪使得出神入化，此时想要的家伙什是丈八蛇矛。关羽本是一个打造兵器高手，一来准备一个铁匠铺子很不容易，二来需要训练人马，并且还要练习骑马作战，从兵法里面找到运用骑兵，以及骑兵与步兵配合作战的诀窍，没有时间，由张飞另寻一位打铁高手，为他们打造兵器。

一连几天，关羽一面亲自到操练场，训练队伍，一边还要练习骑术。好在他从小就在豆腐坊、打铁铺子里做活，练出了灵活强健的身体，又承蒙师傅胡戎教授武功和兵法，人也聪慧，尽管从来没有骑过马，但经过张世平指点，很快就掌握了骑马的要领，并在一天的时间里，就可以收放自如地骑着马匹，任意奔腾。

几天以后，不仅队伍初步具备了作战能力，而且刘备、关羽、张飞的兵器亦打造成功。关羽手握青龙偃月刀，只见刀锋上闪着寒光，在阳光的照射下，发出霍霍之声，不由得大喜过望，说道："此刀与吾投缘，一见吾面，即欢呼喝叫，异日必能纵横天下，所向无敌。"

突然，邹靖在几名随扈人员的陪同下，骑着战马，飞快地奔了过来，对刘备、关羽、张飞说道："刺史接到可靠情报，黄巾贼首张角已派程远志率五万人马，侵犯涿郡。刺史命令汝等即刻整顿人马，入城共商剿灭蚁贼大计。"

张世平、苏双二人已经初步训练完骑兵的骑术，准备次日返回，一听此话，不由得担忧地说道："玄德手下仅有五百兵马，与五万之敌对战，情势确实危急。"

"邹某可以调集五千兵马，与玄德一道迎战。"邹靖说道。

张世平、苏双仍然为之担忧："纵如此，黄巾贼寇亦有十倍优势，恐难应对。"

关羽说道："吾等刚刚练好人马，亦有了称手兵器，上阵杀敌，必将以一当十，黄巾军兵力再多，有何惧哉！何况，黄巾军重兵来犯，不会把我等放在眼里，我等可以出其不意，预先设下埋伏，打他一个措手不及，歼其先头部队，挫动彼之锐气，振奋吾军士气。程远志先败一场，必然雷霆大怒，倾其全力，来攻打吾军。我等不与彼正面对决，只用小股兵力袭扰之，直到彼军精疲力尽，全力攻击，当可大获全胜。"

邹靖抚掌大笑道："云长精通兵法，实乃涿郡百姓之福。此计大妙，我等快快进城，与刺史商议。"

于是，刘备与邹靖先行，进城面见刘焉，陈述关羽之计，并进一步商讨进军路线、补给等各种事项。关羽与张飞一道，一个领了步兵，一个领了骑兵，随后往城里进发。

队伍进至城里，已经天亮了，关羽、张飞不知道要将部队安顿在哪里，恰在这时，刺史派来传令兵，命令二人带领队伍，进入邹靖的军营。二人大喜，立即带领兵士，在传令兵的指引下，进入了军营。

此时，邹靖、刘备都没有回来，关羽、张飞二人跟兵士一道吃了饭，准备先歇息一会儿，恰好邹靖、刘备回来了。二人立即召集相关人员，分配任务：第一战的主要任务，由刘备的兵马完成，邹靖手下作为接应部队，随后跟进，准备在距离刘备所部不到二十里的地面上布设第二道防线，并且对刘备所部提供支援。

领受任务以后，刘备、关羽、张飞回到自己的队伍，具体商讨兵力的部署。刘备、张飞世居涿郡，交游广泛，而且又都经常到处走动，对涿郡周边上百里地面的地形状况非常熟悉，在关羽提出设伏的计策时，二人脑海里就已经闪现出最理想的设伏场所——大兴山。那里山高林密，沟壑纵横，一旦埋伏下来，无人可以发现。

"大兴山确实很好设伏。然我等没有弓箭手，只有四百步兵和一百骑兵，还需万分谨慎。"关羽思索着说道。

"二哥，凭四百步兵和一百骑兵，不用设伏，我等就能打黄巾贼寇一个落花流水。"张飞叫了起来，"汝要是怕了，老张单独上阵，只要四百步兵，管教黄巾贼寇有来无回。"

"三弟须知，打仗对阵，不能仅凭蛮勇，还要懂得兵法策略。"刘备制止道。

张飞不再说话，只有听凭关羽主张。关羽出谋划策：张飞带领四百步兵，在大兴山险要位置设下埋伏，尽量靠近黄巾军要走的道路；自己率领一百骑兵,嘴衔梅,足裹蹄,在稍后侧的山林里隐蔽下来,听到三弟击鼓厮杀的号令,立即铁骑突出,冲向敌阵,共同击灭黄巾先头部队;刘备作为兄长,主要是把控全局。

兄弟三人刚刚商议停当,操场上便吹响起集结号。关羽、张飞站起身来,各自退后一步,一左一右,跟在刘备身后,大踏步地向操练场走去。

很快,各路人马全部进入操练场,一律面向点将台,肃然而立。刘焉在众多将领的陪同下,众星拱月般地站在中央,首先发表了一通慷慨激昂的讲话,然后任命邹靖为此次出征的主将,刘备为先锋,带领人马,即日启程,剿灭前来进犯的黄巾军。

邹靖、刘备得令,立即点起兵马,在鼓点与号角的催动之下,以刘备率领的五百步骑兵为先锋,在关羽、张飞的指挥下,踏着鼓点的节奏,整齐划一地向前挺进。

当天晚上,队伍就进入了大兴山。随即,关羽命令人马停止前进,和张飞一道,带领几个随从,陪同刘备查看地形,决定了步兵和骑兵埋伏以及等待命令的位置以后,由刘备下达命令:张飞将四百步兵埋伏在山路的边缘,构成一个袋形阵地,等待黄巾军进入,立即飞跃而起,各持刀枪,奋力冲杀;关羽率领骑兵,隐藏在距离袋形阵地约莫一里路远的地方,一旦听到出击的鼓角声,即刻风扫残云一般地冲来,从侧翼杀进黄巾军的队形;另外派遣几名机灵的人员,作为斥候,前去十里之远,探听黄巾军的消息。

各路人马行动迅速,不久以后,相继进入指定位置。

当天夜晚,斥候报告:黄巾军的先头部队约莫五千余人,在邓茂的率领下,已经进至距离大兴山不到十里远的地方,在那儿停止下来,设营露宿。

一夜无事。次日早晨,斥候报告:邓茂已经率领兵马,杀气腾腾地奔大兴山来了。张飞立即精神百倍,命令人马,拿了兵器,紧紧地贴在地面,不得发出任何声音,不得随意动弹,只等出击的鼓点响起,立刻冲杀出去。他自己亦不要战马,躲在一棵粗壮的大树后面,查看黄巾军的踪迹。大约半个时辰过去了,黄巾军的前锋已经走进张飞设在最前面的伏兵面前。张飞一眼望去,赫然看到,一员将领满身盔甲,手提一杆长枪,骑着一匹白色骏马,趾高气扬地过来了。

"想必这厮就是邓茂。且让汝头先在脖子上多长一会儿,战斗打响以后,老张只需一挺蛇矛,就将它挑落下来。"张飞冷冷一笑,心里说道。

黄巾军的行军速度很快,不一会儿,最先进入埋伏圈的人马就要走出圈外了,张飞毕竟性急,忍耐不住,立即命令鼓手击鼓、号手吹号,发出冲杀的信号。

一时间,鼓声与号角声震天价地响了起来。说时迟,那时快,张飞挺着丈八蛇矛,呐喊一声,旋风一样地冲进黄巾军队形,径直杀向邓茂。兵士们人人感奋,好像打了鸡血一样,精神暴涨,一跃而起,手拿武器,同样呐喊着杀了过去。张飞神勇无敌,丈八蛇矛在手,左冲右突,挡者无不纷纷倒毙。他越杀越痛快,直奔邓茂而去,很快就把属下的人马抛在身后。

黄巾军兵士遭到突然攻击,毫无准备,秩序大乱,虽说本能地奋力抵抗,但在张飞人马的横冲直撞之下,渐渐抵挡不住,几乎就要丢盔卸甲,落荒而逃,恰好看到张飞已经脱离人马,立即精神大振,将四百兵士围住,好一阵冲杀。

张飞冲到邓茂面前,大声吼叫道:"邓茂反贼,且把脑袋送给张某。"

"张飞休要猖狂。我黄巾军自从扯旗造反以来,所向披靡,无人敢挡,谅汝一介莽夫,有何能耐。若不归降吾军,只恐死路一条。"邓茂同样喊叫道,举起长枪,双腿一夹,催动战马,风驰电掣一般朝张飞冲了过去。

原来,童小钱无法劝说关羽投靠大贤良师张角,深知他迟早会成为黄巾军的劲敌,便将刘备、关羽、张飞的情况详细地告诉了张角,使得张角派遣数万兵马,命令程远志、邓茂两员猛将带领,径直杀奔涿郡。是以程远志、邓茂均知道涿郡这边的所有情况。

张飞识得厉害,当邓茂的战马即将冲到面前之际,猛一闪身,躲了开去,同时将丈八蛇矛刺向邓茂。邓茂手疾眼快,长枪一挡,两人各自遭到一股强大的力量猛推,均禁不住向后退却。战马难以承受,差一点倒在地上。邓茂见机得快,跳下战马,举起长枪,扑向张飞。张飞亦感吃惊,激起了强烈的好胜心,挺起丈八蛇矛,大叫道:"邓茂,休要嚣张,来来来,你我大战三百回合。"

张飞手下兵士初经战阵,被黄巾军一截断,兵力单薄,很快就陷入黄巾军的汪洋大海之中。恰在这时,关羽率领一百骑兵,喊叫着从斜刺里冲杀过来。

原来,为了防止黄巾军探听到伏兵的信息,关羽万分谨慎,即使命令每一名骑兵都口含话梅,在战马的嘴上套了龙头,马蹄上绑了棉花团,仍然担心一个不小心,会泄露风声,他把人马部署在距离张飞伏兵的较远处,一听到击鼓声与号角声,立马命令骑兵取去战马的龙头,除掉战马蹄子上的捆绑物,以十人为一队,分成十队,冲上战场。战马嘶叫,骑兵呐喊,人人挥动着大刀长矛,宛如天神下凡,一冲进战场,立刻分散开来,冲入黄巾军的队形,左砍右杀,如入无人之境。

黄巾军本来已经占了上风,被骑兵突然一阵砍杀,队形顿时乱了。趁此机会,被黄巾军压制得几乎没有还手之力的张飞手下那些步兵,士气高涨起来,人人奋力拼杀,战场上立马打成了异常混乱的状态。

关羽骑上战马,眼观六路耳听八方,看到张飞正与一员黄巾军将领打得难解难分,心里好一声赞叹:原来黄巾军并非乌合之众,兵士都用心作战,将领如此英勇了得,想那三弟有万夫不当之勇,关某初次与他相见,斗了上百个回合,难分胜负,如今,他竟然与黄巾军将领只能打成平手,可见童小钱说张角旗下已经聚集了无数英雄豪杰,确实不是虚妄之语。若是当初听从童小钱的主张,跟定张角,未必不能匡扶天下,只可惜与刘备、张飞结义,发誓要捍卫汉室江山,不能不与黄巾军作战。如今,黄巾军人多势众,我部仅有五百人,不利久战,只宜速战速决。取胜之道,在于一举击杀黄巾将领,令其兵士胆寒。于是,关羽一冲进战场,便径直朝张飞奔了过去,大声喊道:"翼德,吾来帮汝!"

当战马抵近邓茂之时,关羽挥起青龙偃月刀,猛地砍了下去。邓茂手疾眼快,闪身避了开去,同时将手里的长枪回刺,一下子刺进了关羽坐骑的腿部。战马足下一歪,关羽翻滚下去。

张飞正与邓茂打得兴起,没想到关羽杀了上来,立即叫道:"二哥,邓茂的脑袋归我。"他的喊声还没有落地，关羽竟然从马上栽了下来。张飞在喊叫之际已经停手，此时心头恼恨，挺起丈八蛇矛，朝邓茂刺去。

原来，邓茂早已知道关羽是一个不寻常的对手，此番出兵，按照童小钱的盘算，就是为了击破涿郡，让关羽看一看黄巾军的本领以及黄巾军得到民众拥戴的事实，迫使关羽认清形势，投靠黄巾军。一见红脸大汉奔杀过来，邓茂就知道他是谁，使出了射人先射马的招数，把关羽打下马来，本想趁其落地之际抢上前去，用长枪按住他的喉咙，可是，张飞的丈八长矛已经刺了过来，他只有放弃关羽，回身来战张飞。

这时候，关羽一跃而起，挥起青龙偃月刀，从背后砍向邓茂。张飞一见，马上住手。

"三弟，休要手下留情，快快杀掉邓茂，瓦解黄巾军心，要不然，此番作战，我等将全部被黄巾军杀掉。"关羽大声喊叫道。

张飞本来想单打独斗，与邓茂见一下高低，听了关羽的话，再朝身边一看，到处都是黄巾军，很难看到自己队伍的身影，不觉恍然大悟，挺起丈八长矛，与关羽一道，双战邓茂。

"关云长，童小钱说尔忠义，今日一见，乃是泼皮无赖。休说汝与张飞，加上刘备，邓某亦不放在眼里。"邓茂一边说，手里的长枪一边不停地上下翻滚，使关羽、张飞无法近身。

刘备见本部人马陷入黄巾军重围，不能脱身，拔出双股剑，带领几个随从，向关羽、张飞处杀了过来。

邓茂听得风声，即想躲开，可是，被关羽、张飞缠住，只有硬着头皮继续挺进。刹那间，刘备冲到他后面，双股剑刺入他的后心。他一声怒喝，一个旋回，使出最后的力气，挥起长枪，朝刘备猛刺过去。

"休要伤我哥哥。"张飞暴喝道，丈八长矛刺进了邓茂的心脏。

邓茂那条长枪堪堪刺在刘备胸前，顿时停止不前，顿了一会儿，缓缓地下垂，然后掉落在地。

张飞迅疾冲上前去，一把扭过邓茂的脑袋，旋了一下，猛地往上一扯，一阵抖动，即把邓茂血淋淋的脑袋提在手上，一边挥动，一边向战场冲去，声若雷霆地吼叫道："邓茂已死，要想活命者，放下兵器，各自散开。"

声音穿透了漫山遍野的喊杀声与刀枪剑戟的碰撞声，硬生生地钻进了每一个人的耳鼓，众人纷纷停下手，一齐朝张飞望去，只见一道黑色的闪电，朝漫山遍野刮过，一颗黑乎乎的东西，挟裹着一阵血腥的气味，与那道闪电如影随形。

"邓茂已死，要想活命者，放下兵器，各自散开。"黄巾军终于听出张飞在叫喊什么，到处张望，果然没有看到邓茂的身影，一个个放下兵器，哗啦啦一声，作鸟兽散。

关羽好一会儿也没有反应，静静地站在邓茂尸体面前，一点表情也没有。

刘备知道他内心深处仍然不愿意与黄巾军为敌，暗暗叹息一声，说道："自古兵贼不两立，邓茂固然骁勇，但彼是黄巾贼寇，与云长不是一路人，彼死了，云长不必介怀。接下来，我等还有更大的仗要打。"

关羽长长地叹息一声，命令手下人马葬了邓茂，清点人数，五百兵马，此时差不多已经去掉了一半，好在邹靖已经带领主力部队赶了过来。

"汝等果有孙吴之风，乍一出手，就歼敌无数。"看了看战场，邹靖大喜道。

刘备说道："邹校尉来得正好，我等虽胜一场，但程远志兵马远超吾等，一旦彼集合全部兵马前来攻打，吾等恐难再胜。须寻一个万全之策。"

邹靖问道："云长之意如何？"

关羽思虑道："吾所担忧者，程远志会率部绕开大兴山，径直攻向涿郡。为此，可派少数兵力，前出大兴山，引诱黄巾军，令程远志觉得我等在大兴山是故布疑阵，继续从大兴山进攻，我等仍可在此伏击之。"

邹靖说道："兵法云，水无常形兵无常势。云长奈何仍以伏击待敌？"

关羽说道："兵法人所共知，如何运用，则各有奥妙。从大兴山进攻涿郡，路线最近；一旦遇伏，绕远路进攻，乃其必然选择。程远志已知吾等出兵迅速，设伏大兴山，定不会再走此路。我等仍在大兴山设伏，引诱彼至此，正是打破常规之举，必获成功。"

程远志得到邓茂被杀，五千精兵溃散的消息，果然试图率领人马绕过大兴山，向涿郡猛进。刘备、关羽、张飞所率人马作为引诱部队，前出到大兴山之外十余里之地，拦截并引诱黄巾军。两军乍一相遇，刘备这边有了准备，人数虽说处于绝对劣势，仍迅疾擂响进军的战鼓，吹起了攻击的号角，向黄巾军发起猛攻。黄巾军先折了一阵，倒也十分警惕，反应很快，马上亦敲起了拼杀的鼓点，挥动人马，掩杀过来。大杀一场过后，刘备、关羽、张飞不敢恋战，命令人马鸣金收兵，亲自断后，掩护队伍朝大兴山方向跑去。黄巾军也不追赶，停留下来，似乎在等待后续部队。

"看起来，黄巾贼寇确乎试图绕过大兴山。"刘备说道，"我等这次出击，足以令其生疑。为了迷惑彼等，我等率部再度杀入敌阵。"

刘备、关羽、张飞接连冲杀了两回。程远志异常恼怒，立即将人马分成数波，前锋紧紧追赶刘备所部，其他人马以每一波之间相隔一里左右的距离，依次向大兴山进发。

邹靖事先已经命令弓箭手严阵以待。看到黄巾军冲了过来，弓箭手跃跃欲试，准备万箭齐发，一同射将过去，但直到黄巾军全部不见踪影，邹靖还是没有下达攻击命令。原来，刘备、关羽、张飞率部冲过去的时候，关羽暗地里绕了回来，告诉邹靖黄巾军的部署，故意放过了前面少数黄巾军。

过了一会儿，又一批黄巾军开了过来，人数众多，前面的快要走出弓箭手的埋伏圈，后面还是看不到尾。不能再等待了，邹靖命令号手吹响进攻的号令。一时间，数千弓箭手一齐发力，箭镞宛如滂沱大雨一般向黄巾军的队形打去。

黄巾军前锋已经开了过去，没有遇到埋伏，此时不做提防，顷刻之间，进入埋伏圈的黄巾军将士非死即伤，失去作战能力。黄巾军中了埋伏，仍不甘心，举起盾牌，喊杀着冲了过来。邹靖继续命令人马使用弓箭，猛射黄巾军。黄巾军倒下了无数将士以后，终于冲上了邹靖的阵地，双方立刻展开短兵相接的战斗。

这时候，关羽兄弟三人率领的两百余名步骑兵，回过身来，冲进黄巾军前锋队形，左砍右杀，挡者无不披靡。不一时，近千名黄巾军将士全部躺倒在地。

关羽说道:"黄巾军势力太大,邹校尉恐怕难以持久,大哥和三弟带领步兵,沿原路返回,帮助邹校尉。吾带领骑兵,抄近路去截断被围黄巾军的后路,并切断黄巾军后续部队与彼等的联系。"

得到刘备同意,关羽随即带领骑兵,快马加鞭,沿山路包抄黄巾军的后路而去。很快,他带领人马,堵住了黄巾军的后路,一眼望去,遍地都是黄巾军,邹靖部渐渐落入下风。关羽心生一计,命令二十多名骑兵砍下一些树枝,拖在战马的后面,从各个方向朝黄巾军猛扑,自己率领剩余的几十名骑兵,举起青龙偃月刀,呐喊着,风驰电掣般冲向被围的黄巾军。

"反贼休要逞强。关某骑兵已到,还不投降,更待何时。"话音还没有落地,关羽已经冲进黄巾军阵形,青龙偃月刀一阵横扫,就有数不清的黄巾军惨叫着倒了地。跟在关羽身后的骑兵精神大振,同样呐喊着,挥舞大刀,在黄巾军阵线上肆意砍杀。再后面,天空中掀起了一片浓厚的灰尘,响起了一阵接一阵杂沓的马蹄声以及号角声。

黄巾军见了,心下着慌,于是鸣金收兵,潮水一般向后撤退。这一战,黄巾军伤亡近万人,大兴山上,到处都是黄巾军将士的尸首。

接连打了两次胜仗,张飞信心爆棚,恨不得再打它几个胜仗,一举将黄巾军全部消灭。邹靖一向慎重,此时亦不由得兴起了趁着胜利的余威,杀下大兴山,将黄巾军剿灭干净的想法。但关羽非常清楚,程远志绝不是等闲之辈,两次失败,皆出于其对本部人马了解不足,一定会更加小心翼翼。己方要想守住大兴山,不教黄巾军前进一步,一来只能依据险要,构筑隐蔽防御工事,二来应该更多地使用弓箭。这就必须确保有源源不断的弓箭供应,并且投入一定的兵力,保护弓箭手的安全。刘备赞同关羽的主张。邹靖听了,亦深以为然,于是,传令下去,调整部署,将步兵部署在弓箭手的两翼,掩护弓箭手的侧翼安全,以一部分步兵挖掘战壕,供弓箭手埋伏。

这边刚调整妥当,黄巾军那边就发起了猛攻。却是程远志得知前面折了一阵,知道自己再次上当,决定继续挥动人马,以两千人为一队,发动波浪式攻击,不给关羽他们喘息之机。

第一波黄巾军在战鼓的催动下，手持盾牌，呐喊着冲进弓箭手的阵线。关羽命令弓箭手一齐放箭。黄巾军见机得快，立即举起盾牌，继续高声呐喊，足下一点也不停留，朝弓箭手的位置扑了过去。很快，黄巾军将要冲到弓箭手阵地了。关羽一声号令，两翼埋伏的步兵腾空而起，奋勇杀了过去。黄巾军手里有了盾牌，手脚未免慢了下来，关羽旗下人马动作迅速，东突西砍，将第一波黄巾军砍倒在地。紧接着，第二波黄巾军攻了上来。关羽见状，调整部署，命令弓箭手火速转向两翼，向黄巾军的侧翼放箭。黄巾军一时反应不及，顷刻之间，就有一大半倒了地。这时候，冲锋在前的一部分黄巾军已经突破了弓箭手原来的埋伏阵地，奋力继续向前冲杀。刘备带领数十骑兵，一阵横冲直撞，将他们全部放倒。

厮杀正酣，黄巾军的第三波进攻开始了。关羽及时调配人马，将弓箭手和步骑兵相互配合使用，再一次将这波黄巾军杀退。

天色已经黑了下来，黄巾军固然付出了很大的伤亡，但本部人马差不多又损失了五百余人，能够作战的兵力不到两千人，如果继续沿用这样的战术，几天以后，黄巾军就会踏破大兴山，届时，将没有任何力量能挡得住他们攻占涿郡的步伐了。邹靖清醒地认识到了这一点，召集刘备、关羽、张飞，以及属下各位头领商讨明天的作战方略。没有人能够提出更好的战法。

关羽沉吟了许久，说道："为今之计，只有火攻，方能令黄巾军胆寒。"

"此事容易。只要准备引火之物，趁着黄巾贼寇攻过来的时候，两面围住，中间一把大火，准会把他们烧得干干净净。谁都不许抢，交给张飞准成。"张飞立即嚷叫道。

"放火虽易，但若不能全部烧死黄巾贼寇，吾等失去掩护，于下一步防守不利。"刘备思索着说道。

"吾自定计，固有法解大哥之忧。"关羽说道，"黄巾军攻吾，每次不过两千余人，吾等在阵地前面放火，烧掉一批黄巾军，其他黄巾军必然不敢再度进攻。次日，吾等在原阵地继续抵挡，抵挡不了，就撤向下一道阵地。尽力地拖延黄巾军时间。黄巾军人马众多，每天消耗物资甚多，不利于久战。长此下去，其必败无疑。"

按照关羽的计策，一连十几天，他们将黄巾军阻挡在大兴山地区，无法前进一步。黄巾军伤亡了一半兵力，而邹靖与刘备的兵力加在一块，也已经不足一千人。但是，邹靖按照关羽的计策，大造声势，说是从涿郡又有数千兵马前来支援，迫使黄巾军一连两天没有任何动作。

"云长，程远志如今会怎么做？"刘备问道。

关羽回答："彼定在另谋攻破吾军之策。只是，吾实在无法想象，彼能够祭出何种招数。"

"汝等就是麻烦，不当面厮杀，总要阴谋诡计。"张飞心直口快地叫道。

"三弟，我等如今从军，不能单逞匹夫之勇，须懂得兵法权谋，方能打胜仗。"刘备用颇有点责备的口气说道。

张飞面皮一红，说道："吾脑子里多转几道弯，肚子里多装些花花肠子就是。"

言未毕，邹靖派遣一名传令兵过来相邀，兄弟三人一齐进入邹靖的营帐。原来，刘焉派出快马前来报告，说是有一拨黄巾军已经攻入涿郡城下，情况甚急，要求邹靖立即派遣兵力前去援助。

"我等在此设防固守，没有一个黄巾军能过得了大兴山，彼如何会突然出现在涿郡城下？"关羽眼前一亮，说道，"此必童小钱事先在客栈招募的人马，见程远志部迟迟不能攻破我等防线，便从后面插上一刀，试图令我军慌乱，彼好就里成事。我等正好将计就计，程远志指日可擒。"

"云长，此话怎讲？"邹靖问道。

关羽说道："童小钱在客栈预留人马不多，此番出击，系扰吾军心。只需派遣一员虎将，带领数十人，即可出其不意，将彼斩杀，捕其头目，审其细节，然后派遣人员，以彼之名义，潜地里向程远志报告，一旦接近程远志，突然拔出刀来，一刀砍掉彼之脑袋。我等同时发动攻击。黄巾军没有首领，岂能作战？虽有数万之众，一战之后，必定全部溃败。"

"二哥，此计大妙，吾这就带兵前去捉人，定当一个不漏。"张飞立即请命。

"三弟，不可鲁莽，此事需邹校尉定夺。"刘备说道。

邹靖哈哈一笑，说道："天赐良机，我等如不抓住，岂非有负苍天？吾意已决，张翼德听令，火速带领一百骑兵，杀入涿郡，斩杀黄巾贼寇，虏其头目；其余人等做好进攻准备，一旦接到号令，迅疾杀出大兴山，冲进黄巾贼寇阵营，一举消灭之。"

张飞带领一百名精锐骑兵，秘密而又快速地运动到涿郡城下，探知黄巾军的位置，连夜冲进其队形，一阵砍杀，将数百名黄巾军砍杀殆尽，抓住了一些俘虏，其中，就有这次行动的副将。张飞几拳头打下去，他就原原本本说出了程远志的计谋，果然跟关羽判断的一样，程远志见大兴山久攻不下，暗中派人与客栈取得联系，命令他们集中起来，向涿郡发动进攻，以扰乱大兴山方向的注意力。童小钱则早已奉命回到张角身边，担任军师，黄巾军的一切进攻大计，都是童小钱为之出谋划策。

张飞押了俘虏，迅速赶回大兴山，向刘备、关羽、邹靖报告。根据关羽的计划，邹靖命令张飞选出一个身材、样貌与偷袭涿郡的黄巾军头目相仿的军士扮成那人，张飞手持大刀，装作随从，带领一百多名兵士，全部换成黄巾军的衣物与兵器，绕道向程远志的大营奔去。

程远志听说偷袭涿郡得手，十分高兴，命令人将那头目唤过去，打算详细询问涿郡的情况。张飞紧随其后，走到程远志身边，忽然挥起一刀，砍向程远志的脖子。程远志听到风声，就要躲避，装扮黄巾军头目的军士拦腰抱住了他。

张飞手起刀落，程远志的脑袋一下子滚到地上，一腔热血，从脖子上喷薄而出，溅了张飞一脸。张飞飞奔上前，提了程远志的脑袋，大声喝道："程远志脑袋在此，如有反抗，格杀勿论！"

随即，张飞命令所带军士将那些将领全部斩杀，四处放起火来。

邹靖、刘备、关羽一见程远志阵营的熊熊火光，知道张飞得手，立即带领队伍在鼓点与号角的催动下，奔杀过来。

火光中，张飞提了程远志的首级，骑上战马，手舞大刀，在黄巾军阵营奔跑，一边斩杀围拢而来的黄巾军将士，一边大声喝道："程远志首级在此，黄巾贼寇听着，不想送死者，放下兵器，立即投降。"

黄巾军将士一见，心生胆寒，本能地拔腿就要逃跑，但一见张飞所带人马稀少，立即打从心头泛起拼死抵挡，一举击杀他们的勇气，在一员副将的率领下，组成队形，围杀过来。

这时候，刘备、关羽、邹靖带领全部兵马，每人打着一个火把，组成浩浩荡荡的队形，呐喊着冲杀而来。黄巾军被关羽的疑兵之计糊弄住了，以为涿郡官军突然增多，哪里还敢抵抗，纷纷放下兵器，撒开脚丫，向后逃跑。邹靖等人率部紧紧追赶，一直杀到天亮时分，黄巾军几乎全部覆灭，只有少部分成为官军的俘虏。

刘焉得到消息，异常兴奋，率领全部官员，出城迎接打了胜仗的队伍凯旋，大设宴席，犒劳三军，邹靖另有奖赏，刘备、关羽、张飞得到了刘焉的夸奖，拨给他们一部分兵马，命令他们维护涿郡的安全。

几天以后，刘备从刘焉那儿得到消息，说是卢植正率领人马与张角的部众在广宗一带对战，想到涿郡战事已经打完，安全得到了可靠的保障，自己曾经师从卢植，如今老师正与黄巾军首脑对阵，无论如何，得去助他一臂之力。关羽、张飞已经跟黄巾军打了仗，心里再也没有任何负担，纷纷赞同。于是，刘备向刘焉提出了前往广宗帮助卢植的要求。刘焉将手下兵马再拨给刘备一部分，刘备便率领仅两千人马，经过几天的行军，来到了广宗，拜见了卢植。

黄巾军起，卢植得到朝廷旨意，率领数万人马围剿张角所部。初一交战，卢植接连打了几次不大不小的胜仗，迫使张角不得不命令人马全力向广宗一带靠拢。随后，张角手下人马越来越多，卢植不敢贸然与之决战，将部队部署在沿河一线，与其对峙，准备等待黄巾军内部出了问题，再见机而行，一举击破之。可是，众将都想建功立业，用斩杀黄巾军的头颅获取朝廷的青睐，卢植不能不考虑到这些人的想法，一时间踌躇不定，难以定下最后的决心。

接受了刘备、关羽、张飞的拜见以后，卢植说道："玄德仅率五百壮士，协助五千官军，打败了五万黄巾贼寇，这份功劳，天下无人能及。"

刘备说道："首功当推二弟关云长。三弟神勇无敌，击杀程远志，功不可没。"

卢植颔首道:"玄德能够得到云长、翼德相助,不难做出一番事情。黄巾贼寇人多势众,吾兵力不够,玄德可有破敌之法?"

刘备说道:"此处情形与涿郡大致相同。恩师满腹经纶,自有破敌之策。"

卢植微微一笑,说道:"玄德认为采取汝等在涿郡使用的战法,即可获胜,是吗?"说到这里,他把头偏向关羽,问道:"云长以为如何?"

"卢帅执掌一方军权,内心早有安排,不过,卢帅最担心者,乃众将试图尽早剿灭黄巾军,不愿拖宕时日。"关羽说道。

卢植哈哈大笑道:"云长果然深通谋略,一言中的。汝以为,该如何应对?"

关羽说道:"关羽跟随大哥投靠卢帅,无以献功,愿说服卢帅手下众将,甘心听从卢帅号令。"

卢植大喜,立即召集各路将领,谋划作战方略。众将挟接连打了几个胜仗的威风,一致认为应该趁张角集中兵力之机,立刻出兵,一举荡平之,但在主要作战方向以及一些重大问题上,稍有分歧,争执得不亦乐乎。

见众人僵持不下,卢植突然说道:"众将不能达成一致,我军如何能够行动? 关云长曾在涿郡以五千兵士,击败五万黄巾贼寇,且听彼有何妙策。"

众将缄默不语,把目光一齐望向关羽,只听关羽说道:"涿郡之战,起初,吾等趁黄巾军不备之机,设下埋伏,以少胜多,歼敌五千;随之,在邹校尉率部抵达之后,我等采取诱敌之计,将黄巾军引入埋伏圈,又歼敌一万余;然后,用火攻,又歼敌数千;此战结束,黄巾军颇为胆寒,吾军煞有威风,但毕竟黄巾军兵力强大,我等不敢贸然与之对战,只求利用大兴山之有利地形,设防固守。程远志部仓促集中,利于急战,战事拖得越久,越发对彼不利。我等坚守十余天以后,黄巾军力量衰竭,虽有三万之众,吾军仅数千人,却可以利用黄巾军一部袭击涿郡的机会,装扮成黄巾军,偷袭程远志,三弟翼德一举斩杀了程远志,我等趁机猛攻,取得胜利。如今,张角兵力雄厚,更甚于程远志,如找不到可以利用之机会,凭什么能够战而胜之呢?"

关羽说完，众将沉默不语，好一会儿，一齐说道："末将愿意听从卢帅调遣，万死不辞。"

卢植大喜，立即命令人马，沿着河流设防固守，并且经常带领刘备、关羽、张飞视察各地情况，在黄巾军竭力进攻之际，组织人马拼死抵挡，并挑选一些精锐力量，由刘备、关羽、张飞分别带领，从斜刺里杀出，扰乱黄巾军的进攻，迫使黄巾军无法取得进展。一连两个月过去了，卢植眼看全力攻击黄巾军的机会快要来临，非常高兴，与刘备、关羽、张飞谋划得越发紧密。

这一天，宦官左丰奉朝廷旨意前来督军，希望从卢植那儿得到贿赂，遭到严词拒绝，大为恼恨，以卢植不敢与黄巾军对战的名义，告了御状，朝廷下了圣旨，将卢植抓了起来，关进槛车，送往洛阳，另外委派原河东太守董卓接替卢植之职。

"董卓戕害黎民百姓，名为重臣，实乃乱臣贼子，吾恨不得杀之，为民除害，然朝廷重用彼，某不愿听命于彼，大哥、三弟若想在他手下谋前途，吾无话可说，就此与大哥、三弟别过，云长或转投他处，或浪迹江湖。"关羽说道。

"二弟，二哥，是何言也？汝不愿在董卓手下，我等带领兵马转投他处就是。"刘备、张飞分别说道。

兄弟三人商议一回，决计在董卓还没有到职以前，带领自己的兵马，离开广宗，前去投奔朱儁。行至一座大山处，忽然听到山那边传来激烈的喊杀声，兄弟三人感到非常惊讶，心知一定是官军与黄巾军展开厮杀，赶紧率领人马奔了过去，果然看到无数黄巾军将一支官军围住，好一团混战。

他们看不清是哪一支官军，急急忙忙挥动人马杀奔过去。三人来势凶猛，率领的人马数量超过黄巾军，一阵突如其来的冲击，打乱了黄巾军阵脚。黄巾军见势不妙，赶紧鸣金收兵，向后撤退。刘备、关羽、张飞哪里肯依，一马当先，紧紧追赶，所带人马奋勇争先，呐喊声惊天动地。追了一程，拦截了一波黄巾军。

关羽心知逃跑的定是黄巾军高级将领，连忙对刘备、张飞说道："大哥，三弟，汝等截杀这拨黄巾军，吾绕道插向后面，将彼全部拦住。"

言未毕，关羽挥起青龙偃月刀，大喊一声，骑兵跟在他的战马后面，旋风一样插向黄巾军的后路,刚好将他们的去路挡住了。关羽定睛一看,原来带领黄巾军的将领竟然是童小钱,不由得异常惊讶:"童先生?"

张角发出起义信息以后,童小钱就被征召回去,担任军师,为张角出谋划策。与卢植率领的官军一连斗了好几个月,没有夺取广宗,听说卢植被朝廷下旨押送回洛阳,董卓即将上任,童小钱认为一旦杀掉董卓,必定会动摇官军军心,趁机一举消灭官军,于是亲自率领一批精兵强将,前来拦截董卓。接近成功,竟然有人替董卓解围,机会已经失去,他不得不率部撤退。

"关羽,汝欲取童某脑袋乎?"童小钱知道,自己与部下是不可能逃离的了,厉声喝道,"童某原以为汝是英雄好汉,谁知亦是董卓之流!童某不愿死于汝手,汝手脏,别侮辱童某大好头颅。"

说到这里,童小钱挥起大刀,就要朝自己的脖子上抹去。

"童先生且慢!"关羽说道,"童先生错看关某了。关某怎么是董卓一党呢?关某平生最恨的就是董卓之流。"

"云长,别假惺惺了。童某一向视汝为忠义之辈,希望汝能帮助天公将军,推翻朝廷,解黎民百姓于倒悬,汝竟执迷不悟,杀我五万黄巾兄弟,如今,又拦截童某,使童某不能杀掉董卓。汝非董卓一流,却是什么?"童小钱怒喝道。

"吾不知童先生要杀董卓。"关羽支吾道,"吾亦不认为朝廷一定应该推翻。黄巾军一起,多少黎民百姓遭殃,莫非童先生没有看到这一点?"

"因为官军镇压,以及汝等帮凶,才使黎民百姓遭殃。"童小钱厉声喝道。

这时候,关羽赫然发现追兵即将冲过来,无法再跟童小钱解释,说道:"童先生保重,快快带领人马离去。"

"吾不会领汝之情。"童小钱一声冷笑,猛地一挥马鞭,率领人马闪电一样冲了过去。

不一时,刘备、张飞在兵士的簇拥下,来到关羽面前,从他脸上似乎看出了什么,也不追问,就要率部回去寻找被解救的官军。

关羽突然说道:"若早知道那人是董卓,关某绝不会出手相救。"

刘备、张飞一愣，连忙询问缘由。得知事情真相，刘备、张飞不由得大为感慨。兄弟三人简单地商议一回，收拾人马，仍然准备前去投靠朱儁。

董卓正在路上等着。关羽不愿与之相见，别过脸去，刘备、张飞拜见董卓。董卓获救，料定救助他的人是名门望族，希望拉拢过来，作为自己的帮手，没想到一盘问，刘备、张飞竟说他们是白身，大失所望，再也懒得理睬他们。

张飞想到二哥的遭遇，准备刺杀董卓，但被刘备拦住了。刘备说道："董卓再不好，亦是朝廷命官，我等谋求匡扶天下，不应与彼结仇。"

三兄弟率部继续向曲阳进发。一路上，他们日夜兼程，数日以后，终于风尘仆仆地抵达曲阳。适逢朱儁率部在曲阳城外激战。刘备、关羽、张飞跃马杀到，如狼似虎，刀枪所到之处，黄巾军将士望风而倒，士气顿时涣散。朱儁大喜，挥军大杀一阵，肃清了城外的黄巾军，顺势直捣曲阳城。紧接着，朱儁命令人马接连数天向城里发起攻击，人马进至城下，即被黄巾军弓箭射死。

关羽见状，说道："曲阳城墙深厚，黄巾军防备严密，急切之间，我军无法攻破曲阳，不如以围困之策破之。想那黄巾军反叛之日，直到如今，粮食都没有成熟，城里储存的粮食必不能满足数万兵马使用，时间一长，黄巾军缺乏粮秣，就会派遣人马出城抢粮，我等可以乘此机会，混入城里。届时打开城门，里应外合，黄巾军必定全部成擒。"

朱儁抚掌大呼此计甚妙。

两个月以后，传来消息，张角病死，张梁接替张角，成为黄巾军第一号首领。董卓没有按照卢植的办法继续与黄巾军对峙，而是采取进攻之术，遭到了多次失败。朝廷一怒之下，下旨解除了他的职务，由皇甫嵩统领董卓留下来的人马，继续与张梁对战。张梁不听童小钱之言，一味与皇甫嵩寻求决战，军力日益削弱，最后被官军攻破阵地，张梁、童小钱均惨死疆场。

黄巾军已经势力枯绝，剿灭黄巾军指日可待，朱儁不由得大喜过望。

恰在这时候，曲阳城里黄巾军已经断粮，不得不派遣兵马黑夜打开城门，准备抢粮。官军早有准备，立即向其展开攻击。黄巾军大惊失色，赶紧扭头回城,关羽趁此机会紧随其后,挡住了城门。刘备、张飞率领本部人马,快速杀来,冲进城里。就这样,最后一支规模庞大的黄巾军被镇压下去了。

关羽和他的大哥、三弟,怀着匡扶天下、拯救黎民百姓的愿望,义结金兰,用黄巾军的鲜血赢得了名声。

第四章　浮萍谁依

黄巾军被镇压下去了，关羽兄弟三人虽建立了不小的战功，又有朱儁等人极力向朝廷为之请赏，但因为找不到通天路径，没有银两贿赂当权的宦官，一直得不到朝廷的赏赐，只有一天天待在军中，无聊地打发时光。两个月以后，宛城一带黄巾再起，他们占据宛城，杀贪官污吏，诛无道恶霸豪强，闹出了很大的声势。朝廷得报，不得不任命朱儁为主将，令其再度率领人马去围剿。刘备得到消息，马上带着关羽、张飞以及剩下的数百兵士，投奔朱儁去了。

朱儁率部一路急行，非止一日，抵达了宛城。

其时，黄巾军渠帅张曼成死后，其手下将领赵弘、韩忠、孙仲聚集了数万兵马，夺取宛城以后，便以宛城为根据地，不停地向四周出击，相继将很多地面收入囊中，已经形成不错的局面。探知朱儁率兵前来围剿，为了守住宛城，赵弘只在城外西南角留下一支兵马，命令韩忠指挥，阻挡官军的进攻，并与宛城形成掎角之势，以便相互支援，而把分散在四周的兵力大部收缩，进入宛城，并且准备了很多粮草，试图以此达成长期坚守的目的，等待官军疲惫之后，突然打开城门，袭击官军，一举将这批官军全部消灭。

通过斥候，朱儁探知了黄巾军的部署，立即召集刘备、关羽、张飞以及手下将领，商议攻打黄巾军的方案。只因前番出战，关羽屡次设计，大破黄巾军，积累了一定声望，朱儁首先询问他的想法。

无论是否真心情愿，已经走上了剿灭黄巾军的道路，如今，对他有救命之恩的童小钱早已死去，而且，自打张角、张梁、张宝兄弟相继死后，天下似乎重归太平，这时候，黄巾余党竟然再度起事，哪怕自己没曾得到封赏，关羽也毫不留情，主动投身到这场围剿作战行动来了。他出谋划策道："黄巾军城外、城内相互联通，吾军首先打城外之敌，其抵抗必烈，乃至会从城内派兵增援。届时，我等会被迫与之长期作战；若先攻城，腹背会受到城外黄巾军威胁，危险更大；分兵同时攻打，则不能集中兵力。最佳之策，当是出动一部人马，埋伏于宛城通往城外的道路上，俟主力进攻城外之敌，城内出兵救援之时，奋力将其拦截。如此，城外之敌见不到援军，势必军心不稳，吾军加大进攻，必可一举歼灭之，然后齐聚城下，宛城再坚固，其势已孤，必为我破。"

朱儁大喜，立刻按照关羽的计策，展开兵力部署：亲自率领主力，围攻韩忠部，刘备兄弟带领一千人马，埋伏在指定位置，准备拦截从城内出援之敌。

相较之下，韩忠部可以利用的地形条件不太好，今又承受官军猛攻，勉力支撑很久，终于难以坚持。赵弘得到消息，果然从城内派出数千兵马前往救援。人马刚刚出城，突然，响起一阵惊天动地的击鼓声与号角声，刘备、关羽、张飞挥起手里的双股剑、青龙偃月刀、丈八长矛，骑着战马，率领兵士，猛虎一般从埋伏之地杀了出来。黄巾军不得不停止前进，奋力与之厮杀。战至日落时分，出城的黄巾军几乎遭到全歼，只有少数逃回宛城。此时，朱儁指挥旗下人马，大破韩忠部，乘势追杀过来，一下子将宛城团团围住。

"敌羽翼已除，宛城已沦为孤城，当以玄德率领一支人马，从西南猛攻，使赵弘认为此系吾军主要攻击方向，吾暗自将主力转向东南，一旦赵弘将黄巾贼寇调往西南，吾将全力从东南发动进攻，一举突入城里。"朱儁说完这番话，询问关羽，"美髯公以为如何？"

原来，关羽自从留起了胡子，不觉将近一年，胡须飘飘，颇是威风。朱儁由此称之为美髯公。后来，当汉献帝亦如此称呼他的时候，美髯公的名号就贴在关羽身上，成为他的另一大标签了。

关羽说道："中郎将有鬼神不测之机，兵未发，敌已坠入彀中。"

第二天，刘备、关羽、张飞领命，率领一千余人向西南城发起猛攻。赵弘眼见得城门摇摇欲坠，其他地方又没有官军发动进攻，果然上当，将其他方向的兵力，大部调往这边坚守。朱儁一见赵弘中计，心中大喜，即刻命令主力全力攻打东南部，不一时，就突入了城内。赵弘见了，立刻命令人马舍弃外城，向内城收缩，但在撤退的时候，赵弘被官军射杀，壮烈牺牲。黄巾军余部全部归韩忠指挥，撤至内城。

原来，宛城地当要冲，曾经多次被黄巾军攻破，剿灭了黄巾军以后，官府在恢复宛城的秩序时，将其分化为内城和外城，一旦外城丢失，可以在内城继续坚守。但是，赵弘、韩忠、孙仲再度发动起义，发誓为张角报仇，很快引发数万人响应，官府修筑的内城自己没有派上用场，反而成为黄巾军最后的依托。

朱儁接连胜了两仗，消灭黄巾军一大半，如今只剩下少数黄巾军困守内城，随改变战法，命令人马，把内城团团包围，切断内城与外界的一切联系，也不进攻，准备等待城内缺粮，再发动最后一击，将黄巾军全部消灭。

刘备说道："某闻兵法有云，围师必阙。中郎将四面围敌，黄巾军必死战到底，其数万大军凝聚一心，不可抵挡。况内城黎民百姓数万，必受牵连。为今之计，不如撤去东南之兵，全力攻打西北。黄巾贼寇难以坚守，必会弃城从东南方向逃跑。届时，我等可以一举消灭之。"

朱儁沉思片刻，深以为然，下令撤去东南方向的兵力，以集中力量加强西南方向的猛攻。韩忠难以抵挡，果然率领人马弃守内城，从东南方向逃跑。朱儁迅速指挥人马展开追击。韩忠见难以摆脱官军的追击，为了活命，竟然叛变投敌。这时候，恰好朱儁下令不准收留黄巾军，韩忠刚一投降，就被斩杀，落得了可耻的下场。一部分黄巾军突围之后，接受孙仲领导，继续与官军对抗。

宛城已破，赵弘、韩忠都已身死，为了彻底歼灭黄巾军，不使其死灰复燃，朱儁没有停止攻击的步伐，仅仅留下少量人马维护宛城的秩序，亲率主力继续追剿黄巾余部。

孙仲颇有谋略，接过了黄巾军的指挥权以后，通过斥候详细了解到官军的动向，知道朱儁将主力分成数路，正在四处追剿黄巾军余部，仅仅留下部分人马把守宛城,权衡了当前形势,决定趁着城内守敌大摆庆功宴的机会,突然杀进去,重新夺回宛城。他的谋略成功,打了守城官军一个措手不及,夺回了宛城。

关羽正率部追击黄巾军,得到消息,赶紧回救。朱儁亦收拢了全体人马,拼死来攻。孙仲终因手下人马不多,虽说吸取了韩忠兵败的教训,只是坚守,但仍然难以坚持下去,不得不率部向精山方向转移。关羽判断出了黄巾军的撤退方向,立即与刘备、张飞率部抄小路拦截。在孙仲领导下,黄巾军将士经过英勇战斗,最后全部倒在刘备所部刀下。

此战,朱儁出兵两月,平定了宛城,安抚了黎民百姓,班师回朝,被朝廷下诏封为车骑将军,河南尹。朱儁领旨谢恩,极力向朝廷诉说刘备兄弟三人的功劳,请求朝廷予以封赏。朝廷权力仍然集中在阉党手里,十常侍上下其手,仅仅给了刘备一个定州中山府安喜县尉,命令他克日上任,关羽、张飞则一个是马弓手,一个是步弓手。

得到朝廷给予的第一个官位,刘备并不嫌小,立刻解散手下人马,仅仅带了二十多个亲随,与关羽、张飞一道,前往安喜赴任。

刘备上任伊始,黄巾军虽已基本被剿灭,可是,官逼民反,许许多多人没有活路,啸聚山林,占山为匪,祸害黎民百姓。其首要任务就是剿灭这些土匪。经历过与黄巾军的搏杀,些许土匪,实乃乌合之众,不值得兄弟三人一块上阵,刘备留在官府处理日常事务,剿灭土匪的事情,就由关羽与张飞去做。

事实上,匪患非止一日,无论是安喜县令,还是历代县尉,都不曾真正剿除过土匪,即使刘备命令手下到处宣传,鼓动民众前来提供土匪的情况,一连几天,都没有一个人前来。

"大哥,我等不能坐等百姓前来提供情况,须暗中查出一伙罪大恶极的土匪,一举予以歼灭方成。"关羽对待剿灭土匪十分热心,说道。

"彼等个个想做好人,吾等如何能查得出来?"张飞很有些恼火,大声叫道。

关羽当然有办法,而且办法非常简单。先前,知道安喜土匪甚众,他预料黎民百姓是不大相信官府和官军的,就将跟随自己兄弟三人一块来到这里的二十多名亲随全部分派出去,暗地里打探消息,已经查明距离县衙几十里路远的地方,有一伙土匪,占据了一座大山,聚集了数百人,立下了一个规矩,凡是方圆五十里的地面上,无论谁家的儿子成亲,都必须首先把姑娘送上山来,让土匪头子睡上一夜,第二天再送下山去进入洞房,举行合卺之礼。稍有不从,不仅姑娘家全部会被杀光,就是男方家庭,也会不留一个活口。除此之外,他们俨然官府,每年都会从黎民百姓手里征收粮食,弄得那一带黎民百姓家徒四壁,无不心怀怨恨。最初,官府得到消息,曾经派兵前去围剿,可是,土匪占据险要地势,官兵还没有上山寨,就被杀得干干净净。此后,再没有人愿意去触这个霉头了。关羽首先就想拿这伙土匪开刀。放在其他地方,别说仅仅上百土匪,就是成千上万土匪,关羽也不放心上,何况还有一个千军万马之中取上将之头犹如探囊取物一般容易的三弟张飞。问题在于,那儿山势险要,如果不熟悉地形,一旦进入,根本难以出来。而且,土匪担心被人攻上山,派遣重兵,扼守住了唯一的一条道路,任何人,如果得不到土匪的许可,要想进入,比登天还难。在这样的情况下,如何进入山寨?只能从准备出嫁的姑娘身上打主意。姑娘是如何进入山寨的?关羽专门派出人马,一连探查了好多天,都没有得到确实消息。现在,关羽急需做的事情是,打探出最近哪儿有姑娘准备出嫁的消息。

"这有何难?交给三弟就是了。"张飞把胸脯拍得山响。

"汝打探出了消息,又该如何?"关羽问道。

张飞一愣,似乎这才意识到关羽说那话实则暗藏陷阱,自己已经大包大揽了,绝无退路,硬着头皮说道:"二哥怎说,三弟怎做。如何?"

"吾欲让汝扮成姑娘,可否愿意?"关羽问道。

张飞睁大眼睛,说道:"二哥,汝醉酒耶?吾五大三粗,满脸胡子,怎能装扮姑娘?"

刘备说道:"翼德须眉男儿,岂能装扮女人?确有不妥。云长须另想办法。"

"大哥,舍此别无他法。"关羽把脸转向张飞,说道,"三弟,汝不愿扮女人，如何能追随兄长匡扶天下？也罢，三弟为难，二哥装扮女人就成。"

"罢了，吾落入二哥圈套，夫复何言，甘愿装扮女人。"

第二天，吃完饭，张飞果然带领两个随从，乔装改扮一番，前去打探谁家有姑娘出嫁的消息。

这时候，关羽对刘备说道："只要三弟探出谁家有女儿出嫁的准确消息，大哥便放出消息，次日上午在县尉衙门外设堂问案，让所有人等前来观看。当场斩杀土匪，定能一举赢得黎民百姓的信任。"

"云长，是何言也？"刘备问道。

"吾早有计较。只要得到嫁娶姑娘消息，吾便尾随翼德，前往嫁娶之家，把彼等接到县尉衙门，彼之姑娘完好无损，感激之余，必然到处宣扬县尉衙门恩德。次日，问案现场必定人山人海。大哥从此威名远扬，不愁百姓不纷至沓来，为我等提供土匪消息。"关羽说道。

且说张飞带了几个随从，扮成当地人模样，一路风尘仆仆，前去探听当地谁家娶亲嫁女。土匪定下必须把出嫁姑娘送往山寨规矩之初，曾经有一个虎背熊腰、健壮有力的大汉要娶亲了，不买土匪的账，大张旗鼓地迎亲之前，就是没有送往山寨，结果在成亲当晚遭土匪血洗，两家数十条人命无一活口。打那以后，土匪的号令比官府的法令还要管用，再也没人敢于违抗。又过了几年，同样有一个胆子很大的年轻人准备成亲，一直秘而不宣，在谁也不知道的情况下举行了合卺之礼，男女两家人逃过了被血洗的命运。黎民百姓看出了一些门道，但凡成亲，一律不声张，悄没声息自家张罗；或者快要到成亲的年龄了，把女儿送到男方家里去，说是拜作干爹干娘。有些日子没见姑娘送上门，土匪头子心里纳闷，派遣几个土匪下山打听。探知一个姑娘竟然偷偷嫁人了，土匪恼羞成怒，一把火将两家男女全部烧死。饶是如此，还是有一些人甘愿冒着被土匪杀掉的危险，偷偷成亲嫁女。此番张飞要想打探消息，公开询问，容易被误会为是山寨喽啰；暗地里打探，会被人怀疑是不安好心，是以接连打探几天，也没有任何消息。张飞心里想道，既然二哥要我装扮成女人，我何不现在就装扮成女人呢？照张某的样貌，装扮成姑娘家，一定奇丑无比，以父母双亡，没人肯娶，为了生存，自己只好出外乞讨为由，说不定会有意想不到的收获。于是，他装扮一番，四处乞讨去了。

这一天，张飞来到一个村子。知道他的来意，村民无不唏嘘再三。就有一户人家，好心地收留了他。夜里，一家人跪在他面前，哭哭啼啼地说道："姑娘无法嫁人，是一大悲哀；小女嫁人之前，被土匪糟蹋，亦是一大悲哀。如果姑娘能救助吾家女儿，吾感激不尽。"

一用心计，好事就自动送上门，张飞心里暗喜，爽快地答应下来。

原来，这户人家的女儿美若天仙，许配给一户好人家，几天以后就要出嫁。为了不让女儿受到土匪糟蹋，父母打算偷偷摸摸将女儿送到男方家里去。眼下，有一个奇丑无比的姑娘出现了，而且家世困顿，女孩父母便决定请张飞代替女儿去土匪山寨，以免女儿出嫁事泄，遭到土匪荼毒，最后说道："那土匪喜欢模样俊俏的女子，不会对姑娘动粗。姑娘出了山寨，就是吾家女儿，吾等照顾姑娘一辈子，如此可好？"

张飞心里欢喜，一口答应留在这户人家。消息迅速传给刘备、关羽。二人十分高兴，立即部署在县尉衙门前开堂审案的相关事宜。

这天晚上，张飞被这户人家雇了一顶花轿，送往土匪指定的位置。已经有四个土匪等在那儿。掀开轿子，看到张飞身穿崭新的大红衣服，头上顶了一方红色的盖头，虽然觉得新娘块头太大，但是并没有疑心，让四名轿夫等在那儿，自己抬了花轿，通过弯弯曲曲的道路上了山寨。

张飞掀开盖头，从花轿的空隙不停地看去，只见山路陡峭而又隐蔽，不禁心里说道："若非二哥定计，张某虽有万夫不当之勇，要想上山，亦是白日做梦。"

他越发佩服起关羽来了，同时，心里涌起一种不服输的情愫：凭什么二哥能想得到的事情，张飞就想不到呢？今后，老张一定会想出一些妙招，让大哥、二哥都佩服得五体投地。

花轿终于快要抵达山寨，响起了鞭炮的爆炸声、锣鼓声以及唢呐声。张飞无法再探视周围的动静，但可以准确地感觉得到，花轿已经走在热闹的人群中，不由心里骂道："混账，居然真像成亲一般模样。"

不一会儿，花轿在喧闹声中停了下来。张飞心里想道：花轿准是进入了山寨大厅。从热闹的气氛以及扑鼻而来的香气中,他可以想象得到,这里已经张灯结彩,摆下了丰盛的宴席。他被人引入最上端的一个位置,席地而坐,只听耳边响起了一阵刺耳的笑声:"新娘身材肥大,口味非同一般。众位弟兄,为本寨主得到此等非同一般的货色,干一杯。"

刹那间,一阵酒香扑鼻而来。张飞心里骂道:"老张从未饮过如此甘醇美酒。直娘贼,这帮土匪真他娘的会享受!"他恨不得掀起盖头,端起酒樽,一饮而尽。可是,他不能不忍住。不一时,酒香越来越浓郁,张飞终于忍不住了,从寨主的桌上拿了酒樽,转过面去,脖子一扬,一饮而尽。大厅里顿时鸦雀无声,人人都目瞪口呆地望着他出神。

"宝贝!心肝宝贝!"寨主高兴得手舞足蹈,一把扯开了张飞的盖头。

张飞兀自忍受不了酒香的勾引,站起身,抱起酒坛,猛往嘴里灌去。寨主惊呆了,仔细看去,赫然发现张飞竟是一个男人,先是一阵恼怒,尔后迅速扑上前去,准备扼住张飞的喉咙。但是,张飞一手抱住酒坛,继续猛烈地把酒倒进嘴巴,腾出一只手来,只一挥,就把寨主摔了一个趔趄,差一点倒了地。

"别耽误张爷爷喝酒。否则,张爷爷拧断尔等脖子。"张飞趁着歇口气的机会,瞪大眼睛,怒视着寨主,呵斥道。

"汝不知死活,竟然戏弄本寨主,只恐今日进得来,却出不去。"寨主翻身而起,挥起大刀,又朝张飞扑了过去。哐当一声,大刀落了地。寨主接连向后退却了好几步,终于站住了,怔怔地看着张飞,见此人仍在不管不顾地继续喝酒,愣是不知道自己手里的大刀是怎么落地的,恍恍惚惚,犹如做梦。

"好酒!给张爷爷再来一坛!"张飞喝光了一坛子酒,顺势将空坛子朝一边一扔,把大厅的墙壁打穿了一个洞。

立即,寨主好像被人使了定身法,杵在那儿,好一会儿都没有反应。半晌,他终于清醒过来,脑子里接连闪动了无数个念头,想到张飞已经醉了,又是独自一人,自己手下贼寇数百,只要一起动手,岂能杀不了他。

"拿酒来!给张爷爷拿酒来!"张飞继续吼叫,犹如晴天响起一连串霹雳,把众土匪镇住了,没人敢动弹。接连叫了几声,也没有一个人送来酒,张飞火大了,怒吼道:"直娘贼,成亲舍不得给张爷爷酒喝,想是活腻了。张爷爷送汝等下地狱去!"话音刚一落地,他操起一张桌子,一阵横扫,几乎眨眼之间,将数十名土匪打翻在地,没有一丝气息。

"给张爷爷酒喝,张爷爷饶汝等不死!"张飞指着大大小小的土匪,怒吼道。

"好,本寨主给汝酒!"寨主一见张飞神勇无敌,再度心生怯意,准备开溜,如今一听张飞的吼叫声,心里想道,真是老天有眼,可以趁送酒给这厮之机,一刀捅进他的心脏,连忙命人取来一坛子酒,自己拿了,送到张飞跟前,一面递酒,一面就势将一把短剑从酒坛子下面狠狠地朝张飞心脏刺去。

张飞一见寨主神色有异,略一闪身,接过酒坛,看到了那把短剑,顿时恼恨至极,一脚将他踢倒在地,抢上前去,一手提起他,一手举了酒坛子,继续向嘴巴里倒酒。瞬息之间,一坛子酒喝了下去,他把空酒坛一甩,提起寨主,怒骂道:"张爷爷本待拧下汝的狗头,可是,大哥、二哥有用,暂且留汝多活一时。直娘贼,张爷爷先一把火烧光汝的老巢!"

张飞喝令土匪把酒全部搬出来,逼迫他们把劣质酒坛打碎,然后放起火来,等待寨子付之一炬,押送一干人等去了安喜县城。

次日,刘备在安喜县尉衙门坐堂审案。那户嫁女的人家,已经被关羽派人请了过来,一大早,看见张飞押着土匪头子进了县尉衙门,并且知道张飞就是装扮姑娘的人,不由得心花怒放,喜滋滋地答应充当原告。当一个敞开的审案场地搭建起来以后,一家人立即击鼓喊冤。

刘备问明案由,大声喝道:"带被告!"

听说状告土匪头子,看热闹心情的民众一下子鸦雀无声,人人心里既充满期待,又恐慌不已。及至刘备下了命令,千万双眼睛不相信似的看着衙门出神。几乎顷刻之间,被告被带到众人面前。一些人嗡嗡地议论开来。在众目睽睽之下,被告跪倒在刘备面前。刘备开始问案了。那一问一答,声声传入民众的耳鼓。那户人家的遭遇,勾起了民众的情绪。民众一下子爆发了,争先恐后,纷纷击鼓,要求控告土匪头子。

关羽妙计得售,刘备深感安慰,一连十几天,不管阳光暴晒,还是大雨淋漓,毫不间断地继续审案,然后依据大汉律令,判处土匪头子斩立决。

亲耳听到宣判,万众沸腾,激动之下,不知道谁大喊一声,率先冲上平台,挥起拳头,兜头向土匪头子脑袋上打去,紧接着,像洪水冲垮了堤坝,民众纷纷冲过兵士组成的拦阻线,蜂拥着冲了过去,拳脚相加,很快就将土匪头子打死了。

县尉为民除害,引起万民敬仰,从此以后,县里凡有大小冤情,无论官民,都喜欢到县尉衙门寻一个是非曲直。有了为黎民百姓做主的机会,刘备乐此不疲,在很短的时间里,使安喜民风淳朴,土匪武装以及不法之徒,销声匿迹。

不久以后,刘备忽然接到一个不幸的消息,说是朝廷已经下旨,派督邮去各地巡视,淘汰一些因为军功当上官吏的人。联想到自从与关羽、张飞结为兄弟,拉起队伍投效刘焉,镇压黄巾以来的遭遇,预感自己便在淘汰之列,心里不由得生出一点怨气:"阉党当道奸佞横行,我辈岂能建功立业!"

他很想把这个消息告诉给关羽、张飞,与他们商量一下,该怎样应对即将到来的命运,转而一想,商量又有什么用呢? 二弟即使不会说出什么难听的话,三弟可是天不怕地不怕的主,一怒之下,很有可能会杀掉督邮,如此一来,我等就会成为朝廷罪犯。因此,此事决不能让二弟、三弟知道,以免横生波折。督邮巡视过后,吾不在淘汰之列,自然无须再与二弟、三弟说起;遭到淘汰,刘某便找一个借口,带上二位老弟远走高飞。

接到督邮来安喜巡视的准确时间,刘备以有事公干的名义,分别将关羽、张飞派了出去,独自一人前去迎接。把督邮一行接到馆驿,安排妥当之后,刘备得到传令,前去晋见督邮。

督邮所到之处,各级官员一蒙召见,马上就会命令手下人等带着无数珍宝,前去贿赂,以求保住官位,进而获得向上攀爬的阶梯,是以见识了不少奇珍异宝。如今一见刘备竟然双手空空,站在面前,督邮心里就有些不喜欢,沉默了半晌,问道:"刘县尉是何出身?"刘备朗声回答:"备乃中山靖王之后;自涿郡剿戮黄巾,大小三十余战,颇有微功,因得除今职。"督邮一听,勃然大怒,厉声喝道:"何方狂徒,竟然胆敢妄称皇亲,虚报战功! 如今朝廷降下圣旨,就是要淘汰汝等滥官淤吏!"刘备心头蹿起一团怒火,怒骂道:"刘备皇室之胄,有族谱为证;所获战功,有刘焉大人、朱儁大人作证,何来妄称,又何来虚报?汝无尺寸之功,得以占据高位,才是滥官淤吏,理应淘汰,有何面目指责我等?""大胆刘备,汝想造反吗?"督邮脸色铁青,命令人马将刘备抓起来。

刘备一怒之下,飞身上前,一脚踢倒督邮,夺过一根鞭子,猛力地朝督邮身上一阵乱抽,直打得督邮哭爹叫娘,差一点昏死过去,终于住了手,一扔马鞭,怒气冲冲地奔回县尉衙门。

其时,关羽、张飞已经回来了,听说督邮前来巡视,赶紧询问刘备这究竟是怎么回事。刘备匆匆忙忙地说了一下,催促他们赶紧收拾行装,一块上路。

"大哥,待吾杀了督邮再做道理。"张飞说道。刘备急忙阻拦。关羽叹息道:"大哥忠于朝廷,我等何必惹下大祸。三弟,须听大哥之言,吾等快些上路。""我等要去哪里?"张飞问道。刘备将印绶朝桌上一放,一边与关羽、张飞结伴而行,一边说道:"此去代州投奔刘恢可也。"

关羽有过从解州出逃的经历,担心定州府已经发出缉捕通令,与刘备、张飞一道,带了随从,不敢走大路,专门挑选僻静小路,绕道奔往代州。非止一日,一行人终于抵达了目的地。

来到刘恢的府邸门口,刘备、关羽、张飞分别将双股剑、青龙偃月刀、丈八长矛交给随从,命令他们在门外等候,一同前去求见。

刘恢听说刘备等人求见,连忙传令,带他们进来。刘备走在前面,关羽、张飞紧随其后,器宇不凡地走了进去,施了礼,刘恢赐座,刘备坐了下来,关羽、张飞双手交叉,放在胸前,立于刘备身后。刘恢说道:"久闻玄德涿郡起兵,以五百兵马,大破黄巾军五万贼寇,实在令人敬仰,今日得见,三生有幸。"

"太守过奖,刘备穷途末路,万般无奈,前来投靠,太守能够收留,刘备兄弟感激涕零。"

刘恢说道:"玄德有功于国家,本应得到重用,可惜朝廷之上,阉党当道奸佞横行,忠义之士无法立足,实乃汉室江山社稷之不幸。"

"太守皇室亲眷，忧国忧民之心，天地可鉴。"刘备立马恭维道。

这一下，拉近了两人之间的关系，刘恢越来越高兴，当场询问刘备率部攻打黄巾军的细节，得知一切皆是关羽的谋划，不由对关羽刮目相看，赶紧让关羽走上前来，赐给他一杯酒。

关羽一饮而尽，恭恭敬敬地向刘恢施了一礼，说道："若非兄长，某力微薄，无处可用。太守收留我等，关羽必将跟大哥、三弟一道，永不相负。"

刘恢笑道："云长果是忠义之士！汝不负朝廷，吾愿足矣。"

张飞一见刘恢跟刘备、关羽相谈甚欢，先给刘备酒，接着又给关羽赐酒，原以为紧接着就该轮到自己了，谁知没有，不由得扯开喉咙，大声叫道："偏大哥、二哥喝得太守美酒，燕人张翼德喝不得乎？"

刘备一惊，赶紧回头喝止张飞。张飞嘴巴朝上一翘，果然不再作声，神情仍然不平。刘备说道："三弟张翼德一向鲁莽，太守恕罪。"

刘恢哈哈一笑，说道："尔等兄弟三人，皆是豪杰。别说一杯酒，无论汝要什么，太守府若有，尽可取去。"见刘备、关羽越发恭敬，张飞越发不敢作声，刘恢索性亲自端起一杯酒，递给了张飞。吓得刘备赶紧起立，连称这可使不得。

张飞却不客气，顿觉满脸有光，接过那杯酒，仰脖子一饮，大声说道："多谢太守赏酒，太守有何吩咐，翼德万死不辞。"刘恢说道："无他，汝等住得安心就好。""太守每天给某酒喝，翼德就安心。哪里也不去。"张飞说道。"不成，尔后朝廷有事，汝需出力。"刘恢含笑道。张飞一听，立即眉飞色舞，说道："程远志侵犯涿郡，翼德单枪匹马，闯进彼营帐，一把拧断彼的脖子。无论谁敢造反，翼德便拧断他的脖子。"刘恢再一次哈哈大笑起来。

从此以后，刘恢几乎每一天都会与刘备兄弟三人说话，说朝廷内部的事情，说各方面传来的消息。几乎每一个话题，刘恢都会询问刘备兄弟三人有何评价。

一段时间以后，刘恢说道："欲成就大业，须有自己的班底，班底构成如何，决定汝能走多远。玄德胸襟广阔，立场坚定，目标明确，可做首领；云长熟读兵法，为人忠义，既可为军师，亦堪当大将；翼德勇冠三军，豪气干云，驰骋疆场,势必所向无敌。三位不难有番作为,却须谨记,匡扶天下,拯救黎民百姓,安抚汉室江山,乃是汝等目标。"

"太守放心,此乃我等终生不变之目标。"刘备、关羽、张飞三人一齐说道。

刘恢点头称好,马上掉过话头,说道:"如今,渔阳张举、张纯造反,声势浩大,公孙瓒与之长期作战,难以取胜,朝廷令刘虞为幽州牧,率领兵马,前往征讨。汝等志存高远,能力超群,岂能久居于此? 刘某与刘虞交厚,汝等愿意,吾将修书一封,并拨给一些兵马,着汝等前往彼处,再建功业。"

"愿意遵守太守饬令。"刘备兄弟三人心里无不高兴,一齐抱拳说道。

刘恢亲自挑选了两千兵马,准备了充足的粮草,交给刘备,命令他克日启程,率部前往渔阳参与剿灭张举、张纯的行动。

临行之前,刘恢单独召见关羽,询问道:"涿郡之时,汝出其不意,消灭程远志;广宗之时,汝促成中郎将卢植定下疲敌之计,使张角主力无能为力;宛城之战,汝先斩断赵弘掎角,然后包围宛城;如今,汝将以何计击破张举、张纯?"

"兵法有云,知己知彼,百战不殆。前番打仗,某综合分析吾军及黄巾之兵力对比、将领性格、地形状态、作战目的诸因素之后,提出相应战法。今既不知张举、张纯,亦不知幽州牧,实不能事先想出对策。"关羽思虑着说道。

刘恢叹息道:"以君之才,如能占据高位,岂容黄巾贼寇反叛朝廷?"

稍微停顿了一会儿,刘恢说道:"彼等情况,某略知一二。张举、张纯夺了渔阳周边许多城镇,黄巾余孽相继响应,声势浩大。公孙瓒多次率部围剿,均被打败。刘幽州颇有才干,虽为上公,天性节约,敝衣绳履,食无兼肉,深受百姓、士人爱戴。汝等投之,必受重用。汝当竭尽全力,勿使幽州失望。"

"太守放心,某理会得。"关羽回答道,"张举、张纯如此嚣张,我等不宜轻易与之决战,宜首先进一步骄横其军心,然后寻找破绽,引诱一部至埋伏阵地,一举歼灭。趁其军心不稳,我等可以收买其属下,令其内部发生变乱。届时,不需我等动手,张举、张纯即尸首异处。"

"云长之计甚妙。"刘恢顿了一下，又说，"汝深通兵法，勇冠三军，万人难敌，但有一短，眼里容不得沙子。须知过于执着，会影响判断。汝能克服此病，则天下之大任汝横行。"

"谨遵太守的教诲。"关羽真诚地说道。

刘恢颔首道："汝兄弟三人，玄德善于笼络人心，然智力似嫌不足；汝军事才干不错，但缺乏全局观念；翼德于千军万马之中横冲直撞，仅系一员猛将，如能觅得易人，深知天下大势，可以见机行事，方能匡扶天下。"

"太守金玉良言，某当谨记在心。"关羽说道。

拜别刘恢以后，刘备、关羽、张飞率领人马，朝渔阳方向进发。即将抵达渔阳，斥候报告，说是幽州牧刘虞已经率领大军开了过来，在前面不远处扎下营盘。刘备当即命令关羽停留下来，全权负责队伍的行动，自己带着张飞以及几个随从，骑着战马，飞快地奔向刘虞的营地。

原来，刘虞为人谨慎，得知斥候报告，说是从代州方向开来一支兵马，不知道是谁的队伍，与张举大战在即，不敢马虎，马上命令队伍停留下来，看似扎下营帐，实则做好了迎战的准备。

刘备等人快要走近营盘，勒住战马，翻身下马，也不用兵士上前通报，自己走上前去，投上了刘恢的推荐信。不一时，刘虞传下号令，让刘备进入中军帐。

接受了刘备拜见，刘虞说道："吾奉朝廷旨意，前来剿灭黄巾余孽，汝能带兵前来相助，实在大慰我心。此番前来，有何作战方略？"

一路行来，刘备不停地与关羽讨论作战行动，已经有了初步计划，连忙说道："张举、张纯接连打了不少胜仗，更加骄狂，探知冀州率军围剿，必然会出动人马，前来拦截，试图消灭冀州先锋，挫动官军锐气，迫使冀州之军不敢与之对战。为此，吾先锋部队宜作诱饵，待黄巾贼寇攻击之时，佯装不敌，将彼引入主力设下的埋伏圈。备率领本部人马，挡在中间，既阻挡贼寇增援，亦可适时向黄巾贼寇的背后掩杀过来。经此一战，贼寇必将闻风丧胆。我等随后释放被俘贼寇，收买退入渔阳的军士，造成其部下叛乱。"

刘虞闻言大喜，说道："此诚良策也。"言毕，立即命令刘备为都尉，全面负责指挥这场作战行动。

刘备大喜过望，即刻派遣随从，让关羽领兵来见。

关羽接到命令，火速率部启程，在刘虞大军营帐外围，设下营盘，立即前去拜会刘备。

刘备把从刘虞那里得到的各种消息，原原本本告诉关羽，两人反复推算许久，拿出了具体作战方略：关羽率领从刘恢那里得到的两千兵马，率先从侧翼向渔阳推进，距离渔阳半日的路程处，停留下来，注视各方面情况，一旦主力与黄巾军打起来，渔阳方面派兵出援，就突然袭击，将其拦截下来；或者听见号令，留下一部分兵力，作为疑兵，牵制渔阳城里的黄巾军，不使其出援；稍后，张飞率领一彪人马作为先锋，大张旗鼓地向渔阳进发；刘备统领主力，在距离先头部队五里之外秘密跟进，等待抵达一处险要地形，埋伏下来，准备包围并击灭敌人；张飞完成将黄巾军引入埋伏阵地的任务后，迅速率部回过头来，杀入敌阵。

这一战术果然奏效。张举、张纯听说张飞率部前来进剿，立刻打开城门，出动两万兵马主动迎击，试图打张飞一个措手不及，一举歼灭之，谁知落入关羽布设的圈套，死伤一大半，不敢再战，率部一路逃回渔阳城，紧闭城门。

刘备、张飞、关羽合兵一处，商议破敌之策。关羽说道："如今黄巾伤亡逾万，必不敢出城迎战，我等只需日夜挑战，耗尽其弓箭，其内部必乱。"

张举、张纯新败，果然不敢打开城门迎战，只派遣弓箭手朝进攻部队放箭。旬日以后，弓箭告罄。张举不愿坐以待毙，命令张纯带领一支人马，备足放火之物，在子夜时分出城，绕过官军前面的营帐，到后面火烧关羽营垒。

张纯率部好不容易接近关羽营帐，正准备放火，眼前突然晃动着无数火把，把天空照得犹如白昼。

"不要跑了张纯，活捉张纯！"官军山呼海啸一般地呐喊。

张纯暗自着急，耳边又是一阵响雷："燕人张翼德在此，张纯还不下马受死！"他一眼看去，果然看到张飞挺着丈八长矛，杀了过来，慌忙应战。

原来，关羽算定张举会有火烧营垒之举，早已设下埋伏。张纯率部拼杀一阵,招架不住,不顾一切地往回冲。张飞带领人马紧追不舍。

这时候,张举见官军营垒火光四起,又是一片喊杀之声,以为张纯得手,马上打开城门,带领兵马杀奔过去。没想到,刚冲出城,就看到关羽、刘备领着大军,迅速围拢过来,把他们全部包围了。张举心知中计,急令人马后退,但官军已经进入城里,堵住了他的去路,遂大喝一声:"张某虽死,亦能杀汝",拍打战马,直冲关羽、刘备奔杀过去。三人绞杀在一起,大战了无数回合,张举渐渐气力难支。关羽忽然听到,青龙偃月刀似乎发出霍霍声响,心里一紧,还没有明白是怎么回事,就一刀砍下了张举的脑袋。

"莫非青龙偃月刀首杀成名人物,会有感应?"关羽心里纳闷,把大刀收到眼前,只见上面泛出凛冽的寒光,没有一丝血迹。再朝张举的尸体上看了一眼,心里叹息道:"吾虽不欲看到如此结局,然已成事实,当以此刀横行天下。"

这时候,张飞手提一颗血淋淋的脑袋奔驰而来,兴奋地大声喊道:"大哥、二哥,张纯脑袋在此。"

因为剿灭张举、张纯起义军有功,以及刘虞极力推荐,朝廷赦免了刘备鞭打督邮之罪,拜刘备为下密丞。刘备满心欢喜,当即带领关羽、张飞,去下密上任。

这一仗,刘备遇到了昔日一同拜倒在卢植名下读书的同窗公孙瓒。此人字伯珪,出身贵族,机智善辩,年纪轻轻即获得涿郡太守赏识,将女儿许配给他。光和年间,边章、韩遂叛乱,公孙瓒奉朝廷旨意,在幽州征发三千精锐骑兵前去征剿,一举予以平息。后来,渔阳人张纯引诱辽西乌桓首领丘力居等叛乱,攻占右北平郡、辽西郡属国的很多城市。公孙瓒以三千骑兵追讨张纯等叛贼,立下战功,升为骑督尉。不久,又受降乌桓首领贪至王,升为中郎将,封为都亭侯。此后,他一直率部与丘力居、张纯作战,曾经打了很多胜仗,也打了不少败仗。黄巾起义以后,丘力居经略青、徐、幽、冀,四州被其害,公孙瓒无法抵御。这才有了朝廷任命刘虞为幽州牧,前来征讨黄巾军残部的故事。刘备获得刘恢推荐,前来投效刘虞,公孙瓒岂能不知?昔日同窗能有此番成就,公孙瓒心里高兴,决定趁此机会,把他收入自己麾下,将他迁升为高唐尉。随后，又极力向朝廷表述刘备以前的功劳，朝廷再度下旨，任命刘备为别部司马，任平原县令。

任安喜县尉时已经积累了一些治理经验，如今担任县令，刘备首先与关羽、张飞一道查看账目，试图摸清家底，然后决定如何运用资金、平衡各方面的需要。可是，拿过账目一看，竟然混乱不堪。三人均做过生意，虽是小本经营，毕竟亦牵涉到收支转存。特别是关羽为人精细，分别将收入、支出、转账、储存等方面的来往情况，各自做成一个账本，记上相关账目，以此账目清楚，从来没有混乱过。如今，一见偌大一个县里，账目竟是如此混乱，关羽便提出利用自己做生意的办法，首先把账目归类，予以捋清。花了一个多月，终于查清了全部资金、土地与人口分布情况。据此，他们一方面大力削减不必要的费用，一方面号令全县百姓，极力扩大生产。仅仅一年，平原县就被治理得很有气象，钱粮充足，一片兴旺。由此，他们开始招兵买马，扩充实力，掌握了一支约两千人的武装。

时间过得很快，转眼到了中平六年，即公元189年。这一年，灵帝去世，众臣立十三岁的刘辨为帝，是为少帝。大将军何进因妹妹是何太后，实际上掌握了朝廷大权，试图除掉十常侍。但是，此人没有智量，又优柔寡断，非得借助外力来除掉十常侍不可。消息外泄，十常侍除掉了何进。何进的属下吴匡、张璋、袁术得知消息，带兵欲入后宫杀尽十常侍。十常侍为了活命，只有裹挟少帝和陈留王刘协逃跑。尚书卢植率军追赶，杀死十常侍，又把少帝和刘协迎回宫内。这时候，何进借助的外力，即已经担任西凉刺史的董卓整顿军马，赶到了洛阳，自认为和收养刘协的董太后同族，试图废除少帝，另立刘协为帝，遭到以丁原为首的朝廷忠臣激烈反对。因为丁原义子吕布天下无敌，董卓不敢轻易下手，收买吕布后，令其杀害了丁原，扫清了废立皇帝道路上的障碍，成功地将少帝拉下马，扶陈留王登上了皇帝宝座。是为汉献帝。这一下，打开了潘多拉魔盒，朝廷陷入更大的混乱，不满董卓弄权的忠臣义士遭到杀戮，顺从董卓的奸佞小人充盈朝堂。

消息传来，关羽愤愤不平地说道："广宗时期，若吾斩杀老贼，焉有是事！"

"彼时奉命剿灭黄巾军,我等杀彼,是为不忠;今日,彼乃叛逆,落入我等之手,决不令其苟活。"刘备说道。

"既如此,我等率领人马杀向洛阳,除掉董卓老贼。"张飞气壮山河地说。

"翼德勇气可嘉,只区区两千人马,赶到洛阳,能有多大用处?"刘备顿了一下,说道,"我等少安毋躁,待有人起兵反董,即可加入。"

关羽饶是胜过万人敌,亦无计可施。兄弟三人只有等待。

次年元月,即初平元年元月,曹操以朝廷密令,发出檄文,声讨董卓。一时间,各镇诸侯纷纷起兵响应,各自率领人马向洛阳进发。其中,就有公孙瓒。

刘备得到消息,大喜过望,立即与关羽、张飞商议,整顿军马,准备迎接公孙瓒。

不一日,公孙瓒果然率领大军经过平原县,前往洛阳。正行之间,远远看去,只见桑树丛中,突然出现了一面黄旗,并有一队骑兵迎了上来。公孙瓒一眼望去,打头的人赫然正是刘备,不禁勒住战马,大声问道:"贤弟何故在此?"

刘备来到公孙瓒跟前,答道:"承蒙兄长推举,备就任平原。闻兄长率军讨伐逆贼,特来迎接,先进城歇息一天,明日备当率领属下两千兵马,跟随兄长,讨伐董贼。""如此甚好!"公孙瓒点头道,忽地看到刘备身后的关羽、张飞,问道:"此乃何人?""关羽、张飞,备之结义兄弟。"刘备回答说。公孙瓒颔首说道:"关羽、张飞大破黄巾贼寇,出力甚多。彼二人现居何职?"刘备赶紧回答:"关羽是马弓手,张飞是步弓手。"

"朝廷昏暗不明,如此埋没英雄,甚为可惜。"公孙瓒顿了一下,说道,"不过,英雄总有出头日。此番讨伐董卓老贼,二位必将脱颖而出。"

"某当竭尽全力,报效国家。"关羽、张飞一齐朗声回答道。

"若无吕布,董贼决不至于肆意胡为。二位此番前往洛阳,杀了吕布,当居首功。"公孙瓒说道。"吕布并非三头六臂,天下人都怕他,张飞偏不怕,必先取彼项上人头,然后夺董贼之命。"张飞挺了一下胸部,豪气干云地说道。"汝有何说?"公孙瓒询问关羽。关羽欠了一下身,回答道:"某当因时因地,想方设法，不辱使命。""云长不虚妄，不骄横，确有一代名将的风范。有云长随行，即使吕布强横，我等必将取胜。"公孙瓒高兴地说道。

随即，公孙瓒带了队伍，进入平原县城，住了一天，次日与刘备的兵马合并一处，一同向洛阳进发。非止一日，终于抵达目的地。

这时候，各路诸侯相继带兵赶到，各自扎下营盘，连接两百余里。曹操大喜，杀牛宰羊，大会诸侯，首日即一致推荐渤海太守袁绍为盟主，组成关东军，统一调度各路兵马。紧接着，袁绍下令胞弟袁术总督粮草，应付诸营，勿使各营缺少粮草，派遣长沙太守孙坚打头阵，攻打汜水关。

孙坚在镇压黄巾起义之中亦立下战功，并广有资产和人脉，得以任职长沙太守。此番出阵，他试图先声夺人，树立自己的威风，为晋升更高的职位赢得资本。孙坚率领本部人马进至汜水关，第一仗，斩杀了董卓手下名将华雄。紧接着，其子孙策挥动人马，打算乘势夺取关口。可是，汜水关之敌使用弓箭，把箭镞犹如暴雨一般射了过来，致使孙策的兵马损失惨重。他不得不收兵回营，派遣人马分别向袁绍报捷和向袁术催要粮草。袁术气量狭小，担心孙策成功会影响到袁氏家族的威望，没有及时拨给粮草，致使孙策大败。

关羽得知消息，对刘备说道："今观战阵，盟军虽兵多将广，但人心不齐，恐难济事。不如我等先请战，以此博得名声。待吕布出来，我等兄弟大杀一场，若杀了吕布，尽显我等威风；杀不了，亦能彰显我等手段。"

次日，袁绍正欲遣将出击，关羽、张飞奔进来请命。袁绍问道："汝二人现居何职？"听到"马弓手"、"步弓手"的回答，袁绍顿时十分恼怒，呵斥道："吾麾下大将如云，岂容汝等放肆！"

曹操立刻闪身而出，劝道："自古英雄不问出身，彼二人既然敢于出战，必定有些本事，盟主遣之可也。"

张飞立马高声叫道："吾兄弟以五百人，大破黄巾五万，斩邓茂，杀程远志，谁人可比？"袁绍听了，极为恼怒："汝藐视天下英雄，实乃狂妄之徒！左右，轰彼出去！"

曹操乃是沛国谯人，出生在官宦世家，自幼机智警敏，在镇压黄巾起义时显露头角，后被封为西园八校尉之一，即典军校尉，因见董卓倒行逆施，不愿与其合作，遂改易姓名逃出京师洛阳，到陈留后，散家财，合义兵，号召天下英雄讨伐董卓。此时，眼睁睁地看到关羽、张飞被人轰出中军帐，他马上跟了出来，只见刘备已经与二人会合在一块，俱皆愤愤不平，乃上前施礼道："袁本初此举，固然令人失望，然英雄终有出头之日，汝等不须灰心丧气，他日当为国家栋梁。"

刘备说道："多谢奋武将军，吾兄弟三人为国家而来，自当为国尽力。"

曹操颔首道："汝等当年以数千之众，破程远志五万兵马，非为国之人莫能为也。如此英雄气概，天下尽知，曹某亦感佩至深。"

"此乃吾弟云长之谋、翼德之勇，备实无能也。"刘备说道。

曹操笑道："玄德只需赤心为国足矣。"说到这里，曹操把面转向关羽，说道："吾闻云长熟读兵法，勇冠三军，为人忠义，此等智勇兼备、忠信至诚之人，某不能早日遇到，上天待我何其薄也。"

关羽说道："某追随兄长，响应奋武将军号令，特来效力，愿听将军吩咐。"

曹操笑道："云长果然至诚，更教曹某羡慕玄德。他日有事，想必云长定会竭力相助，曹某在此谢过。"

张飞大叫道："奋武将军奈何厚此薄彼，不与张飞说话也？"

曹操望着张飞，大笑起来，说道："翼德秉性爽快，真乃性情中人，当着无数英豪之面，斥责袁本初者，唯汝做得出来！"

张飞说道："若非大哥、二哥阻拦，吾势必拧断袁本初脖子，教彼不敢小觑。"

刘备、关羽没有阻拦住，赶紧斥责。

曹操不以为意，说道："汝等三兄弟非比他人，曹某以心腹相告，吾首发倡议，无非为匡扶天下，重振朝纲，孰料人心不齐，恐难成就大事。今后，汝等宜多加珍重。"

尽管人心不齐，各方诸侯接到出战命令，还是拼死搏杀，打得董卓的军队节节败退。董卓急眼了，不得不派遣吕布来到汜水关，迎战诸侯。吕布出马,果然非同小可,遭遇八路诸侯的围攻,毫无惧色,骑着赤兔马,挥舞方天画戟,带领三千铁骑,奋勇冲入盟军的阵线,左冲右突,直杀得盟军望风披靡,一逃而散。

袁绍、曹操远远地见了,异常吃惊,决定于次日集合十八路诸侯,一同迎战。

第二天,吕布提了方天画戟,骑上赤兔马,单独出来挑战。公孙瓒按捺不住,挥槊冲了上去,几个回合,大败而归。吕布骑了赤兔马,举起方天画戟,追赶过来,照公孙瓒的后心刺了过去。

作为公孙瓒旗下部将,刘备、关羽、张飞均在此压阵。一见公孙瓒败了,张飞即想出手,如今看到吕布下了杀手,再也忍不住了,圆睁环眼,倒竖虎须,挺起丈八长矛,飞马大叫:"三姓家奴休要猖狂,燕人张翼德在此!"吕布立马弃了公孙瓒,来战张飞。二人一连斗了五十回合,不分胜负。关羽暗暗喝彩:"人道吕布英雄了得,果然如此。"他把马一拍,挥舞青龙偃月刀,亦冲上前去,与张飞一道夹攻吕布,战了三十回合,还是不能取胜。刘备心下着急,手持双股剑,亦打马上前。兄弟三人围住吕布,倏忽之间,又战了十余回合。吕布支撑不住,朝刘备面上一刺,趁着刘备闪身躲开之际,冲开包围圈,倒拖方天画戟,飞马回奔。刘备、关羽、张飞哪里肯放,立即追赶。

各路诸侯见了,立刻擂鼓进兵,一同赶杀过去。吕布慌慌忙忙朝汜水关逃去。诸侯兵马紧追不舍,但一阵箭矢打来,人马伤亡惨重,难以靠近关卡,不得不收兵回营。

曹操亲眼见到刘备、关羽、张飞三人大发神威,赶走吕布,十分欢喜,连忙上前嘉勉:"汝兄弟胜过十万大军,果然名不虚传,足令吕布胆寒矣。"

"某等为国至此,敢不尽力!"刘备、关羽、张飞一齐说道。

"吕布已然胆寒,盟军夺取汜水关指日可待。一旦扫清天下,汝兄弟三人但居首功。即使本初心中不愿,曹某当竭尽全力,为汝等庆功。"曹操说道。

吕布虽说骁勇无敌,但此番出战,仍然无法取胜,董卓深感洛阳危急,遂挟持汉献帝,准备迁往长安,引起朝堂众臣的不满。在一片反对声中,董卓大开杀戒，并纵容兵士焚毁宫室，挖开王陵，劫掠人民，致使洛阳方圆 200 里荒芜凋敝，没有人烟。

汜水关这边，守将得知董卓已经逃跑，无心继续抗拒，军心涣散，各路诸侯无需费力，进占汜水关。

孙坚率领本部人马最先进至洛阳，没有遇到任何抵抗，但见京都在大火中熊熊燃烧，京城中没有跟随董卓逃亡的大小官员，乃至黎民百姓，无不痛哭涕零，他便命令人马救火，维护秩序。孙坚进入昔日皇宫，无意间寻得玉玺，隐秘不报。

董卓裹挟皇帝逃跑，已成惊弓之鸟，袁绍本该趁此机会，率领各路大军分头拦截，将董卓一党全部清除干净，中兴汉室，但是，此人仗着祖上四世三公，获得众人推荐为盟主，并没有胆识，因惧怕董卓精锐的凉州军，屯兵酸枣一带，不敢向关西推进。

这时候，曹操认为董卓焚烧宫室，劫迁天子，海内震动，大失人心，应乘机与之决战，无法劝说袁绍，遂独自引军西进。

刘备、关羽、张飞得到曹操关照，觉得他真心为国，听说他带兵追赶董卓去了，试图劝说公孙瓒，协助曹操，成就大功。但是，公孙瓒久经战阵，深知十八路诸侯都无法轻易打败董卓，如今人心涣散，些许人马难以力挽狂澜，没有答应，严令他们不要轻举妄动，先观察动静再说。

"公孙瓒非实心救国之人。我等不如离开彼，协助奋武将军。"关羽说道。

刘备沉吟道："公孙瓒所言并非没有道理。我等能有今日，皆系彼提携，一旦离开彼，前往追赶董卓，势必不能取胜，打了败仗，再如何面对公孙瓒？"

"奋武将军有言，他日有事，吾等定当竭力相助，岂能食言？"关羽说道。

张飞立即响应："即使没有奋武将军之言，吾等奈何要受公孙瓒束缚，而不能伸展志向耶？"

刘备说道："吾亦希望协助奋武将军，然汝等应知，若非公孙瓒相助，吾兄弟至今飘零，岂能得到一县之地？没有地盘，如何实现吾等夙愿？"

关羽、张飞二人无话可说。

却说曹操率部行至荥阳汴水,正与董卓大将徐荣带领的人马相遇,两下交锋,因为士兵数量悬殊,曹操大败,士卒死伤大半,自己也被流矢所伤,幸得堂弟曹洪所救,幸免于难。败退回到酸枣,曹操建议诸军各据要地,再分兵西入武关,围困董卓,仍然无人响应。

刘备、关羽、张飞得到消息,面面相觑,谁也不说话。

隔了好一会儿,关羽说道:"若按奋武将军之计,董卓必然成擒。诸侯各自盘算,终非救国之人。"

刘备叹息道:"可恨某等没有实力,不能响应奋武将军。"

"大哥喜欢瞻前顾后,若按二哥和翼德的说法,手下拥兵两千,自可横行天下,奈何要受制于人!"张飞愤愤不平地说道。

关羽纠正道:"三弟,吾感叹诸侯无救国之人尔,非言吾等可以纵横天下。"

刘备思索道:"云长之言是也。吾等没有实力救国,有实力者不愿救国。唯奋武将军可以信赖。吾等均去拜访奋武将军,于公孙瓒面上不好看,云长勉力一行,代吾与三弟致意奋武将军。"

领了刘备的命令,关羽前往曹操营帐,拜见了曹操,说道:"奋武将军实心救国,某等兄弟感佩,恨无力相从,敬祈原宥。"

曹操哈哈一笑,说道:"吾固知云长与玄德、翼德均为朝廷忠臣良将,亦知汝等处境,凡事未曾知会汝等,乃是不愿陷汝等于进退两难之境。云长支持曹某,即是对吾最大帮助,何言原宥。曹某此行,得遇云长,已属幸运;万事不成,此乃天意,曹某之心,可昭日月,至此足矣。诸侯久居于此,进退无据,顷刻必散,云长珍重。"

这时候,袁绍得知孙坚获得玉玺的消息后,勒令其交出。孙坚已怀不臣之心,岂肯轻易交出?与袁绍争执一回,连夜率领本部人马拔寨离开洛阳,回去长沙。袁绍大为愤怒,密令荆州刺史刘表拦截,使刘表与孙坚成为死敌。

孙坚一走,关东盟军顷刻之间四分五裂,各路诸侯陆续打道回去。

如此情况之下,刘备、关羽、张飞只有率部跟随公孙瓒的大军北返。随即,公孙瓒任刘备为平原相,关羽、张飞为别部司马,令其招兵买马,扩充实力。

生活暂时安定下来了,关羽心里惦记夫人和儿子,曾派遣军士去解州打探过他们的下落,想把他们接到身边,享受天伦之乐,可是一无所获。

这期间,刘备娶了甘夫人。甘夫人虽不懂得任何军国大事,但擅长女红,为人谦和柔顺,对刘备百依百顺,对关羽、张飞兄弟亦非常敬重,准备为他俩寻得一门好亲,但是,关羽一心挂念胡玥,没有再成亲的念头;张飞似乎觉得现在的生活非常畅快,想干什么就可以干什么,一旦成了亲,将会受到羁绊,好日子便一去不复返,把手摇得好像夏天不停挥动的蒲扇。

次年,即初平二年,袁绍试图夺取冀州,首先派人与公孙瓒取得联系,劝他一块出兵攻打,得手后两家平分。公孙瓒点头同意。袁绍便派人告诉冀州太守韩馥,说公孙瓒准备起兵攻打他。韩馥亦是拥戴袁绍为盟主,共同进剿董卓的一方诸侯;而且,曾经在关东盟军树倒猴狲散以后,觉得朝廷已经失去权威,跟袁绍等诸侯一道,劝说幽州牧刘虞称帝,虽说遭到刘虞严词拒绝,但与袁绍之间的关系进一步加深,以为袁绍说的是好话,连忙请求袁绍协助他抗击公孙瓒。袁绍趁机占领了冀州。韩馥被迫投靠张邈,之后自杀。公孙瓒则按照协议,要求与袁绍平分冀州,遭到拒绝,两家遂爆发战争。

战前,公孙瓒罗列了袁绍的十大罪状,引来冀州诸城官员纷纷倒戈。随即,公孙瓒自封三州刺史,并以严纲为冀州刺史,田楷为青州刺史,单经为兖州刺史,统领三万兵马进兵冀州,在界桥南二十里,各以五千骑兵分列左右两翼,以白马组成的骑射精兵"白马义从"位于中央,准备迎战袁绍。

袁绍派遣麹义以八百步兵与弩兵数千人为先锋迎战,亲率数万步兵随后跟进。公孙瓒看到麹义兵少,立刻命令骑兵进攻。麹义以步兵牵制公孙瓒的骑兵,并以弩兵射倒骑兵,斩杀严纲及千余人,赢得了首胜。

听说公孙瓒吃了败仗,刘备与关羽、张飞商议,准备前往增援。

关羽说道:"公孙瓒与袁绍罔顾朝廷尊严,觊觎人家地盘,肆意大打出手,均属不义,吾等奈何卷入其中?""话虽如此,一旦公孙瓒大败,我等必然面临池鱼之殃。"刘备说道。"袁绍使得奸计,我等亦可等待袁绍与公孙瓒两败俱伤之际,出面收拾残局,一举夺得冀州。"张飞嚷叫道。关羽连忙说道:"若到彼时,早有诸侯出兵,哪有我等机会?为安抚天下,不让黎民百姓过多遭难,不如还是帮助公孙瓒。"刘备叹息道:"二弟所言不差。彼等长期打下去，黎民百姓不知要受多少苦难。"

计议一定，三人立即收拾人马，向冀州进发。他们刚刚抵达冀州地面，便接到斥候报告，说是袁绍打败公孙瓒后，正紧追不舍，公孙瓒部大有全军覆没之忧。

刘备急问关羽："我等加快速度，抄小路攻打袁绍后背，迫其回救，先解公孙瓒之危，如何？""如此甚妙。事不宜迟，吾率骑兵先行，兄长和三弟率步军随后赶到，杀他一个痛快。"

关羽领了骑兵，快马加鞭，抄小路奔了过去。刚刚抵达战场，只见公孙瓒部正没命地后撤，完全没有一点队形；袁军几员大将，挥动兵马，风扫残云般地迅猛追杀。关羽心下着急，却很镇定，放眼袁绍军中，一簇人马，围绕一处，亦在凶狠地朝前追杀，判断袁绍就在其中，带了人马，径直杀将过去。袁绍正要一举消灭公孙瓒，丝毫不做提防，被关羽的骑兵一冲，队形就垮了下来。关羽挥动大刀，直扑袁绍。袁绍吓得魂飞魄散，又不知道关羽带了多少兵马，立即命令人马回救。这时候，刘备、张飞率领步军杀进袁绍军中，人人争先，个个斗狠，将袁绍部撕扯得支离破碎。

此时，公孙瓒军中，新添了一员猛将，名唤赵云。此人字子龙，常山真定人，有万夫不当之勇。冀州之战爆发，受常山郡民众推举，赵云率领本郡义从吏兵投奔公孙瓒。公孙瓒不知底细，颇不放心，问道："据闻，冀州之人均已依附袁绍，汝等怎能迷途知返？"赵云回答说："天下大乱，不知谁为明主，百姓有倒悬之危，鄙州商议，要追随仁政，故而相投。"公孙瓒大为高兴，这才收纳了他。

赵云虽勇，奈何公孙瓒不听他的建议，并在失了第一阵以后，袁绍大军杀到，兵多将广，他亦难以抵抗。如今，一见袁军被人截住，赵云立刻回身杀入袁绍军中。公孙瓒亦收拾军马回杀过来，击退了袁军。

得刘备、关羽、张飞帮助，杀败袁绍，公孙瓒信心大增，决计全力反击。

关羽劝说道："袁军虽败，兵力仍占优势，贸然进攻，只会蒙受损失。为今之计，宜先撤军回营，等待机会再举兵击败之。"

公孙瓒不听，结果被打得大败。

第五章　邂逅徐州

　　公孙瓒与袁绍争夺冀州的战争，拉开了西汉末年军阀混战的序幕，已经绑在公孙瓒的战车上，不管喜欢还是不喜欢，刘备、关羽、张飞三兄弟都被迫参与了公孙瓒发动的一系列战争。

　　崇尚春秋时期诸多忠君的英雄，经过长期洗脑，关羽把混乱的源头归咎于张角发动的黄巾起义，因此越来越痛恨黄巾军。每当传来黄巾余部造反并被消灭的消息，他都欢欣鼓舞。初平三年，即公元192年，他正在公孙瓒的阵营里作战，一听说曹操平复了青州黄巾军，根本不管曹操此时已经站在袁绍的阵营里，与公孙瓒是死对头，对曹操多了一份敬重，打心眼里把他看成了无人可比的一代英雄。

　　这一年，最值得高兴的事情是董卓伏诛。乍一听到这个大好消息，关羽就兴奋得一连好几天睡不着觉，他幻想着从此以后朝廷可以力挽狂澜，走上正轨，黎民百姓可以安居乐业，天下再也没有战争，可是，一个令人悲催的消息接踵而至，董卓手下的四大金刚——李傕、郭汜、张济、樊稠领兵攻入长安，屠杀了诛灭董卓的元勋司徒王允，并将王允家族赶尽杀绝，继而大发淫威，诛杀忠于朝廷的众臣，将汉献帝再一次变成了傀儡，致使庙堂之上再度混乱不堪，从此天下混乱的局面再也看不到澄清的希望。

　　怎么办呢？关羽只有跟刘备、张飞一道，继续待在公孙瓒阵营，与袁绍阵营打下去，希望早日打败袁绍集团，尽快结束战争。这时候，他怎么也没有想到，主要的作战对手竟然就是曹操。

与曹操的第一战就在初平三年冬。其时，曹操击败了已攻占兖州的黄巾军，获降卒三十余万，人口百余万，收其精锐，组成青州兵，投入袁绍阵营。

公孙瓒在界桥大败以后，袁绍派部将崔巨业率兵攻打公孙瓒统治的故安，遭到顽强抵抗。久攻不克之下，崔巨业不得不引军南归。公孙瓒一见机会来临，迅速率部追赶，在巨马水追上袁军，发动凌厉一击，大败袁军，斩杀七八千人。紧接着，公孙瓒乘胜追击，接连攻下许多郡县，直至平原，乃遣其青州刺史田楷占据齐地。这时候，公孙瓒为了一举消灭袁绍势力，命令刘备屯高唐，单经屯平原，陶谦屯发干，自东方向袁绍阵营发起进攻；同时联合袁术从宛城进击袁绍阵营。这样一来，加上公孙瓒本人率部自北向南，形成东、南、北三面围攻袁绍的态势。

情势紧迫，袁绍不得不听从曹操的建议，采取集中兵力逐一消灭对手的策略，定下了以曹操领兵次第击破刘备、单经、陶谦、袁术等部，以袁绍大军迎击公孙瓒的大计。

"各路诸侯为了逐利，毫无信义，以至惯于分分合合，此乃春秋应有之义。然以吾等之力，直接与曹操对抗，实属不甘。"关羽叹息道。

张飞说道："曹操自知袁绍为人，仍与之结盟，对抗吾等，只恐彼亦非为了匡扶天下，乃是固守兖州一方土地而已。此人如此心肠，算不得英雄豪杰，至多不过一奸雄耳，不值得二哥为彼担忧。"

刘备思索道："三弟言之有理。二弟不必伤感，宜打起精神，谋划应对之策。"

关羽说道："吾闻，天子欲东归洛阳，派刘幽州之子刘和逃出长安，出武关找到幽州，令其率兵往迎。刘和遇袁术而告之，却遭袁术扣留，令其给乃父写信，愿同赴长安。刘幽州从之。公孙瓒言袁术必叛，幽州不听。公孙瓒担心袁术知之，将于己不利，令堂弟公孙越率千余骑兵结好袁术，令其扣留刘和及其兵马，以至幽州无法启程迎接圣驾。曹操想必已知此事，不与公孙瓒结盟，情有可原。"

刘备叹息道："纵使幽州得以启程，天子身边奸贼仍在，能否护送圣驾回洛阳尚在未定之天。即使护送成功，天子仍受制于奸贼，能有何改变之处？

二弟熟读《春秋》，理当知之。"

关羽说道："公道天理，自在人心。能否成功，另当别论。"

张飞大声说道："二哥，公孙瓒再有不是，袁绍就是好人？吾等身在公孙瓒阵营，曹操投靠袁绍，即是敌人。道理如此简单，怎能继续犹豫？"

关羽似乎猛然醒悟，说道："不错，两害相权取其轻，吾等专心迎敌可也。"

思想上达成了一致，兄弟三人随即研讨作战方案。本来，刘备兄弟身在平原，可以直接在平原与曹操对战，但单经兵马要从齐地进入冀州，匆忙之间赶往高唐，一旦曹操率领人马率先抢占高唐周围有利地形，处于以逸待劳的有利地位，单经之军势必很快就会被曹操攻破，平原马上就会直接面临曹军的进攻。故而，刘备、关羽、张飞理解公孙瓒为什么会下达这样的命令，决计迅速率部前往高唐。

其时，兄弟三人已经在平原广泛赢得了民心。有一个例子可以说明：本郡人刘平一向瞧不起刘备，以受其管辖为耻，于是派刺客行刺，刺客深知刘备兄弟受人爱戴，不忍心下手，反而向刘备告发后毅然离去。刘备并未追究刘平，更令平原军民对刘备拥护备至。有感如此，刘平不得不心悦诚服。如此赢得民众拥戴，在率领人马离开平原以前，刘备兄弟花了不少时间做好安抚工作。

进入高唐以后，刘备兄弟三人便仗着熟悉地形环境，得到民众支持等有利条件，并根据在历次作战行动中取得胜利的经验，决定把主力埋伏在两条河流的交汇处，用一支人马将曹军引诱过来予以歼灭。

"引诱敌人，此乃吾拿手好戏，此番亦当非吾莫属。"张飞似乎深恐有人抢走这一美差，连忙说道。

关羽笑道："为兄从不与三弟计较，今番倒要争抢一番。"

见张飞脸色发急，刘备连忙介入道："三弟不必争抢，曹操素来敬重二弟，此番唯有二弟出战，方能令曹操上钩。"

刘备、关羽、张飞刚刚部署完毕，曹操便率领数万兵马进抵高唐，火速布列阵势，摆出了进攻的架势。关羽见了，立刻提了青龙偃月刀，骑上战马，前出至曹军队形面前。在他身后，是一千名步兵列成的整齐作战队形：中间几个方队分别是刀兵、枪兵，两边则是弓箭手。关羽大声喊道："请奋武将军出来答话。"

从曹军队形的正中间，立刻裂出了一道很大的缝隙，几员战将骑着高头大马，戴了头盔，穿了铠甲，提了兵器，拱卫着一个同样全副武装、只是没拿兵器的人威严地走了过来。关羽定睛一看，此人正是曹操，心头一阵激荡，想好了的话，竟然一个字也说不出来。他们继续前行，在距离关羽还有五十步之远的地方，终于停了下来，只有曹操仍然拍马前行了几步。曹操问道："云长别来无恙？"

关羽心头又是一阵激荡，下意识地回答道："某一向安好，奋武将军可好？"

"谢云长问候，曹某亦一向安好。云长可曾想过，我等会如此相见？""当年奋武将军所言，吾谨记在心。将军明知袁绍胸无大志，难成气候，为何还要与之结盟，造成今日我等正面相逢？""云长明白事理，岂有不知公孙瓒比袁绍更不可靠之理？吾委身袁绍，实乃不得已而为之。公孙瓒大军压境，一旦攻破袁绍，次必为吾。吾为保境安民，暂附袁绍，共击公孙瓒，有何不可？倒是云长之举，大出吾意外。汝与玄德、翼德先投刘幽州，幽州曾拒绝称帝，此真心为国之人，汝等背之，反投公孙瓒，是何解也？""吾闻，劝刘幽州称帝者，始出袁绍。袁绍存心若此，天理难饶，早该消灭。将军以保境安民为名与之结盟，实难服众。"

曹操无言以对，只有呵呵一笑，转换了话题，说道："云长不能信吾，吾无话可说；吾之所言，云长亦不能相信。如此，吾等再说无益。然得遇云长，吾感慨良多，可否容某一问，云长之刀，所向无敌，杀人无数，刀口仍然锋利乎？"

关羽抬眼扫了一遍曹操身后的几员大将，说道："奋武将军若以为汝手下众将一齐上阵，可致吾刀无用，不妨一试。"曹操又是呵呵一笑，说道："云长误会矣。吾见云长，如见兄弟，倾诉心腹，岂敢以刀兵相威胁？""既如此，果系某误会了。将军得罪。此刀跟随关某，已历十载，虽杀人无数，倒也没有几个成名人物，因此，刀口一向锋利。成名人物脖子皆硬，斩杀彼等一多，或许真需磨刀。""磨刀有期乎？""昔日吾岳父曾言，犬子生日，当是吾磨刀之日。""云长有此岳父，有此公子，可喜可贺。曹某羡慕得紧。""可惜，自逃难以来，吾一直得不到亲人消息。""曹某当谨记在心，他日或许可以帮助云长寻之。""多谢将军。某自家事，不劳将军费心。""云长奈何拒绝曹某好意？吾与云长，今虽敌对，他日或许成为朋友，抑或兄弟。""吾可以将军为友，不可为兄弟，吾之兄弟，唯玄德、翼德耳。"

　　曹操一声叹息，望了一眼关羽的战马，又生出了一段话题："云长英雄，大刀威武，奈何缺乏良马，终觉遗憾。""良马可遇而不可求。吾有大刀，稍可称心。""自古宝马配英雄。吾闻吕布坐骑赤兔马乃世间一绝，有朝一日，此马落入曹某之手，定当赠予云长。""吕布坐骑，确实相当不错，然吾终不愿抢夺他人。""不需云长出力，曹某帮汝取之。"

　　两人这么一聊，不知不觉聊到了天黑，关羽恍然觉醒：自己是来引诱曹操大军的，怎么倒跟他攀谈起来，就没完没了？心里一发狠，紧握大刀，就要拍马向曹操冲去，只听曹操说道："云长，今日天色已晚，恐怕无法厮杀。吾与汝已叙完旧情，明日，吾将遣出夏侯惇、于禁、典韦诸将与汝厮杀，何如？"说罢，曹操也不等关羽回答，马上把身后的几员大将一一介绍给他，其中，就有夏侯惇、于禁、典韦。关羽朝他们扫了一眼，抱拳说道："明日作战，谁也不许手下留情。"

　　关羽引军回到营寨。刘备、张飞早已等在那儿，都非常焦急。一见关羽，张飞就忍不住嘟囔起来了："二哥与曹操叙旧，倒教吾与大哥久等。"关羽感到有些愧疚，说道："已与曹操约定，明日即可开战。"张飞冷笑道："二哥欲献张飞与大哥头颅给曹操乎？"关羽大惊，说道："三弟，是何言也？吾与大哥、三弟桃园盟誓结义，岂可背叛？吾见曹操，先指其不应结盟袁绍，彼指吾不应追随公孙瓒，互不信任，彼见事不谐，不再提及此事，只与吾叙旧，别无他事，三弟奈何疑吾？"张飞说道："吾只不信，战场岂是叙旧之地？"

　　眼见得三弟如此疑心自己，关羽深感不安，丢下一句"为解汝疑，吾宁死"，抽出自己打造的双剑，就要朝自己脖子上挥去。刘备赶紧抱住他的双手，说道："二弟固知翼德生性鲁莽，奈何为彼怄气。吾等信汝。"张飞一见事情闹大了，也连忙说道："三弟愚顽，二哥原宥。"关羽恨声不绝地说道："吾明日出战，不须与彼答话，直接冲杀过去，引彼上钩，一举斩杀，方解吾恨。"

次日，关羽仍然按照原先的队形部署完毕，一见曹军布列成作战队形，马上命令击鼓手擂响进军的鼓点，纵马提刀，率领步军冲杀过去。曹军是夏侯惇、于禁、典韦三人同时出战，亦擂起战鼓，率领兵马冲了上来。两支队伍很快就绞杀在一块，关羽被夏侯惇、于禁、典韦三人围在核心，好一阵厮杀。

眼见得曹军势力太大，已经把自己的人马包围起来，关羽心里想道：关某本是为了引诱曹军，并非与彼真心厮杀，此时不走，更待何时，马上传令鸣金收兵，率领兵马杀开一条血路，向后撤退。

关羽所部已经陷入包围，眼看胜利在望，曹军岂容他们逃脱，夏侯惇、于禁、典韦率领兵马，紧紧追赶。

不一时，曹军追至关羽弓箭手的阵地。弓箭手放过本部步军，一齐放箭。顷刻之间，曹军倒下了一大片。然而，夏侯惇、于禁、典韦不管不顾，三匹战马飞奔在前，三路人马在战鼓的催动下，齐声呐喊，继续向前猛冲，很快就要突入弓箭手阵地。关羽一见，觉得曹军已经完全上钩，急令弓箭手亦撤出阵地，收拢人马，向刘备、张飞埋伏之地狂奔。不一会儿，他们就把曹军引入了伏击圈。只听一通鼓响，刘备、张飞带领人马同时跃出阵地，先是弓箭手一齐拉弓上箭，把箭雨射向蜂拥而来的曹军，紧接着，猛虎一般向曹军扑了过去。

曹军似乎早有准备，不慌不忙，以夏侯惇部迎击张飞人马，典韦部迎击刘备之军，于禁继续率部向前追击。

关羽听到鼓响，立刻停止后撤，率领人马回身杀了过来，自己纵马提刀，直奔于禁："汝身陷埋伏，还不自省，自取死路，休怪关某无情！"

于禁笑道："关羽，汝中吾主公之计，身陷包围，还敢口出狂言，真愚人也。"

关羽大怒，挥起一刀，朝于禁头上削去。于禁一惊，不敢用刀去挡，赶紧俯身马背，躲了开去。关羽欲待第二次挥刀杀将过去，猛然听到四周响起了密集的战鼓声,不由得略一吃惊,收回大刀,放眼望去,果见曹军已经从四面杀奔过来。他心里想道:此必是曹操之谋。昨日与吾叙旧,乃是为了令吾放松警惕,在收兵回营之际,彼好派遣斥候探听吾军情况,查出吾军部署,以彼之多兵,反将吾军包围。一念及此,他不由得为坠入曹操诡计感到万分恼怒,刀指于禁,骂道:"吾军虽已被围,取汝首级,易如反掌!"骂完,纵马冲向于禁,挥起一刀,直愣愣地从于禁头上劈了下来。于禁无法躲闪,慌忙举刀拦去,只一合,便感到非常吃力。关羽大刀被拦,更加恼怒,一刀紧似一刀,直劈,横削,斜砍,不停地朝于禁砍去。几个回合以后,于禁再也无法支撑,拍马就向阵地外面狂奔。关羽随即纵马追赶。

另一边,张飞只用了几个回合,就杀败夏侯惇,亦在后面紧紧追赶。只有刘备这边,典韦力大无穷,武功高强,刘备不是对手,已成败象。恰好关羽追赶于禁之际,看到兄长不支,立刻舍了于禁,杀向典韦来了。

典韦只需几个回合,就可以战败并活捉刘备,如今被关羽横插一杠子,感受到一股强大的压力,不得不舍了刘备,来战关羽。两人大战了三十多个回合,仍然不分胜负。

这时候,曹操命令人马停止战斗,挺身而出,大声说道:"玄德、云长、翼德,汝三人陷入重围,仍如此英雄了得,曹某好生佩服。公孙瓒为人不善,汝等何苦还要为彼出力?只有汝等从此不再追随公孙瓒,曹某便可立刻收兵。"

"曹阿瞒,汝率兵犯吾,不为正义,有何面目号令吾等。"刘备怒喝道,"汝道些许兵马,能困住我兄弟乎?"

张飞听了刘备的骂声,立刻舍了夏侯惇,拍马奔向曹操,骂道:"曹阿瞒,原以为汝系英雄,孰料跟袁绍一样,狼心狗肺。汝休道区区数万人马,纵然百万雄兵在前,老张亦将拧下汝头,孰能奈老张何。"

倏忽之间,张飞就要冲到曹操跟前。曹操大惊,立刻喝令:"放箭!"

围在曹操身边的弓箭手立刻放箭,箭镞像蝗虫一样飞向张飞。张飞不得不挥起丈八长矛,横扫那些箭镞,一边扫,一边继续向曹操身边奔去。趁着弓箭手换箭的机会,张飞纵马杀到曹操跟前,丈八长矛猛地刺去。曹操吓得赶紧向一边闪去,一员大将拔剑相向,但剑还没有递出,胸口就被丈八长矛刺穿。张飞抽出长矛看时,曹操已经没了踪影,同时有五员曹军大将手提大刀、长剑等物,严阵以待。

"教曹阿瞒出来,汝等无需送死。"张飞喝叫道。

可是,那五人不仅不听,反而从不同方向同时扑了过来。张飞怒火冲天,立刻挥动丈八长矛,上下左右前后翻飞,直杀得天昏地暗。夏侯惇见了,暗叫一声惭愧,纵马冲了过去,亦提刀加入战团,向张飞砍去。

弓箭手一放箭,曹军马上恢复攻击,与刘备所部再度拼死相搏。关羽亦再战典韦,瞬息之间就杀了好几个回合。

刘备抬头一看,发现自己的兵马处在曹军包围之下,几乎难见行踪,心里发毛,担心继续打下去,会全军覆没,赶紧提了双股剑,奔向关羽,从背后向典韦连刺几剑,迫使典韦退去,对关羽说道:"我等不得恋战,须赶紧杀出一条血路,突围而出。"

关羽放眼一望,果见情况危急,就要命令鸣金收兵。恰在这时,曹军阵营里竟然首先鸣响了收兵的锣声。刹那间,战场上一下子沉寂下来。

"玄德、云长,念汝等忠义,吾今放汝一马,收军去吧。"响起曹操的声音。

刘备、关羽同时循着声音望去,曾几何时,曹操在数员将领的陪同下,出现在距离他们不远的地方。二人面面相觑,好一会儿也说不出话来。只有张飞继续叫骂:"曹阿瞒,老张尚未取下汝头,汝岂能不打。"

曹操说道:"翼德,汝即使英勇无敌,吾数万大军在此,汝岂能动得了曹某分毫?吾今放汝,实乃怜汝兄弟均系大才,今日之战,确实有些不明不白、是非难辨,非为卖弄人情,更非吾杀不了汝等,他日战场相逢,若吾等仍为敌人,曹某绝不留情;汝等亦不须客气。"

刘备、关羽暗叫一声惭愧,火速收拢兵马,撤出战场,清点人数,仅仅剩下一千兵员,迤逦带回平原,试图重振旗鼓。

曹操并没有停止进攻的步伐,按照既定方略,先后击败了单经、陶谦、袁术数路兵马,迫使公孙瓒三面围攻袁绍的计划破产。与此同时,公孙瓒部在龙凑亦被袁绍击败,不得不暂时退出冀州争夺战。

因为一路上走得很缓慢，刘备、关羽、张飞率部回到平原之时，单经所部已经被曹操击败，曹军转而前往发干攻击陶谦去了，整个平原地面，已经一片狼藉。兄弟三人当务之急，不是招募兵马以补充作战损失，而是迅速恢复整个辖区的生产和社会秩序。为此，从当年冬天开始，直到次年秋，刘备、关羽、张飞一直把主要精力用于治理政务，将剩余兵马也投入救助民众上面来了。

　　这时候，传来了一个惊人的消息：公孙瓒竟然率部攻破幽州，活捉了刘虞及其妻子儿女。其时，恰逢汉献帝派遣使者段训给刘虞增加封地，令其督统六州；并升迁公孙瓒为前将军，封易侯。公孙瓒已经捉住了刘虞，岂有放虎归山之理？他炮制罪名，诬陷刘虞与袁绍谋取称帝，胁迫段训斩刘虞及其妻子儿女于蓟市。

　　“刘幽州对我等有知遇之恩。想不到竟死于公孙瓒之手！”关羽叹息了一声，说道，“更可气者，公孙瓒竟然胁迫天子使者，目无纲纪，形同谋逆！”

　　“既如此，吾等杀了公孙瓒，为朝廷除一祸患。”张飞大叫道。

　　刘备马上说道：“此事一出，不唯二位兄弟不愿与其为伍，吾亦不愿。然公孙瓒于我等有恩，彼之行径，固然令人寒心，毕竟未露反迹，恐彼亦不会谋逆，我等切不可过激，且等有了机会，往投他处可也。”

　　转眼到了公元194年，即东汉兴平元年。刘备兄弟正在为自己何处何从暗作打算的时候，徐州牧陶谦派遣别驾从事糜竺前来搬取救兵。

　　原来，曹操得到兖州以后，自任兖州牧，派人前往琅琊秘密搬取父亲曹嵩以及一家人到自己治所得享天伦。徐州牧陶谦遵照公孙瓒号令，统兵前往发干，准备围攻袁绍，但被曹操打败，怀恨在心，得知这个消息，心里想道，自琅琊赴兖州，必经泰山郡华、费两县，此二县如今已在陶某管辖之下，何不嘱人暗中下手，杀其全家，以报此仇？曹操得知全家被杀的消息，勃然大怒，留下荀彧、程昱两人率领三万人马把守兖州，立即点起大部兵马，浩浩荡荡杀奔徐州而来，其盟友袁绍亦派遣朱灵督三营相助。曹军势不可当，先后攻拔十余城。曹军人马过去，杀戮百姓，掘人坟墓，毁灭村庄，残暴无比。其部将于禁攻克广威，沿泗水直至彭城。陶谦引军迎战，大败，只得逃离彭城，退守徐州最先的治所郯城,试图凭借那儿高大深厚的城墙抵御曹军。曹操乘机攻破彭城、傅阳,紧接着向东北攻费、华、即墨、开阳。陶谦逃至郯城以后,一面调遣各路将领救援被曹军围攻诸县,一面飞书遣使向青州刺史田楷以及平原相刘备求救。

刘备看完陶谦的求救信以后,马上询问糜竺缘由。

糜竺说完,刘备兄弟三人一片沉默。人人都希望借此机会离开平原,从此与公孙瓒划清界限,可是,与曹操之间的恩怨难解难分,此番救援的理由也不充分,一时间,谁也不知道怎么办才好。

半晌,关羽终于率先发话了。他说道:"陶徐州令人杀死彼之家小,曹操兴兵报仇,本来无可厚非,却不该如此狼心狗肺,残害百姓,非仁人也。"张飞说道:"既如此,我等火速率部前往徐州救援。"刘备说道:"三弟太过性急。此事陶徐州不为无过,吾等相救,师出无名。"

糜竺听了,脸色苍白,连忙说道:"今曹操肆意戕害人民,大施暴行,公等以匡扶天下、拯救黎民百姓为己任,此番出兵,便为救民,何谓无名?"

刘备沉吟道:"为了拯救黎民百姓,吾等确实不可推脱。然则吾等兵马有限,恐难成功。"

糜竺宛如即将淹亡的人抓住了一根救命稻草,立刻说道:"公等勇冠三军,天下闻名,即使三人,可当万军。公等若行,吾将劝说徐州益兵数千以佐之,曹军虽众,破之必矣。"

关羽说道:"既如此,我等勉力一行,庶几可为徐州军民减轻些许灾厄。"

糜竺大喜,立刻骑马先行出发,回去郯城报信。刘备随即带领兵马,奔向郯城。等待刘备抵达目的地,郯城已被曹军团团围住,连一只鸟都无法飞进城去。其时,青州刺史田楷亦率兵赶了过来。两支兵马形成掎角之势,各自扎下营寨。

紧接着,田楷召集刘备、关羽、张飞以及手下诸将商议解围之事。

"我等兵马虽到,但与曹军相比,力量稍弱,不耐久战,宜趁我军刚到之机,与郯城里应外合,击破一路曹军,令其胆寒而退。"关羽说道。"如此甚当。然我等该如何用兵?"田楷问道。"曹操部将于禁,人称有勇有谋,但关某观之,不过一无勇无谋之辈。我等主攻于禁,其他各部分散曹兵军力,不使曹兵救援可也。""谁可进入郯城?"田楷又问。刘备说道:"云长、翼德各领一支兵马掩护,某入城。"

次日,田楷拨出四千兵马交给刘备,由关羽、张飞各自带领两千人马作为护卫,刘备自率本部一千兵士,径直杀向于禁营寨。

于禁得悉消息,命令人马打开营门,率领一支庞大的队伍快如闪电般地奔了出来,在行进间迅速列成阵势。最前面,于禁及其部将簇拥着曹操,赫然出现在刘备、关羽、张飞等人面前。刘备兄弟三人一惊,情不自禁地命令人马停止前进。

曹操大声喊道:"陶谦杀吾全家,曹某此番兴兵,报此血海深仇,天经地义。曹某待汝兄弟不薄,今日为何引兵协助陶谦,抗吾大军?"

刘备说道:"兖州恩情,备兄弟三人没齿难忘,本不该介于此事,然兖州大军所至,大肆杀戮,生灵涂炭,百姓遭殃。备兄弟为拯救百姓,不得不出兵相助。若兖州体恤百姓,不加杀戮,备自无兴兵之理,即刻返回平原。"

曹操呵斥道:"曹某全家,得无生灵乎? 彼罔顾生灵,杀吾全家,吾岂能不以此报? 玄德此言,乃虚妄之论,亦出于虚伪。上了战场,汝不杀人,人必杀汝,自古之理。汝若真心拯救百姓,无须带兵走上战场,告知徐州军民,归顺曹某,献陶谦人头于吾,方为至理。"

刘备听了,觉得难以辩驳,一时语塞,竟然答不出话来。

关羽立刻说道:"战场虽杀戮之地,然上天有好生之德,吾等仍须以少杀或不杀为宜。兖州为奋武将军之时,胸怀天下,匡扶朝廷,首倡大义,吾兄弟视之为英雄豪杰,天下亦感恩于汝;今为报私仇,大肆杀戮百姓,残暴至极,与董卓何异? 将军英名,恐毁于一旦。吾等来此,不仅为救徐州,亦为将军,若将军放下杀戮,撤军回到兖州,徐州生灵免于涂炭,天下将感恩将军,于将军未来计,岂不远甚于荼毒徐州乎?"

曹操沉默了一会儿,说道:"汝等虽属迂腐之论,于乱世难以通行,亦颇有道理。曹某今日撤军,唯需警告陶谦,他日再有异动,曹某必尽灭徐州。"

事实上,曹操并非真心被关羽的言辞打动,才撤军回去兖州的。而是刘备率部赶到徐州之时,曹操接到流星快马来报:吕布袭破兖州,进据濮阳。这吕布英雄无敌,自坠入司徒王允设下的美人计,杀掉董卓不久,因董卓部将李催、郭汜、张济、樊稠等人趁其不备,控制了朝廷,吕布不得不逃离长安,投靠了张邈。张邈之弟张超带着陈宫来见张邈,劝说他趁曹操攻打徐州之机,出兵攻略兖州。张邈把这活交给了吕布。吕布文有陈宫出谋划策,武有张辽协助,加之自己武功天下无双,一举击破并占领了兖州,只有荀彧、程昱守住的东阿、范县等地没有攻下来。根据地即将全部丢失,曹操不得不卖一个人情给刘备兄弟,回去救援。

曹操兵马一退,陶谦大喜过望,立即设宴款待各路前来救援的兵马。

筵席过后,田楷率领人马返回青州。刘备要走,陶谦拦住了他,命令糜竺取出徐州牌印,说道:"老夫无能,得罪曹操,以至于徐州生灵涂炭,若非玄德,徐州危矣。今曹操虽走,他日仍会回来,老夫年迈,无力抵抗,玄德英雄盖世,宜前往下邳,领此徐州,可保百姓平安。"

刘备说道:"某为救援而来,今曹军已退,自当返回平原,不敢受命。"

见刘备坚辞不受,陶谦长叹一声,说道:"玄德不受,老夫不便相强。今老夫返回下邳治所,实无力守护徐州,距下邳不远,有一小邑,名唤小沛,地方不大,足以屯军,请玄德暂驻彼处,以为徐州依靠。"

在陶谦、糜竺等人的再三请求下,刘备总算答应下来,护送陶谦回到下邳以后,带领陶谦给予的四千丹阳兵以及自己的兵马来到小沛。其时,因为抵御曹操兵马的进攻,城垣已经坏损,民众亦疲惫不堪。关羽的首要任务是帮助刘备抚恤民众,尽快恢复正常的生活秩序,并且修筑城垣,严防曹操军马继续进犯。

张飞虽说一样十分出力,但嘴里嚷嚷不休:"大哥不接受徐州,何苦跑到这里受委屈?""翼德休要乱说,我等都是为国为民之人,岂能私下接受他人地盘?"刘备说道。"曹操虽撤军,但有后话,随时会杀回来;袁术身居寿春,亦对徐州虎视眈眈,我等先在小沛安身,既可以为徐州之依托,又可以赢得民心。然后可图大事。"关羽说道。刘备笑道:"云长深知吾心。如今天下混乱,黎民百姓困苦不堪,如果我等不能真正赢得民心,即使占领再大的地盘,最后必定会失去。”

照办治理平原的经验，面对小沛的烂摊子，刘备亲自带领一部分兵士，帮助民众修葺房屋，维持秩序，制定一系列稳定社会秩序的公平合理政策，抑制豪强，体恤民众，很快赢得了民心，被黎民百姓衷心拥戴。关羽、张飞二人带领兵士，日夜不停地修筑损坏的城垣，将城垣打造成了一道铜墙铁壁。

其间，糜竺多次造访，听说小沛百姓对刘备拥护备至，便倾其所有，支持刘备，使小沛很快恢复了秩序。

不到半年，陶谦病重，自知不久于人世，特意招来糜竺、陈登，再度准备将徐州交给刘备。糜竺说道：“府君所虑极有道理。非有德有能之人，不能守住徐州。今刘备仁人君子，关羽、张飞均有万夫不当之勇，皆当世豪杰，已在小沛赢得民心，一旦执掌徐州，徐州黎民百姓可以确保无忧。先前，府君身体硬朗，刘备不肯接受；今府君病重，为了徐州百姓，刘备断不会拒绝。”

陶谦大喜，立刻命糜竺请刘备来徐州商量军务。陶谦把刘备请入卧室，不等刘备问安，便急切地说道：“老夫病入膏肓，朝夕难保，万望玄德可怜汉家城池，领取徐州牌印，老夫死亦瞑目矣！”刘备说道：“府君有两位公子，何不传之？”陶谦说道：“二子不堪大任，难以周全。老夫死后，希望玄德教诲二子，且勿让彼等执掌徐州。”随之，陶谦安排后事：“老夫推举一人，名叫孙乾，字公佑，可以辅佐玄德。糜竺、陈登，亦当世人杰，曾精心辅佐老夫，亦当竭力侍奉玄德。”刘备似乎还想推脱，陶谦指了一下自己的心口，双手一扬，闭上了眼睛。

在众人的推举下，刘备终于接受徐州牌印，命令孙乾、糜竺辅佐自己，陈登为幕官，一面出榜安民，一面安排陶谦丧事，全部军士，尽皆挂孝，设立灵堂，予以祭奠。葬了陶谦以后，刘备将陶谦的遗表申奏朝廷。此时，曹操仍与吕布征战不休，利用这一有利时机，刘备休养生息，进一步扩充军事实力。

过了一段日子，糜竺见过刘备，处理完了公事以后，说道：“某有一妹，颇有才貌，至今尚未成婚，听了使君故事，誓言非君不嫁。使君虽有甘夫人，但舍妹既然发下誓言，恳请使君不嫌舍妹愚笨，某当奉舍妹为使君打扫庭院。”

刘备忙说：“这可不行。令妹即是备之妹，刘某岂敢做如此不仁不义之事？"

关羽说道："兄长与别驾从事情同兄弟，非真兄弟，娶之无妨。"

如愿以偿地令刘备答应了婚事，麋竺大喜，准备为妹妹办一个风风光光的婚礼，可是，妹妹竟然事先发了话："徐州遭受兵难，尚未恢复，刘使君仁义，妾身当夫唱妇随，不搞婚礼了，用省下的钱粮周济黎民百姓，或者增添兵马。"

"想不到，麋竺之妹是女中豪杰！"关羽听到此事，不由得大为感叹。

麋竺之妹嫁给刘备，被称为麋夫人。麋夫人与甘夫人感情融洽，为了刘备的事业，一心一意打理他的生活，对关羽、张飞亦敬重有加。自此，刘备兄弟三人在徐州的日子过得非常顺畅。

转眼就到了兴平二年，即公元195年。经过半年多的争夺战，曹操将兖州各城全部收复，在钜野击败吕布，张超自杀身亡，张邈投靠袁术去了。吕布自恃英勇无敌，本想收集残余兵马，与曹操再决雌雄，陈宫自知如此一来，必将全军覆灭，劝告吕布前往下邳，投靠刘备。吕布采纳了他的建议，果真派遣使者前往下邳，请求刘备收留，随后率领残余人马，向下邳开进。

"吕布豺狼成性，一旦接纳，后患无穷。"麋竺率先表明态度。

"当初，若非吕布袭取兖州，徐州之围难解。如今，吕布遇到危难，我等岂能坐视不理？"刘备说道。

"哥哥好心，只怕吕布到了徐州，会生异心，那时后悔莫及。"张飞说道。

"吕布虽有诸多不是，然能斩杀董卓，亦属豪杰，今穷而投我，奈何拒之？"关羽支持刘备的意见道。

得到吕布抵达下邳的准确时间，刘备率领关羽、张飞、麋竺、陈登、孙乾一众人等，前去三十里地迎接。进入府衙，刘备设宴款待了吕布一行，拿出徐州牌印，向吕布递了过去，说道："陶府君离世，因无人管领徐州，刘备暂领徐州事。今将军至此，理当相让。"

吕布大喜过望，正要伸手去接，忽见张飞怒睁双眼，虎视眈眈地瞪着牌印，嘿嘿一笑，说道："吕布一介武夫，岂能担得起州牧重任。"

陈宫亦说："强宾不压主，刘使君但请放心，吕将军绝无非分之想。"

刘备不再相让，随即，吩咐人员，将吕布一行安顿下来。次日，吕布回请刘备、关羽、张飞，酒至半酣，把刘备请进内室，令其坐于床榻之上，叫出妻子女儿拜见他："此乃吾贤弟玄德，汝等可诚心参拜。"

这时候，关羽正与张辽相谈甚欢。张辽受童小钱救助，进入冀州地面以后，另有一番际遇，最后遇到吕布，见吕布英雄了得，便投靠他，跟他一道，袭占兖州，立下了大功，在吕布阵营里，是一员勇冠三军的战将。此时，二人提起童小钱之事，均唏嘘再三。

"想不到，我等竟能够走到一起，真乃大快人心。"关羽说道。"但是，我等各为其主，或许会在战场上拔刀相见。"张辽说道。"然则割不断我等之情。""云长所言极是。他日战场相逢，为了尊重云长，某一定不会手下留情。""某亦不会对文远手下留情！"说到这里，二人均仰天大笑起来。笑毕，斟了酒，一饮而尽，关羽又说："不过，云长不会让文远去死。""文远同样希望云长活下去。"二人又是一阵哈哈大笑，然后又斟了酒，又一饮而尽。

张飞一直担心刘备会受到吕布暗算，或者被吕布几句好话一说，又要交出徐州牌印，跟在刘备身后，进入吕布内室，只听得吕布喊兄长贤弟，怒火刷地蹿上脑门，大喝道："我哥哥是金枝玉叶，你是何人，怎敢称我哥哥为贤弟？你来，我跟你连斗三百合！"

刘备赶紧大声呵斥："三弟休得无礼！"

关羽、张辽听了，连忙放下酒斛，奔进内室，一见屋子里的情景，明白了八九分，相互打量一眼，露出了无可奈何的笑意。紧接着，关羽一把拉着张飞，把他拉了出去。刘备向吕布赔礼道："劣弟酒后狂言，兄长万勿见怪。"吕布默然不语。一场酒宴，在毫无滋味之中散去。

次日，吕布前来向刘备告别。刘备挽留不住，说道："三弟顽劣，得罪将军，备万分抱歉。将军一定要走，可以前往小沛，所有供给，刘备一力承担。"

吕布感激万分，率领人马前往小沛去了。

这时候，刘备把张飞叫到当面，说道："吕布固然为人所不齿，但其斩杀董卓，有功于朝廷，且为曹操所忌，留彼在此，徐州方可无后顾之忧。"

张飞原本对吕布没有好感，喝了酒后，更是对他恨之入骨，方做出大闹吕布之家的事情，如今听刘备一说，连忙认错："大哥，三弟知错了，从今往后，决不再挑战吕布。"

曹操重新取得兖州以后，得到朝廷诏书，率领人马前往洛阳，不仅打退了董卓余党，而且将觊觎朝廷的其他反叛之贼全部赶跑，眼见洛阳已经残破不堪，便将皇室迁往许昌，称之为许都，曹操拜为丞相，正式独揽了朝廷的军政大权，汉献帝沦落为傀儡。

皇帝驾幸许都，是一件非常重大的事情，刘备一旦得到消息，立即上表庆贺。

这时候，曹操既因陶谦杀死自己全家大仇未报，刘备却凭空得到了徐州，担心其发展壮大，与自己理念不合，会成为自己心腹之患，又痛恨吕布袭占兖州，便心生一计，以汉献帝的名义任命刘备为徐州牧，并封其为征东将军、宜城亭侯，密令使者暗示刘备杀掉吕布，以剪除攻打徐州的隐患，然后兵发徐州，一举占领之；或者，当刘备杀不了吕布的时候，吕布会反过手来杀掉刘备，同样便于其夺取徐州。

刘备深知此事非同小可，设宴款待使者以后，连夜召集关羽、张飞、糜竺、孙乾、陈登等一众人员，商议此事。

"此系曹操阴谋，然使君向来尊崇朝廷，若不奉命，恐会落一个不尊圣旨的恶名。"糜竺首先说道。"吕布毫无信义，吾等奉朝廷密令杀之，有何不可？"张飞一下子忘掉了对刘备的承诺，又来劲了。"杀与不杀，都很困难。"孙乾说道，"杀之，吾等失信于吕布；不杀，有违旨之嫌。"关羽说道："朝廷新迁许都，正宜大赦天下，奈何独杀吕布？无非吕布驻扎小沛，与徐州成掎角之势，彼欲令我等自断臂膀，便于攻克徐州耳。曹操处心积虑，试图一箭双雕，吾等千万不能坠其诡计。自今日始，吾等再不能以先前态度待之，切须警惕。"

众人恍然大悟，再也不提这件事了。

第二天，得知刘备被朝廷任命为徐州牧，吕布特地前来祝贺。刘备把吕布引入后堂，拿出密令，交给吕布。吕布看完，说道："此乃曹贼欲令我等自相残杀，贤弟可不能中了曹操之奸计。"刘备说道："奉先兄但请放心，刘备绝不会做如此不仁不义之事。曹丞相那边，某自有理会。"

刘备立即修书一封，声称吕布英勇无敌，戒备森严，一时无从下手，需要等待机会，交给使者返京之后面呈曹操，同时，上表谢恩。

送走了使者，刘备私下里与关羽商议道："此计不成，曹操定会使出其他手段，贤弟将以何策应之？"关羽说道："曹操为人，实在过于狠毒，但彼身为丞相，尊崇朝廷，又有恩于我等，于公于私，我等实在不能以之为敌。如果彼以朝廷的名义，诏令我等攻打吕布，或做其他事体，便于彼乘虚而入，倒值得忧虑。""彼已知我等识破奸计，没有理由，不可能诏令我等直接攻打吕布。吾所忧虑者，彼很可能制造机会，命令我等攻打袁术、袁绍兄弟，让吕布偷袭徐州，造成我等兄弟与吕布之间的仇恨，彼好就中取事。""吕布狼子野心，为了利益，不择手段。我等真要接到诏令攻打袁术或者袁绍，吾留在徐州，妥为防备，想必吕布难以成事。""如此，吾遇到事情，同谁商量？"关羽踌躇半晌，说道，"如此一来，只有三弟留守了。三弟虽说一向看不起吕布，动辄要与吕布比高下，但上次事件发生后，三弟已经有所悔悟。只要让他不饮酒，再让孙乾协助，想必徐州不会出多大问题。"这是没有办法的办法，刘备不得不同意了。

不久，朝廷果然派来使者，向刘备等人宣达了诏令，要他们起兵讨伐袁术，原因是袁术私藏玉玺，有不臣之心。刘备即刻召集众人商量。糜竺、孙乾、陈登等人均认为这又是曹操诡计，劝说刘备不要进兵。

关羽说道："我等身为臣子，怎能不遵朝廷诏令？即使是曹操奸计，又有何妨？关某留守徐州，管教吕布不会觊觎徐州。""不可，吾遇事都要与汝商量。"刘备的话还没有说完，张飞叫道："吾愿意留守徐州。"刘备说道："汝守不得，一来汝酒后刚强，鞭打士卒，二来不听人劝。吾不放心。"张飞嚷叫道："大哥怎的如此料我？从今以后，吾绝不饮酒，绝不鞭打军士，凡事听从诸位劝告。"糜竺说道："三将军只恐口不应心，则徐州危矣。"张飞愤怒地说道："吾跟随哥哥多年，从未失信，汝如何敢轻视我？此次守卫徐州，吾若是饮酒、鞭打军士、不听人劝，哥哥以军法处置，如何？"

事情进入预定轨道，刘备不再推辞，立刻留下孙乾辅助张飞守护徐州，亲自率领大军向淮南进发。

其时，曹操担心刘备不肯发兵，伪造了刘备向朝廷上表，请求攻打袁术的奏章，又派出使者，来到淮南，送给了袁术。袁术雷霆大怒，立即点起十万兵马，以大将纪灵为主将，前来攻打刘备。

刘备探知消息，与关羽商议部队行止。关羽说道："吾闻纪灵使一口三尖刀，重五十斤，其大军十万，胜我方数倍，若不选择有利地形，打它一个突然袭击，势必很难坚持。""我等当采取何策应之？"刘备问道。"我等继续向淮南进发，与纪灵大军相遇，彼必以为我等会就地扎下营寨，然后出战，我等却立即出兵，冲向彼之营寨，定能打彼一个落花流水。"关羽说道。

两人计算双方的行军速度，判断双方进至盱眙，就会遭遇上。盱眙地方，有山有水，山水重叠，地形很是复杂，大部队不容易全部展开。关羽决计利用这一地形特点，选择在依山傍水的地方，准备修筑营寨，令纪灵部放松警惕，然后突然出动，冲向纪灵的队伍，杀他一个措手不及，等待纪灵反应过来，立刻撤回营寨位置，牢固把守。

计议一定，刘备、关羽率部继续向前挺进，抵达盱眙，果然与纪灵兵马相遇。双方各自选择位置，准备安营扎寨。

斥候探得分明，告诉了刘备切实情况。刘备立刻命令关羽率领骑兵，暗地里渡过河流，悄悄接近纪灵营寨，突然擂起战鼓，发起进攻。

关羽挥舞青龙偃月刀，骑上战马，冲在最前面，一冲进纪灵营寨，就大肆砍杀，犹如奔雷之势，无人敢挡。其时，纪灵的兵马正在修建营寨，来不及反应，就有很多人成为刀下之鬼。

纪灵正召集各路将领商讨作战方略，听到外面战鼓声一阵接一阵，到处都是冲杀的声音，心知不妙，马上休会，提起三尖刀，跨上战马，奔向战场。远远望去，只见自己的兵马一片慌乱，纷纷向后撤退。打头一员战将，美髯飘飘，一把大刀舞动得令人眼花缭乱，犹如天神一般冲杀过来。他吃了一惊，暗想道，人常说关羽红脸膛，美髯公，一把青龙偃月刀，所向无敌，难道此人就是关羽？不由分说，拍打战马，挥起三尖刀，恶狠狠地扑向关羽。

关羽亦迎面朝纪灵奔了过来。咣当一声，两把大刀砍在一块，发出了震耳欲聋的响声,碰撞出剧烈的震动,两匹战马同时向后退了一步,两个人也都感到一股无穷的力量朝身上袭来。

"纪灵,遇上关某,汝死期到了!"关羽大喝一声,拍马上前,又是一刀,向纪灵砍去。纪灵挥起三尖刀,又是一挡。如此战了三十回合,纪灵支持不住,拨转马头,向后逃去。

关羽紧紧夹住战马,手提青龙偃月刀,奋力追赶。突然,面前闪出一员将领,手提一把大刀,骑在马背上,挡在关羽面前。这人是纪灵的副将,名唤荀正。荀正同样有万夫不当之勇,屈居纪灵手下,心有不甘,眼见得纪灵大败,觉得自己大显神威的机会来临,便强行出头,拦截关羽来了。

"汝非吾对手,滚开!"关羽厉声喝道。"汝休出狂言,荀某送汝见阎王。"荀正一面说,一面挥起大刀,纵马冲了过去。刚刚一个回合,一腔热血直朝脑门翻滚,他头昏眼花,天旋地转,但是,他仍然不服气,挥起大刀,又要冲上前去,关羽见了,怜悯地摇了一下头,勒住战马,等他冲到面前,大喝一声:"汝不知死活,该死。"荀正果真双手一扬,大刀从手里掉落下去,紧接着,他一头栽下马去,七窍流血而死。

关羽举头向前看去,纪灵已经将所属人马收拢,列成阵势,心里不由得暗暗喝彩:"纪灵不愧是一员战将,能在大败之余,迅速布列阵势,倒也不可小觑。"再朝自己的人马一看,骑兵环列身边,个个精神抖擞,跃跃欲试。

"纪灵,敢破关某骑兵阵乎?"关羽大吼道。"关羽,有本事来攻纪某阵势。"那边也是一声大吼。"关某攻过汝阵,汝不敢放马过来,非英雄也。""汝趁纪某不备前来偷袭,非英雄也。如今纪某列成阵势,如敢进攻,方为英雄。""关某已经赢了,不愿意做空头英雄。汝不敢过来,关某回去了。"

话音刚一落地,关羽立刻拨转马头,摆出了率领人马退回本部阵营的姿态。纪灵担心关羽又有计谋,不敢追赶,准备解散队伍。这时候,关羽突然再一次拨转马头,率领队伍冲杀过来。纪灵的队伍再一次陷入混乱。关羽率部大杀一场,等纪灵队伍回过神来、准备拼命时,又率领人马飞快地离开。纪灵接连遭到关羽戏弄,损兵折将无数,心头大怒,再也控制不住,指挥人马,紧紧追赶。关羽率部很快过了河。刘备已经命令弓箭手沿着河岸设下埋伏。纪灵追至河边，也不停留，继续命令人马过河追赶。人马刚进入河流的中央，箭镞铺天盖地地飞了过来，顷刻之间，将许许多多人马射倒在河流之中。纪灵再也不敢强行进军，不得不鸣金收兵。

第一仗大获全胜，刘备、关羽商讨下一步行动。"曹操此举，试图令吕布乘虚而入，占领徐州，我等不必与袁术硬拼，沿河流布设防线，挡住纪灵的进攻，警戒徐州，方为上策。""云长所言不差，与纪灵相比，吾军实力不济，能持续对峙就是胜利。只是，得提防纪灵会派遣人马展开偷袭。"

纪灵在一天之内，接连遭到关羽两次偷袭，恼怒不已，当天夜里抽调一万兵马，命令一员副将率队从上游过河，向关羽营寨的侧后实施偷袭。平安地渡过河流，副将立刻命令人马展开成攻击队形，向关羽的营寨潜袭而去。营寨已经隐隐在望。突然，前面出现一片耀眼的光芒，把整个天空照亮得犹如白昼。

"汝系何人，既已来此，还不俯首就擒，难道想送死吗？"一个冷冷的声音传了过来。副将眨巴了几下眼，循了声音望去，赫然看见关羽手提青龙偃月刀，正站在不远处的一个山头上，在他的四周，布满了弓箭手。副将吃了一惊，心知关羽有备，立刻挥动人马，潮水一般向后退去。关羽大喝一声，弓箭手一齐放箭，箭镞将落在后面的敌军全部射倒。紧接着，关羽率领人马，旋风般地杀奔而去。

副将不敢恋战，继续率领人马猛跑，将要抵达河边，突然，又是一片光亮出现在眼前。他赫然发现，刘备率领另外一批人马，把他退回去的道路全部封死了。

"汝还不下马就擒，果真想等死吗？"刘备喝道。那副将狂叫一声，径直朝刘备奔去。刘备一挥手，弓箭把他射成了一个箭垛。"投降者免死，继续顽抗者杀无赦。"随着刘备一声暴喝，偷袭者彻底丧失了抵抗，纷纷放下兵器投降了。

人马一夜未回，纪灵心知他们遭了暗算，心头大怒，一面亲率兵马，向刘备、关羽当面发动进攻，一面派遣人马，从左右两翼潜地里渡河，准备偷袭刘备、关羽的营寨。但是，正面战场上，关羽指挥弓箭手，猛射渡河的袁军兵士；两翼战场上，刘备居中调度人马，亦将偷袭的敌人全部拦截下来。血战一天，纪灵人马受到了更大伤亡，连刘备营寨的边缘也没有摸到。

随后，刘备、关羽指挥人马，接连粉碎了纪灵的偷袭行动，在天黑时分，偷偷渡河，突然冲向纪灵的营寨。纪灵人马疲惫，不作提防，难以抵挡，纷纷败退。刘备、关羽率领兵马，一路追杀，直杀到淮阴河口，见纪灵勉强收拢队伍，立下脚跟，这才停止进攻，与纪灵形成对峙局面。

这时候，张飞竟然率领兵马跑到淮阴河口来了。

原来，刘备、关羽率领部队离开徐州之后，张飞不仅确实履行承诺，从不饮酒，从不鞭打军士，一切都跟孙乾商议，而且亲自巡察，严防有人私下饮酒。这天夜里，他巡察之时，发现一个名叫曹豹的武将正在聚众饮酒，遂雷霆大怒，命令亲随把他抓起来，猛抽一顿鞭子。曹豹是陶谦手下旧将，在抵挡曹操进攻时立下不小战功，如今挨了张飞一顿鞭子，又羞又怒，连夜派遣一个心腹，骑上马，偷偷出城，跑去邀请吕布入城。此时，袁术见纪灵难以打败刘备，已经写信给吕布，许诺送上二十万斛大米，诱使其袭击下邳；吕布率部水陆东下，已经抵达下邳西四十里。接到曹豹的报告，吕布心里大喜，以曹豹为内应，赚开城门，轻而易举地进入徐州。张飞战不过吕布，带领队伍，一路狂奔，来到了淮南。

刘备、关羽乍一听说徐州丢失，大惊失色，面面相觑。过了好一会儿，刘备说道：“徐州本非我等地盘，得之何喜，失之何忧。我等且去别处安身。”

“可是，二位嫂嫂怎么办？”关羽问道。张飞一听，惊出一身冷汗，大叫一声：“三弟无能，没能保护好嫂嫂，唯有以死谢罪！”从身边一员副将腰里抽出长剑，就要自刎。刘备慌忙拦住，说道：“古人云：‘兄弟如手足，妻子如衣服。衣服破，尚可缝；手足断，安可续？’我等桃园结义，不求同生，但愿同死。虽说失了城池家小，怎么忍心让三弟中道而亡？况且，家眷被陷，吕布必不会谋害，还可以设计相救，贤弟如何能死？”张飞扔下长剑，号啕大哭。

现在，刘备面临的首要问题是在哪里安身。为此，刘备召集人员进行商讨。

“纪灵已经丧胆，我等接连发动几次进攻，只要彻底打败纪灵，占据盱眙及其附近地盘,可以作为安身立命之地。"糜芳说道。此人是糜竺和糜夫人之弟,自幼习武,自从姐姐嫁给刘备以后,便进入军营,当了一员副将。

"如此,袁术岂肯甘休?非得一再出动兵马攻打不可,吾等既无法经营,亦无法得到民众支持,实在不智。"孙乾说道,"理当寻找一块平静之地安身,徐图发展,方为上策。""除非平原,再无其他地方。"张飞说道。关羽思索道:"如今,我等兵困盱眙,如不击破纪灵,令袁术丧胆,焉能脱离敌人?遑论其他。"

刘备当然清楚,自己确实处在一个非常尴尬的位置,无论走到哪里,都逃不脱要与袁术的人马作战,究竟是占据盱眙,还是另谋其他出路,一时无法达成一致,只有继续与纪灵所部对峙。

又过了几天,刘备接到探子报告,说是吕布派遣高顺、张辽带领数万兵马,从背后杀了过来。面临腹背受敌的危险,再也不可能继续在盱眙待下去了。在高顺、张辽率部赶到之前,率领兵马离开盱眙,另投他处是他们唯一的选择。但是,环视一下四周,到处没有可以收留他们的人。

关羽说道:"由此向东,有一地名唤广陵,地面富裕,足以屯兵。袁术正与吕布合围我等,必然料不到我等敢向广陵攻击,可以出其不意,攻取广陵。""云长之计,甚合我意。与其投靠他人,不如自己先打下一块地盘。"刘备感慨地说道。糜竺虽是文官,亦有谋略,说道:"此计虽善,然不能摆脱纪灵、高顺等辈,意图被袁术察觉,我等恐死无葬身之地。"关羽思索道:"若无恶劣天候,此举确实很难成功。""只恐高顺大军开来,亦无恶劣天候。"孙乾忧虑地说道。"备遵从天意,顺应民心,苍天会给备一条出路。"刘备仰天叹息一声,说道。

苍天果然给了刘备一条出路,在高顺大军渐渐逼近盱眙的时候,开始阴雨连绵,一下就是十余天,使得高顺部行动异常缓慢,同时也令纪灵产生了错觉,以为刘备人马不可能在如此恶劣的天候下展开行动,放松了监视,使得全军在刘备的率领下,按照关羽确立的时机和路线,安全地离开了盱眙,潜地里向广陵进发。

接近广陵,关羽命令人马停留下来,首先派遣斥候进一步打探广陵的情况,以便制定详细的作战计划。当天,队伍在一座山脚下扎下营寨。阴雨天行军,部队极为疲乏,一扎下营寨,顾不得吃饭,便倒头就睡。关羽本来要抽出一支人马担任警戒,负责营寨安全,但一想到军士实在困顿不堪,袁军未必会探查到本军已经开到这里,便听之任之。

这天夜里,糜芳巡视营寨,赫然发现不见警戒部队,连忙找到关羽,说道:"二将军深通兵法,平素无论是露营,还是扎下营寨,都要派出警戒部队,今日如何看不到警戒军士?"关羽说道:"军士太过疲劳,袁军未必知道我军已深入此地,可令军士好好休息。"糜芳慌忙劝告道:"二将军体恤军士,固然不错。但部队深入袁术腹地,如此大意,岂非置三军于死地吗?""关某自从涿郡起兵以来,算无遗策,自知分寸,不劳费心。"关羽话还没有说完,人就扬长而去。

糜芳怔了半晌,缓过神来,立刻跑去找刘备,希望刘备出面纠正关羽的做法。刘备思索着说:"我等对黎民百姓尚且不忍,奈何不能体恤将士?"

在刘备面前碰了壁,糜芳心想,张飞历来对军士不是鞭打,便是叫骂,才不管军士是否劳累,一定会支持自己,忙去找张飞。可是,张飞说道:"二哥自有道理。谅袁术兵马不敢劫寨,纵使来了,张某定叫彼有来无回。"

"体恤军士虽好,可知身处危险之中,溺爱军士,反而会害了军士性命。"糜竺叹息道。只有自己保持高度戒备,也不睡觉,不停地在各营寨来回巡视。

其实,打糜芳询问他为什么没有见到警戒军士的时候起,关羽就知道自己错了,但是,对糜芳语气的反感妨碍了他纠正自己,不过,担心真的会发生什么事情,就暗自戒备,不仅把随从全部派出去,担任警戒,而且自己也充当警戒。看到糜芳亦挂着长剑,四处巡视,他不觉心生感激,心里想道,此人是嫂嫂的弟弟,为人忠义,自己得不计较他的语气才是。一念及此,他马上就要现身与糜芳相见。

突然,一声密集的鼓点响了起来。关羽吃了一惊,本能地朝音源传出的方向看去,赫然发现那儿出现一片耀眼的火光,无数火把,宛如天幕夏夜的繁星,闪烁不定,并且流星一样划了过来。接着火把的光亮,隐隐约约,可以看到一大片人马冲杀过来了。紧接着，关羽听到了一连串喊杀声，以及进军鼓点的敲击声。

"袁军果然劫寨来了！"关羽知道，是他的随从察觉到敌人的动静，立刻擂起战鼓，试图唤醒昏睡的军士，立刻提了青龙偃月刀，准备迎着敌人冲过去。

"二将军，汝指挥人马，糜某前去杀敌。"糜芳从斜刺里冲了过来，说道。

关羽一怔，迅速回过神来，欲待向随从下达命令，忽然意识到身边已经没有一个人，连忙向中军帐奔去。

这时候，刘备、张飞均冲了出来，一个手提双股剑，一个拿着丈八长矛，吆喝队伍迎战。军士们被急促的击鼓声惊醒，急急忙忙提了兵器，在刘备、张飞率领下，向敌人奔去。眼见得袁军已经冲入营寨，到处横冲直撞。关羽心下着忙，赶紧收拢人马，与刘备、张飞一道，杀向敌人。敌人越来越多，杀退一波，紧接着又上来一波，一直杀到天快亮了，袁军仍在源源不断地冲过来。

原来，袁军早已侦察到刘备兵马的行动，准确判断出其意图，便在广陵附近做好偷袭准备，试图以车轮战术，耗尽刘备大军的精力，一举予以歼灭。

关羽识破了袁军的诡计，深知继续战斗下去，会全军覆灭，便对刘备、张飞说道："大哥、三弟，汝等火速率领主力撤退，某在这里挡住敌人。""二哥撤退，吾愿挡住敌人。"张飞吼叫道，拍马就朝袁军中心冲杀过去。"三弟回来！"关羽大叫道。可是，张飞已经在敌阵中奋力厮杀，关羽只有催促刘备："大哥快走，吾与三弟挡住敌人以后，再来寻大哥。"

刘备收拢兵马，与糜竺、孙乾、糜芳等人一道，火速沿来时的道路撤退。

主力已经离开，关羽、张飞毫无顾忌，双双带领不多的精锐骑兵，在袁军阵营中肆意冲杀，一连气杀掉了袁军十多名偏将，终于将袁军打退。旋即，关羽、张飞收拾兵马，紧紧追赶刘备大军。

队伍终于重新会合在一块，经此一战，损失了一大半兵马，关羽深感不安，跪倒在刘备面前，说道："吾没有听从糜将军劝告，致使队伍损失严重，虽万死难恕其罪。请兄长治罪。"刘备伸出双手，扶他起来，说道："二弟体恤军士,此乃仁义之举,何罪之有?若仁义之道不行,并非我等过错,此乃苍天不公。然备相信,苍天终究是公道的。我等行王道,一定会得到苍天垂怜。"

全体将士听到此话,齐刷刷地跪倒在地,一起说道:"刘使君仁义待我,我等必不辜负使君,纵有千难万险,誓当追随使君,虽粉身碎骨,绝不回头!"

"众将士请起,我等万众一心,虽迭遭挫折,必有成功之日。"刘备说道。

部队损失惨重,前进不得,只有后退,哪里是后退的终点,到哪里安家呢?刘备、关羽、张飞、糜竺、孙乾、糜芳等人商讨了很久,还是拿不出一个具体方案,只有继续一面缓缓后退,一面商议。

这一天,他们进至海西,正继续商议,忽然,吕布派遣使者找上门来,邀请他们回去徐州。

原来,吕布遵照与袁术的约定,夺了下邳,并派遣高顺、张辽率领兵马从后面进攻刘备。当人马进至盱眙时,刘备已经率部走了,高顺自以为达成目的,当即向纪灵索要袁术许诺的财物,得到的答复是:"公且回军,容某见主公计之。"高顺向吕布汇报后,吕布已经怀疑袁术不守信用了,紧接着收到袁术的书信,声称捉了刘备以后,才如数给予所许财物。吕布心知袁术故意拖延,心中大怒,马上就要率部攻打袁术。这时候,陈宫给他出主意,说是请刘备返回小沛,作为徐州的羽翼,一旦尔后与袁术交战,可与刘备一道共同对敌,可以获胜。吕布听从他的建议,马上修书派人寻找刘备,请他回去徐州。

刘备看完书简,询问众人有何意见。张飞说道:"吕布乃无义小人,不可相信。""某与徐州人物尽皆有旧,纵使吕布毫无信义,我等回去,亦可就中取事,有何不可?"糜竺立即反对。关羽亦说:"我等目前无处安家,回去徐州,尚可容身。如果担心吕布,某有一计,在进见吕布之时,各自在不同方位,盯住吕布,一旦吕布反复,我等一齐动手,杀掉此人,永远解除后顾之忧。"刘备叹息道:"吾所忧者,乃曹操耳。此人虽有恩于我等,但为人狠毒,睚眦必报,陶府君虽死,其报复徐州之心无时不存,为免徐州百姓遭殃,吾等亦需接受吕布之邀,与彼共同进退。"孙乾说道:"曹操名为丞相,实则董卓之流,确系朝廷与我等心腹大患,吕布英勇无敌,吾等与其联手,曹操必然忌惮,不敢妄动刀兵。"关羽沉吟道:"曹操固然为人残暴狠毒,观其行止,尚存匡扶天下之心，决非董卓之流可比，今以其残暴而言彼必为朝廷心腹大患，未免言之过早。"张飞说道："若无曹操，吾等何以落得这般田地？二哥，休得再说曹操好话，仅此一回，吾当视之为大敌，他日相逢，必然杀之。"关羽分辩道："三弟，吾就事论事，并非曲意逢迎，更非全因曹操昔日有知遇之恩、相纵之情。倘无曹操，天子如今焉能安居都城？仅此一点，其匡扶汉室之志明矣。"张飞提高了嗓门："二哥奈何受曹操蒙蔽，看不出拜彼所赐，我等方落魄至此，亦看不出彼定当为朝廷心腹之患耶？由此观之，他日曹操果如董卓一般，二哥必不会向彼动手。"关羽略微有些恼火，说道："三弟，是何言也？他日曹操果然不顾朝纲，欺君罔上，吾必杀之！"刘备连忙说道："吾言曹操狠毒，亦不觉得彼为欺君罔上之徒。今天下混乱，曹操能安定汉室天子，其功不小，吾等可以听从彼之号令，但决不容其戕害徐州百姓。此番回小沛，正是为此。"

安抚了众人，刘备马上率领兵马，取道径直向徐州进发，不一日，就到了徐州治所。吕布提前得到消息，率领一大帮子属下走出城门迎接，并且将甘夫人、糜夫人送还刘备。两位夫人一见到丈夫，一起称颂吕布的好处，说吕布进入下邳之后，命令兵士把守刘备住宅，不准任何人闯入骚扰，又常常派遣侍妾送给财物，从来没有缺失之处。刘备感叹道："吾固知吕布不会害我家眷。"

徐州已在吕布的掌握之中，刘备与吕布会面之后，各自说了一些客套话，刘备便率领本部人马，开往小沛，再一次在那儿驻扎下来。

张飞一想到本是自己兄弟安居下邳，吕布居于小沛，如今倒了一个个，心里就窝火，愤愤不平地说："总有一天，张某要拧下三姓家奴的脑袋。"刘备说道："三弟，不可急躁，我等屈身守分，以待天时，不可与命抗争。"关羽说道："有了安身立命之地，一旦机会来临，我等必会伸展志向。"

第六章　风云裂变

　　曹操、刘备都是试图拯救天下的英雄，前者是以铁腕出征四方，后者则一直等待天时。究其原因，乃是因为曹操已成为大汉朝廷的丞相，为了肃清大小军阀，不得不以武力征服；刘备实力不济，兵少将微，连生存都很困难，如果不赢得民心，静待天时，恐怕随时都会有死无葬身之地之忧。小沛地处山东、江东、淮南交界之处，地域狭小，处在列强的夹缝之中，根本无法扩充到足够的实力。

　　这时候，孙坚早死，其一手打下来的地盘一朝化为乌有，不过，为他的子孙倒是积累了一些人脉与物质基础。其长子孙策长大成人以后，以玉玺为质，从袁术那里借得三千步兵、五百匹战马，以此为基础，招募到一些军事才干，趁各路军阀无暇顾忌江东之际，攻略江东，很快就将江东地面收入囊中，一跃变成江东霸主，成功地跻身豪强之列。此时此刻，孙策野心膨胀，试图向袁术索回玉玺，袁术十分愤怒，准备点起兵将，征讨孙策。

　　长史杨大将劝说道："孙策已在江东站稳脚跟，兵多将广，粮草充足，城池坚固，主公如若征讨，不易取胜。彼时，吕布、刘备必将趁势而入，攻我淮南。为此，主公攻打江东之前，必须肃清徐州、小沛。吕布英勇无敌，占据徐州，实力很大，又有刘备为掎角，主公先取徐州，殊难成功。刘备兵少将寡，小沛地面狭小，纵使关羽、张飞均有万夫不当之勇，一旦主公收买吕布，不使其支援刘备，遣一员大将，率数万兵马，不日即可荡平小沛，生擒刘备、关羽、张飞。然后趁势消灭吕布，再图江东。"

袁术深以为然,马上派遣使者,带了二十万斛粟米,送给吕布,令其袖手旁观;紧接着,命令大将纪灵率领三万兵马,浩浩荡荡,杀奔小沛。时为建安元年,即公元196年。

刘备闻言,深知小沛危急,连忙召集众人商议对策。张飞首先说道:"吾视纪灵与十万兵马如草芥,愿打头阵,杀他一个人仰马翻。"孙乾说道:"三将军虽勇,奈何敌人兵力太多,吾等一拳难敌四手。兵法有云,上兵伐谋,其次伐交,其次攻城。吾等何不以利害说动吕布,令彼予以支援?"关羽说道:"吕布见利忘义,已被袁术收买,难以信任。"孙乾说道:"彼固然见利忘义,然绝不会不顾徐州安危。只要我等向彼说清小沛不存、徐州难保之理,彼岂能不幡然悔悟?"刘备大喜,说道:"我等一面迎战纪灵,一面联合吕布可也。"

刘备写完书信,令孙乾为使者去徐州面见吕布,随后与关羽、张飞一道,率领兵马前去迎敌:兄弟三人各带领一千人马,关羽设伏,刘备、张飞分别居于左右两翼,随时准备接应支援。

纪灵派出的前锋部队有五千余人。一干人马耀武扬威、趾高气扬地奔了过来,一下子掉进关羽布设的陷阱,弓箭手一齐放箭,顷刻之间,就把那伙人马射倒了一大半。紧接着,关羽命令击鼓进军,向敌人一阵冲杀,直打得袁军哭爹叫娘,鸣金收兵,逃了回去。随后,关羽率领兵马向前推进,居于机动位置,准备一旦找到可趁之机,就向纪灵发起攻击,减轻刘备、张飞两部的压力。

纪灵得到先遣部队遭受惨重损失的消息,勃然大怒,命令前队停留下来,中队、后队迅速跟上,把十万兵马一字排开,组成了一个宽广深厚的大阵,兵马好像决堤的洪水一样,向刘备、张飞扎下的营寨翻滚而来。

关羽率领一千人马,已经前出很远,首先看到了敌军阵势,深知纪灵戒备森严,自己难以寻到下手机会,只有潜地里把兵马带回来,在刘备、张飞中间扎下营寨。之后,关羽只身进入刘备营寨,商议下一步战法。

"纪灵阵势严密,吾等实难与之正面交锋,唯有火攻,方能取胜。"关羽说道。"不劳我等出力,一把大火,烧死这些无耻之徒,真乃妙计。"张飞高兴地说道。刘备说道:"十万生灵付诸一把大火,未免太残忍了。""哥哥,若不如此，难道任凭我等被纪灵大军淹没吗？"张飞急了，大声叫了起来。"三弟不要急躁，大哥自有计较。"关羽立刻制止道。

刘备终于下定决心，命令糜芳回去小沛，收集用火之物，准备用渐次后撤之计，骄纵纪灵的军心，把纪灵的兵马引入一条四面环山的山谷里面，然后放一把火，纵使不能全部烧死他们，也必将迫使纪灵再也不敢侵犯小沛；同时，命令各营寨加强戒备，没有命令，谁也不准乱动。

几天以后，纪灵就率领人马浩浩荡荡地开了过来。站在营寨楼门上，看到纪灵兵马雄壮，异常整齐，连绵十几里，看不到首尾，全体将士不由倒抽了一口凉气，但在刘备、关羽、张飞的激励下，没有一个人想到过要逃命。敌人已在当面，次日的厮杀不可避免，刘备再度召集关羽、张飞，进行临战前最后一次商议。突然，斥候报告，说是吕布已经率领数万兵马，从徐州开了出来，径直奔向这边。

"若吕布助纪灵，我等侧翼势必受到此人攻击，难以退至放火位置。"关羽叹息道。"哥哥休慌，吾挡住吕布就是。"张飞说道。刘备说道："先不要自乱阵脚，且看吕布到底助谁再做道理。"

说话之间，吕布派遣的使者，已经来到了刘备营寨之外，要求面见刘备。刘备大喜，赶紧命人将使者请进营帐。使者拜见了刘备以后，将吕布的书函呈了上去。刘备见是吕布邀请他明天上午到其营寨会面，认定吕布确实是来解救自己的，万分欣喜，吩咐关羽、张飞："明日，汝二人随吾前往吕布营寨，商讨迎敌之策。"关羽提醒道："大哥，吕布反复无常，小心为妙。"刘备说道："见过孙乾，彼须知唇亡齿寒，此番前来，必定助我。再说，有二位贤弟在侧，彼奈何不了我。"

关羽既不像张飞一样鲁莽，也不像刘备一样过分相信吕布。他命令随从，把糜芳找了过来，询问了火攻敌人的准备情况之后，说道："明日，大哥要带关某和三弟前往吕布营寨，汝须掌管军务。吕布、纪灵若发起攻击，汝立刻命令队伍按照预定计划火烧敌人。""二将军放心，吾当竭力维持周全。"糜芳慎重地说。

翌日，刘备、关羽、张飞兄弟三人，带了十几个随从，骑上战马，一溜烟奔到吕布营寨。早已有人等在营寨门口,将他们请进吕布的营帐。

吕布见了,连忙热情迎接道:"贤弟是个信人,吕某没能迎接,万望包涵。""多谢吕将军前来相助,备感激不尽。"刘备拱手说道。吕布哈哈一笑,说道:"不值一提,贤弟他日成功,勿忘吕某一番苦心。"

说话之间,吕布请刘备就座,关羽、张飞寸步不离,一个手持青龙偃月刀,一个手握丈八长矛,威风凛凛,目不斜视,站在刘备的后面。

刘备说道:"吕将军此番相召,定是有了妥当对敌之策。将军直言,备该如何与将军一道迎敌?"

言未毕,忽然有人报告,纪灵将军来了。刘备、关羽、张飞朝营帐门口望去,果然看到一个军士,引着纪灵走了进来。张飞立刻握紧丈八长矛,作势就要冲上前去。刘备亦无法镇定,连忙站了起来,本能地想抽出双股剑。关羽稍显镇定,警惕地注视着吕布,手握紧青龙偃月刀,暗暗调整了一下姿态,把刘备完全置于个人的保护之下。

纪灵进帐之时,满脸的喜气洋洋,老远就想对吕布称谢,但一见到刘备、关羽、张飞三人在场,不由得脸色大变,握住三尖刀,厉声询问吕布:"吕将军这是何意? 难不成诓纪某过来,好擒获纪某,送给大耳贼乎?"

张飞挺起丈八长矛,就要朝纪灵奔去,大骂道:"纪灵小儿,上次让汝逃脱,还敢在这里逞强!"吕布把桌子一拍,厉声叫道:"诸位均是吕某客人,如此吵闹,还把吕某放在眼里吗? 都给我住口!"纪灵被吕布的威势吓住了,果然住了口。张飞还要叫骂,但被关羽拦住了。营帐里陷入了死一般的沉寂。

纪灵率先发问,语气温和了许多:"吕将军助纪某耶,抑或助刘备耶?"

"吕某平素不愿厮杀,只愿做和事佬,既不助汝,也不助玄德,希望汝等各自收兵,不要厮杀了。"吕布说道。

原来,吕布收了袁术的礼物,本打算袖手旁观,但是,孙乾持着刘备的书简过来求救,并说明利害关系,又有陈宫对他说:"玄德屯军小沛,未必遂能为我害;若袁术并了玄德,则北连泰山诸将以图我,我不能安枕矣。"他恍然大悟,冥思苦想,想出了一个表面上中立,实则帮助刘备的计谋,试图不用经过作战,就使两家罢兵。一安下营寨,他就把刘备、纪灵找来,希望劝说两家收兵。

刘备兵力不足，虽则部署了一个火攻纪灵兵马的阵地，但一来火攻到底能起多大的作用还在未定之天，二来真的一把火让纪灵的十万大军灰飞烟灭，未免过于残忍，此时吕布提出罢兵，正合他的心意，没有不答应的道理。纪灵自恃兵力雄厚，哪里肯轻易罢兵，当然不从，遂与关羽、张飞争吵起来。

吕布再度拍了一把桌子，说道："吕某教汝等不要厮杀，汝等就不要厮杀。谁不听从吕某劝告，吕某就帮助另一方来消灭谁。"

纪灵不能不掂量其中的分量，说道："纪某奉主公之命，前来消灭刘备，因为吕将军一言，就收兵回去，在我家主公面前恐怕交代不了。"

吕布说道："此事容易。吕某会给汝一个交代。吕某命令军士，将方天画戟竖在距离辕门一百五十步处，若从辕门一箭射中方天画戟的小枝，汝两家就罢兵；若射不中，各自回营安排厮杀。如何？"

刘备、纪灵心里都是一个想法，一百五十步，如何能够射中？刘备不愿意厮杀，暗地里祈求苍天让吕布能够射中；纪灵渴望消灭刘备的兵马，心里大喜，似乎刘备的前途已经注定，暗自盘算一旦回营，马上率领人马，向刘备发起进攻。

既然众人都同意如此安排，吕布便命令人马斟了酒，各自喝了一杯，一道走出营帐。此时，只见方天画戟已经远远地竖立在辕门之外，一名军士双手捧了一把弓箭，立在辕门下。

吕布走向军士的时候，响起了隆隆的击鼓声。吕布微微一笑，向刘备示意了一回，拿起弓，搭上箭，拉满弓，大喊一声："着！"手一松，嗖的一声，箭镞飞了过去，咣当一声，射中小枝。军士立刻响起了惊天动地的欢叫声。吕布呵呵大笑，把弓扔在地上，一手拉住纪灵，一手拉住刘备，说道："此乃天意。老天爷要汝等罢兵，汝等就不要打了，各自收兵回去吧。"言毕，朝军士喊道："拿酒来！"军士给刘备、纪灵、吕布各斟了一大觥酒，吕布请二人一同饮了，再请他们一同进入营帐，商议如何收兵。纪灵心有不甘地说道："纪某如何回去回复主公？"吕布说道："不妨事，吕某写一封书信，汝带回去交给公路就行。"

纪灵满怀热望,如今不能厮杀,心里怏怏不乐,又不敢吵闹,只有先行离开。

吕布这才对刘备说道:"若非吕某,玄德危矣。尔后玄德成功,不要忘了吕某的好处。"刘备说道:"备得到吕将军关照,摆脱大困,恩情比天高比海深,备当没齿难忘。"

一场天大的战事平息了。关羽深知,如果不想尽一切办法迅速扩充实力,今后永远要受制于人,于是,向刘备提出建议,尽快招兵买马,扩大兵员,并且招募有才干的人才。刘备深以为然。可是,小沛实在太小,不可能从小沛得到充足的兵员,更不可能产生出新的人才,刘备为此大伤脑筋。

看到兄长一直闷闷不乐,张飞希望为之分忧,便带领军士,骑上战马,一奔数百里地,去招募兵马。

这一天,张飞带领人马刚进至沛县界首,立刻打探到从山东方向开来一队马群,不由得心花怒放,决定把它们拦下来,无论多少价格,也买回来,以扩充骑兵,便派出一名亲随,前去询问具体情况。亲随很快返回,告诉他,这是吕布派去山东买马的人,买了三百余匹好马,正返回徐州,无论多少价格,都不会出售。

吕布辕门射戟,解了小沛之危,张飞本来对吕布生出了一些好感,决计不再寻他的麻烦,如今一听竟是他买的马,心里想道:我哥哥的徐州他能抢得,他的马匹老张怎么不能抢得?但是,不能声张,免得两位哥哥知道了,要数落自己;吕布知道了,要找哥哥的晦气。他命令军士装扮成山贼,自己不露面,让他们把这些马匹全部抢回来。完事了,张飞命令军士将马匹分散开来,藏在各个寺院,等过一阵子,风平浪静之后,再向两位哥哥说起自己买回三百余匹好马的事。

吕布丢失了三百余匹好马,异常愤怒,命令人马四处打探山贼的消息,一查就查出来是张飞命令人马干的,不由得火冒三丈,心里想道,汝张飞不念吕某辕门射戟解围之情,竟然再三寻吕某晦气,吕某岂能容汝继续藐视,不踏平小沛,汝不知道吕某的厉害,立刻带领兵马,来围攻小沛。

此时,刘备正与关羽、张飞商议如何继续扩充军力,听说吕布亲自率领人马前来攻打，不知道发生了什么事，一面命令关闭城门，准备迎战，一面来到城楼，察看究竟，果然看到吕布骑着赤兔马，手提方天画戟，布列阵势，准备攻城。

吕布用方天画戟遥指张飞，骂道："环眼贼，汝屡次三番藐视本将军，须知本将军并非杀不得汝，而是看在玄德面子，一再忍让，汝竟夺我三百余匹好马，吾岂肯跟汝干休，快快下来受死。"刘备一听，连忙说道："吕将军，此事或许有些误会，等备问明三弟，果有其事，一定奉还，不要伤了两家和气。"张飞忍不住了，不等刘备说完，亦用丈八长矛指着吕布，骂道："三姓家奴，汝抢得我哥哥徐州，张某为何抢不得汝马匹。汝还我哥哥徐州，张某便还你马匹。""环眼贼，下来受死！"吕布厉声叫骂。关羽拦住张飞。刘备说道："吕将军，劣弟愚顽，得罪了将军，备给将军赔礼。将军放心，备马上归还将军马匹。"

吕布怒气不息，继续指着张飞叫骂。张飞终于忍不住了，奔下城楼，命令军士打开城门，单枪匹马，冲向吕布。吕布怒气横生，拍马迎上前去，两人杀成一团。关羽赶紧召集兵马，打开城门，列成阵势，严密地注视着吕布一方的动静。吕布、张飞，一来一往，战了一百余个回合，不分胜负。刘备不想事情越闹越大，以为两人都出了心里的一口恶气，可以握手言和，赶紧命令军士鸣金收兵。张飞回到刘备、关羽跟前，兀自瞪着吕布，仍不肯干休。

刘备说道："吕将军，劣弟确有不到之处，请将军海涵。备马上命令军士归还马匹，请将军罢手。""看在玄德面子上，只要还了我马匹即可。"吕布说道。

于是，刘备引军进入小沛，命令张飞交出马匹，准备交还吕布。

关羽说道："吕布纵然想放过我等，彼手下谋士陈宫绝不会罢手。无论是否交还马匹，只恐战事难以避免。"刘备思索着说道："此必是袁术已经派人与吕布取得了联系，以更大利益收买吕布，吕布正在动摇之中，没想到，出现这等事体。吕布有勇无谋，必会坠入袁术奸计。"

刘备判断得很对。这一次，袁术离间吕布与刘备的手段是派遣韩胤到徐州，面见吕布，告诉他说，袁术即将称帝，欲立长子为太子，请求吕布将女儿嫁给其长子为东宫妃，以诱使吕布与之联姻，便于自己在出兵攻打刘备的时候，吕布不会援助刘备，并趁机谋夺徐州。韩胤凭借三寸不烂之舌，果然说动了吕布的心。谋士陈宫一直把刘备当作心腹大患，总想除掉他，一见机会来临，生怕吕布再反悔，马上催促吕布尽快将女儿嫁出去。吕布被陈宫三言两语说得晕头转向，痛快地答应连夜置办妆奁，准备宝马香车，命令人马送女儿与使者韩胤一道，前去寿春成亲。鼓乐之声惊动了陈登之父陈珪。此人乃大汉名臣，此时正在徐州养老，一听鼓乐之声，马上询问发生的事情，得知端的，赶紧去见吕布，一番劝说，又让吕布回心转意，命令人马，把女儿拦了回来。陈珪继续劝告吕布，要他把韩胤解送许都，彻底断了吕布与袁术之间的联系，吕布没有立刻答应。为此，吕布既可以与刘备继续维持现状，迫使袁术不敢轻举妄动，也可以把女儿嫁给袁术的儿子，以袁术为靠山，使其不再惦记徐州。吕布游走在这两种选择之间，还没有定下最后的决定。陈宫一席话，终于把他推向了袁术的一边："袁术犹如冢中枯骨，无能为也。即使称帝，无异于自取灭亡。刘备当世英雄，兵马扩充至一万余人，若不及早剪除，必然会为将军争霸天下带来无穷的后患。"

吕布深以为然，立刻命令人马，将小沛团团包围起来，开始攻打。

幸而，刘备听从了关羽的建议，已经命令人马做好了准备，等吕布兵马攻城之际，命令弓箭手，将箭镞射向敌阵，瓦解了吕布大军的多次进攻。但是，时间一长，不仅守城军士被敌军的箭镞射中，伤亡惨重，而且粮草、弓箭渐渐告罄，无法继续维持下去了。

关羽劝说道："我等与吕布已经势同水火，小沛本来难以安身，如今粮草不济，如不迅速突围，我等势必会全部葬身于此。"刘备说道："以二弟之言，我等该投靠何人，又该如何突围？"关羽已经思虑成熟，说道："当今天下，皇室虽已暗弱，然无人敢于公开反抗朝廷，我等与其继续到处投靠他人，不如直接投奔许都，见机行事，或许可以伸展平生之志向。"刘备叹息道："可怜汉室江山如今不复为皇室所掌控，全由曹操一人掌握。"关羽说道："春秋时代，朝廷暗弱，诸侯国连年征战不休，霸主权倾天下，一朝发出号令，可以迅速召集各路诸侯，铲除无道之君，一直奉周室为天下主宰，周室得以延续，各路霸主亦以践行天下大道、造福黎民百姓而青史留名。那些名震寰宇的英雄,均系辅佐帝王之良才,为何不振兴王室,愿意屈居于一方霸主手下?因为彼等知道,如此则天下更加混乱。为了天下安宁,彼等只好退而求其次。如今,自阉党专权以来,汉室日益暗弱,跟西周王朝没有多大区别。我等不如像那些英雄豪杰一样,辅佐一方霸主,安抚天下,带给汉室江山和黎民百姓实际好处。曹操曾集合诸侯,反过董卓,诛杀过黄巾,征伐过不尊朝廷之徒,足以当得起霸主之名。当然,曹操为人凶狠残暴,是其一短。兄长仁爱,一旦投靠曹操,何愁不能劝谏彼改弦易张?"刘备思索了许久,叹息道:"云长所言很有道理,符合春秋大义,我等投靠曹操可也。"张飞把头摇得像拨浪鼓,说道:"曹操恨吕布,亦恨我等,我等果真相投,岂非送肉上砧?"关羽说道:"彼身为丞相,正需招揽英雄,底定天下。一旦杀了我等,绝了天下英雄归顺他之望。彼必不为之。"

定下大计方针之后,刘备率部继续与吕布激战一天,显示出誓死坚持到底的决心,但夜里秘密收拢人马,以张飞在前面开路,自己居中,保护老小,关羽断后的队形,在半夜三更,趁着月明,打开北门,向外突围。

张飞一杆丈八长矛在手,率领兵马,一冲出城门,还是遇上了敌人的拦截。他英勇无比,率部一阵砍杀,杀退敌人,打开了一条血路,使得兵马逃出重围。

张辽得知消息,立刻引兵前来追杀,一下子将关羽截住了。

"想不到,我等真要刀枪相向。"关羽叹息道。"各为其主,云长勿怪。"张辽话音还没有落地,一刀砍了过去。

关羽略吃一惊,亦举起青龙偃月刀相迎。两人均勇猛无比,使出浑身本领,杀了一个天昏地暗。想到刘备已经走远,关羽试图脱身,便边杀边退。这时候,吕布得到消息,命令张辽收兵。关羽于是率领人马,如飞一般追赶主力去了。

经过十余天的艰苦跋涉,队伍即将抵达许都。刘备打从心底涌起一种死里逃生的感觉,赶紧命令人马安下营寨,同时派遣孙乾、糜竺带领几个随从率先进入许都,面见曹操,转达刘备求见之意。

当晚，曹操派了一名使者，在孙乾、糜竺的陪伴下，返回营寨。刘备在前，关羽、张飞在后，站在寨门迎接，并把使者引进营帐。使者向刘备传达了曹操敬慕英雄，欢迎进入许都的意思，并把曹操的信函呈了上去。刘备十分感动，不由得对着信函拜了一下，说道："丞相恩德，备将永生不忘。"

使者与刘备约好了次日进入许都的时间，马上告辞而去，向曹操报告去了。

兵败来投，曹操竟然如此殷勤，张飞觉得曹操包藏祸心，说道："今夜是否需要格外留心，严防有人前来劫寨？"关羽说道："行军打仗，露营安寨，加强防守，乃为将本分。此地距许都近在咫尺，秩序一向安稳，只需安置岗哨和巡视军士便可。""二哥好宽心。只怕别人不似二哥。"张飞说道。"心宽可以安枕。三弟，人逢乱世，确需怀疑之心。但忠义之人，更得诚心待人，哪怕真有危险，只要不害于道义，一旦做出决定，就该义无反顾。"关羽说道。

第二天，刘备、关羽早早地起了床，命令人马做好饭，收拾停妥，准备上路。这时候，他们赫然发现，张飞竟然不见踪迹。二人心头涌起一种不祥的预感，立即骑上战马，率领十来个随从，风驰电掣一般朝许都方向奔去。不一时，许都便遥遥在望，只见一个人骑着马从城里飞快地冲了出来。关羽一眼望去，竟是张飞，心头一紧，赶紧就要询问。张飞率先喊开了："大哥，二哥，曹操已经做好部署，要抓住我等。""休得胡说！"刘备呵斥道，"一大早，汝跑到许都干什么？""吾担心曹操使诈，一夜未睡，天一亮，独自来许都探查，发现军士摆满了全城，只要我等一进去，就会被全部抓住。"张飞气壮如牛地说道。刘备又是心痛，又是生气，硬是说不出话来。关羽说道："三弟，为了抓住我等，曹丞相不必如此大动干戈。彼礼遇兄长而已，汝不必疑心。""二哥，脑袋只有一个，掉了可就找不回来了。"刘备说道："此次进入许都，须与曹丞相坦诚相见，三弟不能跟我等一个想法，就即刻回营寨，免得冲撞到丞相。"张飞一怔，连忙就要分辩。关羽说道："三弟，此事非同小可，分辩无益，汝欲跟随我等进入许都，就必须听从大哥的吩咐。"张飞心想，大哥被二哥灌了迷魂汤，横下一条心，要见曹操，拦是拦不住的，只有进去，方能保证大哥安全，只好说道："翼德听从大哥吩咐。"

刘备一行抵达城门口的时候，曹操事先派遣的一员将领已等在那儿。与刘备等人相互施过礼之后，他马上在前面带路，将他们带进城。

　　一路上，刘备走在前面，关羽、张飞紧随其后，一左一右，均骑着战马，目不斜视，进入许都。大街的两侧，果然挺立着全副武装的军士，军容严整，颇是威武，令关羽油然而生一种敬佩之情。不知不觉，他们接近丞相府，只见门口列出一个庞大的方阵，曹操立在最前面，在他后面，齐聚了大大小小无数官员，一律谁也不说话，注视着越走越近的刘备一行。

　　刘备一到曹操面前，连忙行礼道："备兵败来投，承蒙丞相召见和收留，已万分满足，如何要丞相亲自迎接，备愧不敢当。"曹操一把扶住了刘备，说道："玄德不可多礼。吾与玄德，兄弟也。昨日得知玄德来到许都，曹某大感快慰，尚不知此举能否表达曹某相爱之情。"刘备深感惭愧地说道："备无才无德，天下之大，竟找不到容身之地，实在令人赧颜。"曹操说道："玄德不必自谦。以玄德之才干，云长、翼德之勇，何愁不能建功立业。"

　　关羽听了，立刻说道："某与大哥结义以来，一直殚精竭虑，协助大哥完成拯救苍生之大任。今日投靠丞相，亦将追随大哥，任凭丞相调遣，万死不辞。"曹操哈哈大笑道："有云长这句话，曹某万分高兴。只要云长提出要求，曹某无不答应。""多谢丞相！兄长的要求，就是云长的要求，此外别无其他任何要求。"关羽说道。"云长放心，曹某必当为了正义，帮助玄德除掉吕布，恢复徐州。"

　　曹操说完，颇有些不舍地转过面来，想听张飞说几句好话。但听张飞说道："曹丞相，张飞不像大哥、二哥一样受汝蒙骗。哪怕汝有雄兵百万，战将千员，想打我兄长主意，张飞一杆丈八长矛，决不轻饶。"曹操呵呵大笑道："翼德快人快语，曹某喜欢。曹某为何蒙骗汝等？"张飞说道："虽大哥说汝身为丞相，志在平定战乱，消除地方豪强，我等一向忠于朝廷，与丞相志向一致，丞相绝不会坐视不管我等；二哥说当今情势与春秋时代一样，皇室暗弱，地方豪强为了一己私利，争相大打出手，天下早已大乱，民不聊生，丞相辅佐皇室，即使独断专行，但无称帝野心，成就一番霸业，于天下万民有利，应当尊重，而且，丞相称霸天下，须广揽天下英雄，我等前来投靠，丞相必会善待我等。但张飞知道，丞相不怀好意，要谋害我等，以免阻碍汝称霸天下！"

听完这席话，曹操心里想道：关羽一言就说清了如今天下情势及曹某图谋。曹某尊崇皇室，挟天子以令诸侯，正是如此。若得关羽真心投效，曹某纵横天下，谁人能敌？想到这里，曹操忽然哈哈一笑，说道："翼德与你两位哥哥明显不合拍，岂不辜负了当年桃园结义之情？"张飞面红耳赤，一句话也说不出来。曹操见了，又是一笑，不再为难他，向一边退了一步，邀请刘备进入丞相府。

关羽、张飞紧跟在刘备后面，曹操的谋士与众将亦同时跟上，走进大厅。刘备坐定，关羽、张飞双手交叉放在胸前，站在刘备身后。

曹操正要让人给关羽、张飞看座，一见这个样子，心里又油然而生一种感慨之情：穷途末路，亦能保持应有的分寸，刘备三人确实非同凡响，如果说当年天下，果真有英雄，那么，除了曹某，就是刘备了。能够将刘备三人收为己用，何愁不早日澄清天下？于是，一旦说到正题，曹操慨然承诺，首先给予刘备三千兵马、万斛粮秣，上表奏明皇帝，诏令刘备为豫州牧，先去豫州上任，熟悉情况，并且收拢在小沛失散的军士，待自己处理完眼下的一些要务后，即刻点起兵将，协助刘备征讨吕布，平息徐州。

整整一天，曹操都把刘备、关羽、张飞留在丞相府，一直与他们畅谈，热情地款待他们，直到天黑时分，才把他们送出许都。

这时候，谋士程昱劝告曹操："刘备英雄，关羽勇毅，张飞刚烈，曾以三千兵马对抗丞相数万大军而不至大败，绝不会久居丞相之下，宜趁早除掉彼等。"曹操一笑置之。谋士郭嘉说道："丞相如今仍需招募英雄，奈何阻塞英雄来归之路呢？何况，丞相善待刘备，纵不能将彼等收入帐下效力，亦可以作为帮手，岂不比把彼等当成敌人要好？""此言正合吾意，汝等自当尽力，帮助曹某达成心愿。"曹操点头说道。

回去营寨，张飞连忙向刘备认错："大哥，吾又错了，请大哥责罚。"刘备说道："罢了。汝须谨记，凡事需多动脑子。如今，我等应该赶紧准备，以便早日与丞相的大军一道，剿灭吕布。"关羽说道："大哥言之有理。不如吾先回小沛，招揽散兵，大哥得到朝廷旨意以后，有了丞相兵马，我等可以立刻杀向徐州。"

次日,关羽率领十几个随从,骑上战马,向小沛赶去。一路上,陆续有一些失散的军士加入进来,及至小沛边缘,已经收拢了两千余人。他们是由关羽一手训练出来的,两千余人足以敌得过两万雄兵。关羽决计以这些兵马出其不意发动攻击,迅速收回小沛。为此,关羽吩咐人马小心行动,不要走漏自己已经收拢部队的消息,并且派遣斥候前往小沛探听情况。

很快,准确情报放在关羽面前:刘备放弃小沛以后,高顺奉吕布之命,率领一支五千余人的队伍,驻守在那儿,自以为刘备已经被赶跑,必定不会返回,因而戒备松懈。

"若张辽驻扎小沛,颇为棘手,高顺无能之辈,关某一个回合,即可将彼斩于马下,况其无备乎?今夜动手,定将彼赶出小沛,以壮兄长上任豫州行色,为攻打徐州奠定基础。"关羽心里想道,马上传令下去:全部人马做好攻击的准备,等待小沛关闭城门,防守最松懈的时刻,突然展开攻击。

时间一到,关羽一声令下,战鼓擂得山崩地裂地响,军士呐喊,战马嘶鸣,整齐的队伍犹如下山猛虎一般扑向小沛,在城门来不及关闭之前,已经冲了进去,随后立刻兵分数路,径直杀向高顺兵营。高顺着忙,连忙击鼓进兵,但队伍已经列不成阵了,被关羽的两千虎贲雄师一冲,即抵挡不住,纷纷败退。高顺举起大刀,连砍了几员准备后逃的副将,还是制止不了潮水般退却的狂潮。

"高顺休走,关某来也!"关羽远远地看到了高顺,拍打战马,举起青龙偃月刀,奔了过去。高顺心头冒火,前来迎战,仅仅两个回合便败下阵来,他赶紧拨转马头,向后奔去。这一下,高顺的队伍宛如决堤的洪山,一泻千里,从东门逃了出去。关羽也不追赶,立刻命令人马清点战果,恢复城里的秩序。

这时候,刘备受了汉献帝的诏令,得到曹操借给的三千兵马与粮草,前来豫州上任。吕布深恐遭到刘备暗算,不敢争夺小沛,命令人马戒备下邳。

关羽将兵马部署妥当,带了几个随从,快马加鞭,赶往谯地,面见刘备,把小沛方面的情况说了一遍,问道:"兄长如今又得大郡,可喜可贺,我等兵马仍有数千,又有曹丞相兵马相助,何时讨伐吕布?"刘备说道:"临走之前,曹丞相再三言之,吕布骁勇,不可轻敌,彼将亲率大军征讨。为此,吾须熟悉豫州情况,理顺各种关系,处理政务;二弟全权负责军务,早作准备,一旦曹丞相率兵前来徐州,助其一战成功。"

关羽领命,晓谕本部人马密切监视徐州动向,同时点验豫州兵马,见其作战能力十分有限,便把他们迅速集中起来,与张飞一道,日夜督训。过了一段时间,关羽觉得可以投入作战行动了,遂催问刘备:"曹丞相何时进攻徐州?"

刚好,曹操派来使者送来信函,声称张济已死,侄儿张绣接管全部兵马,正在攻打宛城,试图成功以后,继续向许都进军,曹操不得不亲率大军,去征伐张绣,徐州这边,只有暂时缓一缓。

一见关羽过来了,刘备马上把信函递了过去,等他看完过后,说道:"吾等且等曹丞相消息。"

张飞一听此言,说道:"大哥一方诸侯,自有军队,奈何要听丞相安排?孙策借兵三千,可以成事;我等兵马远甚于孙策,岂不能成事耶?""孙策罔顾礼仪,祸害苍生,我等奈何与彼相提并论? 既然曹丞相有令,我等且等进一步消息。"关羽说道。"不错,我等已经投靠曹丞相,若不依令行事,于情于理,都说不通。再者,这段时间,我等不仅可以继续训练士卒,而且能处理豫州事务。"刘备颔首说道。张飞无言以对,不再说话,事情就这么定了下来。

于是,兄弟三人继续像先前一样,刘备处理政务,关羽、张飞分别督导各路人马进行训练。

这一天,接到袁术称帝的消息,关羽、张飞急急忙忙赶去见刘备,商议对策。

"孙坚隐匿玉玺,已怀不臣之心,幸而早死。孙策小儿质玉玺于袁术,借兵扰乱江东,致使袁术有了玉玺,不顾天命,妄自称帝,若不立即讨伐,天下必有更多无耻之徒争相效仿。如此,则天下更加混乱矣。"关羽慨然说道。"吾愿打头阵,带领人马,径直杀奔寿春,砍掉袁术脑袋,以儆效尤。"张飞精神振奋地说。刘备沉吟道:"袁术妄自称帝,人人得而诛之。然其兵精将广,粮草充裕,我等难以与之抗衡。曹丞相不会放任不管,我等且等曹丞相命令为宜。否则，一旦开战，遭到失败，不唯不能维护汉室江山，反而令其他本想讨伐袁术者望而却步，就得不偿失了。"

关羽不能不认为刘备说得很有道理，心里纵然异常激愤，也只能强烈地按捺下去，准备接受刘备的命令，继续督训士卒。

兄弟三人正要散去，恰好吕布派遣一名使者，携带他的亲笔信前来求见。

"我等不去攻彼，彼怎敢招惹我等？吾誓杀之。"张飞气冲牛斗，厉声痛骂。关羽说道："三弟不要冲动，且看使者有何话说。"

来使得到刘备许可，疾步上前跪拜，呈上吕布亲笔信函。原来，袁术为了离间刘备与吕布的关系，并得到吕布真心相助，派遣韩胤来到徐州提亲，希望吕布将女儿嫁给袁术之子，立为东宫太子妃。吕布本来答应了这门亲事，但因陈登父子的劝说改变主意，先把韩胤扣留下来，后来又送往许都，被曹操下令处以极刑。袁术十分愤怒，称帝之后的第一件大事就是亲自统帅数十万兵马，兵分七路，试图杀向徐州，一来报韩胤被杀之仇，二来占领徐州，扩大地盘。吕布纵使英勇无敌，毕竟兵力居于下风，一旦开战，肯定会吃败仗，因而十分震惊，询问陈宫该怎么应对。陈宫把责任归咎于陈登，劝说吕布杀掉陈登父子，以平息袁术的愤怒。

陈登镇定自若地说道："袁术称帝，已成天下公敌，不久自会消灭，有何可怕？彼虽有七路人马，吾只需说得韩暹、杨奉暗助温侯，另以玄德为外援，破之必矣。"吕布叹息道："刘备已与吾结成死敌，如何肯来助吾？"陈登笑道："刘备胸怀匡扶天下之志，自会放弃个人恩怨，率军前来支援。温侯大可放心。"

吕布深以为然。陈登果然说动了韩暹、杨奉两个汉室旧臣，决定在袁术大军兵临徐州，发动进攻的那一刻，阵前反戈；届时吕布一块动手，共同歼灭敌人。

刘备看完信函，大喜道："我等正愁力单势薄，无法与袁术交锋。既有奉先相召，如何不出兵协助？""哥哥难道忘了我等如何被吕布赶得无家可归乎？为何助彼？"张飞大叫道。"吾等与吕布乃私怨；与袁术则深关忠于朝廷的大义。为了大义，吾等自当协助吕布。"关羽顿了一下，继续说，"然我等不可出动全部兵马。兄长仍处理政务，三弟继续督训兵马，吾独自率领人马前去相助即可。"

得到刘备同意，关羽立刻派遣斥候，探听袁术七路大军的行踪，以及徐州方面的情况，连夜骑上战马，奔向小沛，准备以小沛之军为主力，投入作战行动。

袁术的七路大军来得很快，关羽刚刚点起兵马，那七路大军就已经兵临徐州治所，做好了进攻下邳的准备；同时，袁术亲自率领一支人马，作为接应力量，正在赶赴徐州的道路上。

"袁术以为吕布与我等结仇，不提防关某出兵协助吕布，可以趁此机会，一举攻破袁术所在的营垒，引起彼全军混乱。"关羽寻思道。

定下决心，关羽迅疾派遣斥候打从韩暹阵营穿过去，向吕布报告自己的作战计划，一面率领人马，潜地里迎着袁术开过来的方向奔去。来到一个两边都是大山的地方，关羽命令人马停止前进，步兵靠近道路隐蔽待命，弓箭手在稍后面，等待袁术人马进入埋伏圈，首先发射弓箭，打它一个措手不及。

部署停妥，他将战马放在更后方，亲自来到山顶，观察袁术大军的动静。

这时候，从徐州方向传来消息，在袁术大军擂起进攻的战鼓，正要向吕布发动进攻的关键时刻，韩暹、杨奉立即动手，向身边袁军奔杀而去。那些队伍没有防备，且正要攻城，被韩暹、杨奉的人马一攻，顿时手忙脚乱，好一会儿也不知道发生了什么事情。吕布见了，随即率领人马冲杀过去。袁军慌乱之间，队伍被打了一个落花流水。不过，仗着人多势众，各路将领也非浪得虚名，不久以后清醒过来，马上调整部署，命令各路队形分别迎战吕布、韩暹、杨奉，在徐州城外杀了一个天昏地暗。

"袁军受到突然攻击，人马损失惨重，斗不了多久，自会惨败。袁术知道这一点，必会亲率接应部队前去增援。"关羽想道。他立即命令人马进入作战状态，只要听到鼓声与号角声，弓箭手就朝敌人的队伍放箭，等待自己下达冲锋的命令，步兵跃出埋伏之地，杀向敌人。

不一会儿，关羽眼前出现了一支异常庞大的队伍，像乌云一样飘了过来。远远看去,中间隐隐约约出现了一个黄色大帐,凸起在那片乌云里,显得格外醒目。

"此必袁术营帐。吾当一举擒获此贼,解往许都,明正典刑,令那些妄想称帝的无耻之辈丧胆,不敢效尤。"关羽心里说道,下意识地握紧青龙偃月刀,眼睛随着那团黄色的蘑菇的移动而移动。

为了接应遭到突然攻击的人马,袁术率部以急行军速度奔了过来,不一时,就进入了关羽布设的伏击圈。当前面的人马快要走出伏击圈的时候,鼓声与号角声震天价响了起来,刹那间,无数的箭镞,宛如毒蛇吐信一样,发出可怕的嗖嗖声,一齐热情地奔了过去,给予他们最亲密的拥吻。那些人马似乎冬天的冰凌,受不了这等如火的热情,顷刻之间,无数冰凌化作了一摊摊血水,再也起不来了。

弓箭手放完箭,关羽骑上战马,手提青龙偃月刀,振臂一呼,埋伏在道路两侧的人马一跃而起,挥动着手里的兵器,向惊慌失措的敌人砍去。

此时此刻,袁术仍在后面,还没有进入埋伏圈。知道前面有埋伏,自恃人马众多,袁术不管不顾,亲自擂动战鼓,激励人马勇猛地向关羽所部冲去。关羽所部个个猛勇无敌,挥动大刀、长矛,勇往直前,在袁术阵营里反复冲杀。关羽一把青龙偃月刀,更是所向无敌,一刀横扫过去,立马倒下一大片。几员大将一见关羽神勇,一个拿刀,一个拿剑,一个拿矛,一个拿方天画戟,凶狠地迎着他冲了过去。关羽大喝一声,拍马迎上前去,手起刀落,几员大将顿时全部殒命,吓得其他诸将纷纷闪避。

"彼乃关羽是也,谁杀之,赏黄金百两,封大将军。"袁术离开那顶黄色的营帐,骑上战马,在一大队将领的簇拥下,来到了战场,一眼认出了关羽,手持长剑,指着关羽,大声说道。

重赏之下必有勇夫,袁军将领听了,无不大为振奋,争相朝关羽奔杀而去。关羽见了,大吼一声,左一刀,右一刀,顷刻之间,接连劈了袁术四员将领,吓得其他将领再也不敢上前了。

"放箭!射死他!"袁术很是清醒,赶紧下了新的命令。弓箭手一齐拉满弓,箭镞嗖嗖地奔向关羽。关羽舞动青龙偃月刀,把所有箭镞全部打落,大吼一声，一拍战马，跃过袁军兵将，径直冲向袁术。袁术大惊失色，赶紧大叫："护驾！"拨转马头，就朝后面奔去。

几员袁军将领，立刻挺枪出马，挡在关羽面前，手里的家伙一齐朝关羽身上招呼过去。关羽只将青龙偃月刀横着一扫，就将那些兵器全部打断，力量之大，把那些将领也打得接连后退，有的战马甚至一屁股坐在地上，然后身子一歪，将坐着的将领活活压死。袁军之中，胆小的将领不由得胆战心惊，愣是不敢再有任何动作；胆子大一些的，觉得扬名立威的机会已经来临，抛弃手下的兵士，一窝蜂地朝关羽奔杀而来。这样一来，袁军等于失去了指挥，关羽手下人马本来训练有素，作战能力强大，如今碰上这样的阵势，砍杀袁军兵士，犹如砍瓜切菜一般轻松自如，只杀得袁军漫山遍野，到处都是袁军兵士。关羽这边，一匹战马，一把青龙偃月刀，陷入袁军将领的重围，毫无惧色，左冲右杀，刀锋过去，总有一两个袁军将领发出惨叫，要么断了手脚，要么伤了胸膛，要么干脆就是掉了脑袋，或者被拦腰切为两段。

"放箭！放箭！"袁术逃到山顶，没见追兵，停了下来，看见关羽如此骁勇，心胆俱裂，为了解除后患，非得杀掉关羽不可，手持长剑，遥指关羽，命令道。

弓箭手再一次排成密集的队形，拉满弓，预备放箭。一声锣响，袁军将领撇了关羽，向后逃回。关羽紧紧追赶。嗖嗖嗖，箭镞像滂沱大雨一般，向关羽扑了过来。关羽一把大刀，扫落了一地箭镞，正待奋力一跃，冲上山去，击杀袁术，大刀稍一松懈，没有护住战马，战马被射得像刺猬，扑通一下，倒毙于地。关羽敏捷地跳到一边，心头大怒，一边舞动大刀，一边奋力向袁术冲去。

这时候，吕布已经率部打败袁术另五路大军，呐喊着冲杀过来。袁术远远地望去，心知败局已定，再也不敢停留，扔下弓箭手不管，在一大群将领的簇拥下，率领残余大军，慌忙撤回寿春。吕布率部杀到，与关羽并肩齐驱，一把方天画戟，一把青龙偃月刀，舞得水泼不进，针插不进，杀至山头，将袁军弓箭手全部消灭，朝袁军撤退的道路望去，已经不见袁术的踪影。

"关将军不计前嫌，赶来相助，一把青龙偃月刀神勇无比，只杀得袁术丢盔卸甲，落荒而逃，令人佩服。"吕布向关羽称谢。

"温侯不必客气。关某为大义而来，不图温侯道谢。"关羽说道，"如今袁术新败，袁军已经心寒胆落，我等可以趁此机会，奋勇追击，一举扫清敌人，以免他人效尤。"吕布说道："关将军所言虽有道理，无奈我等实力有限，跟袁术相比，兵少将寡，注定无法取胜。为此，我等只宜暂且收兵，静待其变可也。"

关羽心知吕布不是真心为国之人，不便勉强，而以自己的实力，无论如何不能跟袁术一较长短，仰天叹息道："若关某有千里马，今日袁术必死无疑。"

话音刚一落地，忽然想起与曹操阵前谈到赤兔马一事，关羽下意识地朝赤兔马望去，只见此马浑身上下全是红毛，没有一根杂色，飘柔发亮，神采飞腾，隐隐然露出马中王霸气势，不觉大是欢喜，心里想道："有朝一日关某得到此马，方能伸展平生之志，令奸邪之徒无所逃遁也。"

吕布正要说话，赤兔马似乎听懂了关羽的心声，朝他跟前稳步走去。吕布一惊，赶紧拉紧缰绳，说道："关将军不必耿耿入怀，袁术反叛朝廷，必死无疑。"

关羽回到谯地，向刘备详细报告了与袁术作战的情况之后，说道："如今袁术称帝而不能扑灭，必会有更多奸邪之徒纷纷效仿，我等不能总是仰人鼻息，得自己养成气候。兄长如今身为豫州牧，得发展实力，承担拯救天下之责。"

刘备说道："如今天下混乱，黎民百姓生活艰难，我等要发展实力，必然会加重黎民百姓负担，于心何忍？"

关羽不能不打消迅猛扩充实力的念头，更加积极地督训兵士，提高作战能力。这一天，他忽然接到消息，说是韩暹、杨奉被吕布推荐为琅琊牧和沂都牧以后，贼心不改，一到任，经常放纵兵士抢夺民众财物，弄得民怨沸腾。

"清除如此害民贼，一则为民除害，二则可以收编他们的兵士，严加训练，使之成为精锐之旅，三则可以扩大地盘，何乐而不为？"关羽心里想道。他立即骑上战马，带了几个随从，离了小沛，奔向谯地，准备与刘备商量。路途上，正与张飞迎面相遇。

"二哥真神人也，能掐会算，知道张飞要成亲了，特来恭贺吧？"张飞老远就高声喊叫道。

说话之间，两人的战马就迎面相逢，各自勒住战马，停了下来。"三弟要成亲吗？谁家的女儿？"关羽吃惊地问道。张飞兴高采烈地说道："吾以为二哥算到张飞要成亲了呢。是夏侯惇侄女，十四岁，非常漂亮，惹人爱怜，吾一看到她，就决定娶作夫人。"

关羽这才想起，夏侯惇就是谯人，如今二弟跟随大哥，住在谯地，一定是意外遇上了那姑娘，就动了心。

张飞继续说道："前几天，吾带领几个随从，从夏侯门口经过，正好姑娘出门，张飞一见，犹如神仙般人物，上去问多大年纪，成亲了没，许配人家了没。彼不说话，扭头进去了。吾跟着跑进去，当面问那姑娘父母。也不成。张飞急了，回去跟大哥一说，大哥要吾少安毋躁，派人打听出了彼是夏侯惇侄女以后，叫甘嫂嫂、糜嫂嫂一同出面，跟人家父母一说，亲事就成了。""夏侯惇没有说话？""吾又不跟彼成亲，有何话可说？有二位嫂嫂张罗，婚事已经定了，就这几天。张飞特来告诉二哥这个喜信。""确实值得恭贺。可惜二哥没有好礼物送给三弟做贺礼。""二哥能够娶到嫂嫂，就是最大的贺礼。"

听张飞这么一说，关羽眼帘浮现出胡玥和儿子冯平的身影，脸上立刻阴沉下来。张飞说道："十几年了，胡嫂嫂和侄儿音信全无，如果上天赐福，汝等定会重逢。只是，重逢之前，二哥不能一直单身，要再娶一位嫂嫂才好。"关羽叹息道："若机缘巧合，二哥也许会再度成亲。"

进入谯地，到处一片喜气洋洋，关羽精神为之一振，和张飞一块见了刘备，首先商讨了张飞成亲的具体安排，然后说出了自己打算灭掉韩暹、杨奉的想法。

"为民除害，吾辈之责。"刘备说道，"只是，此事需要好好计议，不要加重民众灾难。"张飞立即说道："这有何难？吾要成亲，向韩暹、杨奉发去请柬，请来吃喜酒，暗中把他们扣押下来，一刀结果性命，趁机收了彼之人马。""此事不可！三弟大喜之日，岂能遭血光之灾冲撞。"刘备连忙摇手道。"大哥，我等连死都不怕，还怕什么？张飞成亲，亦能为民除害，壮大我等实力，此等美事，打着灯笼也难找，大哥不可拒绝。"

见刘备还想拒绝，关羽说道："三弟诚心为国为民，大哥不必拘泥于血光之灾的说法。再者，我等可以等那两个害民贼上路返回之际动手，想来不会影响三弟成亲佳事。"

张飞的婚礼如期举行。趁此机会，关羽杀掉了韩暹、杨奉，收编了他们的人马，淘汰了一批有劣迹的兵士，把剩余人马打散，分别编入已有阵容。沂都、琅琊民众拍手称快，豫州四周，意图胡作非为的官吏不得不收敛锋芒，再也不敢肆意盘剥百姓了。一时间，刘备、关羽、张飞威名远播。

这时候，曹操发来了征剿袁术的命令。

原来，曹操率部经过苦战，打败了张绣，暂时班师回到许都，稍做休息，立刻点起兵马，准备征讨袁术，便搁下了与刘备一道攻击吕布的前议，命令刘备、吕布同时出兵相助，一同攻打寿春，直捣袁术的老巢；同时，命令孙策出兵，从西边进攻，分散与牵制袁术的力量，以便进攻寿春容易得手。

接到命令，刘备随即召集关羽、张飞商讨配合曹操出征的相关事宜。

"今年寿春大旱，趁此机会攻打袁术，确实很有利。然则寿春城池坚固，一旦攻城日久，吾军必定粮草不济。届时，只恐进退失据，陷入被动。"关羽思索着说道。"袁术称帝，实属反贼，罪大恶极，曹丞相岂能袖手旁观？纵然会出现一些状况，曹丞相会有妥善安排。我等实力有限，不能首倡正义，自当全力支持曹丞相。"刘备决绝地说道。"吾亦志在灭掉反贼。只是现实如此，吾不能不实话实说。但愿曹丞相安排妥当，我等协力杀贼，力争率先杀进寿春。""没得说，凭借大哥的双股剑、二哥的青龙偃月刀，张飞的丈八长矛，一齐发力，捅破袁术城墙，就像张飞当年砍猪肉一样轻松。"张飞豪迈地说道。

曹操大军进入豫州地界以后，刘备、关羽、张飞一道前去迎接。

参见曹操之后，刘备说道："丞相为朝廷除祸患，备兄弟听凭曹丞相调遣，绝不敢半点违抗。""吾固知玄德兄弟忠义，不会为此担心。所虑者，袁术兵精将广，我部远征宛城，人马疲惫，玄德部虽是精兵强将，可惜兵力不多，

143

吕布有勇无谋,孙策狼子野心,恐难以形成合力,共同讨伐袁术。玄德何以教我?""以丞相之威德,以及吕布已与袁术势同水火,孙策亦与袁术结下仇怨,无人敢抗拒丞相之命,必定会戮力杀贼。丞相无须担心。不过,正如云长所言,如今天下大旱,众多将士齐聚寿春,粮草耗费巨大,丞相理当确保粮草及时供给。"曹操点了点头,说道:"粮草问题,确是关键。云长可有解决之道?"

关羽见曹操把目光投向自己,连忙回答:"天下粮草都很短缺,着实不宜解决。为丞相计,宜速战速决。""如何速战速决?"曹操立马问道。"丞相亲率十余万大军征讨反贼,刚一出动,袁术就会得到消息,预作防备,难以偷袭,宜全力接连不断发动猛攻,不给袁术喘息机会,动摇其防守下去的决心。"曹操笑道:"云长所言,与曹某相合。好,就这么办。"

根据曹操的计划,曹军居中,刘备率领人马在右,吕布所部在左,以曹军从东面、刘备从南面、吕布从北面,同时向寿春发动连续进攻;西面面临淮水,由孙策率部在彼牵制袁军,不使袁术从淮水对岸调集兵马进来进援。

刘备人马虽少,亦已增至一万余人,兵分三路,由关羽、张飞各带一路,在前面奋力冲杀,刘备率一路,居于中间位置,准备随时接应。关羽、张飞均是力敌万钧的勇将,手下将士个个以一当十,他们在敌人阵形中横冲直撞,接连冲破了敌人的数道阵地,迫临寿春城下。

此时,袁术深知寿春城中粮草不足,担心人员数量太多,白白耗费了粮草,使得寿春难以长期坚守下去,便听信了谋士的劝告,只将十几万大军留在城中,依托坚固的城墙坚决据守,强令伪皇室成员、其他官员以及全城的民众,一股脑渡过淮水,到对岸去了,试图以此迫使曹操大军因为缺乏粮草,不得不主动撤走。

曹操、吕布率领的大军,亦猛勇冲杀,兵临城下,与刘备所部一道,完成了对寿春的包围,紧接着,各显其能,向寿春发起猛攻。无奈城门紧闭,从城墙上射下的箭镞,犹如冰雹,打在攻城将士身上,使之根本没法接敌就倒地身亡。

关羽早有准备,立刻命令一队军士,手持盾牌,构成一道宽大的阵线,步伐坚定地推进至弓箭可以射上城墙的距离，形成一道围墙，护住弓箭手，让弓箭手看准机会，就一齐朝城墙上射箭。一时间，双方箭镞交错，纷纷落入对方的队形，打了一个天昏地暗。

如此一连攻了数日，从城墙上射下来的箭镞丝毫没有减弱的迹象，自己这边，粮草已经不敷使用了。关羽急中生智，想出了一个办法，对刘备、张飞说道："粮草即将枯竭，若数日之内难以攻破寿春，我军会自行溃败。如今，须改变战术。兄长指挥人马，仍用弓箭牵制敌人，吾和翼德各自率领一支人马，用盾牌掩护，抬上云梯，直扑城墙，率先登上城墙，杀退驻守在城门的袁军，打开城门，迎接大军进城。"刘备寻思半晌，说道："汝等须多加小心。"

第二天，关羽、张飞按照计划，各自率领人马，抬着云梯，用盾牌掩护，趁着弓箭手与城墙上的袁军对射之机，冲向城墙。袁军很快发现了他们的行动，更多的弓箭手出现在城墙上，更多的箭镞射向了关羽和张飞的人马。关羽挥动青龙偃月刀，张飞舞动丈八长矛，也不骑马，冲在最前面，打落了袁军的箭镞，扑到城墙脚下。军士抬着云梯，随后跟进。云梯一搭在城墙上，关羽、张飞就一面舞动兵器，一面率先向上攀爬。城墙上推下巨石，将云梯砸断、关羽、张飞均栽倒在地，兵士迅速用盾牌罩住他们，把他们救回阵地。

如此一连攻了两天，均遭失败。

这时候，部队的粮秣供应出了问题，催粮官不得不用小斛拨发粮草，引起兵士一片哗然。曹操得知消息，诛杀了催粮官王垕。军心稍微安定。

趁此机会，关羽集合全体人马，说道："催粮官已经伏法，粮秣供应将会越来越紧张，不想死在寿春城下，明天天不亮，汝等随吾攻城，不入寿春，决不返回。""听从二将军将令，不入寿春，决不返回。"兵士振臂高呼。

次日天还没亮，关羽命令人马做好出击的准备，一声令下，带领人马携带盾牌，弓箭手进至预定位置，继续对城墙进行监视，抬云梯的兵士继续向前挺进，悄悄进至城墙脚下，搭上云梯。关羽又是第一个攀上云梯，敏捷地向上攀爬，瞬息之间，就要爬上城头。恰好巡逻的袁军兵士看见了，立刻发出警讯，并挥动大刀，砍了过来。青龙偃月刀只一闪，几颗脑袋掉下了城墙。说时迟那时快，关羽纵身一跃，登上了城头。城头上刹那间点起无数火把，把整座城池照亮得犹如白昼。好几员袁军小将带领兵士，从各个方向冲了过来。关羽青龙偃月刀在手，一阵横扫，倒下一大片，没有一个袁军能挨近他。袁军索性停了下来，箭镞扑簌簌地朝他奔去。他一跃而起，大刀一挥，斩落了无数箭镞，人已接近弓箭手，大刀又是一阵横扫，弓箭手纷纷倒地身亡。陆续有军士登上城头，在关羽身后，迎战冲杀过来的袁军。

另一个方向，张飞也已经登上城头，丈八长矛一阵猛杀，打开一条血路，与关羽会合。两人简单地商议一回，关羽继续留在城头率领兵士迎战袁军；张飞挺起丈八长矛，独自一人，如入无人之境，杀奔城下，打开城门。

刘备见了，立刻命令击鼓手擂起进军的鼓点，率领人马，旋风一般刮进城池，然后兵分三路，一路向前猛进，另外两路向两侧卷击而去。

南门已被攻破，袁军迅速从其他各门调集人马，准备支援。趁此机会，曹操、吕布相继率领大军，攻破了东门和北门。经过紧张的搏杀，终于攻占寿春。

"击破寿春，云长当立首功，诸将都能像云长一样有勇有谋，何愁袁贼不灭。"给予关羽特别奖励以后，曹操召集自己的谋士、重要将领以及刘备、吕布等人商讨下一步该如何进军。

恰在这时，从许都传来紧急消息：张绣死灰复原，趁曹操率部攻打袁术之机，再度从宛城发起进攻，留守许都的大将曹仁带领人马前去征讨，结果迭遭败绩，请求曹操率领大军回援。曹操只有罢兵，除命令孙策继续在淮水一带牵制袁军，不使其进攻许都之外，让刘备、吕布各自收兵回去自己地盘，并且暗中叮嘱刘备：吕布反复无常，需严防其与袁术重新勾结，造成更大的混乱。

刘备领命，命令关羽、张飞一面训练兵马，一面刺探吕布消息。

时间一晃就到了建安三年。刘备得到了吕布再度与袁术勾结的证据，立刻派遣使者向曹操报告，请求曹操派兵助其剿灭之。曹操征讨张绣、刘表已经获得阶段性成果，可以腾出手来，与刘备一道剿灭吕布，他立刻回书希望刘备火速做好迎接曹操大军前来徐州的准备。

刘备大喜，立刻召集关羽、张飞商议如何迎接曹操大军。

关羽说道:"曹丞相尚未打垮张绣、刘表,就班师回营,调转方向,攻击吕布,恐非仅因吕布勾结袁术,抑或许都受到威胁。"刘备思索道:"果真如此,唯袁绍有实力向许都展开进攻。""袁绍不是在打公孙瓒吗?"张飞连忙说道。关羽思虑道:"如此,应当是袁绍确实试图进攻许都,但曹丞相立刻班师回营,袁绍不敢与之交锋,就假托兴兵进攻公孙瓒,以解除丞相的怀疑。曹丞相识破了袁绍的意图,想攻打袁绍,如今吕布联合袁术,丞相担心彼等趁机攻打许都,便任由袁绍去打公孙瓒,首先解决掉吕布这个心腹大患,然后全力以赴,征讨袁绍。"刘备点头道:"二弟所言不差,曹丞相之意在此。""真麻烦!放着平静日子不过,总要算计别人。"张飞十分不满地说。

做出了决定,刘备立刻写一封回函,交给使者,让他火速回去呈给曹操。

使者骑上快马,奔赴许都之时,被吕布人马擒获,搜出信函。吕布不由得雷霆大怒,立刻集合全部人马,以高顺、张辽为先锋,杀奔豫州来了。

目前,曹操大军尚无动静,自己这边虽说早有准备,毕竟力量远远不及吕布,难以应对,刘备大惊失色,赶紧与关羽、张飞、孙乾、糜竺等人商量对策。

"兄长不要惊慌,只要关闭城门,死力坚守,吕布兵马再多,亦难以攻入。另派使者,请求曹丞相火速派兵救援。曹丞相兵马一到,吕布势必撤围,转而对抗曹丞相大军,我等趁势打开城门,从后面攻打吕布,一举击破之。"关羽说道。

刘备点头称是,立即修书一封,派遣自涿郡起兵就一直跟随自己的同乡简雍,火速赶往许都,紧接着,分配任务:刘备自守北门,孙乾守南门,关羽守西门,张飞守东门,糜竺与其弟弟糜芳一道,护卫中军。

人马刚刚部署妥当,高顺就率部兵临城下,叫阵挑战来了。

刘备说道:"吾与奉先形同兄弟,为何无故攻打豫州?"高顺骂道:"大耳贼,汝联络曹操,试图谋夺徐州,事已败露,还敢狡辩!"刘备说道:"吕布勾结袁术,已成反贼,汝何故为之效力?"

高顺恼怒不已,立即喝令人马击鼓进军。刘备见了,火速命令弓箭手放箭。高顺人马被射死不少,难以接近城墙,不得不收兵回营。

次日，张辽带领人马，进至西门，列成阵势，吼叫关羽出来布阵交战。关羽说道："文远，汝奈何要跟随无义小人一道，背叛朝廷，祸害百姓？汝祖宗地下有灵，岂不羞愧？"

张辽本来怀了一腔情绪，要与关羽好好厮杀一阵，一听这话，顿时泄了气，撤除阵势，率领人马，后退数十步，扎下营寨，再也不出阵了。高顺得知消息，非常恼火，催逼张辽继续进兵。张辽迫于无奈，不得不于次日舍了西门，带领队伍向东门开了过来。张飞见了，马上就要打开城门，率部前去迎战。

关羽一见张辽去了东门，担心张飞与之对战，骑上战马，一溜烟地奔至东门，说道："三弟，文远乃忠义之士，昨日听吾一言，不攻西门，今日定是受高顺逼迫，至东门来寻汝作战。汝须谨记兄长命令，关闭城门，坚守即可。"

张飞不得不打消了打开城门的念头，站在城楼，对着张辽高声喊叫："文远，我二哥言汝忠义，吾不与汝战。我二哥信任汝，与汝有同乡之谊，汝何不离开三姓家奴，投奔我大哥，与我二哥时常相聚？"张辽顿了好一会儿，说道："张飞，休得胡言乱语。汝敢打开城门，与吾一战乎？"张飞哈哈大笑道："文远，吾奉大哥之命、二哥劝告，不开城门，汝有本事，须自己进来。"

张辽怒火冲天，立刻回过身来，命令人马，用盾牌作掩护，抬了云梯，向城墙猛冲。攻了好一会儿，人马被箭镞射死射伤无数，根本拢不了城墙边，张辽不得不收兵回营。

此后一连数日，高顺、张辽无论从哪里进攻，都不能挨近城墙半步。

这一天，吕布率领大军赶了过来，正要部署围城，忽然接到消息，说是曹操亲率大军，已经开了过来，急忙弃了豫州，自己率主力前去迎战，命令高顺、张辽随后跟进。

吕布大军全部撤走，刘备心知必是曹操率领人马开了过来，不由得大喜过望，留下孙乾、糜竺、糜芳守护豫州，与关羽、张飞各自带领一队人马，尾击吕布。

事实上，曹操大军并未全部赶到，只先锋大将夏侯惇率领一支人马开了过来。其人虽败于张飞之手，但也是一员能征惯战的大将，与吕布先头部队一接触上，立刻发起猛攻，一举击破之，并奋勇前进，突入吕布大军阵营，一阵冲杀，打乱了吕布大军的阵脚，正要扩张战果，眼睛却被吕布部将曹性射中，虽说大发神威，斩杀了曹性，但毕竟身受重伤，体力不支，难以有效指挥部队，被吕布领兵发起反攻，部队失去指挥，大败而退。

吕布准备挥师追杀，忽闻刘备率部从后面跟上来了，他听信陈宫的计谋，决计先除掉刘备，解除后顾之忧，再专心致志对付曹操，于是舍了曹军，命令后队的高顺、张辽迅速掉转方向，以高顺攻张飞、张辽攻关羽，自己随后率大军掩杀过来。

刘备兄弟以关羽、张飞率部在前，刘备率部在后的队形，尾追高顺、张辽之军。关羽、张飞分别率领人马正向前追赶，没料到高顺、张辽竟然率部杀了回来，饶是人马训练有素，在关羽、张飞指挥下，迅速反应过来，与敌人展开激烈搏杀，但敌人兵力太多，迅速把他们分割包围起来。高顺迎战张飞，几个回合，就被张飞打败，立刻命令弓箭手，向张飞放箭，迫使张飞不能追上前去。张辽虽不愿与关羽对阵，亦不得不硬着头皮，与关羽正面交锋。两人均勇武顽强，一连气打了五十余个回合，不分胜负。关羽还待继续打下去，忽见兵士已被分割包围，心头一凛，舍了张辽，青龙偃月刀一横，骑着战马，杀向吕布兵士。

接到前面遭到突然攻击的消息，刘备连忙指挥人马前去增援。这时，吕布亲率大军赶到。吕布兵力雄厚，手下战将众多，立刻兵分三路，一路杀向关羽、一路杀向张飞，亲率另一路径直杀奔刘备而来。刘备抵挡不住，赶紧率领人马向后撤退，试图撤回豫州固守待援。可是，吕布来得很快，他带领人马刚刚入城，还没有来得及关闭城门，吕布就杀进了城，刘备只有弃城而逃，寻找曹操去了。

关羽在吕布大军中横冲直撞，杀敌无数，眼见得兵士越来越伤亡重大，心知如果不突出重围，必将全军覆没，再也不敢恋战，手握青龙偃月刀，身骑战马，亲自在前面开路，带领队伍奋力冲杀，终于杀出一条血路，突围而出。

张辽率部紧紧追赶。关羽一气逃到海州，总算站稳脚跟，收拢队伍，已经损失了一半人马，不由悲从心来，责骂自己不该如此粗心大意，没有提防到吕布会杀一个回马枪。他更担心大哥的安全，派遣人马，潜地里回去豫州探听消息，终于知道豫州落入吕布之手。他恨不得连夜带领兵马，回去豫州，救出陷入豫州的甘夫人、糜夫人，以及张飞的夫人夏侯氏。可是，一想到那只不过是徒劳无益的挣扎，他便慢慢冷静下来，寻思接下来应该怎么办。如今虽然兵败，但曹丞相的大军已经到来，势必会向吕布发起进攻，谅吕布有勇无谋之辈，绝不是曹丞相的对手，自己只要派遣人马，探听到准确消息，然后率领残余人马，前去会合，不仅能够打败吕布，救出嫂嫂、弟媳，而且还能与哥哥弟弟相会。

依计而行，探得曹操率领大军已将吕布赶出豫州、正在追杀的消息，关羽欣喜万分，挥动人马，迅疾赶了过去，从后面向吕布的队伍展开迅猛攻击。

吕布与曹操大军激战，已感不支，关羽突然从后面插上一刀，不由得手忙脚乱，正待抽调兵力阻挡，又是一支队伍从另一侧杀将过来，他再也不敢抵挡，急忙之间，收拾兵马，向下邳逃去。

这支队伍是张飞带来的。跟关羽一样，张飞率部突围而出，得到曹操大军正在这里与吕布军交战的消息，又杀了过来。兄弟二人见面，喜出望外，更让他们高兴的是，刘备亦引着人马，出现在他们面前。

原来，刘备逃出豫州，寻着曹操以后，听从曹操的命令，带领手下人马作为向导，引领曹操大军，分头拦截吕布兵马，杀败了吕布。

"某无能，不能保全哥哥嫂嫂弟媳，实在感到万分惭愧。"关羽说道。

"胜败乃兵家常事，云长不必自责。"刘备说道，"多亏孙乾、糜竺周旋，吕布没有为难汝嫂嫂、弟媳，二弟大可放心。如今，吕布穷途末路，我等须竭尽全力配合曹丞相，定要灭掉此人，永绝后患。""此是正理。吾被吕布追杀，颜面丢尽，必报此仇，亲手杀了三姓家奴。"张飞嚷叫道。

曹操得到刘备人马已经汇聚在一起的消息，颇感欣慰，立刻把诸将召集起来，说道："吕布附逆袁术，在山东煽动了一批反贼。此番作战，曹某率本部人马隔断吕布与山东反贼之联系，从东面包围下邳；玄德阻断吕布与袁术之交通，从西面实施包围，如此可好？"刘备慨然说道："丞相放心，玄德必不辱使命。"

刘备回到营寨，立刻召集关羽、张飞、孙乾、糜竺、简雍等人商讨进兵对策。

关羽说道："吕布英勇无敌，张辽本领高强，陈宫算得上有谋之人，即使新败，攻击力亦不可小觑。不急切之间，吾等不易攻破城池，只宜围困，待其自乱。"孙乾说道："此计甚当。吾等围城一久，吕布必向袁术求救。袁术心胸狭窄，有勇无谋，必要吕布送女儿去淮南成亲，方可出兵。吕布身陷重围，必然亲自护送女儿，从我军阵营中打开出路。届时，我等全力拦截，把他挡回下邳，绝了彼通向淮南之路。袁术不见到吕布送去女儿，必不会助彼。吕布军心散乱，必死无疑。"

商议停当，刘备命令人马在下邳通往淮南的道路上，扎下重重营寨。其营寨部署，以刘备居中，孙乾作为助手，挡住主要通路，关羽、张飞各领一支人马，在左右两翼驻扎，一旦中间有事，可以同时迅速实施救援。

城池被围多日之后，吕布听从陈宫劝告，派遣张辽率领一千兵马，黑夜里打开城门，径直杀向刘备营寨，护送部将秦宜禄前往淮南求援。为了让袁术得到消息，杀掉张辽一半兵马以后，刘备暗中命令兵马放开一条出路，放张辽率领残部冲了出去。等待秦宜禄走远，张辽知道刘备有了防备，不敢从原路杀回，带领人马奔向关羽的营寨。关羽已有准备，立刻率领兵马拦截，将张辽包围起来。

"文远，吕布穷途末路，死期已至，汝何不投靠我大哥，与吾一道，共同进退？"关羽说道。"是何言也？只要温侯在世，张某必不负彼。"张辽大叫道，"汝有本事，取走张某性命，休要信口胡说。"话还没有说完，张辽拍着战马，举起大刀，向关羽冲了过去。关羽握紧青龙偃月刀，全身戒备，等待他的大刀猛劈过来，挥刀一挡，两人随即一刀紧似一刀，杀了一个天昏地暗。

两人杀得兴起，忽然，从关羽身后杀出一支人马，是高顺率领大队人马接应张辽来了。关羽虚晃一刀，退到一边，他的人马随即敞开一条道路，张辽带领残余兵马慌忙逃进下邳。

关羽进入刘备营帐，说道："秦宜禄几天之内就会返回。我等宜将其生擒活捉，只放随从一人入城，得悉袁术如何回答，再做打算。"

刘备笑道:"一切尽在掌握之中,二弟不必担心。"

出了刘备营寨,关羽心里竟然勃发出难以抑制的冲动。他想起甘夫人曾经打算为自己寻一门亲事,但被自己婉拒的往事;进而想到当三弟有了佳偶之时,他再也不能坚守,心里萌发这样的念头:自古男儿三妻四妾,关某等了夫人近二十年,仍杳无音信,遇到心仪女子,成亲另娶,亦理所当然。现在,秦宜禄的出现,令他一下子想到了此人的夫人杜氏。人常说,杜氏漂亮贤淑,世上男子,只要一见,无不以纳之为妻为荣。秦宜禄无能之辈,已经出了下邳,杜氏仍在城中,破城之日,如果能娶此女为夫人,当是人生一大快事,庶几可以减轻思念夫人和儿子之苦。

一个从不动情的男人一旦动了真情,就再也抑制不住,立刻跑去曹操营帐,拜见曹操,说道:"多承丞相关照,吾方有今日,然吾妻子久无音信,攻破下邳,乞纳宜禄妻。"

曹操大笑道:"云长无论何求,曹某均不会拒绝。"

几天以后,又是一个夜晚,秦宜禄领了袁术的书函,率领一支队伍准备打从张飞营寨偷渡,回去下邳,向吕布报信。结果,除了一人逃回下邳,其余尽数被捉。审问秦宜禄,得知袁术果然要吕布先把女儿送去淮南,才肯发兵相助。

关羽深知只要把道路封死,吕布再英勇无敌,也无计可施;不能得到袁术的救助,其军心必然动摇,攻破下邳,已经指日可待,遂利用向曹操报告淮南路这边情况的机会,再一次提出纳杜氏为妻的要求。

当关羽第一次提出这个要求的时候,曹操心想杜氏不过一个女人,关羽确是自己竭力笼络的人物,城破之日,把这个女人给他又有何妨;如今,关羽竟然再度提出同样的要求,曹操认定杜氏定是国色天香,方能令关羽如此惦记,不由得自己也勃然心动,遂有些不置可否地笑道:"云长心有所属,自古英雄爱美,届时定当予之。"

次日,吕布将女儿捆在身上,骑着赤兔马,手提方天画戟,命令人马打开城门,在高顺、张辽各领一千精兵的护送下,杀向刘备营寨,试图打开一条血路,前往淮南。刘备、关羽、张飞已经全部聚集在城门附近,前面埋伏了步兵，并布设了陷阱，后面埋伏了弓箭手，一见城门打开，弓箭手马上放箭，射倒敌人一大片。吕布、高顺、张辽毕竟神勇，冒着蝗虫般的箭镞，步步向前推进，结果，扑通声响成一片，许许多多人马掉进陷阱，死伤惨重。

"奉先休要逞强，投降可以免死。"刘备命令人马停止放箭，大声喊道。

"大耳贼，吾对汝不薄，汝为何害吾？"吕布厉声大骂。张飞亦骂："三姓家奴，汝勾结袁术，反叛朝廷，罪不容诛。"

关羽则劝说张辽："文远，汝杀了吕布，朝廷自有重赏，奈何执迷不悟？""云长多言无益，刀下见功夫。"张辽吼道。

说话之间，吕布、高顺、张辽率领残余兵马冲了过去。伏兵一跃而起，在其队伍中肆意砍杀。刘备、张飞迎战吕布，糜芳与高顺绞杀在一块，关羽与张辽战成一团。吕布虽勇，身上毕竟背负了一个人，很快败下阵去，引着残军回到下邳。

此后，下邳被封锁得严严实实，在长达两个多月的时间里，吕布无一兵一卒活着突出重围。吕布脾气越来越暴躁，动辄打骂手下将领，军中显出离心离德之相。这时候，曹操命令人马掘开泗水和淮水，淹没了下邳，致使下邳仅有东面一部分地面还可以安身，进一步动摇了吕布的军心。不久，吕布手下将领偷走了他的赤兔马、方天画戟，然后趁其喝醉酒的机会，把他捆绑起来，送给曹操，并打开城门，迎接曹操大军进城。高顺、张辽等人随之亦被曹军活捉。

随即，吕布、高顺被绞死白门楼。曹操欲杀张辽。关羽急忙跪倒在曹操面前，说道："文远忠勇，恳请丞相饶过文远性命。"曹操笑道："云长所言，必然不错。"走上前去，亲自替张辽解开绳索，并且把自己的外衣脱下来，披在他身上："文远，汝可愿意辅助本相？"张辽立即叩首称谢："温侯已死。蒙丞相不杀之恩，某定当竭尽全力，报效丞相。"

紧接着，曹操把刘备、关羽、张飞三人叫到面前，说道："此番击破吕布，汝三人功莫大焉，朝廷自有封赏。今有吕布之妻貂蝉，乃当世绝色美女，先赏赐汝等。另，云长青龙偃月刀天下无敌，奈无良马与之匹配，今得赤兔马，赐予云长，希望云长他日建立更大功勋。"

关羽本想曹操履行承诺,把杜氏赏给自己。不想曹操却将貂蝉替代了,在旁人看来这应当超乎寻常,貂蝉和赤兔马都是绝代佳品,这可是巨大恩宠啊!这时候,貂蝉与赤兔马已经被人引了过来。关羽略微有一些失望,但看到赤兔马自动走向自己,心里一阵激动,迅速奔上前去,亲热地与它耳鬓厮磨起来,俨然良友久别重逢。曹操、刘备、张飞,以及曹操手下谋士与诸将看了,莫不万分惊讶。

"物皆有主,今日一见,果然如此。"曹操赞叹道。关羽说道:"丞相履行原诺,吾铭记于心。"曹操微微一笑,说道:"物皆有主,如此而已。"

关羽知道,曹操一定是自己欲纳杜氏为妻了,事已至此,不能不多谢曹操赏赐。

兄弟三人领回貂蝉之后,刘备说道:"吾兄弟三人,唯有云长独身,丞相之意,亦当把貂蝉赏给云长,云长不必推辞。否则,丞相面上须不好看。"

关羽亦知曹操赏赐貂蝉,是为了不因他留下杜氏而令自己心生怨恨,只有带回貂蝉,但决计不会碰她。随即,刘备为他送来一个使女。他便拨出一间屋子,叫使女清理干净,把貂蝉送去住了,吃住穿用,都令使女置办,自己却从来没有进去过。

一日,使女告诉关羽:"夫人不见将军,夜来一直哭泣。"关羽仰天叹息道:"汝好好侍奉彼。"使女说道:"夫人说彼虽身陷吕布,心里干净,原以为将军忠义,会真心接纳,谁知是一场春梦。将军无情,彼亦非常感谢将军。"关羽还是一声叹息,说道:"彼为国忘身,乃奇女子也,关某不会令彼蒙羞。汝好好侍奉之。"

使女默然地走了,半日后使女慌慌忙忙跑回来,向关羽报告:"夫人已悬梁自尽。"关羽心里一急,飞奔过去,果然看到貂蝉用一尺白绫挂在屋梁上,已经香消玉殒,不由虎目落泪,轻轻把她放下来,说道:"关某本来为了敬重汝,汝却如此去了,教吾情何以堪?"因想初次同大哥、三弟一起在吕布家中见貂蝉的情景,联想关于貂蝉的传说,心里自是升起几分同情和敬意,报了刘备和曹操,三日之后以正式之礼葬了貂蝉。

第七章　下邳降曹

攻破下邳以后,刘备、关羽、张飞虽说得到了曹操的赏赐,但是,正是从这些赏赐上面,三人再一次清醒地认识到,曹操终究跟他们不是一路人,因而,迟早会与曹操分道扬镳,现在,就得为此做必要的准备。显然,留在徐州,由刘备担任徐州牧,远离曹操的视野,是三兄弟最好的选择。担心曹操不答应,刘备、关羽、张飞三人经过商议,通过孙乾、糜竺等一棒子徐州老人,暗地里动员了几乎所有的徐州民众,一起向曹操请愿,要求曹操把刘备留在徐州。

可是,曹操一句"刘使君功大,等待面见皇上,定有分晓",就让刘备、关羽的精心设计破局。紧接着,曹操任命心腹大将车胄暂时管理徐州的一切事务,克日起程,带领刘备一道班师回到许都,准备向汉献帝复命。

没办法,刘备只有将本部人马留在徐州,交给孙乾、简雍、糜竺、糜芳指挥,嘱咐他们继续收买徐州人心,随时观察车胄的动向,带着关羽、张飞,以及数十个随从,跟随曹操去了许都。

抵达许都的第二天,曹操带领刘备、关羽、张飞,进入金銮殿面见汉献帝,述说了刘备兄弟三人自从在涿郡起兵镇压黄巾军以来取得的战功,奏明天子,封刘备为左将军、宜城亭侯;关羽、张飞二人均为中郎将,正式取得了朝廷授予的将军衔。紧接着,汉献帝询问刘备的身世,搬出皇室宗亲的家谱,仔细对照,赫然发现刘备竟然比汉献帝长一辈,汉献帝大喜,心下认为,有如此英雄了得的叔父辅佐自己,即使曹操如何专横,也有人牵制,立刻叫了一声"皇叔"。自此以后，天下人尽皆称刘备为刘皇叔。

刘备不仅得了官位，封了侯，而且拥有了皇叔的称誉，可谓风光无限，但曹操没有发话，他还是没有得到实际职务。关羽、张飞也一样，得到了中郎将的头衔，手下没有一兵一卒，指挥不了任何人。曹操倒也没有亏待他们，在丞相府附近，为他们寻找了一处很大的庭院，作为临时住处，把他们兄弟三人以及数十个随从全部安顿下来。

"大哥，曹操不放我等回徐州，定是不安好心。"张飞嚷叫道，"彼手下虽战将如云，吾视之为酒囊饭袋，全无用处，只吾一条丈八长矛，二哥一把青龙偃月刀，即可保汝平安回到徐州。"关羽笑道："没有朝廷诏命，大哥如何能回徐州？回到徐州又能做什么？""天子认大哥为皇叔，跟天子一说，大哥自会得到诏令。"张飞颇是理直气壮。刘备叹息道："曹丞相不发话，天子岂能降旨？"

张飞说道："丞相挟持天子，与当年董卓何异？既如此，吾等已入许都，直接杀了曹操，便可天下太平。"关羽赶紧说道："三弟，吾等曾言及此事，曹丞相与董卓岂可同日而语？董卓乃是奸贼，曹丞相虽挟天子以令诸侯，但忠于朝廷，深合春秋大义。"张飞说道："二哥，吾不看《春秋》，亦不知《左传》，以吾观之，曹操与董卓，均把持朝政，凌驾于天子之上，实乃一类人物，分不出彼是此非。曹操赐汝赤兔马，汝方为之美言。"关羽颇有些气恼，说道："三弟，是何言也？丞相赐吾赤兔马，此乃私情，焉能令吾有违大义？吾之言董卓与丞相绝非一类人物者，乃是丞相安抚汉室，董卓祸害朝廷，此泾渭分明，黑白清楚，一眼即可看穿。异日丞相果如三弟所言，成为董卓一类人物，吾虽有情，青龙偃月刀无情。"张飞还想反驳，却被刘备厉声喝止了。刘备说道："三弟休得胡言乱语。二弟所言极是，董卓、丞相二人焉能等同视之？吾等如今追随丞相，丞相果真系董卓一流，吾等亦助桀为虐乎？"张飞一愣，再也不敢说话了。

刘备顿了顿，脸色和缓下来，说道："三弟若耐不得寂寞，不要由着性子胡言乱语，可与二弟出去打猎、看风景。"张飞似乎有点动心了，问道："吾和二哥都走了，谁来保护大哥？"关羽一见大哥与三弟都调转话题，不由得平静下来，说道："大哥在许都，安全得很。"张飞想了想，又问："我与二哥打猎去了，大哥准备做何营生？"刘备笑道："吾会织席贩履，亦会种菜。吾把庭院辟成菜园，种植菜蔬可也。""大哥岂能干此粗活？我替大哥可也。"张飞把手摇得像一把蒲扇。"大哥心意已决，吾等不要妨碍，外出打猎可也。"关羽说道。

关羽、张飞各自骑上马，带了弓箭，并不带随从，拍马向郊外奔去。不一会儿，就来到一处狩猎场，二人试图闯进去，但被门口的兵丁阻止了。

"此乃皇家狩猎场，若无皇室许可，任何人不得擅入。"兵丁厉声呵斥道。

张飞心里冒火，急切之间，想要开骂，但被关羽一把拦住了。关羽心生敬意，一面慢慢地往后退，一面仔细地打量着狩猎场的大门：气势恢宏，极具威严，上面四个金光闪闪的大字，告诉每一个人它的名字——许田猎场。

"何时能承蒙皇帝陛下厚恩，来此狩猎，当是一大幸事。"关羽情不自禁地说道。"二哥一把青龙偃月刀砍掉多少敌将头颅，真想进入，谁能阻挡？"张飞还是为被兵丁所阻一事愤愤不平，说道。"三弟，不得天子恩准，就是犯上，就是逆贼。大哥要我等狩猎，皆因许都到处都有曹丞相耳目，我等言行务须谨慎，否则危及性命。"

张飞不敢做声，与关羽一道，继续向远处奔驰。来到一个凸起的山岚地带，二人极为兴奋，纵马进入山林，尽情地搜寻到天黑时分，收获了一些野兔，兴致高昂地回住所去。

刘备已经将庭院最后面的一个角落挖成了菜地，正等待关羽、张飞回来吃饭。一见到他们带回的猎物，刘备兴致高昂，说道："今日，我兄弟均大有收获！""还是大哥收获更大，一天工夫，菜圃便成，他日定当硕果累累。"关羽说道。"二哥说得不错，便是张飞，也做不出大哥营生。"张飞立马大叫道。

三人说笑一回，吃了晚饭，刘备郑重地将关羽、张飞引进卧室，说道："今日丞相差人来，请吾兄弟明日赴宴，不知意欲何为？"张飞说道："宴无好宴。吾兄弟均在，说好便好，不好时，吾丈八长矛一横，取彼之命，易于反掌。"关羽说道："纵无好宴，谅丞相亦不至于设宴杀人，吾等见机行事可也。"

次日，刘备兄弟三人一块往见曹操。曹操兴致高昂，把他们引到一个幽静雅致的亭子，在那儿已经备下了美酒佳肴，还有一名使女垂手而立。曹操说道："曹某偶有所思，邀请汝兄弟来此，只为煮酒清谈，非为他事。"

兄弟三人落座以后，曹操竟然不是先与刘备说话，而是笑问关羽道："昔日云长曾言，青龙偃月刀下未曾斩杀名将，不须磨刀，今已与名将对阵，刀锋尚锋利乎？"关羽说道："虽如此，青龙偃月刀未饮名将之血，尚称锋利。"曹操又是一笑，说道："此所谓不似以前锋利也。云长不妨磨刀一试。"关羽说道："未到时日，恐难以磨出威风。然丞相之意，某不敢拂逆，今且一试。"

曹操大喜，立刻命人取来磨刀石与水，放在一张桌几上。

关羽提了青龙偃月刀，大踏步地走过去，先把水朝磨刀石上一泼，然后站稳马步，挥起大刀，在磨刀石上迅疾磨了两下，朝空中一扔，天空中突然响了一声炸雷，顷刻之间，大雨哗啦啦落了下来，只听大刀发出霍霍的声音，奔向一棵大树，噼啪一下，将树斩为两段。

曹操大惊失色，情不自禁地说道："云长磨刀，上天降水，真乃神人也。此非磨刀之日，即有如此威势；等到磨刀之日，岂非山河为之变色？"关羽说道："多谢丞相吉言。"曹操感叹道："吾纵横天下，自以为当世英雄，舍我其谁。云长得天地之助，衷心辅佐玄德，则玄德当可与吾并驾齐驱，同为英雄。"刘备立刻恭恭敬敬地说道："丞相尊崇皇室，匡扶天下，备兄弟愿终生追随丞相。"

曹操哈哈一笑，说道："有玄德、云长、翼德追随，吾方称心，明日当奏明天子，前往许田猎场狩猎，以示庆贺。"

继续与曹操谈了半日，吃过饭，回到住地，刘备说道："曹操之所谓清谈，实乃意在笼络我等。然彼亦知之，我等实力不济，纵使情愿追随于他，朝堂之上，仍不知有多少忠臣良将效忠陛下。彼之田猎，欲观朝堂之上谁人忠于陛下，以定行至耳。"关羽大惊，说道："莫非彼欲行篡逆之事？"刘备说道："彼应怀有篡逆之心，只今众臣心意未明，恐仅无礼于陛下，以观众臣之心。""彼有异动，吾丈八长矛决不轻饶。"张飞说道。"彼公开无礼于陛下，吾虽敬之，亦决不留情。"关羽话里透射出刀锋一样的寒意。

这一天，汉献帝乘坐龙辇，前面有一支军队开道，两侧各有骑了马、手握刀枪剑戟的军士护卫，后面是曹操、刘备，朝廷众臣，以及曹操的谋士与帐下诸将,浩浩荡荡,向许田猎场进发。到了猎场,汉献帝首先祭拜了天地,然后更换衣装,骑了马,在曹操、刘备等人的簇拥下,准备狩猎。

军士们早已散开,把整个猎场围得水泄不通,保护得严严实实。几员将领,各自带了一些兵士,敲着锣鼓,骑上马匹,在山林里来回奔驰,惊起了一只兔子。

汉献帝见了,想亲眼见识一下皇叔的本领,发话道:"皇叔可否先射一箭?"

刘备领旨:"谢陛下!臣领旨!"转过身来,关羽、张飞一直站在他身后,一个送上箭,一个呈上弓。他接在手里,搭上箭,拉满弓,一箭射去,兔子身子一翻,蹦跶了两下,立马无声无息了。

"好!"众人一齐欢呼道。关羽箭镞一样飞了过去,捡起兔子,奔了回来。

汉献帝夸赞道:"皇叔射得一手好箭,着实让人高兴。"说罢,一伸手,把自己的弓箭也取到手里,打马向前继续奔去,看到另外一只兔子跳跃出来,迅疾搭上金铍箭,拉满弓,一箭射去,竟然落了空。天子本是打猎高手,原以为自己只要射出一箭,就会赢得文武百官齐声喝彩,没料到竟是如此结果,略微一惊,马上镇定下来,再取出一支金铍箭,打马追赶上前,又是一箭射去。那只兔子一跳,还是逃脱了。汉献帝不觉有些动气,再度追了过去,又是一箭,射在兔子的后面。兔子毫不停留,继续向前狂奔,瞬息之间,消失无踪。现场死一般地寂静。

这时候,汉献帝脑子一转,觉得皇叔能射,曹操不可能射中目标,有心要令他当着文武百官的面出丑,马上说道:"丞相也不妨一试身手。"

曹操领旨,借了汉献帝的弓箭,与刘备一道,簇拥着皇帝向更深的山林走去。突然,前面跳出了一只身体庞大的梅花鹿,曹操不慌不忙地搭箭弯弓,金铍箭出手,正中梅花鹿的脑门。梅花鹿身子向前一蹿,訇然倒地。

"万岁!万岁!"围在其他几面的众人见了金铍箭,以为是皇帝亲自射出的,一齐大声欢呼道。

曹操本来在汉献帝稍后面,一听众人的欢呼,迅疾拍马跃出,挡在汉献帝面前,接受众人跪拜。

"曹操公然蔑视帝王，形同反贼！"关羽心里说道，对曹操的好感立刻涣然冰释，打从内心升腾起一团熊熊怒火，挑起卧蚕眉，睁开丹凤眼，本能地横起青龙偃月刀，把马一拍，就要冲向曹操，但看到刘备向自己投来制止的目光，心头一凛，马上意识到曹操心腹众多，只要自己动手，必然会连累皇帝陛下，不得不缓缓地放下大刀，退回原来位置。

为了瞒过曹操耳目，刘备立刻欠身向曹操称贺道："丞相神射，世人罕及！"

曹操开心极了，笑道："此乃天子洪福。"言毕，曹操回马向天子称贺一声，大咧咧地把皇帝的宝雕弓擅自悬在自己腰间。

关羽更是怒火万丈，暗自骂道："千古逆贼，莫过于曹操。有朝一日，关某必定要取下汝项上人头，也不归还，好教汝知道如何忠于朝廷。"但是，他不能骂出口，也不能有所动作，强烈地压抑住自己的情绪，亦步亦趋，跟在刘备身后，直到许田围猎完毕，并且吃完了以皇帝之名设下的宴席，回到许都住所，终于爆发了，对刘备说道："若非兄长阻拦，吾一刀斩杀曹操！"

张飞亦抱怨道："哥哥多余担心，曹操旗下将领再多，吾视之如草芥，怎会令陛下受伤害。"刘备说道："董卓之死，殷鉴不远。吾不唯担忧惊扰陛下，亦忧曹操身死，于国于民更为不利。"关羽叹息道："一旦曹操势力愈发膨胀，岂有利于朝廷、有利于百姓？""吾等不能操之过急，须寻得机会回到徐州，扩充军力，方为上策。"刘备说道。

兄弟三人计议已定，仍旧摆出一副无所事事的姿态，关羽、张飞经常带领一些随从，出去打猎游玩，暗地里却探听各方面的消息；刘备继续在庭院里面打理菜园，既不主动与人结交，又不上朝拜见天子，一天一天的颇是逍遥自在。

这天晚上，关羽、张飞外出打猎归来，正与刘备说起袁绍已经灭了公孙瓒，公孙瓒自杀身亡的事情，国舅车骑将军董承来访。

与刘备兄弟见了礼，董承立马面向关羽，说道："世上多一些像关将军一样的忠义之士，乱臣贼子，谁敢犯上作乱？"关羽说道："吾追随兄长，未建大功，当不起国舅夸赞。"董承笑道："如今，人人逢迎曹阿瞒，只关将军一见曹贼公然欺凌圣上，愤然拔刀，要斩彼头，这等忠义之士，天下少有。"

"备深受丞相器重，官拜左将军，封宜城亭侯，备兄弟感激不尽，岂敢对丞相有半点不恭？董国舅何出此言？"刘备惶恐不安地说道。

董承正襟危坐，严肃地说道："玄德为何言不由衷？许田围猎，关将军义举，董某看在眼里，这次前来，乃是受了陛下密诏，要与左将军商谈。"

说完，董承立刻从袖中拿出汉献帝的衣带诏，恭恭敬敬地递给刘备。

刘备接在手里，打开一看，只见上面写道："朕闻人伦之大，父子为先；尊卑之殊，君臣为重。近日操贼弄权，欺压君父；结连党伍，败坏朝纲；敕赏封罚，不由朕主。朕夙夜忧思，恐天下将危。卿乃国之大臣，朕之至戚，当念高帝创业之艰难，纠合忠义两全之烈士，殄灭奸党，复安社稷，祖宗幸甚！破指洒血，书诏付卿，再四慎之，勿负朕意！建安四年春三月诏。"

刘备看完，不胜悲愤，颤抖着双手，把诏书传给了关羽。关羽看了，怒睁双眼，大骂道："曹贼欺君罔上，罪不容诛，今有诏书在此，我等正宜召集各路忠臣义士，行义举，杀奸贼，匡扶天下。""曹操势力太大，此事应从长计议。国舅可曾寻过其他忠臣义士？"刘备说道。

董承拿出答应参与应诏的义状，上面有车骑将军董承、工部侍郎王子服、长水校尉种辑、议郎吴硕、昭信将军吴子兰、西凉太守马腾。

刘备说道："公既奉诏讨贼，告诉心腹大事，备敢不效犬马之劳。"立刻在义状的后面书上"左将军刘备"五个字，交付董承收讫，叮嘱道："曹操耳目遍及朝野，切宜谨慎行事，不可轻信他人，以免传入曹操耳中，引起无穷麻烦。"董承点头说道："左将军放心，某再请到三人，共聚十义，即可一齐起事，诛杀国贼，以振朝纲。"张飞说道："他日举事，吾一杆丈八长矛，足以抵挡曹贼十万大军，管教杀他一个片甲不留。"

有忠义之士愿意挺身而出，诛杀怀有僭越之心的逆贼，关羽心里异常高兴，同时，对刘备的安全多了一份担忧，等待董承离开以后，说道："兄长已经领了衣带诏，须应格外小心谨慎，万不可令曹操怀疑，否则，性命堪忧。""有二哥和吾在，管教曹操不能动哥哥一根毫毛。"张飞说道。"曹操一代奸雄，手下谋士、猛将甚多，我等万不可掉以轻心。兄长得寻找机会，说服曹操，放我等离开,方可无所顾忌。"关羽说道。

过了一段时间,刘备得到消息,袁术众叛亲离,不得不取消帝号,准备带领剩余人马,前往河北投靠袁绍,立刻感到机会来临,面见曹操,说道:"袁术要去河北,必定路过徐州,吾愿意领一支人马,前往徐州,挡住并消灭袁术,不使袁绍增大实力,得到玉玺以后,生出更大野心。"

曹操深以为然,当场同意,准备次日带着刘备一同面圣,得到陛下旨意后,即刻命令刘备带领五万大军,前往徐州。

"如此甚好,为了避免夜长梦多,兄长明天一面圣,我等立刻率领队伍开拔。"关羽说道。刘备说道:"曹操谋士众多,一旦窥破我等意图,派遣人马追赶,如何应付?"关羽说道:"我等一出许都,即以三路队形开进,兄长居中,吾居右,三弟居左,一旦有人追赶,立刻安营扎寨,结成犄角之势。兄长以受了皇命,将在外君命有所不受为由,劝退追兵;难以劝退,便与彼厮杀。"

第二天,皇帝早朝。曹操禀报了淮南军情后,推举刘备率军前往徐州,拦截并消灭袁术。汉献帝虽说有些不舍,亦不得不同意。

就这样,刘备慌忙辞别天子,点起五万兵马,准备辞别曹操,立刻上路。

曹操说道:"玄德此去定能成功。然五万兵马,均由曹某一手拉起,非曹某手下之人,不容易指挥。今有朱灵、路昭,虽无云长、翼德之勇,亦堪为大将,曹某当令彼随汝一行。"刘备说道:"丞相思虑周详,备深感佩服。此去徐州,必不负重托,定当取下袁术人头,献于丞相。"

辞别曹操,出了许都,刘备立刻按照预定计划,兵分三路,由自己、关羽、张飞分别带队,朱灵协助关羽、路昭协助张飞,匆匆向徐州进发。

行了二十余里,从后面忽然传来消息,有一大队人马追了过来。刘备立刻命令全部兵马停止前进,扎下营寨,自己与关羽、张飞一道,带了一队亲兵,迎在路上。远远望去,骑马飞奔而来的是曹操手下大将许褚。

关羽、张飞暗自戒备。刘备问道:"许将军追来,有何要事?"许褚回答:"曹丞相请左将军回去许都,另行商议。"刘备说道:"吾已辞别天子,丞相亦曾为吾送行。将在外君命有所不受。"许褚说道:"丞相有请,左将军不可推辞。"关羽喝道:"我等奉皇命出征,没有皇帝陛下诏令,岂能擅自撤军?"张飞挺起丈八长矛,跃跃欲试。

许褚见了,心想,丞相只令吾追赶彼等回去,没令吾厮杀,即使厮杀,难以敌得过彼三兄弟,况且,玄德与丞相一向交情不错,哪能撕破脸皮厮杀呢?于是,原路返回,向曹操复命。

原来,曹操听了谋士程昱、郭嘉的话,准备追回刘备,不让他离开许都;现在,得到许褚的汇报,只有无可奈何。

刘备、关羽、张飞一见许褚离开,立刻命令人马拔寨启程,迅速赶赴徐州。

其时,徐州刺史车胄已经接到消息,与孙乾、糜竺、简雍等人一道,把刘备及其大军迎接进城,告诉他们袁术的先头部队由纪灵率领,不日将抵达徐州。众人随即商讨应对敌人之策。

张飞说道:"纪灵挡吾之路,令吾不能进入寿春,吾当一枪捅死这个反贼。"关羽笑道:"三弟是一个急性人。既如此,吾不跟汝抢了。"刘备说道:"袁术经营淮南多年,百足之虫死而不僵,彼亲率大军,同样须得小心应付。"关羽说道:"纪灵一死,袁术必然全力以赴,寻吾决战,打开通往河北道路,我等正可以敞开正面,令彼无法施以全力,然后从两侧同时出兵,攻其侧翼,一举击灭之。"刘备说道:"此计甚好。翼德首战取胜,我等仍兵分三路,吾亲率中路,率先迎击袁术之军,徐徐将彼引向深入,云长、朱灵一路,从右翼杀入,翼德、路昭一路,从左翼杀入,然后吾率领正面之军杀将回来,定可将袁术一举成擒。"

次日,张飞在距离徐州二十里外布列好阵势。不久,纪灵即把人马分成三路纵队,互为掎角,小心翼翼地开了过来。

张飞立在山坡,居高临下,看到了纪灵的队形,说道:"如此队形,倒是帮了张某一个大忙。须知张某手下兵马远甚于汝,只待汝进入张某阵势,张某即可迅速把汝分割包围。"

亲眼看到纪灵的人马进入预设阵地,张飞一声令下,鼓点敲得像暴风疾雨,号角吹得犹如电闪雷鸣,催动着早有准备的人马,挥动着刀枪剑戟,突然跃出阵地,呐喊着杀向敌人。他们宛如决堤的洪水,冲过阻挡在前面的一切障碍,迅速分成几股,见缝插针,揳入敌人的队形,瞬息之间,就把敌人给分割包围起来,然后以不可阻挡的攻势,奋力冲杀,挡者无不纷纷毙命。

张飞手提丈八长矛,纵马直奔纪灵,厉声喝叫道:"纪灵反贼,汝死期已到,还不快快引颈受死!""环眼贼,纪某不杀掉汝,誓不为人!"纪灵大怒,挥起三尖刀,迎面杀了过来。堪堪交锋了十余个回合,张飞卖了一个破绽,一枪刺去,刺入纪灵的心脏,将他刺了一个对穿,随即把丈八长矛往怀里一收,将纪灵拉至马下,略一俯身,抓住纪灵的脖子,只一拧,一颗血淋淋的脑袋拿在手中,一边纵马横冲直撞,一边大声吼叫道:"纪灵脑袋在此,想活命者,放下武器投降!"纪灵兵马见了,人人胆寒心裂,无不放下兵器投降了。

这时候,刘备心知袁术必将举军前来进攻,立即率领本部人马正面迎敌,同时传令关羽、张飞分别率领人马向袁术大军的两翼包抄过去。

这边,刘备刚列完阵,袁术就挥动兵马冲杀过来。刘备按照计划,首先抵挡一阵,然后向后退去。那边,关羽、张飞分别在朱灵、路昭的协助下,带领人马从袁军两翼包抄过去,完全切断了敌人的退路以后,随即突然向袁军发起攻击。袁军猝不及防,人马死伤惨重。袁术闻报,心中大怒,立刻调整队形,准备向关羽、张飞两路军进行反击。刘备一见袁术大军大乱,赶紧率领本部人马,回身冲杀过来。

袁军怎抵得住关羽、张飞、刘备的猛攻?队伍完全不成队形,顷刻之间,死伤无数。袁术心惊胆战,不得不率领残兵败将夺路而逃。最终,袁术在几名将领的簇拥下,仅带了少数兵马侥幸突出重围,但因为连一碗汤也喝不上,气得吐血而死。其侄儿本想带了玉玺,仍去河北寻袁绍,但被部将谋杀。部将携了玉玺,前往许都,投靠曹操。从此,玉玺归于曹操之手。

一战尽歼袁军,刘备大喜,犒赏三军以后,与关羽、张飞商议善后事宜。

"朱灵、路昭再三请求率军回去许都,该如何处理?"刘备问道。"曹操虽说未露反迹,但欺凌皇室,罪恶昭彰,形同反贼,奈何要还彼五万大军?我等正好留下人马,增大军力,以便尔后响应董国舅,在外举兵,征讨曹贼。"关羽率先说道。"不错。兵马尽归于朝廷,非曹操所有,为何还彼?"张飞连忙附和道。"不还兵马,彼必然雷霆大怒,出兵攻我。"刘备说道。"还彼兵马,彼不攻我乎?"关羽问道。见刘备回答不出,关羽又说:"我等有了五万大军,加上以前的队伍,虽不能主动攻打曹操,一旦曹操攻我,我等可以与之一较长短的。""车胄亦是一大麻烦。"刘备说道。"吾杀之,就什么麻烦也没有了。"张飞说道。关羽摇了摇手,说道:"未与曹操翻脸,不必行此极端。一旦曹操试图向我等下手,车胄必然会有异动。我等监视车胄,可以随时掌握曹操动向。"刘备亦慎重地说道:"我等力量不够,确宜力避与曹操正面交锋。"

商议已毕,刘备招来朱灵、路昭,说道:"袁术虽破,袁绍尚存。刘某暂留徐州,统帅五万大军,以便袁绍进攻许都之际,策应曹丞相行动,请二位将军回去许都,代刘某表达这个心意,刘某感激不尽。"见朱灵、路昭似乎想分辩,关羽说道:"左将军深受国恩,替汉室江山社稷着想,二位将军还有何话可说?"

朱灵、路昭一见关羽、张飞均怒眼圆睁,杀气腾腾,终于不敢说话,领了刘备的使命和写给曹操的书函,回去许都了。

刘备继续把孙乾、糜竺、简雍等人留在徐州,监视车胄的动向,自己则每天都与关羽、张飞一道出城,分别前往周边各地安抚民众,并督训军士,以便备战。

这一天,天黑时分,关羽、张飞率先率领人马回城,在距离徐州约莫五里地远的地方,接到了一个不好的消息:曹操得到刘备书函,十分愤怒,密令车胄袭杀刘备;车胄已经在徐州瓮城埋伏了人马,做好了偷袭准备。

张飞勃然大怒,厉声骂道:"彼欲杀吾兄弟,吾先砍彼脑壳!"话音还没落地,人就纵马准备冲进城去。关羽阻止道:"车胄已有准备,又是天黑,我等一旦进城,必然被彼算计。为今之计,我等宜改换成曹军,冒充张文远前来增援,骗车胄打开城门,一刀杀之,确保万无一失。"

张飞连称妙计,立刻与关羽一道,进入附近军营,命令原曹军兵士穿上曹军衣服,打出曹军旗号,迅疾向徐州进发。

不一时,队伍进入徐州城下。关羽骑在马上,大声说道:"车将军开门,某乃张文远,奉丞相差遣,特来协助将军。"车胄果然命令兵士打开城门。关羽率领人马一拥而入,提了青龙偃月刀,径直杀向车胄。车胄惊出一身冷汗,赶紧举刀迎战,不到三个回合,被斩落马下。张飞迅疾率部搜寻车胄家人与亲随,一股脑将他们全部杀了。

刘备回到城里,得知端的,埋怨关羽道:"三弟鲁莽,二弟奈何亦欠考虑?车胄得了曹操命令,我等可以设计活捉,在曹操那边好有交代,不至引得曹操大军压境。如此一来,徐州危矣。"

孙乾、糜竺、简雍等人在徐州大乱之际,亦各自率领人马,严密戒备。此时都来与刘备会合。孙乾说道:"左将军不必烦恼。曹操已动杀机,轻易不得善了。如今,要想守护徐州,必得求河北袁绍出兵相助。"刘备说道:"我等刚刚大败袁术,阻断彼得到玉玺之路,彼焉能助我?"孙乾说道:"闻郑玄老先生是左将军恩师,其人早已致仕,正在徐州颐养天年,一向与袁绍祖上有旧,只要彼写一封书函,袁绍定然会出兵相助。"刘备恍然大悟:"此谋甚当。"

当晚,刘备带了孙乾、关羽、张飞,一块拜访郑玄府邸,说明了事情的前因后果,果然得到了郑玄的书函。随即,刘备派遣孙乾前往河北向袁绍求救,自与关羽、张飞等人一道,研讨应对曹操大军的策略。

关羽说道:"袁绍出兵,曹操必以主力应之;徐州这边,敌情稍轻,亦不能掉以轻心。昔日我等固守徐州,总以小沛与徐州形成掎角之势,如今亦当如此,不轻易主动攻击曹军,可以确保徐州安全。""此计虽妙,但一味注重防守,恐非善策。"刘备说道。关羽解释道:"我等首先确保徐州、小沛,然后可以寻找机会,以二城为后盾,前出袭击曹军。""小沛为下邳屏障,极为重要,吾与三弟共守之,二弟坐镇下邳,前后应付。"刘备点头称善,拍板定案。

部署很快调整到位,兄弟三人分别督率人马,进一步加固徐州、小沛城墙,储备作战物资,以便长期与曹军作战。

不久,刘备得到可靠消息,袁绍率部向许都进兵,已进至黎阳;曹操不得不以主力迎战袁绍,命令刘岱、王忠统兵五万,攻打徐州。可是,该部进至距徐州五十里远近时,竟然停了下来,不再有任何动静。

刘备被这种阵形搞糊涂了,马上召集孙乾、糜竺、糜芳、简雍、关羽、张飞诸将商讨对策。

孙乾说道:"如今袁绍虽已进兵,但其手下谋士与将领互不服气,相互攻许,均不肯用心,只把人马沿浥水一线驻扎,与曹军对峙,曹操或许正趁机暗中集结兵力,准备突然攻打我等,以此命令刘岱不得轻举妄动。""话虽如此,曹操最担忧的还是北边。"关羽慎重地说道,"彼不可能轻易舍弃北方防备。""无论曹操在哪儿,当面曹军只有五万兵马,刘岱、王忠均是无名之辈,我等只要一打,即可将彼打出原形。"张飞说道。刘备眼前一亮,说道:"为了弄清曹操的意图,确实有必要打一下。问题是,我等不可再大杀彼将,只活捉便了。""明日,吾定把王忠捉回来,交给兄长发落。"关羽自告奋勇道。

得到了刘备的许可,关羽留下一些人马守护下邳,亲率主力迎着王忠的营寨开了过去。这时候,阴云布合,雪花乱飘,关羽命令军马冒雪布完阵势,骤马提刀而出,大叫王忠打话。王忠硬着头皮出来,说道:"丞相到此,缘何不降?"关羽说道:"请丞相出阵,我自有话说。"王忠嗤之以鼻:"丞相岂肯轻见汝!"关羽大怒,骤马向前。王忠挺枪来迎。关羽大叫一声,只一个回合,就将王忠打翻在地,生擒活捉。王忠兵马四处奔散。关羽押解王忠,回见刘备。

刘备当即审问,得到曹操并不在当面的确实消息,教付衣服酒食,暂且监下,等待捉了刘岱,再作商议。

张飞一见关羽捉了王忠,对刘备说道:"二哥捉了王忠,我去生擒刘岱来!"刘备说:"刘岱昔为兖州刺史,虎牢关伐董卓时,也是一镇诸侯,今日为前军,不可轻敌。"张飞叫道:"量此辈何足道哉!我也似二哥生擒将来便了。"刘备仍旧摇头:"只恐坏了他性命,误我大事。"张飞发誓:"如杀了,我偿他命!"

刘备已达目的,果然命令张飞打第二阵,引兵前去迎战刘岱。

张飞一连在寨前叫骂了数日,刘岱不敢出战。张飞心生一计:传令当夜二更去劫寨;日间却在帐中饮酒诈醉,寻军士罪过,打了一顿,缚在营中,说道:"待今夜出兵时,将来祭旗!"暗中令人放了他。军士径直跑到刘岱营中,报告张飞劫寨之事。刘岱见军士身受重伤,信以为真,虚扎空寨,伏兵在外。当天夜里,张飞分兵三路,中间派三十余人,劫寨放火;另两路抄至刘岱寨后,看火起为号,一道夹击敌人。

三更时分,张飞自引精兵,首先切断刘岱后路;中路三十余人,抢入寨中放火。刘岱正要指挥伏兵杀入,张飞突然率部杀将过来。双方一场混战,刘岱被张飞生擒过去,其兵马溃散而逃。

刘备好好招待刘岱、王忠以后,说道:"车胄试图加害吾,故不得不杀之。丞相错疑备反,遣二将军前来问罪。备受丞相大恩,正思报效,安敢反耶?二将军至许都,望善言为备分诉,备之幸也。"刘岱、王忠说:"深荷使君不杀之恩,当于丞相处方便,以某两家老小保使君。"

此时正值隆冬,出兵多有不便,曹操即使余怒未消,亦不得不听从谋士建议,收起征讨刘备的意图。

公元 200 年春天,衣带诏事发,曹操看到上面赫然有左将军刘备的名字,怒骂道:"大耳贼,吾待汝如兄弟,汝却视吾如仇雠,此番决不轻饶!"命人族灭了董承、王子服、种辑、吴硕、吴子兰五个家族,绞死了董承之妹董贵妃,立刻亲率大军,杀奔徐州而来。

刘备闻讯,再度派遣孙乾前往河北,催促袁绍火速进兵与曹军决战,自己这边,兄弟三人严密把守城池。

孙乾见过袁绍后,火速回来报告:"袁绍爱子生疥疮,心神不宁,不肯用兵。"刘备惊讶地说道:"袁绍手下谋士众多,奈何不能劝说他乘虚而入,攻打许都? 如此一来,徐州危矣。"

刘备无可奈何,赶紧召集孙乾、糜竺、糜芳、简雍、关羽、张飞商讨对策。

孙乾说道:"曹操势力太大,为今之计,守城已经不重要了,确保数万兵力,乃当务之急。左将军应当拿出壮士断臂的勇气与魄力,率领人马离开徐州,避其锋芒,以图后举。"张飞急眼了,马上大叫道:"我等数万大军,岂惧曹操? 汝等不愿意打,吾单枪匹马,也要与曹操决一死战。"关羽思索着说道:"我等坚守城池,曹军急切之间难以攻取;一旦离开城池,被曹军赶上,更加不利,况吾等无处可走。再则,曹操杀死董妃,纯属犯上作乱,罪恶昭彰,彼不来徐州,大哥身为皇叔,亦当伸张正义,率领我等杀向许都。今曹操率军亲来,我等奈何要避之? 只要我等抵抗曹军一久,天下豪杰定会趁机攻打许都,抄曹操后路,届时,曹操将自顾不暇,还能继续在徐州与我等打下去吗?

彼一撤军，我等立刻挥师追击，就可以大败曹军。"孙乾说道："如今天下势力最大者，除了曹操，就属袁绍，袁绍没有出兵，谁还会出兵？""袁绍无能之辈，汉室宗亲如荆州刘表、益州刘璋，都是实力派人物，我等只要一直与曹操大军打下去，并派遣使者与彼联络，促使彼等出兵，彼等绝不会坐视不理。"关羽朗声说道。

关羽一席话，说中了刘备心思。刘备当场做出了死守徐州、小沛的决定，兵力部署不作调整，仍以刘备、张飞守小沛、关羽守下邳，两者之间互通联络，相互救援，一边派遣使者，分别前往荆州、益州求援。

为防止曹军烧杀掳掠，挖掘坟墓，杀戮民众，关羽立刻将城外老百姓迁入城里，并动员他们利用各种资源，制作弓箭；为了长期坚持下去，关羽不仅给守城兵马规定了必要的粮秣供应，而且对老百姓也给出了相应的标准；防止曹军水淹下邳，关羽对护城壕进行改造，将壕沟与泗水、淮水的下游暗中连接起来。这是一个浩大的工程，关羽深知曹军将至，不可能一下子完成，便命令弓箭手在城墙上待命，一旦看到曹军过来，用弓箭猛射，掩护老百姓挖掘壕沟。同时，他还派遣人马，骑着快马，远去下邳二十里以外，探查曹军的情况，并与小沛取得联络。

不久，曹军先头部队开至距离小沛不到十里地的位置，停留下来，安营扎寨。

"曹军终于来了！"关羽暗自说道，随即命令人马进行最后的准备，只等曹军进攻，就立刻用箭镞打退他们。

仍然是小沛首先投入战斗。与强敌作战，一向都是先趁敌不备，偷袭一把，取得首胜，然后耗费敌人的力量，等待时机，觑到了敌人的薄弱之处，出其不意发动猛攻，赢得胜利。刘备、张飞认为，现在的情况也是一样，曹军初来，两眼一抹黑，自己只要率领人马前去劫营，也能打他一个措手不及，消灭他的先头部队，打出威风。因而，两人立刻命令兵马做好偷袭敌人的准备，等待半夜时分，打开城门，兵分两路，前去偷袭曹军。结果，曹军早有准备，埋伏了八路人马，把刘备、张飞和他们的队伍分割包围起来，进行猛烈反击。两人双双战败，刘备逃往青州，青州刺史袁谭与其关系不错，派人把他送去面见乃父袁绍,刘备从此在袁绍处安身;张飞杀开一条血路,带领残兵败将逃到了芒砀山。

小沛丢失,下邳顿失依托,关羽心知责任重大,立刻走上城头,检查城防,并进行动员。恰好曹军蜂拥而至,乘胜发动攻击。关羽亲自督战,命令弓箭手将其射退。

这时候,他不由想起张飞和刘备。桃园结义以来,兄弟三人驰骋疆场,共同进退,几乎从来没有分开过,如今大哥、三弟已经逃亡,自己身居下邳,即将陷入曹军包围,什么时候能够兄弟再度聚首呢? 一想到这里,他不由得黯然神伤,眼泪扑簌簌地掉落在地。

"为了完成兄长心愿,吾不能落泪,亦不能伤神,一定要坚守下去!"他在心里告诫自己,顿时精神一振,检查了一遍城里的防守,安心睡觉去了。

次日,一觉醒来,已是天光大亮。关羽接到随从报告:"曹操正在城楼下面,请二将军答话。"

关羽不慌不忙洗了脸,吃了早饭,披挂完毕,提了青龙偃月刀,带了亲随,来到城楼,一眼望去,果然看见曹军已经把下邳围得像铁桶似的;曹操全副武装,在众多将领的簇拥下,骑着马,挺直身板,等在城楼下面的空地上。

"云长别来无恙乎?"曹操问候道。"关某一向硬朗,不劳丞相费心。丞相能够亲临战地,不用问,身体一定硬朗得很。"关羽回答道。"曹某确实很硬朗,只是心情不好。想当年初见云长,曹某即知汝勇冠三军,赤胆忠心,是以总将云长视为可以信赖之人,一直希望与汝成为知己,孰料今日云长欲与吾拔刀相向,吾不解也。"曹操说道。"丞相对吾有恩,吾铭记在心。然丞相欺君罔上,吾不能以私谊害公义。汝若不欲与吾对敌,须向朝廷请罪。"关羽说道。曹操说道:"曹某所作所为,自恃是为了匡扶天下,拯救黎民百姓,无论天下人怎么看待曹某,曹某都不会放在心上。云长熟读《春秋》《左传》,当知朝纲颓废,不可恢复,曹某于混沌不堪之际,能挺身而出,成就霸王之业,结束混乱状况,有利于朝廷、有利于黎民百姓。一旦曹某遇害,必会引起更大混乱,非朝廷与黎民百姓之福。为了朝廷,为了黎民百姓,有人危害曹某,曹某岂能不施以辣手?""汝杀死皇妃,形同造反。如此欺君罔上,竟妄言为了朝廷，为了黎民百姓，完全一派胡言!"关羽高声说道。

眼见得曹操还想狡辩，关羽再也不愿意说下去，只把手一挥，城上的箭像蝗虫一样射下去，吓得曹操赶紧收兵回营。

第二天，曹操布列阵形，再次出现在关羽面前，说道："云长，汝大哥、三弟早已败走，汝以个人之力，怎能挡住曹某二十万大军? 曹某敬汝，汝归顺曹某，曹某亦视汝为兄弟。"关羽大喝道："曹贼，关某只认玄德为兄、翼德为弟，此外再无兄弟。吾本敬汝，汝竟祸害朝廷，昔日之恩已了，今日至此，吾岂饶汝!"曹操说道："自古成大事者，不计小节，曹某为了江山社稷，为了黎民百姓，杀一贵妃，何罪之有?"

"无耻之徒!"关羽大骂一声，立刻从一名军士手里取来一把弓箭，一箭射向曹操。曹操大惊失色，在众将的护卫下，急急忙忙逃了回去。

随即，曹军用盾牌掩护，以霹雳车发射石头，弓箭手排成密集的队形，向下邳展开攻击。霹雳车是曹军最新制造的一种依靠人力或马拉的战车，上装机枢，用以将石块抛击出去，作为攻坚手段。关羽见了，命令军士躲在城墙边缘，看准机会，就向曹军发射箭镞。如此混战了一天，双方互有死伤，至晚方停。

关羽命令人马吃过晚饭，轮流在城墙上监视敌情，自己也到城里巡视一圈，激励民心士气以后，回到大营。

这时候，甘夫人、糜夫人、夏侯夫人均差人来询问各自夫君的消息。关羽一想到刘备、张飞已经败走，不知去向，便不知如何回答，呆了好一会儿，终于反应过来，赶紧骑上赤兔马，奔去刘备府邸，见了两位嫂嫂，说道："兄长败走，想是往河北请袁绍出兵相助了。嫂嫂大可安心，一有消息，吾当即刻来告。"紧接着，他又去了张府，见了夏侯氏，说道："三弟想是与大哥在一起，汝不须惊慌。"

安抚了三位夫人，反倒勾起了对刘备、张飞的担忧，关羽不由得身心不宁，一夜未能成眠。

第二天，吃完早餐，关羽披挂完毕，走上城墙，再也没有看到曹操的身影，只见一夜之间，距离城墙大约五十步远的地方，筑起一道很高的堤坝，高度几乎与城墙平齐。他心头一凛："如此一来,城里居高临下之优势荡然无存。"他真后悔自己为什么没有想到这一点,询问军士,为什么没有报告这一重大事件。军士回答:"昨夜已向二将军报告,二将军吩咐不必理睬。"

关羽很纳闷,自己这么说过吗?他想了好一会儿,终于想起来了,担心出城进攻,会遭曹军暗算,夜晚又不能准确用弓箭射击目标,便命令军士置之不理。"心绪不宁,怎可打仗?把一切抛弃脑后,打好这一仗再说。"他提醒自己道。

当天,关羽指挥人马,在与曹军的弓箭对战之中,再一次打成平手。一直持续了好几天,关羽盘点作战物资,赫然发现弓箭几乎少了一半。

原来曹操的意图是耗尽自己的弓箭,然后逼近城墙,开始攻城!关羽恍然大悟,思考良久,想出一条计策,命令人马连夜制作了许多草人,放在城墙上,军士躲在草人后面,不许放箭,只接受曹军的箭镞。

次日,曹军射了半天,没见关羽反应,意识到了其中的蹊跷,果断停止射箭,仅以霹雳车继续攻击。

关羽不费吹灰之力,得了十万箭镞,心知曹操已经有所防范,这两天不再使出草人,而是命令人马备好弓箭,准备射杀曹军。天亮时分,曹军霹雳车出现在堤坝上,擂起战鼓,将石头凶猛地打了过来,声势吓人,但往往失去准头。关羽一声令下,己方的箭镞又是蝗虫一样,飞向曹军,将那些活着的目标全部射倒。曹军大怒,一面更加密集地发射石头,一面祭出弓箭手,双管齐下实施反击。关羽命令人马祭出草人,又得了一批箭镞。不过,曹军霹雳车准头越来越高,关羽所部伤亡剧增,遂不得不停止射箭。这边一停,曹军随之同样停止了射击。此后,双方以这样的方式对峙了好一段时日。

关羽试图以这种战法拖延下去,丝毫没有想到,手下兵士习以为常,疏忽了观察曹军的动静。一天晚上,曹军平掉堤坝,整理云梯,做好了突击的准备,第二天天刚亮,就擂起战鼓,催动兵马,抬了云梯,像乌云一般,向城墙冲了过去。守城军士毫无准备,虽快速反应过来,张弓搭箭,准备射杀曹军,但曹军行动迅速,许许多多曹军已把云梯架在城墙上,开始爬城了。跟在云梯后面的曹军,是霹雳车与弓箭手,均排成密集的阵形,接连不断地向城墙抛射石头或射箭,压制守军。关羽听得战鼓,提了青龙偃月刀,冲上城墙,一见情况危急,立刻用大刀在城墙上一阵横扫,把一大片云梯打落下去。守城军士士气大振,马上用大刀、长枪、箭镞迎击云梯。也有的军士抬了烧好的稀饭,向云梯泼去。附近的民众闻讯,纷纷提了开水,准备了粪便等物,一齐上得城墙,与军士们一道,总算把曹军给打退了。

这一天,数千将士与老百姓葬送在曹军的石头攻击以及箭镞之下,死伤惨重。关羽吸取教训,命令军士日夜监视敌人的动静,又与曹军战了一个时期,每天都会有不少的伤亡。而且,城中的粮草与作战物资耗损太大,已经有了不够支用的趋势。

"曹军围城,已历数月,河北、荆州、益州均无动静,莫非兄长未能说动袁绍、刘表、刘璋? 如此,下邳不守,谁能再兴义兵?"关羽叹息道。

攻城数月,未能建功,曹操一怒之下,祭出对付吕布的招数,命令人马掘开淮水和泗水,准备水淹下邳。可是,水虽然来势凶猛,大多从护城河流入下游,下邳安然无恙。

关羽闻之大喜:"曹操黔驴技穷,关某只要继续守一个时期,曹军定会离开。"

于是,关羽传令人马加强戒备,小心应战。不过,无论军士多么小心谨慎,严密监视,丝毫没有想到,曹军会利用护城河的水声做掩护,在月黑风高之夜,抽调最精锐的人马,潜地里抬了云梯,进至城墙边缘,轻轻搭上云梯,悄悄地朝云梯上攀爬。等待军士发觉的时候,曹军已经登上城墙,在他们来不及反应之际,一刀一个,将军士全部砍死,然后打开城门。突然,曹军点起火把,把整个天空照得犹如白昼一般,蜂拥着闯进城去。

关羽仍然没有睡觉,正就着灯光,阅读《左氏春秋》,陷入思索,一听外面的杂乱声,顿时心里一紧,意识到大事不妙。这时候,副将闯了进来,报告曹军已经入城。关羽提了青龙偃月刀,与副将一道,带了一群军士,走出营帐一看,只见到处都在混战。他蓦然想起二位嫂嫂和弟媳,大喝一声,青龙偃月刀一阵横扫,杀开一条血路,进至军士最集中的地方,振臂说道:"有不怕死者,跟随本将军,杀向东城!"

言未毕，关羽骑上赤兔马，犹如天神一般冲在前面，率部冲杀，一路上遇人杀人遇鬼杀鬼，无人敢于抵挡，杀入东城，首先命令军士依托房屋布列阵势，准备继续抵抗，随即奔入刘备府邸，把曹军已经攻破城池一事告诉给二位嫂嫂，说道："吾已布列阵势，定当死守东城，二位嫂嫂请放心。吾亦准备将三弟夫人请来与二位嫂嫂一块居住，未知可否？"甘夫人说道："二叔无须分心，夏侯氏我自请之。"

关羽将二位嫂嫂和弟媳刚刚安排妥当，曹军已把东城围得水泄不通。

随即，曹操再度出现在关羽面前，说道："云长，汝还有何话可说？"关羽大怒，挥刀叫道："曹贼，关某势必杀汝。"曹操大笑道："云长身居险境，仍豪气冲天，教曹某好生佩服。不过，汝杀不了我，吾也不会杀汝，只要汝投靠曹某。"关羽大怒："曹贼，关某宁死，亦不愿降汝。"曹操笑道："玄德、翼德均在，汝如何能死？汝死，玄德、翼德夫人又该如何？"

关羽仿佛挨了当头一棒，脑子里顷刻之间一片空白，说不出话来。

曹操一见，知道这一下击中了他的要害，笑道："云长熟知《春秋》、《左传》，理当知道，主上无法控制大局，方有霸主为之四方奔走。曹某可为一霸，刘备天下英雄，不会久屈人下，异日或可亦为一霸。云长与彼结为兄弟，奈何不留此身以奉之，而只顾自死？汝死，玄德岂能称霸？汝如何匡扶天下拯救百姓？"

关羽似乎进一步被他的话打动了，踌躇了好一会儿，说道："汝欺君罔上，关某不会降汝，只降朝廷。"曹操心想，朝廷此时已掌握在自己手里，投靠朝廷，不就是投靠自己吗？既然已经说动了他的心，尔后不难让他死心塌地，一口答应下来。"为了大哥、三弟，吾投靠朝廷，尔后得到消息，无论千难万险，定会护送嫂嫂和弟媳前往，汝不能阻拦。"曹操心想，如此一来，要他投降还有何用？不过，转念一想，刘备不过拿他当兄弟，自己只要待他比刘备更好，他岂是铁石心肠，非得离开曹某不可？又点头答应了。关羽仰天长叹一声，命令人马放下兵器，就此投降曹操。

曹操大喜过望，亲眼看到关羽把兵马安顿下来以后，立刻准备设宴庆贺，可是，关羽冷冰冰地来上一句："大哥、三弟不知踪迹，二位嫂嫂和媳妇无人安慰,吾不能投靠朝廷,忘了彼等,须向彼等请安。"说罢,也不等曹操答应,带了几个随从,快马加鞭,朝刘府赶去。曹操手下谋士与众将见了,无不异常愤怒,纷纷说道:"丞相对彼恩深似海,关羽却如此无礼,焉能说得上忠义!"曹操笑道:"云长不忘结义之情,一旦衷心归顺曹某,必定死心塌地。"

来到刘府,留下兵士站在门外,关羽径直进入,站在刘备房前,询问道:"二位嫂嫂可安好?""是二弟云长吗?"里面传出了熟悉的问询声,正是甘夫人和糜夫人。关羽扑通一声,跪倒在地,说道:"为了保护嫂嫂,吾降了朝廷,请二位嫂嫂赎罪。""二叔辛苦。"屋子里接连叹息了几声,又说:"二叔,汝须多多打探你哥哥和三弟消息,好让我等放心。""嫂嫂放心,吾记住了,一有消息,必然告诉嫂嫂,护送嫂嫂和弟媳,不管千里万里,去寻找他们。"关羽回答道。

人马在徐州歇息了几日,曹操命令大军班师回朝。关羽亦在其列,命令军士,将几辆马车装饰一新,铺上柔软的垫子,在车里部署成卧室的模样,请二位嫂嫂和三弟媳妇各自乘坐一辆马车,自己骑着马,在一旁紧紧地跟随。

曹操听得消息,大为感叹,对手下众将说道:"自古以来,忠义之士,莫过于云长者。"张辽说道:"只要丞相比刘备待他还要好,彼会感恩图报。吾与云长神交已久,等同兄弟,亦会替丞相劝说他。""文远如果能够说动云长,功劳不小。"曹操说道。

一到许都,曹操立刻拨出一座环境优雅的庭院给关羽,并亲自带着关羽相度一番。在关羽面前,敞开了一个雅致的空间,里面树木葱郁,亭台楼阁,煞是幽静,一堵围墙,虽把庭院分隔成前后两个部分,但丝毫不伤及整体的美观。

"中间原来没有围墙,念及云长与二位嫂嫂和夏侯氏居住在一块,多有不便,曹某提前命令军士修筑而成,后院可住女眷,云长自住外宅。如何?"曹操说道。"丞相考虑周全,吾感激不尽。"关羽说道。曹操微微一笑,说道:"云长素来喜爱研读《春秋》《左传》,若无如此幽静雅致之地,难以静心。云长能为朝廷效力,曹某自当想云长之所想,做云长之愿做。"关羽说道:"丞相其实不必如此费心,只要得到兄长消息,吾即当离去。"曹操一愣,瞬息之间,呵呵一笑，说道："云长有云长之志，曹某有曹某心愿。岂能因云长定会离去而不尽心耶。"关羽百感交集，沉默不语。

安顿下来之后，曹操又把关羽引进朝堂，朝见献帝，被任命为偏将军。紧接着，曹操大设宴席，召集众位谋臣武将，以客礼待关羽，延之上座，尽皆为之敬酒；宴会过后，又送了大量绫锦及金银器皿给关羽。盛情难却，关羽不得不当场收下，回到住所就交给了二位嫂嫂。

"二叔莫非欲在许都久住？"甘夫人问道。关羽回答道："嫂嫂须知，吾一收到兄长消息，即当拜辞丞相。然丞相当众赏赐，吾不能不收，今交予嫂嫂，欲嫂嫂妥为收藏，他日走时，全部奉还丞相。""二叔之意已坚，一切听凭二叔主张。"甘夫人说道。

关羽收了所赐之物，曹操大喜，以为只要继续笼络，关羽就会完全归顺自己，更是三日一小宴，五日一大宴，寻找各种借口，热情款待关羽，并从许都挑选了十名美女，送给关羽。关羽把美女带回住所，令其服侍二嫂与弟媳。完了，对曹操说道："丞相之意，吾早已知之。其实，丞相不必如此，吾自幼家贫，受父母、师傅教育，熟读《春秋》，崇尚春秋大义，颇能安贫乐道，丞相如有所赐，请赐予天下苍生，令其得享安宁。"曹操深为感动，说道："曹某所作所为，正欲令天下苍生得享安宁尔。云长高义，远甚于吾所有谋士武将，若得云长相助，定当早日平定天下，结束混乱。"关羽说道："吾何德何能，令丞相青眼有加。丞相若果真以天下苍生为念，无须吾相助，即可得偿心愿。"

此后，曹操不再设宴款待关羽，仍只要一有时间，就把关羽请来畅谈。一日，见关羽所穿绿锦战袍已旧，曹操即根据他的身材，取来一领异锦作战袍相赠。关羽收了，穿在里面，外面仍罩了旧袍。曹操笑道："云长何故如此之俭乎？"关羽说道："某非俭也。旧袍乃刘皇叔所赐，某穿之如见兄面，不敢以丞相之新赐而忘兄长之旧赐，故穿于上。"曹操赞叹道："真义士也！"见关羽美髯飘飘，问道："云长髯有数乎？"关羽说道："约数百根。每秋月约退三五根。冬月多以皂纱囊裹之，恐其断也。"曹操以纱锦作囊，与关羽护髯。

次日，关羽早朝觐见皇帝。汉献帝见关羽一纱锦囊垂于胸次，询问缘由。关羽回答道："臣髯颇长，丞相赐囊贮之。"天子大为惊奇，令他当殿披拂，一见其须髯过于其腹，赞道："真美髯公也！"因此人皆呼为"美髯公"。

为了使关羽真心归顺自己，曹操不仅自己挺枪出马使出浑身解数，甚至令张辽、徐晃二人与关羽私下交往，试图利用他们的同乡之谊，给关羽洗脑。

那徐晃跟关羽、张辽一样，都是河东人氏，但与关羽、张辽的经历不同，年轻时曾做河东郡小吏，因随车骑将军杨奉讨伐贼寇有功，被升为骑都尉。建安二年，曹操保护着汉献帝要迁都许昌的时候，杨奉与韩暹一起出兵去劫驾。杨奉在梁被曹军杀得大败。徐晃趁机投奔了曹操，深受曹操信任和重用。

三个河东同乡时常集会，感情日益深厚，渐渐地无话不谈。自此，张辽、徐晃便不时地向关羽说起曹操的好处。关羽一开始默不作声，时间一长，终于说道："二位心意，吾已明白；丞相深情厚谊，吾亦尽知。然则吾身虽在此，心念皇叔，未尝去怀。"张辽、徐晃一齐说道："兄言差矣，处世不分轻重，非丈夫也。玄德待兄，未必过于丞相，兄何故只怀去志？"关羽说："丞相待我，纵使甚于皇叔，然丞相终究非吾同路人，吾与皇叔誓以共死，不可背之。异日得知兄长消息，吾必寻之。丞相这边，吾亦当报之，然后离去。"张辽、徐晃又问："倘玄德已弃世，兄何所归乎？"关羽回答："愿从于地下。"

张辽、徐晃知道关羽终不可留，不得不据实以告曹操。曹操叹息道："事主不忘其本，乃天下之义士也！既然他说立功方去，曹某若不教他立功，他就未必便去。"

却说刘备逃出徐州以后，一路逃往青州，由青州刺史袁谭引领，拜见了袁绍，试图说服他向许都发动进攻，可是没能如愿，只有心念徐州，天天叹息。

这时候，唯一使刘备开怀的事情是赵云暗地里前来投靠他。原来，昔日同在公孙瓒手下，刘备兄弟即对赵云很有好感，两人交情不错。刘备率部前去救援徐州以后，赵云一见公孙瓒日益骄横，深知他不是真心为国之人，便有了离开他前去投奔刘备的想法，可是，转念一想，一旦自己这么做了，一定会令公孙瓒与刘备之间产生矛盾乃至战争，不得不打消这个念头，借口哥哥去世、父母无人照顾，需要回去处理，离开了公孙瓒，回去老家常山。如今，公孙瓒已死,打听到刘备兵败徐州,来到了河北,便暗自至邺城求见刘备。

赵云来投,刘备大喜过望,与昔日跟关羽、张飞一般做法,两人时常同床眠卧,谈论时局,并命令他招募兵士,对外宣称是左将军刘备余部,以备尔后东山再起。

一晃半年过去了,袁绍爱子疥疮痊愈,下邳亦落入曹操之手,曹操已经率领大军班师回朝了。这时候,迟迟按兵不动的袁绍听从了刘备的劝告,准备大举向许都发起进攻。谋士田丰劝谏道:"前操攻徐州,许都空虚,理当及时进兵,主公却迟疑不决;今徐州已破,操兵方锐,未可轻敌。不如以久持之,以山河之固,四州之众,外结英雄,内修农战,然后选拔精锐,分为奇兵,攻其势力薄弱之地,彼救右则击左,救左则击右,使之疲于奔命,百姓不得安居乐业。不出三年,可以安坐而战胜之。"袁绍大怒,以扰乱军心之罪,把田丰拘押起来,随即,发布讨伐曹操檄文,派遣大将颜良为先锋,进攻白马,夺取黄河南岸要点,以保障主力渡河,亲率主力随后跟进。

袁军进至黎阳,东郡太守刘延赶紧向许都告急。曹操立刻召集谋士与众将商议进兵之策。鉴于袁军兵力雄厚,为争取主动,求得初战的胜利,曹操遂亲自率兵北上解救白马之围。

关羽得知消息,一来希望探听到刘备的消息,二来希望为曹操立下大功,随时可以告辞,面见曹操,奋然请战。曹操笑道:"云长不必急躁,袁绍手下将领再有本领,吾帐下诸将自能应付,他日需要,自会找汝商量。"

曹操亲率大军进至白马,与颜良对战,一连打了两次大仗,手下人马损失无数,并且连折了两员大将,甚至张辽、徐晃等人均不是他的对手。就在曹操一筹莫展之际,谋士程昱说道:"要想打败颜良,非关云长不可。"曹操摇头道:"吾恐他立了功便去。"程昱老谋深算地说:"刘备若在,必投袁绍。今若使云长破袁绍之兵,袁绍必疑刘备而杀之。备既死,云长又安往乎?"曹操如梦初醒,大喜过望,立刻差人去请关羽。

接到消息,关羽立刻向二位嫂嫂告别。甘夫人、糜夫人心里欢喜,说道:"二叔今此去,可打听皇叔消息。"夏侯氏亦跟着说道:"如有三将军消息,请告诉奴家。"关羽领诺而出。

关羽提青龙偃月刀,上赤兔马,引从者数人,一路疾驰,来到白马,拜见曹操。曹操说道:"颜良连诛二将,勇不可当,特请云长商议。"关羽说道:"吾且看颜良何方人物,有何手段。"曹操设下酒宴,为关羽接风洗尘。

酒酣耳热之际,忽报颜良已经列成阵势,正在山下搦战。关羽把酒一放,说道:"彼自寻死路!"曹操连忙把关羽引上土山观看,但见那儿旗帜鲜明,枪刀森布,严整有威,不由说道:"河北人马,如此雄壮!"关羽嗤之以鼻,冷笑道:"以吾观之,如土鸡瓦犬耳!"曹操又指着颜良说:"麾盖之下,绣袍金甲,持刀立马者,乃颜良也。"关羽举目一望,流露出轻蔑的笑意:"吾观颜良,如插标卖首耳!"曹操说道:"未可轻视。"关羽豪迈地说道:"某虽不才,愿取其首级,来献丞相。"张辽说道:"军中无戏言,云长不可忽也。"关羽说道:"是何言也?颜良即使身居十万兵马之中,某定能取彼首级。"

曹操壮其言,将五千兵马交给关羽指挥,令其前去攻击颜良。

关羽飞身上马,倒提青龙偃月刀,跑下山来,立刻集合队伍,命令号角手吹响进军号角,凤目圆睁,蚕眉直竖,率领兵马直冲颜良的队形。河北军训练有素,队伍严整,在颜良的率领下,立刻擂鼓进兵,呐喊着迎面冲杀而来。一时间,双方的箭镞嗖嗖乱响,人马的奔跑声惊天动地,被箭镞射中的兵士惨叫声盖过了号角与战鼓,不绝于耳。很快,赤兔马冲进了颜良军的队形,关羽一把青龙偃月刀,左边一挥,倒了一大片,右边一挥,又是一大片倒了下去,只杀得河北军如波开浪裂,敞开一条道路,任由关羽径直奔向颜良。

颜良正在麾盖下,一见关羽冲了过来,马上命令弓箭手放箭。顷刻之间,箭镞宛如冰雹一样,朝关羽浑身上下射了过来。关羽连忙挥动大刀,斩落那些箭镞,并且勒住赤兔马,把头向后一摆,后面响起了一阵敲锣声。河北军听了,以为关羽发出了收兵的信号,人马伤亡不小,亦想见好就收,鸣锣收兵。谁知关羽不仅没有收兵,反而趁着河北军放下戒心之机,率领人马更加勇猛地杀将过去。颜良同样没有意识到关羽的鸣金不是收兵,而是更加猛烈进攻的意思,放松了警惕,等看到事情不妙,准备提刀迎战的时候,赤兔马已如离弦之箭一样冲到他的面前。颜良措手不及,被关羽一刀砍于马下。紧接着,关羽割了颜良首级,拴于马项之下,提刀出阵,如入无人之境。河北兵将失了指挥,俱皆大惊失色,陷入极度混乱之中。

曹操在土山上见了,欣喜若狂,立刻传令全体人马乘势攻击。河北军难以抵挡,大败而逃,死者不可胜数;马匹器械,损失极多。

关羽没有乘胜追杀,而是纵马上山,将颜良的首级献给曹操:"幸不辱使命,特来复命。"曹操赞叹道:"今日亲眼看到云长使青龙偃月刀、骑赤兔马显威,真神人也!"

曹操大胜一场,十分欢喜,设宴为关羽庆功,并表奏朝廷,封其为汉寿亭侯,同时决定采取诱敌深入之计,主动放弃白马,迁徙军民一道沿黄河向西撤退。

颜良被杀,根据败逃回来的将领描述,袁绍知是关羽所为,雷霆大怒,命令人马将刘备抓起来,准备处斩。刘备慌忙说道:"天下面貌相似者多,本初奈何以为彼即云长也?待吾上阵观之,果是云长,吾自当为颜将军偿命。"

这时候,探马来报,说是曹军正在撤退。袁绍大喜,立刻率军渡河追击,军至延津南,派大将文丑与刘备继续率兵追击曹军,并对文丑、刘备说道:"汝等再遇红脸美髯大汉,务须一举击杀之。"

文丑、刘备率领六千骑兵,一路向前猛追。曹军主力正撤往官渡,只有徐晃带领六百骑兵断后。得知消息,徐晃立刻命令士卒解鞍放马,并故意将辎重丢弃道旁。袁军看到如此众多财物,尽皆丢下兵器,纷纷争抢。

刘备急忙劝说文丑:"曹操诡计多端,须严令军士保持队形,防止曹军趁机进攻。"文丑大怒道:"主公留汝之头,非为劝吾,以待关羽也。"

袁军出兵之日,赵云亦带着招募的兵马跟随在刘备身边。一听文丑如此无礼,赵云怒火中烧,恨不得提枪刺去,一见刘备投来制止的目光,顿时收回了枪,喝令自己的人马严密戒备。

这时候,徐晃率领骑兵迅猛地冲杀过来。文丑见了,急忙吆喝人马迎战,但队形早已混乱不堪,军心已散,如何能够抵挡,一时间像炸了窝的马蜂一般四处逃散。文丑大怒,提刀追赶,不提防徐晃已经从后面追了上来,一刀将其斩于马下。

赵云一见,挺枪出马,直奔徐晃而去,但被刘备制止了。刘备问道:"公明，人言云长投降曹操，可有此事？"徐晃说道："玄德欲与吾战，吾必不相让；其他事吾一概不知。"刘备笑道："吾已知之。文丑不听吾言，致有此败，吾何苦为他人出力。公明且回，可致意丞相，吾虽困顿，足以令彼不得安食。"

颜良、文丑相继被杀，袁军锋芒受挫，袁绍不得不命令人马退往武阳，与曹军对峙，并再度准备杀掉刘备，为颜良报仇。

刘备说道："明公若思良将，吾令一心腹人持密书去见云长，使知刘备消息，彼必星夜来到，辅佐明公，共诛曹操，若何？"袁绍大喜，说道："吾得云长，胜颜良十倍"，令刘备修书一封，招来关羽。可是，书函写了，竟然找不到人投送。

曹操虽说打了胜仗，但袁军兵马太多，不敢主动进攻，能够维持对峙局面，对他来说，已是最好的结局。这时候，汝南黄巾军旧部刘辟、龚都再度造反。曹操已得徐晃密告，知道刘备就在袁绍军中，担心关羽与刘备阵上相见，于己不利，遂令关羽为主将，于禁、乐进为副将，带领五万兵马前去围剿。

关羽领兵进至汝南，当夜拿了两个细作，其中一人竟是孙乾。关羽斥退左右，询问孙乾："公自溃散之后，一向踪迹不闻，今何为在此处？"孙乾说道："某自逃难，漂泊汝南，幸得刘辟收留。今将军为何在曹操处？未识甘、糜二夫人无恙否？"关羽把自己保护二位夫人的事情告诉了孙乾，只听孙乾说道："近闻玄德公在袁绍处，欲往投之，未得其便。今刘、龚二人归顺袁绍，相助攻曹。天幸得将军到此，因特令小军引路，教某为细作，来报将军。来日二人当虚败一阵，公可速引二夫人投袁绍处，与玄德公相见。"关羽说道："吾斩了颜良，袁绍岂不怪罪乎？"孙乾说道："某当先往探彼虚实，再来报将军。"关羽情真意切地说："吾见兄长一面，虽万死不辞。今回许昌，便辞曹操也。"

次日，关羽引兵与龚都对阵，厉声喝问："汝等何故背反朝廷？"龚都骂道："汝乃背主小人，有何资格责骂吾？"关羽问道："吾何为背主？"龚都说道："刘玄德在袁本初处，汝却从曹操，何也？"关羽再也不打话了，拍马舞刀向前。龚都不与之作战，回马便走，关羽赶上。龚都回身说道："故主之恩，不可忘也。公当速进，吾让汝南。"关羽会意，驱军掩杀。刘、龚二人佯输诈败，四散去了。

关羽就此夺得州县，安民已定，便班师回到许昌去了。曹操提前得到消息，大喜过望，亲自出郭迎接关羽及其兵马，并重赏三军将士。

接受了赏赐以后，关羽立即赶回家，因为多时未能向二位嫂嫂问安，首先便参拜二嫂于门外。甘夫人问道："二叔此番出军，可知皇叔音信否？"关羽回答道："尚未得到哥哥音信。"

关羽退走以后，二位夫人在门内痛哭道："想皇叔休矣！二叔恐我烦恼，故隐而不言。"有一随行老军，听得哭声不绝，在门外说道："夫人休哭，主人现在河北袁绍处。"夫人问："汝何由知之？"老军回答："跟关将军出征，有人在阵上说来。"夫人急召关羽，责备道："皇叔未尝负汝，汝今受曹操之恩，顿忘旧日之义，不以实情告我，何也？"关羽顿首道："兄今委实在河北。未敢教嫂嫂知者，恐有泄漏也。事须缓图，不可欲速。"甘夫人说："叔宜上紧。"

夏侯夫人一听有了刘备的准确消息，勾起了想念张飞的心思，问道："二伯可曾打探到三将军的消息。"关羽说道："委实不清楚三弟在哪里。不过，弟媳放心，既然大哥在河北，三弟想必亦在不远处。"

第八章　千里寻兄

　　有了刘备写给关羽的信函，但找不到人投送，袁绍为此大伤脑筋。很隔了一段日子，他终于下定决心，令南阳人陈震冒充关羽故交，到许都送信。

　　陈震历经千辛万苦，找到了关羽。关羽打开信函，只见上面写道："备与足下，自桃园缔盟，誓以同死。今何中道相违，割恩断义？君必欲取功名、图富贵，愿献备首级以成全功。书不尽言，死待来命。"

　　自从大哥与三弟败走以后，关羽无时无刻不思念他们，希望与他们再度聚首，没想到，大哥竟在书函上如此看待他。关羽不由得满腹委屈，失声大哭道："吾日夜思念兄长，只不知他在何处安身，怎会贪图富贵而背叛桃园结义之情。"陈震说道："玄德日夜盼望将军，将军不肯背盟，宜速往见。"关羽当即应允，说道："人生天地间，无终始者，非君子也。吾来时明白，去时不可不清楚。吾今作书，烦公先达知兄长，容某辞却曹操，奉二嫂来见。"陈震说道："将军无须告诉曹操，若彼不放，为之奈何？"关羽说道："若丞相阻拦，吾宁死，岂肯久留于此！"陈震沉吟道："公速作回书，免致刘使君悬望。"

　　关羽连忙修书一封，交给陈震，令其先回河北复命，随即向二位嫂嫂与弟媳报告，让她们收拾行装，准备上路。甘夫人、糜夫人听了，喜极而泣。夏侯夫人没有得到夫君的消息，心里怏怏，但强作欢颜，帮忙打点行装。

　　紧接着，关羽打点了一番话头，来到丞相府，准备拜辞曹操。但曹操把关羽的一举一动掌握得清清楚楚，早就知道他会来辞别自己，心里万分不舍，一时想不到其他办法，只有命人在门上悬起回避牌，说是有军国大事，不准任何人打扰。关羽兴冲冲而去，没想到碰上这样的场面，只有怏怏而回，心里想道："丞相今日有军国大事，明天未必会有。且耐心等待一日便了。"

于是，关羽命令旧日跟随人役，收拾车马，早晚伺候；吩咐宅中，将所有曹操赏赐之物，尽皆留下，分毫不可带去。忙乱一天，府上东西收拾停妥，关羽只等次日天一亮，再往相府辞谢，迎接他的仍然是门首悬挂的那张回避牌。

"吾欲早日见到大哥，奈何丞相总要处理军国大事！"关羽仰天叹息一声，忽然转过一个念头，丞相总不能一天到晚都处理军国大事吧？要是他中途临时有事，出了丞相府，吾又不在，岂不是要拖宕时日？不如等到丞相出来，或者摘去回避牌为止。他就这么等了整整一天，饿得头晕眼花、口干舌燥，也没有等到自己想要的结果，只有闷闷不乐地回去住所。

这时候，老军告诉他，二位夫人请他答话。关羽连忙奔向她们的住房，立在门口，问道："嫂嫂是否询问何时动身？"甘夫人说道："二叔，今日可曾见到丞相？"关羽回答："丞相一直处理军国大事，吾等了一天，仍未见到他。"甘夫人说道："二叔可曾想过其他办法？"关羽回答道："吾且另寻他法。"

第二天，关羽在丞相府门口等到中午时分，里面还是没有一点动静，不由得想起甘夫人的问话，眼前一亮，赶紧前往张辽府上，打算询问一下丞相到底有什么军国大事，要处理到什么时候，谁知道连张辽的府邸也没有进去。张府下人一见是他，忙说主人患有疾病，不能出来见客。关羽恍然大悟："原来曹丞相不容我离去。吾去意已决，岂可复留！既如此，吾且修书一封，向汝辞别就行。"

一念及此，他赶紧奔回住所，径直走到二位嫂嫂的住处，立在门口，说道："嫂嫂和弟媳尽快收拾停妥，吾给丞相留书一封，就启程前往河北寻找哥哥。""二叔不用担心，一切早已收拾停妥。"甘夫人、糜夫人满心欢喜地回答。

关羽奔向书房，火速修书，写道："羽少事皇叔，誓同生死；皇天后土，实闻斯言。前者下邳失守，所请三事，已蒙恩诺。今探知故主现在袁绍军中，回思昔日之盟，岂容违背？新恩虽厚，旧义难忘。兹特奉书告辞，伏惟照察。其有余恩未报，愿以俟之异日。"

写完书信，封好了，关羽立刻差人去相府投递；将累次所受金银，一一封置库中，悬汉寿亭侯印于堂上，请二位嫂嫂和夏侯夫人上了车，遣散了曹操拨给自己的兵马，骑着赤兔马，手提青龙刀，率领旧日跟随人役，护送车仗，径直望北门走去。不一时，他们来到了北门。门吏没有得到放行的通知，立刻前来阻拦。

关羽怒目横刀，大声呵斥道："关某曾与丞相有约，自去投靠皇叔，谁敢阻挡？"

门吏吓得胆战心惊，纷纷退避。关羽把手一挥，随从在两边保护，旧日跟随人役推动马车，快速出了城门。担心有人追赶，关羽命令随从："汝等护送车仗先行，但有追赶者，吾自挡之，勿得惊动二位夫人。"

于是，关羽调整了行进队形，让随从与旧日跟随人役一道推车，望官道进发，自己手提青龙偃月刀，在后面压阵。

行不多时，关羽听到后面果然有急促的马蹄声，心知是追兵来了，教车仗从人，只管望大路紧行；自己勒住赤兔马，按定青龙刀，停在路上。一个熟悉的声音传来过来："云长且慢行！"关羽不用回头，也知道来人是张辽，掉转马头，转过身来，冷冷地询问道："文远莫非欲追我回去吗？"张辽说道："非也。丞相知兄远行，欲来相送。"

原来，曹操觉得像关羽这样忠义的人，不当面向自己辞行，是不会离开的，为了留住他，便想出了避而不见，让他难以成行的办法，谁知关羽竟然投书向他辞行，仅带原有人员及随身行李走了，不由万分惊愕。半晌，曹操道："云长不忘故主，来去明白，真丈夫也。"谋士程昱愤愤不平地说道："丞相待关某甚厚，今彼不辞而去，乱言片楮，冒渎钧威，其罪大矣。若纵之使归袁绍，是与虎添翼也。不若追而杀之，以绝后患。"曹操摇首道："昔日吾与彼有约，岂可失信！"为了进一步笼络张辽、徐晃，令其与关羽继续保持联系，曹操对张辽说道："云长封金挂印，财贿不以动其心，爵禄不以移其志，吾深敬之。我一发结识他做个人情。汝可先去请住他，待我与他送行，更以路费征袍赠之，使为日后纪念。"

张辽领命，迅疾出了丞相府，翻身上马，快马加鞭，独一人，出了北门，追了过来。随即，曹操亲自率领数十骑赶了过来。

关羽不知内情，只以为曹操定是要缉拿自己，先派遣张辽来拖住自己的，说道："文远不要花言巧语，吾心意已决，便是丞相铁骑来，吾愿决一死战！"张辽惊讶地说道："丞相已经答应汝，岂会食言？吾不带兵器，其他将领赤手空拳，如何缉拿你？"关羽深感狐疑，遂立马于桥上向张辽身后望去，只见曹操引数十骑飞奔前来，背后乃是许褚、徐晃、于禁、李典等骁勇善战的名将，手中确实都没有军器，顿时放下心来。

曹操飞奔而至。诸将同时勒住马匹，左右排开。曹操问道："云长为何走得如此匆忙？"关羽在马上欠身回答道："吾曾禀过丞相。今故主在河北，不由某不急去。累次造府，不得参见，故拜书告辞，封金挂印，纳还丞相。望丞相勿忘昔日之言。"曹操说道："吾欲取信于天下，安肯有负前言。恐将军途中乏用，特具路资相送。"

他的话音来没有落地，一员将领立马托过一盘黄金，前出至关羽面前，准备交给他。关羽说道："累蒙恩赐，吾手头尚有余资。丞相留下黄金可赏给三军将士。"曹操说道："云长立下莫大之功，特以少酬大功于万一，云长何必推辞？"关羽回答道："区区微劳，何足挂齿。"

曹操心知关羽终不肯接受黄金，笑道："云长天下义士，恨吾福薄，不得相留。汝既不受黄金，曹某不便相强，馈赠锦袍一领，略表寸心，云长勿辞。"一边说，曹操一边解下锦袍。关羽跳下马来，走至曹操马前，恭恭敬敬地接过来，披在身上，试了试，称谢道："蒙丞相赐袍，异日有缘，吾必会拜会丞相。"

说完，关羽跳上马，提了青龙偃月刀，准备立刻离开。但被曹操的声音拽住了："云长何以急于离开曹某？"关羽调转马头，说道："吾非急于离开丞相，乃是为了见到大哥，并送二位嫂嫂与大哥团聚。丞相美意，天高地厚，吾必铭记在心。"曹操叹息道："恨老天不令曹某早日见到云长，要不然，断不会有今日之别。"一边说，曹操一边撕下自己的衣裳，咬开右手食指，在上面匆匆写了一些字，拍马走到关羽面前，送给他，说道："云长珍重。汝未带文书，有了此物，可通行无阻。"

关羽强烈地忍住心头的激动，说道："谢丞相厚恩。丞相可否听吾一言。"曹操说道："曹某愿意洗耳恭听。"关羽郑重地说道："丞相曾对吾说过《春秋》《左传》，吾至今不忘。某亦以《春秋》《左传》赠予丞相：丞相英雄盖世，已成霸业，纵使不能澄清寰宇，令天下黎民百姓安享太平，亦势必威权日盛，只要像晋文公、齐桓公一样，尊崇朝廷，必受天下景仰；否则，会被人看作一代奸雄，受万世唾骂。"

说完，关羽向曹操拱了一下手，迅速拨转马头，下桥望北而去，把曹操一行人扔在那儿发愣。

过了好一会儿，许褚终于回过神来，愤怒地对曹操说道："此人无礼太甚，何不擒之？"曹操说道："彼是忠义之士，以春秋大义说我，何错之有？吾言既出，不可追也。"

曹操拍马循着关羽离开的道路追了几步，直到看不到他的身影，仰天叹息一声，拨转马头，也不说话，怅然若失地返回许昌，径直进入关羽的住所，下了马，缓缓地走了进去。诸多谋士与将领全都沉默不语，跟在他身后，一齐走了进去。

亲眼看到关羽把自己赏赐的物品全都整齐地摆放在屋子里，以及悬挂着的汉寿亭侯印章、十名楚楚动人的美女，曹操心里滚过一阵接一阵难以遏制的情绪。他缓步走到中间一张桌几边缘，只见最上面放了一个簿子，以为关羽留给了他什么话，心头一阵激动，赶紧取在手里，急切地看了起来。却原来记载着自己历次赏给他的金银物资，收支转存，开列得清清楚楚，不由大是感慨，眼睛朝后一看，只见程昱等人全都站在身后，马上把簿子递给了程昱。程昱默默地看完，不发一言，传递给下一个人。

等待所有人都看完了，曹操问道："汝等有何评论？"众人一齐回答："云长另开账目，条理清楚，世人莫及。吾等效法，定当增添军力。难怪丞相如此看重云长，其人确有过人之能，吾等心悦诚服。"曹操说道："汝等醒悟不晚。刘备虽是英雄，不足为虑，然有云长相助，不及早除之，必将终成大事。汝等须仔细探查刘备消息，待吾平了袁绍，定灭刘备。刘备一死，吾既免除后患，亦能令云长真心归顺，定当早日扫平天下。"

却说关羽别了曹操，心里一样百感交集，好几次忍不住回首朝后面看去，猛然发现曹操竟跟了过来，恨不得回身迎过去，但一想到此番要去寻找刘备，硬生生地忍住了。

有了曹操血写的文书，他们一路上畅通无阻，顺利地渡过黄河，即将进入河北地面。再有几日，就可以见到失散已久的大哥，关羽心里异常激动，催促随从白天加紧赶路，夜晚投宿以后，命令丫鬟悉心伺候二位嫂嫂和夏侯夫人。

这一天，车仗正在急速赶路，忽然看到有一个人骑马从北面疾驰而来，关羽心怀疑虑，纵马上前，举目望去，赫然认出那人竟是孙乾。孙乾亦认出了他，大声叫道："云长少住！"关羽连忙勒住赤兔马，命令车仗亦停下来，问道："自汝南相别，可曾探准兄长消息？"孙乾说道："自将军回师之后，刘辟、龚都夺了汝南，派吾到河北结好袁绍，请玄德同谋破曹之计。不想河北将士各相妒忌，难以成事；袁绍多疑，主持不定。皇叔知彼将败于曹操之手，先求脱身之计。今皇叔已往汝南会合刘辟。恐将军不知，反到袁绍处，或为所害，特遣某迎接将军。幸于此得见。将军可速往汝南与皇叔相会。"

关羽带了孙乾，立在马车侧面，告诉甘夫人、糜夫人、夏侯夫人，孙乾接受哥哥的指令，前来拜见嫂嫂和弟媳。

夫人们一听，精神振奋，连忙询问刘皇叔在河北一向可好。孙乾说道："皇叔一向安好，只如今离开河北，前往汝南去了。夫人可到此相会。"夫人们听了，又惊又喜，掩面垂泪道："孙将军辛苦。有劳二叔，送我等去汝南。"

关羽立刻命令随从，推了车马，转道向汝南走去。一路上，关羽十分兴奋，仔细询问孙乾见到刘备的经过以及刘备到底经受了怎样的波折。得知赵云已经投靠兄长，心里万分高兴；知道刘备差一点因为自己杀了颜良而被袁绍杀害，说道："若兄长因我而死，吾怎能苟活于世？""二将军不必自责，此事已经过去，教袁绍知道二将军威名，对皇叔未尝不是好事一件。毕竟，袁绍如今对皇叔言听计从，若非彼手下谋士与将领互不买账，相互拆台，也许，曹操已经败矣。"

"曹操手下勇将如云，谋士众多，人人心往一处使，是以能成就霸业。袁绍纵使实力雄厚,难以与之相比肩。"关羽叹息道,"若非大哥奉衣带诏,需借助袁绍之力,讨伐曹操,真的不必依附袁绍。""不错,袁绍纵使兵精将多,气势比曹操还大,恐怕迟早会被曹操消灭。"孙乾深有感触地说道。

关羽触动了心思,说道:"曹操以一己之力,欲平定如此众多不听朝廷诏令的诸侯,真有些难为他。"孙乾吃惊地看着关羽,说道:"二将军何出此言?莫非真心降服了曹操?"关羽苦笑道:"果真如此,吾岂会离开许都?虽逼死董贵妃,族灭董国舅,是其一短,身为丞相,曹操称得上尽心尽力。吾深知春秋大义,恨丞相欺君罔上,只要找到大哥,必定殚精竭虑,帮助哥哥讨伐曹操,扫平天下。"孙乾叹息道:"二将军勿怪,吾多心了。"

忽然,关羽想起了另外一件心思,问道:"孙将军可曾听说过我三弟消息?"孙乾说道:"吾不曾听到过三将军下落。想必彼会另有一番遭遇。皇叔和二将军即将相会,三将军不久自会与汝等团聚,方不负当年桃园结义之情。""三弟万马军中取上将之头,犹如探囊取物,纵观天下,鲜有对手,吾倒不必担心。只是,弟媳见两位嫂嫂马上可以与大哥团聚,嘴上不说,心里定会生出更多哀伤。""二将军兄弟情深,如此洞悉夏侯夫人和三将军的心思,实在难得。夏侯夫人真乃女中豪杰,哪怕三将军杳无音信,彼能离开夏侯府,跟随甘夫人、糜夫人一道吃苦受累,天下少有。苍天塑造汝等,必定会令汝等创造一番事业。澄清寰宇的责任,应该落在皇叔和二将军、三将军身上。""澄清寰宇,我辈之责。"关羽仰天望了一回,说道,"哪怕至今颠沛流离,不会有任何改变。"

又是几天过去了,车仗正行走在一个山冈上,忽然大雨滂沱。关羽转头四顾,只见山冈的那边有一所庄院,不由得大喜过望,叫孙乾保护着车仗,在后面紧跟上来,自己拍马奔了过去。庄园大门敞开。关羽来到门口,刚跳下赤兔马,就见打从里面走出一位老人来,赶紧向老人家施了一礼,寻求借宿。

老人说道:"久闻将军大名,幸得瞻拜。将军不嫌寒舍简陋,敬请吩咐。"关羽大喜,说道:"先生高义,某感激不尽,敢问先生尊姓大名?"老人说道:"某姓郭名常,世居于此。"说话之间,车仗已经驶了过来。郭常连忙取来一把雨伞,站在雨中,把车仗迎进庄园,宰羊置酒相待,并请三位夫人在后堂暂歇。

　　郭常很有酒量，也深通行军作战之道，陪着关羽、孙乾在草堂饮酒之时，谈起行军作战，眉飞色舞，喝完一坛酒，取第二坛酒的时候，看到军士烘焙行李，喂养马匹似乎不够悉心，赶紧上前，一一纠正，并且不时还会过去检查一下。

　　关羽异常感动，说道："郭先生真乃世外高人。"郭常说道："老汉读了一些兵书，可惜没有离开过庄园，让关将军见笑了。"关羽说道："今日偶遇郭先生，未知可否赐教。"郭常摆手道："关将军勇武过人，何须向郭某请教。"孙乾说道："二将军真心求教，先生幸勿推辞。"

　　郭常推脱不过，不得不就兵法、天下大势，以及曹操、刘备、袁绍、刘表、刘璋、孙策等当世成名人物与关羽、孙乾攀谈起来。

　　"郭先生身居荒野，如此了解天下大事，对各路英雄人物亦如数家珍，知道每一个人的长处和短处，真不愧是世外高人。若能请彼辅佐大哥，必是一代人杰。"想到这里，关羽正要开口请求老人与自己一行，被一阵吵吵闹闹的声音打断了。他住了口，一眼望去，在渐渐黑下来的薄暮里，看到一个少年，引数人入庄，径上草堂。郭常向少年喊道："吾儿来拜关将军。"

　　少年叫停了那些人，独自上前，拜见关羽："不知将军到来，有失礼仪。某射猎方回，将军请便。"说完，他再向关羽施了一礼，即下堂去了。

　　关羽问道："郭先生，令郎作何营生？"郭常叹息道："老夫耕读传家，只生此子，不务本业，唯以游猎为事。真乃家门不幸也！"关羽说道："郭先生世外高人，令郎必然不错。何况，方今乱世，若武艺精熟，亦可以取功名，何云不幸？"郭常说道："他不肯用心，只专务游荡，无所作为，老夫所以忧耳！"

　　这一岔，把关羽想说的话全都打断了，再也接不上来。孙乾却拾起话头，再度与老人攀谈起来。郭常仍然那么见识高远，令关羽折服。

　　子夜时分，郭常看看天色已晚，不便继续与关羽、孙乾谈论下去，告辞而出。

　　关羽问孙乾道："郭先生是否世外高人，不愿出世的隐士？"孙乾点头道："确实如此。不过，他儿子倒是不肖之徒，颇觉奇怪。"

这时候，忽然听到后院马嘶人叫。关羽心里一惊，生怕二位嫂嫂和夏侯夫人受到惊吓，急忙与孙乾提剑奔了过去，只见郭常之子倒在地上叫唤，随从正与庄客厮打。关羽连忙喝止随从，询问原因。

随从说道："此人来盗赤兔马，被马踢倒。我等闻声起来巡看，庄客们反来厮闹。"关羽顿时一团怒火直冲顶门，厉声骂道："鼠贼焉敢盗吾马！"恰待狠狠教训他一通，只见郭常奔了过来。老人祈求道："不肖子为此歹事，罪该万死！奈老妻最怜爱此子，乞将军仁慈宽恕！"关羽说道："此子果然不肖。吾看翁面，且姑恕之。"遂吩咐随从看好马，喝散庄客，与孙乾回草堂歇息。

第二天，郭常夫妇出拜于堂前，连连称谢："犬子冒渎虎威，深感将军恩恕。"关羽说道："郭先生乃世外高才，不意竟有如此不肖之子。郭先生不嫌关某鲁莽，把令郎唤出来，吾以正言教之。"郭常叹息道："他于四更时分，又引数个无赖之徒，不知何处去了。"

关羽谢别郭常，奉二嫂与弟媳上车，出了庄院，与孙乾一道护着车仗，取山路而行。不及三十里，只见山背后拥出一百余人，为首者黑面长身，板肋虬髯，形容甚伟。此人大声说道："我乃天公将军张角部将也！来者快留下赤兔马，放汝过去！"关羽大笑道："无知狂贼！汝既是张角部将，难道没有听说过刘、关、张兄弟三人名号乎？"那人吃了一惊，回答道："吾只闻赤面长髯者名关云长，却未识其面。"关羽停刀立马，解开须囊，露出长髯，说道："吾即是关云长！"

那人立刻滚鞍下马，拜倒在关羽马前，说道："某姓周，名仓。黄巾军起事之前，童小钱曾经言及过将军。当初，吾一直以为将军没有听从童小钱的劝告，投靠天公将军，是一大遗憾。孰料天公将军、地公将军、人公将军竟然一朝尽被官军所灭，始知将军很有远见。黄巾军失败以后，吾日夜思念将军，盼望追随将军。今日幸得拜见。愿将军不弃，收为步卒，早晚执鞭随镫，死亦甘心！"

关羽听了，大为惊讶，连忙把他扶起来，说道："汝如何得知吾到此？"周仓说道："自张角死后，一向无主，啸聚山林，权于伏牛山藏伏。今早听到有人来报：有一客人，骑一匹千里马，在他家投宿。特邀某来劫夺此马。不想却遇将军。"关羽说道:"此必郭先生之子!有子如此,郭先生愧对世外高人之名了!幸而不曾邀他辅佐大哥,要不然,大哥一世英名,岂不被他丢尽?"周仓惊讶极了,问道:"关将军是说郭常吗?"关羽说道:"正是此人。"周仓说道:"当年天公将军知道此人深有谋略,三番几次请彼出山,他都不肯,不想竟隐居于此。"关羽吃了一惊,顿足道:"此人果是隐士,错过他了!"孙乾说道:"二将军莫非以为郭常不想出世,遂故意制造假象,今已逃走?"关羽点头道:"郭常之子非苟且之辈。彼略施小计,就瞒过我等;此等大才,委实不应埋没。"周仓说道:"原来告诉我他家有千里马者就是郭常之子,早知如此,吾把他留住好了。""郭常之子走往何处?"孙乾问道。不等周仓回答,关羽说道:"彼既诚心要瞒我等,早已没了踪影。关某看到曹操人才济济,很想为大哥招徕英才,没想到,英才在此,竟然错过了。虽如此,吾还得拜辞一番方好。"

说罢,关羽走到车仗面前,请示了二位嫂嫂以后,留下所有随从,只与孙乾、周仓三骑,快马加鞭,瞬息之间,就返回了郭常的庄园。其时,郭常一家人早已离开,仅有一个看门人站在庄园之外,似乎专门等待关羽返回。

看门人迎上前来,说道:"将军走后,我家主人已经带了家小,飘然而去,不知去向。"关羽懊悔道:"幸遇高才,却有眼不识泰山,是吾之过。"看门人说道:"我家主人懒散惯了,无力进入尘世,请将军珍重,他日定会建立一番功业。"说完,看门人拿出一方锦帕,恭恭敬敬地双手呈给关羽,说道:"我家主人有一封书函,请将军过目。"

关羽接过锦帕,打开急切地看完以后,慢慢收起,朝庄园里面望了一眼,忽然翻身下马,扑通一声,跪倒在地,朝庄园门叩了三个响头,站起身,朗声说道:"先生一言,拨开吾心头迷雾。先生放心,吾此生不再过分拘泥,定当追随大哥匡扶天下,拯救黎民百姓,万死不辞!"

说完,关羽立刻跳上赤兔马,拨转马头,双腿一夹,赤兔马像离弦之箭一样,沿着来时的道路飞奔而去。孙乾很有些纳罕,跟在关羽身后,问道:"二将军,郭先生写下何言?"关羽赞叹道:"郭先生独具慧眼,认为忠义仁爱固是优长,然对敌人切莫手下留情。他还说,如今天下混乱,从大势而言,汉室江山既不可能中兴，亦无法继续维持，必然会被另一个朝代取而代之。为了早日结束混乱，关某应辅佐明主，开辟另外一代江山。能重开山河者，唯曹操、孙策，以及吾兄长。曹操为人狠毒，以残暴可令万民屈服；孙策巧取豪夺，亦能获得地盘；吾兄长爱民如子，践行王道，生于乱世，自然会四处碰壁，然王道能赢得民心，终有一日，兄长会得偿所愿。""此人目光如炬，确是一代奇才。"孙乾叹息道。

说话之间，三骑已经进至车仗跟前。分别在即，周仓再次请求关羽收留自己。关羽问道："汝若随我，手下人伴如何安顿？"周仓说道："愿从则俱从；不愿从者，听之可也。"众人听了，一齐回答道："愿意跟随将军，誓死不渝。"

关羽乃下马至车前禀问二位嫂嫂。甘夫人知道周仓是黄巾军出身，刘皇叔是依靠镇压黄巾军起家的，两者水火不容，不肯轻易接纳周仓，不过，看关羽的样子，已经决定收纳他了，不便一口回绝，说道："叔叔自离许都，于路独行至此，历过多少艰难，未尝要军马相随。缘何到了现在，要收留周仓之众呢？我辈女流浅见，叔自斟酌。"

关羽明白嫂嫂的用意，不便解释，只有听命，走到周仓面前，说道："当年童小钱一言，吾便希望与汝相见。汝来投我，我理当答应，奈何嫂嫂不从。汝等且回山中，待吾寻见兄长，必来相招。"周仓顿首说道："仓乃一粗莽之夫，自从听说将军之名，就一心想要追随将军；今老天垂怜，得遇将军，岂忍错过！若以众人相随为不便，可令其尽去。仓只身步行，跟随将军，虽万里不辞也！"

关羽大为感动，再次来到车仗面前，垂手站立，把周仓说过的话告诉二位嫂嫂，请求收留周仓。甘夫人说道："一两人相从，无妨于事，二叔自行决定。"得了回话，关羽立刻命令周仓遣散人马，带着车仗与原班人马，沿着通往汝南的道路，继续向前进发。

行了数日，遥见一座山城。关羽命令车仗停留下来，着一名军士寻得当地人，带到面前，询问得知，此城名为古城，本无兵马，数月前有一将军，姓张，名飞，引数十骑到此，逐去县官，占住古城，招军买马，积草屯粮，聚集了三五千人马。关羽喜出望外，自语道："吾弟自徐州失散，一向不知下落，谁想却在此处!"

关羽立刻命令孙乾先入古城通报,教张飞出来迎接二嫂和夏侯夫人,自己径直走向车仗,垂手站立在车子面前,还没有来得及问候二位嫂嫂,就听到了甘夫人的声音:"二叔,前面可曾出现状况?"关羽回答道:"嫂嫂不用担心,前面有一座县城,三弟翼德在此,已经招募了数千兵马,吾令孙将军前去告知翼德,彼马上就会来迎接嫂嫂。""三叔就在前面,真是太好了。"甘夫人欢快地说道。

紧接着,关羽就听到了一声压抑着情感的哭叫。那是欢乐的哭声,是喜极而泣。一定是夏侯夫人的声音,关羽知道这一点,但不知道怎么安慰,伫立在那儿,不敢动弹。立刻,他听到了甘夫人、糜夫人的劝说声,但二位嫂嫂越是劝说,夏侯夫人越发哭得厉害了。关羽更加手足无措,想了半晌,劝慰道:"弟媳莫哭,翼德即将过来,一见弟媳哭叫,定会责怪二哥没能好好照顾你。"

听到夏侯夫人好不容易止住了哭声,关羽终于放了心,告别车仗,只带着周仓,前出一段距离。这时候,从古城方向开来大队人马,犹如云彩一样地快速飘了过来。关羽大喜,心里说道:"终于见着三弟了!"把青龙偃月刀交给周仓,双腿一夹,骑着赤兔马,迎了上去。看到张飞,关羽正要说话,却见张飞圆睁环眼,倒竖虎须,吼声如雷,挥矛向他便搠。关羽大惊失色,连忙闪到一边,惊讶地叫道:"贤弟何故如此? 岂忘了桃园结义耶?"张飞勒住战马,愤怒地呵斥道:"汝无义在先,怎敢责备吾!"关羽说道:"三弟莫非搞错了,吾如何无义?"张飞高叫道:"汝背了兄长,降了曹操,封侯赐爵。桃园结义之情何在? 信义何在? 现在又来赚我! 有何颜面说起情义? 吾今与你拼个死活!"

张飞被曹军打败以后,逃往芒砀山住了一个多月,因为一直思念两位哥哥和夫人,亲自率领人马出外探听消息,来到古城,一见这里百姓丰衣足食,想到自己人马濒临绝境,便进城试图向县令借得一些粮草,谁知县官不肯答应,不由得大为恼怒,遂在一怒之下,逐去县官,夺了县印,占住了城池,就在古城安了身。紧接着,他招兵买马,拉起了一支五千人的队伍,把他们训练得像模像样，一面作保卫古城的准备，一面四处派遣兵马，探听两位哥哥与夫人的下落。得知关羽已经投降曹操的消息，他当时就恨不得拿了丈八长矛，率领人马攻入许都，将关羽的心脏捅出一个透明窟窿，但一想到曹操大军多如牛毛，猛将灿若星河，不得不偃旗息鼓。前两天，他又得到消息，说是有一支车仗正朝古城走来，因为斥候不敢接近车仗，没看清关羽的脸，也不知道车仗到底是何来头，张飞一杆丈八长矛所向无敌，单打独斗，天下几无对手，便忽略了他们。

没想到，今天孙乾入城见到他，开口竟然说道："玄德离了袁绍处，投汝南去了。今云长直从许都送二位夫人以及夏侯夫人至此，请将军出迎。"张飞马上想起关羽已经投降曹操，心想此必是关羽听了曹操的命令，设计来谋害自己的，怒火在胸膛熊熊燃烧，也不回言，随即披挂持矛上马，引一千余人，径出北门，准备猎杀关羽。孙乾万分惊讶，但不敢询问，只得随出城来。

关羽心知张飞误会自己了，料想自己难以解释，便说道："汝原来不知！吾也难说。现放着二位嫂嫂及汝夫人在此，贤弟自问便知。"

说罢，关羽调转马头，回身准备走向车仗。甘夫人、糜夫人心知夏侯夫人急于见到丈夫，已命令关羽随从，将车仗向前推进了一些。关羽、张飞二人均声若洪钟，三位夫人听得分明。夏侯夫人感到难堪，脸色绯红，不敢作声。甘夫人、糜夫人掀开帘子，大声呼叫："三叔何故如此？"张飞远远地向二位夫人抱拳施礼，说道："嫂嫂住着。且看吾杀了负义之人，然后请嫂嫂入城。"甘夫人急忙说道："二叔因不知汝等下落，暂时栖身曹氏，今知你哥哥在汝南，不避险阻，送我等至此。三叔休错见了。"糜夫人跟着说道："二叔向在许都，是为了保护我等，原出于无奈，三叔还须理解。"

张飞先入为主，一心以为关羽背主求荣，哪里听得进二位嫂嫂的话，急切地说道："嫂嫂休要被他瞒过了！忠臣宁死而不辱。大丈夫岂事二主！"关羽满腹委屈，叹息道："贤弟休屈了我。"此时，孙乾亦赶上前来，说道："三将军不要错看了云长，吾奉皇叔之命，与二将军一块寻汝。""汝恁地胡说！"张飞不敢对二位嫂嫂无礼，把气撒在孙乾身上，厉声说道："彼若不答应曹操，要除掉大哥和我，曹操为何给他赐爵封侯！曹操信任彼，彼不怀好意。"

"曹操信任夏侯，夏侯亦不怀好意乎？"一个声音飘了过来。张飞一个激灵，情不自禁地循了声音望去，赫然看到夫人夏侯氏出现在二位嫂嫂的身边，一脸的娇红，微微有点怒意。"夫人！"张飞轻轻叫道。夏侯氏继续说道："依三将军之言，我随二位嫂嫂来到古城，亦是奉了曹操之命，来谋害汝？""夫人！"张飞再一次轻轻地叫道。夏侯氏仍不理睬他，继续说道："我本夏侯惇堂妹，夏侯氏与曹氏一脉相连。我若不是奉曹操之命，准备加害汝，一定会在许都安享荣华富贵，不会来到古城。是吗？""夫人！"张飞张口结舌。甘夫人说道："三叔，且不说你二哥，单是夏侯夫人，誓死不留夏侯府邸。如此刚烈忠贞之人，认定二叔值得信赖，汝做兄弟的，有何可疑的？"

张飞仰天大叫一声，放下丈八长矛，从马上跳了下来，双膝跪地，拜倒在关羽面前，说道："三弟愚顽不灵，错怪二哥，请二哥恕罪。"关羽连忙跳下马，扶起张飞，二人抱在一起，失声痛哭了一回。

关羽首先收住泪，说道："三弟切莫激动，二位嫂嫂和弟媳还在荒郊野外，正宜进城安歇。""吾一时高兴，竟忘了这一茬，真是该死。"张飞连忙转向二位嫂嫂，施了礼，然后放下帘子，与关羽一边一位，护送车仗准备进城。

这时候，忽然从城里跑来一骑军士，报告道："城南门外有十数骑来得甚紧，不知是甚人。""何人胆敢犯我，想是不要命了。"张飞心中大怒，告别车仗，独自一人纵马向南门方向奔去。

快要抵达南门，果然看到十数骑轻弓短箭而来，张飞怒火冲天，提了丈八长矛，准备厮杀。可是，那边之人见了张飞，立刻滚鞍下马。张飞甚是疑惑，定睛一看，最前面的二人赫然竟是糜竺、糜芳兄弟。张飞赶紧下马与之见礼，询问二人何以来到古城。糜竺说道："失散以后，我兄弟二人逃难回乡，使人远近打听，知云长降了曹操，主公在河北；又闻简雍亦投河北去了。只不知将军在此。昨于路上遇见一伙客人，说有一姓张的将军，如此模样，今据古城。我兄弟度量必是将军，故来寻访。幸得相见！"张飞说道："今日苍天有眼，吾不仅得到了许多大好消息，而且见到了诸多故人。"糜竺惊讶地问道："三将军何出此言？"张飞说道："二哥与孙乾送二嫂方到，且带来了大哥消息，不日将与哥哥相见。"

二糜大喜，连忙随同张飞一道来见关羽，并参拜了几位夫人。

随即，张飞把众人全部迎进城。安顿已毕，甘夫人、糜夫人、夏侯氏诉说了关羽降曹的经历。张飞再度失声痛哭，参拜关羽，诚恳认错："二位嫂嫂以及贱内承蒙二哥关照，辗转千里，平安来到古城，吾却错疑二哥，真是罪该万死。"关羽说道："三弟亦是为了二位嫂嫂，何罪之有？"夏侯氏插上话头，对张飞说道："汝真能改掉疑心自家兄弟的毛病，不仅是奴家的福气，皇叔、二哥更会省心。"张飞略一迟疑，豪爽地说道："夫人说的是，从今以后，翼德决不再疑心自家兄弟。"关羽说道："兄弟赤胆忠诚，乃是人生一大快事。寻得了大哥，我等经受磨难，为了江山社稷，为了黎民百姓，必能开辟美好未来。"孙乾笑道："二将军见识高远，深感佩服。吾当年受陶府君所托，一投靠皇叔，就决心终生不渝。"糜竺、糜芳亦同时说道："我兄弟亦是如此。"甘夫人深受感动，说道："皇叔有你等相助，何其幸也。只是，皇叔至今飘零，住无定所，连累各位义士了。""某等追随皇叔，是为天下大道，谈何连累；能相随皇叔，我等倍感荣幸之至。"众人一齐朗声说道。

宴会过后，夏侯夫人亲自带领使女，将甘夫人、糜夫人的房间收拾停妥，送二位嫂嫂安歇去了。

这时候，关羽、张飞等人仍然聚集在一块，商讨次日赴汝南寻找刘备之事。

张飞说道："明天吃过饭，收拾妥当，吾等便带领人马，同去汝南。"关羽说道："汝南刘辟、龚都手下虽有人马，但跟曹操、袁绍相比，不可同日而语。哥哥虽去汝南，未必会一直待在那儿，我等全都去了汝南，哥哥若不在，如此众多人马，一路来回折腾，粮草会出问题。再说，二位嫂嫂和弟媳路途劳顿，不便继续前行。贤弟可保护二嫂，暂住此城，待吾与孙乾先去探听兄长消息。""二哥也是一路劳顿，理当留在古城，吾去探听哥哥消息。"张飞分辩道。关羽说道："三弟身居古城日久，怎可轻易离开？"张飞想了想，不再说话，算是允诺。

次日，关羽吃过早饭，拜辞了二位嫂嫂，与孙乾一道，带领几个兵士，骑着战马，朝汝南疾驰而去。

刘辟、龚都得到消息，一齐出城迎接，殷勤备至。关羽与二人寒暄一回，问道："我大哥可安好？"刘辟说道："刘皇叔确实曾经来此住了几日，但见我等人马不多，又到河北找袁本初商议去了，只留下赵子龙将军以及数百兵马在此。"

事情果然如此，关羽内心有些怏怏不乐，在刘辟、龚都的邀请下，进入城池，与赵云相见，并受到了热情款待。紧接着，关羽、刘辟、龚都、赵云诉说了一番各自的情况，商议过后，赵云决计率部跟随关羽一道先去古城，再做道理。

辞别汝南，关羽等人沿原路回至古城。张飞老远看见一支兵马开了过来，以为刘备就在其中，心下欢畅，立刻亲自出了城门，准备迎接，但没有看到大哥，不由得心里凉了半截，与赵云相见过后，急切地问道："大哥果真不在汝南？"

回到县衙，关羽、赵云把事情一说，张飞急急忙忙就要命令人马收拾行装，开往河北。关羽说道："古城未可轻弃。吾与子龙商议妥当，汝与子龙坚守此城，沟通汝南消息；吾与孙乾同往袁绍处，寻见兄长，来此相会。"

"二哥是何言也？昨夜夫人告吾，二位嫂嫂惦记大哥，坐不安席，食不甘味，寝不安稳。如今夏侯已与吾团聚，二位嫂嫂必定更加盼望尽快与大哥团聚。我等如何能让嫂嫂失望。"张飞大声说。关羽轻轻叹息一声，说道："吾非不知道二位嫂嫂心情，然袁绍不可依靠，二位嫂嫂同去河北，处境堪忧。"

恰在这时，夏侯夫人听说关羽已经率领人马回到古城，以为二哥定是回来接甘夫人、糜夫人去汝南的，连忙告诉了二位嫂嫂。甘夫人、糜夫人果然急切得很，亲自过来探问，听到关羽一席话，打从心里涌出一种失落之感，眼泪差一点就要夺眶而出，但硬生生地忍住了。

关羽听得动静，抬眼一看，见是二位嫂嫂，赶紧起身，向她们施礼，说道："不瞒二位嫂嫂，大哥确实不在汝南，又去了河北。吾正与三弟商量，如何寻找大哥。此系赵子龙，一向与大哥在一起。"赵云赶紧向二位夫人施礼，说道："皇叔虽居袁营，安如磐石，夫人请放心。"甘夫人说道："皇叔与二弟常言子龙英勇无敌，秉性耿直，能得子龙实言，吾心已安。不便打扰，汝等继续商量。"说完,她果决地一回身,在夏侯夫人搀扶下,与糜夫人缓缓向后院走去。

关羽、张飞望着二位嫂嫂的背影,心头涌起酸酸的感觉。不过,二人很快调整心态,回到现实,继续与赵云一道商谈去河北之事。

商议完毕,关羽与孙乾带了二十余骑一路向河北奔去。

即将到达界首,孙乾说道:"不知皇叔如今有何打算,二将军不可轻易进入河北,只在此间暂歇。待吾先见皇叔,得了确实消息再说。"

关羽觉得此言有理,先打发孙乾去了,遥望前村有一所庄院,便与随从到那儿去投宿。恰好一老翁拄着拐杖从庄子里出来了。关羽赶紧迎上前去,向他施了一礼,请求借宿。老翁说道:"将军仪表堂堂,威仪不凡,堪称英豪。敢问将军尊姓大名?"关羽回答道:"某姓关名羽,字云长。有辱老翁耳目。"老翁笑道:"将军威名远扬,老朽得见将军,荣幸之至。某亦姓关,名定,与将军同姓,将军不嫌老朽山野鄙人,毫无见识,老朽当与将军说说话,亦可解心中之忧。"

关羽关切地问道:"老翁超然脱俗,心中怎有烦忧?"关定说道:"人活世间,谁无烦忧? 生逢乱世,老朽虽居于荒野,亦不能幸免,老妻早逝,两个儿子亦死于战乱,老朽孤身一人,仗着有些田产,雇些人照料,聊以度日。"

关羽不由感慨万端,下了马,与老翁一道进了庄院。老翁是一个热心人,立刻吩咐照料他的人设宴招待关羽,并给关羽及其从人收拾屋子,准备留宿。

下了席面,不觉已是晚上。关定在庭院里摆下一张桌子,吩咐帮佣煮了茶,对着明月,邀请关羽一块长谈。

"虽说素未出门,但此地四通八达,关将军与刘皇叔、张翼德桃园结义,征剿黄巾,直至今日,种种善行,老朽都有耳闻,深感将军兄弟是济世救民的英雄,理当有一番作为,奈何总是会碰得头破血流呢?""实力不济耳。""仅仅如此吗?""无堪当大任之才,苍天亦没有给予我三兄弟赖以发展的地盘。""将军所言,固然都是事实,但将军是否想过,一切皆应自己争取? 孙策借兵三千,实力并未超过将军,却能扫平江东,此乃人谋也。将军跟随皇叔,东征西讨,所处地域,曹操、袁术、袁绍、吕布等豪强环伺,岂能讨得便宜? 将军何不像孙策一样，选一块曹操、袁绍势力达不到之地，开辟一片江山呢？"

关羽不是没有思考过这个问题，但放眼天下，到处狼烟四起，实力不够，就是跳出曹操、袁绍的势力范围，又能在哪里找到更好的空间呢？因而，打心眼里，他觉得关定是在空谈，根本无法实现，便沉默不语。

关定似乎看出了关羽的心思，继续说道："实力不济，亦借口耳。实力从何而来？来自于招兵买马。这需要银子。将军和皇叔生不出银子，只有取自黎民百姓，顾及黎民百姓生活艰辛，不便征收更多税款，自然无法招募更多兵马。将军忠义仁爱，更应想到，乱世之中，暂时令黎民百姓蒙受艰辛，一旦早日澄清寰宇，可以令黎民百姓早日安享太平，暂时的痛苦，必须忍受，此乃做大事者应有之胸怀。"

"老先生说出此番宏论，必是世外高人。无奈吾与皇叔实难做到，先生何以教我？"关羽眼帘闪现出郭常那一幕，恳求道。

关定笑道："老夫山野鄙夫，怎堪指教将军，倒要请教将军，当今天下将向何处发展？""吾曾经听人说过，哪怕皇叔仍在厄途，因为遵循天道，当可与曹操、孙策一样，赢得一方地盘。"

"果真如此，皇叔与将军当以何策对之？""曹操虽有恩于我，但彼欺君罔上，吾必当竭尽全力，与之周旋到底；孙策奸诈小人，天下混乱实属乃父私藏玉玺而起，关某亦绝不会与之同生于天地之间。"

"将军意欲与其同时为敌乎？"见关羽没有答应，关定微微一笑，说道，"将军熟读兵法，又历经战事，理当知道此举不妥，心里定在权衡，到底暂时选择与曹操合作，打败孙策，还是先与孙策合作，打败曹操才好。"

关羽思索了好一会儿，终于说道："某宁愿跟曹操合作，也不会与孙策结盟。"

"曹操人多势众，与之合作，确实能够尽早消灭孙策。但将军这边没有准备好，曹操会越来越强，皇叔与将军大有可能被曹操消灭。"没等关定说完，关羽马上说道："与孙策合作，即使打败曹操，亦会因为不能快速结束战争致使黎民百姓遭受更大痛苦；而且，没了曹操，孙策一旦得势，我等将更加防不胜防，带给黎民百姓的灾难更加无法估量。"

关定哈哈大笑道："如此说来，将军定不会与江东合作了。""难道不应如此吗？"关羽问道。关定说道："只怕形势比人强，由不得将军做主。将军对江东看得如此透明，特别时期，只要保持警惕，与江东合作并无不可。只是，合作有底线，需严防江东给将军带来灭顶之灾。"

"老丈提醒，吾当铭记肺腑。"关羽真诚地说道。

关定微微一笑，改变了话题，问道："将军可曾深入想过，如此三强分立，朝廷更加式微，一旦终有天下平定之日，只恐已非汉室江山矣。此与将军孜孜以求之目标岂非大相径庭？届时，将军何以自处？"

关羽原来一直没有朝这方面想过，前段时间郭常留书说过这件事，如今关定又提起此事，不由得大为关切，但一时间脑子淤塞，好一会儿都没有回答。

"如此，将军之读《春秋》、《左传》，未能得其精髓也。"关定顿了一下，说道，"《春秋》有言，今周室既灾而天子已绝乱莫大于无天子；又言，天下必有天子所以一之也天子必执一所以抟之也。其仅言天下须有天子，并未言明非周室不可。"

说到这里，关定住了口，一直静静地注视着关羽，似乎想看他有何反应。

郭常曾有类似之语，不过说的是三方霸主；此番，关定话里蕴含的意义完全超出这个限度，这与关羽一向坚守的忠于汉室背道而驰，而且《春秋》确有此言，每每读到此言，他都会自觉不自觉地向维护周室方面去思考，如今，关定暗藏的另一种解析，与秦国最终一统天下，有着不可分割的联系，怎能不教他心里翻江倒海。好一会儿，关羽都没法回答，只有长长地叹一口气，说道："老丈见识不凡，应是当世高人，请老丈出马，一同保护皇叔，匡扶天下，澄清寰宇，可好？"

似乎算准了关羽会是这般回答，关定又是一笑，说道："老朽与将军投缘，言完别人所不能言，心愿已了，岂有它哉。"

说完，关定把眼睛一闭，脸上流露出安详的笑容。

关羽静静地注视着他，过了好一会儿，都没有看到他有任何动静，不由得心头一紧，轻声叫道："老丈！"没人答应。关羽赶紧起身，探了一下他的鼻息,早已没有一丝气息。关羽仰天长叹道:"世外高人何其多,关某得以遇上他们,又都错过他们,何其有幸,又何其不幸!"

却说孙乾离了关羽,单枪匹马,前往冀州见到刘备,把情况全部告诉了他,询问下一步如何行动。刘备说道:"袁绍终究难有作为,我等须快速离开。简雍亦在此地,其人机智,又得袁绍信任,吾差人暗中请来一同商议。"

简雍接到消息,很快就赶了过来,与孙乾相见之后,在刘备主导下,共同商议脱身之计。简雍说道:"袁绍虽无能为,但一直试图击破曹操,主公明日见袁绍,只说往荆州劝说刘表共破曹操,袁绍必会答应,主公便可乘机离去。"刘备点头称善:"此计大妙! 只是汝怎么脱身?"简雍说道:"主公放心,某自有脱身之计。"

第二天,刘备拜见袁绍,说道:"明公无法独立击破曹操,今刘景升镇守荆襄,兵精粮足,为何不与彼联合,一同攻击曹操呢?"袁绍说道:"吾曾遣使邀之,奈何彼不肯答应。"刘备说道:"吾与此人同宗,由吾前去劝说,必无推阻。"

袁绍大喜过望,说道:"若得刘表相助,击破曹操,当在挥手之间。玄德且为我一行。"说完,忽地想起一件心思,袁绍又说:"闻关云长已离开曹操,要来河北;彼杀我大将颜良,吾当杀之,以报仇雪恨!"刘备虽说不会让关羽见到袁绍,一听此言,还是吓了一大跳,说道:"明公欲用之,吾方修书令他来投。彼既来,明公却要杀之,岂非陷我于不义? 况颜良虽勇,岂能跟云长相比。明公得到云长,胜颜良多矣。"袁绍笑道:"吾爱才,岂忍杀之,戏言耳。汝来,吾必重用。"

刘备见计谋得售,急忙告辞而出。

紧接着,简雍进去了,故作不知,问明刘备前来相探的原因,说道:"玄德此去,必定不会回来。明公若派吾一同前往荆州,监视玄德,确保无事。"

袁绍信以为真,果然准备派遣简雍与刘备同行。谋士郭图劝谏道:"刘备前去劝说刘辟,未见成事;今又使与简雍同往荆州,必不返矣。"袁绍说道:"简雍自会阻拦。"郭图说道:"简雍与刘备关系亲密,怎会阻止刘备,一准会跟刘备一道,一去不回。"袁绍呵斥道:"汝去! 简雍素为吾所信任,必不背我。"

刘备得到袁绍的许可以后，立刻命令孙乾率先出城，与关羽取得联系，自己与简雍收拾好了行装，亦上马出城。

关羽掩埋了关定的尸首，恰逢孙乾回来，报告了刘备的消息。关羽大喜，立刻引着从人，前往迎接。不一时，兄弟二人相见，均喜极而泣，好半天也说不出一句话来。

"某能见到大哥，真是苍天有眼，待我何其仁慈。"关羽终于说道。刘备说道："二弟不必感伤。有汝做兄弟，吾纵然此生注定飘零，亦没有什么遗憾了。"关羽触动了心思，恳切地说道："为了寻找大哥，一路走来，吾偶遇世外高人，聆听彼之教诲，不敢忘怀。此番吾等到荆州去，定能推行王道，实现匡扶天下之夙愿。"刘备大喜，说道："二弟此言甚当。"

一路行去，非只一日，众人接近古城。张飞、赵云、糜竺、糜芳得到报告，早早打开城门，出城迎接，把他们迎进城。甘夫人、糜夫人盼夫心切，按捺不住，想让夏侯夫人陪她们来到前厅，但又说不出口。关羽很理解二位嫂嫂的心情，说道："兄长旅途劳顿，且等休息过后，我等开怀畅饮。"众人深以为然。

这边，刘备进了内室。二位夫人与之相见，抱头痛哭一阵，说起关羽之事，引得刘备感叹不已。那边，张飞同样欢喜无限，命令人马杀牛宰马，准备宴席。刘备出来以后，众人先拜谢天地，随即遍劳诸军。

刘备见兄弟重聚，将佐无缺，旗下新添了赵云、周仓，拥有马步军校五千余人，不由欢喜无限，与众人一道连饮数日后，商讨接下来该如何行动。

关羽说道："我等虽决定向荆州发展，但前往荆州，需要时机，若能取得一块地盘，作为跳板，当是万全之策。"孙乾立马呼应："不错。主公曾与汝南刘辟、龚都联系过，我等宜先去汝南，继续配合袁绍攻击曹操，便于尔后见机行事，进军荆州。"简雍亦大力支持，其他人均无异议，事情就算定下来了。

这时候，刘辟、龚都听说刘备已经到了古城，差人请他举军前往汝南。想睡觉有人送来了枕头，刘备自然十分高兴，马上率领人马，离开古城，前往汝南。在那儿，他们得到了刘辟、龚都的支持，进一步招军买马，扩充实力，并派遣斥候，打探曹操与袁绍的动向，准备从汝南攻击许都。

探知官渡之战已到紧要关头,刘备立刻召集各路将领,商讨对策。

孙乾说道:"曹操与袁绍对峙日久,许都兵力不足,防备松懈,皇叔正宜趁机向许都进兵,或可一举攻取许都,中兴汉室。"关羽说道:"此言甚当,曹军久居于外,许都空虚;我等有数万之众,以刘辟将军率一支人马留守汝南,主力乘虚攻击许昌,以关某、翼德、子龙之勇,皇叔之智慧与威望,谁能抵抗得了?一举中兴汉室,在此一举。"众人均极为感奋,一齐附和。

刘备据此定下决心,留下刘辟守汝南,其他人马克日启程,径直奔袭许昌。

荀彧留守许昌,一旦得知消息,立刻传书曹操,劝曹操迅速回军,确保许都。此时,官渡之战进入紧要关头,曹操接到消息,大惊失色,一面命令人马加强攻击,一面抽调五万兵马,令蔡阳率领,开往汝南迎击刘备。

刘备这边,商议停妥以后,准备了充足的粮草,便与关羽、张飞、赵云等人,引兵径直杀奔许都。

汝南方面的人马刚刚启程,蔡阳即率领兵马开了过来。此人颇有谋略,按照曹操的命令,把营寨布设在通往许都的道路上,呈纵深状排列,也不主动与刘备人马厮杀。关羽率领先头部队一开过来,立刻发起攻击,试图一个冲锋,拔取营寨,扫清前进道路上的障碍,可是,迎接他的是漫天飞舞的箭镞,还没有与敌人接触上,就倒下一大片。关羽大怒,命令人马换上重铠甲,并且手持盾牌,再次进攻,仍然不能成功。随后,张飞、赵云、刘备相继率部开了过来。众人连番设计,想把蔡阳之兵引出来,以便击破之,均不能成功,只能三面包围,日夜轮番攻打,一直战了一个多月,方攻破蔡阳营寨,斩杀了蔡阳。

这时候,曹军已经击败袁军。刘备召集众人商议进退,众人尽皆认为,曹军刚经历一场大战,不可能迅速回援,己方已经扫清前进道路上的障碍,只要继续进兵,可以抢先攻破许都,底定大举,遂率部继续前进。当人马行至穰山地面,曹操已顾不得休整,亲提得胜之军杀了过来。曹军行动竟然之快,刘备吃了一惊,立刻把人马分为三队,在穰山下寨,列成阵势,准备与曹军厮杀:关羽屯兵于东南角上,张飞屯兵于西南角上,刘备与赵云在正南立寨。

少顷，曹操将兵马布成阵势，叫刘备出来答话。刘备出马于门旗下。曹操用马鞭指着刘备骂道："曹某敬汝是英雄，把汝奉为上宾，汝为何背义忘恩，趁吾与袁绍对战之机，袭击许都？"刘备亦骂道："汝名为汉相，实为国贼！吾乃汉室宗亲，奉天子密诏，来讨反贼！"随即，刘备拿出衣带诏，宣读起来。

曹操大怒，骂道："汝与蔡阳对阵一月有余，勉强取胜，竟不识进退，继续进攻，乃自寻死路耳！"立刻命令许褚率领人马，杀将过去。

赵云见了，命令兵士擂起战鼓，催动人马进兵，自己则从刘备身后冲了出来，挺枪出马，径直杀向许褚。兵马刀枪相向，奋力搏杀之际，赵云与许褚亦绞杀在一起，大战了三十多个回合，不分胜负。

关羽远远地见了，心里想道，不趁此机会杀上前去，打他一个措手不及，还等什么？立刻派人通知张飞，两支人马一齐擂动战鼓，一个从东南角上冲突而来，一个从西南角上奋力向这边冲杀。刘备见了，亦不甘落后，挥动大军，尽情杀上前去，三处兵马，构成一个环形包围圈，在曹军中大肆砍杀。曹军远来疲困，不能抵挡，大败而走。这一仗，刘备军大胜而归。

次日，刘备祭出同样的阵形，想与曹军决战，但曹军坚守营寨，并不出战。

如此一连过了好几天，关羽心下疑惑，对刘备说道："曹操善于用兵，我等须提防他的诡计。""只不知彼到底意欲何为。""我军远出汝南，粮草运输是关键。虽有龚都运粮，一旦被曹军围住，就很危险了。"关羽慎重地说道。

恰在这时，龚都果然遣人来报，说是粮草已经被曹军围住了，死战不脱，特来搬取救兵。刘备听了，急令张飞去救。紧接着，又有人报告夏侯惇引军抄背后径取汝南去了。刘备更加惊异，说道："果真如此，我军前后受敌，无所归矣！""大哥不需惊慌，吾带领人马前去救援。"关羽临行之前，慎重地说道，"吾一走，大哥恐难与曹操对敌，是否一道急救汝南？确保汝南安全？"刘备说道："我军已来，岂有回师之理？二弟先去救援汝南，吾有子龙，料不会有事。"

关羽率领人马，一路疾奔，赶往汝南，还没有抵达目的地，得到报告，说是夏侯惇已打破汝南,刘辟弃城逃走,不知二位嫂嫂和弟媳安危,把心一横,骑上赤兔马,在前面一骑绝尘,奔入汝南。

夏侯惇刚刚得了汝南,还没有站稳脚跟,被关羽一冲,人马极为混乱。随后,关羽兵马杀奔而来,一举夺得半个城池。

刘辟刚逃离城池不远,得到消息,挥军杀了回来,与关羽合兵一处,形势刚刚有利。但夏侯惇后续人马开了过来,将他们团团围住。关羽说道:"夏侯惇人多势众,汝南实难坚守。刘将军暂且保护家小,杀出城去,吾当断后,挡住曹军。"刘辟依言,命令兵士将刘备、张飞、自己以及龚都的家小全部集合起来,护送着杀出一条血路,冲出城去。夏侯惇试图率领兵马追杀过来,遭到关羽竭力阻挡。

与此同时,张飞率部去救龚都,也被曹军围住了。

刘备终于知道坠入曹操的奸计,不得不寻思脱身之计。这时候,许褚率部前来挑战。刘备不敢出战,候至天晚,教军士饱餐一顿,步军先行,马军随后出发,秘密撤离,寨中却虚传更点,迷惑曹军。走了几里的样子,转过土山,忽然四周火把齐明,从山头上传来了惊天动地的大叫声:"休教走了刘备!丞相在此专等!"刘备心知中了曹操的埋伏,只有硬着头皮,命令赵云挺枪跃马,在前面杀开一条道路,自己掣双股剑随后跟行。却越杀敌人越多,不仅许褚追至,于禁、李典亦杀了过来。刘备见情势危急,赶紧望深山僻路,单马逃生。次日天明,先后遇上护送家小的刘辟,以及孙乾、简雍、糜芳等人,合在一块,又行了数里,遭到张郃、高览各率领一支人马阻拦。刘辟慌忙出战,与高览战不三合,被高览一刀砍于马下。刘备正要亲自迎战,赵云突然从高览后面冲杀过来,一枪将高览刺落马下,紧接着,向张郃奔杀过去。张郃抵挡不住,拨马败走。趁此机会,赵云奋力追杀,试图为刘备及其家小杀出一条血路,却被郃兵守住山隘,路窄不得出。恰好关羽、周仓引三百军到。两下相攻,杀退张郃,迅速出了隘口,占住山险下寨。

"本想偷袭许都,孰料曹操打败袁绍,迅速回救,我军损失殆尽,连三弟都没有消息。"刘备叹息道。关羽说道:"大哥不必担心,翼德勇冠三军,曹军无人是他对手。吾寻他回来便了。""汝快去快回。"刘备说道。

张飞去救龚都的时候,龚都已被夏侯渊所杀;张飞奋力杀退夏侯渊,又被乐进引军围住,一直陷入激战之中。关羽带领一彪人马,路逢败军,寻踪而去,看到张飞被乐进所部困在核心,恼怒不已,迅猛冲杀而去,杀了乐进一个猝不及防,打开一条血路,引着张飞出了重围,回来拜见刘备。

这时候,曹军大队人马赶了过来。刘备命令孙乾等人保护老小先行,与关羽、张飞、赵云在后,且战且走。脱离与曹军接触以后,清点人马,已不满一千。行至汉江,刘备命令人马在沙滩上安营扎寨,大为伤感,叹息道:"诸君皆有王佐之才,不幸跟随刘备。备之命窘,累及诸君。今身无立锥,诚恐有误诸君。君等何不弃备而投明主,以取功名乎?"

众人一听,亦颇感心酸,尽皆掩面大哭起来。唯独关羽豪气干云地说道:"昔日高祖与项羽争天下,数次落败,九里山一战成功,而开四百年基业。胜负兵家常事,兄长为何要自隳其志!我等无立足之地,横下一条心,前往荆州即可。"孙乾亦大为振奋,说道:"二将军所言不错,此去荆州不远。刘景升兵强粮足,可作依靠。"刘备说道:"兵败相投,恐刘景升不能相容。"关羽说道:"兄长若有数万兵马,刘景升未必敢接纳,今区区一千兵马,他不会感到有任何威胁,怎会拒绝?"孙乾自告奋勇地说:"某愿先往说之,使景升出境而迎公。"

刘备大喜,当即命令孙乾星夜往荆州,并对众人说道:"诸君皆是不世之材,此番前去投靠景升,凡事均应小心谨慎,不可随意与人争执,免得节外生枝。"张飞大叫道:"哥哥如何恁地自隳志气!刘景升对哥哥好便好,不好时,翼德一把拧下他的脑袋,哥哥便是荆州之主。""胡说!"刘备呵斥道,"景升乃汉室宗亲,若能收留我等,已是大幸,我等怎可如此不忠不义!"关羽亦劝说道:"三弟确实应该收敛性子,不要耽误兄长大事。"张飞讪讪一笑,说道:"两位哥哥放心,吾决不乱说乱动。"

孙乾到了襄阳,拜见刘表。刘表赐座,问道:"先生一向跟随玄德左右,缘何来到荆州?"孙乾回答说:"刘使君天下英雄,虽兵微将寡,而志欲匡扶社稷。汝南刘辟、龚都素无亲故,亦以死报之。明公与使君,同为汉室之胄;今使君新败,欲往江东投孙仲谋。乾曰:不可背亲而向疏。荆州刘将军礼贤下士，士归之如水之投东，何况同宗乎？因此使君特使乾先来拜白。唯明公命之。"刘表果然被他说动心思，大喜道："玄德，吾弟也。久欲相会而不可得。今肯惠顾，实为幸甚！先生可去告诉玄德，吾将亲自迎接。"

眼见得刘备就要来到荆州，刘表的妻弟蔡瑁阻止道："州牧万万不可接纳刘备。此人先从吕布，后事曹操，近投袁绍，皆不克终，足可见其为不能善终之人。今若纳之，曹操必加兵于我，枉动干戈。不如斩孙乾之首，以献曹操，操必重待主公也。"孙乾正色道："吾并非贪生怕死之人。刘使君忠心为国，非曹操、袁绍、吕布等比。前此相从，不得已也。今闻刘将军汉朝苗裔，谊切同宗，故千里相投。尔何献谗而妒贤如此耶？"刘表听了，更加深信孙乾，厉声呵斥蔡瑁："吾主意已定，汝勿多言。"

随即，刘表命令孙乾先去报告刘备，一面亲自出郭三十里迎接。刘备得了准信，心花怒放，立刻率领人马，向荆州进发。

距离襄阳三十里，见到了刘表，刘备倒头便拜，说道："备戎马二十载，屡战屡败，天下之大，几无立足之地，幸而宗兄收留，感激不尽。"刘表执着他的手，说道："玄德盖世英雄，吾久闻其名，今日一见，果然不错。以后，荆州就是贤弟之家，谁敢为难贤弟，吾决饶不了他！"刘备再三称谢，令关羽、张飞等人一一拜见刘表。刘表见这些人都气度不凡，不由大是高兴，引着玄德等人一同进入襄阳，一面分拨院宅给他们居住，一面吩咐设宴热情款待。

第九章　初到荆州

刘表为西汉八骏之一，颇有才学，于初平元年接替被孙策所杀的原刺史王叡，担任荆州刺史。

这年乃是建安六年，即公元 201 年。刘备兵败来投，受到了刘表的极大礼遇。刘表三日一小宴，五日一大宴，热情地款待他们，引起不少将领羡慕，更加深了蔡瑁一类人物的不满之情，时时刻刻总在寻找机会，离间刘表与他们之间的情感，但几乎没有收到什么效果。

关羽冷眼旁观，几乎看出了所有荆州人物的心思，私下里对刘备说道："兄长来荆州已有一段时日，对荆州人物了然于胸，接下来，我等该如何行动？"

刘备说道："吾穷途末路，承蒙景升收留，礼遇甚厚，自当竭力报答。"

关羽颔首道："兄长准备如何报答？""曹操平定了河北，自会攻打荆州，届时，我等自当竭力协助景升，守住荆州，然后以荆州为基地，广收人望，积累基础，以横扫许都。""景升虽名声在外，愚弟观之，实乃名不副实，优柔寡断，不思进取，兄长之志，恐难实现。""景升初任荆州，正处混乱之中，彼能底定荆州，乃一时之豪杰，前番未卷入战争者，为确保荆州尔。他日，彼定当伸展志向。""只怕未必。一旦平定河北，荆州便是曹操心腹大患，亦有孙策虎视眈眈，恐景升难以应付。"刘备沉吟道："我等刚来荆州，曹操意图统兵来犯，是程昱劝彼先灭河北，次及荆州，令彼改变决心。景升知之，一旦曹操发兵攻打河北，吾将劝告景升，趁机北伐，攻打许都，中兴汉室。"关羽笑道："兄长宏图远略,奈何景升没有这等志向!"刘备一怔,说不出话来。

关羽继续说道:"我观刘表面相,非长寿之人,其子刘琦、刘琮,各有势力,互不相让,难以服众,一旦景升去世,荆州必会生乱。兄长志在匡扶天下,须确保荆州一方平安。"刘备点头道:"如云长所言,我等该怎么做?"关羽回答道:"兄长须安抚民众,使民众安居乐业;安抚军士,使军士在战时万死不辞。这是一个长期的过程,得小心谨慎,不要授人以柄,应该跟荆州有志之士联合,促成彼等去说去做,并在军事上令他们心悦诚服。"刘备点了点头,说道:"吾已知之,待时而动可也。"

这一天,刘表再度召集刘备等人相聚饮酒,忽报降将张武、陈孙在江夏掳掠人民,共谋造反。

张武、陈孙二人颇有计谋,亦学得了一身武艺,自视甚高,本是乡间粗鄙之人,眼见得天下混乱,只要拉起一支队伍,就可以通过征战打下一片地盘,便拉起队伍,几番征战,果然在江夏一带夺取了一块地盘。江夏属于荆州管辖,眼见得江夏太守黄祖不能将其剿灭,荆州牧刘表便出动大军,前去征剿,结果,剿了几年,也没有把他们剿灭,迫不得已,只好将他们收编,封为偏将,留在江夏一带,警戒孙权。

如今一听说这二人又造反了,刘表不由得大为惊讶,说道:"二贼颇有谋略,勇力过人,一旦造反,为祸不小!"

刘备一看出头露面的机会来临,立刻说道:"不须兄长忧虑,张武、陈孙不过山野螽贼,备愿率军剿灭之,以绝后患。"

刘表大喜过望,马上点起三万大军,交给刘备,让他率领着,去平息反叛。

刘备领命即行,不一日,率领队伍来到江夏。关羽说道:"张武、陈孙贼寇出身,行军打仗不讲章法,探得我军远道而来,以为我军筋疲力尽,没有防备,一定会前来偷袭。"

"云长精通兵法,言之有理。"赵云说道,"只要我等设一座空营寨,把人马埋伏在四周,等待贼寇前来偷袭,出其不意,定当歼灭他们。"

刘备深以为然,当即展开部署:各路人马就地大张旗鼓地安营扎寨,等待天黑时分，关羽率领一支人马运动到右边去设下埋伏，张飞带领另一支人马在左边设伏，刘备率领一拨人马居中，准备迎头痛击；赵云带领另一拨人马在贼寇逃跑之路设伏，一旦偷袭之敌逃跑过来，立刻予以拦截，等关羽、张飞、刘备三路人马追杀过来，与他们一道，将敌人全部消灭。

当天子夜时分，张武、陈孙果然带领许多兵马，兵分两路，向刘备营寨偷袭而来。当兵士们冲进营帐，摸黑砍向床铺的时候，刹那间，外面闪起一道耀眼的白光，把整个天空都照亮了，紧接着，响起了惊天动地的吆喝声。张武、陈孙一见，心知中了埋伏，赶紧带领人马冲出营帐，赫然看到四周点亮了无数的火把，数不清的兵士手握大刀，威风凛凛地环立四周，发出虎啸龙吟一般的吆喝。

这时候，打从右边的队形中，闪出一匹战马，一员彪悍的战将手提青龙偃月刀出现在他们面前，冷冷地说道："张武、陈孙，见到关某，还不束手就擒，更待何时？"

张武、陈孙都曾听说过关羽，不由更加吃惊，但事已至此，除了拼杀，已经别无出路，齐声说道："关羽，别人怕你，我等须不怕你！"一边说，两人一边拍打战马，挥动大刀，一齐朝关羽杀奔过去。

这一下，宛如接到厮杀信号，双方的人马立刻迎面冲了过去，绞杀在一块。

激战方酣之际，张飞、刘备均带领人马，一个从左边，一个从前面冲杀过来。张武、陈孙眼见得继续打下去，必将全军覆没，赶紧收拢主力，突围而出。还没有来得及嘘一口气，突然，赵云率领一支人马挡住了去路。张武、陈孙恼怒万分，一齐上阵，试图杀掉他，没想到，这是一个扎手的角色，一连杀了好几个回合，不仅没有讨得一点便宜，而且搞得有些手忙脚乱。此时此刻，后面的追兵呐喊着追赶过来，二人再也不敢恋战，舍了赵云，奋力杀开一条血路，带领残兵败将，逃了回去。

刘备、关羽、张飞三人追杀至此，与赵云合兵一处，眼见得张武、陈孙已经逃走，只有收兵回营，商讨下一步行动方略。

刘备说道："张武、陈孙能够杀出重围，确实不是等闲之辈，难怪荆州无人敢于应战。二人盘踞江夏多年，受此挫折，一旦采取以拖待变之策，我等粮草不济，就会陷入麻烦。"关羽思虑着说道："最可忧虑者，一旦他们暗地里接连孙权，孙权就可出兵轻易占领江夏。""我等没有剿灭张武、陈孙，反而丢掉江夏，就尽失人望，无颜在荆州待下去。"赵云立马说道。"区区一个张武、陈孙，有何可怕？彼欲投靠孙权，我等只需封路即可。"张飞大叫道。关羽笑道："三弟言之有理。我等须做两手打算，暗中封住彼沟通江东的道路，每天都去挑战，但不真心与之作战，令彼疑心，转而主动攻击我等，抑或向江东求援。届时，我等可以一举剿灭之。""如此甚好，封锁江东道路乃是头等大事，云长可以任之。"刘备说道："只是，我等每天挑战，独不见云长，张武、陈孙一旦看出蹊跷，横下一条心，死守下去，我等仍然会陷入麻烦。"关羽说道："兄长不必忧心，可找一名军士装扮成我的模样，也提了青龙偃月刀，骑了赤兔马，上前叫阵，彼等岂能分辨？"张飞哈哈大笑道："哪有军士能拿得起二哥的青龙偃月刀，又怎能找到第二匹赤兔马？""三将军真实心眼。"赵云笑道，"难道不能弄一把假青龙偃月刀，一匹假赤兔马乎？如果担心张武、陈孙看出破绽，我等白天挑战，二将军替身晚上挑战嘛。""就你们鬼心眼多！"张飞说道。众人全都仰天哈哈大笑起来，连张飞也高兴得抓耳挠腮。

关羽带领数千人马，在伏虎山设下埋伏，每天轮流派遣一些精锐兵士向各方打探消息，并与刘备、张飞、赵云等沟通联系。过了一段时日，得知张武、陈孙终于忍耐不住，打开城门，向刘备带领的一支人马冲了过去，但遭到刘备、张飞、赵云三路的围攻，不得不退回城去，关羽就意识到，张武、陈孙必会与江东取得联系，命令人马高度戒备，严密监视，并准备拦截。

一连数天，烈日炎炎，因是荒郊野外，找不到水源，兵士饥渴难耐。关羽一面擦着满脸的汗水，一面将青龙偃月刀往地上一插，竟然打从刀尖处冒出一股水源。关羽大喜，用手接起一捧水，咕嘟一声饮了下去，一股甘泉从心底汩汩流出，浑身上下说不出的舒坦。军士饮用，水源问题得到解决。

几天以后，一个夜晚，打从江面驶过来几只木船。关羽率领人马悄悄地摸到江边，等待船只靠拢，借着月色，看清那是一队军士，只见他们下了船，便寻找隐蔽之处，将木船隐藏下来，列成队形，准备开拔。关羽把手一挥，将士们立刻冲上前去，将他们团团包围，全部予以活捉。

关羽连夜审讯，正是张武、陈孙派遣一队兵士，护送一名使者过江，准备请求孙权派兵过来，与之里应外合，谋夺江夏。关羽连夜派人将搜出的信函送给刘备，并模仿孙权的笔迹写了回函，约定三日后的夜晚出兵。

紧接着，关羽问明了使者的个人情况，以及与张武、陈孙联络的暗号，责备道："汝世代住在江夏，竟勾结贼寇，蹂躏人民，如此不忠不义之徒，要汝何用！"

关羽立刻命令军士，将他拖出去斩首。使者慌了，赶紧下跪叩头，说道："将军饶命，吾情愿回归乡村，再也不出来扰民。"关羽说道："既如此，汝且待上两日，某有一封书函，须你带给张武、陈孙。护送兵士，全部换成我的人马。你若轻举妄动，定杀不饶。"使者叩头如栽葱："绝不敢忤逆将军之令。"

时间一到，刘备那边做好了准备，关羽扮成军士，带领一支人马，护送使者过了长江。使者叫开城门，关羽立刻引着军士冲进城去，夺占城门。刹那间，周围一片火把，刘备、张飞、赵云各自带领一支人马，突然出现在城门四周。刘备那支人马跟在关羽身后，冲进城里。

张武、陈孙毫不提防，兵士都在休息之中，难以抵挡，只得打开其他城门逃跑。但张飞、赵云立刻带领人马围拢上来。张武碰上的是赵云。赵云一杆长枪，径直奔向张武，不三合，一枪将他刺落马下，随手扯住辔头，将张武的坐骑牵住了。张武的兵士一见，心惊胆战，哪里还敢抵抗，纷纷放下兵器投降。另一个城门口，陈孙劈面遇上张飞。张飞大喝一声，挺矛直出，只一下，将陈孙刺死，用丈八长矛举起陈孙的尸体，一边拍马狂奔，一边声若惊雷地吼叫："贼寇看着，汝等不立刻投降，就是一般下场！"那些兵士就着火光，认出陈孙被当成衣架，一个个吓得魂不附体，纷纷放下兵器，一哄而散。

刘备一面安抚民众，一面飞报刘表。刘表大喜，命令黄祖严密监视江东，刘备班师回去荆州。

在路上，关羽说道："我等今番出征，足以立威，借此机会，兄长可要求景升，派我等巡视荆州，以制定妥当方略。"赵云随即赞同："云长兄着眼未来，如此安排，着实一步好棋。"刘备思虑道："为免猜忌，此话不应由我等先说。"

刘备率部即将进入荆州以前，刘表得到准确消息，率领全体文武官员，出郭迎接，欢欢喜喜地把他们迎进城，设宴庆功。

酒至半酣，刘表说道："吾弟出马，完全平定江夏，如此雄才，正是荆州倚靠。如今，南越时时来犯，张鲁、孙权亦虎视眈眈，贤弟请为我出谋划策。"

刘备脑海里闪出了关羽的话，马上说道："平定江夏，非某一人之功，实乃二弟云长运筹帷幄，计算周密，三弟翼德以及子龙勇猛无敌，三军将士俱各用心效命之故。只要使翼德巡南越之境；云长拒固子城，以镇张鲁；子龙拒三江，以当孙权。如此小患，何足虑哉？"

刘表似乎嗅出了他的言外之意，问道："贤弟认为，何乃荆州心腹之患？"刘备说道："曹操欺君罔上，祸国殃民，又谋士众多，名将如云，军士不可计数，此乃心腹大患。"刘表沉思道："曹操固是心腹之患，奈何荆州实力不济，容徐图之，以张飞巡南越，关羽拒固子城，赵云拒三江可也。"

关羽一见计划得到实现，心中大喜，立刻与张飞、赵云一道，领了刘表的命令，拜辞刘备，各自上任去了。

眼见得刘备等人越来越受刘表器重，蔡瑁心里大为不满，不敢当面劝说刘表，便以"刘备遣三将居外，而自居荆州，久必为患"为由，希望姐姐蔡夫人向刘表吹枕头风，令其收回成命。当天晚上，蔡夫人果然向刘表吹了一次枕头风，结果被刘表数落了一顿："玄德与我均是汉室宗亲，情同兄弟，若非彼三员大将，何人能平定江夏？以之巩固边防，吾方安坐荆州，奈何定要自毁长城？"

蔡夫人说不出话来，过了一段时日，与蔡瑁暗中商议以后，又向刘表吹起了枕头风："妾闻荆州很多人与刘备往来密切，其三员大将又巡视在外，不可不防。"刘表果然动心，盘算了好几天，打算在关羽、张飞、赵云陆续巡视边境地区回来报告情况的时候，要求刘备等人前往新野驻扎。

这时候，刘备接到消息，知道曹操又要兴兵攻击河北，等关羽、张飞、赵云分别向刘表报告了边境情况以后，说道："今曹操悉兵北征，许昌空虚，若以荆襄之众，乘间袭之，大事可就也。"刘表说道："吾虽坐据九郡，看起来兵精将广，实则没有多少可用之才，岂可别图？"刘备说道："兄长今日不趁机进攻,他日必然后悔。"刘表叹息道:"吾岂能不知,无奈荆州确实无力进攻许都。贤弟不要再说了。况且,曹操远征河北,已在荆州边陲布下重兵,亦不可不防。"刘备说道:"曹操攻荆州,必先攻新野。新野地势险峻,只要兄长部署足够兵力,曹操岂敢轻举妄动?"刘表似乎等的就是这句话,感叹道:"兵力倒不缺乏,然遍历荆州诸将,无人可当此重任。"

刘备明白其言外之意,把目光暗暗转向关羽,只见关羽示意自己接下这份差事,心知关羽也不愿意一直屈居荆州,在刘表眼皮底下无所作为,希望到外面去开创一番天地,连忙回答道:"吾愿意替兄长分忧。"刘表大喜,说道:"贤弟手下良将甚多,如能前往新野,荆州势必安如磐石。我一发拨给你三万兵力,汝等可自主行动。"

拜别了荆州牧,刘备立刻整顿军马,准备向新野进发。

张飞发起了牢骚:"哥哥居于荆州,可以随时掌握局势,如今跑去新野,远离荆州不说,还要为刘表去打仗,实在不知道哥哥何主意。"赵云说道:"若新野不保,曹操可随时进犯荆州,我等难以据之以成就大事。何况,荆州人物并不完全放心我等,时时刻刻处在彼眼皮底下,容易生出事端,不如去新野,一来可以把守边关,二来可以逐渐发展力量,并随时窥探荆州动静。岂不比在荆州好得多?"关羽笑道:"因此,我等不可不抓住荆州牧主动给予的机会。"张飞想了想,说道:"景升不听大哥劝告,与其看着别扭,确实不如远去。"

事实上,关羽想得更加深远。荆州地盘辽阔无边、民风彪悍、人民丰衣足食,以及刘表与刘备之间由汉室宗亲为纽带建立起来的关系,让他把这里当成与曹操、孙权展开争夺的基地,实现匡扶天下、拯救黎民百姓的理想。至于与哪一方联合,他一向认为孙氏是祸乱天下的根源,试图与曹操联合,尽快灭掉孙权,与曹操形成分庭抗礼的局面;荆州许多地盘,又在长江以北,成为攻击曹操的前进基地,最终完成消灭曹操的战略目标。所以,他暂时不打算与曹操作战,而是积蓄力量,等待时机。

很快,刘备、关羽、张飞、赵云带领数万大军进驻新野,严格约束军士,对民众秋毫无犯,并在与曹操势力范围接壤的地域,分别布设重兵,由关羽、张飞、赵云带领,严阵以待。

直到次年春,亦未曾打仗,刘备见关羽、赵云仍孑然一身,暗地里为他们各自寻得一门好亲,把他们召集过来饮酒,准备催促他们完婚。

关羽一听,立刻说道:"大哥知道我的心思。"刘备笑道:"二十余年没有弟媳下落,二弟现在成亲,无可指责。况且,男人自古都能妻妾成群,尔何苦为难自己。"张飞见关羽仍想婉拒,立刻嚷叫道:"二哥要是今天不答应,吾也不要夫人,这就休了夏侯氏。"一面说,一面起身就要向外跑,吓得关羽连忙起身阻拦。张飞睁大眼睛,说道:"二哥只说是否愿意成亲!"关羽只好使出缓兵之计:"尚未找到好人家。"张飞立即问道:"有了好人家,二哥就答应成亲了?"关羽被逼无奈,不得不点了点头,算是答应。张飞哈哈大笑,重新坐定,问刘备道:"大哥可曾为二哥寻到一门好亲?"刘备笑道:"此地有一富户,胡姓,其千金小姐,年方二八,知书达理,温婉贤淑,与二弟正好匹配。"张飞笑道:"吾固知大哥若无准备,绝不会令二哥和子龙兄弟成亲。二哥可不要反悔,得马上成亲。"关羽推辞道:"大哥,吾年过四旬,怎能与人家千金小姐匹配?""男人年龄大一点无妨,二八佳人正好成亲。"张飞说完这一句,颇有些迫不及待地问刘备道,"大哥,什么时候给二哥办婚事?"刘备高兴地说道:"越快越好。"张飞一拍桌子,说道:"不需麻烦,明后天就给二哥成亲。"

说到这里,忽然瞥见赵云,张飞又问刘备道:"大哥,子龙兄弟与哪家姑娘成亲?"不等刘备答话,赵云立刻说道:"请皇叔见谅。自古男儿须建功立业,方成婚生子。不立下战功,赵云决不成亲。""子龙兄弟,是何言也?"张飞大吃一惊,问道。赵云说道:"三将军,吾非二将军,心意已决,绝无更改。"张飞不停地左右张望,愣是说不出一句话来。刘备说道:"罢了,子龙有此志向,我等不必勉强。他日子龙立下功劳,不愁找不到好女子。"

由刘备拍板定案,关羽的成亲时间定在三天之后。

这几天,关羽心里一直非常烦闷,虽说曾经动过娶杜氏为妻的念头,后又生出个貂蝉自尽,反正心中不清爽,似乎是老天爷要他等着胡玥,遂再也不想另外成亲,可是,张飞竟以休掉夏侯氏迫他就范,他只有屈从。每一天,他都必须挂着笑容,迎接人们的问候与恭维,一到夜深人静,独自一人坐在屋子里，或者站在庭院里，总会望着河东方向发呆，眼帘情不自禁地闪现出与胡玥相识、相知，到成亲、生子，不得不分离的一幕幕情景。二十多年了，夫人到底怎么样了呢？儿子冯平早已成人，成亲了吗？是否像当年自己一样，从小就跟随岳父大人练习功夫，习练兵法呢？在这乱世之中，他是否会像自己一样有意外的遭遇？还有岳父大人，是否仍然健在？当年到底把夫人和儿子带去了什么地方？

紧接着，他想起了投井自尽的父母，眼泪不由得哗啦啦地流淌下来，备了一些祭品，亲自在庭院里安放了一张桌子，摆上祭品，然后焚烧裱纸，祭拜父母，说道："孩儿不孝，这些年来，一直没有回去看望二老；如今，孩儿又要成亲了，不能不告诉二老。"

说到这里，他依稀看到一阵青烟缭绕，眼前闪现了父母的身影，虽说朦朦胧胧，但他认得出来，就是父母大人。

"父亲、母亲。"他大叫道。恍恍惚惚之中，他依稀听见了父母的声音："胡玥仍在，贤儿，你跟她商量过吗？"关羽回答道："父亲、母亲，胡玥何在？""你岳父把她娘俩带到首山，一直隐居于此。你岳父活着的时候，他们勉强过得下去；后来，你岳父死了，日子就非常艰难了。""我岳父仙逝了？她们都在首山？"关羽急切地问道。父母似乎被他突如其来的大叫惊吓住了，立马消失不见。关羽更加焦急。这一急，人就清醒过来，原来不过是幻觉，或者做了一个梦。

"难道夫人真的在首山吗？"他心里想道，"在平原时，吾曾派人马去首山寻找过，却杳无音信。今需再度派人前去寻找，若无夫人同意，吾不能成亲。"

思维一到这里，他忽然回到了现实：皇叔做主，婚事定在明天，如何能够改期？无论是为了大哥的面子、三弟的夫人，还是新婚夫人的幸福，他都必须把婚事办下去，哪怕这场婚事是一把钢刀，他也得硬生生地吞下去。

他瞬间做出了决定，心里更加空虚，越发想起了夫人，马上叫来一名亲随，命令道："汝连夜启程，到首山去，定要探听到夫人下落。"

亲随走后，关羽心里稍稍安宁了一些，不知不觉，走到庭院后面一片竹林,不由得触动心思,顺口吟出一首《竹叶诗》:不屑东君意,丹青独立名,莫嫌孤叶淡,终久不凋零。

"好诗,好诗,原来二哥不仅会使大刀,还会作诗。"一个声音高叫道。

不用回头看,关羽也知道是张飞来了,但是,仍然缓缓地回过身,问道:"三弟为何而来?"张飞说道:"二哥成亲,我哪里睡得着,就来看一看。没想到,碰上二哥差出去的亲随,就知道二哥一定是想胡玥嫂嫂了,想必二哥做的诗,也是想嫂嫂吧?"关羽说道:"马上要成亲了,再度想起了他们,为求一个心安。"张飞说道:"我虽说真心为了二哥,不料竟造成今日局面。作为结义兄弟,我竟然不知二哥心思,实在汗颜。""三弟为吾操了不少心,我得感谢三弟。""二哥不要唬我,你真心不愿意,我明日不让你成亲就是。""三弟又说胡话了。一切准备妥当,我明天怎能不成亲?别嫉妒,明天,二哥得好好跟三弟痛饮几斛。"

婚礼确实异常热闹。吹吹打打、鞭炮齐鸣、众人恭维之中,新娘子被一顶花轿抬进关羽府邸。甘夫人、糜夫人、夏侯氏负责张罗后室的一切。一切井然有序。

晚上的酒宴快要散去时,张飞开始催逼关羽进入洞房了。众人哈哈一笑,尽皆散去。只有张飞仍然留了下来,暗自对关羽说道:"二哥一言九鼎,今夜断不会辜负了良辰美景。"

关羽心头一笑,想道:"人言翼德粗鲁,其实粗中有细,行军打仗,常能精准计算敌人的兵力、战法;同样洞悉人心,令夏侯氏死心塌地跟着他,如今又一眼洞悉我的心思,意在提醒我,不要忘了,是我愿意娶回胡小姐的,可不要让人家独守空房。有了貂蝉的教训,吾怎敢再令憾事发生?"

送走张飞,关羽径直走入新房。到处一派喜庆的红色,红的帐帘,红的床铺,红的桌几,红的灯笼,红的蜡烛,把屋子辉映得格外温馨。新婚夫人正坐在床沿,头上顶了盖头,亦是红色的。

关羽朝她看了一眼,径直走向中间一张桌子,席地而坐,挑了一下烛花,拿起一册《左氏春秋》,很想认真地拜读、思考,但是,眼帘忽然闪现出父母的身影。这一次,他们没有声音,只是用充满各种感情的目光注视着他。他惊呆了，放下书册，马上准备向父母行跪拜之礼，但倏忽之间，父母消失无踪。他一阵感慨，又拿起书册，眼睛并不看书，似乎对父母有可能再度出现充满期待。

可是，过了好一会儿，眼帘都没有再出现父母的身影，他这才把眼睛移到书册，一看竟然出了神，不知不觉，到了天光大亮。他这才从书册里面走了出来，下意识地向床铺方向看去，竟然眼前一花，什么也看不清晰。他揉了一下眼睛，慢慢睁开，终于可以模模糊糊看出一些东西，缓缓地站起身，转动了一下脑袋，清晰地看到，一个人正坐在床铺边沿，耷拉着脑袋，盖头已经从头顶上滑落，一头乌黑发亮的头发，盘在头顶，插了金光闪闪的钗子，显得惹人爱怜。

关羽一拍脑门，想起来了，昨夜成亲，迎娶了新娘子，就把她这么晾着，心里涌起一种愧疚感，不由自主地准备走过去，扶她一下。他仅仅走了一步，新娘子一个激灵，苏醒过来，头一扬，一个熟悉的面孔一下子映进关羽眼帘。他浑身一阵战栗，心头立刻涌出了无限的情意，飞步上前，蹲下身子，双手搭在她的肩头，激动地说道："夫人，你何时到达荆州？"

新娘子流下泪水，怔怔地看着关羽，一个字也说不出来。

关羽继续说道："夫人，我一直在找你，没想到，你却来到荆州，真是太好了！我们终于团圆了。"

新娘子一开始被关羽的举动弄得云天雾地，及至此时，终于明白到底是怎么回事，不由得委屈涌上心头，问道："将军所说夫人是谁？"

关羽一愣，更加仔细地打量新娘子的脸：没错，她与胡玥长得一模一样，不仅脸上的五官毫无二致，就是眉毛也不差分毫，不过，她仍然是刚成亲时候的胡玥，现在的胡玥已经是接近半百的人了，无论如何，不可能继续保持原有的体貌。关羽认识到了这一点，微微叹息一声，不好回答。

新娘子意识到了什么，泪水直流，说道："若非与将军原配长相相像，贱妾一生一世恐怕听不到将军一句话。"见关羽仍然没有回答，新娘子继续说："将军为人忠义，然娶了贱妾，又让贱妾不明不白地蒙受冤屈，所为何事？"

关羽终于说道："吾本不欲如此。那一日，皇叔与翼德一再相激，才有今日之事。我自娶你，定会给你一个交代。""你给贱妾什么交代？"新娘子不再流泪，眼睛直愣愣地盯住关羽，说道，"新婚之夜，将军不掀盖头，躲在一边看书。贱妾原以为将军是为了军国大事，心里把将军当成顶天立地的汉子，没想到，将军竟是逃避贱妾。"关羽说道："吾不想如此。"新娘子轻轻一声叹息，说道："将军思念原配夫人，原也不错。贱妾命薄，得不到将军垂怜，自当走开。"

说完，新娘子缓缓站起身，准备招呼从娘家带来的使女，回去娘家，但是，被关羽一下子拦住了。关羽说道："吾已娶汝，汝就是我夫人。留下来，吾定会好好待汝。"新娘子摇了摇头，说道："贱妾羡慕尊夫人，确实感到将军值得信赖，但贱妾不能为别人而活。得不到将军真爱，贱妾何苦还要陪伴将军呢？""吾虽一时不能给予你全部的爱，但我可以尝试。"

这时候，甘夫人、糜夫人、夏侯氏分别带了使女，来到关府。知道二位新人昨晚发生的事情，甘、糜二位夫人不由得埋怨关羽："二叔，汝答应皇叔，竟然如此对待夫人吗？"夏侯氏亦劝说新娘子："二伯对待原配如此用情至深，对汝不也一样吗？好好跟二伯过日子。二伯有不周到之处，嫂嫂可以告诉糜夫人和甘夫人，由二位嫂嫂替你做主。"

甘夫人、糜夫人、夏侯氏劝解了好一会儿，总算把二位全都安抚下来。从此以后，关羽与新任胡夫人一块过起了日子。这位胡夫人虽说不像胡玥一样懂得多少知识，但同样知书达理，体恤下人，操持家务，不让关羽为此分心，令关羽颇是感慨，爱恋日甚。

早在建安二年，即公元197年，曹操通过与张绣、刘表的战争，得到了南阳郡部分地盘，命令曹仁据守，以窥视荆州。刘备来到新野的第二年，为了消灭刘备，令关羽真心降服自己，曹操命令曹仁进兵攻击新野。曹仁深知刘备、关羽、张飞之能，以吕旷、吕翔为先锋，率领五千人马先向新野进发，自己统领大军随后跟进，试图一举达成丞相赋予的作战任务。吕旷、吕翔得到命令，率部日夜兼程，向新野一路疾进。

刘备得到报告，立刻请关羽过来商议。关羽说道："彼如此嚣张，我等只在路途上拦截，即可一举消灭之。"刘备问道："当以何策应之？"关羽说道：

"敌人气势汹汹,分三路而来,虽则互为掎角,但不会防备我等会在路上拦截,我引一军从左而出,拦住中路敌军;翼德引一军从右而出,以敌来军后路;大哥引赵云出兵前路相迎,迫使敌人不能相互救援,可以一举攻破它。"

据此,刘备立刻命令关羽、张飞各领一支兵马,从左、右两翼分别插向敌人的中路与后路,准备分割包围并切断敌人的退路,随即与赵云一道,带领剩余人马直接迎击敌人。

行不数里,只见山后尘头大起,吕旷、吕翔引军来到。刘备连忙命令人马停止前进,就地扎住阵脚,准备迎战。

吕旷、吕翔率领人马刚刚来到阵地面前,刘备立于旗门之下,大呼喊道:"来者何人,焉敢侵犯? 难道不知刘备、关羽、张飞、赵云据守在此乎?"吕旷立刻出马,大声说道:"吾乃大将吕旷,奉丞相命,特来擒汝!"刘备大怒,骂道:"汝不知死活,死期至矣!"话音还没有落地,刘备立刻命令军士击鼓。

赵云一马当先,率领人马呐喊着冲了上去。吕旷、吕翔亦指挥人马,迎着杀上前去。几乎顷刻之间,两支人马就绞杀在一起,刀枪剑戟,相互碰撞,迸发出惊天动地的声响。赵云勇猛无敌,一杆长枪,径直杀至吕旷面前,战不数合,一枪刺吕旷于马下,然后挑起他的脑袋,高声呼喊:"有不怕死者,上来领死!"

一见吕旷的脑袋,吕翔恼怒至极,奔着赵云冲了过来。赵云顺手一扬,吕旷的脑袋哗啦啦一下,飞了出去,紧接着,他又挺枪朝吕翔奔杀而去。这时候,刘备亦麾军掩杀过来。吕翔见势不妙,赶紧喝令鸣金收兵,慌慌忙忙逃走。

正行间,路旁一军突出,为首大将,正是关云长。关羽威风凛凛,站在那儿,高声叫骂:"汝毫末武艺,怎敢侵犯新野,岂非送死!"紧接着,关羽把马一拍,手提青龙偃月刀,冲了过来。

吕翔心知不妙,赶紧命令人马挡在自己面前,阻拦关羽及其兵马,自己则带了另一部分人马,急急忙忙继续向左后方向逃去。

折兵大半,终于逃过了关羽的追杀,吕翔暗自庆幸,可是,行不到十里,又一军拦住去路,为首大将,挺矛大叫道:"张翼德在此!"吕翔吓得魂不附体,慌忙之间,又要采取对付关羽的招数,然而,张飞早已命令人马,将四周围得严严实实,擂起战鼓,奋力杀了过来。吕翔只有硬着头皮,命令兵马抵抗。结果,张飞纵马直奔他而来,丈八长矛一出手,刺中他的心窝。其手下兵马见了,岂敢抵抗,又无法逃跑,不得不纷纷放下兵器投降。

一战成功,刘备班师回县,一面犒赏三军,一面召集关羽等人,商议接下来的行动。张飞说道:"人言曹仁知兵,如今一见,不过酒囊饭袋。今吕旷、吕翔已死,曹仁必然胆寒,岂敢与我等作战?"关羽说道:"曹仁得曹操重用,定非无能之辈。我等应早作打算。"赵云亦附和道:"曹仁拥兵数万,又有李典为辅,受此挫折,定会前来寻我等决战。"刘备问道:"我等该如何部署?"关羽说道:"曹仁进兵新野,南阳势必空虚,我等可进兵南阳,乘虚而夺取之。"刘备思虑道:"曹操以曹仁、李典把守南阳,彼进攻新野,必将留一人守南阳,一旦坚守不出,我等兵马不足,难以攻入。届时,恐怕南阳得不到,新野亦将落入敌手。"关羽说道:"然我等一旦攻击南阳,曹仁必从新野撤军,新野之围自解。"

刘备深以为然,为了令曹仁不提防本部人马会偷袭南阳,决计先一齐设下埋伏,对峙曹军,然后寻找机会奔袭南阳。

此时此刻,曹仁已点起了两万五千精兵,与李典一道,率领着杀奔新野而来。

刘备早已将人马埋伏好了。最靠前面的是张飞,看到敌人蜂拥而来,进至弓箭手的有效射击范围,马上命令弓箭手一齐放箭。李典率领的是前部人马。一见人马倒下一大片,李典赶紧命令人马手持盾牌,向张飞的阵地冲杀过去。但是,张飞人马射出的箭镞筑成了一道铜墙铁壁,致使曹军犹如飞蛾扑火,一冲锋就是送死。李典只好改为佯攻,把大部人马转往另一个方向,试图趁着这边牵制张飞注意力的机会,突然杀向张飞的背后。然而,他掉进了关羽的埋伏圈。看到李典率部开了过来,关羽一声令下,弓箭手将箭镞像蝗虫一样射进了曹军,顷刻之间,把许许多多曹军打翻在地。紧接着,战鼓声雷动,关羽亲自率领人马,冲杀过去。李典一见情势不妙,料敌不过,立刻收拢人马,杀开一条血路,回到了营地。

李典面见曹仁，说道："刘备精锐齐出，又占地理优势，我等注定难以取胜，不如回南阳。"曹仁雷霆大怒，大骂道："大军刚动，汝不思奋力冲破阻拦，径直杀向新野，反而动摇军心，罪当斩首！"随即，喝令刀斧手将李典推出去斩首。众将一见，纷纷劝解，好一会儿，才令曹仁收回成命，不过，曹仁再也不敢信任李典了，令其回守南阳，亲率人马准备次日继续进攻。

翌日，曹仁分派人马，从张飞、关羽两个人据守的阵地同时进攻。这一次，曹仁有了准备，弓箭手在后面压阵，挑选勇武之将，各率一支精兵，组成敢死队，用盾牌作掩护，迎着弓箭奋力向前冲锋。

打败了李典率领的兵马，关羽心知水无常形兵无常势，曹军会根据作战情况调整部署，亦相应地命令弓箭手稍向前面推进，命令步军用盾牌掩护弓箭手的安全，抽调最精锐的步军，埋伏在机动位置，准备杀退敌人。

又一场盾牌与弓箭手的较量，打了一天，曹军再度败下阵来。

曹仁亲自上阵，亦打了败仗，越发怒火冲天，破口大骂道："织席贩履小儿，曹某定会斩下汝头！"命令人马做好夜晚偷渡的准备。然而，关羽早已算定其有这样的计谋，安排妥当，等待曹军进攻，一样将其彻底击败。

一败再败，曹仁苦思良久，决定再度改变战术，命令当面留下一支兵马担任佯攻，选择一名勇将，与之各领一支军马，大转弯绕到刘备背后，对其合围。

关羽一连胜了两阵，心知曹仁会改变部署，对刘备说道："我等接连打败曹仁，迫使曹军无法从当面进攻，曹仁必然会从远路偷袭，我等攻取南阳，此其时也。皇叔须在曹仁可能来袭的路上，设下埋伏，多用弓箭手射杀曹军，而以擂动密集的鼓点虚张声势，迫使曹仁退兵。吾带领一支人马，连夜偷袭南阳。"

刘备深以为然，立刻命令张飞、赵云各引一军，分别在曹仁可能行进的道路上设下埋伏，关羽前去偷袭南阳。

关羽悄无声息地带领人马赶往南阳，即将抵达目的地，便换作曹军的旗号，派遣人马上前叩门。南阳守军得到消息，立刻走上城头，询问为何半夜入城。关羽派遣的军士回答说："曹将军偷袭得手，特地派遣我等回来，吩咐李典将军做好迎接准备。"

李典老成持重,一直把南阳视为根本,得到军士的报告,心知有异,赶紧走上城头,朝下一看,越发心里怀疑:说道:"吾刚刚从曹将军身边而来,如何不知? 此乃关羽诡计? 多说无益,教关羽攻城可也。"

关羽听了,心知李典有了防备,立刻命令军士攻城。李典大惊,赶紧喝令人马反击。一时间,城池攻防战打成胶着状态。

张飞、赵云那边,依照刘备的吩咐,果然在五更前后,各自见到了前来偷袭的曹军,等待人马走近,弓箭手立刻把箭镞射了过去,同时遍地点起火把,把天空照亮得犹如白昼,战鼓密集,箭镞好像冰雹般落下。曹军一见有备,赶紧撤退,张飞、赵云迅速挥动人马,前去追杀,以一当十,杀得曹军血流成河。

接连遭到挫败,曹仁恼怒不已,准备次日再度进攻,忽然接到李典派人报告,说是关羽已经率领兵马围了南阳,正在全力攻打。曹仁心知不妙,赶紧收拢人马,匆匆忙忙回去救援。

关羽不能赚开城门,便知南阳不可能得手,继续攻打,乃是为了迫使曹仁撤军,如今听说曹仁率部返回,新野确保无恙,赶紧带领人马撤围,亦返回了新野。

曹仁此番出兵,不仅没能消灭刘备,反而损兵折将,连南阳也差一点落入刘备之手,曹操得到报告,不由得雷霆大怒,大骂道:"不杀刘备,吾誓不罢休!"马上命令夏侯惇引兵十万,杀向新野。

刘备立即召集关羽等人商议对策。关羽说道:"曹军此番大举进攻,我等当以火攻,方能胜之。"刘备问道:"如何火攻?"关羽回答:"博望之左有山,名曰豫山;右有林,名曰安林:可以埋伏军马。某引一千军往豫山埋伏,等彼军至,放过休敌;其辎重粮草,必在后面,但看南面火起,可纵兵出击,就焚其粮草。三弟可引一千军去安林背后山谷中埋伏,只看南面火起,便可出,向博望城旧屯粮草处纵火烧之。刘封引五百军,预备引火之物,于博望坡后两边等候,至初更兵到,便可放火矣。子龙为前部,不要赢,只要输,引诱曹军进入。大哥自引一军为后援。各须依计而行,勿使有失。"

张飞、赵云等人俱接令而去。关羽对刘备说道："大哥今日可便引兵就博望山下屯住。来日黄昏，敌军必到，大哥便弃营而走；但见火起，即回军掩杀。"

却说夏侯惇与于禁等引兵至博望，分一半精兵作前队，其余尽护粮车而行。人马趱行之间，忽见前面尘灰弥漫。夏侯惇便知刘备军至，立刻将人马摆开，问向导官："此是何处？"答曰："前面便是博望城，后面罗川口。"夏侯惇令于禁、李典压住阵脚，亲自出马阵前。不一时，赵云果引兵来到。夏侯惇骂道："汝等跟随刘备，如孤魂随鬼！吾大军已到，若不投降，死路一条。"赵云大怒，也不言语，立刻挥军冲杀过去。不数合，赵云诈败而走。夏侯惇大喜，从后紧紧追赶。为了引诱夏侯惇上钩，约走了十余里，赵云回马又战。不数合又走。如此三番五次，夏侯惇已经赶至博望坡。只听一声炮响，刘备自引军冲将过来，接应交战。夏侯惇兵多，纵使刘备率部杀到，亦毫不在意，不仅亲自率部继续追杀，而且催促于禁、李典火速前进。刘备、赵云每次都是略一接阵，便向后退却。

时天色已晚，浓云密布，又无月色；昼风既起，夜风愈大。夏侯惇无所顾忌，一个劲地催军赶杀。不一时，于禁、李典赶到窄狭处。一见两边都是芦苇，李典大为担心，对于禁说道："欺敌者必败。南道路狭，山川相逼，树木丛杂，倘彼用火攻，奈何？"于禁说道："君言是也。吾当往前为都督言之；君可止住后军。"李典便勒回马，大叫："后军慢行！"但声音淹没于风声之中，哪里拦挡得住？

于禁从后军奔至夏侯惇跟前，劝说道："南道路狭，山川相逼，树木丛杂，可防火攻。"夏侯惇醒悟过来，立即命令军马停止前进。

这时候，只听背后喊声震起，早望见一派火光烧着，随后两边芦苇亦着。一霎时，四面八方，尽皆是火；又值风大，火势愈猛。曹家人马，自相践踏，死者不计其数。赵云回军赶杀，夏侯惇冒烟突火而走。

李典见势头不好，急奔回博望城时，被关羽率部截住。李典纵马混战，夺路而走。于禁见粮草车辆都被火烧，便投小路奔逃去了。夏侯兰、韩浩来救粮草，正遇张飞。战不数合，张飞一枪刺死韩浩。夏侯兰虽夺路走脱，不料一头碰上了抄小路奔至此地的赵云,被赵云生擒活捉。

夏侯兰是赵云的同乡,两人少小相知。赵云捉了夏侯兰,解至刘备面前,极力称赞夏侯兰明于法律,推荐他成为军正。

博望坡一战,十万大军尽没,曹操为之胆寒,心知不可能很快除掉刘备,一连数年,再也没有派遣人马前去攻打,只专心经略中原。直到建安十三年,即公元208年,稳定了中原局势之后,曹操终于亲率大军杀向荆州来了。

荆州方面,一战消灭曹操十万大军,刘表大喜,大摆宴席,为刘备庆功,并令其守卫樊城,以屏障荆州治所襄阳。于是,刘备兄弟到了樊城。樊城依山傍水,地形险要。刘备、关羽考虑到荆州水军众多,北方之军不习水战,经过商议,决计发扬水军的优势,击垮曹军,开始以关羽为主训练水军。

时间一晃到了建安十二年春,甘夫人生下一个儿子,取名阿斗。刘备老来得子,大喜过望,传令全城欢庆三天。从来来往往的宾客中,刘备听到卧龙凤雏二人得一可安天下的传言,而且知道卧龙名叫诸葛亮,字孔明,在南阳卧龙岗居住,与关羽商议一阵,准备了一份厚重的礼物,兄弟三人一起前去南阳请孔明。

三人一连去了三回,终于见到孔明。此人果然名不虚传,分析完天下大势以后,断言:"将军欲成霸业,北让曹操占天时,南让孙权占地利,将军可占人和。先取荆州为家,后取西川建基业,以成鼎足之势,然后可图中原。"

刘备一听,视诸葛亮为奇才,把他带回樊城,拜为军师。

诸葛亮进入刘备阵营做的第一件大事是于次年劝说刘琦接替被孙权杀死的黄祖担任江夏太守。

原来,刘琦是刘表的长子,深得乃父喜爱,刘表欲选为自己的接班人。其次子刘琮虽亦非蔡夫人所生,但娶了蔡夫人的侄女以后,蔡氏爱屋及乌,喜爱刘琮而讨厌刘琦,于是经常在刘表面前诋毁刘琦。因为宠信蔡氏,刘表逐渐信以为真。且蔡氏之弟蔡瑁及外甥张允亦得到刘表重用,与刘琮相善,故此刘琦越发不安,求计于诸葛亮。黄祖死后,诸葛亮建议刘琦出任江夏太守,以求自安。

就在这一年,刘表病重,刘琦回到襄阳探望。蔡瑁、张允等人怕其父子二人相见以后，会令刘表确立刘琦为嗣，便不许刘琦入内探望，并说："主公命汝镇守江夏，乃一重任。汝擅来襄阳，主公知道必定会加以怒责。此举有伤亲情，会使彼病情恶化，此大不孝也。"刘琦被拒诸门外，不能与父亲相见，只得流涕而去。之后不久，刘表因背疽发作而离世，蔡夫人、蔡瑁、张允联合荆州人物，立刘琮为主。

恰在这时候，曹操平定了中原，亲自率领大军杀向荆州来了。

刘备探知消息，立即召集诸位将领商议战守之计。诸葛亮说道："兵法有云，避实击虚，今曹操倾尽全力，前来进攻，其锋芒势不可当，一旦困守樊城，必将全军覆灭，因此，可速弃樊城，暂时到襄阳落脚，与刘琮一道，共同对抗曹军。"关羽连忙说道："离开樊城尚可，投靠襄阳大可不必。刘琮依赖蔡夫人、蔡瑁、张允等人相助，一向与刘琦不合，兄长支持刘琦，一向为刘琮诸人所嫉恨，彼等岂能让我等进入襄阳？江陵素为兵家必争之地，可以得到江夏支援，不如直接前往江陵，免得耽搁时间，为曹军所趁。"诸葛亮说道："二将军所言不无道理。然景升已死，刘琮成为荆州之主，岂能不竭力保全荆州？"关羽分辩道："即使如此，我等进入荆州，置刘琦公子于何地？"诸葛亮说道："危急时刻，事有从权。确保荆州要紧。"

见关羽还想争辩，刘备连忙说道："云长素来忠义，讲究的是春秋大义，但过分拘泥于此，必然会导致兵败，为了天下计，我等不妨先去襄阳，再做打算。"

大哥发了话，就是最终的裁决，关羽果然不再争辩。刘备深谙关羽的心思，知道他还没想通，命令他往江岸整顿船只，准备启程之前，私下里说道："二弟须知，孔明建议我等前往襄阳，实属不得已。大义在我等心中，尺度亦在我等心中，岂能擅自改变？今番前往襄阳，无论刘琮是否收纳，对我等来说，均是好事。彼收纳我等，我等可以助其固守荆州，以报景升收留之恩，并为刘琦赢得荆州争取时间；彼不接纳我等，是其背义在先，必将遭到荆州有识之士反对。届时，对刘琦公子有百利而无一害。"关羽说道："兄长思虑周全，无人可及。既如此，吾心悦诚服。"

刘备带领军马，以及愿意跟随他们离开樊城的民众，首先乘坐关羽准备的船只到了南岸，登岸之后，迤逦而行，来到了襄阳东门。只见城上遍插旌旗，壕边密布鹿角，刘备勒马大叫道："刘琮贤侄，吾欲救百姓，并无他念。可快开门。"

然而，刘琮不仅不开门，反而命令蔡瑁、张允来到敌楼，指挥军士用乱箭猛往下射，顷刻之间，把来到城下的军民射死了一大片。张飞、赵云均异常愤怒，准备指挥人马攻城。诸葛亮赶紧阻拦道："曹军在后面追了过来，此地不能久留。江陵乃荆州要地，我等先取江陵为家。"张飞虽不说话，心里嘀咕："早知如此，不如一开始就听二哥的，径直前往江陵。"

刘备点头同意，马上率领人马离开襄阳大路，望江陵而走。同行军民十余万，大小车数千辆，挑担背包者不计其数，一路行来，异常缓慢。

忽哨马报告："曹军已屯樊城，使人收拾船筏，渡江赶了过来。"一些将领闻之色变，连忙说道："江陵要地，足可拒守。今拥民众数万，日行十余里，似此几时得至江陵？倘曹兵到，如何迎敌？不如暂弃百姓，先行为上。"刘备沉吟道："举大事者必以人为本。今人归我，奈何弃之？"关羽说道："大哥可派孙乾去夏口向刘琦求救，教他速起兵乘船过来增援。江陵形势险要，但我等一向远离江陵，并不知悉情况，容我率领一支人马，轻装疾进，前往江陵，一面熟悉情况，准备迎接兄长以及大军，一面做好迎击曹军的准备。"刘备说道："云长所言甚善，汝先带领一千兵马，火速前往江陵。"

看着关羽领兵而去，刘备马上修书令孙乾领五百军往江夏求救，令张飞断后，赵云保护老小，其余人等保护百姓继续向江陵进发。

曹操抵达樊城，派人渡江来到襄阳，招降刘琮。蔡瑁、张允早有投靠曹操之心，力劝刘琮率众投降。随后，曹操任命蔡瑁为镇南侯、水军大都督，张允为助顺侯、水军副都督，操练水军，准备进攻刘备，并以将刘琮以及蔡夫人迁往青州为名，将其杀死。紧接着，曹操教各部下精选五千铁骑，星夜前进，限一日一夜，赶上刘备，大军陆续随后而进。

刘备率部走了一程，诸葛亮眼见曹操追兵就要到了，不见夏口有人来救，请示刘备，便同刘封引五百军再往夏口求救。

行至当阳景山，早已疲惫不堪，刘备不得不命令人马停下来歇息。时秋末冬初,凉风透骨;黄昏将近,哭声遍野。四更时分,曹军从西北方向追了过来,喊声震地。刘备大惊,急忙上马引本部精兵两千余人迎敌。曹兵下山猛虎一般横冲直撞,势不可当。刘备人马抵挡不住,幸得张飞闻讯,从后面杀了过来,打开一条血路,保护刘备及其人马望东而走。摆脱了曹军的追击以后,清点人马,赫然发现赵云及其保护的家小不见踪迹,张飞心里着急,急忙引二十余骑前往救援,来到长坂桥,见桥东一带有树木,命令人砍下树枝,拴在马尾上,在树林内往来驰骋,冲起尘土,以为疑兵,亲自横矛立马于桥上,向西而望。

原来,刘备刚一接敌,其他曹军就从四面八方追杀过来,迅速冲进刘备人马阵形,将其切为数段,分别予以包围冲杀。赵云自四更时分,与曹军厮杀,往来冲突,杀至天明,出了曹军阵营,既寻不见刘备,又失了刘备、关羽、张飞老小,不得不再度杀入曹军,因糜夫人投井而死,救出了甘夫人、阿斗、夏侯氏、胡氏,保着他们,杀出重围,望长坂桥而走。曹军紧追不舍。赵云到得桥边,人困马乏,看见张飞挺矛立马于桥上,遂大声呼救:"翼德援我!"

张飞高声说道:"子龙速行,追兵我自当之。"

赵云纵马过桥,行二十余里,见刘备与众人憩于树下,忙下马伏地而泣:"赵云之罪,万死犹轻!糜夫人身带重伤,不肯上马,投井而死,云只得推土墙掩之。怀抱公子,身突重围;赖主公洪福,幸而得脱。适来公子尚在怀中啼哭,此一会不见动静,多是不能保也。"解开一看,阿斗正睡着未醒。赵云高兴地说道:"幸得公子无恙!"双手递与玄德。玄德接过,掷之于地,说道:"为汝这孺子,几损我一员大将!"赵云忙抱起阿斗,泣拜道:"云虽肝脑涂地,不能报也!"

曹军追至长坂桥,只见张飞倒竖虎须,圆睁环眼,手绰蛇矛,立马桥上,又见桥东树林之后,尘土大起,疑有伏兵,便勒住马,不敢近前。

张飞大声喝道:"不怕死者,放马过来,燕人张翼德在此!"声音犹如奔雷,曹军闻言,大惊失色,尽皆后退。张飞大喜,立刻命令二十余骑解去马尾树枝,将桥梁拆断,然后回马来见刘备,喜滋滋地把喝退曹军经过说了一遍。

刘备说道:"吾弟勇则勇矣,不合拆断桥梁。若不断桥,彼恐有埋伏,不敢进兵,今拆断了桥,彼料我无军而怯,必来追赶。彼有百万之众,虽涉江汉,可填而过,岂惧一桥之断耶?"

于是,刘备命令人马即刻起身,向江陵进发。行不多时,忽见后面尘土大起,鼓声连天,喊声震地。刘备心知是曹军追赶过来了,叹息道:"前有大江,后有追兵,如之奈何?"

却是曹操派人打探得张飞拆了桥梁,心知刘备人少,命令人马连夜造了三座浮桥,追赶而来。

危急时刻,忽然,从山坡后响起一阵密集的击鼓声,一队军马飞奔而出。当头一将手执青龙偃月刀,坐下赤兔马,大声喊叫道:"关某在此等候多时!"此人正是关羽。

原来,关羽带领一千军马,马不停蹄地赶到江陵,以公子刘琦之命,收编了驻扎在江陵的一万余人马,一面部署防御,一面派遣人马沿原路返回,打探刘备消息。探知刘备大军正在当阳长坂与曹军大战,关羽特地率领大部人马,从此路截出。

关羽指挥人马,迅猛地冲入曹操大军,肆意砍杀。曹军虽说人多势众,而且锐气正甚,但是,意在追赶刘备大军,哪里料得到会突然出现一支勇猛非凡的人马,被打了一个措手不及,在来不及反应之前,已经有很多兵马见了阎王。

曹操得到消息,生怕是诸葛亮、关羽早已设下的埋伏,又不知道彼处到底有多少人马,传令大军火速撤退。关羽一击得手,毫不留情,率领人马一路追赶了十几里,直杀得曹军横尸遍野,溃不成军。

曹操惊慌失措之际,徐晃、满宠二将挺身而出,各自收拢一支人马,冲了过来,对曹操说道:"丞相快走,某等挡住关羽。"

话音还没落地,徐晃、满宠各自带领人马,逆着溃兵的方向冲去,很快,眼前出现一批更大的溃兵,正源源不绝地从两座山脉夹着的一条大路上狂奔而来。

"云长智勇双全,吾等正面难以取胜,汝于左边设伏,吾居于右,但见云长兵来,一齐放箭,先射他一阵,后奋力杀出,足以挡住此人,令丞相远去。"

徐晃说道。满宠立刻响应:"公明之言,甚合吾意。"

随即,徐晃、满宠各自带领人马,分别冲上左右两侧的山岚,布设埋伏圈。人马刚刚布设完毕,关羽就率领大军冲了过来。等关羽兵马全部进了埋伏圈,徐晃、满宠即命令号手吹响攻击的号角。霎时,弓箭手一跃而起,箭镞嗖嗖嗖地射了下去。

关羽没有想到曹军败退之际,还能设下埋伏,根本不做防备,猝不及防之下,人马伤亡了一大片,恼怒异常,立刻命令人马停止追击,以盾牌护体,向两边冲杀而去。

徐晃、满宠同时挺身而出,大声喊道:"关羽,汝陷入埋伏,不思撤退,反而进攻,果真不畏死乎?且看吾等手段!"一边说,一边催动弓箭手更加凶猛地放箭,同时,其他伏兵奋然跃起,拿起刀枪剑戟,迅猛杀下山来。徐晃、满宠亦纵马飞奔下来。两支兵马短兵相接,砍杀了一阵,各自倒下了不少人马。徐晃眼见得继续打下去,己方兵力不多,注定会落败,心生一计,对关羽说道:"某与云长一向交厚,只道云长精通兵法,孰料乃是恃勇斗狠之徒,舍弃救援之责,猛追穷寇,落入徐某埋伏,不思尽快撤退,反而与吾厮杀,欲置刘备于何地也?"满宠心领神会,大声喝道:"公明休得胡说!"

关羽心头一凛,立刻鸣金收兵,与刘备会合以后,准备一块进入江陵。

从江陵过来的时候,关羽已经安排好了船只,正在那儿等候着。人马陆续上了船。关羽请刘备并甘夫人、阿斗至船中坐定,问道:"如何不见了二嫂嫂?"刘备叹了一口气,说道:"云长该探视胡夫人,她亦受了惊吓。"关羽心里明白,糜夫人一定遭到不测,不由虎目落泪,叹道:"当年许田围猎,吾若杀掉曹操,绝无今日之祸。"刘备说道:"当时,吾亦投鼠忌器,不敢惊扰陛下。"

正说之间,忽见江南岸战鼓大鸣,舟船如蚁,顺风扬帆而来。刘备大惊,与关羽一道,走出船舱,观察情况。船已靠近,只见一人白袍银铠,立于船头上大声呼叫道:"叔父别来无恙! 小侄得罪。"

刘备仔细一看,那人正是刘琦,不由欣喜若狂,赶紧命令船只靠拢,把刘琦接过船来。刘琦拜倒在刘备面前,说道:"接到叔父遭曹军攻打消息,小侄立刻点起兵马,前来接应,谁知还是来迟,请叔父原谅。"刘备说道:"若非刘琮听信谗言,断无今日之事。汝来得正好,吾等正可以合兵一处,放马与曹操一战,不然,荆州不复为贤侄所有。"刘琦说道:"琮弟是非不分,致有此报。小侄将竭尽全力,与叔父一道,抵御曹操。"

趁此机会,关羽将所有船只排列成整齐的队形,放舟而行。行不多久,江西南上战船一字儿摆开,乘风唿哨而至。关羽问道:"此系夏口之兵否?"刘琦惊讶地说道:"夏口之兵,吾已尽起至此矣。今有战船拦路,非曹操之军,即江东之军也,如之奈何?"关羽慨然说道:"无论是谁,杀开一条血路就是。"

正待命令人马击鼓进兵,刘备认出了正前方一条船上,坐在船头上的人就是孔明,其背后立着孙乾,赶紧命令关羽休要轻举妄动,把船靠拢过去,请诸葛亮过船,问道:"孔明先生如何在此?"诸葛亮说道:"吾断定主公难以进入江陵,故特请公子先来接应,吾先去江陵,欲请云长出兵救援,谁知云长带兵离了江陵,曹军即以云长率部回返之名,夺了江陵。吾一到彼,说服一些兵将来投主公。""曹操夺吾江陵,可恨之极。吾等宜杀向江陵,一举夺回之。"关羽大怒道。

诸葛亮说道:"曹军锐气正盛,吾军新败,怎可交锋? 如今只有另投他处,等待时机,与曹操决战了。""何处可以安身?"刘备问道。诸葛亮回答:"夏口城险,颇有钱粮,可以久守。请主公且到夏口屯驻。"关羽立刻说道:"江夏大部落入孙权之手,区区一个夏口,济得甚事? 一旦孙权与曹操联手,吾等皆为齑粉矣。不如前往江陵,以刘琦公子召集荆州军马,与曹操决战,或可趁曹操立足未稳、人心未服之机,一举恢复荆州。"诸葛亮说道:"凡事有利则有弊,反之亦然,有弊则有利。曹操继续东下,夏口固然处在其与孙权夹击之下,然孙权得到江东亦属不易,今又得了江夏,必然不肯拱手让给曹操。曹军锋芒甚健,吞了夏口,必将继续攻击江夏。孙权岂能不担忧? 若主公派人往江东说明利害,孙权必欲主公联合以抗曹。届时,曹军虽大,焉能不败?"关羽冷笑道:"江东皆奸诈之徒,吾誓不与之为伍。"刘备说道:"二弟,军师言之有理。江东人物虽说奸诈,但与吾等需求相同,并非不能联合。一切等待打败曹操再说。不然,吾等会被曹军消灭,就什么也没有了。"

关羽沉默了一会儿，说道："既如此，吾且留江陵，与曹操对战。"诸葛亮思虑道："二将军以孤军插在曹操心腹之地，令其不能过度向东伸展，确是好计。不过，江陵已经落入曹操之手，二将军将何以自处？"关羽豪气冲天地说道："即使陷入曹军包围，关某岂会怕他？"刘备说道："二弟之言虽壮，吾亦不能让汝轻易涉险。"关羽大声说道："哥哥此言差矣，我等桃园结义，是为匡扶天下，拯救黎民百姓，何曾想过自身安危？江陵纵然危险，吾亦将死守到底，绝不会出现任何差池。"

说到这里，关羽立即命令亲随，将胡夫人乘坐的船只找来，扶胡夫人过来，说道："吾虽已得江陵，如今率领主力到此，江陵落入曹军之手，为了荆州安危，我将率部杀回江陵，汝可愿意与我前往？"刘备大惊，赶紧阻拦："弟媳刚刚经历劫难，二弟何故如此？"胡夫人笑道："自从嫁给二将军，贱妾决定生死相从，些许危险，有何可怕？"关羽露出了笑容，携着夫人的手，向刘备告别："大哥请放心，江陵有我，定不叫曹军全力东进！"说完，与夫人一道离开船只，步入旁边的一条木船，传出命令，所有从江陵过来的兵马，疾速开往江陵。

刘备感叹不已，率领人马全速向夏口进发。

却说曹操被关羽赶了一程，人马损失无算，心中大怒，心里想道：汝抢了江陵，如果闭门不出，曹某难与争锋，汝既然已经出来，吾岂能不夺江陵？遂整顿军马，星夜奔赴江陵。

刘琮降曹后，守卫江陵的将领忠于刘表，一见关羽到来，尽皆愿意听从他的命令，关羽得以顺利掌控江陵。刘备危急，关羽率领主力前往当阳救援，造成江陵空虚。曹操亲率大军走陆路赶往江陵，以关羽率部回返为名，骗取守将打开城门，一举击破之，将其据为己有。守将一见大事不妙，在曹军疯狂地涌入江陵之前，命令兵士携带大量钱粮与兵器，撤至江陵以北。

这时候，关羽率领人马正好赶了过来，见江陵果然丢失，深知曹操兵力雄厚，仅凭自己的兵马无力收回，便在油江口一带停下船只，命令军马火速上岸，与撤退至此的原江陵兵马一道，占据山林丘陵之地，准备设防固守。

曹操得了江陵，正要派遣兵马探知刘备的去向，忽然听说刘备大军已经占领了江陵以北地区，呵呵大笑道："刘备确实很有胆识，竟然不避锋芒，敢来江陵与我百万大军争雄！此乃天赐良机，不劳我军远行，即可在江陵将其全部歼灭，彻底解除心头大患，然后顺流东下，一举扫平夏口、江夏，进而将荆州全部收入囊中。"

谋士程昱立刻恭维道："丞相神机妙算，一举扫平荆州，江东必将望风而降，底定天下，就在近日。"

随即，曹操传令下去，除留下少量人马据守江陵之外，其余人马齐头并进，宛如奔腾的洪水，气势汹汹地向关羽及其人马扑去，试图一举将其消灭，可是，竟然遭到关羽的强力抵抗。等到终于弄清刘备去了夏口，当面只有关羽率领的一万余人时，深恐刘备会结连江东，对其构成巨大威胁，曹操遂以曹仁为主将、李通为副将，将其中很大一部分力量划拨给曹、李二人指挥，用于牵制关羽之军，同时立即遣使驰檄江东，请孙权会猎于江夏，共擒刘备，分荆州之地，永结盟好，命令主力部队水陆并进，沿江东下，直扑夏口。

第十章　独援赤壁

　　冷兵器时代,防御方只要依托坚固的城池,高垒城墙,深挖护城壕,广布鹿砦,往往可以迫使攻击方放弃进攻意图;在野外条件下,没有坚固的城墙作为依托,没有宽阔的护城壕作为阻挡敌人进攻的障碍,进行防御作战就要困难得多。为此,关羽只有相度江陵以北的地形,将人马依托河岸以及山岚起伏地带展开部署,命令他们从阵地前面数十步远的地方开始,一路向阵地这边呈不规则状挖掘陷阱,每一个陷阱,长、宽各约四五尺,深达五六尺,砍下树木,截成一两尺长的棒子,一端削成刀尖的形状,尖端朝上,埋在陷阱底下;步军埋伏在第一道阵地,负责监视敌人,不要主动出战,一旦曹军冲出陷阱,并进至阵地面前,便在鼓点的催动下,跃出阵地,迎战敌人;弓箭手埋伏在第一道阵地的稍后方,亦各依地势,只要看到曹军冲出陷阱,立刻猛射,对其进行第二次打击。

　　他计划通过这种办法,激怒曹军,迫使曹军越发疯狂地追击自己,像新野时期一样,把他们引向一个两边都是茅草丛生的地方,放上一把火,烧死他们,以此迫使曹军再也不敢打下去。

　　"能把曹军吸在此处,就是胜利。"关羽微笑道。

　　他一样十分关心刘备那边的情况。尽管非常不希望与江东孙权有任何瓜葛,但是,他非常清楚,大敌当前,刘备一定会与江东联手,共同对抗曹操。那么,孙权是否真的愿意与刘备联合呢?他想来想去,不得要领,心里茫然一片。

胡夫人似乎看出了他的心思,问道:"将军可是惦记皇叔吗?"关羽凝视着胡夫人,答非所问:"驰骋疆场二十余年,不能为夫人提供安全所在,反而令夫人置身战场,吾心中有愧。"胡夫人说道:"追随将军,贱妾心愿,亦是贱妾幸福所在。今见将军心下踌躇,想将军昔日在千军万马之中横冲直撞,何曾担心过自己,便推断将军惦记皇叔,故此斗胆相问,请将军原谅。"关羽说道:"吾确实担心兄长,不知彼等此去到底怎样了局。"胡夫人微微一笑,说道:"将军不派斥候与皇叔联系,只暗自神伤,定是不愿与江东联手。其实,无论皇叔是否与江东联手,事实已成。将军与皇叔有桃园结义之情,怎能不摈弃个人成见,与皇叔共谋天下?"关羽恍然大悟,说道:"夫人一席话,令我茅塞顿开。理当如此,吾派遣斥候,与大哥联络可也。"

这时候,斥候飞马来报,说是曹操催动大军,出了江陵,一路迅猛扑了过来,前锋距离陷阱处只有三四里地。

关羽立刻传令下去:各部密切监视敌人的动向,一旦敌人冲过陷阱,弓箭手万箭齐发,射杀敌人;敌人冲到阵地跟前,不需报告,各自擂起战鼓,奋力冲杀,务求将敌人全部消灭。

转过头来,关羽对胡夫人说道:"夫人请回营帐休息,待我破了强敌,再与夫人相见。"胡夫人说道:"贱妾虽不能帮助将军,但愿留在将军身边,亲眼看将军破敌。""夫人留在战场实属迫不得已,岂能让夫人看到血腥杀戮?""贱妾已经看到血腥杀戮,亦看到赵将军神勇,难道不能亲眼看到夫君大发神威吗?"

关羽一愣,无话可说,打从心底油然而生一种敬重的情愫,刹那间,眼帘闪现出当年自己杀了吕熊一家,准备出逃之前,胡玥坚毅镇定的神情。他真的迷糊了,难道老天真的把当年的胡玥夫人通过时空隧道送到了自己身边吗?他很想证实这一点,但是,耳边已经听到了曹军整齐而又铿锵有力的脚步声、马蹄声,以及兵士为了激励士气爆发出的呐喊声。容不得他迟疑,他本能地挽起夫人的手,一同走向一处高地。

那儿是关羽设立的指挥大营,一面杏黄色的绣有斗大"关"字的大旗,树立在营帐之上,迎风飘荡;营帐四周,排列着一些全副武装的兵士,一部分负责保卫营帐的安全,大多数是传令兵;距离传令兵不远处,是十余匹战马,似乎意识到大战已经来临,全都非常亢奋,昂头期盼着什么;赤兔马被拴在一棵大树上,神情悠然自得,似乎周围的一切跟它毫无关系。

站在营帐外面,关羽可以清晰地看到,曹军像洪水一样,一波接一波,无断无绝,淹没了沿途的一切,气势磅礴地奔腾而来。

胡夫人饶是已经在长坂坡见识过赵云是怎样率部与曹军厮杀的,此时也不由得略微有些心惊胆战,用略带颤抖的声音问道:"彼等究竟是人,抑或是洪水?"

关羽紧紧地握住她的手,坚定地说道:"夫人不用担心,彼等是人,我的兵马定将杀死他们;彼等是洪水,我的兵马必定会堵住他们。"

胡夫人感受到了力量与温暖,马上镇定下来,睁大眼睛,看着他们越来越近。

"到了,彼等死期到了!"关羽轻声说道。

胡夫人下意识地朝丈夫看去。突然,她清晰地听到了一连串异样的响声,紧接着,是一片撕心裂肺般的惨叫声。她心头一紧,连忙把目光从关羽身上移开,首先出现在眼帘的是平地里蹿起了一团黄色的灰尘,夹杂着血一样的东西,飞上天空,迅速连缀成一张令人感到恐怖的巨网;随之,她似乎发现曹军的队伍有一些慌乱,有了向后退却的模样,不过,还是在一条无形的绳索牵引下,继续向前面翻滚,还没有走出几步,走在最前面的兵士就身子一歪,顷刻之间便消失不见了。

"他们是掉进陷阱了吗?"胡夫人惊异地问道。

"彼等去了应该去的地方。"关羽冷峻地回答说。"曹军不与将军接触,就死了那么多人,会撤退吗?"胡夫人继续问。"彼等还会前进,会有更多兵士送死。""为什么?""因为曹操要消灭我等。""为了消灭我等,曹操视兵士生命为草芥,毫无人性。"

关羽轻轻叹息一声,说道:"战争你死我活,不消灭对手,不可能收手。"

胡夫人叹息道:"战争如此可怕。贱妾再也不想看到战争。"

关羽把她紧紧地搂抱在怀里,说道:"吾亦不愿看到战争。但为了国家,为了民众，吾必须投身战争，直到扫清寰宇，或者至死方休。"

胡夫人理解似的点了一下头，再放眼望去，只见曹军已经改变了队形，步军停了下来，骑兵从后面冲了上来，前面的战马跳过了已经成为一个个大坑的陷阱，继续向前跳跃，但一头扑进了另外的陷阱，响起了一阵接一阵战马临死前痛苦的嘶鸣，随之而起的是又从平地掀起一阵黄色里面夹杂着红色的烟雾与灰尘。

"战马上面好像没有人。"胡夫人看清楚了，惊讶地说道。

关羽解释道："曹军欲用战马为步军踏出一条道路。彼等做梦都想不到，几乎一夜之间，吾能在阵地面前布设一个宽广的陷阱地带。除非彼用战马或者兵士全部填平了陷阱，否则，休想进入到阵地面前。"

"彼等只能从陷阱面前经过吗？"胡夫人问道。关羽笑道："无论曹军从什么方向进攻，都会掉进陷阱。"

胡夫人毕竟不懂如何行军打仗，也不知道怎样排兵布阵，关羽这番话给了她足够的安全感。丈夫如此英雄了得，使她置身战场，亦安如磐石，她还有什么要求呢？当初嫁给丈夫的时候，就曾听到过一些他率军上阵杀敌的传闻，如今亲眼看到丈夫如此有勇有谋，她感到更加真实，也更加踏实。

很快，曹军战马几乎将陷阱全部踏了出来，在胡夫人的面前，出现了一个接一个深坑，星罗棋布，一直蜿蜒到距离自己不足五十步远近的地方。

曹军停止了前进，只有十几匹战马，奔到最前沿，在陷阱边缘察看了一番。紧接着，曹军就向左右两侧扩散开来。

看到这里，胡夫人下意识地问道："这是为何？"关羽回答说："彼试图填平陷阱，发动进攻。"胡夫人问道："彼等今日便可发动进攻？"关羽微笑道："至少现在不会。夫人请回营帐休息，吾将召集各路将领，商讨如何行动。"

胡夫人回去营帐，根本无法休息。她很好奇，曹军到底会用什么办法填平陷阱，丈夫又将采取什么办法阻挡曹军呢？是要面对面地展开厮杀吗？她怎么也想不清楚，便耐心等待，准备丈夫回到身边以后，询问他到底该怎么办。但直到深夜，她也没有等到丈夫回来，却隐隐约约听到了一阵激烈的厮杀声。她吃了一惊，下意识地朝营帐外面望去，只见营帐上映出了一片火光。

"莫非曹军来偷袭了吗?"她心里想道,急切地冲出营帐,映入眼帘的是远方出现了熊熊火光,营帐周围,围拢了许许多多军士,一律异常兴奋,站在那儿,激动地议论着。她听出来了,是丈夫连夜带兵,携带大量引火之物,从陷阱里面穿过去,在曹操大军营帐上放了一把火。

她仔细看去,果然发现许许多多曹兵身上着火,在那儿奔跑,跳跃,到处一片慌乱。借着火光,她清晰地看到丈夫率领一支人马,从陷阱里面冲了过来。

"夫君为何能穿过陷阱?"她很有些疑惑,更加仔细地注视着陷阱那儿的情况,只见兵士一边向这边跑,一边从地面上拖着一些东西过来了。而且,打从阵地上突然跳出一支兵马,迅速冲了过去,一律猫着腰,从地面吃力地拖动着一些什么。关羽则一马当先,回到阵地,跳下马来,亲随立刻牵着赤兔马,走向一边。很多将领向丈夫围拢过去。

胡夫人亦激动地走了过去,问道:"曹军不能过陷阱,夫君为何便能?"

关羽笑道:"曹军欲过陷阱,用土填平须花费不少时间,且势必闹出很大动静,易引起我军注意,彼不敢为之,只有退而求其次,砍掉树木或搜集木板,架于陷阱之上。曹军兵力雄厚,聚集在一块,树木、木板一多,只需放一把火,便会令其未战而败。"

胡夫人点了点头,说道:"将军亦必用此法冲入曹营。"

"不错,正是如此。"关羽说完这一句,马上命令各路将领,"曹军经此挫折,必会疯狂报复。虽不能安然渡过陷阱,但可选拔最好的弓箭手,绑上引火之物于箭镞上,火烧我军营寨。你等需连夜将营寨向后移动五十步,并清除容易着火之物,挑选最好的弓箭手,只要曹军放箭,即猛烈射之。"

各路将领立马分头离开,执行命令去了。

关羽对胡夫人说道:"夫人未曾入睡,如今又要移动营寨,恐怕睡不成了。"胡夫人心里勃动着无限的激情,问道:"昔孙武子曾为吴王训练过宫女,果有此事乎?"关羽一眼看穿了夫人的用意,微笑着点了一下头,说道:"虽确有此事,但孙武子从未训练出一支女子部队,也从未有女子率领人马上阵杀敌。"

胡夫人不得不打消了昙花一现的准备招募女子进入军队的念头。

第二天一大早,跟关羽预料的一样,曹军在对面扎下营寨以后,立刻派出最强的弓箭手,在盾牌的保护下,向这边发射箭镞。箭镞上都沾满了引火之物,一发到空中,就呼啦啦燃烧起来,径直奔向关羽布设的阵地。箭镞溅落在陷阱里面,立马引起大火,空中很快就凝聚起了难闻的气息,并且到处弥漫着浓烈的黑色雾霭。也有的箭镞射入了关羽军队的阵地,但阵地上的树木草丛已经被清除干净,营寨亦远在后面数十步之远,很快就无声无息地熄灭了。

这边,关羽一声令下,各路将领抽调出来的精锐弓箭手,亦在战鼓的催动下,排成一道密集的阵线,一齐向曹军的弓箭手放箭。一时间,双方的箭镞在空中你来我往,互相碰撞,许许多多箭镞在碰撞中跌落在地,也有一些箭镞各自射入了对方的阵营,双方都有弓箭手纷纷倒地。

趁着弓箭手互射的机会,曹军抬着云梯,从后面扑了过来,试图把云梯覆盖在陷阱上,让步军冲过去。一听后面的骚动声,曹军弓箭手立刻让开,冲在第一线的曹军纷纷放倒云梯,然后迅疾地退闪到一边,第二波人马抬着云梯,冲过了放倒在地的云梯,然后向前放倒。

关羽得到报告,立刻命令弓箭手专射抬云梯的曹军兵士,同时命令步军做好冲出阵地的准备。曹军接连三波云梯放倒在地以后,已经将陷阱全部覆盖住了,后续人马立刻像旋风一样刮了过来。关羽一声令下,在击鼓声中,隐蔽待命的步军立刻跃出阵地,呐喊着冲了过去,人还没到云梯旁边,就向地下一扑,双手勾住云梯,猛力向这边拉动。已经有曹军冒着箭镞冲上了云梯,结果云梯一动,他们站立不住,一头栽进燃烧着的陷阱,发出更加凄厉的惨叫。有的云梯上已经站满了曹军,兵士们拉不动,便猛烈地摇动,将曹军人马摇晃得云天雾地,你挤我撞,纷纷倒在了云梯上。趁此机会,在关羽的指挥下,更多兵士上来,硬是将云梯拖了过来,倒在云梯上的曹军官兵一路滑下去,落入了不同的陷阱,惨叫声连成一片。

眼见得曹军已经冲过了第一道、第二道云梯,正不顾一切地向这边扑来,关羽传出了新的命令:"弓箭手,射后面的曹军!"

"弓箭手,射地面上的刘军。"曹操接到报告,亦祭出了同样的招数。同时,他下达了另外一项命令:"后军继续搜集、整理云梯,抬上前去,覆盖陷阱,步军不惜一切代价冲锋。"

关羽一方,弓箭手接到命令,转而射向已经冲到第二道云梯的曹军。不一会儿,就在云梯上堆起了很厚的尸首,阻碍了后来者的前进。后来者一路冲锋,不是被尸体绊倒,就是被箭镞射中,每一步都异常艰难。与此同时,曹军的弓箭手几乎在顷刻之间,射杀了拉动云梯的关羽兵士。关羽紧急命令后续人马,用盾牌组成一个巨大的防护网,掩护步军冲向陷阱边缘。这时候,不断有曹军兵士抬着云梯,冲过了第二道云梯,架设在最后的陷阱上。关羽的兵士在盾牌护卫下,或者拉动云梯,或者用大刀砍向云梯,迫使冲上新云梯的曹军兵士依然难以立足。

一天的激战下来,双方都损失惨重。曹操不得不将人马撤回到营寨休整,准备第二天再度发起进攻。

入夜,关羽巡视完战场,发现一天下来,人马损失了近五分之一,不由得打从心里感觉到了一股寒意:"不改变战法,继续打下去,不出几天,就会被曹军消耗光。"

可是,面对兵力超出自己数十倍的曹军,他绞尽脑汁,也想不出还有什么更好的办法来减轻己方伤亡,把曹操的大军尽可能拖住。

他正寻思着,夫人端来一个托盘,里面是一碗汤,说道:"将军劳心劳力,该吃点东西。"关羽抬起眼,看着夫人,微笑道:"有劳夫人费心。"一边伸出手来,去端那碗银耳羹,一边对夫人说道:"夜深了,夫人不必等我,安歇去吧。"

胡夫人说道:"贱妾一躺在床上,想起战争场面,不由想问,父母把孩子送到军营,就是为了让他们送死吗?"

关羽刚刚用汤勺舀起一点银耳,听到这番话,不知不觉把汤勺放回了碗里,说道:"世道混乱,需要有人牺牲。为将者,譬如父母,需要关爱兵士,激励士气,尽量减少牺牲。因此,关某一向顾惜兵士,绝不浪费生命,每逢出战,危急时刻必亲临一线,与敌人搏杀;兵士战死,如同吾丧子,兵士受伤,吾极力命令郎中医治,亦会吮吸他们的伤口,帮助他们清除淤血以及脓疮。这就是为何将士们大敌当前,视死如归的原因。"

胡夫人伤感地说道:"夫君关爱兵士,彼等感到幸福,彼之父母未必。贱妾曾经听说过,当年吴起如此关爱兵士,父母闻之,认为孩子必会战死沙场。"

关羽苦笑道:"夫人所知真多! 然为了匡扶天下,安抚黎民百姓,需要牺牲与受伤,务必决不回避。这就是战争。我们不杀掉敌人,敌人就会杀掉我们。两者只能有一个结果。"

胡夫人说道:"贱妾不懂战争,看到了死亡和受伤,有感而发,希望不要影响到将军。将军深受皇叔信任,独当一面,率领人马与曹军对抗,一旦天天像这样打下去,恐怕不出几天,就会被曹军全部消灭。贱妾不知兵,但知道当面跟人打架,胜亦会吃亏不少,从后面打人,方可省时省力。作战是否同理?"

关羽脑子一闪,脸上露出了惊喜的神色,说道:"谢谢夫人提醒。绕到敌后去,确实可收出其不意之效。今晚恐怕不能安歇了,夫人,快去收拾行装,我等连夜启程。"

当即,关羽把各路将领召集过来,分析了战争局势以后,说道:"作战一天,我军损失惨重,为此,须改变策略,绕到敌后去。为了诱惑敌人,所有营寨一律不动,于内设下连环陷阱,等待曹军进入,予以杀伤;已有陷阱之后,亦布设新陷阱,留下少量人员,吸引敌人;其他各部,分别从两侧悄悄转移,插入曹军后面,没有命令不得擅自行动,一旦接到命令,迅速出击,一同截击曹军后队,迫使曹军回救。"

各路将领回去营寨,当即展开行动,各出奇招,在营寨的地面挖掘陷阱,在营帐里面堆放引火之物,巧妙设置机关;也有一些弓箭手拉满弓,搭上箭,成蓄势待发模样,把弓箭埋伏在各种地形上,箭镞对准曹军进攻的方向;在营帐的门边,安放了大刀以及其他兵器。忙碌到天亮时分,一切已经部署完毕,各路人马分别向两侧撤去,循着几乎无人可走的山路,绕向曹军的后方去了。

关羽命令周仓护送胡夫人转移走了以后，让传令兵将赤兔马拴在一棵大树下，他自己站在旁边，手持青龙偃月刀，冷峻地注视着曹军。

曹军再度排列成密集而又宽广的队形，出现在关羽的视野，其前沿已经伸向了陷阱的外围。不过没有立刻展开进攻，而是从中间分出一条道路，随即，几匹战马耀武扬威地走了过来。即将到达陷阱边缘，他们都停了下来。正中间一人赫然就是曹操。

"云长别来无恙乎？"曹操大声问道。关羽说道："曹丞相休想劝说皇叔和我等不要与汝为敌。汝为汉贼，皇叔领衣带诏，与汝势不两立，今日，我等决一生死！""云长须知，曹某所作所为乃是为国为民。"

不等曹操说完，关羽大声呵斥道："汝欺君罔上，杀死皇妃，如此乱臣贼子，人人得而诛之。休要多言，有本事，便放马过来，关某大刀伺候。"曹操哈哈大笑道："云长素来忠义仁爱，而且颇有见识，岂不知汝区区数万兵马，今已军无斗志，奈何还要强行与吾作对？汝若讨贼，江东孙坚、孙策、孙权是也。汝等只要归顺朝廷，随我一道顺流而下，征讨江东，一举平复天下，在此一举。"

"江东孙氏固是国贼，汝领兵攻入荆州，亦吾仇敌。""云长执迷不悟，曹某虽敬汝，亦不得不杀掉汝。"

曹操说完，把剑向关羽一指，曹军阵营立刻响起了惊天动地的击鼓声，站在陷阱边缘的人马抬了云梯，呐喊着从昨天的云梯上冲了过去，然后放下云梯，覆盖住整个陷阱，全体人马像波涛一样涌了过去。突然，扑通扑通，前面的浪头一下子栽倒了，紧接着，又是一声声撕心裂肺的惨叫，盖过了气势磅礴的击鼓声，在空中久久回荡。后面的浪头刹不住势，继续向前翻滚，接连又掉进了新的陷阱。

一见之下，曹操心知关羽昨晚布设了新的陷阱，更加愤怒，命令后面的人马，再度抬了云梯，继续向前冲锋。直到这时，关羽那边竟然没有任何动静。曹操心下疑惑，赶紧命令人马停止前进，让弓箭手站在新陷阱跟前，向关羽布设的阵地放了好一会儿箭。对方仍然没有任何动静。

接连两次行动，都没能令关羽有所动作，实在搞不清对方状况，曹操不由得打起了退堂鼓。

程昱谏言道："刘备兵马无多，昨日损失严重，势必难以继续与我交锋，便故布疑阵，吓阻我等。丞相千万不要中计。"夏侯惇说道："待吾带领兵马杀上前去，拆穿彼之诡计。"曹操说道："关羽素来神勇，而且颇有谋略，刘备亦是人中龙凤，必然有所准备，汝需多加小心。"

夏侯惇遵命，带领一支人马，抬了云梯，带了盾牌，从新陷阱上面冲了过去。

"夏侯惇死矣！"关羽仍站在那儿，手提青龙偃月刀，大声吼叫道。刹那间，从四周射出了无数箭镞，径直奔向夏侯惇及其人马。

夏侯惇赶紧挥起大刀，把射来的箭支打落在地，但再也见不到新的箭镞，抬眼望去，关羽已然不见踪影，不由勃然大怒，率领人马冲上山冈，不见一个人影，只有山脚下扎下的营寨，整齐地浮现在眼前。

"此乃诡计尔！"夏侯惇心里想道，正要命令人马前去踏平营寨，忽然想起曹操的叮嘱，顿时谨慎起来，命令人马呈散开队形，用刀枪以及盾牌探路，一步步进入营寨。

刚刚进入营寨门口，又是一阵轰隆的声响，兵士再一次发出凄厉的惨叫，跌落到陷阱里面了。幸而队伍不是那么密集，掉进陷阱的兵士不多。

"陷阱有何可怕？冲进去！"夏侯惇来到前面一看，命令道。

兵士们抖起胆量，继续前进，一旦进入营寨，立刻分散开来，各自冲入一座座营帐，紧接着，又是一阵接一阵撕心裂肺的惨叫，还时不时伴随一团火光冲天而起，同时有一些箭镞嗖嗖的响声。

一支箭镞朝夏侯惇当面射来，夏侯惇一刀将其打落，命令道："彼用尽招数，给我仔细搜索。"

搜索的结果，整座营寨里面已经没有了一个关羽兵士。

曹操得到报告，立刻飞马过来查看，说道："想必此处并非刘备主力，只有关羽率领人马拖住我等，以便刘备逃亡夏口。夏侯惇将军，汝火速率领人马作前队，追向夏口，以免刘备与孙权联合。"

夏侯惇说道："刘备、孙权即使联手，有何惧哉！"

曹操说道："我军不善水战，刘备、孙权之军，长期在水上作战，以后的作战行动，大都是水战，彼一联手，吾军优势尽失。岂可掉以轻心？"

"丞相深通兵法，我等万不及一。不过，我军与关羽交战多日，刘备早已逃往夏口，要想与江东联络，恐已联络上了，我等不善水战，火速进兵，恐怕不利，宜谨慎为好。"程昱说道。

曹仁提出了不同的看法："丞相已给孙权写信，嘱其与我军联手，击破刘备，共同划分荆州。与丞相联手，彼之好处显而易见；与刘备联手，将跟随刘备一道失败。难道彼不明白此中道理？"程昱连忙解释："孙权会考虑，一旦刘备不存，彼分得一部分荆州，亦会因丞相得到另一部分荆州而失去长江天险，一旦丞相继续举兵，彼会孤立无援，陷入失败。为此，他或许将联合刘备以共同对抗我军。丞相不能不预先做好准备。"

曹操颔首道："江东孙氏一向见利忘义，必定会与刘备联合。消灭刘备，即可打破孙、刘联合。事不宜迟，各部分为水陆两路，火速进兵夏口。"

夏侯惇领命，首先率领本部人马，向夏口进发，其他各部依据曹操的命令，有的走陆路，有的走水路，亦准备启程。

亲眼看到曹操大军已经进入营寨边缘之后，关羽连忙骑上赤兔马，带领一些随从和后卫部队，悄无声息地从曹军侧翼向其后方前进。其时，队伍已经进入指定位置。周仓保护着胡夫人，亦安顿下来了。

看到关羽过来，胡夫人立马迎上前去，还没有说出一个字，只听关羽说道："曹操很有谋略，必然会识破此地不是皇叔主力，将率领大军攻向夏口。为了留住曹军，吾等得尽快发动突然袭击。"胡夫人说道："曹军人多势众，将军如何攻击他们？"关羽说道："曹军开向夏口，留守江陵者必然不多。我等分出一拨人马，等在此处，一旦彼开拔，便突然展开进攻，另以一部分人马直接进攻江陵。江陵危急，曹操不会置之不理。"胡夫人担忧地说道："如此，将军将陷入曹军的两面攻击。"关羽说道："夫人放心，曹军意在守住江陵，只要看到我军阵势强大，断不敢不顾一切地夹击我军。"胡夫人相信丈夫，再也不说话了。

关羽传令下去，从左右两翼各抽出一半兵马，交给副将指挥，命令其准备好了攻城器械以后，率部潜地里抵近江陵城，发动攻城之战；亲自指挥余下人马，准备向曹军后队发起攻击；同时，命令每一支队伍里面，抽调百余人，骑上战马，在马尾上系上树枝，在距离战场不远处来回奔驰，造成人多势众的假象。

紧接着，关羽对周仓说道："汝保护夫人，不可轻离。"胡夫人说道："周仓虎将，应临阵杀敌。将军勿忧，贱妾会保护好自己。"周仓急切地说道："上阵杀敌，哪有夫人安全重要？周仓保护夫人，二将军才会放心。"胡夫人笑道："贱妾虽手无缚鸡之力，但见过阵仗，知道如何保护自己，将军不必担忧。"

关羽收回成命，另派几名亲护送夫人离开战场，命令周仓率领一支人马绕向右翼，一听到自己指挥左翼冲杀过去，就迅速合围而来。

等了许久，曹军的后队终于移动了，准备从陆路向夏口方向挺进。

关羽立刻传令下去："各部准备迎战，听到鼓声与号角声，就立刻冲杀。"

当曹军最后一拨人马开始行动的时候，关羽一声令下，从两翼传出了山崩地裂般的击鼓声与号角声。刹那间，关羽和周仓各自率领一支人马，宛如从地里冒出来一般，爆发了惊天动地的呐喊，奋力冲入曹军队形，犹如下山猛虎，肆意砍杀，势不可当。曹军反应不及，被杀了一个人仰马翻。

带领后队的曹军将领是李通。此人能征惯战，有勇有谋，亲自率队走在前面，后队只有一员副将压阵。关羽一把青龙偃月刀，挥倒了无数曹军兵士，亦将副将砍于马下。李通得到报告，不由得恼怒万分，立刻率领人马杀了回来。远远看去，只见后队已被关羽的人马杀得七零八落，在更后方掀起一片尘土，李通顿觉不妙，断定关羽有数万兵马，遂一面派遣传令兵向曹操报告，一面催动战马，马不停蹄地扑上前来。

不一时，李通冲到关羽当面，勒住战马，大声叫喊道："关羽休要放肆，别人怕汝，李某却要取下汝的首级！"关羽轻蔑地说道："汝乃籍籍无名之辈，怎敢与关某交锋？"李通又羞又怒，再也不说话，抢起大刀，纵马朝关羽砍去。关羽举刀相迎，激起一声巨大的声响，震得周围的兵士耳朵发聋，呆立当场，好一会儿都没有反应。

关羽硬生生地接下李通砍下来的一刀，颇觉有些沉重，意识到此人果真有些本领，不由得眼睛放光，转过马头，再度向李通冲去。

李通奋平生之力气砍去的一刀，不仅被关羽接住了，而且自己被震得眼冒金花，差一点支撑不住，再也不敢与之硬碰硬了，一见关羽冲杀过来，拨转马头，偏离了关羽的刀锋，朝着关羽的背后回手一刀砍了过去。关羽听到风声，身子一猫，躲了开去，拨转马头，纵马杀奔过去，刚到李通身边，把大刀一横，猛力一扫。李通眼见得事情不妙，迅速翻身扑入马肚，再次逃过致命一击。关羽提了大刀，再度向李通砍去。李通心知继续避战不是办法，硬着头皮，亦提了大刀，拍马迎着关羽冲去。两人接连打了好几个回合，李通渐渐感到不支，环视一眼四周，自己的兵马亦落入下风，不由得心里一阵紧张，生怕落一个全军覆没的下场，赶紧就要收兵。恰在这时，从后面开来了一支队伍，浩浩荡荡地杀奔过来。当头一员大将，正是曹仁。李通大喜，平添了许多斗志，大声叫道："救兵已到，不要放跑一个敌人！"举起大刀，再度向关羽杀奔过去。

关羽见了，心知一定是曹操知道自己断了他的后队，并攻击江陵，便派遣曹仁过来救援的，心里想道：曹仁的主要目的在于救援江陵，绝不敢与自己恋战，且多拖住他一段时间，让他不知道虚实，于是，亦提了大刀，继续杀向李通。

这一次，关羽的判断仍然非常精准。曹操接到后队以及江陵同时被攻的消息，果然不敢轻视，心想：大军攻打江夏，势必费时日久，一旦江陵落入关羽之手，将沉重打击本军士气，且关羽还会带领人马杀向自己背后，战争的结局将非常不妙，于是，派遣曹仁率领十余万大军，前来固守江陵，并拖住关羽，不使背后受到威胁。急于救援江陵，曹仁果然没有与关羽纠缠，集中兵力，杀开一条血路，直扑江陵。

关羽见了，立刻命令人马鸣金收兵，撤至山脚，赫然看到夫人正与亲随一道，在那儿观战，不禁大吃一惊，连忙命令周仓保护夫人，随着队伍一路撤离，然后依山傍水，设立营寨，准备与曹军长期对峙。

这时候，关羽才有机会单独面对夫人，既佩服她不顾个人安全，如此接近战场观战，又多了一分担忧，说道："我不该把夫人留在战场。"胡夫人说道："贱妾想亲眼看一看将军如何打败曹军。"亲随说道："没有保护好夫人，我等愿受二将军责罚。不过，夫人刚走近战场，全军将士见了，人人感奋，倍增战力。"关羽更加吃惊："夫人走近了战场？"胡夫人没让亲随说下去，笑道："贱妾嫁给将军，不能看到将军身处战场还无动于衷。看到将军平安，贱妾心里踏实。"

关羽万分激动，正准备说些什么，恰好刘备派人送来消息：诸葛亮去江东见了孙权，与孙权阵营里的主战派鲁肃、周瑜一道，劝说孙权定下了与刘备联手，共同击破曹军的决心。曹军势力虽大，但不习水战，只要孙刘两家扬长避短，一定可以在水上打垮曹军。综合考虑了孙刘联军以及曹军的实际情况以后，准备以刘备、刘琦的全部兵力，及周瑜率领的三万水军，在乌林与曹军决战。由于联军兵力薄弱，希望关羽进一步分散曹军，以减弱主攻方面的压力；并在曹军大败之后，趁势一举收复江陵、襄阳，恢复荆州昔日气势。

"与孙权联手，实属不得已而为之。既然木已成舟，兄长下了命令，关某当竭尽全力。"关羽心里说道，马上召集各路将领，商讨作战方略，做出了如下决定：以一部分兵力监视江陵城的曹军，关羽亲率主力，主动攻击李通所部。

原来，关羽率领人马撤退以后，李通判断关羽兵力不足，立刻率领人马展开追击，但由于关羽亲自断后，杀了一个回马枪，击溃了追兵，使得李通不敢追得太紧。这一下，他更加相信关羽在虚张声势，一面向曹仁报告，一面将人马在关羽的对面驻扎下来，以监视其动向，并随时展开攻击。曹仁深以为然，接受了李通的建议，率领人马进入江陵以后，坐镇江陵，并与襄阳、樊城方面取得联系，统一指挥所有这些人马，准备接应李通。

关羽的意图是，一旦击破了李通的兵马，迫使曹仁无法出城救援，曹操势必会进一步派遣人马过来，届时，乌林方向，联军面临的压力就会进一步减小。为此，关羽集中主力，天还没亮就秘密运动到李通大营周围，突然击鼓，发起进攻。

李通虽有提防，但直到天快亮了还不见关羽军中有任何反应，遂放松了戒备。此时,关羽一马当先,率领大军冲入李通前面的营寨,打了他一个措手不及,如入无人之境,直杀得这些兵马愈发慌乱,不敢抵抗,扭头向后面逃跑。李通一见事情不妙,索性舍了被关羽进攻的营寨,大声命令后面各营寨:"关羽人马不多,各营听令,步军排列在最前面,弓箭手靠后,迅速列成作战队形,等待关羽人马冲杀过来,弓箭手立即射箭,阻止他们!"

可是,喊叫声以及新的命令没有起到任何作用,人马仍然混成一团。李通大怒,接连杀掉了好几个兵士,催逼副将,一道竭尽全力,终于把队伍整顿下来。

这时候,关羽率领人马击垮了李通前面的营寨,奔了过来。见此情景,关羽迅速命令队伍停止前进,自己亦勒住赤兔马,高声喊道:"李通,还不下马投降,难道找死不成?"

李通亦高声叫骂:"汝投降丞相,反过来与丞相为敌,如此不忠不义之辈,岂敢大言不惭? 汝有胆量,就放马过来,本将军必把你生擒活捉!"

关羽说道:"些许弓箭手,岂能阻止得了关某!"

说完,关羽把手一挥,从队伍里立刻传出了敲击铜锣的声音。李通一听,以为关羽见到自己有了准备,不敢迎战,只不过是逞口舌之利,好借机收兵,顿时放下心来,他手下的兵马亦全都放下戒心,弓箭手甚至慢慢地收回了弓箭。谁知关羽竟然以鸣金作为进攻信号,趁李通及其人马放下戒心的机会,率领人马奋力冲杀过去,一时间,杀乱了李通的队形,迫使敌人没命地向后面逃跑。李通接连砍倒了好几个兵士,也不顶用,无计可施,亦拍马向后逃跑。

这一阵,关羽率领人马奋力追赶,一路杀敌无算,亦俘虏了不少曹军兵马,方才收手。

李通一边逃,一边试图收拢人马,回身再战,但兵败如山倒,哪里还能收住阵脚,一直逃到天黑时分,总算没见到后面的追兵,勉强将人马收拢,清点人数,几乎损失了一半,不由得万分懊恼,不敢单独与关羽交战下去,一面安抚士兵,扎下营寨,一面派遣人员进入江陵,向曹仁报告。

曹仁得到关羽率部进攻李通的消息,亦曾点起数万兵马,准备出城,与李通所部一道夹击关羽,可是,前锋刚刚出城,关羽就率领人马冲杀过来,气势磅礴,直杀得前锋纷纷败退。曹仁哪知此关羽不过是一个替身,以为关羽进攻李通是虚,夺取江陵是实,迅速撤军回城,亲自走上城墙,一眼望去,远处虽说兵马调动繁忙,关羽并没有继续进攻。曹仁自以为得计地对众将说道:"关羽智勇双全,吾今严密戒备,汝岂能奈我何!"

如今,接到李通的报告,曹仁恍然大悟,知道自己受了关羽的欺骗,不由得勃然大怒,骂道:"不灭掉关羽,誓不为人!"

发完狠,曹仁陷入沉思:综合丞相发来的情报,关羽之兵顶多一万人,本军近十万兵马,关羽再勇,怎能挡得住? 只须命令李通严密戒备,不要再着了关羽的道,曹某主动率领人马挑战关羽,潜地里把人马分派到关羽所部的四周,对其构成包围,然后突然发起进攻,彼岂能挡得住曹某的致命一击?

思虑成熟,曹仁迅速向各路将领发布了命令,于第二天打开城门,按照斥候侦察的方位与地点,亲自率领一支人马,杀奔关羽营寨而去。

关羽接连胜了两阵,仍然打算按照既定方略,以部分人马牵制曹仁,亲率主力攻击李通,斩断曹仁与李通之间的联系,并且部署妥当,正要向李通所部发起进攻,忽然接到快马报告,说是曹仁已经率领大军出了江陵,向这边冲杀过来了。

"曹仁必已识破关某之计。关某亦应改变战法。"关羽心里说道,立刻命令传令兵通知各路将领,除留下一波人马虚张声势,挑战李通之外,其余人马潜地里迎着曹仁所部开来的方向开去,在指定位置停留下来,步军、弓箭手各依地势,埋伏下来,听到号令,同时进攻,骑兵部署在稍远的地方,一旦战事开打,迅速从斜刺里冲杀过去,冲散曹仁的队形,并将其人马分隔开来,予以各个击破。

关羽刚刚部署妥当,曹仁率领大军开了过来。关羽下令放过其前队,等待后队全部走进埋伏圈之际,一声令下,弓箭手先用瓢泼大雨一样的箭镞,射进曹军队形;紧接着,在鼓点与号角的促动下,步军跃出阵地,骑兵快如闪电,杀奔过去,共同撕扯曹军队形,一下子就把曹仁后队切割成互不相连的几个部分,然后迅猛冲杀,势如破竹,杀得曹军毫无招架之力。

曹仁就在后队，一见情况紧急，立刻命令人马拼命抵抗，同时抽调精锐兵马，保护传令兵，试图冲出包围圈，命令前队以及李通所部全部回救。但是，关羽早就防到这一着，把四周包围得严严实实，连一只苍蝇也飞不出去。

双方一直杀到中午时分，关羽所部没能消灭敌人，但李通击破了当面对手，率部赶了过来。

兵力居于劣势，关羽赶紧鸣金收兵，试图与曹军脱离接触，返回原来的营寨。

这时候，曹仁前队不见后续人马跟上来，心知有异，亦赶了过来，三支人马合兵一处，兵力雄厚，朝关羽的队伍合围而去，日落时分，便将关羽的数千人马全部包围起来。

曹仁下达了如下命令："各路人马小心戒备，严防关羽偷袭，明天日出一齐进攻，稳打稳扎，压缩包围圈，不要放过一个敌人。"

陷入包围，曹军即使不进攻，时间一长，粮草将会匮乏，自己就会土崩瓦解，关羽深知这一点。因为执行刘备让他吸引更多的曹军回来，以减轻乌林方向压力的命令，造成如此被动局面，关羽没有后悔，也不能后悔，他决计激励全体将士的斗志，然后想方设法，调动敌人，打破敌人的包围。

他召集各路将领，说道："各位均已清楚，我等现在究竟面临怎样的局面。历来战争的胜负，并不完全取决于兵力的多寡，还包含许许多多其他因素。我军的作战意志，各位带头冲锋陷阵的表率作用，及时发现敌人薄弱环节，突出奇兵，击破一路敌人，对作战胜负都会产生重大影响。官渡之战，曹操以劣势之兵打败袁绍，就是例证。如今，皇叔正与孙权联合，在乌林部署战场。吾等能吸引多少敌人，能坚持多久，都会对战局产生重大影响。因此，我等必须具有拖住曹军、打败曹军的决心与勇气。否则，我等自己生死事小，影响乌林之战的胜负，就成了千古罪人！"

各位将领齐声说道："谨遵二将军命令！"关羽点了一下头，继续说："别看曹仁人多势众，我等被围得水泄不通，然其必败无疑。江陵民众丰衣足食，安居乐业，对景升常怀感激之心，皇叔来到荆州，对民众秋毫无犯，赢得了民心，今虽被曹军占领，人心必然向我，此其一。其二，曹军多是北方人，不习水战,荆州挟长江、汉水之险,又多湖泊,虽有蔡瑁、张允投靠曹操,为其训练水军,但与我方水军完全不在同一水平。其三,我等虽被曹军包围,但其包围圈并非完全由曹军组成,还有水上天堑,我等以水军从湖泊、长江、汉水绕到曹军后面,配合曹军当面之步军实施夹击,曹军既不能水战,又受到我水陆两面夹击,怎得不败。"众将恍然大悟,一齐说道:"二将军神机妙算,曹仁必败。"

紧接着,有一名将领提出了疑问:"曹仁兵力雄厚,只要在岸边布设足够人马,我军就难以登陆,说不定,会全部葬送在水里。"

关羽笑道:"曹仁纵有此举,但如今已是深秋,江岸与湖边寒冷,曹军从北方而来,必然不适应此地气候,我等每天派遣一些兵力,渡过长江和湖泊,四处袭扰,令其苦于应付,习以为常,然后突然出动人马,从水面反攻。"

众将无不佩服关羽的智谋,立刻按照关羽的命令,各自搜寻船只以及制造船只的材料、器械,开始制作船只。

关羽回到营帐歇息。胡夫人由衷地赞叹道:"夫君每一次行动,都有深意,将士们跟着夫君,定当安如磐石。"关羽叹息道:"吾非常胜将军,打过很多败仗,而且投降过曹操。此次为了执行兄长命令,吾拦截曹仁后军之时,疏于思考,致使我军被围,若非如此决策,数千兵马将会化为齑粉。"胡夫人问道:"将军既要安排人马搜集船只,又要准备从水面夜袭曹军,一旦曹仁从陆路发动进攻,该如何应对?"关羽说道:"曹仁慑于我军陷阱,不会冒进,只要我军继续布设疑阵,足以令彼裹足不前;从水面偷袭,会把彼之注意力转向江岸与湖边,彼更不敢深入。"

天亮以后,曹仁派遣人马,从不同的方向发起了进攻。不过,声势尽管吓人,一遭到猛烈抵抗,就迅速停止攻击,两方陷入对峙状态。

到了夜晚,关羽开始派遣人马,乘坐船只,分成多路,渡过长江与湖泊,向曹军发起试探性攻击。船只即将靠岸的时候,被曹军发现,立刻,江岸和湖边亮起了无数只火把,一队早有准备的弓箭手把箭镞射了过来。船上随即用盾牌组成一道防护网,敲起战鼓,亦用弓箭射向岸边。双方互射了好一阵子,各有损伤,船只不再恋战,倏忽之间驶了回去。

如此一连过了十余天，关羽夜观天象，知道第二天夜晚将会出现大雾，立刻传令：抽调一支人马，分别编为几队，各指定一名副将带队，手背扎上红绸带，乘坐已经搜集到的船只，利用雾霭，悄悄登陆上岸，摸进曹军设在江岸与湖边的营寨，实施偷袭，成功以后，迅速绕到曹军的后方，发动猛烈进攻，打乱曹军的部署；主力部队则乘着曹军混乱之际，同时向当面之敌进攻，一举击破曹军的包围圈，然后直接迫近江陵城，迫使曹仁将人马全部撤回江陵。

　　经过一天紧张有序的忙碌，偷袭部队完成了登船之前的一切准备，关羽将他们召集起来，排成整齐的方阵，命令人马打开酒坛，为每一名将士都倒上了一碗酒，自己也端起一碗酒，说道："我军被曹军围困十余天，为了生存，为了打败曹军，为了乌林之战的胜利，汝等绕道偷袭曹军，只许成功，不许失败。成功了，我等可以生存下去，打败曹军，赢得胜利；失败了，我等只有死！汝等务须一往无前，遇佛杀佛遇仙诛仙，用曹军的鲜血，来证明尔等的英勇！干了这碗壮行酒，希望汝等杀尽曹军，完成任务！"

　　"杀尽曹军，完成任务！"将士们爆发了山呼海啸一般的声音，紧接着，像关羽一样，脖子一仰，一碗酒下肚，碗一扔，一齐向关羽行了军礼，雄赳赳气昂昂地踏上每条船只。

　　子夜，由老船工操桨，所有的船只同时出发，从不同的方向、地段，静悄悄地沿着江面和湖面向曹军侧后方划去。整个江面、湖面上笼罩了浓厚的雾气，人即使站在对面，也无法分辨出轮毂。好在老船工们早已熟悉水道，并且互相之间划定了行动距离与方位，在摸索中，可以安全地向前进发。临近江岸与湖边，船工更加小心谨慎，通过江水与湖水拍打岸边的声音，判断出可以靠岸的地方，将船只停了下来。兵士们立刻一个接一个跳下船只，朝岸上摸去。

　　摸上岸以后，兵士们可以清晰地听得出四周游动的哨兵的脚步声，以及曹军兵士的鼾声。脚步声明显朝着兵士们这边走来。兵士们全部趴在地上，屏住呼吸，一动不动。脚步声越来越近，曹军粗重的呼吸声亦越来越清晰，他们已经可以感觉到曹军哨兵靠近身边的气息，突然，兵士们一个个猛地跳跃而起,准确地扑向曹军,在黑暗中捂住了曹军哨兵的嘴巴,一下子把他们全部放倒在地,一刀抹向他们的脖子。

解决了这些敌人,兵士们连忙点起火把,列成进攻队形,冲向敌人的阵地。火把虽多,但在雾霭的影响下,难以分辨出周围的情况,只看到前面有营帐的模样,他们便就冲了进去,一阵砍杀。许许多多曹军兵士在睡梦中成了刀下之鬼。

"关羽兵马杀过来了!"一些曹军惊醒了,高声大叫,紧接着,引起了连锁反应,到处都是曹军兵士惊慌的喊叫声,以及战马的嘶鸣声。

刹那间,到处点起了火把,因为雾霭的阻遏,只发出星星点点的光亮,分不清人的模样。关羽兵士手臂上都有红色绸带,容易分辨敌我,可以准确砍杀;曹军分不清谁是谁,只要有人靠拢自己,就恶狠狠地砍杀。天亮时分,营寨里归于沉寂,没有了喊杀声,没有了惨叫声,没有了战马的嘶鸣声。透过微弱的亮光,可以看到营帐里外到处都是曹军的尸体,仍然有一大部分关羽兵士幸存下来了。副将们火速整理队伍,高举着火把,继续向曹军的背后杀去。

江岸、湖边展开激烈厮杀之际,曹仁一直没有接到报告,以为关羽绝不敢在这种天候下率部渡过长江与湖泊向自己发起进攻,一直把注意力全部放在对面。天色已经亮了起来,虽然雾霭仍然浓厚,曹仁更加担心关羽会趁此机会,率领人马,从自己的铁桶阵里面杀出一条血路,逃出生天,因而命令人马全部保持高度戒备状态,一旦从对面传来任何风吹草动,就立刻冲上前去,与之展开搏杀。可是,等了很长一段时间,雾霭已慢慢消散,还是没有发现关羽之军的任何动静。

"关羽一向谨慎持重,知道曹某在雾霭天候下必定严密戒备,绝不敢贸然进攻。"曹仁心想,除了继续在前沿留置一些人马之外,命令其他人马解除戒备。

恰在这时,竟然从后面传来了喊杀声。曹仁大惊失色,赶紧命令李通带队,击垮敌人。关羽的偷袭部队犹如闪电一般地冲进了曹军阵营,大肆砍杀。曹军慌忙抵抗,陷入被动,一时间队形被撕扯得四分五裂。李通颇费了一番周折，终于把阵线稳定下来了。

紧接着，关羽率领主力部队，以雷霆万钧之势，从正面冲杀过来了。

曹仁气急败坏，怒骂道："红脸贼焉敢如此！曹某不取下你的首级，誓不罢休！"说罢，曹仁立刻命令与关羽正面相持的人马投入战斗。可是，队伍已经放下兵器，军士们心里没有打仗的准备，突然遇到关羽大军的冲杀，更加惊慌失措，哪里还能列成阵势？遭到关羽大军的冲击，很快就溃不成军。

如此一来，曹仁不由得慌了，一面喝令人马布阵，一面挺枪出马，迎着关羽冲了过去，怒骂道："红脸贼休要逞凶，曹某来也！"

关羽回击道："曹贼来得正好，看关某如何取汝首级！"纵马迎上前去，与之迅速绞杀在一块，你来我往，杀了一个天昏地暗。

趁此机会，曹军在副将指挥下，终于遏制了溃兵，组织起了抵抗的队形，与关羽大军展开搏杀。微光之中，绞杀在一块的人马很难分清谁是谁，只有关羽的人马一律右臂上绑了红丝带，可以分辨得清自己人，刀枪尽朝着右臂上没有红色丝带的人砍杀；曹军兵士却不分你我，只要有人杀到了面前，无论是谁，就是一阵乱砍。

曹仁接连与关羽战了几个回合，抵挡不住，喝令兵士涌上前来，可是，一眼望去，根本分不清哪是自己的兵马，不由得心头一紧，知道继续战斗下去，定会被关羽杀一个干干净净，赶紧命令人马从后面杀出一条血路，逃向江陵。

此时，李通率部经过激烈的厮杀，眼见得快要击破偷袭之敌，忽然听说关羽大军从正面攻了过来，心里想道：厮杀至今，亦不见关羽踪迹，此人必定从正面杀了过来，曹主将哪能挡得住他？不如分出一拨人马，转向正面，帮助主将把关羽正面力量挡住再说。于是，留下一部分人马继续迎战，亲自率领队伍转方向，杀向正面。适逢曹仁率领大军退了过来。李通看不清楚，以为是关羽的人马突破了曹仁的防线，心里大怒，指挥人马凶猛地冲杀而去。

曹仁亦没有看出冲过来的人马是哪一方，还以为是关羽的偷袭部队突破了李通的防线，亦是怒火冲天，率领收拢起来的人马，一往无前地杀了过去。两支人马各自使出平生力气，冲杀了好一阵子，曹仁终于冲到李通面前，朦胧之中，认出了李通，顿时后悔不迭，马上命令人马停止厮杀。

恰在此时，关羽率领人马冲杀过来了。曹仁、李通心知更不可能挡得住，便留下一支人马断后，率领主力，从关羽偷袭部队之中杀开一条血路，突围而出，再也不敢继续在荒野逗留，一口气跑回了江陵。

关羽大获全胜，立刻展开追击，追至江陵城下。此时，雾霭早已消散，太阳快要落山，眼见得江陵城门紧闭，关羽心知无论如何，是不可能攻入城池的了，遂在城外扎下营寨，监视江陵的一举一动。

这时候，刘备派遣人马向关羽送来了一封信函，告诉他乌林之战即将结束，曹操百万大军，已经被火烧殆尽，失败已成定局，孙刘联军正在扩张战果，肃清曹操的残余力量，不日开至江陵，将要收复江陵、襄阳、樊城等重镇。

关羽大喜过望，立刻召集各路将领，宣读了刘备的信函，说道："曹操百万大军顷刻之间化为齑粉，曹仁、李通绝不敢轻举妄动，我等只需严密监视江陵，等待皇叔到来，一齐进攻，定将曹仁、李通一网成擒！"众将全都兴奋莫名，齐声说道："皇叔英明，苍天不负炎刘，我等誓死奋战，戮力同心，不击灭曹军，决不罢休。"

亲耳听到关羽说出这一大好消息，胡夫人亦异常激动，说道："如此，皇叔必可稳坐荆州，杀向许都，诛灭曹贼，匡扶天下，亦将指日可待。""曹贼经此一战，元气大伤，只要我等尽情扩展实力，这一天必将到来。"关羽说道。胡夫人问道："届时，夫君打算干什么？"关羽回答说："吾将回到河东，守在父母坟前，让他们放心，孩儿没有辜负他们的希望，一直忠义待人，从不违背忠义之道。"胡夫人点了点头，说道："贱妾会追随夫君，相夫教子。"

关羽下意识地摸了一下美髯，露出了会心的笑意，看着夫人，忽然发觉她竟然如此娇羞，眼帘随即跳出当年胡玥夫人怀孕的那一幕，心里一动，握住夫人的手，激动地问道："夫人可是身怀有孕？"胡夫人更加娇羞，脸色通红，微微低了头，也不作声。关羽大喜过望，抱起夫人，深情一吻，说道："夫人有孕，亦置身战场，吾委实愧对夫人。"胡夫人说道："谁家孩儿都是心肝宝贝，别人家孩子能跟夫君上阵杀敌，贱妾有何不可？""不错，身处如此乱世，吾家孩儿亦得匡扶天下，上阵杀敌。"关羽高兴地大声说道。"夫君欲为孩儿取何名?"胡夫人问道。关羽说道:"战争即将胜利,吾等有了孩子,以兴为名可也,因胜利而兴,以后必将兴旺发达。"胡夫人接连自语了几遍这个名字,忽然问道:"用于男孩则可,贱妾生下一个女孩呢?"关羽凝视着胡夫人的脸,严肃地说道:"天下之事,男孩预示着兴旺,女孩同样如此,亦用此名。"

几天以后,关羽接到消息,曹操率领败军退了过来,立刻留下部分人马继续围困江陵,亲率主力迎着曹军杀了过去,试图与孙刘联军一道,击灭他们。

曹操率领大军一路后撤,倒也担心关羽会截断自己的退路,留下张辽、徐晃等猛将断后,阻击孙刘联军的追击,在夏侯惇等名将的保护下,迤逦向江陵撤退。越接近江陵,曹操心里越发凝重,命令夏侯惇做好迎战准备。

不一时,曹操果见关羽率领人马布列好了阵势,挡住了自己前往江陵的道路。夏侯惇纵马就要率部与之展开冲杀,被曹操阻止了。

曹操问道:"云长别来无恙乎?"关羽冷冷地说道:"吾很好,只恐丞相今日不妙了。"曹操摇了摇头,说道:"与故人相逢,曹某如何不妙?"关羽说道:"丞相不要枉费心机,吾已偿还当年恩情,如今与丞相情义已绝,吾效忠陛下,丞相却欺君罔上,汝等已是大敌,吾怎肯轻易放过丞相?"

"云长仍记得曹某,曹某万分欣慰。"曹操呵呵一笑,继续说道,"然则云长错矣。曹某在汝等眼里,虽是乱臣贼子,然朝中没有曹某,不知要乱至何等地步,黎民百姓亦不知要遭受何等灾厄。江东孙氏何若人也?孙坚藏匿玉玺在先,孙策扰乱江东在后,孙权更是奸诈小人,汝等与彼联合,难道不怕有违忠义之道?曹某身后,孙家周瑜率三万兵马,刘备统数万军队,追杀过来。曹某可以失败,可以将大好头颅交给云长;然一旦如此,周瑜、孙权岂肯放过汝等?曹某之有今日,刘备、云长明日亦将如此。届时,云长并非匡扶天下、拯救黎民百姓,而是祸害天下,残害百姓。"

关羽沉默片刻,说道:"丞相为了保命,故意危言耸听尔。"

曹操又是呵呵一笑,说道:"云长奈何亦发欺心之语?曹某非贪生怕死之辈;云长不愿与孙权联合,便在江陵以北与曹仁将军对峙至今,俱为明证。何况,云长素怀忠义,曹某一向视之为知己,云长对人义字当先,岂独对曹某不义乎?"

关羽实在不想多说,此时只想身为大丈夫而对曹操一行,犹如当年曹操在许都送自己护送兄嫂一般情景,当时他只身一人,曹操完全可以将自己诛杀,而今日,曹操等则是弱者,此刻曹操没有从私情上来乞求自己,还是从天下大势出发,终不是小人之度,自古执干戈为社稷者义也,所以他觉得应当送走曹操才比较符合天理和情理,于是关羽把青龙偃月刀向一边一横,手下人马立刻让出道路,任凭曹军退入江陵城。随后,关羽命令人马就地驻扎。

不一时,刘备、周瑜就率领人马风扫残云般赶了过来。

"关将军足智多谋,能征惯战,如何未能挡住曹军?"周瑜狐疑地说道。关羽从鼻孔里冷哼一声,说道:"若都督在此,恐支持不到今日。"

诸葛亮一见,生怕关羽与周瑜争执起来,连忙笑道:"二位将军不要着急,吾等已追至江陵城下,理当商讨攻城作战方略。"周瑜毫不客气地说道:"此番乌林之战,皇叔虽是主将,然江东周某使苦肉计,才得以成功,如今迫临江陵城下,不劳皇叔费心,江东部队足以战而胜之,一举将南郡全面收入囊中。"

张飞怒道:"江东人物怎的如此不明事理,先占了江夏,今番又要占领南郡,吾军一场辛苦,莫非为江东效力不成?"周瑜笑道:"若无江东,皇叔早被曹操消灭。如今,汝等兵马仍在,岂说是为江东效力?"关羽大怒道:"江东小儿如此无礼!江夏、南郡,均是荆州管辖,岂能任人分割?"周瑜冷笑道:"南阳、襄阳、章陵,亦曾是荆州地面,如今却在曹操手里,是何解也?"刘备赶紧和稀泥:"曹军还没有消灭,我等岂能内讧?先将曹军赶出荆州再说。"周瑜说道:"江东愿意攻打南郡,皇叔自便。"

眼看关羽、张飞、赵云都十分恼怒,诸葛亮忙说:"周都督所言极是,南郡就由江东攻打,皇叔可以攻打其他地方。"一边说,一边向刘备使眼色。刘备会意,果然点头答应。

关羽不愿意了,说道:"关某在江陵以北独挡曹仁十余万人马,即使皇叔有令,不再攻打江陵,亦绝不会从江陵以北撤出来。若有人胆敢觊觎江陵北,须问关某大刀可否答应。"周瑜呵呵一笑:"关将军请放心,吾绝不会向江陵北下手。"

已经阻止刘备进攻江陵,周瑜立刻回到本军营寨,部署人马攻打江陵事宜。

关羽、张飞、赵云以及刘备旗下各路将领仍然愤愤不平。诸葛亮说道:"曹军全部撤至江陵,岂是那么好打的,我等与其跟周瑜一道攻打江陵,不如令彼单独攻打,我等趁机向其他方向进攻,首先稳固占领一块地盘,养成气候,方为上上之策。"

"军师言之有理。然吾等可向何处下手?"刘备疑惑地问道。

诸葛亮胸有成竹地说道:"自景升去世以来,刘琦、刘琮一分为二,刘琮将襄阳、南阳、章陵、南郡等地面拱手送给了曹操,刘琦据夏口与曹军对峙,武陵、长沙、桂阳、零陵四郡纷纷离心离德,不再听从荆州调遣。为今之计,主公可以表奏刘琦公子为荆州刺史,以彼之令,召集武陵、长沙、桂阳、零陵四郡回归荆州治下,若有胆敢不从者,主公可以代替刘琦公子出兵南征。四郡远离曹军与江东军,主公可以积收钱粮,以为根本。"

刘备大喜,说道:"孔明智谋超群,如此,我等可以不必多费力气,即掌控了大片地盘。"关羽却有不同意见:"武陵、长沙、桂阳、零陵四郡本属荆州管辖,不从曹军、江东军手里夺取地盘,把眼光定在这些地方,似乎有些本末倒置。"诸葛亮说道:"不然。曹军虽败,兵力仍然十分雄厚,周瑜要想夺取江陵,必然会花费大量时间,耗损大量兵力,我等插上一手,还会引发周瑜的嫉恨,何苦要做此等吃力不讨好之事?只要关将军占据江陵以北,周瑜就会犹如锋芒在背,日夜不得安宁。将军可以隔岸观火,任凭曹军与周瑜厮杀。周瑜即使打下了江陵,也得不到全部南郡,又成为曹操首先攻击的目标,得不偿失,最后恐怕会主动将南郡交给主公。"关羽恍然大悟,由衷地说道:"军师深谋远虑,关某佩服之至。"

张飞、赵云以及其他各路将领听得此言,亦深感佩服,再也没人提出反对意见了。

紧接着,诸葛亮说道:"主公虽不在江陵与曹军争锋,仍需捍卫荆州,表奏刘琦公子为荆州刺史之时,需任命襄阳以及其他掌握在曹军手里的各郡

以万余兵马,在江陵北与曹仁十万大军对抗,即将获胜,周都督横插一杠子,却一连打了数月,才得以攻入江陵。此举背弃盟军、自伤筋骨,岂是忠孝仁义智慧之辈做得出来的?"

周瑜颇感难堪,一时说不出话来。其他江东人物很想辩驳,但终究无话可说。

这时候,鲁肃笑道:"关将军莫怪,江东人物素爱与人嬉闹。昔日与诸葛亮一番舌战,奠定了乌林之战打败曹军的基础;今日与关将军一席话,必将促使孙刘两家更加紧密地结合起来,共同打败曹操。"

鲁肃是奉孙权之命,前来祝贺周瑜攻克了江陵,并且宣布对周瑜的任命的。

原来,周瑜率领人马突破江陵城垣,刚刚进入江陵,就迫不及待地派遣人马,前去京口,向孙权报捷。孙权大喜,即刻拜周瑜为偏将军,任命其为南郡太守,命令鲁肃前来祝贺并宣布任命状。鲁肃一路疾行,刚刚赶到江陵城下,得知周瑜正陪同关羽巡视江陵,叫人不要惊动了他们,命令随从安歇去了,自己仅仅带了一员护卫人员,从后面跟了上来,听到了关羽跟黄盖、周瑜的对话。

曹操大兵压境之际,孙权麾下只有鲁肃、周瑜主张联合刘备,共同抗击曹军;其余众人均害怕曹军,不敢与之对抗,均主张投降曹操。孙权拿不定主意,便派遣鲁肃进入夏口,见到了刘备、刘琦、诸葛亮,探知荆州实力,以及刘备等人准备与曹操对抗到底的真实想法,综合孙刘两家实力,觉得与曹军相比,虽仍居于劣势,但曹军远道而来,一路遭到刘备军队的抵抗,人马早已疲惫不堪,而且不习水战;反观孙刘方面,一旦联合,有诸葛亮之智,周瑜、关羽、张飞诸将之勇,再加上熟悉环境,精通水战,具有在水战中打败曹军的潜力,便劝说刘备与孙权联合。刘备在诸葛亮的劝说下,早已动了这个念头,此时没有不答应的道理,遂派遣诸葛亮跟随鲁肃一道,到了江东,拜见孙权。此行,诸葛亮舌战群儒,终于与孙权达成联合抗曹的协议:江东以周瑜为都督、程普为副将,各领一万五千兵马,兵分两路,向乌林进发,与刘备、刘琦旗下残余人马一道,共同抵御曹军。经过精心谋划,孙刘联军终于取得了火烧曹军战船与营寨，彻底打败曹军的重大胜利。

关羽呵呵一笑，说道："关某素闻子敬仁人君子，今日一见，果然如此。不过，孙刘联合能否更上一层楼，恐怕不在于关某是否以言语打动了诸位江东豪杰，而在于孙刘两家是否能够真诚合作，不要在别人背后下刀子。"

周瑜说道："关将军之言看似公允，实则暗中指责周某。关将军久经沙场，理当明白，江东劳神费力，跟曹军拼死作战，将刘豫州从濒临灭顶之灾中解救出来，怎能不有所收获？且无论江夏、南郡，均取自曹操之手，并非抢夺了皇叔或者公子刘琦地盘。"

关羽笑道："江东人物这般见识，关某多言无益，不说也罢。"

鲁肃一见场面陷入尴尬，连忙转移话题，询问关羽对下一步局势的看法。

在关羽心里，对抗曹操与对抗江东孙氏至少同等重要，如果一定要联合其中的一方，来打败另一方，他宁愿选择与曹操联合，而不是江东孙权，可是，诸葛亮、刘备都与他的观念截然不同，而且在事实上采取了联合孙权的具体策略，他纵使心里不情愿，也不能不执行。眼下，曹军已经失败，孙刘联盟到底能维持多久，成为他思考的首要问题。从江东人物的所作所为来看，他认定这个联盟无法维持下去，准备劝告刘备、诸葛亮，征得刘备同意以后，突然出兵，攻取江陵，并一举将南郡收入囊中。鲁肃问起这个话题，他如何能够回答？又不愿意说谎，遂反问鲁肃怎么看待今后局势的发展。

鲁肃似乎早有准备，不慌不忙，娓娓道来。在他看来，曹操虽赤壁惨败，大伤元气，但仍然兵力雄厚，孙刘联军即使继续全力进攻，要想取得成功，何其困难，因此，停止进攻，维持现有局面，一面防备曹军的攻击，一面发展各自的力量，乃是上策。为此，他认为需要进一步加强孙刘联盟，并提出了许多设想。

关羽即使心里早有成算，亦不得不打心眼里认同鲁肃对全局的分析及其加强孙刘联盟的设想，然而，一想起江东人物的奸诈和不义，便在心里打起鼓来，妨碍了他与鲁肃进一步交流。

恰在这时，大营里传来了刘琦去世的消息。周仓不敢怠慢，马上向关羽报告："荡寇将军，有人来报，公子刘琦去世。"

刘琦被刘备等人拥戴为荆州刺史以后，命令刘备、诸葛亮、张飞、赵云以及旗下各路将领，前去收复及征讨长沙等四郡，自己身体有病，不便行动，一直留在关羽大营里。

接到消息，关羽心里发急，马上带了周仓以及护卫，快马加鞭，奔回江陵北，见到刘琦的尸首，想起刘琦与大哥刘备之间的交情以及蒙难之际，刘琦集中夏口全部人马前来救援的情景，不由虎目落泪，马上派遣亲随，快马向刘备报告，一面命令人员，准备办理刘琦的后事。

几天以后，刘备、诸葛亮等人风尘仆仆地赶了回来，见到刘琦的灵柩，大哭一阵，召集荆州人物商量如何安葬。

诸葛亮说道："公子刘琦去世，应尽快确定州牧，以便号令荆州，并主持公子葬礼。"

昔日跟随刘表、刘琦的一帮荆州人物纷纷赞同此意，并且一齐推举刘备为荆州牧。关羽、诸葛亮大喜，即刻与荆州人物一道，把刘备扶上荆州牧宝座，并且表奏朝廷。

刘备主持的第一件大事是为公子刘琦下葬。荆州人物、刘备旗下诸将全部到场，鲁肃亦代表孙权，前来吊孝并送葬。

鲁肃吊孝刘表，促使孙刘结成联盟，共同抗击曹操；这次吊孝刘琦，乃是由于孙权试图把版图扩大到益州，碍于刘备的势力阻挡了江东兵马的前进道路，便奉孙权之命，劝说刘备入川，以此希望获得荆州。这与诸葛亮隆中决策相吻合，得到了诸葛亮的极力赞同。

刘备接任荆州牧，决定把油江口作为治所，并将地名改为公安。安葬了刘琦以后，派遣诸葛亮、关羽先期进驻公安，扩大城池，修筑治所。

诸葛亮前往公安之前，与刘备密谈，劝说刘备做好入川准备。刘备说道："荆州诸事仍未走上正轨，不宜考虑他事。"

一听此言，诸葛亮心里明镜似的：刘备既担心曹操会为赤壁之战惨败发起报复行动，又担心周瑜会进攻江陵北，改善其受到夹击的不利环境，遂首先专务内部事务，不敢再有他图。诸葛亮本身亦担心这个问题，把治所安在公安,就是距江陵很近,可以很好地保住江陵北,令周瑜时刻处在曹操的攻击之下,一旦曹操发起复仇之战,第一个承受进攻的必然是周瑜。届时,江东必然会向荆州求援,两家的主客关系便可以发生颠倒性的变化。

亲耳听到鲁肃、诸葛亮向刘备提出入川建议,关羽心里非常矛盾,一方面没法对江东完全消除戒心,另一方面又觉得兄长如果能够入川,一举将益州地面掌控在手,与荆州形成掎角之势,且以荆州为可靠的战略后方,利用益州复杂的地理条件,进攻曹操,是一个不错的选择,但是,一旦刘备入川,势必会分散荆州的兵力,江东一旦突然发起攻击,荆州就会陷入危险。

事实上,只有关羽最懂刘备心意。兄长说此时不宜考虑他事,蜀道之难难于上青天,自古如此,没有合适的时机,益州方面没有内助,绝不可能贸然入川。而且,益州牧刘璋,亦跟兄长一样是汉室宗亲,兄长不忍心夺占刘表治下的荆州,如何会进击益州呢?既然如此,关羽可以放心地率领兵马,协助诸葛亮修筑公安城。

胡夫人身怀有孕,即将临盆,没跟关羽前往公安,仍住军中。甘夫人、夏侯氏每天都会派遣使女,乃至亲自探望。几天以后,胡夫人生下一个儿子。

刘备得到消息,马上准备派人叫关羽回来。可是,甘夫人说道:"胡夫人说二叔是为了皇叔尽快进入治所,才去公安的,别打扰他。""胡夫人忠义有识,二弟老来得子,吾岂能不快点告诉他?"

关羽得到消息,欣喜若狂。诸葛亮亦兴高采烈,恭喜道:"荡寇将军生子,可喜可贺,可速速回去探望儿子,亦代吾问候夫人,祝母子一生平安。"关羽说道:"谢谢军师。夫人生子虽是大事,然修筑城池更是大事。要不然,兄长待在军营,荆州没有治所,关某会更加不安。且城池修筑妥当,夫人可得安稳住处,比什么都好。"诸葛亮感慨万分,说道:"将军公而忘私,实乃荆州楷模,难怪主公素来倚重将军。今后,主公入川,荆州非将军莫属。"关羽说道:"吾与兄长、翼德生死与共,理当替兄长考虑。兄长果真入川,一切听从兄长的吩咐。"

诸葛亮笑道:"将军忠实有信,然对联合江东不太热心。""江东人物均奸诈成性,从无信誉,素为关某鄙视。然兄长联合江东,吾当尽力维持。""将军胸怀坦荡，令人佩服。然过于坦荡，过于执着，往往会孤立无援。夫欲拯救黎民百姓、快速结束战争，需联合盟友，对付主要敌人。当今天下，谁是主要敌人？不用我说，将军亦当知道。因此，将军可以鄙视江东人物，但在打败曹操之前，必须联合江东。将军可以怀疑、防备他们，却绝不可以主动向他们挑衅，更不可以向他们发出战争威胁。唯有如此，主公才能得到更好的发展。"

这与关羽欲联合曹操，首先消灭江东的想法南辕北辙。即使如此，诸葛亮之言合乎情理，在无法联合曹操的前提下，关羽不觉有些动心，心里说道："看起来，真得好好考虑如何与江东人物合作。"

经过几个月的紧张工作，公安城修筑完毕。诸葛亮选了一个黄道吉日，荆州文武百官，在刘备的率领下，进入公安，正式在这里安家。江东方面，除了南郡太守周瑜前来祝贺之外，孙权还派出鲁肃作为特使，前来恭贺。刘备大摆宴席，庆贺盛举。

狂欢一天以后，刘备对关羽说道："二弟老来得子，却不能守在弟媳身边，为兄实在不忍。事已忙完，二弟快快回去探视。"

张飞不等关羽回答，欢喜地叫道："二哥生了侄儿，张飞好不高兴，一定要陪二哥和大哥喝它三天三夜。"关羽笑道："三弟身为零陵太守，能在公安待上三天乎？"张飞说道："二哥舍不得拿酒喝。"刘备笑道："三弟要喝酒，为兄自当提供，何苦牵涉二弟。""大哥一言九鼎，就这么定了。"张飞高兴地叫道，随即，对关羽说道："吾今日方回公安，与二哥一道看望侄儿如何？"诸葛亮笑道："三将军不见也罢，一旦见了，只恐吓哭兴儿。"张飞急眼了，连忙说道："吾侄儿岂是胆小怕事之人？谁都吓不了他。""若三将军吓着兴儿如何？"诸葛亮问道。赵云连忙说道："军师欲与三将军打赌乎？吾亦算一个，吾赌兴儿不会被三将军吓着，反倒会喜欢三将军。"诸葛亮笑道："赵将军必不妄言，某认输便罢。"

众人笑闹了一回，便与刘备一道，一齐赶往关府。胡夫人怀抱婴儿、甘夫人带着阿斗、夏侯氏带着几个侍女，上前迎接。甘夫人、夏侯氏是在察看完各自府邸以后，看到一切都井井有条，便一齐来到关府，陪同胡夫人的。

听说刘备等人来到关府，便一块前来迎接。

"关羽拜见嫂嫂！""张飞拜见嫂嫂！""某拜见甘夫人！"众人一齐向甘夫人施礼道。甘夫人马上还礼。

刘备笑道："各位前来看望弟媳和兴儿，夫人有些喧宾夺主。""兄长是何言也，嫂嫂永远第一。"关羽、张飞一齐说道。甘夫人领会了刘备的用意，答礼以后，把兴儿从胡夫人手里接过来，送给关羽，说道："兴儿兼具关将军之神武与胡夫人之内敛，长大之后，必是不可多得之将才。"

关羽伸出双手，正要去接，但被张飞抢了先。他一把将婴儿的襁褓揽入怀里，一面看，一面声若雷鸣："嫂嫂所言不差，兴儿确实跟二哥长得一模一样。"

孩子从睡梦中惊醒，撇了一下嘴巴，将要哭泣，可是，突然间竟不哭了，眼睁睁地看着张飞出神。张飞愈发高兴，把孩子递到诸葛亮面前，大声说道："军师且看仔细，兴儿没哭，还冲吾笑呢。"夏侯氏连忙说道："兴儿还小，经不起闹腾。"张飞呵呵一笑，说道："兴儿喜欢我，不怕闹。"

夏侯氏见了，只好伸手从丈夫怀里把孩子抱过来，交给关羽。张飞不愿意了，对夏侯氏说道："吾成亲早，还没孩子，当然要看兴儿。"

众人爆发了一阵哄堂大笑。夏侯氏脸色绯红，不知道说什么才好，只狠狠地瞪了张飞一眼，把脸别到一边去了。甘夫人说道："三叔性子急，却不知夏侯夫人早已有孕在身。"不等甘夫人说完，张飞立刻惊喜地大叫起来："吾亦有子。甚好。大哥、二哥，孩子也应桃园结义。"

刘备一样十分欢喜，说道："此是正理。我等戎马至今，俱各有了孩子，可喜可贺。只子龙孑然一身，应寻思成家。"赵云说道："多谢主公关怀。若遇上合适女子，吾定会娶之为妻。"

这时候，关羽把襁褓接在手里，端详着孩子，那熟悉的面孔、熟悉的气息，迅速把他拉回到冯平刚出生时的情景，不由想起了一直杳无音信的胡玥母子，暗问自己："何时才能见到他们？"被一阵大笑惊醒，他回到现实，把孩子送到刘备面前，说道："大哥请看，兴儿是否跟吾一样？"

刘备接在手里，认真端详了许久，说道："果然一样。兴儿长大成人，必定超过二弟。"诸葛亮连忙接过话头,说道:"自古后代总会超前人。阿斗公子今后必将在兴儿以及后代将领辅助下,实现天下大治。"刘备说道:"若我等澄清天下,让世人与孩儿安享幸福,自是最好。"关羽、张飞、赵云、诸葛亮等人一齐说道:"我等愿意竭尽全力,辅佐主公,扫平天下!"

热闹的气氛总是容易消逝的。众人离开以后,关府一下子平静下来。关羽抱着孩子,脸上洋溢了幸福与满足的笑容,目光里透射出关爱与期盼。胡夫人情不自禁地说道:"将军如此亲爱孩儿,贱妾甚为满足。"

关羽说道:"夫人生下兴儿,吾不能回营探视,实感愧对夫人。"

胡夫人脸上流露出醉人的笑意,说道:"甘夫人派了照料阿斗公子的侍女、乳娘照顾贱妾和兴儿,每天还和夏侯夫人一道过来陪贱妾。贱妾不苦,只是每天都想象着将军看到兴儿的样子。"关羽笑道:"吾看到兴儿时,跟夫人想象是否一样?"胡夫人先点了一下头,然后又摇了一下头,说道:"将军喜爱孩儿,令贱妾欣慰;令将军思念失散孩子和夫人,贱妾心里有愧。"

关羽心里涌起一种愧疚感,说道:"夫人不必如此说,吾对不起夫人。"

胡夫人摇了摇头,微笑道:"将军思念胡玥夫人和平儿,符合天道人伦,值得信赖,可作终身依靠。贱妾斗胆相问,将军是否派了人马去河东寻找?"关羽叹息道:"吾曾经派人寻找过,但杳无音信。"胡夫人说道:"将军此前一直行踪不定,住无定所;如今落脚荆州,何不再派人回河东打探消息?"

关羽认为有理,果然再度派人回去河东寻找胡玥夫人与平儿,在心里越发爱重胡夫人。

日子过得很快,不到一个月,忽然传来周瑜英年早逝的消息,刘备立刻召集诸葛亮、关羽,以及留在公安的文武百官,商讨局势将会如何发展变化。

关羽说道:"周瑜虽跋扈,然毕竟有理智,未向我方发起攻击,使百姓得以安享太平,吾等得以扩充实力。若江东派遣不友善者做南郡太守,只恐会与我等大动干戈,宜做好与江东作战之准备。"

"荡寇将军言之有理。昔江东唯有周瑜、鲁肃愿意与我等联合抗曹,今周瑜已死,鲁肃居京口,南郡从此不会安宁。我等与其坐等江东下手,不如及早进兵,一举夺回南郡、江夏。"其他诸将一起说道。

关羽摇了摇手，说道："吾虽对江东素无好感，然此种做法大违忠义之道，决不可取。兄长需派使者，前往江陵吊孝。"

诸葛亮说道："荡寇将军之言甚善。吾愿前去吊孝，并窥探江东动向。"

刘备问道："军师认为，江东谁当接任南郡太守？"诸葛亮说道："周瑜乃江东重要将领，斯人一死，孙权犹如失去左膀右臂，焉能破坏与荆州的关系，只会进一步巩固孙刘同盟。为此，孙权必派鲁肃接任南郡太守。此人忠厚，深明大义，当此江东无人之际，吾也许可以说服鲁肃，将南郡让给我等。"

关羽以及文武百官一片哗然，连刘备也不相信会有这样的大好事。

诸葛亮说道："鲁肃接任南郡，虽有治理之才，却军事才具不足。南郡处在曹军和我军包围之中，无论哪一方向其下手，彼都毫无坚守把握。既然如此，吾为何不能劝说彼交出南郡，让我等首当其冲，与曹军直接对峙呢？如此一来，江东可以集中兵力于濡须口，以迎击曹军。"

关羽思索着说道："江东绝不会轻易交出南郡，必然会提出诸多条件。"

诸葛亮笑道："只要江东不从我等手里夺走地盘，无论提出何种条件，都应可以接受。"

刘备说道："军师成竹在胸，一切交给军师自由处置。"

诸葛亮的判断不错，江东果然派遣鲁肃接任南郡太守，并且命令鲁肃派人将周瑜的灵柩运往京口，孙权准备亲自为之举行葬礼。

祭拜了周瑜以后，受鲁肃邀请，诸葛亮与之进行了一次秘密谈话。鲁肃开门见山，说出了自己的计划：愿意把南郡移交给荆州，前提是刘备必须入川，并且在取得益州以后，还给江东。

诸葛亮一眼识破了江东的诡计：先令荆州直接与曹操对垒，然后分散荆州之兵，为江东取得荆州制造条件。但是，刘备入川，是既定战略目标，鲁肃能够帮助自己达成心愿，当然不会错过；何况，如今庞统已经得到刘备的赏识，只要庞统跟随刘备入川，自己坐镇荆州，任江东如何诡计多端，也逃不过自己的手掌心。诸葛亮瞬息之间想清了这些问题，一口答应下来，马上返回公安，向刘备报告。

恰在这时，甘夫人撒手人寰。诸葛亮闻信，大惊失色，赶紧奔向荆州牧府邸。

关羽负责主持甘夫人的丧事，不断地派遣人马分赴各地，向张飞、赵云，以及其他几个郡守报告情况，另外派遣使者，前往许都，表奏汉献帝。灵堂里，阿斗失去母亲，一直号啕大哭。刘备伤痛欲绝，神情恍惚，只是机械地看着每一个来人进进出出，机械地说一声感激的话。

看到这些，诸葛亮心里一酸，想道："主公即使英雄盖世，毕竟年过五旬，大业未成，糜夫人先丧于长坂坡，甘夫人今日忽然仙逝，公子阿斗仅有两三岁，岂能不大为伤心？"他向甘夫人的灵柩行了跪拜之礼，劝慰刘备道："主公莫要过于悲伤，如今荆州多事，凡事需要主公处理。"刘备叹息道："甘夫人随我一路颠沛，受尽战乱之苦。自从得到军师，安居荆州，原想夫人可以颐养天年，谁知竟离我而去，岂不伤怀？如今神志恍惚，难以理事，荆州事体，还请军师与云长商量处理。"诸葛亮感叹道："主公乃仁慈之主，对荆州百姓，尚且如此关爱，何况甘夫人乎？然主公须克制自己，一切以天下苍生、国家社稷为念。"

出了灵堂，诸葛亮来见关羽，询问道："将军可曾向江东派过使者？"

关羽说道："上次听了军师之言，关某茅塞顿开，凡事亦能想周全一些，已经分别派出使者，向孙权和鲁肃报信。"诸葛亮说道："将军思虑周全，若主公入川，荆州亦有靠。"

顿了一下，关羽问道："军师与鲁肃谈得如何？"诸葛亮说道："本欲报告主公，适逢甘夫人仙逝，主公无法理事，令吾凡事与将军商量处理。吾想看一看甘夫人的丧礼是否安排妥当，亦希望跟将军商量江东之事。""军师放心，嫂嫂丧礼不会有差。"诸葛亮慎重地点了一下头，说道："鲁肃目光犀利，早已看出江陵地位尴尬，不等吾言，彼主动提出把江陵及江东掌握的南郡全部交给主公，以进一步巩固孙刘联盟。"关羽紧锁眉头，思虑地说道："只恐条件非常苛刻。""条件并不苛刻。彼只求主公进占益州，并在占领益州后，归还江陵。"

关羽认真地思索了一会儿，说道："人说鲁肃忠厚，其实阴险狡诈。让出江陵以及南郡，江东可以集中兵力对抗曹操，却令吾等在西线与曹操抗衡，以免陷入两线作战。然后，又要我等进占益州，分散吾之兵力。届时，只恐不仅要求还给南郡，而是整个荆州。"

"吾等不战而得南郡，有何不可？至于益州，吾等志在必得。只要时机成熟，即便江东无此要求，吾等亦会入川。"

关羽点头道："军师所言甚是。既然兄长令我等商议，军师答应鲁肃便可。"

二人正商议着，忽然有人报告，说是江东鲁肃得到甘夫人去世的消息，已经来到公安，亲自吊孝。二人赶紧前去迎接。相互见了礼，鲁肃便在关羽、诸葛亮带领下，进入灵堂，先向甘夫人的灵柩行了跪拜之礼，然后向刘备拱手道："刘荆州主持一方大政，天下混乱之际，还须节哀顺变。""多谢子敬。"刘备说道。

见无法与刘备谈下去，鲁肃马上告辞。关羽、诸葛亮送至门口，鲁肃停了下来，询问道："想必这期间荆州之事由二人做主，不知对鲁某的提议有何打算。"诸葛亮回答道："若江东准备好了，随时可以交割。"鲁肃说道："如此甚好。鲁某即将护送都督灵柩回去江东，这几日，便将南郡一切事体整理妥当，交予二位。只是，二位可得遵循协议。"关羽说道："子敬放心，荆州不会食言。敢问子敬，我等之间是否需要书面协议？"鲁肃说道："这个大可不必。只要取得益州，鲁某相信，汝等定会践约。"关羽说道："谢谢子敬信任。"

鲁肃说道："鲁某还有一事，想与二位商量，如今甘夫人去世，致使刘荆州室内空虚，二位可曾想为其寻觅一位夫人？"关羽正色说道："子敬仁人君子，奈何我嫂嫂刚去世，就说出这番话来？"鲁肃连忙解释："云长莫怪，鲁某乃为巩固孙刘联盟，并非有意冒犯荆州。何况，兄弟如手足，女人如衣服，自古皆然。刘荆州没了夫人，荆州没了女主人，总不成样子，需得早做打算。"

诸葛亮心里一动，问道："子敬心目中可有人选？"鲁肃说道："人选倒是有一个，只是，须得主公批准方可。此时，鲁某想知道荆州的想法。"

关羽说道："兄长是否续弦，得看他自己意愿。"鲁肃摇了一下手，说道："将军与荆州乃是结义兄弟，只要将军肯想，即成功一半。何况，孔明天下英才，真想玉成此事，不会很难。"

诸葛亮心里已经非常清楚,鲁肃想为刘备说亲的女子必是孙权家族的人。舌战群儒的时候,他已经通过哥哥诸葛瑾把孙权家族的情况掌握得一清二楚。孙氏家族的女人,如今只有一个孙尚香,是孙权的妹妹,仍然待字闺中。鲁肃要给刘备提亲的对象,当属孙尚香无疑。他向鲁肃投去一个会意的眼色。鲁肃心下明镜似的,微微一笑,马上向二人作别离去。

　　"军师可知子敬说的是哪家女子?"看着鲁肃走远的背影,关羽问道。诸葛亮笑道:"除了孙权之妹,还有何人?"关羽说道:"孙权尚且年纪不大,其妹芳龄几何?想不到子敬如此莽撞。"诸葛亮说道:"孙权之妹名唤孙尚香,年方二十,听说从小喜欢弄枪舞剑,却不事女红。若能娶到她,孙刘联盟更加巩固不说,主公亦有做伴之人,有何不可?"关羽摇头道:"孙权果真将妹子嫁给我大哥,吾越发怀疑其用心了。"

　　这时候,几骑快马飞奔而来。关羽、诸葛亮放眼望去,认出打头的就是张飞,连忙迎上前去。张飞大声哭叫道:"我等离开之时,嫂嫂健康得很,为何这就去了?"诸葛亮赶紧说道:"主公神情恍惚,三将军如此,置主公于何地?"关羽亦劝解道:"嫂嫂已走了,我等都悲伤过度,谁来料理后事?"

　　张飞擦了一把眼泪,跟随关羽,进入灵堂,扑通一声,跪倒下去,大叫一声:"嫂嫂!"竟然昏了过去。刘备一阵惊慌,赶紧奔了过来,但见关羽已经搂住张飞,在他人中猛掐,自己心中急躁,又说不出话来。

　　正乱之间,又是一阵山呼海啸一般的大哭,急匆匆地奔来了赵云,一头拜倒在灵柩之下,叩首不止。张飞恰好苏醒,见此情景,又放声大哭。阿斗就在旁边,吓得哇哇大哭。诸葛亮与关羽一道,劝解了好一会儿,灵堂里终于安静下来。空气中的悲伤气息,一拧就能掉得下来。

　　欢乐的时光无法停留,悲伤的日子同样不会久驻。关羽、诸葛亮从鲁肃手里接过了江陵,安葬了甘夫人以后,征得刘备批准,将荆州治所以及各种机构、文武百官陆续迁入江陵。

　　随即,诸葛亮收到鲁肃发来的消息,说是孙权已经同意将孙尚香嫁给刘备,要荆州确定成亲时间,并让刘备前往京口迎亲。

　　此事还没有跟刘备说明。诸葛亮赶紧去了关府,与关羽商量如何劝说刘备成亲。关羽说道："江东如此着急，莫非以此为诱饵，扣住我大哥，试图吞并荆州？"诸葛亮说道："将军不必过分担心。江东人物即使再奸诈，也断不会行如此令天下耻笑之事。何况，如此一来，孙刘联盟会彻底破裂，以江东之力，不足以抵挡曹军。""吾对江东人物放心不下。""江东谁有将军、翼德、子龙之勇？此不足为虑。若将军仍然放心不下，可让子龙跟随主公前往京口。"

关羽被诸葛亮一席话说得心花怒放，不停地点头称是，等于是同意了诸葛亮的意见。

现在，摆在他们面前最大的问题是如何让刘备迅速前往京口迎娶孙尚香。二人商量了好一会儿，也没有找到可行之策。看看天色已晚，诸葛亮还有一些事情要处理，不得不离开关府。

进入内室，关羽端详着熟睡之中的孩子，心里荡漾着暖暖的情愫。胡夫人亲手为他端过一杯茶水，温柔地靠在他肩上，同样深情地看着孩子。关羽脑子里灵光一闪，把大腿一拍，喜悦地说道："有了！"胡夫人吓了一大跳，惊讶地看着丈夫，问道："夫君在说什么？"关羽喜滋滋地扶着夫人坐下来，把鲁肃提亲的事原原本本说了一遍，最后说道："江东行事固然荒唐，然为兄长计，亦当可行。只是，吾与军师想不到说服大哥娶亲的办法。看到兴儿，吾想，兄长老来得子，对阿斗视若珍宝，如今甘夫人仙逝，无人照料阿斗，以此为由，劝说兄长迎娶孙尚香，彼必会答应。"胡夫人说道："可怜天下父母心。理当如此。"

第二天，跟刘备谈完各种事务，关羽说道："自从嫂嫂去世以来，阿斗一直无人照顾，吾心里不忍，想劝说兄长早日另娶一门亲，好照顾阿斗，不知兄长意下如何？"刘备长长地叹了一口气，说道："吾年过五旬，当年立志匡扶天下，拯救黎民百姓，如今奸贼仍然当道，皇室遭受欺凌，天下异常混乱，百姓陷入苦难，岂有心思迎娶佳人。至于阿斗，只有婢女与下人照料，云长不必为此忧心。"

诸葛亮马上说道："主公意图澄清寰宇，则主公家事，即国家大事。荆州缺少女主人，阿斗无人照顾不说，亦会影响主公大业。请主公体谅荡寇将军心意，及早迎亲另娶。"刘备说道："此事以后再说，吾实在没有心情。"

此后，几乎每一天，关羽、诸葛亮都会在刘备面前说起此事，一去二来，刘备终于松口："若有人好生照顾阿斗，亦无不可。只是难觅此人。"

诸葛亮连忙把鲁肃已经来信，说孙权同意将孙尚香嫁给刘备为妻的事情说了一遍，最后说道："吾与荡寇将军已筹划妥当，主公只要答应，可以随时向江东发去消息。""云长亦觉得此事可行？"刘备用疑问的目光盯着关羽。

关羽说道："为了阿斗得到母爱，也为了考验孙刘联盟，兄长值得迎娶孙家小姐。"

刘备点了点头，说道："既如此，可召翼德、子龙，及荆州文武百官商议。"

过了几日，张飞、赵云，以及各郡郡守都回到江陵，一听是刘备要迎娶孙权之妹，虽有疑惑，但是，没有人完全反对。于是，刘备定下了前往京口迎亲的日子，马上派遣孙乾作为使者，先头出发，前往京口，与江东方面商讨各种细节。

一切确定以后，孙乾留在京口，派遣人员马不停蹄赶往江陵，报告了京口方面的准备情况与要求，催促刘备启程，顺流东下，前去迎亲。

于是，刘备召回赵云，准备带着赵云一道去京口。

这一天，江陵城万人空巷，人人来到码头，为刘备送行。眼看着兄长已经登上了船只，关羽叫住赵云，说道："子龙，兄长安危，全系汝一身。"赵云说道："云长放心，吾定当确保主公平安回到江陵。"

送走了刘备，关羽还是忐忑不安，一面与诸葛亮一道部署迎接刘备带新婚夫人回荆州的一切事宜，一面命令人马加强战备，一旦接到命令，就立刻杀向京口。

在惶惶不安之中送走了许多日夜，终于接到刘备亲笔书函，告知了携带夫人回到荆州的准确时间。关羽心里一块石头总算落了地，喜滋滋地对诸葛亮说道："军师神机妙算，兄长果然携得新婚夫人平安归来。"诸葛亮笑道："将军与主公一道四处征讨之际，往往算无遗策，只把江东人物当作心怀叵测的奸诈小人，才无法判断江东诚意。想必从此以后，将军对江东人物会另有评价。"关羽说道："那得看江东到底怎么做。"

两人相视一笑，马上分派人手，去各地通知相关人物，届时一同迎接刘备。

张飞得到消息，骑上快马，一连赶了数天路，提前赶回了荆州，扯起嗓门对关羽、诸葛亮说道："大哥迎亲回来，全靠二哥和军师，吾心里有愧，敢问有何事可做？"关羽笑道："一切都已安排妥当，静等大哥回来可也。"

刘备是在一个风和日丽的上午回到荆州的。一大早，关羽、诸葛亮、张飞就率领文武百官，齐聚在小东门外，看着东部江面。披红挂绿的几只大船一旦出现在众人的视野，就引起了一阵不小的轰动，人人情不自禁地试图向码头边沿挤去，却怎么也挤不动，全都心情激荡，唧唧喳喳地说个不停。船只终于靠岸了，诸葛亮把手一挥，立刻，周围响起喜庆的鞭炮声、锣鼓声，以及悠扬悦耳的唢呐声。紧接着，关羽、张飞、诸葛亮登上大船。从船舱里首先走出来的是赵云。他一脸喜气洋洋，朝小东门方向看了一眼，马上转过身，迎出新婚夫妇。刹那间，刘备面露幸福的笑容，手挽一个美若天仙的年轻女子，出现在众人面前。关羽、张飞、诸葛亮连忙向前施礼，恭贺新婚夫妇琴瑟和鸣，幸福美满。刘备满怀喜悦，孙尚香落落大方，向三人还礼过后，关羽、张飞、诸葛亮各自退开，恭请刘备夫妇走下船只，走上码头，一路向小东门走去。

鞭炮仍然在不停地炸响，吉庆的锣鼓，喜悦的唢呐，悠扬的歌曲，不停地在天空回荡。新婚夫妇在前面一路走去，站在道路两边的文武百官纷纷拱手施礼，恭贺新婚快乐。一行人走到了小东门，诸葛亮再一次挥起了手，突然，鞭炮声不见了，锣鼓声消失无踪，唢呐亦销声匿迹，四周一片寂静，无数双眼睛，直愣愣地盯着刘备夫妇。只见关羽从后面抢上前去，站在孙尚香面前，向她施了礼，说道："嫂嫂自京口来，即将进入江陵，请为此门取名，以资纪念。"

孙尚香略一沉思，轻启玉唇，几乎一字一顿地说道："孙刘和好，相睦公安，共建大业，此门就叫公安门！"

关羽立刻施礼，说道："多谢嫂嫂赐名！""公安门！好名字！"百官齐声喝彩。张飞喊声如雷，盖过了所有的声音："公安公安，天下平安！""公安公安，天下平安!"众人一听,全都响应起来,声音连绵不绝,在空中久久回荡。

刘备娶回孙尚香,夫妻鸾凤和鸣,孙尚香待阿斗如己出,刘备自然心里欢喜,关羽、张飞亦大为放心,对孙尚香恭敬有加。

在荆州军民普天同庆的日子里,庞统越来越获得刘备信任。此人道号凤雏,在赤壁之战中,曾经为曹操行了将战船全部用铁钉勾连起来,以便北方兵士可以进行水战之计,使得孙刘联军得以成功地火烧曹军战船,奠定了胜利的基础,立下了大功。刘备久闻其名,在庞统前来投效的时候,见此人相貌粗鄙,不以为意,收复荆南四郡以后,安排他去耒阳当县令,是张飞到耒阳查看情况,发现了他的大才,这才深得刘备信任,亦被拜为军师。

时间一晃到了建安十六年,即公元211年。这一天,荆州来了一个不速之客,此人便是益州牧刘璋部下法正。原来,益州与汉中接壤,经常受到张鲁的攻击,刘璋本来十分忌惮,如今又打听到曹操将派遣钟繇等率军前来汉中讨伐张鲁,心中更加恐惧,担心曹操一旦夺取汉中,会更加不利于益州,便召集手下各位将领与谋士商议对策。别驾从事蜀郡人张松劝说刘璋请刘备相助。刘璋信以为然,便派法正携带了大量财物,并领兵四千前往荆州,请刘备入川。法正与张松关系交厚,临行之前,二人商议,认为刘璋暗弱,难以保住益州;刘备宽厚仁爱,决计劝说刘备占领益州,并为此定下了计策。

拜见刘备之后,法正说道:"益州险塞,沃野千里,民殷国富。但刘季玉禀性暗弱,不能任贤用能;加之张鲁在北,时思侵犯,人心离散,思得明主。明公胸怀天下,忠义仁爱,理当先取西川为基,然后北图汉中,收取中原,匡正天朝,名垂青史。"

刘备涿郡起兵,刘璋之父刘焉曾有恩于他,遂心下踌躇,婉言拒绝。关羽担心兄长一旦入川,不仅江东会索要江陵,曹操亦可能趁机进攻荆州,一见兄长婉拒,便什么话也不说。诸葛亮、庞统二人一齐晓以利害,终于说动了刘备心思。

但刘备仍在犹豫,因张飞远在零陵,私下里招来关羽,询问他持何立场。

关羽说道:"兄长入川,必会带去人马,荆州既要防备曹操,又要防范江东,势必不好应付。然兄长早就定下入川大计,任何时候入川,都会存在此种状况。今日入川，兄长与嫂嫂成婚不久，江东不便反目；曹军仍不习水战，难以大举进攻荆州，恐为最好时机。"

刘备颔首道："刘璋汉室宗亲，吾此番入川，不可贸然行事。荆州仍为根本，吾欲留下二弟、三弟、子龙，如何？"关羽思虑道："兄长安排甚当。我等当竭尽全力，不负兄长厚望。然荆州形势复杂，兄长似应只带去庞士元为宜。"刘备笑道："云长过于忠义，蔑视江东人物，不愿与之为伍。也罢，诸葛亮、鲁肃促成孙刘联盟，吾当留孔明全权管理荆州，云长得听从军师安排。"关羽说道："兄长但请放心，吾绝不违抗。"

刘备下定了入川的决心，立即召集众人商讨全盘部署。此时此刻，刘备手下拥有很多猛将，其中最出名的还有黄忠与魏延，此二人是刘备南征四郡接受的降将。商量的结果，达成了一致：刘备率领庞统、黄忠、魏延前往西川；诸葛亮与关云长、张翼德、赵子龙留守荆州，以孔明为总守，关羽拒襄阳要路，当青泥隘口，张飞领四郡巡江，赵云屯江陵，镇公安。

入川部队共有马步兵五万，以黄忠为前部，魏延为后军，刘备与刘封在中军，庞统为军师。当年冬，刘备起程西行之际，廖化引一军来降。刘备令其辅佐关羽，以拒曹操。行不数程，孟达领兵五千远来迎接。

刘备即将抵达涪城，刘璋亲自前来迎接。此时，法正、庞统力促刘备袭杀刘璋，趁此夺得益州。刘备说道："这是大事，不可操之过急。"

刘璋、刘备二人相见之后，刘璋推举刘备代理大司马，兼任司隶校尉；刘备推举刘璋代理镇西大将军，兼任益州牧。紧接着，刘璋为刘备补增兵员，令其攻打张鲁，并使他督领白水关兵马。刘备聚结各路兵马三万多人，北上葭萌，但没有马上攻伐张鲁，而是广施恩德，笼络人心。

刘备入川以后，关羽遵守诸葛亮的命令，率领一万兵马，离开江陵，向襄阳挺进。进入预定位置以后，关羽马上派出斥候，打探曹军动向，同时率领周仓、廖化及其他将领相度地形，将主力部署在隘口，其余兵力前出到数里之远，安营扎寨，用以侦察敌情，试探敌人的部署，同时命令廖化率领所部作为机动兵力，稍靠后部署，以便随时向任何方向机动。

人马刚刚部署完毕，斥候前来报告："乐进统率十万大军，正向青泥开来，前锋距此只二十里。"

关羽痛骂道："乐进小儿，胆敢与关某对阵，岂非自寻死路！"

随即，关羽命令斥候进一步探听消息，带了周仓，亲自前出隘口，到达前锋阵营，召集前锋将校商讨作战部署，说道："曹军屡败，必然会小心谨慎，战前派出大量斥候，打探我军消息。前锋继续留待此处，一旦遭到曹军攻击，将很难撤回隘口。汝等有何高见？"

大多数将校纷纷说道："既如此，我等须立刻撤回隘口。"一名将领朗声说道："不可。我等此举乃为诱敌，尚未交锋，便径自撤回本阵，不仅无法诱敌，反而遭受曹军耻笑。为今之计，不妨做出向后撤退模样，主力暗中向两边转移，等待曹军开来，立刻向其侧翼展开攻击，打他一个措手不及。"

关羽朝此人看了一眼，认出他是周关，当年跟随周仓一块投奔自己，在屡次作战中，有勇有谋，累积升迁到了校尉之职，不由得捋了一下美髯，微微一笑，说道："此计甚妙，深合我意。周校尉有此胆识，此处之兵，尽归于汝。"周关立即施礼道："将军之命，属下自当遵守。然属下资历浅薄，恐难胜任。"关羽挥手道："男儿临阵，应奋力完成使命，岂能推诿。"周关再也不敢推辞了。

散会以后，众人立刻返回各自营地，命令人马拔寨启程，向隘口方向撤退。撤了一程，主力部队陆续潜地里离开了撤退队形，分别转向两翼，然后秘密迎着曹军开来的方向奔去。

关羽看到周关调度有序，人马进退有据，心里十分欢喜。周仓忍不住了，说道："往常将军用兵，总是思虑周全，排兵布阵，均天衣无缝。今日却有破绽。"关羽哈哈大笑道："汝已颇得兵法要义，不可继续担任护卫，下面的活，由汝接着干完。"周仓立刻回答道："能终生跟随在将军左右，周仓心愿足矣。请将军另派他人。"关羽正色说道："皇叔入川，带走了一些精兵强将，荆州人才不似往日。为确保荆州，须从各方遴选人才。周关虽在排兵布阵上有所欠缺，但很有胆识，假以时日，多经一些阵仗，不难成为大将。汝跟随关某经年，耳濡目染，懂得兵法要义，给汝责任，是要汝更好地保卫关某。"

周仓说不出话来，立刻命令后撤至此的人马隐藏下来，准备一听到前面的喊杀声，就立刻冲杀上去，与周关部一道，把曹军包围起来，予以消灭。

紧接着，关羽给廖化下达了命令："汝部做好迎战准备。一旦周仓、周关两部难以取胜，汝须率领人马，火速杀上前去增援；彼等取胜，汝部分成多路队形，须超越周仓、周关，前出至可以看到曹军的位置，设下十面埋伏，看到曹军开过来，就奋力冲杀，节节拦截，迫使曹军裹足不前。"

"这一次，不须关某亲自上阵，管教乐进小儿大败而归！"关羽心里说道，马上返回营帐，收拾好心情，等待各路人马随时报告行动的进展。

不久，接连有人报告："周关校尉领兵杀入曹军队形，打了曹军一个猝不及防，目前仍在与曹军厮杀。""周仓护卫已领兵杀了过去，包围了曹军！""曹军抵挡不住，开始退却。""廖化将军率领人马冲上了战场。""曹军已经溃逃，周仓护卫、周关校尉正在展开追击。""周仓护卫、周关校尉停止了追击。""廖化将军兵分两路，从两翼向襄阳方向猛插过去。""廖化将军从每一路人马中各分出一支队伍，继续向襄阳方向秘密前进。"

每得到一次报告，关羽心里都会涌起会心的笑意。一切尽在掌握之中，还有什么比这个更令人高兴的呢？当天夜里，他召集众将，为周仓、周关大获全胜摆了一次庆功宴，朗声说道："皇叔入川，曹军来袭，关某与诸君共保荆州，责任重大。荆州人才济济，望诸君与曹军对战之中，人人争先，各显其能，像周关校尉、周仓护卫一样，脱颖而出，成为荆州脊梁。"

糜芳长期跟随刘备，曾经立下汗马功劳，如今仍在关羽帐下效力，一听此言，不由激起万丈雄心，说道："只要荡寇将军有令，某当不辱使命。"

关羽虽说一开始看不起糜竺兄弟，十余年过去了，看他兄弟尽心尽力，态度早已改观，笑道："糜将军乃皇叔亲戚，一向勤勤恳恳，此番作战，不劳汝上阵，给年轻人机会，岂不是更有利于皇叔大业？"

众人一致称颂："将军思虑深远，某等感佩万分。"糜芳以为关羽阻塞了他建功立业的道路，在心里产生了怨恨的情绪。

随后，陆续接到廖化派人传送过来的消息：曹军出动更多人马，向青泥隘口推进途中，不断遭到廖化所部的拦截，落入了一个接一个的埋伏圈，遭到了沉重打击，进展缓慢。第五天，曹军调整部署，用密集队形，源源不断地向前推进，一旦遭受埋伏，迅速展开，不顾一切地猛攻，接连突破了廖化设立的两道埋伏。

"命令廖化收拢人马，撤回隘口！"关羽心知，自己调整部署的时候到了，立刻命令传令兵向廖化下达了最新命令，同时命令主力部队，准备迎击敌人。

廖化一旦撤退，曹军立刻展开追击，很快就追至隘口附近，但突然停留下来，在那儿安营扎寨。关羽得到报告，立刻骑着赤兔马，亲自出来查看情况，赫然发现曹军的营寨越来越多，已经把隘口对面的道路以及山岚全部给堵塞了。

"乐进小儿胆小如鼠，以为关某会在隘口布设陷阱，拥有如此众多兵马，却不敢放手进攻。既然如此，关某索性布设一些陷阱，令彼吃尽苦头。"关羽一眼看出了乐进的用意，马上周仓、周关、廖化等人率领各自的人马，搜集石头、原木等物，搬运到后面的山上去，并且清除山上的障碍，一见曹军冲过来，就将石头、原木等物推下山梁，攻击曹军。

周仓、周关、廖化得令，各自率领人马，到后面去了。部署在隘口的主力，则严阵以待，继续密切关注曹军动向。

几天之后，曹军全部集结完毕，列成阵势，乐进派遣使者，要求关羽出战，并希望与之对话。关羽心里充满了鄙夷的笑："乐进小儿难道想讨口头便宜吗？关某算计已定，岂会怕汝！"马上率领一队人马，前出到乐进的队形面前。

乐进骑在马上，在众将护卫下，出现在关羽面前，说道："关羽，汝素称忠勇，却不敢堂堂正正地与乐某决战，只会拦截，算什么本事？今日，本将军会齐全部人马，且看汝还有何能！"关羽哈哈大笑道："乐进小儿，汝不知临机决战，火速滚回许都，别令人笑掉大牙。"乐进恼恨不已，用剑指着关羽骂道："红脸贼，汝不识时务！若非丞相再三交代，乐某岂会跟汝多费口舌！"拍马向关羽冲了过去。在他的身后，那些兵将高声呐喊，亦杀了过来。

关羽怒火万丈，双腿一夹马肚，提了青龙偃月刀，迎面向乐进冲去。他率领的人马没有得到命令，立在原地，纹丝不动，宛如一堵墙壁。哐当一声，两把大刀砍在一块，激发出耀眼的火花。战马继续狂奔，分头向不同的方向冲了一阵，乐进临近关羽的人马，迅速调转马头，欲回身与关羽再度厮杀。关羽一冲，就陷入曹军队形，立刻被曹军包围起来。关羽把青龙偃月刀一横，一路横砍过去，曹军一片片地倒了下去。关羽终于刹住了势头，刚想转身，听到后面掀起一阵强风，是乐进追杀过来，从背后向他下手了。他本能地将青龙偃月刀向后一挥，打偏了乐进的大刀，迅速拨转马头，大骂道："乐进小儿，安敢如此，关某势必杀汝！"乐进立刻回骂道："红脸贼，汝不懂兵法要义，便须纳命来。"

关羽不再说话，大刀一横，砍翻了无数挡在道路上的曹军兵将，冲至乐进跟前，举起大刀，向乐进的脖子上挥了过去。乐进一惊，迅速伏在马背上，躲过了这一刀，再来看关羽时，只见关羽已经带领人马，飞速向隘口冲了过去。

乐进立刻命令道："击鼓进兵！拿下隘口，消灭荆州之兵！"刹那间，曹军阵营响起了急促的击鼓声，曹军排列成密集的队形，以骑兵在前、步兵在后、弓箭手在左右两侧的队形，呐喊着朝青泥隘口奔杀而来。

关羽回到阵营，站在一个山坡上，看到曹军已经接近弓箭手射击的距离，大吼一声："放箭！"箭镞像瓢泼大雨一样，兜头冲向已到阵地跟前的曹军骑兵，射倒冲在最前面的骑兵。后面的骑兵刹不住势，被倒下的尸体与战马绊倒在地，宛如倒下的多米诺骨牌，曹军人马一片接一片、一波接一波地倒下去。

曹军弓箭手见了，立刻向对方放箭。于是，两军的箭镞在空中不断地对撞，不断地跌落。趁此机会，曹军骑兵迅猛地冲向关羽所部阵地。荆州兵士全都趴在地面，人人挥动长柄刀，毫不留情地紧贴着地面砍去，砍断了战马的前腿，一匹匹战马纷纷跌倒，把骑兵狠狠地摔下地，没有一丝气息。饶是如此，还是有一些骑兵冲进了阵地。荆州骑兵立刻冲了过去，与之厮杀。后面，曹军步兵跟随着冲了过来。荆州步军随即跃出阵地，在鼓点的催动下，杀进曹军队形，双方一直绞杀至天黑时分，曹军没有突破荆州军的阵地，不得不鸣金收兵。

关羽命令人马清理完战场，撤走部分兵马，仅留另一部分准备次日继续厮杀。

糜芳说道："曹军势力太大，我军全力以赴，尤恐不能取胜，将军奈何还要撤走部分兵力？"关羽笑道："此乃骄敌之法。几日以后，曹军判断我军力不能敌，必定会全力猛进，坠入周仓、周关、廖化为之准备的坟墓。"糜芳赞叹道："将军神算，人所不及。"

此后，双方在隘口一连厮杀了数天，伤亡巨大。关羽眼见得后面的陷阱已经布设完毕，于翌日再与曹军对阵半天以后，命令人马佯装支撑不住，向后撤退。

乐进判断他们无力抵抗，赶紧喝令人马展开追击。追过了一座山岚，进至一个两边都是崇山峻岭的地方，满眼望去，尽是荆州兵扔下的兵器，乐进毫不怀疑，喝令人马继续猛追。数万大军进入两边都是崇山峻岭的谷地，突然，犹如山洪暴发，从山上传来一阵惊心动魄的声音。乐进下意识地抬眼望去，只见一块块巨石与原木，以雷霆万钧之势冲了下来，不由吓得心惊肉跳，立刻喝令人马："速速后退！"自己亦掉转马头，向后面的谷口冲去。曹军纷纷掉转头来，试图后撤，但人马过于密集，一时之间，队形大乱。那奔流的巨石、原木，挟风带火，奔腾而下，把许许多多曹军兵将以及战马砸成肉饼。侥幸躲过第一波攻击的曹军，还没有来得及嘘一口气，就迎来了第二波巨石与原木，只有纷纷向角落躲去。

接连三波巨石、原木过后，荆州兵从四面八方砍杀过来。幸存下来的曹军哪敢抵抗，只恨爹娘少生了两条腿，没命地向后面撤去。关羽随即率部一路追杀，再度进至隘口，立刻命令人马清点战果，准备迎击曹军的继续进攻。

这一仗，曹军死伤三万余人，乐进心头大怒，重新调整部署，准备采取稳打稳扎的战术，攻取一段，占领一段，节节向前推进，继续攻击。

关羽深知乐进不会再上当，便率领人马，依托地形，进行坚决抵抗。如此一连与曹军对抗了十余天，关羽忽然接到了诸葛亮派人送过来的消息。

原来，曹操命令乐进率领十万大军进攻荆州之际，亲自率领四十万大军，向江东发起了攻击。其时，孙权接受已故长史张昭的建议，认为秣陵有王者之气，筑起石头城，把治所由京口迁移至此，改名建业；同时，为了抵挡曹军的进攻，在濡须水口修筑了一道坚固的防御工事，名为濡须坞。但是，濡须坞虽然坚固，毕竟难以抵挡曹操四十万大军，因此向刘备、诸葛亮分别发出请求，要求刘备火速率领人马从益州赶回来救援。

"曹操派乐进进攻青泥，是为了牵制荆州之兵，他好攻取江东。"关羽心里想道，"江东孙氏，本是奸诈之徒，我等何须救之？何况，兄长已经入川，率部返回，岂非前功尽弃？"

想到这里，关羽叮嘱糜芳、周仓、周关、廖化等人不得轻举妄动，火速带了几个亲随，骑上赤兔马，返回江陵，见到诸葛亮，问道："军师可曾向皇叔发去求救书函？"诸葛亮深知关羽的用意，说道："吾不发，江东亦会发，孙夫人为了江东，同样会请求主公火速回师救援。"关羽顿足道："兄长若率部返回，益州一旦反悔，不再准许兄长入川，事情就很麻烦。况且江东受损，于荆州大有好处，奈何为他人作嫁衣裳？"诸葛亮说道："将军言之有理。吾请主公领兵返回荆州，与将军夹击乐进，趁势进逼襄阳，以围魏救赵之策，解江东之困。"

关羽叹息道："皇叔迎娶孙夫人，注定会有今日！只不知江东背后还有多少盘算。"诸葛亮苦笑道："将军仍对江东耿耿于怀，一旦主公需要将军独守荆州，将军如何能确保荆州不失？"关羽一愣，诚惶诚恐地说道："关某纵使鄙视江东人物，决不会影响兄长大计方针，今后必定小心谨慎，一切以荆州大局为重。"诸葛亮说道："如此，则是主公之幸，荆州之幸。"

刘备接连收到孙权、诸葛亮、孙尚香的报告，得悉江东、荆州均遭曹军进攻，马上决定率部回救，遂不顾庞统、黄忠、魏延、张松、法正等人的反对，派人告知刘璋，请求他拨给一万兵马和大批粮草物资。刘璋只答应增派四千人，其他东西也均只提供一半。据此，刘备率领人马，日夜兼程，奔回荆州。

曹操得到消息，深感一旦刘备与关羽联合击破乐进之军，势必乘胜进击襄阳，襄阳不保，则樊城、南阳均面临威胁，事态严重，立刻从濡须坞撤军，回到许都，同时命令乐进放弃继续与关羽对峙，退回襄阳，与曹仁一道共同守卫襄阳。

关羽试图率部追击，但见乐进戒备甚严，毫无机会，不得不打消了这个念头。

刘备带兵回到荆州，没有与曹军进行交锋，就达成了解江东之围的目的，与江东的联盟关系进一步加固。

第十二章　父子情深

　　刘备是独自一人率领人马回到荆州救援的，庞统、黄忠、魏延以及主力部队其实仍然留在益州。

　　原来，刘备向刘璋提出借兵回荆州救援的要求时，刘璋对刘备入川以后，并没有遵照约定讨伐张鲁，而是收买人心产生了怀疑，担心刘备此举是为了得到益州，便仅仅给了刘备一半的兵马与粮草，惹得刘备勃然大怒，当场恨不得与刘璋翻脸，最终碍于情面，以及必须回荆州而打消了这个念头。即将率部开拔之际，刘备收到消息，张松听说自己要回荆州，连忙写了一封书函，准备派人从成都送到葭萌关，希望他不要回去，应趁此机会，图谋益州。不幸的是，信函被其兄长张肃发现。担心弟弟惹出祸端，牵连整个家族遭受灭顶之灾，张肃连忙向刘璋告发了此事。刘璋雷霆大怒，立刻派人诛杀了张松，并给益州各关口发去十万火急的命令：务必拦截刘备，不使其进兵成都。

　　"形势危急，主公须早定决心，攻打益州，将其收入囊中。"庞统劝告道。

　　黄忠、魏延亦跃跃欲试，准备率领人马夺取关口，进军成都。法正、孟达均为张松好友，亦与张松一样，希望刘备得到益州，幸而在外据守关口，没有遭到刘璋毒手，同样劝说刘备赶紧进兵，以免尔后行动更加困难。

　　刘备说道："刘璋虽说昏聩，益州将领、谋士众多，又有山川之险峻，易守难攻，我等并未赢得民心，此时刘璋已经命令各关口加强戒备，岂能在短时间里取胜？一旦拖宕时日，局势难测。我等须做出救援荆州迫使曹操从濡须口撤军之姿态,令孙权不与荆州为敌,以使荆州集中力量防备曹操,并为我等进攻益州之后援。刘璋并无进取之心,不会主动进攻我等,只要我等仍保持部分兵马与之对峙,完全可以等待吾从荆州返回。"

庞统说道:"主公深谋远虑,我等自当听命。主公既是故作姿态,可带少量兵马,虚张声势,伪装全军回师荆州,我等仍然留驻此地,严密监视刘璋,探听益州军情,等待主公回师,再商讨进兵之策。""如此甚善。"刘备说道。

"兄长见识高远。既然如此,兄长理当火速回师益州。"关羽知道了益州的现状以后,说道。

刘备点了一下头,忽而问道:"二弟与乐进交战,损失多大?"

关羽明白刘备的心意,马上回答道:"兵力虽说折损不少,然俘虏足以弥补战损。若兄长需要,可全部带往益州。"

刘备说道:"益州兵精将广,一旦我军发起进攻,所需兵马与财物不以道里计,二弟需好生训练兵马。曹操新败,短期不会向荆州发起进攻;吾回师荆州,示好孙权,彼在吾取得益州之前亦不会图谋荆州。饶是如此,二弟仍需做好防备,大政方针务必服从军师。"

关羽坚决保证道:"兄长以心腹事相托,吾岂敢违抗? 兄长放心,吾纵使藐视江东人物,亦当竭力执行兄长联孙抗曹方针,确保荆州安如磐石,为兄长进军益州之支撑力量。"

随后,刘备召集诸葛亮、关羽、张飞、赵云、孙乾、简雍、糜竺、糜芳以及治中从事潘浚等人,介绍了益州的情况,叮嘱各位严守职责,听从诸葛亮的号令,做好随时入川的准备,便率领一支人马,再度入川,与原班人马会合之后,正式向益州发起攻击。

先取荆州,再夺益州,然后进攻中原,讨伐曹操,匡扶天下的蓝图正式进入第二阶段,诸葛亮异常兴奋,刚一送走刘备,立刻召集关羽、张飞、赵云、潘浚等人谋划如何招募兵马、巩固边防、富足民众、整顿社会秩序,以凝聚力量支持入川作战,并做出决定:诸葛亮坐镇江陵,负责全面工作;关羽负责招募并训练兵员;张飞巡视边境;赵云征集粮草,准备运输工具;潘浚执掌州事。

关羽受命以后,将原有兵马交给廖化、周关统领,叮嘱他们加紧训练,并严密注视曹军动向,随即召集周仓以及一批颇有招兵经验的将校,商讨如何招兵买马,决定派遣他们分赴各地,动员民众,按照地域、民风的不同,相对集中地编为步军、水军、弓箭手,先在原地进行基础性训练,然后集中进行各种演练。

遣走各位将校,关羽随即带领几个随从,来到江陵东边二十里处,赫然看到一片辽阔的湖水,水势汹涌,并与汉水相通。这就是长湖,南岸边有一地名叫关津口,可做渡口码头。关羽觉得这里正是屯练水军的好地方,决定在此训练水军。

得到了诸葛亮的鼎力支持,关羽立即召集人马,修建码头,建造艨艟斗舰。一连忙碌了好几个月,各项准备工作全部完成,并且迎来第一支水军入驻。训练工作即将拉开序幕,关羽心里异常高兴,亲自做了动员,准备第二天亲自带领他们进行训练,以便为随后招募的水军树立样板。

当天晚上,关羽又检查了一遍水军住所,准备回去营帐歇息,忽然,从远处传来急促的马蹄声,不由得吃了一惊,暗想道:“莫非兄长攻打益州出了状况?”连忙停下脚步,站在那儿,睁大眼睛,注视越来越近的战马。朦朦胧胧之中,他分辨出一共来了好几匹战马,其中,就有张飞坐骑熟悉的声音。

“谁在前面? 看见荡寇将军没有?”张飞大声喝问道。关羽回答道:“三弟何事慌张?”张飞的声音里充满可以触摸的快意:“二哥,且看谁来了。”关羽本能地问道:“谁?”

说话之间,张飞一骑绝尘,首先奔到关羽面前,立刻跳下马,喜悦地说道:“二哥猜一猜,吾遇上谁,把谁带来了?”关羽笑道:“三弟把我弄糊涂了。”张飞说道:“二哥,吾带回你一直惦记着的人!”

这时候,又奔来几匹战马,停下之后,各跳下一个人来,大都垂手站立一边,但有一个人慢慢地走向张飞和关羽,激动得浑身上下不住地颤抖,连走路也是战战兢兢。

关羽放眼望去,一个似曾相识的面容立马浮现在眼帘,刹那间,一股熟悉的气息扑面而来。他浑身一抖,喉结猛烈地颤动,嗓子眼里好像有无数东西试图争相喷发出来,可是,临了一个字竟然也没有说出。那个人站住了,眼睛直直地望着关羽，同样万千滋味在心头，此时竟然不知道该如何表达，宛如一段呆木头。

"二哥，怎么不说话了?"张飞着急地叫道。再一看那个年轻人，他更加着急，催促道:"平儿，这是我二哥，你父亲呀!"

"平儿!"关羽下意识地伸出双方，把年轻人拉向自己，借着朦胧的月色，凝视着他，说道:"不错，你是平儿!""父亲!"年轻人再也控制不住自己，一头扑进关羽怀抱，放声大哭起来。关羽一样泪如泉涌，不停地拍打着孩子的后背，什么话也不说。

冯贤逃走以后，胡戎带着女儿胡玥和襁褓中的外甥冯平，一路逃进了首山。

首山村庄稀落，民风淳朴，一家三口突然到此，胡戎说女儿丈夫突然亡故，夫家把她当成丧门星，经常虐待她，又要抢走她的孩子，他们不得不带着孩子，连夜逃到这里，便赢得了民众的同情。听到父亲第一次这么说，胡玥非常伤心，当场哭了起来，惹得人们唏嘘不已。屋子里只有一家三口的时候，胡玥埋怨父亲道:"夫君仍然活着，父亲为何诅咒他?"胡戎叹息一声，劝慰道:"玥儿务须忘掉冯贤，也不能说夫君姓冯，可以亲家之名为姓。"

安顿下来以后，胡戎开了一个铁匠铺，以维持一家人的生活。老人打造的铁器质量高，人们口口相传，以至于方圆几十里地的人都来找他，令他一天到晚都忙个不停。他收费低廉，民众对他敬重有加，人人维护他们，感激他们。

看着年迈的父亲重操旧业，胡玥心里很不是滋味，一心一意想要做一些什么，为家里减轻一些负担，但是，胡戎深知女儿思念冯贤，生怕她为此露出马脚，常常以冯平还小，需要母亲陪伴，自己体力还能胜任为借口，一口拒绝。胡玥日夜担心丈夫的安全，又怕引起父亲的不安，只有把思念、忧虑、向往等各种情绪揉成一团，放在心底，在夜深人静的时候，仰望天空，把它们一块挥洒出来，压低声音，哭泣不止。

胡戎眼见得女儿越来越消瘦，越来越憔悴，不得不开导道:"冯贤忠义，能文能武，单枪匹马，亦能纵横天下，玥儿不必担心。相信父亲，彼定会衣锦还乡。玥儿若不好好照顾自己，等他回来，又如何见他？"

听了父亲的劝导，胡玥豁然开朗，强烈地抑制住对丈夫的思念，精心照顾孩子。过了一两年，冯平能开口说话，还会满地跑。看到儿子一举一动颇有乃父风范，胡玥心里涌出暖暖的情愫，不由得又思念起了丈夫，心里说道："夫君能亲眼看到孩子长大，那该多好啊。"可是，她深知，这是一个不切实际的梦想，便在夜深人静之际，仰望天空，暗自祈祷上天为她向丈夫传达消息：儿子正在长大，等待儿子长大之后，不管天南海北，她一定会带着儿子，去寻找他。

有一天，铁匠铺里来了一个年轻人，带着一个三四岁的男孩。胡戎与那人谈话之际，冯平跑了过来，一听孩子叫年轻人父亲，扑闪着眼睛，询问道："父亲是谁？父亲是干什么的？"那孩子想了好一会儿，说道："这就是我父亲。父亲就是你跌倒了，母亲想把你扶起来，他却让你自己起来的人；父亲就是你要哭，他叫你不要哭的人；父亲就是你要笑了，他陪着你笑的人；父亲就是你想要出去玩，或者想要什么东西，他只要能给，就一定会给你的人。"

冯平愣了一下，忽地跑了回去，对母亲说道："母亲，孩儿想要父亲。"胡玥瞪大眼睛，注视着儿子，差一点流出了泪水，强烈地抑制住，把儿子抱在怀里，说道："平儿，你父亲去了很远的地方，以后会回来见你。""我现在就要父亲。人家的父亲就在跟前，我的父亲为何不能陪孩儿一块笑，给孩儿要的东西。"胡玥再也忍不住了，泪水扑簌簌地掉落下来。

胡戎听到小外孙与那孩子的对话，一见冯平歪歪扭扭地朝住房跑去，忙完了手头上的活计，赶紧跟了过来，恰好看见这一幕，心里一酸，蹲下身子，说道："平儿，听母亲的话，你父亲很快就会回来；你不听话，他永远都不会回来。"

"是平儿不听话，父亲才走的吗？"冯平忍住眼泪，问道。"平儿是一个好孩子，父亲不是因为你才走的；但因为你，他一定会回来。"胡戎坚定地说。

从此以后，冯平再也不提父亲，但每一天都会告诉自己，一定要听母亲的话，这样父亲就能尽快回来。看到儿子如此懂事，胡玥既高兴，又难过，情不自禁地想道，要是丈夫没有去郡守衙门谋取前程、没有遇到求告无门的老人、没有杀掉吕熊一家人,孩儿承欢膝下,父母在堂,一家人尽享天伦之乐,该多好啊。

又过了几年,冯平渐渐长大了。胡戎跟女儿商量,准备把他带到铁匠铺,练习打造铁器。胡玥虽说觉得孩子还小,不忍心让他过早地干笨重活计,可是,想起了丈夫的经历,便同意了,并把孩子拉到面前,说道:"平儿,你不是想知道父亲吗?你父亲像你一样大的时候,就跟随外公打造铁器。"冯平立刻说道:"孩儿也要像父亲一样,跟随外公打铁。"就这样,冯平跟他父亲一样,在八岁之时,白天跟随胡戎在铁匠铺打造铁器,夜晚在外公指点下,开始读书识字。

不久,传来了消息,说是天公将军张角、地公将军张梁、人公将军张宝兄弟三人发动数十万民众造反,冀州、青州、荆州等地普遍卷入了战争。胡戎不由得仰天长嘘一口气,说道:"冯贤一身本领,该大显身手了。"

胡玥一听到这些传说,马上想起了文韬武略的丈夫,询问父亲:"父亲,官府说天公将军犯上作难,聚众造反,然彼等杀贪官,诛恶霸,岂非跟冯贤当年杀吕熊一样?他会不会加入黄巾军?"胡戎颇感惊讶:"冯贤为人忠义,只杀恶霸,不反朝廷,怎会参与黄巾军?"

一直思念丈夫,任何风吹草动,胡玥都情不自禁地会想到丈夫,如今黄巾军声势浩大,她希望从这件事上探知丈夫的下落,没想到父亲异常笃定,她心里刚刚燃起的希冀之光缓缓熄灭了。

半年以后,黄巾军遭到镇压,与胡戎愿望相反的是,依靠镇压黄巾起家的有名人物中,没有冯贤,也没有与他身材类似的人。但朝廷越来越式微,阉党当道、奸贼横行,胡戎心知,天下从此走向混乱,冯贤一准会大放异彩。如此又过了几年,天下越来越混乱,到处都是战争,到处都是尔虞我诈、弱肉强食,他还是没有得到冯贤的任何消息,也没从那些新出现的强人身上看出冯贤的身影。

"首山消息闭塞,纵使冯贤有所建树,也无法传到这里。"胡戎想到这里,很想离开首山,到大地方去探查消息,可是,年龄越来越大,行动越来越不方便,打造一件像样的铁器,已经感到越来越力不从心,只能站在一边,指点冯平。

冯平跟他父亲一样,勤劳,踏实,聪慧,坚韧,几年下来,已经快要使用上最重的那把重锤了,读书识字跟他父亲相比,俨然一个冯贤再生。胡戎为此大为欢喜。胡玥更是心下欢畅,一看到儿子,昔日与丈夫在胡家岭一道的情景就在眼帘一幕幕地重现,心里充满了温馨之感。她好几次差一点要把儿子叫到跟前,告诉他父亲的事情,可是,临了,还是一个字也没有说。

这一天,胡戎借口添置一些东西,准备离开首山,到外面去一趟。冯平说道:"外公,平儿已经长大了,平儿可以去。"胡戎微微一笑,说道:"好孩子,你没有到外面去过,还是我走一趟吧。下一次,该你出山了。"

前些日子,胡戎听说一位名叫关羽的红脸大汉,跟刘备、张飞桃园结义以后,拉起一支队伍,战黄巾、灭董卓,立下了很多战功,虽地位不高,但名头很响亮,如今跟随刘备,据守徐州,他笃定关羽就是冯贤,为此,要亲自前去探寻。

胡戎首先回去了下冯村。原有的村民担心受到冯贤的牵连,早已逃走一空,村里面全是打从四周迁移过来的外乡人,谁也不认识胡戎,倒让胡戎感到很安全。他几乎没有费多少事,便打听出前几年有一个军士,受关羽派遣,从平原来到下冯村,寻找过亲人。

证实关羽就是冯贤,胡戎心里欢畅,一离开下冯村,便一刻也不肯耽搁地向首山走去,希望把这个消息早一点告诉女儿和外孙,一家人收拾行装,准备上路,去徐州寻找关羽。没想到,快要回村,他竟然摔了一跤,腿骨折断。

胡玥、冯平非常难过,胡戎脸上却露出笑容,说道:"猜一猜,我带回了什么好消息。""父亲!""外公!"胡玥、冯平几乎同时叫道。

"别这么看着我,我没事,就是性子急,想早点回来告诉你们好消息,走得太快,摔了一跤。"胡戎说到这里,狡黠地眨巴了一下眼睛,问道,"你们不想知道我带回的好消息吗?"

"什么消息都没有父亲身体重要。"胡玥似乎有些嗔怒了。胡戎瞧着女儿,问道:"冯贤的下落呢?"宛如一道闪电打从身上穿过,胡玥浑身发颤,上下牙齿不停地敲击着，敲出几个字来："他有消息了？"

冯平一见母亲的神态，就意识到什么，马上扶住母亲，疑惑地看着胡戎。

胡戎微笑着点了一下头，柔声说道："他现在名叫关羽，就在徐州。""关羽？"胡玥情不自禁地叫道，"他现在名叫关羽，真的还活着，就在徐州？""是的。"胡戎点头道。"他还活着，他就在徐州！"胡玥大叫一声，失声痛哭起来了，浑身颤抖得好像筛糠一般。胡戎不再做声，任由女儿痛苦。

冯平抱住母亲肩头，问道："母亲，关羽是谁呀？"

胡玥终于抑制了哭泣，朝父亲望了一眼，看见父亲微微颔首，转过眼睛，用仍旧泪水蒙眬的目光凝视着儿子，缓缓地伸出双手，把儿子脸上轻轻抚摸着，说道："孩子，关羽就是你父亲。"

冯平虽则早有预感，此时亦激动得差一点跳了起来，惊喜地说道："我不姓冯，我姓关，很快就可以见到我父亲了？"

"是的，你很快就可以见到你父亲了。"胡戎微笑道，"你们收拾行装，火速上路，只要一到徐州，就可以见到他。"冯平说道："可是，外公刚刚摔坏了腿，怎么能上路呢？"胡戎继续保持一副笑脸："不要管我，和你母亲一块去徐州找你父亲吧。""父亲，十几年都过去了，还是等待父亲伤愈以后再说。"胡玥苦苦等待、期盼了这许多年，如今突然得到丈夫的消息，巴不得长上翅膀，临空一飞，就飞到丈夫面前，向他诉说这些年的别离之苦，可是，伴随大喜消息而来的是父亲不能行动，她怎么能够抛下父亲不管呢？胡玥立刻坚定地说道。

"孩子，你期盼早日与冯贤重逢，冯贤也一样惦记着你。几年前，他派军士到下冯村寻过你和孩子。你带着平儿，尽快上路吧。"胡戎动情地劝告道。

胡玥惨笑一声，决心更加坚定，说道："孩儿还没有完全长大，也没有学到父亲的全部本领，就是到了徐州，也不能帮他分担责任。我们还是都留下来吧，等到父亲教会了平儿武艺与兵法，再去也不迟。"

胡戎拍了一把自己的腿，仰天叹息一声，重重地点了一下头，别过头去，略带浑浊的泪水不由自主地掉落下来。

这时候，满腹疑虑的冯平终于问道："母亲，父亲为何要离开我们？为何要改名换姓?"胡玥平静地将当年冯贤如何学艺、如何杀掉吕熊一家、如何逃亡的经过告诉了儿子。冯平深受震撼,说道:"父亲是英雄。我也要像父亲一样,只要有人行凶作恶,便义无反顾地惩处他们。""好孩子!"胡玥把儿子紧紧地搂在怀里,激动地说道:"直到今天,母亲才告诉你父亲的事,你不会怪罪母亲吧?"冯平说道:"孩儿知道,母亲是担心官府继续找我们的麻烦,才没有告诉我的。母亲放心,孩儿先学好本事,然后去寻找父亲,助父亲一臂之力。"

说到这里,冯平忽然想起什么事似的,顿了一下,问道:"母亲,父亲已经改名换姓,孩儿是不是也要姓关?"胡玥说道:"我们逃到首山十余年,不能改回冯姓,何必非得马上就改姓关呢? 等见到你父亲再说吧。"

因为不能动弹,打从次日起,胡戎便开始在晚上向冯平传授兵法,白天继续让他独自一人在铁匠铺打造铁器,突然想起什么事情,或者遇到什么事情,立刻把冯平唤过来,详加指点。当年教授冯贤的时候,还是太平盛世,让他学习武艺与兵法,只是为了静待天时,或者希望有人把自己浑身的本领传承下去,现在,世道混乱,战争连年不绝,需要有胸怀天下的英雄豪杰澄清寰宇,武艺与兵法就是最实用的东西,胡戎教授得更加悉心,总是结合一些实际的战例,分析作战双方如何用兵,胜者为什么能夺取胜利,败者为什么会失败。

冯平脑子里经历了一场又一场战争。消化了每一场战争以后,他经常会莫名其妙地站在胜利者的一方,暗问自己:"父亲每次打仗,就是这样吗?""一定是这样! 要不然,父亲怎能率领五千兵马,初次走上战场,就击破黄巾五万大军?"他肯定地回答。他于是以这样的方式与父亲对上了话;并且,随着对话的深入,他的眼前,父亲的形象越来越清晰;他的身边,父亲的气息越来越浓厚;他的思维里,父亲的痕迹越来越明显。胡戎、胡玥父女俩注意到了他的变化,心里颇感安慰,一个更加热切地希望把一切知识尽快全部传授给他,一个更加悉心地照料他的生活,以便他投靠父亲之后,能迅速崛起。

又过了几年,冯平不仅越来越壮实,而且精通兵法,睿智豁达。他知道,自己不久就会出师,便暗中开始为上路寻找父亲做准备,盘算着制作一种方便推动的工具,让外公与母亲坐进去,自己推着,一路推到徐州。他找出了马车的模样,决计照着这个样子稍加改装,制作出来,由自己推行。他很费了一些时日,终于赶在出师之前的一天把它制作出来了。

出师前一天,冯平一起床,向外公和母亲问了安,说道:"孩儿做好了上路以前的准备,只等过了明天,就可以与外公、母亲一道去寻找我父亲。近二十年来,承蒙诸位乡邻照顾,孩儿今日购买一些酒菜,请众人来热闹热闹如何?"胡玥微笑道:"平儿有此心意,十分难得。"胡戎赶紧阻拦道:"不用着急,尚有事要做,明日走不了。"冯平连忙说:"外公有何心愿,平儿今日替外公办完。"胡玥亦非常渴望早日与丈夫团聚,说道:"平儿渴望见到父亲,请父亲体谅。"胡戎微笑道:"父亲知道汝等心意,过了今日再说。"

近二十年都过去了,确实不急在一天两天,老人家已经有了主意,冯平和母亲不得不压抑住迫不及待的心情,听从胡戎的吩咐,一家人吃完早饭,冯平便去铁匠铺,生了炉火,准备把自己带去寻找父亲时使用的兵器打造完毕,作为出师的标志;胡玥准备了一顿较为丰盛的饭菜,庆贺儿子出师。

胡戎擦洗了身子,修剪了头发,理去了胡须,换上了一套崭新的衣服,挂了拐杖,亦来到铁匠铺。

打造随身使用的出师长剑,是冯平从胡戎那儿学习了全部的打铁技艺以及兵法谋略以后,把兵法与打造铁器结合起来的实际操练。冯平不敢马虎,胡戎一样非常小心谨慎,面色凝重,仔细观察。

天快黑下来,一把锋利的长剑终于打造成功。冯平神色严峻,双手高举长剑,跪倒在胡戎面前,说道:"请外公鉴赏。"胡戎用拐杖支撑身体,双手接过长剑,凝视了一会儿,腾出一只手来,在剑刃上轻轻地划过,然后挽了几个剑花,大笑道:"果然锋利无比。平儿,你就用它跟随你父亲,上阵杀敌,去匡扶天下,拯救黎民百姓。"冯平双手接过宝剑,说道:"平儿谨遵外公教诲。"

亲眼看到儿子已经打造出一把宝剑,胡玥非常高兴,眼帘闪现出丈夫和儿子并肩杀敌的情景,由衷地露出了笑意。她已经将饭菜准备妥当,按照父亲的吩咐,搬到铁匠铺子里来了。

胡戎让女儿、平儿一块坐下来,饮了一斛酒,说道:"今天是个好日子。

玥儿、平儿，你们很快就能跟冯贤见面了。我很高兴。我这一生，有如此忠孝的女儿，忠义的女婿，赤诚的外孙，老天待我不薄。只可惜，我无物相送，你们见到冯贤，告诉他，我以他为荣，希望他辅佐刘备，早日澄清寰宇。平儿，此去徐州，路途遥远，别让你母亲过分颠簸；玥儿，你生性好强，嫁给冯贤，一生辛苦，真难为你了。找到冯贤，你就可以不再受苦。我走了，无牵无挂，你们不要记着我。做你们该做的事情去。这样，我就完全放心了。"

"父亲！""外公！"胡玥、冯平异常惊讶，一齐喊叫道，试图制止他说下去。胡戎果然不再说话，脸上露出了微笑。"父亲不跟女儿一块走，能到哪里去？"胡玥说道："父亲不走，女儿也不去了。""外公，平儿定能将外公和母亲送到徐州。"冯平急切地说道。

可是，胡戎一直保持微笑，没有回答。胡玥和冯平心下疑惑，相互看了一眼，一齐伸出手来，摇动老人的肩膀。老人竟然慢慢地向地面倒去。

"父亲！""外公！"胡玥、冯平心里一惊，急切地扑了上去，试图把他扶住，可老人已经倒在地上。冯平抱着胡戎的尸体，放声大哭起来。胡玥一声惨叫："父亲！"一头倒了下去，脑袋正好磕在桌子的边角，一股鲜血刹那间冒了出来，人立马昏死过去。"母亲！"冯平一见，连忙放下外公，扑向母亲，把母亲抱住，大叫道："母亲，你怎么啦？你醒醒，母亲！"

在众位乡邻的帮助下，冯平安葬了外公，但母亲一直没有苏醒，他天天陪在母亲身边，陪她说话，在郎中的指点下为她按摩穴位，煎煮中药，为母亲擦洗。

乡邻们于心不忍，私下里合计一阵，觉得应该为冯平寻找一门亲事，他娶了女人以后，让女人照料胡玥，他就可以重开铁匠铺，保障一家人的生活。他们暗中选择了一个女孩，女孩年过十六岁，家境不太好，为人却很踏实，什么事情都能做，照顾胡玥不在话下。原以为水到渠成，谁知跟冯平一说，冯平立刻婉言谢绝："婚姻大事得征求母亲同意，平儿不敢自作主张。"

众乡邻没有气馁，继续劝说，时间一长，对冯平产生了不小影响。他心里想道："无法寻找父亲，日子还得过下去，母亲也该得到照料，不如重开铁匠铺，赚取一些银两，维持生活，并给母亲治疗，等待母亲苏醒，还得为她调理。"

于是，铁匠铺再度开张了。每一天，冯平先在铺子里忙碌一阵子，然后急急忙忙跑去母亲床边，为母亲按摩，陪母亲说一会儿话，再重新回到铺子，又忙碌一阵子，周而复始。吃饭对他来说，确实再简单不过，能挤出时间，就做一些饭菜；忙起来了，便把一些东西往炉火一扔，烧熟了，就狼吞虎咽地吃下去。

这一天，他从炉火里取出了烤熟的红薯，吃了几口，忽然感到有人走了进来，回头一看，是一个模样周正的女孩。她低着头，轻声说道："让我帮你照料母亲。"冯平吃了一惊，张开嘴巴，说不出话来。

女孩姓刘，正是乡邻为冯平寻找的成亲对象。刚一听说要嫁给冯平，女孩心里欢喜，日日夜夜巴望冯平早一点娶回她，她好用心帮助他，可是，竟然遭到冯平婉拒。心凉过以后，她很好奇，想看一看冯平究竟是怎样的人，是怎样照顾他母亲的，于是她经常寻找时机，到铁匠铺或者冯家附近，偷偷观察他的一举一动。几天以后，她完全被他征服，心想：遇上这样孝顺母亲又非常能干的人，即使不能给他当媳妇，为他当使唤丫头也好，便壮起胆子，进入铁匠铺，直接与他对话。

"我来照料你母亲。"女孩继续说道。

不等冯平回答，女孩迅速回转身，出了铁匠铺，向胡玥的房间走去。冯平惊呆了，隔了一会儿，不由自主地放下还没吃完的红薯，跟了过去。这时候，女孩已经坐在母亲床边，一边陪她说话，一边替她按摩。

"汝意欲何为？"冯平问道，声音有点发颤。"奴家来照顾你母亲。"女孩没有回头，继续替胡玥按摩，"你不知道如何照顾女人。""她是我母亲。"冯平说道。"奴家知道。""你是谁？为什么？""奴家姓刘，只想照顾你母亲。"

冯平马上想起众位乡邻向自己提亲的事情，不由得有些手足无措，说道："吾不需要帮助。""你不想迎娶奴家，可以当奴家是使唤丫头，别让奴家走。"

人家姑娘已经把话说到那个程度，冯平确实难以拒绝，不得不让她留了下来。姑娘不仅细致周到，几乎每一天都会用中药为胡玥擦洗身子，用心按摩,陪她说话,而且还会料理家务,把一个杂乱无章的家收拾得非常整齐,充满了生气,而且她烧得一手可口的饭菜,让冯平可以专心打造铁器了。

过了十余天,姑娘正在给胡玥擦洗身子,忽然感到她的身子一阵抖动,不由得欣喜若狂,大声问道:"大娘醒了吗?"胡玥又是一阵抖动,姑娘很想把她放下来,立刻跑去铁匠铺,把冯平喊过来,可是,脚好像生了根,站在那儿一动不动,下意识地抱起胡玥,腾出一只手,在她的后背上不停地按摩。胡玥越抖动越快,连带得姑娘的身子也抖个不停。"大娘怎么啦?"姑娘惊慌失措地大叫道。

叫喊声把冯平招了过来。他一眼看到母亲在抖动,亦是欣喜万分,一个箭步,冲了过去,大声喊道:"娘!"胡玥身子抖动得越发厉害了,忽然一阵猛烈的咳嗽,双手一软,人软绵绵地倒在姑娘的怀抱里。"娘!"冯平声嘶力竭地大叫。"胡大娘!"姑娘流出了眼泪。

一些人听到动静,飞奔而来,见此情景,纷纷说道:"愣着干什么,快叫郎中去呀!"

冯平恍然大悟,一阵风一样地刮了出去,不一会儿,就把郎中找了过来。

郎中仔细检查了一阵子,笑道:"恭喜公子,令堂多承刘姑娘悉心照顾,已经脱离生命危险。"

冯平大喜过望,连忙向郎中道谢,然后红着脸,向姑娘打躬作揖,说道:"姑娘的大恩大德,吾终生铭记,永不敢忘。"

随后的几天,冯平一直与刘姑娘一道,陪伴在母亲身边,更加悉心地照料母亲,观察母亲的一举一动,期盼着母亲快一点睁开眼睛。当一个夜幕降临的时候,胡玥终于缓缓地睁开了眼睛。"母亲,你终于醒了?"冯平惊喜地大叫道。"我睡了很久吗?"胡玥问道,忽然发现了一个陌生的姑娘,又问:"姑娘是谁?"

胡玥终于知道了一切,长长地叹息一声,说道:"你们受苦了。""能为大娘做一些事,奴家倍感快乐。"刘姑娘说道。

在以后的日子里,胡玥得到了更好的关照,不过,因为脑袋受伤,竟然一时清醒一时糊涂,而且不能下床活动。冯平不得不继续待在首山,一面以打造铁器维持一家人的生活，一面还要到处打听是否有治疗母亲的良医。热心人倒是提供了不少消息，他每一次都是满怀希望地把人家郎中请到家里，结果总是令人失望，没有一个郎中保证母亲可以完全恢复正常。冯平跟随外公学过一点岐黄之术，决计自己动手，从书上找到治疗母亲的有效办法，于是，每天晚上，他都会点上一盏灯，陪伴在母亲身边，研究医学。

这期间，刘家姑娘一如既往地照料胡玥母子，什么话也不说。乡邻忍不住了，趁着胡玥还清醒的时候，劝说她让儿子与刘姑娘成亲。

胡玥心里总是惦记丈夫，希望早一点与儿子一道去寻找丈夫，无奈身体状况不好，无法成行，听众人一说，寻思道：老天似乎注定让我在活着的时候见不到丈夫，我不能拖累孩子。如果是我一个人留下来，平儿说什么也不会同意；不如让他成亲，有儿媳妇陪伴在身边，平儿走得也很安稳。便默默地接受了他们的主意。但是，她不能害了人家姑娘，得跟人家姑娘说清家里的秘密，征得人家姑娘同意才行。

当天晚上，儿子在铁匠铺给一个农户打造锄头，胡玥一五一十地把冯平的身世以及自己的打算告诉了她，最后说道："你是一个好姑娘，真心喜欢平儿，我也喜欢你。如果你答应跟平儿成亲，我明日就请媒婆去你家提亲。只是，你与平儿成亲以后，平儿就会离开首山，只有我们相依为命，日子将更加艰难。"

刘家姑娘激动得热泪盈眶："夫人一家顶天立地，奴婢愿意照顾夫人。"

胡玥很快就与刘家老人决定了孩子成亲的日子，但还没有来得及告诉儿子，脑子再一次糊涂。冯平从众乡邻的恭喜声中，得到了消息，大吃一惊，赶紧询问母亲，可是，母亲再一次神志不清，他只能把满腹疑问硬生生地咽了下去。

刘姑娘看出了他的心思，低着头，说道："大娘把一切都告诉奴家了。我愿意照顾大娘，汝可以放心去徐州寻找父亲。""我不能扔下母亲。母亲比我更期盼与父亲团聚。"冯平双手捧着脑袋，说道，"母亲生下我一百多天，父亲就逃走了，谁能理解母亲心里的痛苦与期待。不能带着母亲，我绝不离开。"刘姑娘叹了一口气，说道："大娘痛苦，汝也痛苦，你父亲一定更痛苦。有了父亲消息，母亲又不能动弹，奴家愿意帮汝照料母亲。""我不能让你无法享受家人团聚的快乐。"冯平说着说着，流出了眼泪。"汝不懂大娘，更不懂女人。夫君顶天立地，遇见不平，管它是否万丈深渊，都义无反顾地出手，女人哪怕注定一生受苦，也是乐意的。因为只有这样的人生，才有意义。"刘家姑娘说道。

冯平没有想到她会说出这样的话来，一下子惊呆了，好一会儿也没有反应。等他清醒过来，不由得想道：难道我真的不理解母亲，也不理解女人吗？是的，我是不理解她们，所有受到的教育，都是男人要有担当，讲忠义，对家庭、对国家、对黎民百姓负责，却从来没有说过女人应肩负同样责任，没有人真正关心女人的思想、女人的生活。他认真地回忆母亲的点点滴滴，竟然发现朦胧之中对父亲产生的印象，一样可以安置在母亲身上。他拥有天底下最好的父亲、最好的母亲，父亲没有照顾母亲，这个责任应该由自己承担。在这一刻，他好像与父亲在心里达成了一份应该由他完成的协议，决定等待母亲痊愈，再去投靠父亲。至于刘姑娘，母亲已经在清醒的时候安排好了婚事，姑娘如此有见识，自己不会拒绝，而且，还应该办一个令人称羡的婚礼。于是，他瞒着刘家姑娘，暗中筹划、准备成亲所需的一切。

刘家姑娘终于知道了这事，说道："大娘调理身体需要银子，汝上路寻找伯父更需要银子，婚礼就不必办了。"冯平正色说道："婚姻大事，岂能马虎？"

冯平竭尽全力，为新娘子置办了新衣、金银首饰，请了一抬花轿，把新人抬回家，并宴请了几乎全村的乡邻。在喜气洋洋的气氛里，胡玥再一次清醒过来。时值儿子、新娘双双跪在她的面前，向她行礼。她的眼帘，立刻浮现出当年自己与冯贤成亲的那一幕，想到儿子成亲以后，就会离开儿媳，让儿媳跟自己一样，在永无止境的等待与期盼中打发时光，就于心不忍，差一点流出了眼泪，强忍着，趋身上前，亲手把新娘扶了起来，对儿子说道："一生一世，你都要好好待她。"

婚礼过后不几天，胡玥开始与儿媳一道暗中替冯平收拾行装，准备催他上路。可是，冯平竟然好像没有这回事，继续在铁匠铺里忙碌，从来不提何时关闭铺子，弄得整个铁匠铺子里面，堆满了铁家伙。胡玥终于忍不住了，问道:"平儿何时动身去徐州?"冯平说道:"母亲,孩儿做完就走。"

胡玥想到儿子一走,儿媳就会像自己一样,没日没夜在惦念之中度过,心里涌起一种淡淡的伤感,说道:"也好,这期间,你多陪一陪媳妇。"

母亲安然入睡以后,夫妻俩回到了自己的小天地。妻子说道:"平日铺子里从未这么忙碌过,夫君莫非不想离开,故意让乡邻们送来那么多铁器?"冯平说道:"我不会放下母亲,也不会把你留在这里。要走一齐走;要留一齐留。"妻子正色说道:"男儿志在四方,岂能束缚于家庭?""父亲有结义兄弟,能同生共死,并肩厮杀;母亲只有夫人陪伴,我怎能离开。""夫君满腹韬略,正是为国出力之时。贱妾无能,亦会竭尽全力,照顾母亲。"冯平沉默了好一会儿,说道:"夫人之言有理,等我处理完一些事情,自会立刻动身。"

一直没有从医书里找到让母亲完全康复的灵丹妙药,也没有找到可靠的办法,但是,知道母亲在夫人的精心照料下,除了有时清醒有时糊涂之外,精神和体力差不多得到了恢复,冯平决计把马车修理好,然后带着母亲和夫人一块上路。不过,动身之前,他要去一趟下冯村,探寻一下父亲是不是仍在徐州。

碰巧,关羽听了刘备、张飞的劝告以后,又派出几个军士,结伴来到下冯村,与冯平迎面相遇。一看到他们,冯平心里就怦怦直跳,直觉告诉他,这些人就是父亲派来的,可是,又担心直觉欺骗了自己,愣是没有主动上前问话。

军士刚刚进村,劈面头一个遇到冯平,先向他施了礼,问道:"公子可曾知道这里有一户姓冯人家?"冯平心里暗喜,表面上却不动声色,说道:"确曾有一户冯姓人家,不过,早已犯事逃亡。"军士相当兴奋,立刻追问:"公子可曾听说他们逃往何地?"冯平说道:"前几年,曾有一个胡姓老人回到村里,想打听有没有人来找过他。那时候,也有一批军士来到村子,与老人失之交臂。"

军士相互打量了一眼,异常兴奋,说道:"如此说来,二将军尊岳还活着。"

冯平问道:"谁是二将军?"军士回答道:"不瞒公子,我等奉二将军之命,前来寻找将军家人。二将军姓冯,夫人姓胡,有一公子名唤冯平。二将军当年逃走时,公子刚满百日。二十年来,二将军思念亲人,接连派了几批人员,打探夫人和公子消息。公子如能为我等提供帮助,找到胡姓老人,我等必定重谢公子。"冯平哀伤地说道:"汝等找不到胡姓老人。老人家已经仙逝。"军士心头发急,赶紧问道:"汝可知胡夫人和公子下落?"冯平激动地流出泪水,说道:"胡姓老人就是我外公,我母亲就是胡玥夫人,吾乃冯平是也。""公子!"军士听了,目瞪口呆,注视了他好一会儿,依稀从他的面容上分辨出关羽的模样,赶紧跪倒在地:"参见公子!我等奉二将军之命,前来接公子和夫人去徐州。"

带领军士去首山的路上,冯平格外兴奋,向军士打听父亲的一点一滴。从父亲与刘备、张飞一道在涿郡组建一支五百人的队伍,参加镇压黄巾军,到如今在徐州附近与吕布、袁术的人马作战,那惊心动魄的一幕幕战争,在冯平脑海里久久回荡。他深深地感到,原来自己与父亲如此心意相通,情谊深厚。这就是父子。虽说天各一方,几乎从未谋面,但是,血脉以及忠义构筑起来的坚固关系,是任何其他东西都无法比拟的,他们早已融为一体。

几天以后,他们来到了首山。胡夫人神志清晰,已经能够下床走动,在儿媳的搀扶下,正在庭院里慢慢地转悠。

冯平喜悦地奔上前去,说道:"母亲,父亲派军士接我们来了。"胡夫人转过目光。军士已经走到她面前,一齐跪禀:"参见夫人,某等奉二将军之命,特来寻找夫人,请夫人收拾行装,前往徐州,与二将军团聚。"胡夫人流下了泪水,浑身颤抖,问道:"汝等真是夫君派过来的吗?""启禀夫人,属下是关将军派来的。"军士们一齐回答道。

"夫君,他……"胡夫人一句话没说完,人就晕了过去。幸而儿媳搀扶着,没让她倒地。"母亲!"冯平一阵紧张,抢了过去,大声叫道。

胡夫人很快就苏醒过来,一直很兴奋,再也不说不去寻找丈夫了,催促儿子、儿媳快快处理完一切事务,立刻启程,前往徐州。胡夫人对儿子说道:"从今往后,你是关羽的儿子,你叫关平。"

军士们购买了一匹良马,赶着马车,护送胡玥,一路上缓缓地向徐州进发。一连行了一个多月,马车抵达徐州地界,一名军士离开护卫队,骑上一匹马,飞奔而去,准备向关羽报告消息,其余人继续以原有的步伐前进。

"母亲,父亲跟孩儿第一次见面,认得出孩儿吗?"马上就要与父亲见面了,关平抑制不住兴奋,对躺在马车里的母亲说道。

"傻孩子,父亲怎么会不认识自己的孩子呢?"母亲的笑声中略带一些辛酸。

突然,一匹快马飞速冲了过来。关平抬眼一看,竟是前去打探消息的军士。一奔到关平面前,军士急切地汇报道:"公子,曹军已经攻占小沛,刘皇叔逃走,关将军被曹军困在下邳。"

关平怒火冲天,命令军士跳下马,自己手提长剑,飞身跃了上去,说道:"汝等保护马车,到村里安歇,吾助父亲一臂之力。"

"平儿!"胡夫人已经听到了军士的汇报,掀开帘子,喊叫道。

关平本来不想让母亲知道自己要去上阵杀敌,但母亲一喊,他连忙跳下马来,对母亲说道:"父亲正与曹军厮杀,孩儿前去协助。母亲暂到村里歇息。等孩儿杀退曹军,再来迎接母亲。"胡夫人说道:"刘皇叔已逃,你父亲想必难以打败曹军,母亲已经来到徐州,岂能与你父亲再度错过?""母亲千万不能去。"关平焦急地说道。胡夫人微笑道:"马上能跟你父亲见面,我岂能不去?"儿媳挽住她的手,说道:"母亲想去,夫君不必阻拦。"

马车继续向前进发。关平骑着马,手持长剑,走在最前面,严密地观察一切情况,军士分别在两侧紧紧地跟随。越往前走,逃难的民众越多,各种杂乱也越发令人担忧。

就要进入下邳了。这时候,他们遇到一大队曹军。关平全神戒备,把手一挥,马车停了下来,军士同时做好了准备。

"汝等何人?"一名曹军将校问道。"关将军何在?"关平反问道。那名曹军将校呵呵大笑道:"下邳已落入丞相之手。"关平大怒,不等那人说完,一刀挥了过去,削了他的脑袋,大声骂道:"关将军英明神武,汝等岂能攻破下邳。"紧接着,纵马冲进曹军队形,直杀得曹军哭爹叫娘,落荒而逃。关平仰天大笑道:"如此鼠辈,岂是我父对手,胆敢妄称攻破下邳。"说完,命令人马继续前进。

突然，冲来了一支更大的人马。关平一眼望去，只见打头一员将领，手持大刀，异常威武，心知是一个劲敌，勒住战马，站在那儿，一动不动。

那人站在关平当面，打量了他好一会儿，说道："汝不似行伍中人，又有军士保护车仗，竟是何人，为何杀我手下将校？""汝系曹军将领？"关平冷冷地问道。那人说道："本将军张辽，名文远。莫非汝跟曹军有仇？"关平说道："汝系曹军将领，便是仇人，何须多问！只手下见高低。"

张辽呵呵一笑，抢起大刀，果然朝关平扑了过来。两人你来我往，厮杀了许久，未分胜负。张辽有心要收服他，说道："你我明天再比。"

张辽退走以后，关平心里想道，刚刚进入下邳，就有曹军猛将拦截，看起来，父亲面临的敌人确实非常强大，也许真的会遭受不测，为今之计，不要再与张辽对战，今晚偷偷潜入下邳，与父亲接上关系，商议之后，再作打算。

"平儿，今日上阵厮杀，可有你父亲消息？"关平勒马回到马车跟前，准备先将母亲和夫人安顿在一个隐蔽处，再落实自己的设想，却听到母亲询问。

关平说道："孩儿今晚进城，探查父亲确实消息。母亲可先找一个地方安歇。"

安顿好了母亲以后，关平叮嘱军士小心护卫，自己骑着马，奔向下邳城，到了城门口，高声喊道："守城将士听者，火速告诉关将军，有人从下冯村来投。"

下邳确实被曹军占领了。关羽降操以后，跟随曹操一道，去了许都，下邳守将换成曹操的人。此人素来不服关羽，一听此言，大笑道："关将军已是明日黄花，汝岂非自寻死路？"立刻命令弓箭手向关平射箭。

关平赶紧拨转马头，向母亲躲避的村庄疾驰而去。一路上，他忧心如焚：父亲被赶出下邳，不知道逃往何处，母亲满腔热望，支撑到现在，为的是见到父亲，如今父亲下落不明，该如何向母亲交代？将近村庄，老远望去，只见村庄的上空出现了一片火光，隐隐约约无数的人影在跳动，煞是混乱。他吃了一惊，纵马冲向火光燃起的地方。距离火光越近，他越发看得真切，从燃烧的村子里分辨出母亲乘坐的马车停留在那儿，一些军士正围绕马车大肆冲杀。他怒火万丈，挥起长剑，纵马冲过去，杀开一条血路，冲到了马车跟前。

　　曹军大约有上千人，将马车以及幸存的民众团团围住，正一窝蜂地冲杀。关平愤怒至极，顾不得看望母亲，拍马就要杀将过去，突然听到从马车上传来夫人急切的叫喊声，他赶紧来到马车跟前，掀起帘子，只见母亲躺在夫人怀里，一动不动。他心头一急，就要跳下马来，但曹军已经杀了过来。关平放下帘子，转过身，眼里冒火，大喝一声，拍马奔向曹军，长剑不停地挥动，曹军纷纷倒毙。关羽派来的军士见了，更加振奋，亦试图冲锋。关平喝道："保护马车，杀出一条血路，逃出村庄，吾断后！"

　　关平一阵横扫，直杀得曹军胆战心惊。关羽旗下的军士均是能征善战的勇士，虽然受伤，亦竭力杀开一条血路，保护着马车和民众杀出了重围。关平殿后，杀退曹军以后，追了过来，放眼一看，父亲的军士已经全部倒地。他急切地跳下马，摸了一下他们的气息，已经没有一个活的了，不由得流下了泪水。再看母亲时，母亲已经昏迷不醒。

　　"母亲！"他声嘶力竭地惨叫道。

　　这时候，上来一位道风仙骨的老者，说道："公子忠孝仁义，老朽佩服。老朽略知医道，愿为公子母亲看病。"关平大喜，恭恭敬敬地把老者请到马车跟前。老者气定神闲，检查了一回，说道："令堂久病缠身，身体虚弱，又长途跋涉，如今受到惊吓，虽则昏迷过去，倒无大碍，不出一两日，便可醒来，届时，按老朽开具的药方，配以食物慢慢调理，当可无事。只是令堂需要静养，经不得旅途劳累。"关平连忙称谢："多谢老人家。敢问老人家尊姓大名？尔后关某寻得父亲，定将好好报答。"老者呵呵一笑，说道："老朽行医数十载，救治病人无数，为的是济世救民，岂望报答。公子虽则年轻，却于危难之际解救遭难民众，亦是济世救民的英雄。公子可否告诉老朽，公子之父竟是何人？公子为何来到此地？"

　　关平说出了自己的一切。那人说道："公子竟是关将军之后，老朽失敬。如今此地不太安全，公子若无其他地方可去，老朽倒有一个安静之地，可供令堂暂时休养，不知公子可否答应？"关平说道："老人家深情厚谊，小可敢不从命。"

行了几日，他们来到一个清静安宁的山谷，安顿下来以后，老者说道："老朽名叫华佗。天下无不可治愈之病，只是否找准病因，找到治愈之法。令堂已经苏醒，以老朽观察，其病源在于脑内有淤血，及惦记令尊。若令堂年轻一些，身体可以承受，老朽用利斧砍开令堂脑袋，清除淤血，再慢慢调理，定当可以痊愈。"

　　"久闻先生盛名，先生救我母亲，大恩大德，永世不忘。"关平赶紧下拜道。华佗笑道："公子无须多礼，老朽定当让令堂恢复健康。"

　　华佗不仅精通医术，而且见多识广，颇识天下大势，亦曾听说关羽降曹。那天晚上，他亦住在靠近下邳的那个村庄，原以为作战行动已经结束，曹军不至于祸害民众，不做提防，谁知曹军开来一拨人马，看到关羽手下的军士，便以村里所有人都是奸细的名义，放火焚烧村子，进行屠村。关羽手下兵士虽少，但竭力抵抗，曹军再多，竟然也近不了他们。华佗阅历广泛，心知一定是曹军将领深恨关羽，哪怕关羽投降，只要没有传到曹操那儿去，就会毫不留情地诛杀其手下人马。正为关羽军士担忧，关平奔了过来，一举救了全村的老百姓。

　　在华佗的精心照料下，过了两年的光景，胡玥已经硬朗起来了。她仍然时而清醒时而糊涂，而且糊涂的时间越来越长，一旦清醒过来，就陷入了对丈夫的思念。儿媳的劝慰，儿子的安抚，似乎起不了任何作用。

　　见此情景，华佗对关平说道："胡夫人脑子受淤血的挤压越发厉害了。"关平急切地说："请先生妙手回春，尽快让我母亲痊愈。"

　　华佗开始了手术之前的准备工作。又过了一段时间，胡夫人的身体状况越来越好，他便用麻沸散麻醉了胡夫人，用利斧砍开她的脑袋，清除了里面的淤血，然后把脑袋缝合上。精心照料了几日，胡夫人便苏醒过来，从此再也没有糊涂过。

　　又过了一年，胡夫人完全康复，对儿子、儿媳说道："我等打扰华先生数年，母亲病已痊愈，岂能继续打扰？"关平说道："谨遵母亲之命，孩儿这就收拾行装，拜辞华先生，与母亲一道去寻找父亲。"

　　告辞母亲以后，关平径直去见华佗。华佗正在药房检查草药，听到脚步声，没有回头，问道："公子可是准备离开？"关平回答道："家母惦念父亲，教我感谢先生救命之恩，马上启程寻找父亲。"华佗说道："公子可知关将军现在何处？"关平一愣，说不出话来。华佗转过头来，微笑道："华某以医术解除病人痛苦；关将军以武力澄清天下，拯救百姓，胜华某多矣。老夫能为关将军做一些善事，心里感到安慰。如今，关将军早已离开许都，到了荆州。此去路途遥远，战争频仍，公子需好生防范。""关平谨记先生之言，不敢有忘。"

关平辞别华佗，护着母亲、夫人乘坐的马车，一路向荆州进发。开始还很安全，可是，越向前走，越是混乱。原来，曹操派遣人马，准备攻击荆州。关平心里想道，此番曹军又要攻击父亲，我已来到曹军后方，何不趁曹军不备，夜晚在他的营寨里冲杀一阵，放起一把火，助父亲一臂之力呢？主意一定，他趁母亲和夫人熟睡之机，准备好了引火之物，骑上马，径直奔入曹军营地，杀死巡哨的曹军兵士，四处放起火来。曹军慌乱之间，人马已经死伤无数。关平大喜，趁曹军混乱的机会，奔回了驻足之地。

第二天，到南方去的道路已经封闭，到处都在搜捕混乱后方的荆州奸细。车仗走不了，胡玥即使渴望尽早见到丈夫，亦不得不安慰儿子："已耽搁许多年月，不必急于一时，安心等待道路开放，我等再去荆州可也。"

关平寻思道："既然不能前行，何不再放一把火，更加增添曹军的混乱呢？"当天夜晚，他又是独自一人，带上引火之物，前去曹军阵营放火。

曹军已有防备，一见有人纵马过来，立刻阻拦。关平挥起长剑，奋力冲杀，直杀得曹军抱头鼠窜。这时候，张辽得知消息，纵马过来，一见之下，想起当年在下邳遇到的那个少年，不由得大声问道："且住，汝可曾去过下邳？""原来是你，小爷今天要了你的命！"关平大喝一声，拍马冲了过去。张辽一边阻挡，一边说道："汝那日失约，如今需得好好厮杀。"关平继续挥剑猛杀，一边怒骂道："你等猪狗不如，夜晚到处掠杀百姓，小爷见一个杀一个！"张辽急忙说道："吾何曾纵兵祸害过百姓？""小爷亲眼所见，汝还敢狡辩！"关平越说越激动，下手越发敏捷和沉重。

两人再也无暇说话，一打就是三百多个回合。张辽感到气力有些不济，连忙拍马离开。关平紧追不舍，但随后就被曹军绊住了，根本追赶不上。他无计可施，因担心母亲安危，只得杀出一条道路，向母亲躲藏的村庄跑去。张辽一见，立刻率领人马追上前来，试图捉住关平，把他收为己用。

眼看曹军在后面紧紧追赶，为了不滋扰母亲，关平马不停蹄，继续朝前奔去。好不容易甩脱了曹军，他松了一口气，虽腹中空空，疲劳至极，因记挂母亲安危，循着原路，找回了母亲驻足的村庄。那儿已经空无一人，整个村子似乎遭受了一次劫难，一片狼藉，母亲乘坐的马车已被打得稀烂，散落一地。他心头一紧，急急忙忙顺着散落在地的丢弃物，寻找母亲的踪迹。终于，关平看到前面有一群兵士在驱赶一队人群，他机敏地跟上前去，一阵砍杀，将曹军兵士全部杀死。

"平儿！"他听到了母亲的喊叫声，放眼望去，只见夫人搀扶着母亲，在人群中向他招手。关平答应一声，一边遣散人群，一边朝母亲和夫人跟前冲去，跪倒在母亲面前，说道："孩儿不孝，让母亲受惊了。"

胡玥在睡梦中被曹军惊醒，睁眼一看，不见了儿子，不知道发生了什么事，在儿媳的搀扶下，被曹军赶了出来。曹军吵吵嚷嚷，说村子里混进了荆州的奸细，要把所有人押去审查。就这样，她们的马车被曹军毁了，人跟着村民一道，被曹军押着往前走。如今看到儿子，母亲自然很是欣慰。

关平把母亲和夫人扶上马，自己牵着缰绳，走了很远，来到一个村庄。这时候，她们身无分文，关平只好卖掉马匹，让母亲和夫人吃了饭，寻找了一个住处，让她们安顿下来。

母亲身体康复不久，受到惊吓，难以支撑，再一次病倒了。关平不得不留在村子里，依靠卖掉马匹的银两，为母亲看病。

过了好一段时间，母亲的病情越来越加重，手头银两已经不多，关平寻思着需要寻找一点营生。屋漏偏逢连夜雨，就在关平为筹集银两治疗母亲犯愁之际，村子里闯进来一队曹军，见人就杀，见屋就烧。关平急急忙忙和夫人一道，扶着母亲出来，质问曹军："汝等是曹丞相的队伍，怎敢如此抢掠百姓？"

曹军凶神恶煞地痛骂："汝等勾结新野，祸害吾军，岂容汝等安稳？再敢多嘴，定杀不饶。"

紧接着,他们被曹军赶向北面。大约十天以后,终于来到一个荒野,这里就是他们的安身之地。在那儿,关平找到一户打铁人家,为他当帮工,挣一些银两,维持一家人的生活,并且给母亲治病。

生活极其艰难,母亲再也没有好起来过,拖了两年,终于去世。临死前,她眼望南方,大叫一声:"夫君,汝现在可好?"话音还没落地,人就永远闭上了眼睛。

安葬了母亲以后,关平带着夫人,再度向荆州方向走去。道路遭到曹军的严密封锁,夫妻二人根本过不去。他们一耽误,又是几年过去了。生活的严酷,再一次把灾难降临在他们头上。夫人一病不起,不久以后也离开了人世。

"为何灾难与冯家如影随形?为何不能让母亲见到父亲,为何不能让我一家人团聚?"关平仰望苍天,发出了痛苦的悲鸣。

他打定主意,更加坚强,埋葬了夫人,独自一人上路,躲过了曹军的封锁线,终于进入了荆州地面。脚刚踏入荆州,他便欣喜若狂,仰天大叫:"母亲,孩儿已经来到荆州,很快就会与父亲见面了!"

恰在这时,张飞巡视边境,来至此处,听到了他的喊叫,心下疑惑,纵马过去,打量了他一眼,分辨出一个熟悉的身影,赶紧问道:"汝姓冯?"

关平听到如此亲切的询问声,激动地流出泪水:"母亲说,我现在姓关。""平儿,你是平儿!"张飞跳下马,一把抱起关平,又拍又打,同样流出了激动的泪水,说道:"我是三叔。你父亲经常惦记你,惦记你母亲。"

张飞立刻把巡视边境的任务交给几个亲随,带领关平,飞一般地赶回荆州。如今,眼见得关羽父子哭成一团,张飞似乎有些看不下去了,他强忍住泪水,说道:"平儿来到荆州,二哥应该高兴,别哭。"

关羽松开儿子,一路向营帐走去,一路询问儿子是怎么来到荆州的。听说岳父、夫人以及儿媳相继去世,关羽长长地叹息一声,说道:"当年吾一时冲动,竟给亲人带来如此灾难!"张飞问道:"二哥,若是今日,汝不去惩治吕熊吗?"关羽断然摇头道:"吾做不到!""这就是了。无论何时,二哥都不能听任吕熊之流横行,必然会家破人亡、妻离子散,有何可说?如今,平儿已经来到二哥身边，不仅二哥得到了儿子，大哥也得到了好助手。应该好好庆贺一番。"张飞说道。"三弟说得对，我们确实应该好好庆贺。"关羽爽朗地说道。

一进入营帐，关羽马上命令人马准备晚宴，同时派遣一名亲随进入江陵城，把此事告诉诸葛亮，准备翌日带领儿子前去拜访。宴席很快摆了上来，正在欢饮之间，忽然有亲随报告，说是军师已经带着荆州文武百官前来祝贺。

关羽连忙带着张飞、关平一道出迎。诸葛亮见了关平，连声称赞是一条汉子，众人一起说了一些恭维话，接着便在关羽的邀请下，进入营帐，重新摆上了酒宴。

一边饮酒，张飞一边把关平逃难的经过说了一遍，众人都感喟不已。诸葛亮说道："平儿历经千难万险，来到荆州，又研读了兵法，练习了武功，如今荆州正招兵买马；主公率领大军征讨益州，都需要人才。汝来得正好，不仅是荡寇将军之福，亦是主公之福。""军师谬赞，平儿愧不敢当。一路寻找父亲，平儿连母亲和夫人都难以保护周全，实在当不起人才二字。此番见到父亲，心愿已足；军师有所差遣，平儿自当竭尽全力，予以完成。"诸葛亮哈哈大笑道："虎父无犬子。关将军，可否尽快安排平儿前往益州，拜见主公？"关羽说道："军师之言甚为有理。几天之内，关某必当让平儿动身。"

"届时，吾有一封书函需要平儿带去益州，交给主公。"诸葛亮说道。

宴会一直持续到子夜时分，终于宣告结束。送走了诸葛亮及文武百官，关羽回到营帐，仍然有许多话要对儿子说，可是，想起儿子一路艰辛，有些不忍，亲自为儿子安排了住处。看到儿子睡下以后，他先出了营帐，眼望西北方向，昔日老家的一幕幕情景在眼帘走马灯似的闪现。他一直希望得到岳父、夫人和孩子的消息，为此先后派遣多批军士前往下冯村寻找，都没有成功，今天，上天把儿子送到面前，也得到岳父、夫人以及儿媳全都仙逝的消息，心里的痛苦无法用语言表达。饶是如此，他不需要忏悔，在《春秋》、《左传》的影响下长大，他选择了自己的道路，就注定会拥有这样的人生，有什么忏悔的呢？他要把一切痛苦全部咽进肚皮，珍惜眼前人，更加疼爱饱受艰难的儿子。

想到这里,他回身进入营帐。儿子已经熟睡,微微地发出鼾声。他的心里滚动着暖暖的情谊,坐在床边,一直这么注视着他,眼帘闪现出儿子用马车带着他母亲和夫人,一路艰辛,寻找自己的情景,不知不觉之间,再一次流出了泪水。

泪水滴在儿子的脸上,把熟睡之中的关平惊醒了。蒙蒙眬眬之中,看到有一个人坐在身边,关平激动地问:"母亲是为儿子找到父亲高兴吗?"

"平儿,你醒了?"关羽收住泪水,温柔地说道。"父亲!"关平终于认出面前的人是谁,惊讶地叫道。关羽脸上挤出一丝笑意,说道:"父亲打扰你了。孩子,你睡吧。"他站起身,准备离开,听到了儿子的叫声:"父亲。""平儿。"关羽收住了刚刚抬起的脚步,转过身来,说道:"父亲,孩儿扰乱了父亲的心绪,让父亲睡不了觉,孩儿心绪难安。"关平说道。"父亲半生戎马,一向如此。你安心睡吧。父亲在歇息之前,来看一看你睡得怎么样,没想到竟然惊扰了你。"

关羽出了营帐,望着漫天星斗,思绪仍然难以平静。不管遭受了多大的灾厄,儿子已经来到身边,还有什么比这个令他激动的呢?他得好好想一想,接下来该如何为孩子的将来打算。他决计天亮以后,处理完军务,便带着儿子回关府,拜见胡夫人和两个孩子,然后将儿子派往益州,拜见大哥,等儿子回到荆州,便把自己戎马半生得到的作战经验全部传授给他,让他知道,经验比兵法还要宝贵。

他想了许久,回过神来,不觉已是五更天气,望望儿子熟睡的营帐,正要走去,但眼帘浮现了儿子疑问的目光,不由自主地收住脚。三番五次过后,他下定决心,蹑手蹑脚进入儿子的营帐,一直走到儿子床边,俯下身子,端详儿子,赫然看到儿子滚出了泪水。他一阵震撼,静静地站在那儿,一动不动。

过了好一会儿,儿子终于睁开眼睛,叫道:"父亲!"关羽叹息一声,说道:"平儿,父亲扰乱你了。"关平说道:"儿子不来荆州,父亲不会如此心绪不宁。外公说,为将者,任何时候,都须心绪宁静,否则,后果难测。孩儿给父亲添麻烦了。"关羽坐在儿子身边,亲昵地抚摸了一下他的头,微笑道:"你亦心绪不宁。人都会流露正常感情,不要影响到决策和行动,就无伤大雅。"

看着儿子点了一下头，关羽便详细地询问儿子是如何跟随岳父学习武艺与兵法的。听完儿子的讲述，他说道："平儿学到作战技巧，又单枪匹马，跟曹军对战过，必将是一员好将领。父亲希望你留在身边，然军师之言不错，你应该及早去益州拜见皇叔。""孩儿谨遵父亲教诲。"关平说道。

　　关羽看看天色已经亮了起来，转换了话题，说道："你母亲直到离世，总是为我着想；我亦经常惦记你们，可还是另娶了夫人，另有儿女。等父亲处理完军务，就带你回去关府，拜见你后母和弟弟妹妹。"关平说道："母亲曾经告诉孩儿，男人三妻四妾，理所应当。父亲放心，孩儿定会把后母当生母，更会好好对待弟弟妹妹。"

　　带着关平巡视了一遍水军训练场所，查看了营寨的修建情况，关羽便把儿子带往江陵，准备回去关府。

　　此时，整个江陵城都已经传开关羽儿子来到荆州的消息。胡夫人正要差人前往军营探望，下人忽然报告，说是荡寇将军已经带着关平回到了江陵，正朝府上走来，赶紧带着儿子关兴和女儿关银屏前去迎接。

　　关羽带着关平大步流星地走进府邸，看到胡夫人，兴高采烈地喊了一声"夫人"，转过头来对关平说道："这就是你娘。"关平抬眼看去，大吃一惊，眼泪不由自主地滚了下来，一下子跪倒在地，哭叫道："母亲先走一步，竟然来到荆州了，教孩儿好生担心。"

　　胡夫人心知自己与关羽结发夫人长得一模一样，心头滚过一阵难以言表的情愫，说道："母亲一直未曾离开荆州。"

　　关平意识到自己认错了人，再端详了一眼胡夫人，果然分辨出，她比母亲年轻了许多，脸庞比母亲略显胖了一些，似乎也精致了一些，但是，熟悉的感觉以及对母亲的热爱还是令他激动地说道："孩儿关平给母亲请安。"

　　"平儿快快起来。"胡夫人煞是高兴，马上拉过关兴、关银屏，说道，"兴儿，屏儿，叫大哥。""大哥。"关兴、关银屏一齐跳到关平跟前，欢叫道。

　　关银屏是关羽和胡夫人的第二个孩子，年龄比关兴小一岁，刚刚学会说话。

　　"弟弟！妹妹！"关平一手搂起一个，亲切地说道。关兴、关银屏亲昵地把他们的脸贴在关平的脸上，小声说道："大哥哥，我们一块出去玩吧。"

胡夫人赶紧阻止："兴儿，屏儿，大哥哥很疲劳，让大哥哥先歇息一会儿。"

关羽心里涌起了暖暖的情感，把关平叫进屋子，让他正式拜见胡夫人，确定了母子关系。

这时候，文武百官陆续前来恭贺关羽父子重逢。如此乱了一天，直到晚上才安静下来。胡夫人亲自给关平安排好了住房。关平接连奔波，疲惫至极，回到家里，一切宛如母亲在世，曾经有过的拘束与不安瞬息之间消失无踪，一躺在床上，就呼呼大睡。睡梦中，他依稀看到母亲在夫人的搀扶下，缓缓地向他走来。他赶紧迎了上去，只见母亲脸上露出了幸福的笑意。

"平儿已经找到父亲，父子情深，母亲可以放心去了。"母亲说完，转过身，在夫人的搀扶下，缓缓离去。

"母亲！"他着急地大叫道，一下子苏醒过来，放眼一看，已经没有了母亲的身影，周围的一切是那样的陌生，又是那样的熟悉，连忙起床，穿了衣服，出了住房，来到庭院，只见中央有一星火光在微微颤动，一个身影正蹲在那儿，嘴里似乎正不停地说着什么。他蹑手蹑脚地走近一看，原来是父亲。

关羽意识到背后有人，轻轻地说道："我已经告诉你母亲你到了荆州。"

"父亲！"关平刚刚想到要告诉母亲，父亲就已经做了，这就是父子连心，这就是父子情深，哪怕父子只是第一次相见，但是，血脉与心意相通，比任何长相厮守都来得可靠。他走近父亲，跪倒在地，对着父亲燃烧的纸钱恭恭敬敬地叩了三个响头，说道："母亲，今后无论发生何事，孩儿都将陪伴父亲，至死不渝。"

"夫人放心去吧。我绝不会再让平儿受任何委屈。"关羽庄严地向胡玥承诺。

关平在府上休息了几天，与胡夫人、关兴、关银屏越来越亲密无间，也大致熟悉了荆州环境，便秉承父亲和军师诸葛亮的命令，带上几个军士，辞别了荆州，到益州拜会刘备去了，就此为他今后的戎马生涯开启了大门。

第十三章　董督荆州

关平来到荆州，给关羽一家人生活带来的变化，才刚刚开始。紧接着，因为关平没了夫人，传出胡夫人准备为孩子寻一门亲事的消息，就有无数官员、富商，乃至名流雅士，纷纷委托媒婆到关府提亲。几乎所有的女孩，在媒婆的嘴里，都有美丽的容貌、温婉的性格、优雅的举动、很好的家世。该怎么选择呢？胡夫人踌躇不定，只有等待丈夫回来再做商量。

这段时间，从各地招募的水军新兵，已经全部聚集在长湖周围的营寨里。湖面上停泊了无数船只。距离关沮口不远，辟出了一个辽阔的陆地训练场，最边缘处修建了一个宽大的平台，一面大鼓树立在平台中央。此时此刻，关羽全身披挂，正威武雄壮地站立在那面大鼓前面，他缓缓转动脑袋，朝整齐地排列在自己面前的数万水军扫视了一遍，大声说道："《春秋》有云：兵苟义，攻伐亦可，救守亦可；兵不义，攻伐不可，救守不可。又云：凡军，欲其众也；心，欲其一也。三军一心，则令可使无敌矣。在此之前，汝等都是普通百姓，待在家里尽享天伦之乐；如今，皇叔为了匡扶天下，澄清寰宇，大兴义兵，率领大军远征益州，荆州之侧，又有曹军、孙军虎视眈眈，汝等为了保卫荆州、扫平天下，别离亲人，来到军营，为义兵之一分子，关某当视汝等为亲人。从今日起，关某将与汝等共进退。然义兵亦为军旅，凡军旅，须有纪律，须有规矩，此乃三军一心，无敌于天下之基础，汝等务须严格遵守，不得违抗。关某爱抚汝等，但绝不允许任何人违背军纪，否则，一律军法从事。"

"谨听将军命令！"训练场上响起了一阵接一阵的呐喊声。

关羽微微点了一下头，发出了开始训练的命令。立刻，击鼓兵挥起了鼓槌，那面大鼓天崩地裂般地响了起来。随着鼓点的节奏，各队首领将自己的人马分别带入指定区域，进行了训练的第一课：站军姿。每一支队伍，在首领下达了站立的口令以后，精神抖擞地屹立在那儿，错落有致，宛如苍劲的青松。关羽带了几个护卫，走下平台，检查各队的训练情况，并亲自纠正了一些动作。如此一直忙到天黑时分，一天的训练结束了，很多兵士已经腰酸背痛腿抽筋，巴不得一下子躺在床上，再也不要起来，但在各队首领的指导下，仍然要做许许多多事情。

关羽巡视了一遍军营，询问了几个兵士的感受以后，勉力道："打铁非一日之功，精兵非翌日可以练成，只有坚持，才能成功。""可是，我等没有力气。"一个兵士低下头来，支吾道。关羽问道："汝等如何没有力气？"

首领向那名兵士投去制止的目光，兵士低着头，没有看见，但似乎感受到了，支支吾吾，说不出话来。

关羽似乎感觉出了什么，说道："本将军在此，汝须实话实说。"兵士说道："一天下来，吃不饱饭，哪有力气？"关羽怒视着首领。首领扑通一声跪在关羽面前，哀叫道："关将军饶命，属下以为刚刚训练，强度不大，没有把粮食全部分发下去，准备等待加大训练强度以后，再予以增加。"

"嗯？"关羽的口吻里充满了杀气。首领叩头如捣蒜，连声求饶。

"抓起来！"关羽大声喝道。立刻上来两个军士，将那个首领抓了起来。关羽继续命令："派出人马，严查各队，如有类似现象，将首领全部抓起来。"

一个时辰以后，全体兵马再度在训练场上集合起来。四周点燃了无数火把，把周围照耀得犹如白昼。关羽仍然威严地站在那面大鼓之前，在他的后面，还有十几个首领，被一队雄壮的军士押起来了，全都低着头，甚至不住地颤抖。

关羽冷峻地扫视了一眼训练场上的队伍，说道："关某治军，从来善待兵士；如今，刚刚训练水军，竟有十余个首领克扣兵士粮食。岂能容忍？军法无情！刀斧手，将彼等就地正法！"

众目睽睽之下，刀斧手一齐挥动大刀，十几颗脑袋掉在地上。全场一片肃静。

关羽继续说道："今后，如有违令者，一律斩首示众。""关将军待我等犹如亲人，我等必待关将军如父母，敢不尽心尽力，完成训练。"训练场上发出了虎啸龙吟般的喊叫声。

从第二天开始，训练更加严谨。一个月以后，水军已经在地面上完成了从站军姿到厮杀的整个训练，将要进行船上训练了。关羽更加不敢懈怠，每一个步骤，都要仔细筹划。这时候，亲随前来报告："皇叔派来使者，要面见将军。"关羽连忙说道："带他进来。"

刘备派出使者，分别给诸葛亮和关羽写来信函。在给诸葛亮的信函里，刘备不仅介绍了益州战局，对诸葛亮在荆州采取的各种措施都给予了高度肯定，而且告诉他，鉴于益州地势险要，易守难攻，益州名将甚多，战争的消耗很大，希望诸葛亮能更多地筹备粮草、招募后备兵员，随时供应益州战场。给关羽的信函里，同样说到了这些情况，并祝贺关羽父子团聚，说他跟关平一连说了几日话，非常欣赏关平的军事才干，益州战事紧张，正是用人之际，他打算先把关平留在益州，以偏将军的身份，在麾下效力立功，等待合适的时机再让二弟父子团聚。

"兄长如此安排，正是平儿的福气。"关羽高兴地说道。

紧接着，关羽寻思，益州战局如此艰难，军师在接到皇叔的信函以后，一定会召集文武官员商讨解决办法，明天的上船训练，就由各队首领自己去完成吧，自己得好好寻思一番，等待天亮以后，回到城里，与军师等人商议。但是，他几乎想了一夜，也没有想出一个好主意。

天亮时分，诸葛亮果然差人来请关羽回城。关羽立刻带了几个亲随，骑上赤兔马，回到城里。其时，张飞和赵云亦收到刘备的信函，各自带领亲随，赶回了江陵。三人恰好在治所门口相遇。

"大哥把平儿留在益州，二哥心里是否有些不舍？"张飞首先问道。"平儿能聆听兄长教诲，吾之愿也。"关羽连忙说道。"关将军胸怀远大，常人莫及。"赵云向关羽施了礼，说道，"将军父子，吾不能当面祝贺，请将军见谅。"关羽哈哈大笑道："子龙，我等情同兄弟，无须客套。"赵云笑道："今生得与皇叔、云长、翼德相遇,实乃赵某之福。"

三人一齐进了治所,与诸葛亮见了礼,分头坐下。其时,荆州文武官员几乎全部到齐。诸葛亮读了一遍刘备信函,说道:"主公之意,诸位已非常清楚,无须多言,诸位试想,我等应怎样满足益州战场,又能确保荆州安全?"

治中从事潘浚立刻说道:"如今荆州大事,无非多囤积粮食,供应益州将士与扩大兵员之用;以及尽快训练步军、马军、水军。以关将军之经验,训练不难解决。只如今青黄不接,荆州储备粮草即将用尽,一时之间,很难解决。"

"不错,此时讨论粮草问题,确乎巧妇难为无米之炊。"很多人一齐附和。张飞忍不住怒喝道:"依诸位之言,皇叔岂非强人所难?"众人心知张飞猛勇,不敢惹恼他,连忙说道:"将军息怒,我等所言属实。"张飞呵斥道:"如何所言属实? 吾与二哥、大哥涿郡起兵,纯属白手起家,亦打出如今之局面。你等既在荆州为官,就该为荆州出力,而不是遇事推脱。天下事都容易办成,要汝等何用?"附和者全都低下头,再也说不出话来。潘浚亦觉无趣,也不作声。

赵云说道:"张将军言之有理。此次赵某受命治理一方,清查了各处钱粮与土地,调查了黎民百姓手头存粮,只要全部动员起来,可以渡过难关。"

麋竺笑道:"赵将军是一个精细人,很有治理才干。果如赵将军所言,确实能解决一些困难,不过,难以解决根本问题。毕竟,荆州地面有限,出产有限,须把目光放在其他地区才成。"

"麋大人有何良策,但请明言。"众人说道。"此事易耳。以商人手法,从曹操、孙权处获取。"麋竺说道。"可是,银子从何而来?"众人提出异议。

这确实是一个问题。荆州财力不够,麋竺也想不到好办法,只有缄默不语。

麋竺一提出解决粮草问题的办法,关羽禁不住想道:"到底商贾人家出身,能解兄长之急,便是一个人物。"可是,到后来,麋竺根本拿不出办法筹集银子,关羽不由得对他产生了不满情绪,呵呵一笑,说道:"依诸位所言,唯有银子可以解决荆州问题,对否?""世上万事,归根结底,都要用银子来解决。"

众人摸不清关羽的意思，一齐说道。关羽笑道："《春秋》、《左传》之忠义，亦须银子解决乎?"众人一愣，脑子接连转了不少遍，也找不到怎么回答，只有语塞。

关羽正色道："我等追随皇叔，前半生迭遭挫折，并非我等无能，而是我等秉持忠义，不愿增添百姓痛苦，没有银子扩充实力；然我等胸怀天下，屡败屡起，终于拥有荆州。我等命运已经与荆州紧密相连，均愿追随皇叔，匡扶天下，拯救百姓，为何不在皇叔需要之时，舍弃自己，拿出所有，全部交给皇叔。如此，银子难道还会成为问题吗?"

张飞立刻响应："二哥所言不错，吾愿交出全部资产，以充军用。"赵云随即说道："赵某早已把一切交给皇叔，区区一些钱物，何足挂齿。"糜竺哈哈一笑："某当年舍弃一切，追随皇叔，今日当然不能落于人后。"

这几个人一表态，其他官员虽说心里很有些不满，也不得不纷纷表示赞成。

这时候，诸葛亮发话了，说道："关将军一切为了主公，实乃大忠大义之人。张将军、赵将军、糜先生能与皇叔生死与共，荣辱与共，吾深感佩服。但是，各人都有需求，不能勉强众人倾其所有，不如定出一个扣减饷银标准，以支持主公大业，如何?""我等愿听从军师裁决。"其余众人一起说道。

关羽不由得打心眼里鄙视他们：一群鼠目寸光、贪图荣华富贵的小人！张飞、赵云亦在心里有些埋怨军师不该说那些话。糜竺似乎早已看穿了人情世故，脸上毫无表情。就这样，诸葛亮的办法等于得到了众人的赞同或默许。

这时候，关羽叹息一声，说道："事实上，解决粮食问题，还有其他办法。如今，荆州之兵固然需要随时增援益州，常备不懈，但可以采取屯田之法，获得足够的粮草。"糜竺说道："屯田之术，古已有之，确实可以生效，只荆州地域狭小，没有更多的土地用来屯田。"关羽笑道："荆州地面水网纵横，我等可以动用兵士，围湖造田。""如此一来，定能造出很多田地，确实可以解决粮草问题。"张飞、赵云一齐说道。其余众人亦恍然大悟，一块喝彩。

可是，如今栽种季节已经过去，围湖造田还没有开始，今年注定用不上了，只能先造出田地，为明年彻底解决粮草匮乏局面打下基础。

紧接着，诸葛亮询问蔬菜问题怎么解决。毕竟，没有足够的蔬菜，也是不行的。所有人对此不甚了解，只好暂时放在一边，诸葛亮准备亲自走进乡村，看一看乡民能有什么办法。

谈完了粮草，接下来就是军事问题。关羽首先报告兵士训练情况："步军、马军在各地差不多完成了训练，随时可以听从号令，调往任何方向。水军从今日开始，进入水面训练，要想投入作战，尚需数月。"诸葛亮说道："攻打益州，用不上水军，可以留在长湖继续训练。步军、马军已完成训练，须立刻开赴荆州，先进行对抗训练，然后开赴益州，增援主公。如此可好？""关某今日即可派传令兵通知周仓、周关、廖化把人马全部带到荆州集中。"关羽说道。

众人散去之后，诸葛亮把关羽、张飞、赵云、糜竺留了下来，说道："四位与主公关系亲密，一心想要为主公分忧，舍弃自我，孔明深感佩服。然其他官员以获取主公奖励与赏赐为荣，若无必要待遇，不免会生出懈怠之情。请理解吾一片苦心。"关羽淡淡一笑，说道："军师洞察人情世态，理当如此。"张飞说道："某自当听从军师决定。"赵云亦说："军师之言，洞察人心，皇叔得军师辅佐，定当实现平生宏愿。"糜竺则说："某一介商贾，自知军师所言不差。"

诸葛亮问道："四位可否告吾，还应采取何法，获得充足粮草？"关羽寻思道："某长期率部作战，深知在运输与保存之时，粮草会因为天气以及其他原因发生腐烂变质，曾欲寻找一些能替代或长期储存的食物，一直没有找到。如今，我等是否应该从此入手，进行探索？"诸葛亮大感兴趣，看着糜竺，说道："糜先生曾经商贾，见多识广，能否据此尽快想出办法？"糜竺说道："如今青黄不接，一时间难以想出办法。不过，糜某谨记在心，一定会多加注意。"诸葛亮苦笑道："吾当年高卧隆中，亦曾从事稼穑，深知稼穑之苦，一时难以解决。诸位须放在心上，万勿轻视。"

糜竺出了治所，立刻拜别而去。关羽想起一连数月未曾回府，今又遇上张飞、赵云，兄弟各有使命，相见不易，邀请二人去关府畅饮。

还没走到关府门口，老远就望见有人进进出出。张飞忍不住惊讶地说道:"二哥,此等老婆子进出关府,意欲何为?"关羽说道:"吾数月未曾回府,哪里知晓?"赵云笑道:"只恐得恭贺将军了。""子龙如何说出这等话来?"关羽连忙问道。赵云说道:"令公子孤身回到荆州,想必人所共知。若猜测不错,此乃媒婆也。"张飞高兴地叫道:"子龙兄弟所言甚是。吾当为平儿选一个贤良淑德女子。"赵云大笑道:"以翼德之能,此任务非汝莫属。"

说笑之间,三人已经来到关府门口。一个老婆子刚从里面出来,一见三位将军,赶紧施礼。张飞问道:"汝可是为平儿说媒的?""不瞒将军,老奴为给大公子提亲,已经跑了多回,夫人一直没有明确答复。今喜遇见将军,将军可要替公子做主。"不等媒婆说完,张飞打断了她的话:"既是如此,汝且跟吾进去,细说端详,吾给汝做主便是。"媒婆大喜,赶紧给张飞叩头,完了,也给关羽、赵云叩过头,便跟在他们身后,重新进入关府。

胡夫人正在接待另外一个媒婆,听说夫君和张飞、赵云一块进来了,连忙就要前去迎接,可是,三人已经带着媒婆快步走了进来。

向胡夫人施了礼,张飞说道:"据闻嫂嫂一直为平儿婚事操劳,吾是三叔,可做得了主?""如此甚好。有劳三弟。"胡夫人心肠软,但凡媒婆进府,从来没有明确拒绝,总是推说等待丈夫和平儿回来再做商量,结果,几乎每一天,都有不同的媒婆上门,可把胡夫人给折腾得够呛,现在丈夫回来了,又有人愿意出头,她心里当然高兴,连忙说道。

张飞一听,立刻询问胡夫人,有多少媒婆前来提亲,又是一些什么样的人家。胡夫人记得清清楚楚,一五一十地说了出来。张飞心里有了底,对胡夫人说道:"平儿艳福不浅,何不把这四五十户人家的千金小姐全部娶回来?"

胡夫人深知,张飞理应清楚,男人虽说可以三妻四妾,但是,一下子娶回如此之多的姑娘,别说人家父母不同意,就是同意了,关府也没有这么大的房子,此言定是开玩笑,便不作声。那媒婆却说话了:"张将军,即使如此,亦得分先后大小。"张飞想了想,说道:"此事易耳。可以请所有媒婆来关府,由汝等先行说出那姑娘家的好处,自己排出顺序。"

张飞说做就做,马上把自己、关羽、赵云的亲随全派出去,请媒婆来关府。

等到屋子里只有关羽夫妇以及张飞、赵云的时候，赵云说道："张将军，可不敢如此玩笑。"关羽亦说："如此确实有些儿戏。"张飞说道："吾偶遇夏侯，不知谁家姑娘，一眼看上了，生擒活捉，把她弄到手，就是一位好夫人。为此，多话无益，只说平儿图啥，二哥、二嫂图啥，足矣。媒婆嘴巴厉害，让彼等争一个你死我活，我等看热闹便好。"关羽说道："话虽如此，做起来就未免有些不善。三弟，彼等来了，只说平儿婚事，由彼自己做主，不劳各位费心可也。"

张飞把眼一瞪，说道："二哥，好戏还没开锣，怎能不演？"关羽说道："媒婆一番好心，受千金小姐父母委托，上门提亲，岂能如此戏耍？"张飞说道："二哥放心，吾自有分寸。"胡夫人终于忍不住了，说道："人说三叔行事鲁莽，我见夏侯夫人贤良温顺，一向不信，今日恐有改观。"赵云亦劝阻道："翼德确实开不得此等玩笑。"在众人的劝说下，张飞不得不收起这个念头，转而说道："改让媒婆给各自姑娘画像，如何？"赵云立刻拍手叫好："妙！这个文雅！"

关羽见张飞兴高采烈，不忍心再度拒绝，只好命令下人准备笔墨纸砚去了。

张飞这才问道："二哥二嫂希望平儿娶回何等女子？"关羽笑道："一切交给三弟，奈何要来问我？"张飞笑了，说道："平儿历经千辛万苦，来到荆州，二哥二嫂当希望平儿享受家庭之乐。依吾看来，与平儿成亲者，一不要官宦人家，免得出事，牵连平儿；二不要商贾人家，彼等过于斤斤计较，难有真情；三不要名士才俊之家，此等人家的女子，就是一段木头，哪有乐趣？"

关羽、胡夫人一听，深深地为张飞的说法打动了，不由自主地直点头。

赵云长长地叹息一声，说道："翼德三不要，乃男儿成家立业之根本。抛弃一切权谋与算计，能相濡以沫，长相厮守，平静地生活，就是最好的婚姻。只是，并非官宦人家、商贾人家、名士之家的姑娘就娶不得。只姑娘好，何等人家都行。"张飞分辩道："平儿没法与人家相遇，我等没法知道哪家姑娘贤良，只能如此。""三弟所言极是。"关羽说道。胡夫人叹息道："只是，如此一来,只恐平儿难以从这四五十个姑娘中选出佳偶。"张飞笑道:"嫂嫂难道从这些姑娘之中,找到了平儿媳妇?"胡夫人一愣,说不出话来。

这时候,四五十个媒婆陆续来到了关府。关羽早已吩咐下人,在庭院里准备了一些桌几,每一张桌几上,都摆放了笔墨纸砚。张飞与关羽、胡夫人、赵云一道,步入庭院,请各媒婆一人占据一张桌几,都席地而坐。

胡夫人说道:"多承各位关心平儿婚事,今日将军回府,经过商议,决定一切交给张将军来处理。诸位不要怠慢。"

众媒婆心里纳罕,不能不一齐用巴结的目光看向张飞。

张飞说道:"听嫂嫂说,汝等提亲的姑娘,都美若天仙,温柔善良,平儿娶谁过门,都是福气。我等见不着诸位姑娘,只要汝等把姑娘画出来,吾以此为据,决定取舍。如何?""张将军,这可使不得。我等老婆子识不得字,拿不得笔,如何能画出姑娘精致的面貌?"众位媒婆一齐叫道。张飞摇了摇手,说道:"这就难办了。汝等画不出来,等于宣告所提的姑娘注定不能与平儿成亲。"

众媒婆纵使再能说会道,遇上这样的主,也只能张口结舌,什么话都说不出来。张飞扫了她们一眼,继续说:"听嫂嫂说,汝等都认为所提之女子跟平儿是天作之合,即使不会拿笔,想必上天会垂怜汝等,冥冥之中,能画出女子芳容。"

也许是受了张飞的激励,众媒婆果然先双手合十,嘴里念念有词,祈求上天保佑,然后战战兢兢地拿起笔,准备朝平展展地铺放在桌几上的纸张上画去,却翻来覆去地看了很久,也不知道这一笔怎么画下去,偷眼去看张飞时,只见他犹如一块巨大的门板,在面前晃来晃去,一副随时都会迎面朝自己打下来的样子,终于轻轻叹息一声,搁下笔,起身离开。

出了庭院,胡夫人等在那儿,说道:"汝等回去,请禀明各位大人,平儿有幸得到各位小姐瞩目,福气不浅,无奈孩儿去了益州,发下誓言,亲事要由他自己做主,父母不好勉强,碍于情面,不好当面说明,只好唐突了,请不要见怪。"

送走了众多媒婆,胡夫人返回庭院,只见还有一个媒婆在那儿忘情地画着,姿态是那样的专注,叫关羽、张飞、赵云不得不全都站在那儿,一句话也不说,静静地看着她。她蹑手蹑脚地走了过去。这时候,媒婆放下笔,双手拿起画纸,仔细端详了一阵子,脸上露出了微笑,抬起头,看到关羽、张飞、赵云、胡夫人都齐刷刷地看着自己,连忙跪在地上,说道:"让将军和夫人久等,多有失礼。"

胡夫人说道:"你且把画像送给张将军。"媒婆遵命,站起身来,双手捧着图像,递给张飞。关羽、胡夫人、赵云同时偏头看去,只见画纸上的女人端庄贤淑,品貌非凡,气质高雅,不由得都大为惊奇。张飞连忙把画像递给胡夫人,问媒婆道:"汝且说来,姑娘跟画像一样吗?"媒婆回答:"老奴年轻之时,曾看过我家小姐作画,并在小姐指点下画过一些东西,但画得不好,又多年没动过笔,岂能画出小姐的好处来?"

"吾都被汝搞糊涂了。"张飞摆手说道。关羽叹息道:"彼年轻时,定是一家千金小姐贴身侍女,跟小姐学过作画。小姐出嫁后,她便以做媒为生。如今说的小姐,指她提亲的千金小姐。"

媒婆流出了眼泪:"关将军所言甚是,不过,小姐并非出嫁,而是遭奸人陷害死了,老奴逃得一条性命,到了荆州,先靠卖画获得达官贵人赏赐为生,后来人老色衰,便仗着熟悉很多情况,做了说媒的营生。""如此说来,汝是一个苦命人。"胡夫人陪着流出了泪水,轻轻擦拭了一下,说道,"平儿定下亲事,汝就到关府来。关府保汝后半生衣食无忧。"媒婆立刻跪倒在地,叩头说道:"多谢夫人。不过,老奴已经习惯,只要夫人相信老奴,老奴心满意足。"

关平的亲事就这么确定下来了。姑娘姓赵,乃是名士之家。乃父一向孤傲,不肯做官,但是敬佩关羽的为人,听说关平来到荆州,与关羽父子团聚,身边没有夫人,便动了把女儿嫁给他的念头。这时候,已经传开了,说是不断有媒婆进入关府,要为关平提亲,但胡夫人总是以要跟丈夫商量为由,没有确定,弄得关府几乎每一天都是人来人往。他感到很有趣,便把昔日曾经见过的擅长琴棋书画的媒婆请回家,让她见了女儿,正式请她为女儿提亲。

媒婆走后,胡夫人感到不可思议,说道:"三弟给平儿觅得一门好亲,以后谁敢说三弟鲁莽,就是睁大眼睛说瞎话。"赵云亦欢快地说道:"奇人必有奇招,张将军令人佩服。"几顶高帽子一戴,张飞未免有些云里雾里,说道:"二哥二嫂,子龙,只要吾愿意,啥事都难不倒。""军师一直想解决粮草和兵员问题,张将军只要略施妙计,准能解决。"赵云马上刺激道。张飞笑道:"小事一桩。二哥正在训练兵马,几个月以后,兵员不成问题。至于粮草,无非自己筹备,向别人借,或出兵前去抢他狗娘养的。"赵云哈哈大笑道:"张将军要到哪里去借,到哪里去抢?""自当去找曹操、孙权!"张飞理直气壮地说道。

关羽沉吟道:"兄长出兵攻打益州,荆州实在不宜与曹操、孙权再动刀兵,要不然,会惹来很大麻烦。我等跟军师商量之法,可以解决一时之急,待粮食收获季节,确实应好好谋划,该怎么做了。"

胡夫人一听他们说起了军国大事,不便参言,连忙离开,嘱咐下人为他们准备好酒菜。三人为关平寻得了一门好亲,人人心情欢畅,一直痛饮到次日天亮,方才匆匆忙忙招呼亲随,纵马离开关府,各回本职去了。

关羽进入营寨的时候,各队人马已经分别登上船只,正在长湖穿浪而行。关羽骑着赤兔马,沿着湖边一路走去,但见每一条船上,都有一些兵士跌跌撞撞,站立不稳,甚至还有人在不断地呕吐。

"坚持,只要坚持下去,就能在水面行走自如。"关羽跳下战马,登上一条船只,稳稳地站在船头,高声疾呼。

各队首领见了,无不十分感奋,激励道:"汝等来自荆州,颇识水性,些许风浪,怕它做甚?关将军来荆州前,从未下过水,如今任凭风浪起,稳立船头,就是我等榜样。"

"不错,关某能做到,汝等一定能!来,迎着风浪冲锋!"关羽豪情万丈,挥舞青龙偃月刀,在船头劈砍扫提,闪转腾挪之间,异常灵敏。

众人见了,顿生敬佩之情,一起呐喊:"征服风浪,勇当水军,保卫荆州,横扫敌人!"

几天以后,兵士们能稳稳地站立在各自的位置了。关羽大为欢心,紧接着,命令各队在船上展开厮杀训练。

这时候,诸葛亮率领一群随从,来到训练营地,看到这种情景,赞叹道:

"关将军原是旱鸭子,如今亲自上阵训练水军,确实不易。"关羽哈哈大笑道:"关某崇尚实干,只要肯干,凡事都能干成。"诸葛亮笑道:"主公重视将军,不特为桃园结义之情,亦乃关将军是文武兼备的良将、任劳任怨的实干家。荆州凭此,必将所向无敌。"关羽说道:"多承军师夸奖。请军师指导水军训练。"

诸葛亮在关羽的陪同下,登上指挥船。击鼓手擂起战鼓,船只快速穿过风浪,向前疾驶。诸葛亮看到几乎每一个兵士都能稳稳地站立船上,并在快速行驶中变换成另外一种队形时,仍然稳如泰山,不禁赞叹道:"水军已练出第一步,一旦学会拼杀,必将天下无敌。"

关羽笑道:"等到训练完毕,军师准会看到,水军是一支怎样的劲旅。"

诸葛亮微笑道:"其实,吾不仅为了观看训练,亦想邀请关将军陪着去乡村看一看。"

关羽会意地笑道:"军师为皇叔分忧,关某敢不从命?"命令所有水军继续训练,指挥船靠岸,下了指挥船以后,带了几个随从,与诸葛亮一道出了营寨,径自走向附近的村落。

一路走去,田野里的禾苗长势喜人,随风摇摆,依稀在热情地迎接他们。诸葛亮和关羽一道,走下田坎,亲自检视着禾苗的生长状况。诸葛亮说道:"吾已吩咐糜竺购买粮草,彼将不负使命。今年收获的季节,我等更得仔细筹划。""有军师坐镇,一切尽当顺利。"关羽宽慰道。

两人感叹了一回,继续向前走去,很快走入山边,只见那儿有一片不知名的庄稼,长得更加兴旺,叶子宽大,但没有果实,不由得有些纳罕。

恰好过来一名老农。诸葛亮走上前去,问道:"敢问老人家,这是何物?"老农连忙施礼道:"不知军师、关将军驾到,失礼了。"关羽笑道:"老人家不必行礼,军师有事相求。"老农说道:"回军师、关将军,这是圪塔菜。"诸葛亮、关羽对视一眼,一齐说道:"这菜名倒是稀罕,浑身看不到疙瘩。"老农连忙解释:"等到此菜成熟,吃的是下面的圪塔,叶子用来喂牛喂猪。"

诸葛亮与关羽又相互打量了一眼,心头滚过一阵惊喜:真是踏破铁鞋无觅处,得来全不费工夫。圪塔菜的叶子可以喂牛喂猪,一样可以喂马,下面的圪塔可以当菜蔬,一物二用,广泛种植,岂不是可以彻底解决荆州的粮草问题吗?

两人急切地问道:"圪塔菜何时成熟,如何食用?"老农说道:"圪塔菜有一年两熟的,也有一年一熟的。这片菜地,都一年一熟。秋天收获以后,把下面的块茎腌制起来,次年吃起来,别具风味。""如何种植? 口味如何?"诸葛亮、关羽又问。老农说道:"只要下了种子,等它长成幼苗,多施肥,多锄草,干旱天气给它浇水,就可以了。味道香脆可口,可下饭呢。"

诸葛亮、关羽心情更加欢畅,恨不得马上尝到它的味道。老农看出了二人的心思,说道:"老汉家里存有一些腌制好的圪塔菜,军师、关将军不嫌贫寒、粗鄙,不妨到老汉家里品尝一下。"

诸葛亮、关羽去了老农家,一块圪塔菜下肚,心里就涌起了从来没有过的喜悦。相互打量了一眼,诸葛亮说道:"老人家,为了解决兵士粮食蔬菜问题,我等也打算种植圪塔菜,届时,请老人家去给予指导,如何?"

老农说道:"自从皇叔来到荆州,荆州百姓无不感激涕零,别说指导,军师、关将军有任何差遣,老汉随时奉命。"

临走,诸葛亮、关羽购买了老人家的全部圪塔菜,准备差人去益州献给刘备。

次日,关羽开始亲自上阵,对水军进行作战训练。根据要求,弓箭手必须迎着风浪,拿稳弓箭,稳稳地将箭镞射出去;步军必须在狭窄而又起伏不平的环境里,用刀枪剑戟展开拼杀;划动船桨的兵士必须学会避开对方船只的撞击,或者主动撞击对方。刚进入训练,水面上的场面令人眼花缭乱:刚刚拉开弓箭,人就把持不住,跌倒在船上;刀枪剑戟还没有碰面,人就一头栽倒;船只之间的撞击与闪躲,更是乱成一锅粥。

"不要害怕,熟能生巧,天天练下去,每练一次,都要各自总结经验教训,找出平衡点,学会在身子稳定的一刹那出手,就是胜利!"关羽激励道。

接连几天过后,情况开始好转,弓箭手可以在风浪之中拉开弓弦,刀枪剑戟也可以相互打了几个照面,船只之间的接触与分别,也有板有眼了。

"再过一个时期,荆州就会出现一支新的强大水军。"关羽情不自禁地憧憬这个前景。

好消息接踵而至，周仓此时率领训练好的步军进入荆州，特来向关羽报告。

关羽大喜，说道："此去不远，有一地名曰八岭山，可以扎下营寨。汝先把人马带去熟悉地形，等待周关、廖化诸人率部过来，就在彼展开实战演练。"

周仓刚刚带领兵马前往八岭山，诸葛亮便派来一名信使，请关羽火速进入江陵。关羽心知有重大事情发生，连忙骑上赤兔马，带了几个亲随，奔进江陵城。一进去治所，他就看到了儿子关平，再朝军师一看，只见他神色悲戚，眼睛里依稀还有泪花，心里不由一阵紧缩，赶紧问道："益州出了何事？"

关平见了父亲，连忙向他施礼。诸葛亮捂着眼睛，把放在桌几上的信拿起来，递给关羽。关羽接过信函，急切地看了一遍，把目光转向儿子，问道："庞军师一向算无遗策，如何会被张任射死落凤坡？"

关平回答道："孩儿到达涪水关，拜见皇叔，被皇叔留了下来，任命孩儿为偏将军，作为先锋，率领一支人马在前面开路，接连扫平了几个关口和城池，就要接近雒城了。庞军师决定亲自率领一支人马充当先锋，从小路偷袭敌人。皇叔认为军师身负出谋划策之责，不宜亲自领兵冲锋，让孩儿去即可，但军师觉得张任乃蜀中名将，有勇有谋，非得亲自上阵不可。皇叔劝说不了，看到军师所骑战马受伤，便将自己的马送给军师，让彼去了。没曾想，张任早在落凤坡设下埋伏，一见庞军师带领人马进入埋伏圈，就一齐射箭。庞军师走在前面，当场被蜀兵射死，人马损失一大半。张任乘胜率领兵马追击，皇叔眼见得难以抵挡，命令我军全部撤到涪水关，派遣孩儿回到荆州，请诸葛军师领兵前往增援。"

"庞军师夭折，兄长失一股肱，岂不痛杀人也！"关羽流泪叹息道。

诸葛亮强打精神，说道："关将军，主公羁留涪水关，急盼吾领兵增援，此事不宜拖宕，吾已分别差遣人员，分头通知张飞将军、赵云将军等人去了。数日之内，彼等就会回到荆州。吾希望，届时，人马立刻启程，进军益州。"

关羽回答道："周关、廖化今天即可抵达荆州，吾将抽调其他兵力，一道开赴益州。时间紧迫，三天以内，定当完成一切准备。只是，军师亲自领兵入川，荆州交给何人？"

诸葛亮说道："主公虽令吾自选，然把令公子派回荆州，无疑希望关将军父子守卫荆州。吾整理军政要务，当与关将军交接，希望关将军不要辜负主公厚望。"

关羽说道："关某与皇叔早生死与共，自当竭尽全力，军师但请放心。"

诸葛亮微微一笑，说道："关将军为人忠义，但素来耿直，此次独当一面，确需谨慎，理应妥善处理与同僚关系，以免造成麻烦。"关羽说道："吾生性如此，即使难以改变，军师有言，自当竭力控制。"

诸葛亮点了一下头，又说："关将军独立支撑大局，应东和孙权，北拒曹操，方能确保荆州安如磐石。"关羽说道："只要江东孙权不招惹荆州，吾何苦与他为敌。"

这可不是诸葛亮希望得到的回答。他不由得蹙了一下眉头，问道："关将军心中可有底线，江东如何行动方是招惹荆州，又当应对？"关羽说道："江东只要不侵犯、不觊觎荆州，关某绝不率先动手；一旦彼有所行动，将予以回击。"诸葛亮问道："当年鲁肃将南郡借给主公，我等得以安身江陵；一旦主公得到益州，江东索要南郡。此乃觊觎荆州乎？"关羽朗声回答："荆州本为景升所有，江东夺了江夏和南郡，是无理在先，把南郡还给荆州，物归其主，乃理所应当；鲁肃偿还南郡，实为让我等直接与曹操对战，此乃包藏祸心，彼索要南郡，即是觊觎，关某绝不会坐视。"

诸葛亮摇头道："曹操占据南阳、襄阳、章陵，此三郡亦为荆州所有，汝为何不从曹操手里夺回来？因此，江东索要南郡，亦在情理之中。关将军只需巧妙应对，万不可兵戎相见。"

关羽想了想，虽觉诸葛亮所言确实很有道理，但是，对江东人物的反感，使他仍然不能全盘接受，说道："若江东首先动手，吾岂能坐视不理！"诸葛亮说道："将军须巧妙应对，不可操之过急。"关羽点头道："该出手时，关某绝不会畏手畏脚。"

几天以后，诸葛亮、张飞、赵云率领十万大军，离开荆州，向西川进军。

从此，关羽成为荆州实际掌权人。此乃建安十八年，即公元 213 年之事。

关羽面临的主要问题是，必须再度招募足够的兵员，把他们训练成军，以此保卫荆州，并且给刘备提供兵马补充，遂马上召集关平、周仓、周关、廖化、麋竺、麋芳、简雍、潘浚等一帮文武官员，商讨对策，最后命令潘浚管理荆州事务，时刻向自己报告；派遣周仓、周关、廖化等人下去招募兵员；准备亲自带领关平，前往八岭山，具体察看地形，建立训练基地，长期训练兵员；水军即将训练成功，关羽命令他们继续操练，并挤出时间，开辟荒山，种植圪塔菜，为大军随后大面积种植及围湖造田做准备。

八岭山在江陵西南部，离城池约有二十余里。周仓初步建立起来的营寨，空空落落地分散在山脚下的一大片空旷地带里。关羽父子率领一队人马，抵达那儿的时候，关羽勒住赤兔马，停了下来，检视周围的环境。关平纵马向各个方向奔了一程，喜悦地对父亲说道："这块平地，足以容纳两万人训练。"关羽微笑道："平儿，你应看得更远，思考更加全面。"关平说道："孩儿谨遵父亲教诲。"

说完，关平立刻纵马冲上八岭山，转头向四方望去，那连绵不绝的群山丛中，分别依偎了一块块面积或大或小的平地，而且，山岚中间亦是安营扎寨的好处所，他不由得欣喜万分，拍马回到父亲身边，说道："父亲，八岭山周围，可以训练十万兵马。此地距江陵不远，利于粮草供应及兵马调动。山里亦可进行厮杀训练，正是天然练兵场。"

关羽微笑道："平儿领悟得不错。当初周仓领兵过来，已向吾报告四周环境，为父便决定在此统一训练新兵，并利用山势，布设阵地，营造临阵杀敌气氛。如果需要，也可以跟水军相互配合。"

"父亲应该还有一层考虑。"关平顿了一下，说道，"效仿屯田之法，训练之余带领兵士开辟荒山，种植圪塔菜及其他作物，保证粮草供应，减少百姓负担。"

关羽仰天大笑道："平儿深知为父之心。为父一生，力图避免黎民百姓受苦受难。有了八岭山，招募再多兵马，亦不会伤及黎民百姓，有何不可？"

"如此一来，荆州无论面临何敌，均可应付自如。"关平接过了父亲的话头,脸上露出敬佩的神色。

关羽摇了摇手,说道:"吾儿当知《春秋》有云,凡兵,欲急疾捷先。欲急疾捷先之道,在于知缓徐迟后而急疾捷先之分也。荆州如今实力不济,皇叔攻击益州,乃当务之急,是以荆州只处于守势,然终有一日须主动攻击敌人。否则,何谈匡扶天下、拯救黎民百姓!到了八岭山,为父终于觉得兵马与粮草问题,都可以得到解决,伸展抱负之日,即在眼前。"

说到这里,关羽捋了一下美髯,呵呵一笑,问道:"平儿,为父应该把中军帐、点将台设在何处?"

关平知道,这是父亲在考验自己的军事才干,他不敢怠慢,纵马来回奔跑了好几遍,终于选定了中军帐、点将台的布设位置,规划好了步军、马军营寨区域。

与心里的愿望相吻合,关羽非常高兴,夸赞了一回,忽然想起一件心事,说道:"平儿,三叔已为你定下一门亲事,你年纪不小,先成亲可好?"关平脑子一闪,眼帘浮现了夫人的身影,叹息道:"孩儿乃不祥之人,母亲曾为孩儿娶亲,致使夫人受累而死,实在不愿再娶亲。"关羽爱抚地拍打着儿子的肩头,说道:"平儿,非关汝事,错在为父。如今,汝来到荆州,当可安定。你成了亲,为父可给你母亲一个交代。"眼见得父亲很伤感,关平连忙说道:"听凭父亲做主。"

当天晚上,关羽回到府上,对胡夫人说道:"夫人,平儿已回荆州,尽快给他完婚可好?"胡夫人说道:"贱妾亦有此意。赵府已令媒婆传话,说是将军很快就会更加忙碌,可否趁眼下稍微轻松,把女儿嫁过来。"关羽叹服道:"名士风范,确实非比他人。如此,有劳夫人操持。"

胡夫人领了丈夫的命令,通过媒婆,与姑娘家进行沟通。

名士再一次非同凡人,说道:"吾女嫁人,一不图热闹,二不图富贵,一切俗礼均可免除,只需花轿一顶,抬我女儿过府就成。"

胡夫人立马与关羽商议。关羽说道:"名士之言,自当遵从。只是,皇叔和三叔还是要通知的。"继续沟通的结果,名士回复:"关将军重视结义之情,合情合理。"

十几天以后，关羽为关平和赵家姑娘举行了婚礼。婚礼简单异常，关平身着新衣，带了一顶花桥，把姑娘接入关府，拜了天地，又拜了父母，然后夫妻对拜，送入洞房，掀开盖头，新娘国色天香，成就了一段美好的姻缘。婚礼没有惊动荆州任何官员，只有刘备、张飞、赵云、诸葛亮分别派遣一名随从，向关平送来了贺礼。荆州文武百官这才知晓内情，纷纷登门祝贺，遭到婉拒。

很快，新招募的兵员陆续进入八岭山训练基地。关平、周关负责训练马军；周仓、廖化负责负责步军；其他武将，一部分率领人马驻扎在边境一线，严防曹军与江东部队偷袭，另一部分部署在机动位置，准备随时向各方向支援；水军交给原刘琦倚重的水军将领刘蟠负责训练；关羽坐镇江陵，处理一切军政要务，每隔几天，都会抽出时间，到各训练营地视察，并亲自指导。

这一天，天气很热，关羽一大早处理完军政要务，又带领几个亲随，骑上赤兔马，来到了八岭山。只见训练场上，将士们全都光着膀子在演练，一个个在烈日下挥汗如雨，不由得既心痛又恼火，立刻命令亲随把负责训练的将领找来。恰在这时候，关平听说父亲来了，急急忙忙纵马赶了过来。

"汝怎能如此训练兵士！"关羽斥责道。"父亲，孩儿训练马军。"关平回答道。"关将军，末将施训步军。"周仓、廖化远远地看到了关羽，亦奔了过来，说道。关羽呵斥道："光膀子训练，是否要光膀子打仗？"周仓、廖化回答道："天气炎热，为赶进度，末将不得不出此下策，请将军体谅。"关羽更加严厉地呵斥："岂有此理！命令队伍全副武装，休息片刻，再进行训练。"

周仓、廖化不得不遵命，命令旗牌官鸣金，让将士们披挂完毕，到树荫下稍事休息，听令操练。立刻，兵士们怨声载道起来。

"几天不见，汝等竟如此训练兵士！"关羽狠狠地瞪着周仓、廖化，呵斥道。

关平说道："父亲，光膀子训练实属不得已而为之。天气炎热，兵士难以承受，均双目赤红，内火很重。"

"光膀子训练岂能解决问题？只会导致军令不畅，难以完成训练任务。天热之时出兵打仗，也要兵士光膀子上阵乎？岂非令其送死？尔等不考虑怎么解决问题,却如此不负责任,实在可恨!"关羽严酷地怒喝道。关平、周仓、廖化等人一齐低垂着脑袋,说道:"将军教训得是,我等再也不敢懈怠了。"

关羽跳下马,走进士卒,询问道:"看汝等模样,莫非生了眼疾?"

一名兵士回答道:"回禀将军,我等并非生了眼疾,而是内火过重,不仅双眼发红,而且口舌生疮,小便赤黄,屙不出屎来,需要祛火才行。"

关羽回过头来,狠狠地瞪了关平、周仓、廖化一眼,说道:"上午的训练就此结束,请郎中来看一看。"关平说道:"已经请郎中看过。郎中说只要调理饮食即可。可是,荆州粮食不足,难以按照郎中之法进行调理。"关羽厉声说道:"干饭不行,就熬制稀饭,吃馍馍,佐以清爽可口的菜蔬,难道不行吗?"关平不敢做声。周仓说道:"将军,这么做不管用。"关羽蹙起眉头,说道:"带本将军去伙房看一看。"

这时候,周关亦赶了过来。四人陪着关羽径直去了伙房。饭菜差不多快要做好,果然是馍馍稀饭,不过,菜里面都放油辣椒。

关羽说道:"内火过重,怎能添加辣椒。"伙夫回答道:"大热天操练,流汗多,胃口不好,加些辣椒,方好下饭。""原来如此!"关羽微点了一下头,出了伙房,对关平等人说道:"命令队伍集合,本将军要训话。"

在催人亢进的鼓点声中,队伍集合好了。关羽登上点将台,威严地扫视了一眼全副武装的将士,说道:"为了匡扶天下,汝等离别父母,来到行伍,本该得到很好的照顾,可是本将军没能做到,实在感到汗颜。然训练场即是战场,汝等身穿铠甲,全副武装,为的是保护自己,一旦光膀子,非死即伤,如何能保护自己,杀死敌人?因此,从今以后,只要进入训练场,汝等均须全副武装。内火过重,需要调理,需要清火,需要降暑,本将军为你们想办法。"

"多谢关将军,一切听从将军号令!"队伍里响起了声嘶力竭的呐喊声。

关羽辞别训练场,回到府邸,脱下衣袍,用汗巾擦了脸,洗过手,席地而坐。

夫人命令下人送来了丈夫喜爱的醋熘白菜、炒黄豆、荷包蛋和凉米酒,外加米面馍馍,一边看着丈夫吃饭,一边问:"夫君心事重重,莫非有为难事?"关羽把在训练场上看到的情况说了一遍,说道:"吾欲寻找降暑之法。"胡夫人说道:"确实不该苦了孩子。"

关羽此时用手抓了几粒黄豆,正要入口,忽然停止,心里想道,黄豆可以做成豆腐,豆腐里的石膏能清热败火,把黄豆做成豆腐,既可以祛内火,又加上一道菜,还因为军营有足够的黄豆而不需增添格外的费用,一举两得,何乐不为?立刻一拍桌几,喜滋滋地说道:"就这么办!"

"夫君想到了办法?"胡夫人惊喜地问道。关羽点了点头,把自己的想法告诉了夫人,又说道:"为夫曾制作过豆腐,虽已生疏,实验一遍即可。""如此,府上也能多一份菜肴。"胡夫人高兴地说道。

关羽吃晚饭后,立刻回去治所,传来粮草官赵累,命令他准备几担黄豆,随后,派遣亲随借来了石磨、水桶等物。紧接着,关羽命人将黄豆泡在水里。第二天,关羽把亲随分成几组,分派他们担水、推磨、烧火、摇浆等各种活路。一个多时辰以后,把除去豆渣的豆浆放入一口大锅里煮好,趁热倒入事先准备的大缸里。这时候,关羽端起小钵,把碾成粉末状的石膏点入里面,等待豆浆凝固之后,舀进包袱,用木板把水分全部挤压出来,揭开包布,只见一板雪白的豆腐出现在眼前。关羽顺手取下扁刀,把豆腐划成一块块。他铲出一块放在手里,不料多年未曾操持此业,手艺荒疏,把石膏点轻了,以至于豆腐太嫩,根本拿不住。站在一旁的亲随连忙取过一只盘子,把豆腐接住。

"拿去伙房,做成菜肴,大家一块品尝。"关羽兴致勃勃地说道。

不一时,豆腐制作成菜肴,端了上来,关羽先尝了一口,味道鲜嫩无比,不由得大为开怀,让赵累传令下去:"自明日起,各营全部按照本将军的办法制作豆腐,兵士每一顿饭,都必须有这道菜肴。"

过了一段时间,关平、周仓、周关、廖化一齐回到江陵,向关羽报告:"兵士根除内火,训练热情高涨,愿意为将军赴汤蹈火,在所不惜。"关羽微笑着纠正道:"不是为了本将军,而是为了皇叔。"顿了一下,又说:"汝等做事,都要仔细窥探原因,不要被表象所欺骗。""谨遵将军教诲。"四人说道。

秋天快要来临,兵员训练小有成就,益州方面亦不断传来好消息,诸葛亮、张飞、赵云率领增援部队进入涪水关,与刘备的队伍会合以后,一路过关斩将,所向无敌,捷报频传。关羽开始计划如何征收粮草,增大支援益州的供应,以及采取屯田与围湖造田之术,为明年减轻负担做准备。他凡事亲力亲为,以至于连治中从事潘濬都觉得无事可做,其他人员更是只能按照他的命令行动。难得回府,哪怕夫人派人告诉他儿媳怀孕,他也仅仅只是高兴了一下,就抛到了一边。

这天晚上,关羽正在聚精会神地开列计划,忽然有人进来报告,说是一个名叫曹三的河东郡人前来求见。故人相访,关羽心里非常高兴,把公务推到一边,连忙令人带他进来。

曹三身材魁伟,见了关羽,一躬到底,操着河东口音,说道:"关将军威名远扬,河东父老无不深感欣慰。曹三此来,特向关将军祝贺。"

"汝系故人,不必多礼。"关羽说道,命令亲随嘱咐伙房准备酒菜。

两人边喝酒边聊天,说得畅快淋漓,喝得干净利落,不一时,两人似乎已经是生死相依的朋友了。曹三说道:"关将军为人忠义,人所共知,曹三极为佩服。某今日来此,实为送一套富贵给将军,请将军不要推辞。"

关羽略有些吃惊,下意识地问道:"此言怎讲?"曹三说道:"实不相瞒,吾乃曹丞相心腹,奉丞相之命来见将军,共话荆州局势。"关羽说道:"关某愿意洗耳恭听。"曹三说道:"荆州地处曹丞相与江东孙权夹击之下,虽与江东结盟,但孙权为人狡诈,绝不会真心帮助荆州;将军忠义,奈何要与之结盟以损自己名声?将军不愿背弃皇叔,为何不与曹丞相联盟,一举击灭江东?此举并未令将军违背忠义之道,请将军仔细掂量。"

关羽眼帘闪现出当年与关定对话的情景。自那以后,他确实更多地倾向于跟曹操联合,先灭了孙权再说,可是,曹操大军压境,逼迫荆州不能不与江东联合,致使现实与愿望背道而驰。如今,自己全权掌控荆州,可以与曹操结盟吗?不行,皇叔正在益州征战,需要荆州提供兵员与粮草,一旦荆州与江东轻启战端,无力支援益州不说,即使灭了江东,曹操亦可趁机一举灭掉荆州,那时候,自己等于是帮助曹操取得了荆州。想到这里,他问道:"曹丞相有何保证?"

曹三说道:"曹丞相有十万两银子送给将军。""曹丞相确实看重关某,关某受之有愧却之不恭。不过，征战江东，需得皇叔做主，关某不能擅自做出决定。""将军熟知兵法，理知将在外君命有所不受，奈何要请刘皇叔裁决？"

关羽仰天哈哈大笑一阵，愤怒地说道："曹丞相试图拉拢关某进攻江东，消耗荆州力量，然后一举攻破荆州。如此雕虫小技，岂能瞒得了关某？汝快快回去告诉丞相，关某已识破彼之诡计，收了银子，若丞相攻打江东，本将军绝不向他发起攻击！"

赶走了曹三，关羽立马派人把糜竺找了过来，两人带了一些兵士，去了曹三下榻的地方，果然看见那儿堆放了十万两银子。关羽说道："这些银子，想必可以为皇叔进攻益州提供足够的粮草。须糜先生费心。"糜竺惊讶地问道："将军如何得到如此之多的银两？"关羽把事情的来龙去脉一说，糜竺顿足道："将军不该轻易许诺曹操。彼攻打江东之时，荆州应出兵攻曹。"关羽昂起头，冷笑道："荆州无力发动两场战争，确保皇叔攻击益州，已造成荆州空虚，若非我等虚张声势，竭力维护，曹操、孙权任何一方进犯荆州，荆州危矣，奈何自惹麻烦？"糜竺说道："将军深谋远虑，人所不及。"

关羽按照既定规划，输送一半人马进入益州增援，剩下的人马，以主力用于围湖造田，另以部分人马准备收割圪塔菜，并把它们腌制成咸菜，同时，命令关平、周仓、周关、廖化等人继续招募兵士，继续训练。

第二年春天，腌制的圪塔菜可以食用；围湖造田工作也取得了成功，兵士已经在老农的指点下，开始平整水田，播种秧苗了；新招募的兵士走进八岭山营盘，进入正常的操练程序。

关羽检视了一遍这些成果，心里异常高兴，命令人马将圪塔菜全部收集起来，连同糜竺最近弄来的粮草一道，送往益州；紧接着，开始种植粮食，训练兵士。

又是几个月过去了，益州方面传来喜讯：刘备率领人马攻入成都，刘璋出降，益州平定，刘备自领益州牧，大封有功人员，拜诸葛亮为军师，关云长为荡寇将军、汉寿亭侯，张飞为征虏将军、新亭侯，赵云为镇远将军，黄忠为征西将军，魏延为扬武将军，马超为平西将军，孙乾、简雍、糜竺、糜芳、刘封、关平、周仓、廖化、马良、马谡、蒋琬、伊籍，及旧日荆襄一班文武官员，尽皆升赏。

消息是刘备派遣使者快马回到荆州报告给关羽的。为了表彰关羽在支援益州之战中发挥的巨大作用，刘备命令使者携带了黄金五百斤、白银一千斤、钱五千万、蜀锦一千匹赐给他。荆州其余官将，也得到了不同的赏赐。

关羽立即召集荆州文武百官，把这一好消息告诉他们，同时宣布："全体军民，大庆三天。"一时间，整个荆州沉浸在欢乐的海洋里。

不过，关羽心里仍然有些不平静。自打与刘备、张飞一道起兵镇压黄巾军以来，亲手斩杀了无数敌方猛将，自己这边，只有张飞、赵云可以与之匹敌，其余诸将只要不是他欣赏的人，便视若无物；如今，在兄长的封赏名单上，竟然出现了一个马超。此人是西凉太守马腾之子，英雄了得。乃父马腾，曾经与刘备一样，是接受衣带诏的忠义之士，与韩遂是结义兄弟，两人共同保护西凉一带的平安。曹操使出离间计，致使马腾、韩遂反目，西凉被曹操趁机纳入势力范围，马超不得不投靠汉中张鲁。刘备率领大军进攻益州，刘璋虽与张鲁有仇，且引进刘备大军就是为了抗拒张鲁，因受到刘备大军进攻，不得不向张鲁求救。张鲁遂派遣马超前去救援。因为遭人陷害，马超不受张鲁信任，一怒之下，投降了刘备，被刘备拜为大将。关羽心里想道：难得与真正的英雄过招，马超名声赫然，自己说什么也要进入益州，与之一较高下。可是，离开了荆州，曹操或孙权发动进攻就麻烦了。怎么办呢？他冥思苦想，不得其法。

"皇叔得了益州，父亲为何还闷闷不乐？"关平看出父亲神色有异，问道。

关羽倒也不瞒儿子，说道："马超当年曾经杀得曹操割袍断须，世人视为无敌猛将。不知为父与马超到底谁更厉害。"

关平煞是惊讶，说道："马超已经投靠皇叔，父亲奈何还要与彼拼杀？历来两虎相争必有一伤，此置皇叔于何地？父亲须熄此念。""为父寂寞。"关羽叹了一口气，说道。关平想了想，说道："父亲不必亲往益州，只写一封书函，派孩儿以答谢皇叔赏赐之名，进入益州，告诉皇叔，父亲想入川跟马超比试一番即可。"关羽笑道："平儿很有见识。"

刘备听说关平来到成都，十分高兴，立刻召见他。

关平向刘备行过跪拜之礼后，呈上书信，说道："父亲知道马孟起将军武艺过人，希望入川与之比试，特命孩儿向伯父禀报。"

刘备大吃一惊，说道："若云长入蜀，与孟起比试，势不两立。"诸葛亮一眼看出了关羽的心思，笑道："无妨。亮自作书回之。"刘备只恐云长性急，便教孔明写了书函，令关平星夜回荆州。

关平回到荆州，说了一遍见到皇叔与诸葛亮的经过，便拿出了军师书函。关羽拆开一看，上面写道："亮闻将军欲与孟起分别高下。以亮度之：孟起虽雄烈过人，亦乃黥布、彭越之徒耳；当与翼德并驱争先，犹未及美髯公之绝伦超群也。今公受任守荆州，不为不重；倘一入川，若荆州有失。罪莫大焉。唯冀明照。"关羽看后，自绰其髯笑道："孔明知我心也。"将书函遍示宾客，并没有入川之意。

第十四章　整军备战

皇叔刚刚得到益州,孙权立刻派诸葛瑾前去索要荆州。

关羽知道这个消息后,骂道:"荆州本是景升之物,与江东何干?刘琦去世,兄长受荆州人民拥戴,推为荆州之主,与江东又有何干?彼屡屡进犯荆州,夺了江夏、南郡,已是破坏孙刘联盟;皇叔与孙尚香小姐成亲,交南郡于皇叔,本是归还荆州之地,如今竟要求皇叔交出荆州,史上寡廉鲜耻者莫过于此!"

"孙权委实不善,将军须看孙夫人之面,息雷霆之怒,设法解决之。"糜竺劝说道。"皇叔与孙夫人情谊笃深,关将军务须看孙夫人面子,不要轻易动怒。"其他文武官员一齐劝谏道。

关羽沉吟片刻,说道:"碧眼小儿无礼,关某不会无情,虽不主动招惹,然彼招惹荆州,关某绝不留情。"

孙乾说道:"只恐江东会向将军提出如此要求。"关羽冷笑道:"关某答复不会比皇叔好听。"简雍说道:"将军应该记得,军师临行之前,曾言东和孙权,北拒曹操,将军虽该力争,却应注意策略,斗而不破方为上策。"关羽问道:"如何斗而不破?"简雍说道:"江东人物目光短浅,常受曹操攻击,不思巩固孙刘联盟,反而索要荆州,实属不智。我等只需巩固边境,江东见无隙可寻,又有曹操随时会出兵攻之,焉能主动侵犯荆州?如此,据理力争,却不出兵动武,方为有利。"孙乾连忙说道:"此计甚善。巩固边境,不仅可防孙权,亦可防备曹操,实属一举两得,何乐不为?"马良说道:"如今主公已得益州,隆中规划已有实现之可能。先巩固荆州边境，后发展实力，养成气候，听从主公号令，同时出兵攻打曹操，匡扶天下之宏图大略可以实现。"

马良是刘备得到荆州以后寻访到的襄阳名士，见识不凡，刘备主政荆州时，许多决策都要听从他的意见。关羽亦对他万分尊重，听了此言，说道："巩固边境，自是荆州第一要务，江陵地处曹操、孙权夹击之下，乃是重中之重。江陵城垣破旧，不堪使用，关某欲筑新城，马先生以为如何？"马良说道："将军思虑周全，理当如此。"关羽问道："先生可否与关某一齐谋划？"马良说道："某当竭尽全力，协助将军。"

为了确保筑城安全，关羽命令各路人马，严密监视江东以及许都动向。

紧接着，关羽亲自上阵，由马良协助，在很短的时间里，就召集了一些技术人员，带领他们沿着旧有的城垣勘察地形，研究土壤的结构，制定城池构筑的计划，编列预算，以及应该怎么修筑城池，最易于成功。

关羽提出筑城原则："此番筑城重在防守，应能抵挡得住曹军与孙权的同时进攻。"马良笑道："几乎所有城池，均用于军事目的。江陵之优势在于，我等可以利用长江、湖泊构成的天堑，阻止敌人进犯。"关羽点头说道："关某纵横疆场数十年，只江陵易于防守，若沿长江一线，每隔几里修筑一座烽火台，一旦敌人进攻，立刻举火，我等就有时间调集兵马，守住城池。"马良说道："吾当尽力贯彻将军意图。"

忽然，关平骑着战马，慌慌忙忙地奔了过来，向父亲报告道："父亲，孩儿得到消息，孙夫人带着阿斗公子，已被江东派人接走。"关羽厉声问道："为父已经命令汝护送孙夫人和阿斗去成都。江东来人，汝为何不知？"关平说道："江东来人上午进入江陵，孩儿正在八岭山训练基地，得知消息，立刻赶回来，谁知还是晚回来一步。""走，且跟我追去！"

自从得到江东派人去成都索要荆州的消息，关羽就一直担心他们会引诱孙夫人离开，是以亲自来到护国寺，对孙尚香说道："嫂嫂，兄长稳居成都，吾将派人尽快送嫂嫂与兄长团聚，如此可好？"孙夫人说道："皇叔之意若何？"关羽说道："皇叔理当盼望嫂嫂和阿斗进入成都。"孙夫人说道："皇叔没有发话，怎能随意去成都？"关羽说道："兄长初得成都，事务极多，没有时间考虑迎接嫂嫂和阿斗；吾身为二弟，理当替兄长考虑。""没有皇叔之命，不好离开。"孙夫人堵住了关羽的嘴。

关羽无奈，只有连夜写了一封书函，委婉地要求刘备不要忘掉了孙夫人，以十万火急的速度，发往成都。一个月以后，刘备回信了，说是事务繁忙，确实遗忘了孙夫人和孩子，请二弟派遣可靠之人择日把夫人与孩子送往成都。

孙尚香亦得到了刘备的亲笔信函，说他时时思念夫人和孩子，已经派人通知二弟，火速送来成都团聚。

事实上，孙尚香也很惦念刘备，巴不得早一点入川，与夫君团聚，谁知刘备夺了成都以后，派遣使者回到荆州报送喜讯，竟然连一个字也没有写给她，她未免有些胡思乱想，以为刘备已经碰上更好的女子，早把自己忘掉了。所以，关羽要把她和阿斗送往成都，她心里纵然高兴，一旦得知不是刘备的意思，心里一凉，婉言拒绝。如今，得到了刘备的书函，她欣喜若狂，马上命令下人和侍女收拾行装，准备启程。

与此同时，夏侯夫人亦得到了张飞的信函，要与孙夫人一道去成都。

关羽叮嘱胡夫人每天分别去刘备以及张飞府上探望，帮忙收拾行装，把护送嫂嫂、弟媳的任务交给了关平，并请人卜算了黄道吉日，这几天就要率领文武百官，为之送行，谁知竟然发生了这样的事，叫关羽怎么不恼火。

父子俩带领一些亲随，纵马来到江边，远远望去，江东大木船快要消失在天边的尽头，连忙跳上一条快船，急令船工快速追赶。

即将追上那艘大船，关羽大声喊道："嫂嫂莫走，暂且停下。"

可是，那条船只越发快了起来。

恰在这时，江面上出现了几艘船只，封住了江东船只的去路。却是巡视江面的水军将领认出了江东船只，并且发现关羽正在追赶，从前面兜头截住了那条船。

刹那间，快船抵近了江东船只。关羽手握青龙偃月刀，纵身一跃，跳了上去。江东将士手持长剑，布成一道墙壁，堵在关羽面前。关羽冷笑一声，不由分说，大刀一横，便将面前的江东将士全部砍倒在地，大声说道："嫂嫂出来说话。"

孙尚香牵着阿斗，在另一群江东将士的护卫下，出了船舱，站在关羽面前，冷冷地注视着关羽，问道："关将军意欲杀我？"关羽拱手说道："得知嫂嫂被骗，吾特意追来，请嫂嫂带着阿斗回去江陵，不日去成都与兄长团聚。"孙尚香说道："关将军可知嫂嫂娘家在江东？"关羽说道："吾知之。""关将军知之，江东来人接我，怎是受骗？""嫂嫂去成都之日期已经确定，不宜更改。""母亲病重，我当探视。此事关乎天道人伦，忠义孝节，皇叔在此，亦无话可说。"

关羽一愣，心知这是江东使出的诡计，意在把孙夫人和阿斗一同骗去建业，要皇叔用荆州来交换，不由更是鄙视江东人物。不过，面对孙尚香的闻讯，他说不出更好的反对理由，脑子一转，说道："历来女子出嫁以后，以夫为天。嫂嫂纵回建业，亦得禀明皇叔。"

"皇叔身在成都，即使十万火急军情呈报，亦会耽误时日。若不能见母亲最后一面，关将军便置吾于不孝矣。"孙尚香说道。

孙夫人的话强烈地冲击着关羽的心，使他情不自禁地想起了岳父、夫人的死，暗地里叹息一声，踌躇了一会儿，说道："嫂嫂心意已决，吾不便阻拦。只阿斗是皇叔唯一骨肉，希望嫂嫂不要带走阿斗。"孙尚香怒视着关羽，问道："莫非吾亏待过阿斗乎？"关羽拱手说道："嫂嫂息怒，阿斗是皇叔唯一骨肉，吾是皇叔结义兄弟，嫂嫂不把阿斗给我，恐怕嫂嫂也走不了。"

江东将士齐声吼叫道："关将军如此欺凌主母，实乃胆大包天！"关羽冷笑道："汝家主子为夺荆州，欺凌皇叔，欺君罔上，败坏人伦，人神共愤，还敢胡言乱语，莫非关某大刀杀不得汝等脑袋？"江东将士一听此言，再也做声不得。

关羽向阿斗招了一下手，说道："阿斗公子，到二叔这里来。""二叔，我要跟母亲一块。"阿斗说道。关羽说道："汝母思念她母，事关人伦，然孙权猪狗不如，竟然以此把汝和汝母接到建业，逼汝父割让荆州。阿斗莫让父亲寝食难安。"阿斗看了看孙尚香，又看了看关羽，想朝关羽跟前走去，但又没有动。

"人常说关将军忠义，如此歹毒之言岂是忠义之人说得出口的？"孙尚香怒斥道。关羽正色说道:"嫂嫂去了建业,若无此事,尽可向吾兴师问罪,吾当绝不苟活人世,以死证明江东清白。"

孙尚香一愣,心里滚过了无数的思绪,欲待不回建业,万一母亲真的病重,最后去世,自己难逃不忠不孝的恶名,一旦回去建业,情况果真如关将军所说的那样,自己又该如何自处?最终,她把心一横,抚摸着阿斗的脸蛋,说道:"跟二叔回去江陵,过一段时间,母亲就会回来。"

阿斗一步一回头,离开孙尚香,来到关羽面前。关羽一把抱起他,对孙尚香说了一声:"嫂嫂珍重",飞身跳下江东的船只。阿斗喊道:"母亲!"孙尚香朝船沿奔了过来,喊了一声:"阿斗!"紧接着,对关羽说道:"关将军,果真如将军所言,吾必当报答皇叔。""嫂嫂珍重!"关羽说道,命令快船火速掉头离开,像离弦之箭一样射向江陵。

孙尚香一直站在船尾,直到快船消失无踪,这才哇哇大哭起来。哭了一阵,头脑清醒了一些,她唤过受命前来迎接自己的江东将领,寒着脸,逼迫那人道出原委:母亲果然没有生病,是孙权派遣诸葛瑾去成都讨要荆州不成,与鲁肃、吕蒙等人商讨,决计将孙尚香和阿斗骗到建业,以此要挟,逼迫刘备就范。

"兄长如此算计荆州,正如关将军所言,实乃奸诈之徒!"孙尚香叹息道,"如今不察,中了江东诡计,回去如何面对母亲、兄长,又如何向皇叔、关羽交待?"

她思来想去,找不到好的办法,看看船只已经进入江夏,连忙叫船只靠岸,带了使女,登上那座山包,向荆州方向望去,与皇叔成婚以后的往事历历在目,她感到温馨,感到惬意。一阵风儿吹来,眼前幸福的景象再也看不见了,她想到现在无路可走的处境,大喊一声"皇叔",一头跳下了山包。

关羽返回荆州,亦十分伤感。更重要的是,他明白江东已经向荆州下手了,今后还会做出更加恶毒的事情,便召集各路人马,询问各自承担任务的完成情况,催逼他们加紧行动。

很快,筑城整体方案出台了,民力、物力也已动员起来,向指定位置集合。关羽立刻命令动工,同时把十万大军全部召集过来,一同投入行动。几乎每一天,整个筑城工地上,到处都是起伏的号子声,挖土的,运送土方的,夯实地基的,运送各种器械、工具以及粮草的人,熙熙攘攘,接连不断。一旦看到筑城大军因为不能及时把土方运送过来,不得不陷入停顿,关羽心里就火急火燎。

"得想方设法,加快进度。"关羽召集马良与一些技术人员商讨对策,说道。

马良说道:"江陵地势不高,四周湖泊纵横,还有长江天堑,若全部从江陵附近取土,只恐对地基造成影响,必须先从八岭山一带取土方可。其地路途遥远,人力运土进度已达极限。若想增加运土量,须用更简便快捷的器具。"关羽思索道:"行军打仗,可用马车,何不用马车运土?"马良说道:"路面难以支持。"关平试探地说道:"可否按马车样式,制作能一人推动之车?"

关羽截下了阿斗以后,急报给刘备,询问该怎么应对。刘备与诸葛亮等人商议,觉得荆州已经处于危急状态,极力支持关羽重新筑城,为了不耽误筑城,命令张飞回荆州接阿斗以及夏侯夫人入川。因此,关平留了下来。

"此法甚好。只是,需要加以改进,方可使用。"马良说道。关平说道:"吾已熟知施工情况,再询问运土军民意见,好好琢磨,应能成功。""果真如此,汝就为筑城立下大功了。"关羽朝儿子投去赞赏的目光,说道。"孩儿一定不辱使命,早日完成任务。"

关平制作过马车,已经有了经验,询问了运土军民对所需车辆的要求以后,立刻把自己关在屋子里,依据制作马车的图样,仔细构思如何减小车辆的比例,让车辆能够承载更多的负重,而且便于一个人推行。几天以后,设计完成。紧接着,他费了数天工夫,制造出了一辆小车,可是,推行起来非常吃力。

关羽对儿子寄予了很高的期望,看到这种景象,哈哈一笑,说道:"平儿不用着急,车形已经具备,只需集中精力,尽量考虑轻便、简单实用即可。""父亲教训得是。"关平说道,"孩儿套用当年制作马车之法,只考虑舒适,忽视实用。孩儿会改变思路,尽快完成小车制作。""平儿一点就通,为父很高兴。"关羽说道。

又是几天过去了，关平终于制作出轻便结实、推行起来亦不费力的小车。

关羽大喜，亲自推向工地，运了一车土，并令一名兵士从八岭山运送一车土过来，宣称感觉良好，立即命令马良召集工匠，火速依此制作数百辆小车。

几天以后，小车制作完毕。关羽传下命令：自即日起，为了加快进度，筑城军民分成两拨，轮流休息，日夜赶工，尽快将新城筑好。

号令立刻得到了执行，从此，筑城工地日夜忙碌起来了。白天，人马熙熙攘攘，各司其职，热火朝天；晚上，十万筑城大军点起松明子，把整个施工现场照得犹如白昼。

过了一段时间，地基即将打牢，按照设计，取土现场移到了距离城墙约莫几丈远远的地方，准备在那儿修建护城河，宽度约为三丈。小车与挑担的扁担咯吱声，汇成悦耳动听的音乐；城基那头，数丈深的基脚已经打牢，基础面与地面平齐，宽度亦有十余尺，夯土的号子声此起彼伏，到处一副热火朝天的景象。

一天晚上，关羽来到挖土将士中间，借着火把的光亮，发现大多数士卒的手都用草包着，连忙询问缘由，却是士卒在挖土之时手上打了血泡。关羽关切地解开一个士卒手上的草，发现手上血肉模糊，不由大为心疼，迅速用嘴替他吸去脓血，撩起自己的衣袍，撕下一块布来，给他包扎好，对首领说道："士卒亦是父母所生，应该珍惜。明日发给全体士卒布料，绑在手上，不会打起血泡；打起血泡的士卒，须另换他活，以提高效率。""多谢关将军！"那名士卒跪倒在地，说道。其他士卒亦跪倒在地，一齐说道："关将军如再生父母，我等必当竭力以报。"

辞别挖土工地，关羽来到城基。监造官见了，赶紧奔过来，向他报告工程进展。关羽巡视一遍，满意地点头道："一旦城墙修筑成功，任他千军万马，休想攻破江陵。""此乃关将军亲自坐镇之功。"监造官谄媚地说道。

这时候，马良亦赶了过来，叩见关羽之后，说道："关将军不辞辛苦，亲临现场，令人佩服。"

关羽笑道："马先生非寻常人，勿对关某灌迷魂汤。"

几个月以后，薄暮时分，关羽率领文武百官来到城墙巡视，只见一道宽十余尺、高数丈的城墙已经威严地屹立在自己面前，走在城墙上，放眼朝四周望去，颇有一种居高临下的感觉，心头大喜，向齐聚在城池下面的将士挥手致意，说道："今日，江陵城池已经竣工完成，气势雄伟，牢不可破，皆汝等之功也。值此成功时刻，关某与众将士一醉方休！"

城墙下面欢声雷动。顷刻之间，偌大的地面上，摆出了万里飘香的美酒佳肴。

这时候，关平突然发现芦花荡方向出现了一队人马，正打着火把，疾驰而来，连忙向关羽报告。

关羽见了，心下惊异，赶紧纵马冲下城墙，出了城门。关平、周仓、廖化、周关等将领亦紧紧地跟在后面，策马冲了过去。

"二哥，吾来晚了！"关羽听见了一个熟悉的声音，定睛望去，只见张飞带领着一队人马，人人挑着担子，心急火燎地朝城池奔了过来。关羽拍马迎了上去，说道："三弟如何这般模样？""吾欲帮二哥筑城。"张飞双手各提了一个筐子，健步如飞，一边走，一边说。关羽哈哈大笑道："三弟来得正好，城墙已经筑成，吾正大宴三郡，三弟亦来喝一斛。"

张飞哎呀一声，将手里的筐子一扔，顿足说道："早知如此，吾早走几日，就能助二哥一臂之力。""江陵今日筑成。三弟可痛饮一斛。"关羽跳下马，拉着张飞的手，走向筑城士卒。

士卒会过意来，一齐大声欢呼。

欢宴一直持续到子夜时分才结束。关羽准备送张飞先去安歇，可是，张飞把眼一瞪，说道："二哥怎能如此？吾刚回荆州，有话要对二哥说。"关羽笑道："三弟不觉辛苦，吾愿与三弟作长夜谈。"

张飞说道："大哥把嫂嫂和阿斗侄儿交给二哥，二哥怎能让嫂嫂回去江东？""嫂嫂要回娘家，吾如何能拦得住？若嫂嫂惦记兄长，该给兄长信函。""大哥从未收到信函。二哥莫非不知道那是孙权奸计？""奈何嫂嫂不听劝说。""也罢，阿斗留在荆州，孙权计谋落空。彼必会想尽办法，要向荆州下手，二哥担子不轻。吾恨无本领，无法替二哥分忧。"

"三弟无须自谦。吾替兄长镇守荆州，定会竭力不失寸土，除死方休。"
"二哥之言不祥。我等兄弟纵横天下，只要别人性命，岂能自己先死？"

关羽微笑道："三弟亦会咬文嚼字。"顿了一下，马上转过话头："嫂嫂离去，兄长可有话说？""诸葛瑾索要荆州，大哥便知江东人心难测，不愿嫂嫂为难，未曾修书令二哥送嫂嫂和阿斗去成都，即欲令嫂嫂自回江东。""原来如此，一切尽在兄长预料之中。只是苦了嫂嫂。嫂嫂对兄长之情，决非虚假。"

"生于奸诈之家，嫂嫂注定了一生受苦。"张飞同样叹了一口气，顿了顿，说道，"大哥知道，二哥为嫂嫂离去心中不安，特意派吾回荆州，向二哥说清内情。"关羽感激地看着张飞，笑道："既如此，吾已释怀也。"

张飞问道："吾可以为二哥做些什么？"关羽说道："兄长需要三弟，也盼望阿斗，荆州城墙牢不可破，进可攻退可守，三弟不必担心，可速回成都，转告兄长，只要兄长一声令下，吾便杀奔许都。"

已经回到荆州，张飞还是花费了几天时间，在关羽的安排下，与各路官员会面，谈论益州的局势以及刘备的打算，亦代表刘备，奖赏了尽心尽力辅佐关羽镇守荆州的文武百官。随即，张飞就要率领车仗，回去成都。

这时候，听说关平夫人快要临产，张飞高兴地向关羽祝贺道："二哥马上要当祖父。吾不能亲眼看一看，实在心里有愧。"关羽呵呵一笑，说道："三弟给孩子取一个名字，如何？"张飞想了许久，说道："关樾如何？"关羽笑道："此乃何意？"张飞说道："吾等兄弟已经打出一片天地，孩子自然应该借着树荫乘凉。"关羽点头道："不错。此名甚好，无论男女，均可通用。"

送走张飞以后，关羽立刻召集荆州文武百官，说道："关某常读《春秋》，今有一言：养由基射兕，中石，矢乃饮羽，诚乎兕也；伯乐学相马，所见无非马者，诚乎马也；宋之庖丁好解牛，所见无非死牛者，三年而不见生牛，用刀十九年，刃若新磨研，顺其理，诚乎牛也。此何解也？"

马良立刻说道："关将军常怀练兵之心，意欲砥砺将士。为了确保荆州安全，我等敢不从命？"

关羽颔首道："马先生深知吾心，真吾心腹之人。各路人马筑城辛苦，关某非常清楚，是以休整了数日。须知，无论曹操，抑或孙权，时刻盯着荆州，容不得我等懈怠。筑城可以抵挡敌人乎？不，还应有强大之兵马。为此，我等应该加紧操练兵马，提高作战能力，以便在危急时刻，能走上战场，打败敌人。"

"谨遵关将军之命！"众人一齐说道。

关羽扫视了一眼众人，说道："往日操练，已初步形成体制，吾等自即日转入练兵，亦须照此办理。望诸位戮力同心，恪守职责。"

"谨遵关将军之命！"众人又是一齐说道。

安排好荆州的各项事务，关羽随即召集各位将领，具体部署练兵事宜："此次训练，重点在于应对最大威胁，非曹操，乃江东孙权也。江东水军强大，我等应练出更加精锐的水军。为此，本将军将亲自督训水军。步军、马军亦不能放松，由关平牵头，各位将领齐心协力，务求把兵士打造成特别能战斗的勇士。"

"末将遵命！"各位将领一齐回答道。

众将全部离去，关羽把粮草官赵累叫到跟前，说道："筑城已令全体将士疲惫不堪，劳累过度，如今转入训练，须提高伙食标准，保证训练效果。"赵累说道："筑城已增伙食，如今又要提高，只恐训练到一半，就没了粮草，反而影响军心士气。"关羽说道："吾已知之，故此找汝商量。"赵累说道："将军以围湖造田和屯田之术所获粮草，用于供应益州，荆州未得补偿，均系减少各位官员俸禄，以及将军拿出皇叔赏赐，得以维持。如今，这些银子已罄。减少俸禄，已令不少官员私下埋怨将军，可不能再干了。要不然，官心离散。"

"岂曰无衣？与子同袍。王于兴师，修我戈矛。与子同仇！岂曰无衣？与子同泽。王于兴师，修我矛戟。与子偕作！岂曰无衣？与子同裳。王于兴师，修我甲兵。与子偕行！"关羽缓缓地吟了一首《诗经》，沉默片刻，摇头道，"彼等为何不解，保住荆州，进而匡扶天下，拯救黎民百姓，是我等之责呢？"

自从关羽吟出第一句《诗经》，赵累便深深地折服在他宽阔的胸怀里，可是，想到荆州文武百官私下的怨言，他不敢做声，一直低头不语。

赵累离开以后,关羽立刻苦苦思索怎么弄到补充兵士训练之用的银子,可是,想不出办法。这时候,一个名叫常老三的人急匆匆地前来求见。

常老三是关羽在涿州卖豆腐时,隔壁一家酒肆的店主,也是解州人,平常生意不是太好,自从用关羽的豆腐制作了豆腐宴以后,生意日渐旺盛。两人因是同乡,攀上交情,关系还算不错。后来,关羽离开涿郡,常老三生意一落千丈,仅仅依靠自酿的酒勉力支撑。此人善于琢磨,不能从菜肴上有所突破,便打起了酒的注意,变换花样,在酿酒的过程中添加一些不同的作料,试制出了香甜可口的美酒,赢得了民众的喝彩,生意又好了起来。赚取的银子一多,他就成为地痞无赖敲诈勒索的对象,常常受人欺侮。为了生活,他不得不忍气吞声。最后,听说关羽落脚荆州,已经成为将军,常老三夫妇便将酒肆关门大吉,收拾行囊,辗转来到荆州,投靠关羽。关羽帮他在江陵城东门外的草市租了一间房子,让他重操旧业,开酒肆。草市地处水陆交通的交叉口,水路可走云梦古泽,经长江、汉水上豫州,去江夏;陆路与荆襄驿道相连,通长安,扼岭南。东去西行的船家,南来北往的客商,都在此换车换船。因为地理位置优越,常老三的酒肆开张以后,生意十分兴隆。他酿造的美酒,为人们津津乐道。

在草市附近,一个名叫刁巴子的家伙,带了一伙流氓地痞,经常纠集在一起,寻衅滋事,白吃白拿,调戏妇女,为害一方。无人敢招惹他们,也没人敢状告他们,任他们逍遥法外。常老三的酒肆一开起来,就十分红火,刁巴子一伙垂涎三尺,但听说此人与关羽大有关系,有些惧怕,不敢招惹。可是,实在忍不住了,便到处打听常老三与关羽一家的关系亲密程度,终于知道常老三仅仅是在涿郡与关羽认识,投靠荆州后,立马被关羽送到草市来了,既不认识周仓,又不认识关平,便自己装作关平,手下一个名叫赖石头的打手扮成周仓,到常老三酒肆骗吃骗喝。常老三知道关羽信任周仓、关平,一见二人来到酒肆,立刻好酒好肉款待。

这一天,常老三进城收账去了,王氏在酒肆招呼客人。刁巴子带着赖石头一伙七八个地痞,又来酒肆吃喝。别的食客认识他们,纷纷躲避。王氏笑脸相迎,端来好酒好肉,让他们尽情地吃喝。酒足饭饱以后,刁巴子对王氏说,常老三开店的时候,曾经借过关将军银子,今日是来讨还的。王氏从未听说丈夫借过关将军银子,便起了疑心,对刁巴子说,等常老三回来以后,问明情况,定当如数奉还。刁巴子哪里肯依,立马喝令手下地痞去抢。王氏一见,气不打一处来,指着刁巴子说道:"关将军乃是仁义之人,怎么生出你这样的儿子来?"这时候,一个卖瓜子的男孩看不下去了,说道:"我见过关平,不是他,他是假的,真关平待人可好呢。"刁巴子一怒之下,当胸一拳,把这孩子打翻在地,口吐鲜血,再也没有动弹。出了人命,刁巴子赶紧带领同伙溜之大吉,其他食客亦四散而开。

常老三收账回来,一见家里闹出人命,急急忙忙赶回城来,向关羽禀报。

关羽一惊,说道:"常老三,这段时日,周仓、关平一直跟随本将军,督率兵士修筑城池,怎能去草市?"

常老三一愣,说道:"小人糊涂。定是贼人冒充周将军、大公子,到小人酒肆骗吃骗喝。小人认识贼人,明日带军爷去抓。"

关羽摇了摇手,说道:"闹出人命,彼等早已躲起来了,汝到何处寻?吾有一计,令彼自投罗网。只需委屈汝。"常老三弓身说道:"只要抓住凶手,别说委屈,就是上刀山下火海,我也甘心情愿。"关羽说道:"歹人行凶,定如惊弓之鸟,四处躲藏,要想找到彼等,十分困难。然彼等游手好闲惯了,吃不得苦,熟悉草市一带地面,定当随时打探案情进展,一旦有人顶罪,彼等就会觉得安全,可以出来。因此,吾便使引蛇出洞之计,安罪名于汝头上,三天以后,在草市开刀问斩,暗地里派军士混入人群里,只要彼等出现,王氏认出,就可以把彼等一网打尽。"常老三欢喜无限:"关将军神机妙算,下人甘愿受此委屈。"

一时间,到处张贴着常老三谋害少年,即将开刀问斩的告示。草市轰动起来。

三天以后,县令在草市部署好了行刑场。这一天,整个行刑场一带,到处挤满了看热闹的人。临近正午,县令当众升堂,狱卒将戴着手镣脚铐的常老三押了上来。人们一片寂静,静静地倾听县令宣读常老三的罪状。

忽然,人群中传来"冤枉,县令大人"的呼叫,人们不约而同地朝声音望去，只见一个老女人披散着头发，一步一趔趄地奔了过来。她就是王氏，此时按照关羽的吩咐，正混在人群中，一眼认出了刁巴子、赖石头，便故意大声喊叫着，朝他们扑去。安插在民众里面的军士立刻向王氏奔去。王氏已经抱住了刁巴子。

果如关羽所料，刁巴子听说常老三被抓以后，自以为安全了，便带着同伙一道出来看常老三是怎么被开刀问斩的。此时被王氏抱住，意识到大事不妙，要想挣脱，但是军士已经扑上前来。

县令立即喝令军士把刁巴子一伙带上来，不用上刑，刁巴子一伙全部供出了他们的罪状。县令当庭宣布："刁巴子、赖石头一伙，打死人命，罪不容诛，当场处斩！常老三自愿充当诱饵，引出刁巴子一伙强人，功不可没，予以奖励。"

这时候，一伙衣冠楚楚的中老年人连哭带叫，奔了过来，一齐跪倒在县令面前，哀求道："犬子顽劣，实在有辱门风，开刀问斩，实乃罪有应得。为人父母，我等只知经商，教子无方，虽万贯家财，彼等仍混吃混喝。如今犯下滔天大罪，我等愿用全部家当，替彼赎罪。"

"胡闹！"县令一拍惊堂木，大声呵斥，"死罪岂能用家财免除？如此，有钱人岂不天天杀人放火，便能逍遥法外？"

关羽很关心此案，到水军训练营地巡视了一圈，看到将士们已经开始训练了，便来到草市，想亲眼看一看那伙强人伏法以后民众的反应，谁知看到了这样的情形，连忙走上平台。县令见了，立即起身恭迎。关羽坐在县令的位置，县令站在他的身边。关羽问道："汝等欲以万贯家财换取孩子性命？"

"请关将军成全！"刁巴子、赖石头等人的父亲叩头如栽葱一般。

他们确实是富有的商贾人家，自从孩子打死人命，探听到关羽正为增加兵士的伙食费发愁，便打定主意，只要孩子被抓住，倾其所有，也要把孩子救出来。

"既有万贯家财，不在家享受，为何要骗吃骗喝？"关羽又问。"我等商贾人家，时刻盘算利益。孩子耳濡目染，以为不花银子即可丰衣足食，乃无本万利之买卖。"刁巴子等人的父亲一齐回答道。关羽不动声色地问道："汝等知道孩子作恶乎?"得到了回答:"略知一二。有人找上门来,我等会如数奉还。"

关羽把惊堂木一拍,大声斥责道:"汝等经商,就该奉公守法,讲究忠义,却总是纵容子女,计算别人,是可忍孰不可忍!来人,将彼等财产全部查封充公,将刁巴子、赖石头六人开刀问斩!从即日起,本将军普查荆州官吏、商贾之家,如有违法,全部抄没家财,以充军用。"

关羽采取抄没不法商贾人家与不法官吏家财的办法,确实得到了大笔银子,把它们全部交给赵累,问道:"这些银两,可够提高全体将士伙食费?"

赵累说道:"若长期按已提高之标准供给全体将士,只恐将军得另谋他法。"

关羽笑道:"吾亦知之。此乃权宜之计。荆州不再为益州提供粮草,围湖造田收益,足以弥补剩下缺口。"

解决了十万大军提高伙食费的问题,接下来,关羽有底气按照自己的意图训练三军了。这时候,关平夫人赵氏生了一个儿子。关羽得到报告,大喜过望,说道:"樾儿出生,全体庆贺。"

庆贺并不是放假,而是用关羽从刘备那儿得到的赏赐,为全体参训将士举办了一次欢庆晚宴。

几天的适应性训练以后,将士们的作战能力基本上恢复到原有状态,关羽决定逐渐加大训练量,最后对全体军士进行对抗训练。这一天,他再度召集荆州文武百官,进行了提高训练质量的总体部署,命令各路将领,必须亲自督率人马,进行类似实战的对抗训练,自己亲自督率水军;荆州政务,由潘浚、孙乾、马良、简雍、糜竺等人共同商议处理,如有重大问题,需得禀报自己以后再实施。

安排完毕,关羽随即入驻水军营寨。这时候,端午将至,关羽决定趁此机会,先搞半个月的龙舟比赛,激励将士的兴致,让他们在比赛之中增强水上作战基本功,于是,传出命令:水军、步军、马军,各队人马均须准备龙舟,在荆江竞渡,和黎民百姓一起欢度端午节,纪念屈原。

竞渡在锣鼓声中开始,数百条龙船从沙津出发,逆水竞划。荆江两岸,人山人海，"啊嗬"连天；江中，龙船披红挂彩，龙头高昂，龙尾上翘；桡手头缠红巾，腰系黄丝带，喊声分坐船沿，奋力划桡。标后挥舞两面小旗，一边指挥桡手划船，一边领唱龙舟歌：五月五，是端午，划龙船，吊屈原。快划、快划、划龙船，划、划、划！划、划、划！

一人唱，众人和。锣声、鼓声、歌声、欢呼声震荡荆江，格外热闹。

龙舟竞赛果然激发了全军将士的热情。紧接着，关羽准备正式对部队展开对抗训练了。恰逢诸葛瑾奉孙权之命，来到了江陵，要求面见关羽。潘浚、孙乾等人立刻想起诸葛瑾去成都当面向刘备索要荆州之事，不由大为恼火，赶紧派人把关羽请回江陵坐镇。

关羽一回到江陵，潘浚等人马上唧唧喳喳地说开了。

潘浚问道："关将军，江东如此无礼，一旦开战，荆州可有取胜把握？""皇叔与军师意在与江东联合，恐非仅关能否打赢之事，而是能不能打了。"糜竺立刻说道。"不错，荆州危难，尽源于此。"马良说道，"为此，一切需要关将军定夺，实在为难关将军了。"

"兵来将挡，水来土掩。彼以文攻，吾以文对之；彼妄动武力，吾管教他有来无回。"关羽说道，立刻传令带诸葛瑾进来。

诸葛瑾与关羽见过礼后，说道："我家主公把荆州借给皇叔，已历数载，今刘皇叔已得益州，理当归还荆州。诸葛此来，当与关将军交割。"

关羽哈哈大笑道："汝乃军师之弟，怎如此不懂道理！荆州本是景升之物，与汝家主公何干？皇叔受荆州军民拥戴，现为荆州牧，理当掌管荆州，又与汝家主公何干？"

诸葛瑾连忙说道："关将军此言差矣。荆州固系景升之物，然曹操出兵百万攻打荆州，刘皇叔几无立足之地，若非我家主公伸出援手，帮助刘皇叔挡住了曹的进攻，荆州早已为曹操所得，如何是景升之物？以此观之，荆州理当归于我家主公。"

关羽说道："曩日，曹操出兵数十万攻击濡须口，若非皇叔领兵自益州回救以及关某在青泥挡住乐进十万兵马，逼迫曹操退兵，彼必将拿下濡须口。按阁下之意，濡须口岂非荆州之地？"

诸葛瑾一愣,怔了半晌,说道:"关将军强词夺理。须知濡须口与当年赤壁完全不同。"

关羽迅速打断了他的话,说道:"江东素以自己得失为重,吾未见寡廉鲜耻如此者也。汝弟弟诸葛亮乃我家主公军师,汝来荆州,共侍皇叔,方为大道。要不然,诸葛家族名声,只恐被汝葬送。"

诸葛瑾说道:"关将军如此说话,是要撕破孙刘联盟了。"

关羽呵呵一笑,说道:"近墨者黑近朱者赤,果然如此。汝来荆州,大言不惭索要荆州,不说是撕破孙刘联盟,反而说我,真是滑天下之大稽!多说无益,汝若与吾谈如何加强联盟,关某愿与汝谈下去,若拿荆州说事,关某只有送客。"

诸葛瑾眼见得关羽既不接孙权的书函,又不愿意听自己解释,急眼了,慌忙说道:"关将军休要着急,吾为加强孙刘联盟而来。"

"既如此,且听汝能说出什么话来。"关羽做了一个请说的手势。

诸葛瑾连忙说道:"刘皇叔得了益州,我家主公曾派吾去成都,向刘皇叔讨还全部荆州,刘皇叔答应得到汉中以后,进行交割。我家主公便未派使者到益州或荆州交涉,如今听说曹操即将出兵荆州,担心将军兵力不够,派吾前来,希望提早接受荆州,江东情愿承受曹军攻击。"

关羽又是呵呵一笑,说道:"据闻,曹操即将领兵再度攻击濡须口,江东可否把濡须口交给荆州,关某替汝等挡住曹军进攻?"

诸葛瑾再度语塞,愣在那儿,好一会儿也说不出话来。

孙乾说道:"诸葛先生,汝乃军师哥兄长,关将军对汝多有留情,若一味纠缠荆州,只恐面子上不再好看。"麋竺接过话头,说道:"荆州本无问题,若江东果真想进一步巩固孙刘联盟,理当尊重事实,不要算计荆州。"

见诸葛瑾脸皮上越发难堪,马良说道:"荆州问题由来世人尽知。江东无论是否有人,诸葛先生都不该无礼讨要荆州。江东固然曾与我家主公联盟,在乌林大败曹操,然荆州是我家主公率领兵马打下来的,与江东何干?江东趁此机会完全占去江夏,我家主公没有向江东讨要,已是很大让步了。"

简雍亦说道:"若江东执迷不悟,一旦联盟破裂,荆州果然会受到曹操进攻,江东亦不能独自身免。"

在轮番轰炸面前,诸葛瑾更加无言以对,不得不灰溜溜地离开荆州,回到建业。

"江东人物鼠目寸光,贪得无厌,绝不会因为我等的良言善行就有所悔悟。我等务须保持强大军力,一旦江东蠢蠢欲动,则予以当头棒喝。"关羽说道,"荆州政务,拜托诸位。吾当早日练成能征善战之雄师。"

"关将军放心,我等自当尽心尽力,确保荆州安定繁荣。"潘浚、孙乾、马良等人一齐说道。

随即,关羽重新回到水兵训练之地,他登上指挥船后,船只迅速向湖面中心行驶过去。在他的两侧,各自排列了一大队整齐的战船,全副武装的水军将士,正站在船上,密切地关注对方。排列在最前面的船只上,兵士们一手执着盾牌,一手拿着大刀,气势非凡。在他们的身后,是一列拿着弓箭的将士。几乎每一条船头,都有一面小鼓,一名军士站在一边,随时都会发出进攻的号令。

朝各个方向扫视了一遍,关羽打从心头流露出一抹欣慰的笑,高声询问道:"各队可否准备妥当?""准备完毕!"从每一条船上发出虎啸龙吟一般的声音。

关羽发出了命令:"开始!"

旗牌官得令,立即把令旗一挥,指挥船上那面大鼓随即急切地擂动起来。刹那间,似乎天崩地裂,每一条船只上的鼓点都敲击起来,将士们发出惊天动地的喊杀声。船只像离弦之箭一样,相向冲了过去。前面的船只相隔不到五十步之时,后面船只上的弓箭手便挽起弓箭,朝对方船只猛射。立刻,最前面的船只上树立起一道盾牌,挡住了大部分箭镞,但还是有一部分箭镞射中了军士,一些军士纷纷倒在船上,或者掉落到了湖里。前面的船只继续冲锋,很快就交织在一块。弓箭相互对射;船只相互寻找最佳的角度,向对方的船只撞去。也有一些军士,趁着船只相互撞击的机会,跃上了对方的船只,挥动大刀,一阵猛砍。船只摇摇晃晃,将士们顽强地平衡着自己的身体,寻找机会,就会出刀。当对方的船只撞过来的时候,也有一些兵士突然伸出锋利的长矛,向着敌船上的人刺去。船只撞上了,颠簸得更加厉害。有些已经撞破了,船里进了湖水,军士们不得不停止演练,将船只驶出战场。那些没有相互撞上的船只,却陷入了其他船只包围。弓箭、长矛,在激烈地厮杀;奋勇的军士,跳上敌船,与之展开了激烈的拼杀。陆续地,更多的船只加入了战斗,整个湖面上,到处是战船的打斗。

关羽站在指挥船上,看到这种情景,不由得大为兴奋,眼前浮现出与江东水军交战的情景,情不自禁地说道:"水军如此英勇,江东何足道哉!"

"加大攻击力度,务须发挥全部战力。"关羽命令道。

鼓点声更加急促。整个水面上,战船绞杀在一起,难解难分。中午时分,关羽这才命令鸣金收兵。战船同时停止了战斗,原地待命。

指挥船向战场中心驶了过去,但见每一条船上,军士都有受伤,战船都有破损。关羽说道:"今日,汝等均能英勇奋战,可喜可贺,然水军作战特点不明。从明日起,各队分散开来,依据今日战况,训练破敌之术。"

"属下遵命!"各队首领均站在船头,向关羽施礼道。

船队驶出战场,分别靠岸,将士们下船吃饭之际,关羽召集各路首领,听取了他们在指挥作战过程中的交战情况、出现的问题、取得的战果,勉励道:"任何时候,对手无论取何术,都能找到应对之策。汝等须根据今日演练,提前想定各种情况及其对策,务求战而胜之。"

"属下定当详加研讨,每次演练,都要有所收获。"各位首领一起说道。

分散训练了十余天后,各队首领均觉得已经解决了对抗演练中遇到的问题,一齐向关羽报告,请求再一次展开集中对抗演练。

十余天来,关羽其实并没有闲着,一直在与各路首领,甚至亲自来到将士中间,与他们一道就船只之间应以怎样的队形作战,出战的时机,出战的时候,弓箭手、刀兵、枪兵等兵种怎样配合进行了深入探讨,形成了一些结论,并同意了他们的要求,决定次日再度进行集中对抗演练。

关羽问道:"汝等该如何排兵布阵?"众人纷纷说道:"艨艟斗舰,虽则各有职责,但须相互配合。只需赋予各船相应任务及大致攻击线路,具体行动,各船自行决定。""船只之间应设安全距离,以便弓箭手、刀兵、枪兵不相互掣肘。"

第二天,关羽根据众人的提议,对船只编队行进了一些改进,然后下达了开始的命令。在他的眼前,再度展现出一幕恢弘的作战场景。无论是船只之间的机动,还是将士们之间的打斗,都比第一次要有秩序得多。不过,又出现了一些新问题。他不能不进一步引导各路首领去解决,这么一来,花费了一个多月的时间,总算把新出现的问题一一解决了。

各路首领均信心十足地说道:"荆州水军,必将无敌于天下。"关羽笑道:"如今,虽训练初成,汝等仍须努力。再过几日,吾当再度进行对抗演练。"

与此同时,关平亦在八岭山一带进行马军训练,周仓、廖化则在训练步军。遇到重大问题,他们都会派人或者当面向关羽报告。每逢听到报告,关羽都感到非常振奋,对他们更加放心,说道:"你等各自把握进度,今后不必向我报告。"关平等人领命,果然不再打扰他了。

这一天,关羽正在督率各路水军首领为进行决战性演练进行最后的准备,忽然,一匹快马,急匆匆地冲到了关津口,报告道:"少将军带领一队人马出八岭山进行马军攻防训练之际,曹军突然发起进攻,把少将军包围起来了。"

关羽大吃一惊,立刻命令水军首领各自继续准备,骑上赤兔马,提了青龙偃月刀,向八岭山方向奔去。此时,周关、周仓、廖化已集合了八岭山训练基地的全部马、步军,整装待发。关羽走上点将台,命令道:"周关听命,火速率领骑兵前往救援;周仓、廖化率领步军随后跟进。"

紧接着,关羽一马当先,沿着山路,向战场奔去。放眼望去,前面的山峦阻挡了视线,耳朵里却听到了击鼓的声音和激烈的厮杀声。他心头发紧,纵马继续奔跑,忽而感觉后面似乎没有队伍跟上,转头一看,没有看到骑兵的踪影,不觉有些纳闷,拨回马头,向后狂奔,不一会儿,看见周关率领队伍,气喘吁吁地赶了上来,人马极为疲惫。

"汝焉能如此!"关羽一见,恼火之极,呵斥道。

周关连忙说道:"报告将军,今日天气炎热,训练时间太长,人马均未休息,亦没饮水,行动困难。"

如此一来，就是把人马投入战场，也会被曹军打败。关羽很想为马军找到水源，但放眼望去，到处都是崇山峻岭，哪里找得到？他正万分焦急之际，赤兔马忽然仰天一声长嘶，转身奔向山腰间的一个低洼之地，奋蹄朝地上猛地刨去，不一时，一股泉水涌了出来。

　　关羽大喜，立刻命令人马上前饮了水，但见个个精神抖擞，马上带领他们向着战场狂奔而去。

　　接连翻过两道山梁，一个异常激烈的战场展现在关羽眼前。那连成一片的群山之中，战马与战马交织在一起，将士与将士相互纠缠，刀枪剑戟，正在展开激烈的对战。阳光下，不绝如缕的鲜血飞上天空，又向地面洒落；闪着寒光的刀枪剑戟，划过一道道耀眼的光芒，直看得人眼花缭乱。

　　关羽纵马疾驰而去，接近战场边缘，大声喝道："关某来也！"一把青龙偃月刀像劈开长江的波浪一样，将曹军密集的队形劈开，刹那间，就有无数曹军兵将倒地而亡。但很快，曹军兵士又填补过来，封住了关羽的去路，一把把大刀，一根根长矛，纷纷对准关羽，跃跃欲试。关羽大喝一声，青龙偃月刀一阵横扫，又是一片片曹军将士倒了下去。关羽不再停留，策马向战场中心杀去。

　　这时候，一员曹军大将挺枪跃马，出现在关羽面前。此人正是曹操的心腹大将，镇守襄阳、樊城的主将曹仁。曹仁大声说道："关羽休要逞强，汝父子已经陷入重围，任汝猛如虎，亦只有死路一条。"

　　关羽仰天哈哈大笑道："昔日汝十万大军，被关某一万人马打得束手无策；今日，关某亲率数万大军来此，汝还欲活命乎？"

　　曹仁同样哈哈大笑一阵，说道："汝不愿与丞相合作对付江东，曹某即派遣人马，密切监视汝之一举一动。汝练兵有成又当如何？别说贵公子手下人马早已饥渴难耐，汝之救兵亦刚下训练场，同样饥渴，又跑了一程，正所谓强弩之末不能穿鲁篙者也，拿起兵器都很困难，休说作战。曹某举手之间，定能将汝之兵马斩杀净尽。关将军即使盖世英雄，事已至此，只恐回天乏术。"

　　关羽微笑道："汝虽机关算尽，关某纵横数十载，岂能被汝困住？"

曹仁说道："关将军不要自以为是。吾遵丞相旨意，不想为难将军，汝肯答应与丞相合作，我等就是盟友，曹某定放将军回去，共同对付江东。"

"关某确实不愿与江东联盟，曹丞相虽则狠毒，与江东相比，很有信誉，然皇叔决定联合江东，关某不能不从。"

"若在以往，曹某可以理解。如今，江东索要荆州，此即与江东联合应得好处乎？江东已向将军和刘皇叔伸出屠刀，莫非将军还要与江东联合到底，把荆州拱手奉送给孙权？"

关羽微微一笑，说道："关某可以不跟江东联合，若无皇叔命令，亦不会跟曹丞相联合。汝能赢我，我等还有话说，否则，一切免谈！"

此时，周关率领的骑兵全部到齐，周仓、廖化率领的步军亦隐隐在望。关羽不再与曹仁废话，大喝一声，挥起青龙偃月刀，纵马向曹仁杀奔过去。曹仁心知自己不是对手，把马头一拨，回身冲入本军队形。一队弓箭手立刻出现在关羽面前，人人拉满弓，箭镞像冰雹一样朝关羽扑了过去。关羽大刀一挥，箭镞纷纷坠地。随即，赤兔马一纵，关羽一阵横扫，把弓箭手全部送上了阎王殿。

随即，周关率领骑兵，呐喊着冲进曹军队形，奋力向队形中间冲杀。

关羽一马当先，一下子杀入曹军阵地核心，老远就看见关平及其人马，被曹军紧紧包围起来，正在奋力拼杀，不由心头一阵欢喜，纵马过去，大叫道："平儿，为父来也！"

关平一见父亲率生力军杀到，更加振奋，率领骑兵在曹军阵地内部肆意冲杀。

不一时，周仓、廖化率领步军冲入战场，立刻兵分两路，从两翼向曹军包抄而去。曹仁一见，赶紧抽调人马分向两翼迎敌，如此一来，其整体部署便被撕破。关羽与关平各自带领人马杀开当面之敌，合兵一处，更加神勇，在曹军阵营里接连不断地冲击着。曹军哪里挡得住，人马一倒就是一大片。

曹仁此时出兵发动偷袭，是根据斥候报告，得知关平每天都会带领一支骑兵闯入八岭山，进行类似实战的训练，荆州其他各部亦严格按照固有的时间、固有的规范进行训练，曹仁对其训练进度大感意外，担心关羽把队伍训练成功,就会攻击许都,试图在其没有训练完成之前予以消灭,因而暗地里将兵马全部调动到八岭山一线,寻找时机,准备伺机动手。他自以为时机成熟,只要一出手,就可以达成目的,谁知竟完全出乎他的意料,关羽大军不仅没有因为饥渴丧失作战能力,反而势不可当,继续打下去,非失败不可;而一旦失败,关羽就会乘胜追击,只需轻轻一击,就把已成空城的襄阳、樊城收入囊中,赶紧鸣金收兵,迤逦向襄阳、樊城回返。为了防备关羽率部追击并攻打襄阳、樊城,曹仁把麾下骑兵分成两个部分,一部分断后,阻挡追兵;另一部分斜刺里插入从江陵趋向襄阳、樊城的道路,在那儿设下埋伏。

杀退了曹军,关羽大喜,准备收兵回营。

廖化连忙劝道:"曹仁集中人马攻击我等,襄阳、樊城必然空虚,我等何不迅速走小路前去攻打襄阳、樊城。"

关平说道:"曹军虽筋疲力尽,然并未大败,乃主动撤退,必会在路上设立伏兵,以待我军追击。且我军未做准备,单是粮草不济,便难以成事。"

"平儿所言甚是。"关羽点头道,"曹仁费尽心思,趁我不备,妄图消灭我军,却无功而回,从此必然不再轻易对我军动手,我等正好可以把主要精力用于监视江东。"

队伍回到了训练营地,各路人马清点战损,向关羽报告。

关羽说道:"此番突然与强敌作战,虽有损失,然迫使曹军撤退,证明汝等训练确有成效。从今以后,你等仍需加强训练力度,防备曹军及江东奸细。"

"孩儿没能防范曹军,造成损失,请父帅治罪。"关平跪在关羽面前,说道。

"末将亦未能防备曹军奸细,愿接受处罚。"周仓、周关、廖化一齐跪了下来,一同说道。

关羽连忙让他们起来,说道:"此事不怪汝等。纵有罪,罪在本将军。汝等练兵辛苦,且有成效,本将军应予奖赏。"

"训练将士,上阵杀敌,乃末将分内之事,何须奖赏。"关平等人一齐说道。

关羽颔首道:"汝等训练有成,本将军万分欣慰。如今,曹军威胁已除,江东威胁却越发临近。汝等务必时刻做好准备,随时走上战场,为了捍卫荆州,与敌人拼杀到底。"

"末将谨遵将军之命,自明日起,专练对付江东之术。一旦江东敢于进犯,定教彼有来无回。"关平、周仓、周关、廖化一齐说道。

关羽微微一笑,问道:"若江东攻击荆州,我等当以何策应之?"

"南郡有父亲坐镇,且与曹军对峙。江东若进攻南郡,必遭我军强力抵抗,亦将直接与曹军交锋,万难成功。彼不敢为之,当远离南郡,向偏僻之地下手。父亲可否分别派兵前往长沙、零陵诸郡,增大各郡防守?"关平说道。

关羽沉吟道:"平儿所言不差。然分兵以守各郡,必然导致南郡兵力不济,曹仁定会再度兴兵。为此,汝等所练兵马,宜集中南郡,须另招兵马以应付江东,并令各郡加强防守,一旦出现敌情,立刻由江陵派出人马增援。如此,方可确保荆州安全。"

廖化说道:"江东擅长水战。若攻击长沙等郡,须用步军和马军,此乃避其长而用其短。我步军、马军已打败曹军,对付江东兵马,更不成问题。"

周仓说道:"岂止如此。荆州水军由关将军督训,亦必超过江东,江东胆敢侵犯长沙等郡,将军何不趁势率领水军攻打江夏?江夏本属荆州,被江东夺占,人心向着荆州,将军一攻,收复江夏指日可待。"

"不可。"廖化立刻说道,"联合江东,抗击曹操,乃皇叔决策。军师亦曾言及与江东应斗而不破,以免曹军乘虚而入。因此,我等不必过于招惹江东。"

"只恐江东得寸进尺。"周仓分辩道。

关羽阻止道:"汝等不必争吵。本将军奉命镇守荆州,自当执行皇叔决策,不招惹江东,然一旦江东向吾开战,吾定当还以颜色。至于如何与江东作战,吾须再三权衡,汝等亦须悉心思考。"

镇守荆州,不能完全按照自己的意图行事,本来可以利用的时机不能利用,本来可以采取的防范措施不能采取,只能被动地等待江东出招,再想办法化解,关羽确实感到十分为难。当初,曹操进攻江东之际,本是收复江夏的最佳时机,可是,他不仅没有这样做,反而奉命攻击曹军以减轻江东压力;眼下,江东危机已过,翻脸不认人,竟要皇叔割让荆州! 他鄙视江东,很想与曹操联合,率领训练成功的兵马顺江而下,一直攻向建业,将江东人物全部肃清。可是,隆中决策犹如悬在头上的紧箍咒,让他不能动弹。他不能被这种局势所左右,要写一封书函告诉兄长,联合江东不过是一场春梦,纵使不应该跟江东完全翻脸,在江东有任何不轨的企图时,必须抢先下手,狠狠地打痛他;要不然,只会坐看江东壮大实力,对荆州有百害而无一利。

连夜写好书函,关羽派遣一名亲随,秘密送往成都,叮嘱道:"此事不可让军师知道。得到皇叔回信,立刻回来见我。"

紧接着,关羽把注意力转向水军的最大规模对抗演练上面来了。

两边的人马准备妥当以后,关羽乘坐的瞭望船驶入湖心,下达了开始的命令。

一时间,战鼓声响了起来。无数船只列成整齐的队形,气势磅礴地相向而行。随着距离的接近,船只上的将士各显其能,展开激烈拼杀:先是箭镞的猛烈对碰,然后是船只的相互撞击,以及兵士的相互格斗。在争斗之中,船队不停地变换队形,一会儿列成长蛇阵,相互作对厮杀;一会儿排成梅花阵,多艘船只围剿一艘敌船;一会儿又转换成了别的阵形,只看得人眼花缭乱,热血沸腾,惊心动魄。突然,狂风大作,汹涌的波涛把战船颠簸得左右摇摆。

关羽镇定自若,继续观看,只见所有的战船上,水军将士们掌握了身体的平衡点,在摇摇晃晃之中,只要看准机会,就能用箭镞射进敌人的胸膛,用刀枪刺入敌人的身体。"好!"关羽禁不住高声喝彩起来了。

这时候,从另一个方向,突然杀出一支水军。数不清的战船以排山倒海之势,冲了过来,然后迅速从两边包抄,一齐杀入战场。眼见得获得增援的一方立刻拥有巨大优势,另一方见势不妙,赶紧撤退,但遭到阻拦,最终,经过奋勇搏杀,冲出了重围,急速后撤。取得优势的一方追赶不舍,同时分出人马,从两翼疾速包抄过去,试图再一次将退却的一方包围起来。刹那间,从他们后面,出现了更为庞大的队伍,擂起了密集的鼓点,气势磅礴地杀上前来。

"战争就是如此不可捉摸,不到最后一刻,谁都难言胜利。"关羽心里说道,兴致更加高涨。在他的眼帘,那支已经取得优势的船队,忽然听到背后有人马杀了过来,迅速放弃追赶,掉转头来,准备迎战。但那支人马气势如虹,不等它列好队形,就已经闯进了它的队形,祭出各种兵器,展开了凶猛的绞杀。一着不慎,面临困境,它仍竭力厮杀,试图挽回战局。其时,撤退中的船队亦调整方向,回身杀奔过来,迫使它四面受敌。至此,战争的胜负趋于明朗。

"水军如此强大,荆州安全可期;假以时日,吾必将挥师中原,底定天下,拯救黎民百姓。"关羽屹立在瞭望船上,豪情满怀地宣誓道。

第十五章　单刀赴会

因为荆州遍布曹操与孙权的探子，关羽决定把已经训练完毕的步军、马军、水军全部集中起来，举行一场大规模的、贴近实战的演练，迫使曹操不敢对荆州妄动用武之心，并阻止江东进一步觊觎荆州，达到震慑的目的。因而，他回到治所，立即召集荆州文武百官进行商讨。

恰好，江东都督鲁肃派遣使者求见。关羽心知江东又打起荆州的主意了，强压着怒火，传见使者。使者向关羽叩首施礼以后，说道："鲁都督素来敬重关将军，今差小人前来送信，请将军前往陆口一会。"

周仓从使者手里接过信函，恭恭敬敬地面呈关羽。关羽打开火封，只看了一眼，说道："汝回去告诉子敬，关某准时赴会。"

打发走了使者，关羽问询众位文武官员："鲁子敬相邀，众位以为如何？"

廖化立刻说道："此必江东阴谋，关将军不可以万金之躯轻易进入江东军营。"关羽说道："子敬一向号称忠厚长者，彼有邀请，吾焉能不去？"孙乾说道："廖将军言之有理。江东均奸诈之徒，鲁肃纵是忠厚长者，身在江东，亦恐难独善其身。彼意欲暗算将军，以夺荆州耳。"

关羽哈哈大笑："不错，此乃孙权无法以言语索要荆州，故令鲁肃屯兵陆口，邀吾赴会，以武力迫我就范。吾纵横沙场二十余载，每每于千军万马之中，矢石交攻之际，匹马纵横，如入无人之境，想取谁性命就取谁性命，江东人物，在关某眼里，只是鼠辈耳，岂能奈我何？"

关平连忙说道："父亲既知鲁肃必无好意，奈何以万金之躯，亲蹈虎狼之穴。"马良亦劝谏道："鲁肃虽有长者之风，但今事急，不容不生异心，将军不可轻往。何况，某听说吕蒙、甘宁均在子敬身边。此二人一直觊觎荆州，有勇有谋，战功卓著，岂能容将军轻易脱身？"

吕蒙、甘宁二人均与荆州结下血海深仇。一听到这两个名字，荆州官员立刻群情激荡，纷纷叫骂不已，落实到最后，众口一词，全力以赴，劝说关羽不要轻易冒险犯难。

吕蒙，字子明，汝南富陂人，少年时代即前往江南投靠姐夫邓当（孙策部下）。邓当手下一名吏员十分轻视他，并出言羞辱他。吕蒙大怒，拔刀杀之，避罪出走，后前往校尉袁雄处投案自首。孙策得知此事，大为惊讶，立刻召见吕蒙，询问缘由。吕蒙说道："吾虽死罪，然事出有因。既已杀人，便须承担责任。如今天下混乱，主公正是用人之际，只要主公赦免吾罪，吾愿终生为主公出力，东征西讨，永不言累。"

孙策此时依靠从袁术那儿借来的兵马，刚刚在江东打出一片天地，正欲经略四方，被他的言辞感动，不仅赦免了他的罪行，而且把他当成了亲随，每逢出战，时刻让他陪伴在身边。每当孙策冲锋陷阵之际，吕蒙必然挡在他前面，为其扫清障碍，得到孙策欣赏，被拜为别部司马。

建安五年，即公元200年，孙策稳定了江东以后，为替父亲孙坚报仇，率部攻打江夏，结果遇刺身亡。其弟孙权接掌江东以后，看到兄长手下的兵马数量众多，而且非常庞杂，想要重新编排军队，将小部队裁并到其他部队之中，以提高作战效力。

"吕某兵力不多，亦是一方诸侯，能直接领兵作战，凡有战功，易引起主公注意，一旦合并，必听命于他人，恐难有出头之日。"吕蒙心里想道。为了在孙权检阅部队之际，能脱颖而出，他赊贷筹集物资，让士兵穿上了深红色制服与绑腿布。孙权检阅的时候，看到这支军队独具一格，顿觉眼前一亮，格外留意，命令吕蒙率领人马演练了一些战术动作，那整齐划一的动作，敏捷迅速的行动，令孙权极为欣赏。孙权拨给他两千兵马，任为校尉。

公元204年，为了替乃兄报仇，孙权第一次出兵攻打江夏。吕蒙率领人马奋勇作战，第一个击破黄祖水军，更为孙权重视，正欲发展进攻，可是，忽然获悉丹阳、豫章、庐陵三郡的山越少数民族发动起义。孙权不得不放弃扩张战果的大好机会，立刻转兵用于镇压少数民族起义。几个月以后，山越少数民族起义遭到镇压，吕蒙因功被任命为平北都尉，兼任广德长。

公元208年，甘宁离开江夏太守黄祖的阵营，投效江东，劝孙权火速进兵江夏。孙权采纳了他的建议，决定再次发兵进攻夏口。

吕蒙说道："自与江夏结怨，江东数度与黄祖作战，终不能取得战果。如今主公若必进攻江夏，必以破釜沉舟之决心与勇气，荡平江夏，决不可半途而废。"孙权说道："此次进攻，有甘兴霸提供情报，孤必定会荡平江夏，有何疑焉！"吕蒙说道："既如此，主公当组织敢死队，奋力拼杀，方能成功。"孙权壮其言，说道："孤以子明为先锋，统领敢死队。"

听说江东兵马再次前来进攻，江夏太守黄祖立即下令用艨艟战舰封锁沔口，并用大绳系着巨石为锥以固定舰只，将船只全面铺开，令一千余人弓箭手准备迎战。当江东船队进至弓箭射击的有效射击距离，黄祖一声令下，万箭齐发，江东兵马大多被射落到江水里，或者射死在船上。

面临极其严峻的局势，吕蒙说道："主公，某愿带领敢死队，砍断黄祖军绳索，令其战船无法固定，弓箭手不能有效攻击，以使我军趁势击破之。"孙权点头说道："子明此计甚善。偏将军董袭、司马凌统听命，汝二人各率一百敢死队，身穿重铠，冒着箭雨，乘大船突进到艨艟舰旁，砍断黄祖水军大绳；子明统率先锋部队，紧随其后，奋勇杀入敌阵，务求歼灭敌人。"

董袭、凌统得令，带领身穿重铠人马，乘大船奋勇撞入黄祖战船队形，挥起大刀，猛砍系留战船的绳索。战船失去了固定之物，纷纷顺水漂流而去。孙权一见，大喜过望，立刻命令吕蒙："子明听令，火速带领先锋部队，杀入敌阵。"

吕蒙接到命令，站在船头，亲自击鼓，率领船队溯流进兵。

黄祖接到报告，急派水军都督陈就率领战船前来迎敌。陈就能征惯战，异常勇猛，立刻率领战船，亦是亲自击鼓，迎着吕蒙之军冲杀过来。刹那间，双方的战船缠绕在一起，奋力拼杀。

"陈就，不要逞凶，吕某来也！"吕蒙看准了对方的指挥船位置，命令自己的指挥船迅速奔去，大声喝道。陈就听了，连忙将鼓槌交给击鼓手，挥起长剑，遥指吕蒙，骂道："吕蒙小儿，江夏不曾出兵江东，奈何汝等屡犯江夏。今日，陈某须教你身首异处，好教孙权小儿胆寒，从此不敢西顾。"

一边骂，陈就一面命令自己的指挥船亦迎着吕蒙冲了过去。在他身后，各种战船一往无前地冲了过来，一下子包围了吕蒙带领的战船。

双方的指挥船刚刚靠近，吕蒙就跳上了陈就的指挥船。两人立刻刀枪相向，杀了一个天昏地暗。双方击鼓手愈发精神抖擞，鼓点的声音宛如惊雷，在空中回响。杀至天黑时分，吕蒙卖了一个破绽，一刀砍下了陈就的脑袋，提在手中，大声吆喝："陈就头颅在此，还敢反抗者，杀无赦！"

江夏水军见了，无不万分惊慌，再也不敢恋战，纷纷掉转船头，向后退却。吕蒙率领兵马奋力追赶。此时，胜利的大门已经打开，孙权立刻传令："各路人马一齐出动，水陆并进，包围江夏！"

当天晚上，江东兵马将江夏围得水泄不通。紧接着，孙权亲自督军猛攻，一举攻占该城。孙权论功行赏，以吕蒙斩杀陈就为首功，封其为横野中郎将。

这时候，曹操从许都出兵，迫降了刘琮；刘备及刘表的长子刘琦率领残兵，全部聚集在夏口。整个江夏都处在曹操的攻击之下，眼见得刚刚夺取到手的江夏部分地面将会被曹操占去，孙权极不甘心，在主战派周瑜、鲁肃的劝说下，与刘备联手，决计共同抵抗曹操。赤壁一战，孙刘联军大破曹操。趁此机会，刘备率领旗下主力收复了长沙、零陵、武陵、桂阳四郡；江东都督周瑜欲率兵夺取江陵。

赤壁大战期间，作为孙刘联军安下的一枚棋子，关羽率领一支人马一直在江陵以北与曹仁对峙，遏制曹操的后路，并阻止曹仁向曹操主力增援，亦试图趁机抢夺江陵。周瑜率部攻打江陵，十分担心关羽阻拦，说道："江东为救刘皇叔，损兵折将无数，不能无尺寸之地，对江陵势在必得。"关羽说道："皇叔有令，关某自不会阻拦都督建功立业。都督夺不了江陵，关某不会袖手旁观。"周瑜冷笑道："果如将军所言，周某取不得江陵，将军尽可自取。"

周瑜原以为曹军已闻风丧胆，自己只需一次攻击，就赶走曹仁，夺取江陵，谁知一连攻了好几天，都难以得手，不由得焦躁万分。

甘宁献计："都督欲取江陵，必先取夷陵，诱使曹军分散兵力，方可成功。"

周瑜派遣甘宁率领本部人马前去偷袭夷陵，一举夺占夷陵。曹仁果然万分惊慌，赶紧分兵围攻甘宁，欲夺回夷陵。甘宁以劣势之兵，一直与曹军对峙了好几天，终感不支，遂派人向周瑜求援。

江陵之敌虽有减少，周瑜仍然难以攻破城池。诸将担心如救援夷陵，则造成江陵空虚，容易为曹军所趁，纷纷主张不去救援。

这时候，吕蒙力排众议，说道："都督不救兴霸，夷陵必为曹仁所有，使彼无后顾之忧，全力反攻我部。届时，关羽必将趁乱而夺取江陵。"周瑜心里亦有此担心，连忙问道："谁可救援兴霸？"吕蒙说道："非都督亲自出面不可。凌统为人沉稳，极有机智，可以暂摄主军，某当陪同都督往救兴霸。"

进发途中，吕蒙又献策道："都督亲往救援，曹军必败无疑。都督可先派三百人用木柴截断山路，使敌只能弃马逃命，以获得马匹，增加江东马军。"

周瑜深以为然。人马进抵夷陵附近，周瑜立刻兵分两路，分由自己与吕蒙统领，突然向曹军发起进攻，大破曹军于夷陵城下，斩杀过半。曹军乘夜逃走，途经木柴堵塞的险路，无奈之下骑马者皆弃马步行。周瑜、吕蒙驱兵追赶截击，获得战马无数，随即回师渡江，进军北岸，构筑营垒，向江陵发起进攻。

彼时，凌统率领人马继续向江陵发起进攻。曹仁不知虚实，等到周瑜救了夷陵，然后攻向江陵，以为江东军力雄厚，又有关羽所部在侧虎视眈眈，不敢继续抵抗，率领人马撤出江陵。就此，江陵落入周瑜之手。

周瑜立刻派人请关羽前来观摩，并炫耀地向关羽介绍了吕蒙、甘宁的功绩。

关羽呵呵一笑道："都督神威，子明、兴霸奋发，教关某好生佩服。不过，若无关某陈兵在侧，都督此番设计，是否足以令曹仁逃出江陵？"

吕蒙、甘宁都是眼高于顶的人，哪里容得了关羽讥讽自己，一齐反问道："吕某（甘某）出奇谋，战强敌，击破曹军，却成了关将军功劳！关将军为何不在都督统领人马攻抵江陵之前，赶走曹仁，进占江陵？"

关羽笑道："二位可知，若非关某赶曹仁入江陵，都督何时才能率兵至此？"

"都督统率数万兵马，击破百万曹军，岂在乎区区一个曹仁？"吕蒙、甘宁愤愤不平地说道。

关羽又是一笑："击破曹军者，非都督一人耳。"

这是关羽与吕蒙、甘宁的第一次见面。二人不服输的气概及其有勇有谋，确实让关羽心里对他们产生了一丝好感。随着时间的流逝，江东就荆州归属与刘备发生矛盾的时候，关羽不能不格外提防他们。

江陵被攻破之后，孙权立刻任命周瑜为南郡太守，吕蒙为偏将军，兼任寻阳县令。次年，周瑜病逝，鲁肃继任南郡太守。考虑到各种原因，孙权采纳鲁肃的建议，把妹妹孙尚香嫁给刘备，并将南郡一并送给妹妹做嫁妆。从此，刘备得到了江陵，并将江陵作为荆州治所。关羽率领一干人马从鲁肃手中接过江陵，并且与吕蒙、甘宁再次相见。

"二位将军如今有何感想？"关羽微笑道。

吕蒙、甘宁一齐说道："主公之命，我等自当遵从。关将军进入江陵，乃我家主公恩赐，如此洋洋得意，实在教人难以相信。"

关羽笑道："有朝一日，关某或可见识二人在战场上是否如此厉害。"甘宁大怒，吕蒙却很冷静地说："关将军莫非欲与江东反目？"关羽说道："吕将军何出此言，莫非常怀与荆州反目之心？关某之意，乃是共同对抗曹军。"鲁肃连忙说道："我等本为固盟，奈何剑拔弩张，岂不有违我家主公与皇叔好意？"

吕蒙、甘宁赶紧拱手认错。关羽亦是一笑置之，各自分开。

接下来，吕蒙在江东诸将中，锋芒越发强劲。公元213年，曹操亲率十万大军，进至濡须口，攻破孙权部江西营寨，俘虏都督公孙阳。孙权大惊，一面亲自统领七万部众抗御曹操，一面派遣使者入川向刘备告急，希望刘备率部赶回，与关羽一道夹击青泥之敌，迫使曹军回撤。吕蒙奋勇当先，率领本部人马多次攻入曹军阵营，斩杀曹军无数。后来，曹操撤了军，不过，仍留下一支兵马屯驻皖城。孙权犹如锋芒在侧，日夜不得安宁，遂于次年召集诸将欲攻破之。诸将皆劝孙权堆造土山，添制攻城械具。吕蒙说道："若用此法，必将消耗许多时间，曹操得知消息，派遣大军前来相救。为此，此番出战，利在速战，不宜迁延时间。"孙权深以为然，采用吕蒙的计策，任命甘宁为攻城督，在前线督攻，吕蒙率领精锐军队作为后继力量，以便连续突击。进攻时间定在早饭之后。甘宁在前面率部猛攻，紧接着，吕蒙率部赶到，手执鼓槌，亲自擂鼓，以激励士气，士卒雀跃奋进，攻至当天中午时分，一举攻破该城。战后，吕蒙拜庐江太守。

甘宁，字兴霸，巴郡临江人，从小不务正业，常聚合一伙轻薄少年，携弓带箭，头插鸟羽，身佩铃铛，四处游来荡去，人以"锦帆贼"呼之。二十多岁以后，他读了一些书，想有所作为，便率领八百多人，去依附刘表，留驻南阳。甘宁发现刘表不习军事，又听说孙权在江东招贤纳士，便决定前去投效。路经夏口，不得过，只好暂且依靠江夏太守黄祖。公元203年，孙权领兵西攻江夏，黄祖大败，狼狈逃溃。甘宁率兵断后，射杀孙权的破贼校尉凌操，迫使孙军不敢追赶。甘宁立下大功，仍然没有受到黄祖重用。

黄祖手下都督苏飞看重甘宁的才干，曾经数次向黄祖推荐，不仅遭到黄祖无视，反而让黄祖对甘宁产生了强烈的怀疑与不满，令人把甘宁的手下全部遣散。甘宁想逃走，又担心被黄祖谋害，日夜彷徨。苏飞知其心意，便劝告黄祖任命甘宁为邾长，使甘宁脱离夏口，可以逃往他处。甘宁抵达邾地，招回了原来离去的手下，又聚集一些愿意相从的人，带着他们投奔了孙权。

得到孙权器重，甘宁为之献计："今汉祚日微，曹操弥憍，终为篡盗。南荆之地，山陵形便，江川流通，诚是国之西势也。宁已观刘表，虑既不远。儿子又劣，非能承业传基者也。至尊当早规之，不可后操。图之之计，宜先取黄祖。祖今年老，昏耄已甚，财谷并乏，左右欺弄，务于货利，侵求吏士，吏士心怨。舟船战具，顿废不修，怠于耕农，军无法伍。至尊今往，其破可必。一破祖军，鼓行而西，西据楚关，大势弥广，即可渐规巴、蜀。"

公元207年，孙权依甘宁之计，再次发兵西征黄祖，但战斗还没有完全展开，其母亲病危，不得不草草撤军。公元208年春，孙权率部第三次西征，为了表达此次必须攻破江夏的决心，出征之前，命令人马做好了两个匣子，用来盛黄祖和苏飞的首级。

　　黄祖亦知江东来势汹汹，一面预作准备，试图竭力抵抗，一面派遣人员向荆州牧刘表报告，希望获得援军。可是，刘表生命垂危，难以救援。最终，黄祖之军被攻破，其本人被孙权部将擒获，只有夏口仍在刘表长子刘琦手中。

　　攻破江夏，甘宁居首功，孙权分拨一支部队给他指挥，令其屯兵当口。

　　此战，苏飞跟黄祖一道被江东军擒获。知道甘宁已经受到孙权重用，苏飞托人告诉他："将军尽显风采，忍看苏某人头落地乎？"甘宁说道："就算苏都督不言，莫非甘某会忘彼恩？"在孙权摆酒庆功之际，甘宁走下席位向孙权叩头，说道："若非苏飞相助，末将早已死填沟壑，不能尽忠报效主公。如今苏飞被擒，虽罪不容诛，但末将为报恩，仍求主公免他一死。"孙权大为感动，问道："彼若逃跑，如何？"甘宁担保："苏飞受主公再生之恩，岂有逃跑之理！彼跑了，以末将首级装入匣中！"孙权更加动容，说道："有恩报恩，有仇报仇，方是男儿本色。兴霸说情，孤岂有不听之理。"赦免了苏飞。

　　同年秋，曹操进兵荆州，赤壁之战爆发。甘宁在周瑜帐下效力，以其胆略与勇敢，再次立下了不小的战功。随后，在周瑜麾下，甘宁率领一拨人马乘胜前往南郡攻打曹仁。围攻江陵多时，不能破之，甘宁向周瑜献计道："都督攻城日久，难以取胜，若派兵从小路攻取江陵上游之夷陵，迫使曹仁分兵往救，易于成功。"周瑜大喜，说道："兴霸有此奇谋，当由汝统兵前往，方能奏效。"

　　甘宁率领本部人马日夜兼程，秘密进抵夷陵，出其不意地发动猛攻，打了曹军一个措手不及，果然一举占领了这座城市。

　　曹仁得到消息，大惊失色，担心江东兵马趁势而下，与周瑜主力东西夹击江陵，立即派五六千兵马去围攻夷陵，企图一举夺回之。曹军在城外搭设高台，连续几天从上面向城中射箭，箭密如雨，使得江东军吏胆战心惊，唯甘宁谈笑自若，命令人马用盾牌防护，同样用弓箭手反击。

　　死守多日，甘宁决计派人出城向周瑜求援，请求他再派遣一支兵马前来,前后夹击,消灭了围攻夷陵之敌,然后趁势东下,攻取江陵。甘宁亲自带领数十骑,从曹军队形中杀开一条血路,让送信人见到了周瑜。

此时,周瑜苦于无法攻克江陵,不愿意分兵前往,是吕蒙劝说他改变心意,命令凌统暂时代替自己指挥攻城部队,继续向江陵发起攻击,与吕蒙一道率领一支兵马,火速赶往夷陵,从背后向围城的曹军发动猛攻。甘宁看到曹军后面混乱,心知救兵已经到来,立刻打开城门,率领部众杀将出来。在两面夹击之下,曹仁部众损失过半,连夜逃遁。周瑜、甘宁率部紧紧追赶,途中截杀了全部曹军,迅速朝江陵扑了过来。曹仁不敢再战,率领人马打开城门,向襄阳、樊城一线撤离。

夺了江陵以后,周瑜、甘宁力劝孙权西取巴蜀。孙权犹豫不决,征求鲁肃的意见。鲁肃说道:"主公算无遗策,当初令吾结交刘备,造成孙刘联手,攻破曹军,借刘备之力,到了荆州;如今,何不故技重施,劝刘备入川?"孙权哈哈大笑道:"子敬之谋,更胜一筹。孤当听汝。"鲁肃说道:"闻刘备夫人新丧,内室空虚,主公若以令妹嫁之、南郡予之,令彼与江东生死与共,催其早日攻取益州,刘备岂能不答应?"孙权说道:"孤未得益州,反送南郡,是何道理?"鲁肃说道:"主公岂不闻夫欲取之必先与之?刘备得了南郡,即可攻打益州。彼得益州,难与荆州沟通。主公收荆州入囊中,此其时也。"

孙权听信了鲁肃的建议,不仅将妹妹孙尚香嫁给刘备,而且在周瑜死后,把南郡也给了刘备。不过,似乎说好了刘备得到益州以后,就要还回荆州的。

其时,江陵为南郡治所,刘备得了荆州四郡以后,把荆州治所设在公安,如今从孙权手里得到了南郡,鉴于江陵地理位置好于公安,便把治所迁往江陵。于是,上演了借荆州与还荆州的千古难以说得清的事实。

建安十八年,即公元213年正月,曹操深恨孙权狡诈,亲率四十万人马进攻江东,很快兵至濡须口。孙权随即派甘宁率三千人为前部,先与曹军对战。

"曹操军势严整,甘某愿以三千兵马,夜袭曹营,请主公批准。"甘宁说道。

孙权大喜，说道："临阵对敌，为将本分，何须禀报孤家。兴霸有此志愿，孤甚是欣慰，特赐米酒数坛，以壮行色。"

甘宁领命，挑选出一百多名精锐士卒，作为敢死队员，准备偷袭敌人。二更时分，甘宁打开酒坛，每人饮下一碗酒，发下誓言："不令曹军丧胆，决不返回。"

随即，甘宁率领敢死队裹甲衔枚，潜至曹操营下，拔掉鹿角，冲入曹营，斩杀曹军无数，并且在曹军营地四处放起火来，直杀得曹军惊慌失措，难以抵抗。趁着混乱之际，甘宁带领敢死队一个不少地回到了本军营寨。

孙权得到报告，赏给甘宁绢一千匹，战刀一百口，并增派两千兵马给他指挥。

经此一战，曹军一连数天无法出战。趁此机会，孙权主力毕至，军容严整，一连挫败了曹军的多次进攻。后来，刘备率部从益州返回荆州，曹操不得不收兵回去许都，孙权濡须口之围终于解困。

次年春天，曹操派朱光为庐江太守，屯驻皖城，大开稻田，生产之际又派间谍秘密过江，招募诱惑都阳的反孙力量，试图里应外合，进攻孙权。吕蒙得知消息，建议孙权立即除掉他们。孙权遂率部亲征皖城。

此战，江东兵马将皖城团团包围起来以后，吕蒙擂响战鼓，指挥人马发起攻击。一时间，弓箭手将箭镞射向了城头，兵士们呐喊着朝城垣扑去。甘宁被任命为升城督，率领兵马冲锋在前，很快进至城墙脚下，绳索和云梯纷纷架设在墙壁上。甘宁手持链索，身先士卒，噌噌噌几下，就攀上了城头。朱光大惊失色，赶紧命令人马猛扑过来，却怎么挡得住甘宁的勇猛？顷刻之间，就有无数兵士毙命。趁此机会，甘宁手下兵马纷纷跃上城墙。吕蒙见状，命令弓箭手停止射击，急令人马亦扑向城墙，源源不断的大军冲上了城垣。仅仅半天的工夫即攻下皖城，俘朱光。战后，甘宁被拜为折冲将军。

吕蒙、甘宁每建立一份功业，都会在荆州人物心目中增添一分爱恨交织的情愫。如果孙刘联盟坚如磐石，哪怕吕蒙、甘宁屡屡侵犯荆州，并斩杀了黄祖，荆州人物也会为他们在抵抗曹军中建立的功业感到欢欣鼓舞。可是，自从刘皇叔得到益州，孙刘联盟濒临破裂，荆州人物岂能不忌惮他们呢？

关羽笑道：“黄祖之败，败在彼没有周密部署，只被动应战，却不主动攻击，方为吕蒙、甘宁所趁。以关某观之，吕蒙、甘宁实无足挂齿。”

“江东奸诈，只恐设下陷阱，不利于将军。”众人继续劝阻道。

关羽雄心万丈，说道：“吾若不往，江东群鼠必然以为吾害怕。吾将独驾小舟，只用亲随十余人，单刀赴会，看鲁肃、吕蒙、甘宁如何近我！”

简雍大惊，心知继续劝阻无异于火上浇油，索性改换方式，说道：“将军视江东如无物，豪气干云，纵然要去陆口，亦不必单身独往，须有大军为后盾，不好时，便安排厮杀，方可令江东人物不敢轻举妄动。”

关羽笑道：“吾此番是去赴会，而不是厮杀，奈何要用兵？”关平立刻说道：“父亲不听简将军之言，恐非所以重伯父之寄托也。”关羽说道：“吾正是重皇叔所托，乃单刀赴会。一旦动用刀兵，岂非有违皇叔东和孙权、北拒曹操之策？汝等放心，吾必能安然而回。昔赵人蔺相如，无缚鸡之力，于渑池会上，觑秦国君臣如无物，得以确保赵国君臣安如磐石，赵国免除被秦人侵犯；关某曾习万人敌，亲手斩杀敌方大将无数，莫非不如蔺相如？”

众人再也说不出话来，现场一片死寂。

隔了好一会儿，马良终于说道：“纵然将军不带兵马，吾等亦应准备；要不然，有长江之隔，我等确实不放心。”

关羽开怀一笑，说道：“关某并非单逞匹夫之勇，凡事都有计较，宜作准备。”

周关说道：“将军不教安排厮杀，自然不必动员太多人马。依属下看来，我等须确保联系将军，一旦将军出得子敬大营，发出信号，便以快船迎接将军。”麋竺说道：“因有长江阻隔，沟通我等与将军之联系，实属困难。”廖化说道：“我等行军打仗，虽则千里万里，亦能沟通消息，有何难哉？地面可派信使，水面可使船只抵近观察。”“廖将军所言极是。”一名水军首领说道，“某可派一只快船，伪装成渔船，靠近南岸，一旦关将军发出信号，便向接应船只发送消息，迅速赶上前去，接回关将军。”

关羽领首道：“汝所言甚是，可负责传送消息。吾儿关平另选快船十只，藏善水军五百，待吾过江，便开到江面等候，看见对岸扬起红旗，立刻前来迎接,不得有误。"

关平与水军首领接到命令,立即分头去进行准备。

这时候,周仓大叫道:"将军虽则有了安排,吾终是不放心,不能不跟随将军前往。"关羽笑道:"汝素来为吾心腹,此番陪同关某,倒也无妨。只须听吾吩咐,不得多言。"周仓高兴得差一点跳了起来,说道:"一切尽听将军吩咐。"

荆州为关羽去陆口赴宴做准备的时候,鲁肃亦得到了使者的回报,知道关羽慨然答应了邀请,赶紧召集吕蒙、甘宁商议对策。

鲁肃说道:"我等受主公之命,希望尽快讨回荆州,无奈刘皇叔、关云长只是推脱,今云长受曹仁攻击,人马损失无数,原以为彼不敢赴约,便可遣使大加诘责,趁机讨要荆州,谁知云长竟欲赴会,我等应该如何应对?"

吕蒙说道:"关羽自恃英勇无敌,故有此举。吾定叫彼有来无回。"

甘宁亦摩拳擦掌,跃跃欲试,说道:"吾投靠主公,擒杀无数敌将,建立不少战功,若能取下关羽项上人头,方遂吾愿。"

鲁肃说道:"云长丢了性命,孙刘联盟自然瓦解,江东如何独立对抗曹操?"

甘宁说道:"曹操领四十万大军攻击濡须口,半年难建尺寸之功,叹服江东军马严整,不得不自行退兵,并非刘备、关羽之力。若无孙刘联盟,彼为曹操所灭。彼不知感恩,反而占据荆州不还,乃忘恩负义之徒,杀之何妨?一旦关羽被杀,荆州将尽属主公。纵使曹操再度进攻,江东兵马更甚,有何可怕?"

吕蒙接过话头,说道:"时至今日,都督无需疑虑,尽可放心对付关羽。"

"只恐刘皇叔听到消息,从成都出兵东下;曹操亦从许都南下,则江东危矣。"鲁肃沉吟道。

吕蒙说道:"关羽一死,荆州落入江东囊中,刘备长途奔波,必为我等所败。曹操应知隆中规划,荆州为江东所有,必为曹操所乐见,彼断不会趁机攻打江东。"

甘宁在一旁襄赞道:"吕将军之言甚是,都督宜迅速定下决心。"

鲁肃再度沉吟道："云长非比他人，我等须小心谨慎，别擒虎不成反被虎伤。"

甘宁一听，心知鲁肃已经下了杀掉关羽的决心，豪气冲天地说道："今日，我等定要揭开关羽画皮，教都督看一看，彼如何死于吾等之手。"

鲁肃说道："汝等如此轻敌，吾怎能放心？"

吕蒙眼见得鲁肃有了收回杀掉关羽的念头，连忙说道："都督忧虑得是，想关羽一把青龙偃月刀，诛杀了无数名将，确实不是等闲之辈。我等小心就是，绝不与彼正面冲突，只暗中做好准备，在关羽毫无防备之时动手。"

鲁肃点了点头，说道："如此，吾方放心。然如何杀之，方无损于江东？"

吕蒙说道："若彼带军马来，某与甘兴霸各领一支人马，全部使用弓箭手，伏于岸侧，放炮为号，一齐用弓箭射杀；如彼不带军马，我等便在庭后埋伏五十名刀斧手，都督与我等将其劝醉之后，就筵间杀之。"

鲁肃紧锁眉头，说道："若关羽得以逃脱，必然后患无穷。我等还须先在其过往道路上布设陷阱，确保万无一失。"

甘宁说道："吕将军之计，足令关羽有来无回，何须劳神费力，布设陷阱？"

鲁肃严肃地说道："兴霸虽勇，不可大意。在席间捕杀关羽之时，汝须与子明一道，共同擒住彼之双手，不得令其脱逃。"

吕蒙、甘宁一接触到鲁肃不容抗拒的目光，就不再分辩，赶紧领命前去准备。

荆州这边，当天晚上，一切准备就绪。关羽像平常一样，处理完了一天的军政事务，便回去府上，翻看《吕氏春秋》，恰好看到这段文字：

昔者汤克夏而正天下，天大旱，五年不收，汤乃以身祷于桑林，曰："余一人有罪，无及万夫。万夫有罪，在余一人。无以一人之不敏，使上帝鬼神伤民之命。"于是翦其发，枥其手，以身为牺牲，用祈福于上帝，民乃甚说，雨乃大至。

"吾亦以一人之力，救荆州百姓耳。"关羽心里说完，倒头就睡。次日天亮，他起了床，吃过早饭，带了周仓以及八九个随从，各挎腰刀一口，直接去了码头。

码头上，早已等候着荆州文武百官，全是担心关羽的安危，前来送行。那条准备开往对岸的船只早已在码头上等候，几名精锐水军改扮的艄公水手垂手站立，恭候关羽上船。船头上树了一面红旗，上面绣了一个巨大的"关"字，正随风飘扬，依稀在向关羽招手示意。

"尔等以为关某一去不回乎？"关羽哈哈一笑，说道，"放心，陆口再好，关某看不上它，一准按时回来。"

"接应船只准备妥当。父亲一过江，孩儿便率队进抵江心。"关平报告道。

关羽朝左右两侧望去，只见各有几条快船，亦换上了渔民的伪装，整装待发，又是一笑，对荆州众多官员说道："只这些快船，足以胜过江东十万水军，关某此去，权当踏一回青，诸位好生做事。"

众人陆续离开码头。码头只有关平、水军首领以及一些改扮成渔民的水军。

关羽微笑着向他们摆了一下手，登上了船只，大声命令道："出发！"船只立刻像离弦之箭一样向对岸冲了过去。关羽青巾绿袍，坐于船上，微闭了双眼，对江上的一切不闻不顾。周仓捧着大刀，屹立在他的身侧。那些亲随排成一行，宛如一堵墙壁，护在关羽的身后，亦是不言不语，旁若无人。

船只距离岸边越来越近，周仓清晰地看到鲁肃正站在码头上，翘首向船上张望，在他的身后，是一大队武将，似乎正在热烈地说着一些什么。声音淹没在江水拍打堤岸之声之中，他什么也没有听到。但是，他可以准确地捕捉得出，从那些人的身上，隐隐透射出一团杀气，不由得心头一凛，低声说道："将军，江东果然不安好心。"关羽俨然老僧入定，一动不动。

鲁肃在岸边亦清晰地看到了船上的情景，不由得万分惊疑，回头向吕蒙、甘宁等诸将使了一个眼色，要他们不可轻举妄动。

船只靠岸了。鲁肃连忙前来迎接。关羽却没有一点反应，仍然微闭双眼，一动不动。周仓俯下身子，对关羽说道："将军，船已靠岸。江东鲁都督率领人马，前来迎接将军。"

关羽慢慢睁开眼睛,朝四处打量了一眼,倏地站起身来,大声斥责周仓:"汝跟随本将军十余年,岂不知本将军一旦入眠,不会自动醒来乎?奈何令鲁都督与江东诸将等候?"

周仓把身子俯得更低,不敢答话。关羽赶紧跳下船,走向鲁肃。

鲁肃连忙施礼道:"关将军一向公务繁忙,今日拨冗前来陆口,鲁某实感荣幸,迎接不周,万望见谅。"关羽还礼道:"关某未能及时苏醒,以至于让都督及江东诸位将领久候,有失礼仪,都督勿怪。"鲁肃哈哈一笑,说道:"关将军好福气。鲁某能像关将军一般随时随地安然入睡就太好了。"关羽马上问道:"都督可有心事?"鲁肃心里一惊,但表面上不动声色,笑道:"是人都会有心事,有何大惊小怪?"关羽一本正经地说道:"此心事非彼心事。关某亦有心事,但从无非分之想,是以何时何地都睡得踏实。都督若能如此,亦不难入睡。"

"敢问关将军,何为非分之想?"吕蒙走上一步,向关羽施了一个礼,问道。

关羽还了一礼,笑道:"吕将军若不知此,便非知进退守礼仪者也,幸而置身都督帐下,要不然,将会沦为何种人,只恐天知道了。"

甘宁怒道:"关将军无非分之想,敢问汝霸占荆州,作何解释?"

关羽笑道:"兴霸如何是非不分,强词夺理!荆州乃是朝廷之荆州,汉室之荆州。曩日,刘景升被朝廷任命为荆州牧,辖江夏等七郡,汝乃江夏太守黄祖部将,却背叛黄祖、背叛荆州,诱使江东出兵攻占江夏,此乃霸占荆州。关某乃刘皇叔结义兄弟。皇叔受荆州人物拥戴,亦曾得到江东之主同意,并上报朝廷,在刘景升仙逝以后,成为荆州之主,代替朝廷管辖荆州之地。吾兄入川,关某受皇叔所托,董督荆州,何来霸占?"

甘宁语塞,怒火中烧,恨不得拔剑相向。

鲁肃见状,连忙呵斥道:"兴霸休得无礼,关将军乃是江东客人,怎可如此相待?"转过头来,邀请关羽进入大营。

在鲁肃以及江东诸将的陪同下,关羽昂首阔步,谈笑风生,走向鲁肃的大营。周仓手捧大刀,紧紧地跟在他身后,亦步亦趋。那七八个亲随,则跟在周仓后面，目不斜视，一齐向大营走去。

进入营门，亲随被留在门口；周仓继续跟在关羽身后，准备入内，但被一名江东将领挡住了。周仓大声斥责道："关将军手不离刀，周某作为捧刀亲随，自当紧随将军。汝继续阻拦，别怪周某手下无情。"

那名将领还要阻拦，周仓只是一撞，就把他撞翻在地，好一会儿也起不来。

鲁肃与关羽听到声音，一齐转回头。见此情景，鲁肃脸色难堪，连忙说道："关将军亲随如此骁勇，难怪所向无敌。"暗地里示意吕蒙、甘宁不要轻举妄动。

关羽把脸一板，斥责周仓道："关某是来赴宴的，何须汝如此张扬。"

鲁肃说道："无妨，关将军刀不离手，彼职责所在，倒是鲁某没有考虑周全，造成误会，关将军不必责怪他。"

周仓一步踏入内室。等待关羽坐下来，他仍手捧大刀，笔直地站在身后。

吕蒙、甘宁见关羽单刀赴会，原以为容易对付，谁知周仓竟然露出了如此高深莫测的功夫，不由得相互使了一个眼色，分派由谁刺杀关羽、谁牵制周仓。

鲁肃与关羽叙礼毕，安坐之后，军士们鱼贯而入，端上了一盘盘菜肴，一壶壶美酒，分别麻利地摆放在众将的桌几上，并为每一位将领斟上了一斛酒。随即，鲁肃举起酒斛，说道："孙刘联盟以来，荆州与江东虽关系亲密，然某与君侯各有职责在身，从未一齐开怀畅饮。今为增进情谊，特邀君侯至此，江东诸将，当一起敬君侯一斛。""谨遵都督号令。"诸将全都举起酒，一齐敬向关羽。

"莫忙！"关羽连忙摆了摆手，转头问鲁肃，"都督今日之宴，果真只为了增进吾等情谊乎？"鲁肃问道："君侯莫非怀疑鄙人？"关羽笑道："子敬诚实君子，关某怎敢怀疑。只关某得知道为何饮酒，不说不相干话题，亦请诸位不要提起，以免扫了大家兴致，可否？"

吕蒙、甘宁一心要想灌醉关羽，好下手除掉他，以便夺取荆州，才不管谈论什么话题呢,马上就要应承,只听鲁肃含糊其辞地说道:"云长真是一个爽快人。"

关羽微微一笑,端起酒,向众人示意一回,说道:"多承都督盛情,为了增进荆州与江东之联盟,我等痛饮此斛。"

"干!"众人热烈响应,均脖子一扬,将一斛酒倒进了各自的嘴巴。

随之而来的是,众人不停地变换着话题,要么几个人一块,要么单独向关羽敬酒。关羽成竹在胸,来者不拒,于觥筹交错之间,谈笑自若,妙语不断。喝了整整一个上午,关羽仍然谈笑风生,但舌头有点打结了,显然是在勉力支撑。

鲁肃确实动了杀掉关羽,夺取荆州之心,但看到关羽如此毫无防备,心下有些不忍,决计趁着他半是清醒半是糊涂之际,劝说他把荆州还给主公,以全孙刘联盟的名声,大声说道:"君侯且住,鲁某有一言诉与君侯,希望君侯一听。"

关羽似乎略微有些吃惊,瞪着眼睛看了一下他,说道:"都督有何话说?"

吕蒙、甘宁比关羽还要惊讶,很不愿意鲁肃说出什么话来,令关羽有了警觉,由此惹来很大的麻烦,赶紧暗中用目光阻止鲁肃继续说下去。可是,鲁肃已经打定了主意,丝毫不看他们,他们又不能硬生生地插入话头,只好安慰自己:"关羽已是半醉,纵然英勇无敌,岂能逃脱吾等布下的杀局?"

鲁肃稍微顿了一下,说道:"昔皇叔几无容身之地,某劝说吾主联合皇叔,在乌林击败曹军,皇叔乃有喘息之机;某又劝说吾主将其妹子嫁给皇叔,将荆州借给皇叔,约定取川之后归还。今西川已得,而荆州未还,皇叔焉能失信?"

关羽立刻摇了一下手,说道:"某已言明,此等国家之事,筵间不必谈论。"

鲁肃已经说出了话头,岂能让关羽区区两句话就把自己堵了回去,继续说道:"荆州之地归属,事涉能否增进我等情谊,乃筵间应谈之事。想当初,吾主只区区江东之地,而肯以荆州相借者,为念君侯等兵败远来,无以为资故也。今皇叔已得益州,则荆州自应见还。然吾主派遣使者前往成都,要求皇叔归还，皇叔竟然推脱，实在令江东心寒。今君侯但肯先割三郡，亦能稍解吾主与皇叔之心结。"

关羽正色道："都督诚实睿智之人，奈何出此毫无见识之语？岂不闻《春秋》有云，圣人不察存亡、贤不肖，而察其所以也？皇叔得到朝廷饬令，作为荆州之主，定当守住荆州每一寸土地，如何私下相授？都督念兹在兹，言荆州乃江东借予皇叔，却荆州何日为江东所有？江东一向觊觎荆州，打了十余年，方得江夏，今江夏乃在江东手里，皇叔未曾想过收回江夏，奈何江东一直惦念荆州？江东既然从来没有过荆州，又如何把荆州借给皇叔？"

鲁肃一时语塞，说不出话来。吕蒙说道："人说关将军忠义，今日观之，名不副实。荆州症结，在于乌林之战。将军对此只字不提，试图混淆是非，颠倒黑白，无非为了继续赖在荆州，不会偿还吾主。"

关羽哈哈一笑，说道："子明见识，尤其浅薄。乌林之役，我方大军尽出，左将军身为主帅，亲冒矢石，戮力破敌，汝江东仅出三万兵马，纵使有功，岂能超越皇叔？乌林过后，左将军率领本部乘胜追击，收复荆州四郡，与江东何干？"

甘宁万分恼怒，厉声说道："若非周都督率领兵马攻打江陵，牵制曹军主力，你家主人如何能收复荆州四郡？如此算来，荆州理当属于江东。"

关羽仰天哈哈大笑道："天下无耻之徒，莫过如此。若兴霸之言，周都督攻打江陵之时，关某正在江陵北牵制曹军，所有荆州地面，当属皇叔无疑。"

甘宁怒火中烧，马上就想拔出剑来，但被鲁肃喝止了。鲁肃说道："子明、兴霸二将军唯言乌林，确有不妥。关将军是明理之人，眼光更加高远，理当知道荆州属于江东。"

关羽冷冷地说道："子敬如此笃定，可说得出令关某信服之理？"

鲁肃说道："君侯曾举《春秋》之言，圣人当察其所以。今肃愿与君侯追及所以。昔，君侯始与皇叔同败于长坂，计穷力竭，将欲远窜。吾主矜念皇叔身无处所，不爱土地，使有所托足，以图后功。此乃荆州问题之关键。"

关羽冷笑道："子敬奈何如此糟蹋圣人之言？若依子敬之言推之，尔后曹军攻打江东，行将落败之际，皇叔出兵相助，帮助你家主公保全了江东，皇叔便以子敬所持理由，向你家主公讨要江东，你家主公将何以应之？"

鲁肃一愣，不由为之语塞，幸而睿智聪颖，很快反应过来，说道："夫天下事，只有前因后果，没有假设。君侯此番假设，实在站不住脚。"

关羽心知，继续与这帮人舌辩下去，不可能有任何结果，决计马上走人，按照预先约定的办法，回过头来，朝周仓使了一个眼色。周仓会意，立刻厉声说道："江东人物，尽皆强词夺理之辈！"关羽一听，勃然大怒，一跃而起，劈面夺过了周仓所捧大刀，怒喝道："此国家之事，汝何敢多言！可速去！"

周仓会意，急忙奔出内室，先到岸口，上了快船，举起红旗，奋力摇动起来。

这时候，处于江心的船只看见了，马上向关平发出信号。一时间，十余只船如同射出去的箭镞，直奔过江东来。

趁江东人物还没有反应过来之际，关羽迅疾走向鲁肃桌几跟前，右手提刀，左手一把挽住鲁肃，佯装喝醉了，说道："子敬请吾赴宴，莫提荆州之事。吾今已醉，恐伤故旧之情。他日令人请公到荆州赴会，另作商议。"

吕蒙、甘宁见势不妙，立刻一跃而起，各自抽出长剑，就想冲上前去。但关羽早已挽住了鲁肃的手，如有轻举妄动，必将伤及鲁肃，硬生生地忍住了，不敢上前，说道："关将军若想离开，都督定当相送，如此拉拉扯扯，成何体统？"

关羽笑道："不妨，吾与子敬，兄弟也，如此更显得亲密。"说罢，再也不理睬他们，强硬地把鲁肃扯出了内室。

吕蒙、甘宁无计可施，只有紧紧地跟在他们的身后，寻找机会，准备向关羽下手。可是，关羽一直谈笑风生，把鲁肃扯到江边，二人还是没有找到机会。这时候，关平率领的十余只快船即将靠岸。吕蒙、甘宁心知在陆地上不可能截杀关羽，便立刻传令下去，出动水军，准备在江上拦截。

突然，天空中响起了一声惊雷，紧接着，乌云密布，迅速向江边涌来。周仓与七八个亲随，迅速奔向关羽身后。恰好豆大的雨点撒落下来。关羽昂首看天，问鲁肃道："子敬，关某真是醉了，今天是什么日子？"

鲁肃不知他是何用意，说道："端午节过去七八日，应是五月十三。"

关羽哈哈大笑道："难怪老天下雨，却原来是关某磨刀之日。"鲁肃惊讶地问道："关将军如何磨刀？"关羽说道："子敬且看便了。"说罢，关羽将手中的青龙偃月刀猛地朝空中抛去。

鲁肃大惊失色，欲想逃跑，但人在关羽手里，哪里跑得了？

吕蒙、甘宁一见关羽将大刀扔上天空，以为刺杀他的时机已经来临，相互使了一个眼色，欺身就要同时攻过去，但耳朵里听到了霍霍霍的磨刀声，不由得心里一惊，赶紧收手，仰头看天，只见那把青龙偃月刀闪耀着寒冷的光芒，继续霍霍作响，自动飞向江边的一块石头，一刀将那块巨大的石头劈为两半。

青龙偃月刀落地的一瞬间，周仓迅速奔了过来，拾起大刀，看了看锋利的刀刃，向关羽报告："将军，刀已磨好，可以上阵杀敌。"

"胡说，此处哪有敌人？"关羽呵斥了他一声，看着鲁肃，问道，"子敬，如此磨刀之术，可曾见过？"

鲁肃听到大刀在空中霍霍作响的声音，已经惊呆了，如今一见青龙偃月刀竟然能自动劈开一块巨石，更是呆若木鸡。吕蒙、甘宁饶是信心十足，要手刃关羽，见了如此情景，亦跟其他江东将士一样，宛如钉子钉在那儿，半晌没有反应。鲁肃总算清醒过来，浑身上下直冒冷汗，连声说道："关将军神刀，果然非同凡响，鲁某长见识了。"

这时候，关平率领快船全部靠岸了。

关羽微微一笑，继续扯着鲁肃的手，一直到了船边，这才放手，说道："子敬不必远送，他日当请子敬来江陵一叙。"向他施了礼，箭步登上快船，立于船首，对江东诸将说道："吾有一言，诸位听着，汝等好生维护江东，勿得再打荆州主意，以续两家之好；否则，关某大刀，不只会砍石头，亦能砍下头颅。"

鲁肃如痴似呆，眼睁睁地看着关羽所乘的快船乘风而去。吕蒙、甘宁亦仿佛石雕一般，毫无反应。半晌，江东一干人等终于清醒过来。吕蒙愤然说道："吕某誓必夺取荆州，方解今日之恨。"甘宁亦叫嚷道："都督须拿定主意，我等需立刻出兵，夺取荆州。"鲁肃叹息道："若出兵硬夺，两家联盟将不复存在，曹军乘虚而入，江东亦将陷入危险。""都督曾许下诺言，一旦不能文取，必将出兵武夺,如今奈何退缩?"吕蒙、甘宁一齐说道。

吕蒙、甘宁二人劝不动鲁肃,遂直接禀明孙权。孙权得到消息,勃然大怒,深知难惹关羽,决计避开江陵,出兵先取长沙、零陵、桂阳三郡,任命吕蒙为攻打长沙三郡主帅,调鲁肃把守益阳、巴丘,便于吕蒙主攻,另以甘宁协助鲁肃守住益阳、巴丘;孙权准备亲自奔赴陆口,节度全部人马,统一展开行动。

关羽安全返回江陵,荆州文武百官一齐恭贺:"将军神威,足以令江东群小胆寒,荆州从此高枕无忧。"

"不然,吾观吕蒙、甘宁,均是狠心之人,我等仍须备战。"关平说道。孙乾接过了关平的话头,说道:"少将军所言不差。江东纵然畏惧将军,断不会放弃觊觎荆州之野心,不能从将军身边下手,准会突然袭击偏僻之地,造成既定事实,迫我承认现实,以此蚕食荆州。"

关羽说道:"江东确曾向皇叔索要长沙、零陵、桂阳三郡,足见彼早有计划。某曾嘱咐三郡太守严加防范,并准备派兵前去协助,然至今未能成行。从即日起,周关将军率领一支马军、廖化将军率领一支步军,火速前往长沙、零陵、桂阳协防。随后,吾将视情况亲领主力前往增援,坚决遏制江东之图谋。"

这时候,闪出一个南郡太守麋芳,说道:"关将军如此调度,单从作战而言,似乎没有问题,然一旦长沙、零陵、桂阳三郡不战而降,又该如何?"

关羽问道:"以麋将军之见,该当如何?"

麋芳说道:"立刻以长期跟随皇叔征战之将,担任三郡太守,方可确保万无一失。"

关羽呵斥道:"临阵换将,素为兵法大忌。且自军师入川以来,长沙、零陵、桂阳三郡太守,均对荆州忠心耿耿,若随意更换,岂不教人心寒!汝无须多言,为我十万大军准备足够的粮草,且确保交通,就是汝之功劳;如有差池,本将军决不轻饶。"

众将以及各位谋士纷纷赞同关羽的说法,麋芳一时间成了孤家寡人,羞惭万分,再也说不出话来。周关、廖化得令,立刻告退,准备收拾人马,向南方进发。

江东方面，吕蒙接到孙权的命令，火速召集鲜于丹、徐忠、孙规诸将讨论进攻长沙、零陵、桂阳三郡的方略，说道："吾仅有两万兵马，一旦同时向三郡发起进攻，必将分散军力，难以速胜。关羽听到消息，必将率部前来救援。届时，我等危矣。为此，须集中兵力，逐一夺取之。诸位，我等当先取何郡？"

"兵法有云，不战而屈人之兵，善之善者也。都督欲迅速夺取三郡，当采取攻心战，劝说三郡投降。"鲜于丹说道。

徐忠说道："此三郡太守均为荆州人物，素与江东没有往来，如何肯降？"

鲜于丹说道："关羽虽善待士卒，然傲慢荆州诸将，荆州人物并非完全支持彼。都督只需申明大义，确保尊重三郡，虽仅有一郡不战而降，亦将重挫荆州士气，降低都督对敌之风险。"

孙规附和道："此言甚当。即使无人投降，我军亦可趁此机会兵分三路，虚张声势，同时进攻三郡，暗中集结主力，进攻最弱者。"

吕蒙采纳了鲜于丹的建议，一面统率兵马分路向长沙、零陵、桂阳三郡进军，一面向三郡太守分别致书劝降。长沙、桂阳二郡太守探知江东兵马雄壮，接到劝降信，担心兵败被杀，不经战阵，果然宣告投降；只有零陵太守郝普不肯投降。吕蒙相继接纳了长沙、桂阳二郡，立刻率领重兵前往围攻零陵。

这时候，周关、廖化率领的人马还在行进途中，得知江东已经举兵的消息，二人一面率部迅疾扑向零陵，准备增援，一面派遣人马回到荆州向关羽报告。

关羽接到报告，大惊失色，赶紧召集荆州文武百官商议对策。

糜芳马上说道："关将军早听糜某之言，亦不会有今日。"

马良说道："糜将军果能未卜先知，理当早日提出更换三郡太守建议；汝提议之时，关将军即使接受，长沙、桂阳太守来不及更换，只会促使彼等更快投降，乃至于零陵太守郝普亦会随之投降。如今，江东正倾力攻打零陵，我等须商议妥当之法，前去解救零陵。"

糜芳本来想在荆州出现危急的关头充分彰显一下自己的本领，没料到在马良面前碰了一鼻子灰，其他众人均纷纷附和马良，顿时更加狼狈。

关平说道："诚如马先生所言，如今长沙、桂阳投降，零陵已成我军能否挡住吕蒙进攻并收复失地之关键。周关、廖化二位将军已赶赴零陵，吾当率全部骑兵，迅速赶过去，与周关、廖化将军一道，从背后袭击吕蒙之军，令郝普打开城门，里外夹击，迫使吕蒙退兵。父亲率领主力跟进，可以恢复。"

"不可。"简雍说道，"关将军举军争夺荆南三郡，若曹操趁机发动进攻，荆州危矣。为今之计，须立刻禀明皇叔，请求皇叔发兵增援。荆州以主力戒备曹军，用已出动兵马与吕蒙对峙，等待皇叔回到荆州，共同迎敌，方是上策。"

关羽沉思道："各位所言，非万全之策。荆州固需防备曹军，然如今江东已向我开战，不迅速阻截其发展势头，后果不堪设想。因此，确有必要禀明皇叔，请求皇叔带兵回援；荆州亦当派出重兵增援荆南。零陵方面，有郝太守坚守，周关、廖化从外面攻击，足以迫使吕蒙难以攻破城池；我重兵出击方向，当是益阳，寻找鲁肃之军决战，迫使吕蒙从零陵撤军，以增援益阳，零陵便可以确保，等待皇叔率兵回到荆州，两下夹击，江东之兵可破。"

众人纷纷称善。于是，关羽立刻写了书函，派遣信使，前往成都求救，命令赵累准备粮草，糜芳负责粮草的调运，傅士仁镇守公安，关平留守江陵，点起一支三万人的队伍，亲自率领，抄小路向益阳进发。

鲁肃得知消息，马上召集诸将研究对策，说道："关云长神勇有谋，今舍弃零陵，兵发益阳，乃是围魏救赵之计。我等实难与之抗衡，当以何策应之？"

众将说道："既如此，可禀报主公，令吕都督撤掉攻零陵之军，以确保益阳。"

甘宁立刻说道："不可。人道关羽神武，然甘某观之，彼亦不过一介凡人，有何可怕之处？今零陵唾手可得，我等不思挡住关羽，奈何轻易让吕都督放弃？"

"保住益阳，亦是为了攻取并且牢固地占领零陵。"众将辩解道。

"据闻刘备已率兵五万赶回荆州，意在攻击零陵。吕都督此时撤军，只恐永远不能得到零陵。更有甚者，长沙、桂阳亦将被刘备重新夺回。江东此番出兵，耗费许多钱粮和三军将士性命，莫非只是与刘备结仇？"甘宁大声质问道。

诸将张口结舌，不敢再说什么。鲁肃说道："兴霸颇有胆识，然吕都督如何行动，须主公决定，我等还是讨论如何对付关羽。"

"都督只要探清楚关羽确实消息，某自有办法破之。"甘宁豪情万丈地说道。

不久，鲁肃接到可靠情报，关羽率领三万兵马已经进抵益阳附近，并且已经挑选了五千精兵，在上游十余里长的浅滩集结完毕，准备乘夜徒步过渡，直接进击益阳。鲁肃赶紧召集甘宁以及其他诸将商议作战方略。

甘宁说道："某手下有两千兵士，都督只需再给五百兵马，吾一开过去，保证关羽一听我军咳嗽声，便不敢涉水；一旦涉水，必定全部被甘某擒获。"

鲁肃壮其言，当即拨出一千兵马给他。甘宁连夜率领三千人马赶到上游设防。

关羽率领人马秘密开进至益阳附近，已经做好了渡河攻击的准备，突然发现对方已经有了防备，心知继续渡河作战，势必难以成功，不得不放弃了渡河计划，而在岸上捆扎柴木作为军营，先安顿下来，打算等刘备从成都带兵回到荆州以后，以部分兵力继续沿江与鲁肃之军对峙，再突然率领主力直扑零陵，与刘备大军一道，夹击吕蒙所部，一举解除零陵的威胁，然后横扫长沙、桂阳，恢复荆州。

"汝有战法，吾有对策。此番定教江东群鼠识得厉害。"关羽眼帘依稀出现了鲁肃的身影，不由得微笑道。

这时候，周关、廖化率领兵马，已经相继抵达零陵附近，突然向围攻零陵的江东部队发起了进攻，打了攻城部队一个措手不及，一举消灭了江东不少人马。但是，江东兵马毕竟训练有素，很快反应过来，挡住了周关、廖化继续进攻的势头，双方展开了激烈的拉锯战。

吕蒙安抚好了长沙、桂阳以后，亲自率领主力人马，一齐向零陵奔杀而去。

经过鄜县的时候，吕蒙遇到南阳人邓玄之。邓玄之是郝普的旧识，因为在荆州不得志，早有投靠江东的打算，遇到吕蒙大军，赶紧求见吕蒙，说道："都督以数万兵马加之于零陵，不难破之。然如今关羽率部进至益阳，益阳危在旦夕，刘备又从成都率领五万大军回援，不日亦将回至荆州。有此两支兵马，都督得到零陵，必伤亡巨大，还能抵抗乎？"吕蒙笑道："吾已发书劝降郝普，彼没有答应。先生可令彼出降乎？"邓玄之说道："某正有此意。只要都督赶走周关、廖化，以某与郝普交情，保证说彼归顺都督。"吕蒙大喜道："若果真如此，吕某当在主公面前极力推荐先生。"

于是，吕蒙率领大军，更加急迫地赶往零陵。

周关、廖化得到吕蒙即将率部抵达零陵附近的消息，商议道："关将军亲领人马攻益阳，刘皇叔带兵回荆州，意在确保零陵。我等奉命先期进至零陵与江东兵马对战，为促使零陵太守郝普坚守下去。一旦吕蒙攻至我等背后，我等将很难应付，不如以部分兵马继续与攻城之江东兵马对峙，主力迅速撤出战场，前往吕蒙大军行进的道路上设下埋伏，打它一个措手不及，可以稍微减缓我等面临的压力，足以支撑到关将军和刘皇叔的大军到来。"

计议一定，廖化继续率领部分人马与攻城之敌对峙，周关统率主力前去设伏。

吕蒙急于攻破零陵，丝毫没有提防到周关会在路途设伏，一下子掉进周关布设的陷阱，顷刻之间，人马死伤无数，不由大为恼怒，竟然不是命令人马后退，而是亲自擂起战鼓，挥动大军全力以赴掩杀过去。江东将士受到激励，人人勇往直前，迎着周关所部的弓箭手与马军冲杀过去。

周关伏击得手，正要指挥人马后撤，部署新的防线，以阻挡吕蒙之军，不料敌军竟然如此凶猛地冲杀过来了，容不得他从容布阵，赶紧命令副将带领主力后撤，自己带领一支人马断后，阻截敌军前进。不一会儿，周关及其手下兵马陷入包围。周关心知今日不能幸免，喝令人马："关将军视我等为兄弟，自当奋勇杀敌，虽死无憾！"一把大刀拿在手里，纵马在吕蒙大军中反复冲杀，所向披靡。

吕蒙见了，放下鼓槌，策马奔入战场中心，劝说周关："汝英勇过人，今陷入重围，焉能脱身。本都督怜惜人才，汝若肯降，吾将向主公保汝。"

周关骂道："汝等江东奸诈小人，岂配与周某说话！周某纵死，亦要教汝等胆寒。他日，关将军、刘皇叔必将屠尽汝等猪狗！"一面破口大骂，周关一面率领兵将奋勇杀敌。吕蒙大怒，喝令人马退出，以弓箭手将周关及其数百兵马全部射死。临死前，周关大骂："吕蒙，汝不得好死！"

除掉了周关，吕蒙立刻挥动人马向廖化背后杀来。

此时，周关所率主力已经退入廖化阵营。廖化得知周关被围的消息，立刻调整部署，以部分兵力监视攻城之敌，以主力挡住吕蒙开进的道路，布设阵地，层层拦截，以便坚持得更长久一些，并派遣人员分别向刘备、关羽报告。

吕蒙本以为除掉周关以后，可以迅速攻入零陵城下，没料到竟然遭到了如此强力阻截，一发狠，接连猛攻了好几天，终于攻破了廖化的第一道防线。

关羽接到廖化派人送来的报告，同时知道刘备已率五万大军回到了公安，正准备向零陵进发，命令廖化坚决阻击吕蒙之军，等待自己与刘备合力杀奔过来，一举解决战斗，自己马上摆出全力攻打益阳的姿态，准备渡河进攻。

孙权得到消息，深知关羽神勇，鲁肃、甘宁均非其敌手，赶紧发书吕蒙，令其舍弃零陵，迅速回军协助鲁肃对付关羽。

吕蒙收到指令，刻意隐瞒此事，当夜召集诸将，说道："我等出兵，已有多日，连遭周关、廖化阻拦，未能进抵零陵，身为江东将领，理当感到悲哀。限汝等明日攻破廖化之军，并取得零陵，不然，自吕某以下，须全体自尽以谢主公！"

当即，吕蒙给诸将分配了任务：某某对付廖化，某某绕道攻至零陵城下。众将惊惧之余，把心一横，决计按照吕蒙的部署，展开猛攻。

紧接着，吕蒙唤来邓玄之，说道："明天攻城之时，汝当寻找机会，进城游说郝普，告诉彼刘备受困成都，无法进援，关羽已败，彼继续抵抗，城破之日，吕某必将杀得鸡犬不留；若彼投降，爵位可保，全城亦可确保安宁。"

当天夜里，吕蒙之主力绕过廖化的阵地，前出至零陵城下，向零陵城发起猛攻,单留下一座城门不攻。派遣邓玄之进至城门喊话。

郝普见是故人,连忙命令人马放下一只吊篮,将他拉了上去。邓玄之将吕蒙说的话全部告诉郝普以后,极力劝说郝普不要玉石俱焚。郝普思考再三,不得不答应投降。邓玄之大喜过望,立刻出城向吕蒙报讯。

这时候,吕蒙已经预先命令四个将领,各选百人,待郝普出城,便进城守住城门。郝普出城之时,吕蒙握着他的手,把他强行拉上船,拿出了孙权的书信,并抚手大笑起来。郝普细阅书信内容,方知刘备已在公安,而关羽则近在益阳,对自己受吕蒙蒙骗没有抵抗到底感到羞惭万分,无地自容。

吕蒙尽得三郡后,将廖化兵马困在原地,留孙河守城,即引军开赴益阳,与孙皎、潘璋及鲁肃兵并进,准备对付关羽。

此时,刘备接到消息,曹操亲率人马向汉中发起进攻,担心益州危急,便有和解意图,派人向孙权传达消息,重新结盟,达成协议:以湘水为界,长沙、江夏、桂阳归孙权,刘备占据零陵、武陵、南郡,今后永不相互侵犯。

随之,孙权将刚刚得手的零陵交还给刘备,同时,把郝普等不愿效力江东的三郡官员一并遣返,一场借讨荆州的历史大剧终于落下帷幕。

第十六章　刮骨疗毒

关羽心里一直非常难受，宛如硬生生地吞下了一枚铁蛋，怎么也消化不了，一天到晚都难受着。这并非完全是因为在亲自率领队伍渡过湘江，与鲁肃的人马展开厮杀之际，被甘宁使用毒箭射中了左臂；主要原因在于兄长刘备已经率领五万大军回到了公安，只要继续向零陵方向开进，与自己前后夹击，必将击破吕蒙，收复荆南三郡，可是，兄长竟然因为曹操亲率大军征讨汉中张鲁，与孙权讲和！

一接到这个消息，关羽马上忍住伤痛，把益州当面防务交给手下一位名叫王甫的大将，带了几个随从，骑上赤兔马，火速回到公安，面见刘备，顾不得互道别离之苦，说道："兄长带兵回到荆州，即应速向吕蒙背后进攻，怎能与江东讲和？"

刘备说道："即使打败吕蒙，恢复荆南，江东岂肯干休？孙权必将倾兵与我决战。岂能短时期可以结束？届时，无论我等获胜，抑或江东获胜，我军都将遭到重大损失。曹操攻破汉中，以得胜之师，加之于益州，益州如何抵抗？"

关羽分辩道："益州与汉中接壤之地，尽皆地形险要，又有军师在彼坐镇，以益州现有之兵，足以挡住曹军攻势。且乌林之战以来，曹操每次亲率大军出战，均非攻击荆州、益州，兄长奈何以此为由，与江东讲和？"

刘备长长地叹了一口气，说道："贤弟对曹操认识不清。"

关羽沉默了一会儿，说道："兄长明鉴，吾一向认为江东乃天下混乱之源,曹操挟天子以令诸侯,代表朝廷,应是我等联合力量。"

刘备说道:"贤弟须知,曹操名为汉朝丞相,实乃汉贼,为兄受衣带诏,此乃明证。江东纵有再多不是,总没有像曹操一样,欺君罔上,公开做出大逆不道之劣行。"

关羽无话可说,陷入了长时间的沉默。刘备知道,这一次,关羽确实被击中了要害,绝不会再在到底是联合曹操或者联合孙权的问题上模糊不清了。他要趁热打铁,令关羽更加坚定地执行这个方针,以便自己在处理完了荆南三郡的危机以后,可以完全放心地回去成都,与诸葛亮一道,秣马厉兵,审时度势,适时向汉中和东川发起进攻,将它们纳入自己的掌控之中,然后与荆州同时出兵,兵分两路,杀向许都,彻底剿灭曹操,匡扶天下。于是,他说道:"江东确为祸害天下之源,然目前亦受曹操攻击,即我等与江东联合之基础。为了不被曹操各个击破,我等应该勉力维持,哪怕失去一些地面,只要无关大局,亦可以忍痛。一旦我等剿灭曹操,江东不主动请降,我等便可出兵一举荡平。"

关羽叹了一口气,说道:"希望兄长不要过多让步。"

按照关羽的想法,荆州纵使要割让一部分地面给江东,最多让出一郡,算是偿还了当年鲁肃劝说孙权把南郡作为嫁妆移交给兄长的人情,没想到,最后竟然是把主动投降的长沙、桂阳二郡全部交给了江东,关羽心里的恼恨可想而知,该有多大!但是,他不能说出口,也没法说出口,毕竟这是兄长刘备的决定。他只有接受,只有从吕蒙手里接过零陵,可是,他的心在滴血。

吕蒙把零陵交给关羽之际,笑道:"关将军不战而收回零陵,此乃神将也。"

关羽微微一笑,说道:"关某再有能耐,不可能令曹操听吾指挥,骚扰江东后路。吕将军做到了。为此,关某更应该佩服吕将军。"

这时候,廖化率领人马来到关羽身边。听了吕蒙与关羽的对话,廖化立刻说道:"吕将军率兵数万进攻零陵,碰上廖某,硬是停留下来,再三向廖某致意,此番情谊,廖某终生不忘。"

鲁肃、甘宁诸将亦受孙权之命,前来参与零陵交接仪式,试图以此弥合孙刘两家将领因为此战造成的裂痕。甘宁用毒箭设中了关羽左臂,此事算不得光彩,自然不会提及,但一听廖化的话,哈哈大笑一声,说道:"甘某率领三千兵马,在益阳上游列阵,欢迎关将军。关将军竟然接受不了甘某的热情,不愿意渡江,甘某手下乃把此地唤作关羽濑。附近民众,一听此名,都觉得格外亲切。"

郝普自从被骗降以后,日日夜夜内心受到折磨,万分痛恨江东诸将的卑劣,亦对自己交友不慎,受到郑玄之的欺骗感到愤怒,一直不愿意真心降顺江东。此时,听到甘宁竟然如此放肆地侮辱关羽,不由得勃然大怒,破口大骂:"汝等江东人物,只会逞口舌之利,欺诈哄骗,别无所能!汝吕蒙大言不惭,令人齿冷;甘宁亦胆敢如此,实乃小人之态!关将军当日没有渡江,定是彼本无此意,只以此吸引汝等注意,等待皇叔率兵赶回,夹击吕蒙。汝等有何可以卖弄者?论勇,江东诸将无人敢单挑关将军,汝甘宁暗施毒箭,算不得丈夫。关将军即使中箭,奋力冲向汝甘宁,汝丢下兵士逃跑。若郝某有此行为,宁不羞愧而死。论智,江东人物更无一人能与关将军相提并论。汝等若非使出卑劣手段骗降,若非长沙、桂阳太守受汝等蛊惑,只恐汝等死无葬身之地;关将军虽则被动应战,首先派出周关、廖化二将军,致使吕蒙难以动弹,关将军亲率大军逼近益阳,汝等竟不知关将军意在与皇叔联手,合击零陵。论仁,江东人物均系蛇蝎心肠,口蜜腹剑,不似关将军体恤兵士,善待黎民百姓。汝等不勇不智不仁,徒使百姓遭殃,兵士遭罪,天若有道,理当把汝等无耻之徒均打入地狱!"

这一席痛骂,把江东诸将骂得一佛出世二佛涅槃,一个个目瞪口呆,好半晌也没有反应。过了好一会儿,吕蒙、甘宁纷纷醒悟过来,恨不得拔剑朝郝普砍去,但一旦触及鲁肃制止的目光,就不能不硬生生地收回了手。

吕蒙忽然哈哈一笑,说道:"汝投降江东,如今要回去荆州,又何以言勇、何以言智、何以言仁?"

郝普大义凛然地说道:"郝某固然不勇不智不仁,但起码知道忠义,不忘旧主,受汝等欺骗,为零陵百姓着想,投降江东,获知皇叔、关将军来到,一心要回荆州。汝等谁非背叛旧主之徒?怎敢跟郝某说话?"

关羽哈哈一笑，说道："郝太守之忠义，关某和皇叔都很清楚，有汝坐镇零陵，关某和皇叔均会心安。"

郝普扑通一声，跪倒在地，说道："谢关将军和皇叔厚恩。郝普绝不会再听花言巧语，以误将军和皇叔大事。"

吕蒙、甘宁本来抱了要在交还零陵的时候，凌辱关羽以及荆州人物的心思，没料到，竟然讨了一个没趣，再也说不出话来。鲁肃眼见得事情弄僵了，连忙说道："郝太守不忘旧主，真乃忠义之人。孙刘两家，虽有不愉快，然皇叔与吾主高瞻远瞩，深知两家失和必为曹操所趁，果断罢手，再度合作。我等身为将领，自当遵循各自主公旨意，摒弃前嫌，精诚合作，共同对抗曹操。"

关羽马上说道："鲁都督所言不差，希望孙刘两家，皆能真心合作。"

交接仪式完成后，关羽吩咐郝普安定民心，自己提了大刀，骑上赤兔马，只带了廖化，向湘水边界奔去。一路上，关羽的眼帘不断地闪现出刚刚过去的战争，心里越发感到别扭，感到委屈，一句话也不说，只是纵马前行。

廖化亦一言不发，紧随其后，眼帘同样闪现着自己与吕蒙交战的一幕幕情景。

那一天，廖化继续率领人马在第二道阵地上迎击敌人。在激烈的厮杀之中，他隐隐约约感觉得到，吕蒙大军的攻击势头有些减弱，不由得暗自纳闷，心想吕蒙一定另有图谋。可是，吕蒙到底有什么图谋呢？廖化寻思了很久，也不得要领。这时候，忽然接到消息，说是吕蒙已经率领主力兵临零陵城下，正在猛烈攻城。他大吃一惊，心知吕蒙必是昨天夜里率领主力偷偷绕过自己当面阵地，直接插向零陵城，马上留下一支人马继续阻击吕蒙的牵制兵力，率领主力扑向零陵，他还没有进抵吕蒙主力背后，就得到消息，零陵太守已经打开城门投降了。他仰天大叫一声，深知吕蒙得到了零陵，定会全力向益阳进军，与鲁肃所部一道夹击关羽，决定仍然留在吕蒙身后，使其不能放手向关羽之军发动进攻，一直拖到皇叔率兵前来救援。于是，廖化潜地里率部跟随在吕蒙大军的后面，向益阳方向进发。

吕蒙诈取了零陵以后，担心廖化攻击零陵，另外派遣孙河守城，将郝普带在身边，兵分两路，一路乘船，一路从陆上，同时向益阳进发，根本不提防廖化不去夺取零陵,而是跟在身后开了过来。当吕蒙率领人马向关羽所部发动进攻,激战方酣之际,廖化突然率领人马冲杀过去。吕蒙后军猝不及防,一下子被冲了一个稀烂,兵士像潮水一样溃退。吕蒙见了,急急忙忙抽调人马,过来应对。但廖化一击得手,士气高昂,很快冲进了吕蒙大军的阵线。

廖化一马当先,奋力杀入敌阵,兵士高声呐喊,猛虎一般冲杀上前,很快就冲垮了吕蒙的队伍。吕蒙大惊失色,立刻从正与关羽作战的队伍里继续调动人马过来增援,同时命令正在侧后待命的一支机动兵马开过来增援。廖化行云流水一般的攻击画上了句号,不能不勉力抵挡。眼见得敌人越杀越多,廖化深知,继续与之纠缠下去,将会陷入敌人的包围,赶紧率领人马撤出战场。吕蒙立即命令机动兵力乘胜追击。

敌人越追越近,廖化率部撤至一个山岚,停留下来,命令弓箭手列成阵势,等待敌人靠近,大声喝道:"有不怕死者上来!"

指挥人马追杀廖化所部的是潘璋。公元209年,孙权进攻合肥,被张辽、李典突进军营,陈武战死,宋谦、徐盛都不敌而逃。此时,潘璋正在后队,见此情景,驰马追上,在马上斩杀宋谦、徐盛军中的两个逃兵,催逼士兵回头再战,稳住了阵线,获得孙权的赏识,被拜为偏将军。此人素来猛勇,不把廖化放在眼里,冷笑道:"汝虚张声势,岂能吓住潘某。快快下马投降,否则,只有死。"

"汝真不怕死,且上来试一试!"廖化厉声喝道。

潘璋把手一挥,兵士一窝蜂地向廖化扑过去。在廖化的身边,突然出现一大队弓箭手,万箭齐发,那些兵士纷纷倒地而亡。紧接着,廖化把手一招,兵士呐喊着,猛地冲杀过去。廖化一马当先,提了大刀,直奔潘璋而去。中了埋伏,潘璋哪敢抵抗,带领队伍扭头就跑。廖化也不追赶,从此便率部不时袭击吕蒙后军。

关羽却是另一番心思。接到刘备率部回到公安的消息,关羽感到夹击吕蒙的时刻即将来临,为了避免鲁肃从背后展开攻击,决定亲自率领部分兵力渡江攻击鲁肃。根据斥候报告,甘宁已率领三千人马,沿湘水对岸布设了防线。他挑选精锐水军弓箭手,乘坐船只,作为第一波人马,在子夜时分,向对岸冲去,一旦甘宁所部阻拦,立刻用弓箭射击;紧接着,亲率主力随后跟进。

船队驶过江心,即将进入对岸。突然,对岸出现了一片火把,一大堆弓箭手挽起弓箭,准备向船上射击。关羽的弓箭手早已蓄势待发,一见到火把以及火把之下的人影,立刻人人挽起弓箭,将箭镞猛地射了过去,一下子就射倒了一大片。岸上的敌军却根本分辨不清船上的人影,躲过了第一波弓箭射击后,迅速用弓箭反击,但大多数射不中目标。趁此机会,关羽的弓箭手一阵接一阵地将箭镞猛射过去,很快就将密密匝匝的人影射落了一大半。不过,江东兵马仍然前赴后继。

关羽率领人马乘船快速驶入对岸,大喝一声,跳下船只。一名亲随牵着赤兔马,亦下了船。关羽接过青龙偃月刀,飞身跃上赤兔马,纵马横刀,向敌人冲了过去。随即,好像利剑划破洪水的波涛,江东兵马密集的队形被划开了一道宽大的口子,尸体宛如割掉的韭菜,一排排地倒了下去。

接连几日,关羽不从正面渡江,甘宁虽则以为关羽害怕自己,但是,也不敢大意,严令各部严密警戒江面,一旦发现敌情,首先用弓箭手伺候,然后迅速调集力量,向受攻击的方向进援。没料到,他竟然一时失了计较,没想到打起的火把竟把自己的队伍全部暴露在关羽弓箭手的射击之下,一时间,人马死伤无数,甘宁顿时气急败坏,一面急令各路人马向受到攻击的方向靠拢,一面亲自挽着弓箭,纵马上阵,要与关羽人马厮杀。一眼看见关羽跳下江岸,正在整顿队形,他心里想道:"关羽果然有勇有谋,不立刻干掉他,防线必将被他突破。"立刻取出一支有毒的箭镞,瞄准关羽,一箭射了过去。

关羽听到箭镞嗖嗖的响声,敏捷地挥动大刀,一下子打落了第一支毒箭。

甘宁大怒,立刻命令弓箭手,集中力量,向关羽射去,自己同时再搭上一支毒箭,借着火光,瞄准了关羽的脑袋,一箭射了过去。恰好赤兔马向岸上一跃,那支毒箭射中关羽左臂。

关羽感到左臂一阵酸麻,心知敌人射来的是毒箭,万分愤怒,仰头一看,看到甘宁正在取另外一支箭,心知毒箭是他射过来的,大声喝道:"甘宁小儿,不敢正面交锋,竟用毒箭伤我,关某不杀汝,誓不罢休。"

一边大骂,一边挥起大刀,纵马向甘宁扑去。距离很近,赤兔马奔驰的速度太快,几乎只是眨眼之间,关羽就奔到了甘宁跟前,大刀照着他的脑袋劈了过去。

甘宁并非浪得虚名,赶紧扔下弓箭,用长枪一挡。哐当一声,激溅出一团耀眼的火花。甘宁感到虎口隐隐生疼,战马踉跄一下,差一点倒了地。一个回合即处于下风,甘宁心里想道,饶是关羽中了毒箭,亦有如此神力,继续跟他打下去,只恐小命难保,不如命令人马继续用弓箭拖住他,逼迫他耗尽体力,让毒汁在他体内发作,届时,甘某只需轻轻一挥手,要杀要剐,尽在自己掌握。一念及此,甘宁马上命令弓箭手:"放箭! 只要关羽身死,弓箭手每人赏赐白银十两!"

重赏之下必有勇夫,弓箭手果然一齐对准关羽放箭。

关羽仍想与甘宁厮杀,却被弓箭手挡住了,心里大怒,赶紧挥起大刀,奔向弓箭手。可是,箭镞太密实,他冲不过去,只能与亲随一道用全副精力对付它们。

甘宁计谋得售,非常高兴,赶紧带领其余人马,冲入关羽步军队形。关羽手下人马即使训练有素,在甘宁兵马不要命的冲杀之下,亦伤亡大增,难以向岸边再前进一步,全部被甘宁的人马压缩在江边,不得伸展。

关羽一边斩落弓箭,一边观察战况,只见甘宁的增援已经开了过来,将自己的人马全部压缩在江边,不由得万分恼火。

"将军继续受困,我军将难以支撑。"亲随们说道,"不如我等在前冲锋,为将军开路。"话音还没有落地,几名亲随就不顾密集的箭雨,挥动大刀,向敌人的弓箭手扑去。人一走动,大刀舞动得再严密,也有照顾不到的地方,仅仅走了几步,就有几个亲随被箭镞射中。

"汝等去死吧!"中箭的亲随大喝一声,挥起大刀,拼出全身的力气,将大刀向弓箭手扔了过去。几道寒光一闪,将最前面的几个弓箭手打倒在地,引起其他弓箭手短暂的惊慌与混乱。

关羽抓住机会,纵马奔了过去,大刀一横,几个起落,将弓箭手全部砍倒在地,大骂:"甘宁,汝如此卑鄙,快来领死!"

甘宁听了,耳朵里一阵嗡嗡作响,举头一看,关羽已经冲杀过来,吃了一惊,瞬息之间,恢复了正常,呵呵一笑,说道:"关将军,战场上只承认胜利者,何来卑鄙之说?难道关将军每次上阵临敌,均未使用计策?"

"任汝巧言如簧,今日难逃一死。"关羽愤怒地骂道,径直杀向甘宁。

甘宁一见过了如此之长的时间,关羽还有如此神力,不由得开始怀疑他是否中了毒箭。脑子里接连闪过几个念头,甘宁定下继续打下去的决心:"甘某布列阵势,刀枪剑戟,相互交错,关羽再神勇,亦能将他围困起来,时间一长,彼中了毒箭,定会发作;没中毒箭,甘某灭了彼之人马,看他如何逃脱?"

于是,甘宁立即命令人马布设阵形。等待关羽冲了过来,以大刀正面迎战;长枪、长剑与方天画戟趁此机会,朝关羽浑身上下猛刺。

关羽刀劈了几个持刀的敌人,听到风声,赶紧收回大刀,迎着长枪、长剑与方天画戟砍去,但大刀又扑了上来。接连砍杀了好一阵子,关羽再也没有了往日那种一刀下去,挡者无不披靡的威势,心里想道:汝甘宁能用兵马围困关某,关某亦能用兵马破掉汝阵。立刻命令传令兵挥舞红旗,招引一队兵马,奋勇地杀将过来,从背后攻入甘宁的阵形。关羽顿时豪气万丈,挥动大刀,一阵横扫,砍倒了一大片,径直奔向甘宁。

这时候,关羽已经渐渐感到左臂沉重,身体不再受到自己控制了,但是他强忍住,一往无前地冲向甘宁。

甘宁一见,心想关羽经过长时间厮杀,又左臂带伤,能有多大力气,不如再跟他决一高低,一旦发现他气力不加,便可以把他擒住,立下不世之功,于是,亦拍马奔向关羽,怒吼道:"关羽休得猖狂,甘某取汝性命来也!"

"凭汝?"关羽轻蔑地一笑,挥起大刀,迅猛地朝甘宁劈去。

甘宁赶紧用刀去挡,但没有挡住,那把大刀一下子砍掉了他的马头,战马扑通一声,重重地倒在地上。甘宁吃了一惊,赶紧跳下马,接连几个翻滚,躲过了战马的尸体,心里早已泄了气:"关羽如此英勇,继续纠缠下去,必将全军覆灭。为今之计,宜赶紧撤离战场,向鲁都督报告,另做打算。"

主意一定,甘宁飞身跃起,将身边一名兵士扔下战马,自己飞身一跃,骑上战马,再一次挥起大刀,冲向关羽的兵士,准备杀退他们之后,率部撤离。

关羽不知道甘宁的图谋,还以为他是继续想派遣人马围困自己,以便完全耗光自己的体力,然后突下杀手,心想:关某已经毒箭发作,勉力坚持,也不会很久,那时候,不用甘宁动手,谁都能杀死关某,不如拼将最后一点力气,吓退甘宁,遂立刻怒骂道:"甘宁,汝这鼠辈,勿再枉费心机,且看本将军手段!"

说罢,关羽暗中积蓄力量,紧握青龙偃月刀,大喝一声,突然把它向天空抛去。甘宁眼帘刹那间浮现出陆口岸边关羽飞刀砍石的一幕,不由得万分惊慌,生怕那把大刀会奔着他而去,赶紧纵马向岸上狂奔。关羽亲随立刻大声喊叫:"甘宁败也!"

这时候,青龙偃月刀从空中劈了下来,将一名江东副将从头劈开,直到腿部,直吓得在副将身边的江东兵士鬼哭狼嚎,听到"甘宁败了"的喊叫声,还以为倒下去的是甘宁呢,哪里还敢继续迎战,掉过头来,纷纷逃窜。荆州之兵勇气倍增,在激昂的鼓点声中,呐喊着杀向江东之兵。

甘宁见此情景,深知已经无法收拢人马继续与荆州之兵作战,只有听任其所带的人马向后逃跑。

此时,关羽脑袋一阵晕眩,差一点倒了地,不过还算清醒,喝令人马:"不必追击,依据地形,排列阵地,准备迎击。"说完,关羽双手一扬,直朝地面倒去。亲随们大惊失色,赶紧一声惊叫,奔了过去,把他抱住了。"听从君侯命令,布设阵地,不准泄露君侯昏迷消息。"亲随们长期跟随关羽征战,很有经验,连忙命令各路首领,紧接着,命令随队郎中为关羽疗伤。

随军郎中用刀划开关羽的铠甲,将左臂上的铠甲全部撕开,只见整条左臂已经肿得好像一条粗壮的马腿,在箭镞周围,全是乌黑色的印记,说道:"关将军中了毒箭,须立刻拔出箭镞,清理被毒箭染黑的毒肉。"关羽的亲随催促道:"汝快点动手,磨蹭什么!"郎中说道:"须把将军手臂和全身捆绑起来。"

亲随听了,连忙找来绳索,可是,战场上没有可以捆绑的地方,只有砍倒几棵大树,把它们拼起来,再脱下自己的铠甲与衣服,垫在树干上,慢慢地把关羽抬上去,紧接着,用绳索捆绑住他的左臂。

　　亲随正要捆住关羽右臂以及双腿的时候,关羽竟然幽幽地苏醒过来,睁开眼睛,询问道:"汝等何为?"亲随连忙回答:"将军中了毒箭,若不赶快清理伤口,将有生命之忧。"关羽动了动身子,再朝自己身上看一看,又问:"为何绑我?"亲随立刻把郎中的话说了一遍。关羽微微一笑,说道:"些许小伤,不妨事。解开吾手,扶吾起来,任由郎中清理伤口。"

　　随军郎中扑通一声,跪在关羽的面前,说道:"不捆住将军,吾不敢动手。"关羽笑道:"上得了战场,见过血腥,为何不捆关某手脚,便不敢动手?关某不会怎么样,汝放心动手。"随军郎中仍然跪在地上,不敢起来。亲随们也一齐劝解。关羽奋力挣扎了一下,腾出右手,一把扯断了捆绑在左臂上的绳索,坐起身子,笑道:"绳索能捆住关某否?既然不能,须听吾令。"

　　郎中哭丧着脸,希望亲随们和自己一道,再劝说关羽,但不仅没人响应,众人反而一致催促他快一点动手。他只好颤抖地拿起了一把锋利的刀子,战战兢兢地准备向关羽的左臂划去。

　　关羽连忙缩回了手,说道:"汝如此害怕,还是不要动手,免得伤了老夫,军中诸将岂能饶汝?"

　　"将军之伤,已经拖宕了不少时间,再不立刻清理伤口,并以药物驱除存于内心之毒汁,小则难以恢复体力,大则有性命之忧。请将军闭眼,不要朝左边看。诸位军爷,与将军说话,分散将军注意力。"随军郎中狠下心肠,决绝地说道。

　　他再也不手颤了,一把手术刀稳稳地拿在手里,唤过一名亲随,让他扶住那支仍然颤动的箭镞,另外唤过一名亲随,拿了早已准备好的那只托盘,里面错落有致地摆放了几把不同形状的刀子,一些绷带,几把钳子,以及一大一小两个可以装物的器皿。一切全都准备停妥,他右手拿了那把手术刀,左手在关羽业已发黑的左臂上轻轻地捻了几下,刀子就要刺进那团黑色的肉了,却忽然发现关羽眼睛正盯在左臂上,连忙缩回手,说道:"请将军看向一边。"

关羽微笑道："老夫不痛,欲看郎中技艺如何。"

随军郎中无计可施,再用左手试了一下那团黑色的肉,右手一刀子刺了进去,略一旋转,剜出一块肉来,放进那只较大的器皿里。这时候,一团黑色的血立刻涌了出来。众人看得胆战心惊。郎中却不紧不慢地从托盘里取过一块纱布,仔细地擦去那团黑血,只见靠近箭镞的一边,全是黑色的肉,外面却是暗红。他下意识地向关羽看了一眼,只见关羽脸上仍然挂着微笑,注视着他的一举一动,眼睛里包含了鼓励的光,不由得大是放心,放下纱布,第二刀下去,在靠近箭镞的地方,剜出了第二块肉,又是一股黑色的血冒了出来。郎中如此这般,接连几刀过后,仅仅剩下中间的那支箭镞以及箭镞附近的一块黑色肉体。郎中腾出左手,从关羽亲随手里接过了那支箭镞,一刀下去,将那支箭镞连同最后一块肉全部取了出来,放入器皿,再用纱布清理一阵,仔细检查伤口,看到骨头已经带有青乌的颜色,换过另外一把小刀,悉心地刮了一回,那窸窸窣窣的声音,令在场的亲随们都感到喉头发紧,骨子发怵。可是,关羽竟然说道:"能听到如此声音,真不错。"郎中停了下来,拿起另一块干净的纱布,在骨头上擦拭了一下,想看一看是否已经把青乌的痕迹全部清理干净。

这时候,斥候报告:"关将军,敌人开了过来,距离岸边只有一刻钟路程。"

"主力准备迎战,另外派出两支骑兵,在马尾上绑上树枝,从左右两翼插入敌后。"关羽脑子一闪,命令道,紧接着,对郎中说道,"敌人已经上来了,汝快快给我包扎好了,关某要猎杀甘宁去。"

"将军,伤口不清理干净,将会留下无穷后患。"郎中说道。"汝包扎就是。"在关羽的坚持下,郎中不得不用药水将已经割开的地方消毒了,用针线缝合好,敷上药,一边包扎伤口,一边说道:"将军不可用力,只要吓唬住江东群鼠就行。"

包扎完毕以后,关羽运动了一下左臂,说道:"郎中可称神医,本将军毫无挂碍,且看本将军如何杀退敌人。"

随从牵来赤兔马。关羽把马背一拍，就要纵身上马，恰好随从看到他左手上的铠甲已经被割破，连忙说道："将军须整理铠甲，以防甘宁看出破绽。"随即，随从用郎中的针线缝好铠甲。关羽飞身跃上赤兔马，冲向队伍最前面。

此时此刻，两千余人的队伍已列成整齐的方阵，正昂首等待敌人的到来。两支各有一千余人的骑兵，亦分别从左右两翼奔向了敌人的纵深。

关羽纵马来到队伍的最前面，勒住赤兔马，手握青龙偃月刀，威风凛凛地注视着前方，只见那儿浓聚了一团杀气，一支庞大的人马急匆匆地杀奔而来。等他们越来越近，关羽可以清晰地分辨出那支队伍里打出的旗号，上面写着斗大的"鲁"字和"甘"字。

很快，鲁肃、甘宁的队伍奔到距离关羽之军仅有三十步左右的地方，停了下来。鲁肃说道："听说云长受伤，吾特来探视。今见君侯安好，吾放心了。"

关羽大笑道："子敬言不由衷，终非诚实君子。汝以为关某中了毒箭，欲率部过江，协助吕蒙夺我零陵。汝之诡计，如何能骗人？岂不想一想，关某于千军万马之中，斩杀了多少成名勇将，区区一支箭岂能奈我何？"

甘宁逃回阵营，越来越觉得关羽动向可疑，便撺掇鲁肃一块过来探望，若见关羽有中毒的迹象，便立刻展开厮杀，谁知一到关羽面前，竟被揭破诡计，不由得心里冒火，说道："关羽，别人怕你，某偏不怕。有胆量，你我决一胜负。"

关羽轻蔑地看了他一眼，说道："甘宁小儿，是否欲看本将军青龙偃月刀把汝劈成两半？"一边说，关羽一边举起青龙偃月刀，做出了奋力一扔的姿态。

鲁肃慌忙说道："云长且住。汝纵使误会鲁某一片好心，鲁某仍须明言，我家主公倾江东之兵，非得拿下荆南三郡不可，并非夺取整个荆州，汝为何如此固执，难道不怕我家主公一怒之下，夺回整个荆州？"

关羽笑道："关某岂会任人恐吓？子敬，汝欲厮杀，可放马过来；果真看望关某，则关某无恙，汝可回去告诉汝家主人，如不速速撤兵，关某定将扫平江东。"

甘宁忍不住了,拍马就要冲上前去。这时候,从后面冲来几匹快马,向鲁肃、甘宁说了一些什么,只见二人均微微有些惊慌失措。关羽心知,这是他们的斥候发现了自己的疑兵,鲁肃、甘宁均以为荆州人马已经全部过江,便产生了胆怯之心,连忙大声喝道:"子敬不走,欲与关某一决高低乎?"

鲁肃说道:"云长奈何一意孤行,岂不是真要彻底撕破两家联盟乎?"

关羽愤怒地呵斥道:"江东已经兴兵,是何言也!子敬休要多说,你我战场上见高低。"说到这里,关羽把手一挥,立刻响起了密集的击鼓声,队伍里响起了一片呐喊声。关羽举起青龙偃月刀,纵马向鲁肃冲了过去。与此同时,在鲁肃的左右两翼,两支庞大的队伍,也以排山倒海之势冲了过来。鲁肃慌了,赶紧率领队伍扭头向后逃去。关羽故作姿态,率领人马紧紧追赶。

追了一回,关羽命令队伍停止追击,等待两支骑兵合拢过来,说道:"如今鲁肃之兵已退,绝不敢过江进犯,我等宜全力以赴,与皇叔夹击吕蒙。"

当即,关羽率领人马过了江,在江岸布设了一些陷阱,并埋伏了一支疑兵,准备掉过头来,全力向零陵发起攻击。恰好斥候报告,零陵已经落入吕蒙之手,吕蒙正率领大军,兵分水陆两路,向这边开了过来。关羽大惊失色,连忙把人马分成两个部分:以弓箭手为主,配以一定数量的步军,在沿江一带布设陷阱,布设阵地,主要以远距离武器射杀敌人的水军,将敌人挡在江上;亲自率领主力,从陆路迎着吕蒙之军冲杀过去。

江东方面,率部从陆路向关羽展开攻击的是孙皎。此人是孙权的堂弟,时任都护征虏将军,替代程普督江夏。此次袭南郡,孙权打算命令孙皎与吕蒙为左、右部大都督,吕蒙却说:"若主公认为征虏将军能行,就该用他;认为吾能行,就该用吾。昔周瑜、程普为左、右部都督,共同进攻江陵。虽大事取决于周瑜,然程普自恃沙场老将,而且都是都督,酿成不和,险些误了国家大事,主公应引以为戒。"孙权由是任吕蒙为大都督,命孙皎统领后续部队。

不能与吕蒙并肩齐驱,只能统率后续部队,孙皎心里大为不满。如今吕蒙接连得了长沙、桂阳、零陵三郡,声望日隆,自己却毫无建树,孙皎更是迫不及待地希望建立更大的功勋,因此,特向孙权请求,统领自己的兵马去攻击关羽。孙权考虑到吕蒙大军连番出战，损伤很大，同意了他的要求，命令他听从吕蒙的调遣，一道杀向关羽阵营。他急于建功立业，催动人马，毫不停歇地奔向关羽营地。

关羽得知准确情报，当即定下计策，以部分兵力在前面引诱敌人，骄纵孙皎的情绪，令其失去理智以后，率领人马疾速进军，亲自在后面两座山岚之间设下埋伏，只等孙皎人马一到，一齐放箭，先射他一个措手不及，然后奋力冲杀到敌人的阵营，一举击破敌人；同时，关羽还派遣一名亲随火速赶回公安，要求刘备立刻进兵，夹击江东人马，一举消灭当面之敌，然后恢复荆南三郡。

孙皎率部前进途中，遇上了关羽人马的阻拦，立刻纵马上前，一见之下，哈哈大笑道："关羽区区三万人马，欲阻挡我四路大军的攻击，捉襟见肘，只能派出些许兵力前来阻我。只需放马一冲，即可尽灭之。"

话音刚一落地，孙皎立即带领兵马猛打猛冲，不一时，就冲垮了这些阻拦。孙皎更加狂傲，命令道："诸将听令，汝等宜迅速进兵，首先攻入关羽大营者，赏黄金百两！"众将听令，人人奋勇争先，各自率领队伍，一路狂奔，很快，数万人马就进入了关羽的埋伏之地。

关羽一声令下，弓箭手一齐射箭，一下子就射倒了一大片敌人。突然遭到袭击，孙皎的人马反应不及，一时间手忙脚乱起来。趁此机会，关羽命令击鼓手擂起战鼓，骑上赤兔马，提了大刀，纵马冲锋在前，带领兵马呐喊着杀向江东兵马。早已看到那面绣了"孙"字的大旗，关羽提刀一阵横扫，径直杀奔而去，厉声喊道："孙皎小儿，关某在此，汝乃自寻死路也！"

眼见得关羽如此神武，骑了赤兔马，径直奔向自己，孙皎吓得魂飞魄散，赶紧拍马向后逃去。与此同时，几员副将挺身而出，挡在关羽面前。关羽一怒之下，挥起大刀，把这些副将全部斩杀，昂头再看去，孙皎仅仅只剩下一个黑点。

"孙皎小儿，关某势必杀汝！"关羽大声喝道，继续纵马追赶。

这时候，江东兵马一见主副将全部没了踪影，哪里还敢抵挡，不知道谁喊了一声："逃命啊！"人马便一窝蜂地向后逃去。关羽只身杀到江东人马中间,江东将士队形混乱,人马拥挤在一块,把一条山路挤得水泄不通。赤兔马一路践踏过去,只听得声嘶力竭的惨叫声响成一片,令人惊悸。关羽心头一凛,想道:"江东人物虽是奸诈之徒,然军士无罪,怎能如此践踏?"心肠一软,勒住赤兔马,举起青龙偃月刀,声如奔雷,大声喊道:"江东军士听了,今孙皎已逃,副将全部被关某诛杀,汝等放下兵器,立刻投降,可保安全。"

江东军士听了此言,纷纷放下兵器投降。关羽命令人马将已经投降的江东将士编成队形,准备带出战场。突然,从两面的山头上射下了一阵箭雨,荆州人马毫不戒备,人马立刻倒下了一大片,连带着许许多多江东将士,也就此丧生。

关羽一面用大刀斩落箭镞,一面向山上望去,只见两面的山上,都站立着无数弓箭手,在右侧的一面山脊上,赫然站立着吕蒙,心知一定是吕蒙得知消息,判断自己正在此地设伏,便带领人马,匆匆忙忙地赶过来,趁着自己正在接受投降军士之机,占领了两面高地,居高临下,突然袭击自己,赶紧命令道:"弓箭手,还击!"荆州将士迅速反应过来,弓箭手在盾牌的保护下,向山上射击,射倒了对方许多弓箭手。

山上突然停止放箭,吕蒙说道:"关羽,汝陷入包围,难以逃命,不如投降我主,吕某保荐吾主,仍以汝为荆州之主以抗拒曹操。汝意下如何?"

关羽怒骂道:"吕蒙,本将军若非念及江东军士一样是父母所养,早已领兵追杀孙皎去了,岂能陷入包围?汝等江东群鼠,无情无义,不忠不仁,有何面目生存于世?别说些许人马,即便千军万马,岂奈我何!"骂完,关羽随即命令人马:"用盾牌护体,不得轻举妄动。"荆州人马听令,立刻暗自准备盾牌。

吕蒙勃然大怒,立刻命令:"放箭,杀尽彼等!"

犹如滂沱大雨一般的箭镞射了下去。一道盾牌立刻耸立在吕蒙面前,箭镞全部射在盾牌上,无法伤及荆州兵将。吕蒙一见,恼恨不已,立刻命令弓箭手停止放箭,怒骂道:"关羽,吕某只需围困,汝即死路一条。"

就在山上停止放箭的那一刻,关羽便命令弓箭手在盾牌掩护下,暗自将箭支搭在弓箭上,准备射击,自己稳坐于赤兔马上,笑道:"吕蒙原来很会说笑话。汝匆匆从水路赶来，趁我不备，上了山，粮草是否充足？汝欲围困本将军，岂不知我兄长已领兵杀来，只要他兵马一到，汝死无葬身之地。"

不等吕蒙有所反应，关羽立刻下达命令："放箭！"盾牌立刻从弓箭手面前消失了，弓箭手倏忽之际拉满弓弦，朝山上射去。

吕蒙根本不做提防，顷刻之间，就有无数弓箭手倒毙于地，不由得怒火万丈，命令道："杀下山去，杀死全部荆州兵马，一个不留！"哗啦啦，吕蒙率领人马从山上冲杀下来，但宛如飞蛾扑火，一旦冲到箭镞有效射程，就全部被放倒。吕蒙不得不调整部署，命令弓箭手向山下射箭，步军同时向山下冲锋。荆州兵马再一次用盾牌把自己保护起来，令吕蒙的弓箭手又一次失去效用。很快，吕蒙的步军冲下山来，山上再也不敢射箭了。关羽命令人马投入战斗。于是，在山沟里，两支兵马展开了惨烈的拼杀。双方一直杀到太阳落山，依然难分胜负。

在率部前来解救孙皎的时候，吕蒙已经在两面的山口各自部署了一支人马，准备在这里展开猛攻，迫使关羽逃出山谷，在其自以为安全之际，突施杀手，没料到，关羽仿佛识破了他的心思，一直在这里与他苦苦作战，根本没有想到过要撤退。他在心里说道："天黑之前不能迫使关羽撤退，外面的人马必将失去作用，一旦关羽偷袭，情况更加危险。"遂把心一横，将部署在孙皎逃亡那一侧的人马抽调过来，加大对关羽所部的进攻，但仍然遭到强力抵抗，一直杀到天色完全黑定，仍然不分胜负。吕蒙微微叹息一声，命令人马停止攻击，做好防止偷袭的准备。

关羽确实怀疑吕蒙的诡计，一直命令人马打下去，就是为了等待天黑。如今，天色完全黑定，关羽对投降的江东兵士说道："我部受吕蒙攻击，情况危急。若非为了你等，关某绝不会遭此困厄。如今关某恐怕保护不了汝等，汝等欲重回江东，关某决不阻拦；愿意跟随关某一道，共同抵抗吕蒙，关某欢迎。"

江东军士打心眼里其实希望回去江东，但又担心关羽是故意引诱他们说出心里话，好加以杀害，遂一同答应随意跟随关将军杀敌。

关羽大喜，说道："如此，你等需换上荆州着装，与关某共进退。"立刻，关羽命令自己的人马与江东投降军士互换着装,指定荆州副将给每一支人马担任领队,分派了相应的任务:"你等前去偷袭吕蒙左边营地,你等前去偷袭右边营地,你等准备火把,一旦各部进入吕蒙营地,立刻举火,带领军士冲进去。"随后,他秘密对荆州副将说道:"若江东降卒没有重回江东之意,你等只需骚扰一阵,迅速撤回,本将军在这里布设一道陷阱,定教追踪之敌死伤惨重;一旦彼等准备投靠江东,需令江东之军相信彼等就是荆州军士,令其自相残杀,然后寻找机会,回到本阵营地,我等便借助江东军士衣着,撤出阵地。出口处果有埋伏,诱其上当,趁其不备,一举消灭之,没有埋伏,即可迅速回到主力阵营,重新部署防线,令吕蒙人马再多,也不敢窥视我等。"

副将遵命。很快,各队准备完毕,一接到命令,各自挺进目标。

吕蒙早已防备关羽会乘夜偷袭,部署人马严密监听周围动静,听到荆州人马开到营地周围,立刻点亮火把,高声呐喊着冲杀过来。

"杀!"关羽副将一见,率先纵马冲了过去,左冲右突,大肆砍杀。那些降卒试图重新投靠江东军,没有进军,但江东兵马一旦冲过来,就挥刀相向,迫不得已,只有一面叫喊"我等是江东士卒",一面操起兵器,极力抵抗。那江东军士哪里听得见他们的话,看出他们是荆州兵士,谁也不手下留情,好像猛虎下山,奋力冲杀。降卒们深知若要保命,再也不能留情,遂人人杀红了眼。

副将见了,趁着双方杀得难解难分之际,脱身而出,向关羽报告。

关羽笑道:"如此甚好,两边都在奋战,吕蒙定不会防备我等会从山口出去。"说罢,立刻带领人马潜地里向山口走去。即将走出山口,关羽感到前面隐隐透射出一股杀气,心知那是吕蒙设下的埋伏,连忙命令人马点亮火把,接连晃动起来。

那边同样点起火把,一支队伍突然出现在众人面前。打头一员将领大声喝问道:"我等奉吕都督之命,在此等候关羽。汝等为何出来,里面情况如何?"

关羽退入兵马之中,唤过一名副将,低声耳语一回。副将立刻纵马来到队伍的最前面,说道:"关羽试图突围,已被吕都督截住,正在夜战。吕都督命令我等赶快偷袭关羽主营。"那边又问："我部可有新的命令?"副将说道："吕都督命令你等跟随我部偷袭关羽主营。"说完,副将立刻带领队伍向前面奔去。那边放下戒备,收拢兵马,前面迎接。副将率领人马一下子将其包围起来。

突然,关羽纵马而出,大声喝道："认识关某乎?"江东军士傻眼了,急急忙忙之间,拿起兵器就要拼杀,关羽扬起青龙偃月刀,早将江东将领的脑袋砍了下来。荆州兵马高声呐喊,人人举起兵器,朝江东兵士砍去,很快就将其斩杀殆尽,只有一小部人马逃得性命,不辨方向,四处逃窜了。

关羽立刻收拢兵马,飞速赶往主营。此时,天色已经大亮。关羽一眼望去,只见湘水里面以及湘水岸边,到处都是江东人马的尸首,己方人马亦伤亡很大。

"将军离开不久,江东水军就开了过来,我等遵照将军之令,只在江边射箭,射退了敌人。"负责留守主营的副将汇报道。关羽放眼观察了一会儿湘水,说道："吕蒙水军遭到重创,绝不敢继续出动。吕蒙一旦察觉我等出了山口,定会追赶而来。我等只需面向吕蒙,布列阵势,挡住他们,等待皇叔兵马过来,消灭彼等。"

人马刚部署完毕,关羽接到刘备派人送来信函,令他停止战斗,与江东议和。

"江东之军已被我杀得闻风丧胆,若不立刻消灭彼等,必将成为荆州心头大患。"关羽心里想道,立刻命令人马继续加强戒备,骑上赤兔马,火速赶回公安,面见刘备,劝说兄长继续进兵。

可是,没有用。因曹操进犯汉中,刘备为了确保西川的安全,并且窥视汉中和东川,必须与孙权继续保持联盟关系,牺牲一两个郡的地面,对他来说,已经算不得什么了。

关羽不得不接受这个痛苦的现实,仰天一声长叹,回到主营,收拢人马,从吕蒙手里接过零陵的管辖权,仍然任命郝普为零陵郡守,叮嘱他严密戒备江东之军,便率领人马回到江陵。

这一仗打下来,周关殉难,折损了许多兵士,关羽心里非常难过,尽管已经与孙权握手言欢，关羽总是不能释怀，不仅越发鄙视江东人物，常常保持对江东的戒备，而且时时幻想着有朝一日，能够统领大军，向江东讨还这笔血债。

不久，曹军又进犯濡须口，孙权迫切希望关羽能够出兵向襄阳展开进攻，迫使曹操不得不从濡须口抽兵他顾，从而减轻自己的压力，便思谋着如何与关羽搞好关系。此时，鲁肃已经病倒了，根本不能行动。孙权无法令鲁肃修复与关羽的关系，想来想去，想到关羽有一个女儿，便差遣诸葛瑾前去提亲。

诸葛瑾乘快船溯江西上，非止一日，抵达了江陵，向守城军士递上了关牒。守城军官立刻把他送到驿馆住下，并派人向关羽报告。次日早上，诸葛瑾洗梳完毕，用过早膳，便去见关羽。

宾主落座以后，关羽问道："先生远道而来，不知有何贵干？"诸葛瑾笑道："某此来有一喜事当面恭贺君侯。"关羽微微一惊，问道："喜从何来？"诸葛瑾说道："我家主公有一公子，生得眉清目秀，且能文能武，至今尚未婚配。听说君侯膝下有一千金，待字闺中，我家主公特意派遣在下向君侯提亲，愿与君侯结秦晋之好。"关羽一听，怒火中烧，说道："你家主人不守信义，且不说他出兵硬夺长沙、桂阳，前番将他的妹妹嫁与我兄长为妻，后以诡计骗回江东，听说她已投江而死。这等人物，谁敢与他做姻亲？此事不提为好！"

诸葛瑾不敢言语，匆匆忙忙回到建业，将事情的始末一说，孙权雷霆大怒，怒骂道："关某如此不识抬举，难道江东不能吞掉荆州不成？"诸葛瑾赶紧安抚："主公息怒，关羽乃是混人，不必理睬，维护联盟，对孙刘双方都大有好处。"

看到诸葛瑾灰溜溜地逃离治所，马良劝说道："江东人物尽管不可信任，将军不许婚可也，奈何如此怒骂？孙权知之，必然怪罪将军，另生事端。"

关羽说道："江东如今遭到曹军围攻，诸葛瑾前来提亲，意在请求荆州出兵，向襄阳发动攻击。吾有此言，令彼不再妄动此念。能彼此之间不要进攻，已经足矣，关某不愿与他们再有任何瓜葛。"

"如此，曹操、孙权必会同时觊觎荆州。"孙乾说道，"荆南一役，我方损失严重，君侯须继续招募兵马，扩大军队，以此防备他们的攻击。"

廖化马上说道："水军略加扩充，可以应付；骑兵损失惨重，更须大力发展。"

关平说道："孩儿调查，此次周关将军殉难，骑兵受损严重，乃是因为战马老化，不能持久作战。为此，须购买良马，将趋于老化之战马全部淘汰。"

"少将军言之有理，我军理当全面更换兵器与战马。"各位将领一齐说道。

关羽常读《春秋》，对其中涉及的兵法权谋亦有很深的认识，特别欣赏这种大智慧："善用兵者，诸边之内莫不与斗，虽厮舆白徒，方数百里皆来会战，势使之然也。幸也者，审于战期而有以羁诱之也。凡兵，贵其因也。因也者，因敌之险以为己固，因敌之谋以为己事。能审因而加，胜则不可穷矣。胜不可穷之谓神，神则能不可胜也。夫兵，贵不可胜。不可胜在己，可胜在彼。圣人必在己者，不必在彼者，故执不可胜之术以遇不胜之敌，若此，则兵无失矣。凡兵之胜，敌之失也。胜失之兵，必隐必微，必积必抟。隐则胜阐矣，微则胜显矣，积则胜散矣，抟则胜离矣。诸搏攫抵噬之兽，其用齿角爪牙也，必托于卑微隐蔽，此所以成胜。"在作战之中，他经常加以运用；在操练之中，他亦注重造势。此时一听众将之言，他思虑道："诸位言之有理。只是，无论购买良马，还是更换兵器，均需耗费不菲银两。如今，荆南之战刚刚结束，实难拿出足够银两，只能逐步解决。"

廖化说道："以前，各郡除供给规定之钱粮外，均未承担其他费用，扩充军力，修筑城池，周济百姓，皆系将军从各项支出之中挤出来的，或采取围湖造田、屯田之术，得以解决。如今，围湖造田已到极限。将军可否考虑重新统计各郡每年的收支情况，且派遣要员分赴各郡调查，以此重新衡量各郡缴纳之钱粮数目？"

不等廖化说完，糜芳立刻说道："廖将军此言差矣。各郡上交钱粮数目，乃皇叔与军师在时，经周密测算，结合景升做法制定而成，岂能擅自变动？"

公安太守傅士仁立刻响应："君侯一向善待黎民百姓。围湖造田，已经占用了大量水域，给黎民百姓生活带来困难，然为了荆州安危，黎民百姓毫无怨言。依廖将军之法,提高各郡征收钱粮额度,岂非令黎民百姓蒙受更大困难乎?"

廖化争辩道:"廖某之意,须先摸清各郡实际情况,再确立对策,并未言明立刻提高征收额度。二位将军奈何如此反应过激?"

马良立刻支持道:"廖将军言之有理。这样一来,便有切实可行、可依之法。"

糜芳、傅士仁还想反对,但关平、简雍、孙乾、周仓以及其他文武官员纷纷赞同,自己处于劣势,只有缄口不言。

关羽说道:"马先生公正无私,胆识过人,此事交由马先生负责,廖化、关平、周仓三位将军提供支持。良马之事,亦不能耽搁。暂时别无他法,有劳赵将军尽快筹集银两,寻找购买良马途径,早日买回良马。"

赵累确实尽心尽力,过了几天,果然筹集到足够的银两,向关羽禀告:"末将已经筹齐了银两。可是,战马要从胡人地区购买,还需要穿越曹操占领地盘,无人从中间贩运,将难以送达荆州。"

关羽笑眯眯地问:"汝如何筹集到足够银两?"赵累回答道:"谨遵关将军之令,末将在存储、运输粮草时,设法降低霉变、丢失几率,经过盘算,多出了一笔银两。"关羽高兴地说道:"赵将军真是荆州支柱,吾何惧不得扩充军力。"

赵累说道:"为将军分忧,乃是末将职责。"关羽笑道:"汝且说一说,何人可以中间贩运?""末将有一胡人朋友,专门贩运马匹,只联系中断,末将已派人到彼经常往来地区,定可以找到他。"

把购买马匹的事情交给赵累以后,想起廖化与糜芳、傅士仁的争论,关羽总觉得里面或许有问题,决计亲自出城,向老百姓打听情况,遂带了随从,从西门出来,向北走了十几里,见路边有一个酒肆,便停了下来。店家一见关羽来了,赶紧迎进棚内,端上水酒给关羽等人解渴。关羽饮了一口,正要询问民间对南郡太守的传闻,忽然来了一哨人马,看见赤兔马,心知关羽在这里,赶紧前来报告:"启禀关将军,我等在沮漳一带巡哨,抓到一个曹军探子,请将军发落。"得到关羽的许可,小校带进一个人来,全身尽是胡人打扮。

那人一见关羽,连忙跪下,说道:"小人并非曹军探子,而是受朋友所托,前来寻找赵累将军。"关羽问道:"汝认识赵累将军?"那人说道:"小人一向贩运马匹,与赵累将军相识。"关羽大喜,立刻命令随从给他松绑,说道:"赵累将军亦在寻汝。吾带汝去见他。"

一时间,关羽把询问南郡太守一事抛至脑后,立刻带领随从,把那人带进江陵城。赵累一见到那人,万分高兴,马上说:"关将军,吾找的就是此人。"

关羽笑道:"关某听他说来找赵将军,便已知之。"随即命令军士摆上宴席,一边亲自招待胡人,一边与他们商谈购买马匹的细节。

三人商量了许久,终于敲定了全盘计划:在关羽初次见到胡人的酒肆附近开设马店,由胡人做中间商,挑选可靠的合作伙伴,为了不使曹军产生警觉,一次至多运送十余匹良马,尽量选择避开曹军营盘,以确保马匹能够安全抵达荆州。

计划很快得到落实,漠北良马从此源源不断地送到荆州。

随着良马不断地运送到荆州,训练马军成为荆州当前的头等大事。关羽仍然把这项任务交给了儿子关平。

马军训练基地在八岭山脚下。关平率领新近招募的马军兵士进至训练基地的时候,打从漠北送来的良马并不多,更多的是昔日马军遗留下来的战马,两种马匹各列成队形,欢迎这些新到军营的兵士。关平指着这些马匹,介绍了它们的来历以及马军将要训练到什么程度以后,说道:"良马配给最勇敢无畏的兵士。汝等须训练成最强大的骑手、最神武的战士,才能得到。"

全体兵士从骑术、马上兵器的使用开始,全部使用那些老马,一人一马教练。每隔一段时间,就挑选出骑术最精、使用兵器最顺手、最勇敢的兵士,换上良马。眼见得那些兵士骑着良马,在训练场上纵横驰骋,旁若无人,赢来了其他兵士的羡慕,于是,人人争先,个个逞雄,把一个训练场搞得热火朝天。

当几乎所有兵士都换上良马以后,关平便开始操练布阵、冲锋、防守等马上作战行动。等过了一段时间,马军基本训练成型,关平立刻跑去请父亲检阅。

这时候，马良已经大体上把荆州所辖各郡的钱粮储备、调用，以及土地、民众数量、官员家庭情况等问题弄清楚了，正在向关羽报告。

听说南郡、公安的各种统计数据一片混乱，关羽怒火冲天："糜芳、傅士仁二人竟然不能履行职责，要他何用！革去彼等职务，降为军士听用。"

关平刚好进来，听到了这句话，立刻说道："父亲，糜芳将军乃是皇叔妻弟，须看皇叔面子。"马良说道："少将军言之有理。糜芳不能履行职责，将军依照军法处理，理所应当，然毕竟有损皇叔颜面，万望将军慎重考虑。"关羽恨恨地说道："国法无亲，自古皆然。皇叔英明神武，一向执法有度，此事就是到了皇叔手上，亦必是这般处理。否则，何以警戒他人？汝等不必多说，执行就是。"

马良、关平连忙跪下，说道："将军息怒。糜芳、傅士仁虽账目混乱，并未不法之举，以此革职，确实过于严厉。将军不妨对彼严加训斥，责令其限期整理清楚，否则严惩不贷，既可保全皇叔颜面，又未骄纵枉法，岂非更好？"

关羽沉思片刻，说道："既如此，可革去彼等职务，暂以军士身份掌管南郡、公安，若不能在最短的时间里，把账目整理清楚，以违抗军令治罪。"

顿了一下，关羽询问："马先生此番辛劳，摸清荆州全部家底，何以教我？"

马良说道："关将军体恤黎民百姓，从不过多征收钱粮，官府虽存储粮草不多、储备银两不足，然民众拥有足够粮草与银两，只要将军发出号令，更多地招募兵马以保护荆州，民众愿意自己拿出粮草与银两来供给新近增添之人马。"

关羽捋了一下胡须，说道："关某不能剥夺百姓好不容易拥有的美好生活。"

马良说道："若非如此，曹操、孙权一旦打过来，百姓美好生活亦会葬送。"看到关羽有些动心，马良顿了一下，继续说："何况，将军可以二十到二十五户供养一名军士之法，既可以保障百姓生活，又扩充军力，岂非两全其美乎？"

关羽思索片刻，颔首道："此事不可操之过急，须得民众支持，方可实施。"

眼见得父亲已经与马良谈完了话，关平立刻说道："孩儿训练马军已见成效，请父亲检阅。"

关羽煞是高兴，马上就想去看一看。可是，刚要起身，周仓前来报告步军训练情况。他只好让儿子先回训练基地。天黑时分，周仓汇报完情况，看到关羽下意识地摸了一把左臂，关切地问道："将军感觉到左臂仍然疼痛吗？"关羽说道："时常感到有些疼痛。不过，不要紧，一会儿就好了。"

周仓关切地说道："末将跟在将军身边，方才放心。"关羽摆了一下手，说道："汝乃步军统领，须琢磨如何带兵作战，不要总是想着我。我需要你保护吗？"

周仓嘿嘿一笑，不敢作声。关羽见了，又教了他一些带兵打仗的道理，就让他回去营地，自己也去了后院。夫人胡金定正等待着他。丈夫一直受到左臂箭伤的折磨，只有她最清楚，总想寻找一些名医为丈夫重新治疗，可是，丈夫事情太多，日复一日地拖下去，她只有揪心地等待丈夫，看到他，她才放心。"夫君今日感觉如何？"胡金定询问道。关羽笑道："夫人不要总是记挂我，我好得很。"

"如果夫君听从贱妾劝告，找来名医，重新治疗，左臂不再疼痛，贱妾当然不会再记挂夫君。"胡金定说道。关羽呵呵一笑，说道："过了这段时日，兵马都训练成功，政务也处理得差不多了，我就听从夫人吩咐，绝不会推辞。"

第二天天不亮，关羽起了床，洗梳完毕，骑上赤兔马，带了几个随从，向八岭山马军校场奔去。刚过丑时，他来到校场附近，听见一阵马蹄声时远时近，放眼望去，只见一个小白点在校场内快速移动。借着星光，他仍然看不清是谁，心里想道："且看这人能练到什么时候。"便站在那儿，一动不动，默默地注视着。

天亮时分，军营里响起一阵急促的击鼓声，紧接着，就是一片杂乱的声音，很快，马军将士全副武装，奔向了校场。关羽不由得暗暗喝彩："马军反应神速，异日上阵杀敌，谁人能敌？"再看那个白点，只见一员小将骑着一匹白马，手持一杆长枪，向校场外面奔了过来，显然是为了给马军将士早晨操练腾出地方。

小将认出了关羽，赶紧跳下马来，向他行礼。关羽问道："汝系何人？为何天不亮独自操练？"小将回答道："报告将军，小人名唤王甫，是少将军的马童，曾在赵云将军手下当传令兵，受赵将军指点，每天都会练马战。少将军来到荆州之后，赵将军把小人送给少将军当马童，小人从此跟着少将军，亦经常练习马战，因为不愿意打扰马军训练，总是天还不亮就起床，自己练上一两个时辰。"

关羽哦了一声，说道："王甫，汝马上工夫定然不差，练给本将军一看。"

王甫立刻双手抱拳，说道："将军有令，小人不敢推辞。"说罢，王甫立刻跳上战马，开始演练起来，时而双腿夹住马肚，横刺花枪；时而卧伏马背，海底捞月。那枪法，兼有各家之长，刚柔相济，攻防有序。

关羽心里暗自高兴，等待王甫练习已毕，回到自己跟前，问道："汝可知马战要旨？"王甫回答道："小人跟随赵将军和少将军日久，耳濡目染，略知一些马战要领。马军重在练成持续作战能力，在战场上，必须出其不意，以迅猛的速度，突然向敌人发起攻击，在敌人来不及反应的情况下，一举击破之。"

关羽笑道："汝且说一说马军之布阵原则、布阵方式以及如何临敌决战。"

王甫娓娓道来。关羽更加心花怒放。恰在这时候，关平发现父亲来到校场，赶紧纵马奔了过来。关羽高兴地对儿子说道："平儿，王甫马上功夫不错，又精通马战，正是马军需要之才。"关平颇有些难为情地说道："王甫是孩儿的马童，孩儿一直忽视了他，若非父亲驾到，马军当会失去一位好统领。"

关羽异常高兴，举头望了一眼正在练习马上拼刺的将士，说道："平儿，命令马军退开，且看为父如何与王甫对战。"关平高兴地说道："多谢父亲指导！"

演练场上响起一阵号角声。马军将士立刻停止操练，迅速排列成一个四方阵势，将关羽、关平、王甫包围在核心。几名军士，将那面大鼓抬了过来，放在正中央。关平手持鼓槌，站在大鼓的面前，只见父亲和王甫已经退开，一个手持大刀，一个手提长枪，各自勒住战马，蓄势待发，马上回转身，奋起鼓槌，朝那面大鼓击去。立刻，关羽、王甫纵马迎面冲了过去，一个举起大刀，一举挺起长枪，在战马相距不过一个马头之远的时候，大刀砍了过来，长枪挡了过去，哐当一声巨响，两匹马迅速分开，大刀与长枪也各自随着它们的主人，向两边跑了过去。

关羽原以为王甫年轻，劲力不够，仅仅使出了五分功力，没想到，被王甫长枪一挡，右臂有些吃不住，赶紧加大左手力气，一阵钻心的疼痛立刻传遍全身，浑身上下冒出了豆大的汗珠。他强烈地忍住了，转过马头，顿了一下，又一次纵马过去。王甫侥幸挡住了关羽的第一刀，第二回合，刚要将长枪劈刺向关羽的喉头，赫然发现他的脸上竟然出现了亮晶晶的汗珠，心头一凛，马上想起关将军中了毒箭并没有完全康复，一直伤口疼痛的传言，迅速收回长枪，但关羽临机应变，用大刀猛力一挡。王甫把持不住，长枪一下子飞出手，朝着关平疾射而去。关平虽在击鼓，听到动静，连忙一闪身，反手抓住了长枪，惊讶地看着父亲和王甫。

关羽握住大刀，怒视着王甫，训斥道："上阵临敌，就是你死我活，怎能如此退让！"王甫看着关羽一脸汗珠，很想解释，却仅仅叫了一声"关将军"，就在他的逼视下，再也不敢说下去。关平心下纳闷，拿着长枪，走了过来，一见父亲的模样，不由大惊失色，赶紧把长枪扔给王甫，奔向关羽，喊道："父亲！"

"不要过来。演练场就是战场，一旦上了战场，就得分出胜负。"关羽说到这里，朝王甫怒叫道，"放马过来，本将军支撑得住！"

这时候，马军将士亦明白发生什么事情了，一同在马背上向关羽行礼："关将军乃荆州依托，左臂伤口复发，不必继续演练下去了，我等必定竭尽全力，练出一支无人可敌的铁军。"关羽呵斥道："难道上了战场，两军对垒，关某左臂复发，能跟敌人商量，暂且停止作战，等关某伤口痊愈以后再决一死战乎？"

王甫勒了一下马，心情激动，举枪就要冲向关羽。关平拿起鼓槌，回到击鼓位置，再一次擂响了战鼓。关羽、王甫两马相交，各自使出了全身的本领，一直大战了三十余个会合，关羽终于支撑不住，在挡过王甫的又一次猛刺以后，青龙偃月刀自行滑落地面，头昏眼花，差一点栽下马来，王甫见机得快，一把扶住他。

关羽被送回府邸的时候，人已经苏醒过来了。胡金定心脏怦怦乱跳，有些惊慌，但强烈地忍住，柔声说道："夫君奈何如此？若出事，岂不有负皇叔重托？"

关兴、关银屏年龄还小，看到父亲脸色苍白，吓得哇哇大哭。关羽笑道："汝等欲学兄长出征杀敌，然见到一点小事就哭泣，莫非能用眼泪打跑敌人？"兄妹二人一听，赶紧止住哭，说道："孩儿不哭，即可上阵杀敌？"关羽笑道："还得练好武功，学好兵法，方可上阵杀敌。从今日开始，为父每天都会抽出时间教汝等。汝等长大了，即能纵横疆场，无人能敌。"关兴、关银屏高兴得跳了起来。

胡金定赶紧说道："夫君有伤在身，如何能教兴儿和银屏，须治愈左臂再说。""我不要紧。"关羽话音还没有落地，就有下人前来报告，说是名医华佗求见。

关羽、关平、胡金定均心头一震，相互打量了一眼。关羽说道："快快有请。"

关平健步如飞，走到门口，果然看到华佗白须飘飘，等在门口，赶紧施礼道："华先生当年救了家母，关平一直未能感谢。先生此番来到荆州，不嫌关府简陋，便留在关府，让关平稍表感激之心。"华佗将了一下胡须，说道："少将军不必客气。华某当年救治令堂，皆因关将军坐镇小沛，施恩于小沛军民，无人不感激其恩德；少将军亦是忠义良善之人，不顾性命，救助被曹军侵害的百姓。幸得少将军父子团圆，可喜可贺。"关平连声称谢，把华佗引进内室。

关羽在胡金定的搀扶下，站起身来，亲自迎接华佗。华佗极为感激，连称不敢当，向关羽拱手施礼后，乍一见胡金定，还以为她就是胡玥，亦施了一礼，说道："夫人气色尤甚当年，越来越年轻，教华某好生感佩。"

胡金定赶紧还礼，却不做声。关平连忙说道："家母早已经仙逝，这是平

417

儿另一位母亲。"华佗连忙施礼道："华某不知就里,失礼了。请夫人原谅。"胡金定微微露出笑容,说道："华先生宅心仁厚,当年救助平儿母亲,令人敬佩。"

华佗说道："小沛军民,无不感激关将军恩德。华某虽未与将军见面,然深知将军乃天下第一等忠义仁慈大英雄,无时无刻不希望替关将军尽一点绵薄之力。听闻将军身中江东甘宁毒箭,还与之拼杀半日,华某担心将军体内会存有毒素,左臂伤口亦未能清理干净,特地来到荆州,希望能为将军效犬马之力。"

胡金定、关平均喜形于色,说道："既如此,有劳华先生了。"

华佗随身携带了一个小箱子。关平将它接过来,放在桌子上。华佗叫关羽坐下来,首先翻看了他的眼睑,然后让他伸出舌头,看了舌苔,又替关羽摸了脉,再叫关羽脱去上衣,在他上身仔细查看了一会儿,最后拿起他的左臂,在那道伤疤上反复端详了一阵子,用手轻轻地叩击了几下,说道："关将军身强力壮,体内没有毒素,然伤口处理得太草率了一些。应该是毒箭已经射入骨头,骨头上还有一些毒素没有清除干净,导致将军时常会伤口发作。"

关羽说道："随军郎中倒是说过,骨头上的青乌痕迹没能清除干净。然江东兵马杀了过来,吾只能命令郎中缝合伤口,整理干净,上阵临敌。"

华佗说道："关将军如此猛勇,实在令人敬佩。"

"敢问华先生,如何根治将军之伤呢?"胡金定问道。

华佗说道："只需找一根绳子,绑将军左臂于柱子之上,华某用小刀割开将军皮肉,刮净骨头上毒素即可。"关羽笑道："既如此,何需绳子? 当初,随军郎中为关某刳除毒素,就没用过绳索。"胡金定连忙说："那该有多痛啊。"华佗说道："华某研制出麻沸散,可以减轻疼痛,只是,所带药物不多,已经用完。"关羽说道："不妨事,华先生尽管用刀。"

华佗领了言语,果然拿出小箱子里面的器物,整齐地排列在桌子上,用酒精在关羽左臂上消了毒,拿起小刀,就要朝伤口上割去。胡金定微微发抖,不敢看了,连忙带了关兴、关银屏,出了屋子,远远地向这边张望。

"将军,华某这就动刀了。"华佗说道。"先生请便。"关羽微笑道。

418

华佗割开伤口，立马，鲜血汩汩而出。关平赶紧拿了一块纱布，递给华佗。华佗仔细地擦拭鲜血、检查进刀的位置，下意识地朝关羽看了一眼，只见他神色自若，只是脸上出现了不少的汗水，心里说道："真是一条钢铁汉子。"接下来，华佗一边继续动作，一边问关羽："闻将军一向认为曹操尽管挟天子以令诸侯，但与江东孙权相比，仍然值得信任，果然如此乎？""曹操虽奸诈，然讲究信义；孙权身为江东之主，一向出尔反尔，精于计算，操守连一个妓女都不如。关某任何时候，都看不起他。若非兄长之命，关某誓不愿与之为伍。""曹操如何讲究信义？""自从黄巾谋逆，天下纷乱，注定难以振兴汉室江山，曹操挟天子以令诸侯，乃是效仿春秋五霸，并没有背弃朝廷，此乃大义。江东方面，则孙坚藏匿玉玺，孙策依附袁术，孙权恃强凌弱，反复无常，天下最龌龊卑鄙之行为，均被彼等做尽。而且，算起来，若非孙坚藏匿玉玺，天下怎会如此混乱？"

"汉室天下，自高祖后期，便没有异姓王，曹操被封为魏王，亦是尊崇朝廷乎？""异姓封王，虽有不妥，然得到朝廷恩准，似乎无可指责。""有朝一日，曹操自设天职旌旗，出入俨然皇帝一样戒严，建立与皇室一样之学宫，戴上只有皇帝才能戴的十二旒王冕，坐起只有皇帝才能坐的六马大礼车，将军还觉得其人讲究信义乎？""果真如此，关某定当率领人马杀向许都，擒获老贼，亲手砍掉彼之脑袋，让世人看一看，不忠不义之人即是如此下场！"

关平站在一边，充当华佗的助手，一边听着父亲与华佗的谈话，一边看着华佗不慌不忙地割开父亲左臂上的肉，清理了血迹以后，用刀子在骨头上刮得霍霍作响，心忍不住一阵阵地紧缩，恨不得伸出手来，让华佗割开自己的血肉，刮掉自己的骨头，免得父亲受罪。声音持续了许久，每发出一次声音，他就犹如心脏承受了刀刺，那种痛，无以言表。曾几何时，那种令人心悸的声音没有了，他定睛一看，华佗已经把父亲的伤口缝合好了，正在敷药，不由得大嘘了一口气。

"关将军真乃神人！华某行医数十载，未见如此钢铁汉子。昔日，曹操颅里有风涎，华某只说要用利斧砍开彼之脑袋，取出风涎，病根自然消除。曹操疑心华某受人利用，要谋害他性命，一怒之下，欲斩杀华某，多亏众人求情，华某才活到今日。"华佗一边收拾器具，一边说，"他日曹操若有异动，希望关将军记住诺言，擒杀此贼，匡扶天下，拯救万民。""关某一言九鼎，绝不会违背诺言。"关羽说到这里，活动了一下左臂，惊叹道，"华先生名不虚传，刚为关某缝合好伤口，关某左臂即能运用自如。他日匡扶天下有成，华先生当立首功。"

建安二十三年，即公元218年，华佗担心的景象果然变成现实。关羽异常愤怒，召集荆州文武百官，研究攻打曹军的方案。

孙乾说道："如今，皇叔已经夺取汉中，西城、上庸、房陵等郡均归于皇叔。7月，宛城守将侯音起兵反抗，拘捕了南阳太守东里衮，曹操急调樊城守将曹仁前往解救，樊城兵力空虚，将军趁机出兵，定可依据攻破樊城，然后进军宛城。"简雍立刻反对道："将军董督荆州，可以备战，但没有皇叔命令，不该轻易出兵。"孙乾说道："将军与皇叔桃园结义，浑然一体，将军出兵即皇叔出兵，有何不可。"

两人争论一开，牵扯到全体文武官员为此争论不休，一时间，相持不下。关羽自思：关某与兄长结义，虽是兄弟，毕竟不能完全代表兄长，在很多问题上，看法都不太一致，如果不向兄长报告，擅自出兵，与兄长认定的时机不合，就会产生不小的影响，还是先向兄长报告为好。由此，他收回了立刻出兵攻打樊城的打算，派遣人马向刘备报告，等到刘备传回"可以在有利条件下进兵"的答复时，曹仁已经攻破宛城，率领人马回到了樊城，形势发生逆转，关羽不得不停止行动。

第十七章　威震华夏

老实说，失去了攻打樊城的绝佳机会，关羽着实感到有些惋惜，思谋着如何改变这种局面。这时候，刘备派遣前部司马费诗来到荆州。关羽得到消息，立刻亲自出城迎接。把他迎进治所，重新施礼以后，关羽问道："皇叔派遣费司马来到荆州，不知有何见教？"

原来，刘备拥有荆州与两川之地，江山千里，气象一新。鉴于曹操早已逼迫汉献帝封他为魏王，而且大行僭越之举，汉室江山名存实亡，手下诸将皆有推尊刘备为帝之心，但刘备坚辞不受，诸人只有退而求其次，劝说他暂称汉中王。

"曹操异姓尚且能够称王，主公有何不可？若主公不能体恤众人之心，只恐会给尔后匡扶天下带来许多阻碍。"诸葛亮见刘备仍然再三推辞，连忙说道。

刘备领悟了其中的含义，长叹道："纵使称王，亦需得到皇帝陛下许可。"

诸葛亮说道："陛下早已处在曹操掌控之中，万事不由他做主，主公一道表章上去，必先落入曹操之手，曹操岂肯同意？主公等不到许可，便不称王乎？"

刘备无言以答。诸葛亮继续说："事有从权，主公可以先称王，后表奏陛下。"

刘备沉吟一阵，接受了诸葛亮的意见。于是，就有两件事情需要紧急处理：一是给手下诸将及众多官员官职与封赏，二是准备给刘备行加冕典礼。

封官与封赏,虽有资历与功劳等可作参考,但对于最重要的将领,首先总得征求他们的意见。为此,刘备与诸葛亮商议了官爵职位之后,特意派遣费诗向关羽通报此事。与此同时,诸葛亮参照历代帝王登基称王的规范,于建安二十四年七月,即公元 219 年 7 月,亲自督率人马在沔阳筑起了一个方圆九里,分布五方的登基坛,在每一个方向各设旌旗仪仗,选择了一个黄道吉日,准备为刘备举行称王加冕仪式。

费诗见问,连忙说道:"在下此来,只为恭喜将军,皇叔受文武百官拥戴,已答应称王。"关羽感到事情很突然,不由得吃了一惊,问道:"此事当真?"

刘备深知,关羽一举一动都遵循春秋大义,凡事都要合乎礼仪。没有得到陛下的诏令,自行封王,在关羽看来,就是大逆不道,形同反贼。费诗在临行之前,刘备单独召见他,与他进行密谈,商议足以打动关羽的说辞,并令其前去拜访张飞。张飞人虽鲁莽,大事面前绝不含糊,给关羽写了一封亲笔信,里面说道:"如今天下混乱,曹操挟天子以令诸侯,二哥敬重朝廷虽好,奈何实乃敬重曹操耳。历来封王,需要朝廷诏令,但朝廷掌控在曹操之手,大哥受众人拥戴,准备称王,难道要由曹操下达诏令?曹操异姓称王,大哥乃皇室之胄,有何不可?"有了充足的准备,费诗先针对关羽忠义的秉性进行劝说,后拿出了张飞写的书函。

关羽脑子里乱糟糟的,一时之间,根本不知道自己到底在想些什么,要怎么做,只得告别费诗,回到府上,关起门来,冥思苦想,越想脑子里越乱,越没有章法。他只有拿出时常研读的《吕氏春秋》,试图平息自己的情绪,并且从中找到可以安然接受兄长称王的理由。可是,平常一拿起《吕氏春秋》就心如止水的关羽,这一次再也不能抑制住心头激荡不已的波澜了,竟然一个字也看不下去,索性把它放在桌上,起身在书房里面急促地走动。胡夫人见他今天格外反常,想询问他到底为何事苦恼,但又不敢问。过了许久,关平急匆匆地回府。

原来,费诗辞别关羽之后,来到八岭山训练基地,宣布了刘备称王的消息,惹得众将无限欢欣。关平深知父亲一定会心有抵触,特意赶回来劝说父亲。

"平儿，荆州有何事发生？"胡金定一看到关平，立刻问道。

关平把自己从费诗那儿得到的消息以及亲眼所见全城军民欢欣热闹的场面说了一遍之后，说道："费司马定是意在鼓动全城庆贺，促使父亲早日下定决心。"

胡金定点了一下头，说道："汝父一时难以接受，也是理所当然。"关平说道："父亲熟读《春秋》《左传》，肯定知道，汉室不可能中兴，如今之混乱，必须澄清。皇叔一向忠厚仁义，以仁爱待人，由皇叔取代汉室，方为得天顺人。"

"平儿。"从书房里传来了父亲的叫声。关平赶紧奔向书房。

关羽已经想通了，汉室不能复兴，天下大道，得民心者得天下，皇叔赢得了民心，正如《吕氏春秋》所说的一样，已经达到了"贤者荣其名，而长老说其礼，民怀其德"的程度，为什么不可以称王？为什么不能取代汉室朝廷？汉室朝廷自从灵帝以来，带给黎民百姓的只是苦难，带给天下的只是混乱，结束这种混乱，正如东周时期一样，依靠诸侯长期奉天子为共主难以解决，必然有一方取得完全胜利，统一天下，才能做到。秦始皇取代东周是这样，如今不是也需要有新的朝代取代汉室吗？

他想通了这一切，正好听到了儿子与夫人的对话，连忙把儿子唤进来，询问了全城军民的反应，说道："父亲亦知皇叔称王，可以凝聚人心士气，更好地讨伐曹操、孙权，平定天下。既然全城良贱无不欢欣鼓舞，便可放假三天，全民同庆。你却须带领兵马，严加戒备，以防曹操得知消息，勾结孙权，偷袭荆州。"

关平惊讶地问道："父亲奈何仍对江东耿耿入怀？鲁都督去世，吕蒙接替彼驻扎陆口，不是常与父亲保持联系，保证不再进攻荆州吗？"关羽摇了一下手，说道："吕蒙狼子野心，说的是好话，做的是恶行。彼愈如此，为父愈发觉得他怀有不轨。""孩儿愚昧，实在看不出江东有何必要与我等为敌。""前年正月，曹操亲率大军攻击江东，兵至濡须口，几乎没有交战，孙权便退却了，曹操留下一些人马与之对峙，亦率兵而返。此何意也？""父亲是说，孙权很有可能暗降曹操，或与曹操达成协议，准备等待时机，夹击荆州乎？""曹军一撤，至今两年有余，不再进攻过江东，此事明矣！""孩儿谨领父亲命令，不教人窥视荆州。"

儿子离开以后，关羽出了书房，对胡夫人说道："全城同庆，夫人更应垂范。"

胡金定笑道："贱妾早有准备，只等夫君一句话，即可张灯结彩，欢庆盛举。"马上招呼全府下人、使女忙碌起来了。关兴、关银屏异常欢喜，蹦蹦跳跳，不一时，就将阖府上下装扮得犹如节日一样喜庆。

这时候，远在数千里之外的成都，根据诸葛亮的精心部署，正在为刘备进行加冕典礼。行完加冕之礼，刘备随即立刘禅为王世子；封许靖为太傅，法正为尚书令；诸葛亮为军师，总理军国重事；封关羽、张飞、赵云、马超、黄忠为五虎大将，魏延为汉中太守。其余各拟功勋定爵。加冕礼一过，刘备立刻修表一道，差人赍赴许都，向皇帝报告，试图为自己称王加盖一个橡皮图章，以具有合法性。

关羽已经下定决心，请来费诗，笑眯眯地问道："汉中王打算封我何爵？"费诗说道："五虎大将之首。"关羽又问："哪五虎将？"费诗如实回答道："关、张、赵、马、黄是也。"关羽一听，脸色突变，说道："翼德吾弟也；孟起世代名家；子龙久随吾兄，即吾弟也：位与吾相并，可也。黄忠何等人，敢与吾同列？大丈夫终不与老卒为伍。"费诗笑道："将军差矣。昔萧何、曹参与高祖同举大事，最为亲近，而韩信乃楚之亡将也；然信位为王，居萧、曹之上，未闻萧、曹以此为怨。今汉中王虽有五虎将之封，而与将军有兄弟之义，视同一体。将军即汉中王，汉中王即将军也。岂与诸人等哉？将军受汉中王厚恩，当与之同休戚、共祸福，不宜计较官号之高下。愿将军熟思之。"关羽恍然大悟，乃再拜道："足下见教得是，关某自当一切如命。"

费诗完成使命，回去成都。关羽立刻召集文武百官，说道："今有细作报告，曹操接到汉中王表章，十分恼怒，准备兴兵进攻汉中。荆州该如何应对？"

马良说道："汉中王得到汉中、东川，已欲荆州连成一体，汉中即荆州，荆州即汉中，汉中遭到攻击，就是荆州遭到攻击，必须立刻做好准备，一旦曹操果然出兵攻打汉中,我等就趁机向襄阳、樊城发起攻击,牵制曹操兵力。"

孙乾赶紧说道:"兵法有云,上兵伐谋,将军可以不必等待曹操向汉中发起进攻,便率先集中兵力,攻击襄阳、樊城。我军兵强马壮,一旦出手,势必打得曹仁毫无反手之力。如此一来,曹操必将打消攻击汉中的念头,转而举兵增援襄阳、樊城。汉中王趁机从汉中出兵,直捣魏境,曹操如何能够抵挡?"

糜芳说道:"昨年,侯音造反,曹仁领襄阳、樊城之兵前去镇压之际,关将军未得皇叔命令,不敢乘机出兵进攻曹魏。如今,皇叔虽说进位汉中王,亦未给予将军可以自行攻打襄阳、樊城之命令,荆州如何能出兵?"

廖化马上接过话头,说道:"将军已得皇叔'可以在有利条件下进兵'答复,怎能说没有皇叔之令? 况且,此次曹操准备进攻汉中,将军若不立刻出兵,一旦曹操出动大军,汉中战局将陷入非常艰难之境。"

紧接着,文武百官围绕能否自动出兵攻击曹魏展开了激烈争论,谁也说服不了谁,争了一个沸反盈天。关羽好几次都想明确表明自己的态度:果断出兵进攻襄阳、樊城,但是,一想到荆州官员人心不齐,不得不打消了念头,静静地听大家继续争论下去。

众人正热烈争论之际,把守城门的校尉向关羽报告:"禀报将军,汉中王派遣使者,已从西门入城。"

这犹如一道无形的绳索,把争吵声全部窒息下来。众人心里明白,使者一定是奉汉中王之命,前来封赏荆州官员的,赶紧跟随关羽一道,把使者迎了进来。

使者宣读了任命:关羽为前将军,假节钺,荆州一众文武官员赏赐有差,各升一级,具体职务,由关羽整理上报。众人一齐欢呼不已。

关羽拜受了印绶,询问使者:"听闻曹操即将兴兵攻打汉中,不知汉中王对荆州是否有明确旨意?"使者说道:"曹操知皇叔加冕汉中王,雷霆大怒,点起数十万兵马,准备攻击汉中,然人马还没有展开,其内部出事,不得不火速撤兵。"

"究系何事?"荆州文武官员一齐问道。使者说:"曹军仍在进军途中,西曹椽魏讽找到长乐尉陈祎，希望抓住时机，袭取邺城。临了，陈祎反悔，未到起事时日，向镇守邺城的魏太子曹丕告发。曹丕大怒，捕杀了魏讽一党数十人，并火速向乃父报告。曹操担心继续出兵，后院会生出更大波澜，遂不再攻打汉中，转而专心致力于清理魏讽余党以及对曹氏不满的官员，以图先安抚后院。""魏讽极有口才，邺城无出其右者，今番能有如此作为，实在难得。"马良叹息道。

廖化似乎生怕荆州人物会继续感叹魏讽之流，连忙大声说道："假节钺意味着汉中王授予将军自主决策权。今曹魏后院起火，便是天赐良机。将军理当统率荆州兵马，一举攻破襄阳、樊城，进而向宛城攻击，以窥视许都。"

"我等练兵数年，兵强马壮，今天赐良机，不可错失。"众武将一块附和道。

孙乾亦说道："将军此次出兵，一者曹操内部不稳，二乃荆州民心士气高昂，三者将军拥有自主决策权，四乃荆州兵马雄壮，将士用命，五者与江东关系和睦，无后顾之忧，正可集中全部兵马，奋力攻打曹魏，一举击破襄阳、樊城。"

关平牢记父亲的教诲，不再把江东当成可以信赖的盟友，连忙说道："江东常怀觊觎之心，不可完全信任，有了前四者，即使仅出动部分兵马攻打襄阳、樊城，亦可大获全胜。父亲理当早日做出决断，火速进兵曹魏。"

这就是说众人支持出兵攻打襄阳、樊城，但在如何对待江东问题上仍有分歧。

关羽及时发话："江东之不可信任，凡我荆州军民，理当清楚，不必多说。为此，攻打襄阳、樊城之际，确有必要留下足够兵马把守江陵，并在长江沿线，每隔一二十里地，修建一座烽火台，以备发现江东异动，即迅速点起狼烟示警。届时，关某将率领人马回救。至于谁可领兵攻打襄阳、樊城，诸位有何见教？"

众人商议了许久，勉强达成一致。关羽做出最终决定，任命傅士仁、糜芳二人为先锋，先引一军于荆州城外屯扎，准备隔日天一亮就开拔，率先向襄阳进军；关羽亲自统率主力随后跟进；孙乾、简雍、糜竺、马良等人，与治中从事潘浚一道，维持荆州地面，并且为大军供应足够的粮草。

接到命令，傅士仁、糜芳迅速动员所辖人马，在指定的时间里开赴指定位置。

这时候，关羽在城里设宴招待刘备派来的使者。饮至二更，忽报城外寨中火起。关羽心里一惊，担心有江东细作从中捣乱，连忙披挂上马，出城查看。使者同样满腹疑虑，纵马跟在关羽的身后，奔入了先锋的营寨，只见傅士仁、糜芳正在指挥兵马扑灭大火，整座营寨里一片慌乱。询问之下，却是傅士仁、糜芳既没有严格约束兵马小心火烛，也没有到整个营寨去巡视，二人相约到傅士仁营帐饮酒，结果，将士们见样学样，亦邀上三五个平时关系不错的伙伴，聚集在一块饮酒欢畅，不料有些人很快就喝醉了，打翻了火烛，烧着火炮以及一些引火之物，火势迅速蔓延，不仅烧毁了很多军器粮草，而且还有一些醉酒的将士毙于火海。关羽大怒，顾不得斥责傅士仁、糜芳二人，赶紧引兵救火。一直乱至四更，方才把大火扑灭。安抚好了将士以后，面对垂头丧气的傅士仁、糜芳，关羽想起自从自己镇守荆州以来，这二人常常会犯下这样那样的过错，乃至于对各自管辖的地盘账目不清，心里大怒，喝令人马把二人捆绑起来，押进城去审问。

随即，关羽召集文武百官，当面斥责傅士仁、糜芳："汝二人一向懈怠军情，吾本不欲用汝，然汝等得众人推荐，吾不愿拂众人之意，任汝等做先锋，谁知不曾出师，先烧毁许多军器粮草，火炮打死本部军人。如此误事，要汝二人何用！"

说罢，立刻命令军士把二人推出去斩首示众。众人一听，赶紧代为求饶："关将军息怒，傅士仁、糜芳二位将军虽则有错，但未曾出师，先斩大将，于军不利。"

关羽怒气不息，说道："此二人一直慢我军心，今又犯下重罪，如能饶恕，如何服众？"众人短暂语塞之后，继续告饶："将军神威，众人如何不服？二人虽犯大罪，然并非诚心，乃是疏忽所致。只要将军宽恕，二人绝不敢再有差池。"

使者看到这幅情景，亦劝说道："前将军执法如山，荆州三军自然不敢稍有疏忽。然则立威,亦须立恩,才能驱使三军。祈求前将军饶恕二人,委以他任。"

关羽听了,思索片刻,板起脸孔,斥责傅士仁、糜芳道:"吾不看众人之面,必斩汝二人之首!但死罪虽免,活罪难逃。"说到这里,马上唤武士摘去傅士仁、糜芳的先锋印绶,将二人按倒在地,各杖四十,命人查看了二人伤势,命令糜芳把守南郡,傅士仁把守公安,叮嘱道:"江东吕蒙,素来觊觎荆州,汝等知之,今吾出战襄阳、樊城,吕蒙必然图谋不轨,汝二人自当小心,须日夜督率人马,严密戒备江东,稍有差池,造成后果,纵使荆州军民一概替汝等求情,吾也决不轻饶,二罪俱罚,立取汝等项上人头!"二人满面羞惭,叩首谢恩,各自回去了。

如此乱了一场,关羽不得不重新挑选先锋,并召集诸将,制定新的作战方略。

"此番出征,步军尚未开拔,即蒙受损失,继续以步军、马军为主,进攻曹魏,未免有些令人担忧。况且,襄阳、樊城,均有长江、汉水环抱,不如使用水军进攻,更容易成功。"关平首先说道。廖化附和道:"少将军言之有理,曹魏之兵,素重步军、马军,水军不够精锐。我军以水军为主,向敌人发起进攻,正是以我之所长攻敌之所短,自然会取得事半功倍之效。"

周仓一直跟在关羽身边,没有直接督率人马上阵杀敌,好不容易有了在益阳与鲁肃部对战的机会,又是以水军为主,他编练的步军没有投入使用。此番出战,他打心眼里希望挂先锋印,谁知众人推荐的是傅士仁、糜芳,他心里非常失落。如今,傅士仁、糜芳犯事,被摘去先锋印绶,他觉得,先锋印绶非己莫属了。不料想,关平、廖化说要以水军为主攻打曹魏,分明不欲自己与敌人畅快淋漓地大战一场嘛,周仓不由得心头火起,说道:"水军固然强大,然而是前将军亲自训练出来的,汝欲前将军打头阵耶?某愿为先锋,直捣襄阳,一战即可夺取它!"

廖化连忙说道:"周将军,不可意气用事,我等均希望替前将军分忧,然实际上确以水军出战为宜。""莫非汝讲实际,某乃胡说不成?"周仓叫道。

关羽一见,赶紧阻拦,说道:"如今已是秋季,长江、汉水水位高涨,确实便于水军进攻。然曹仁盘踞襄阳、樊城十余年，已把它打造成铜墙铁壁，吾意欲将其兵马引出城池，在野外与之决战。此非水军所长，首战当以步军、马军为宜。"

周仓得意地笑道："前将军英明！如此一来，先锋印绶非我莫属。"

王甫不等他的话音落地，立即大声说："谁说只能归汝？吾亦愿意充当先锋。"周仓急了，连忙说道："汝年轻，不可为先锋。"王甫争辩道："先锋非关年龄，只讲本领。若先锋不能率部打好头一阵，迫使曹军丧胆，不利于尔后作战行动。""周某跟随前将军四处征战，早已领受前将军教诲，如何不能打好第一仗？汝一向跟在少将军身边，未经大的战阵，如何能够担任先锋？"周仓高声反驳道。

关羽哈哈一笑，说道："汝二人相持不下，各有道理，本将军委实难以决断，不如明日汝二人校场比武，以胜出者为先锋，如何？"

周仓、王甫都一心想要抢得先锋印绶，一口答应下来。众人亦纷纷叫好。

次日上午，太阳刚刚出来，十万兵马便沿着比武场，排列成巨大的方阵，整齐有序地挺立在校场上。比武场十分巨大，最左边修筑了一个平台，一面巨大的战鼓，威严地挺立于中央，一面巨大的绣有"关"的大旗迎风招展，发出猎猎的声响。最前端，则摆放了一列桌几，一些全副武装的兵士，精神抖擞地屹立在每一个角落，手持令旗的传令兵站在桌几的两侧，摆出一副时刻准备发出号令的姿态。有一条通往平台的道路，一些号手正穿过兵士组成的城墙，翘首朝道路尽头望去。很快，他们看到关羽全身披挂，大踏步地走了过来，在他的身后，是一大群将领，还有关羽的亲随。号手立刻吹响了迎接关羽登台的号令，全体将士一律向关羽这边张望过来，发出山呼海啸般的声音："前将军点将出征，必胜曹军！"

一名副将弓身把关羽以及各位将领请到了平台上，把手朝空中一挥，号声随即停止。顷刻之间，十万大军寂静无声，一齐看向平台。关羽走到最前面，说道："我十万健儿，早已打造成一把锋利无比的长剑，只要拔剑出鞘，必当扫清寰宇，匡扶天下。此番出征曹魏，即是为了完成这一壮举。今天，特地在此举行比武,从周仓将军和王甫校尉之中选拔先锋。比武分为两场,一者个人比试武艺,一者各自带领兵马排兵布阵,现场进行作战演练,两场全胜者方为先锋;若战平,则需回答本将军所提问题,以回答得最合适者为胜。现在,个人比试开始。"

关羽退回到桌几后面,席地而坐,目光如炬地注视着比武场。

随着令旗一挥,号角声马上响了起来,周仓、王甫骑着战马,从比武场两端同时奔向比武场。刹那间,步军高喊着"周将军必胜",马军高声着"王校尉必胜",声音一阵紧似一阵,宛如晴天霹雳,在空中不停地炸响。周仓、王甫二人先向关羽遥遥地行了礼,然后挥起手,朝全体将士致意,再一次迎来了惊雷般的呼喊声。令旗再一次挥起,全体将士立刻悄无声息,平心静气地看着比武场上跃跃欲试的周仓和王甫。击鼓手走向那面大鼓,挥起鼓槌,猛地敲了一声战鼓。

刹那间,周仓、王甫犹如听到了出征的号令,各自拍马,提了大刀,风驰电掣一般地向对方冲了过去。两匹马头刚刚挨近的一瞬间,周仓、王甫各自向对方砍去一刀。那周仓久经战阵,很有经验,出刀比王甫早了一步,以泰山压顶之势,朝王甫头上砍了下来。王甫反应灵敏,刚刚挥刀砍过去,但见周仓的刀锋已经砍了下来,连忙在空中改砍为挡,以长河决堤之势,向周仓的大刀卷击过去。哐当一声,两把大刀砍在一块,发出了惊天动地的声响。战马继续在狂奔,二人各自收回大刀,纵马朝前跑了一回,然后拨转马头,又朝着对方冲了过去。

这一次,两人均打定了一样的心思,战马一接触上,各自勒住了战马,挥动大刀,你砍我挡,你横着一削,我立刻伏在马背上躲过,或者同样挥起大刀,横着削了过去,让两把大刀一次又一次发出相互撞击的剧烈的碰撞声。这一阵砍杀,只看得每一名将士眼花缭乱,屏住呼吸,连喝彩也忘记了。接连砍杀不能得手,二人意识到势均力敌,继续砍杀下去,也不能争出输赢,又各自拍马向相反的方向冲去,寻思着击败对手的办法。紧接着,二人同时掉转马头,再一次迎面相向,纵马奔杀过去。如此一连杀了一个多时辰,二人还是不分胜负。

周仓渐渐地有些急躁，心里想道：不能尽快把王甫打翻在地，时间长了，周某即是取胜，脸上也不好看，只需使计，分散他的精力，才能成功。想到这里，心里有了主意，当二人再一次勒住战马，相互砍杀的时候，周仓突然说道："王校尉，你就把先锋让给老周吧。等下一次出征，老周让给你就是。"王甫笑道："先锋印绶只凭本事取得，何来私下相让一说？"周仓说道："如何不能私下相让？此乃少将军之意。你难道看不出少将军心意？"

王甫果然上当，回头寻找关平，似乎想看他的脸色。周仓一见，赶紧拦腰一刀向王甫砍去，封住了他所有的退路，除了自动落马，再也没有别的办法解救。王甫感觉到了凛冽的刀风，意识到事情不妙，心里想道，好你个周将军，本来是一个老实人，竟然会使诈，岂不知王某领受过赵云将军的指教，会使用赵将军在危急关头反攻敌人要害的招数？他把心一横，丝毫不管周仓的大刀，迎着亦向周仓拦腰砍去。周仓大惊失色，赶紧收回大刀，王甫已经算准了他为了避免伤亡，只能撒手，立刻中途再一次变换了刀法，改向周仓的脑袋削了过去。周仓心惊胆战，慌忙用刀去拦，但那刀锋来得太快，身子还没完全调整过来，就失去了重心，一下子跌倒在地。击鼓手立刻停止击鼓，现场异常寂静。

"好！"关羽情不自禁地高叫道。"王校尉获胜，王校尉获胜！"马军将士一齐欢呼雷动。在悠扬的号角声中，旗牌官站到平台前端，朗声宣布王校尉获胜。

周仓本想使计赢了王甫，没料到竟然反而失了头阵，心知如果不能在第二阵上扳平一局，就完全没有指望了，因此，搜肠刮肚，把跟随关羽一块出征，亲眼看到关羽排兵布阵，打下胜仗的那些阵法与关羽亲口讲解过的兵法谋略反复思考了好几遍，带领一支五百人的队伍，走上比武场，布下了阵势。

王甫率领一支五百人的马军，走向比武场，静静地等待着周仓布完阵，看见周仓纵马朝自己奔了过来，大声问道："周将军，可布好了阵法？"

"王校尉此番能破阵，周某将拜汝为师。"周仓说道，"汝输了，先锋归吾。"

王甫笑道："先锋率军出征，责任重大，不仅武功要好，还要懂得兵法，临机应变,方能不辜负前将军厚望。吾不能破将军阵法,先锋自然归汝,何必多说。"

周仓点了一下头,拍马朝一边走去,把刀朝后一拖,说道:"王校尉请。"

王甫笑道:"将军如此阵法,仅一百兵士即可攻破。"周仓大怒:"汝如何敢轻视周某?"王甫笑道:"如需出动全部兵马,吾亦绝不含糊。"

说完,王甫把手一挥,随队的击鼓手立刻敲响了进军的鼓点,一百名马军兵士挥舞着马刀,呐喊着朝步军阵地冲了过去。步军立刻放箭。马军不仅全都身穿重铠,而且人手一面盾牌,迅疾用盾牌挡在前面,冒着箭雨,继续勇猛地朝对方猛冲,在弓箭手还没来得及发射第二次箭镞的时候,就冲进了其阵地,挥起大刀,砍的砍,削的削,在步军之中横冲直撞。周仓亦有所防备,令旗一招,步军在鼓点的催动之下,全部卧倒在地,挥起大刀,平贴着地面,向马腿砍去。可是,战马奔跑的速度确实太快,每一次跃进,往往使得大刀落了空,那些持刀的兵士反而在战马的践踏下发出凄厉的惨叫。周仓见了,迅疾挥动令旗,重新变阵,改用长枪在更远的距离上去刺马腿。马军这边,王甫亦挥起令旗,只见战马迅速分散开去,将士们紧紧贴在马背上,用刀在地面上猛然挥动,那些长枪不仅难以准确地刺入马腿,而且被大刀砍断,有些步军兵士被大刀砍死砍伤。接连使用三条计策,都难以撼动马军,周仓把心一横,令旗一挥,立刻,步军大刀、长枪、弓箭手全部用上了,相互配合,迎击马军的冲锋,终于把马军给遏制下来了。

周仓见状大喜,挥动令旗,急令人马把马军包围起来,一面奋力拼杀,一面对王甫说道:"王校尉,汝一百马军全部死矣!"

王甫呵呵一笑,说道:"周将军定要在下出动全部人马,某恭敬不如从命。"说完,把令旗一招,剩余的四百马军犹如风暴一样向周仓的队伍卷击而去。周仓立刻挥动令旗,催动战鼓,弓箭手、大刀、长枪,一切兵器,形成一个严密整体,化作一道坚固城墙,挡在马军面前。马军随即投入弓箭手,向步军放箭。

眼见得步军阵形再一次受挫,周仓急令人马后退至早已准备的埋伏阵地,等待马军赶来,便兵分两路,向左右两翼退去,试图让马军控制不住狂奔的势头，一下子掉进陷阱，撤退之兵迅速从两翼冲杀过来，一举赢得胜利。但王甫用一百马军进攻的时候，已经看出了周仓阵势的变化，早已提防周仓会在后面布设陷阱，是以投入全力以后，命令人马暗暗戒备。当步军向两翼分散开来的时候，马军立刻收住向前冲锋的势头，迅速拨转马头，跟踪而去，瞬息之间，就冲入了两翼步军的队形。步军不做提防，一时间，哪里抵抗得了？结局就此注定，步军再一次落败。周仓垂头丧气，狠狠地瞪着王甫，一句话也不说。

"马军获胜，王校尉当为先锋！"马军将士一齐呐喊道。

关羽大喜，立刻把周仓、王甫唤上起来，对周仓说道："汝求胜心切，不知王校尉一百马军，乃是试探汝之部署，汝使出所有战法，致使王校尉看透汝之部署，焉能不败？不过，步军能够训练到如此反应敏捷，倒也确实堪当大任。"

随即，关羽嘉勉了王甫一通，随即登上点将台，大声宣布："王甫听令！""末将在！"王甫双手抱拳，单膝跪地，朗声说道。关羽颁布命令道："命汝为先锋，带领三千马军，克日进兵襄阳，挑战曹仁，只要把曹军人马全部引出襄阳，便算立下大功！""末将遵命！"王甫领了先锋印绶，神采飞扬地退到一边。

周仓格外懊恼，颇有点垂头丧气，也不作声，站在那儿，宛如一段木头。

"周仓听令！"关羽威严的声音传入周仓的耳朵，周仓一下子竟然没有反应过来，只是下意识地朝关羽看去，眼见得关羽向自己投来了示意的目光，这才反应过来，学了王甫的样子，说道："末将在！"关羽的命令下达了："汝带领三千步军，与王先锋一同出发，在王先锋右翼，潜地里向襄阳进军，不要让曹军发现，到了襄阳附近，选择有利位置埋伏下来，等候本将军下一步命令。"周仓连忙说道："前将军知道末将喜欢厮杀，这等命令，既不与曹军厮杀，又不引诱曹军，连曹军的面都见不到，末将心里怪不好受的，恐怕会有误军情，请将军另派他人担此重任，末将可领其他任务。"关羽厉声说道："大军出征，不服从军令者，一律军法从事！"周仓一个激灵，连忙接下了这个任务，说道："将军可得早一点命令末将与曹军厮杀。"

关羽好像没有听到一样，紧接着，点起了关平、廖化："汝二人各领一万兵马,等待王甫、周仓率部启程以后,向樊城方向进发,切断樊城与襄阳之间的联系,阻断樊城之敌向襄阳增援。"

关平、廖化接令后,关羽点起其他诸将的名字,命令他们全都在中军阵营,随同自己一块出征,并以糜竺、马良为参谋,一同随军行动,将治中从事潘浚留下来管理政务,简雍负责统一调配留在荆州的重兵,傅士仁、糜芳留守南郡、公安,并负责为出征大军提供粮草支援。分派已定,关羽命令王甫、周仓即刻率领队伍先行出发,自己送走了使者以后,亦随即起兵奔襄阳大路而去。

自从领受曹操的命令镇守襄阳以来,曹仁深知关羽勇冠三军,将主力部署于襄阳及其附近地域,并在樊城同时部署了一支约莫三万人的兵力,互成掎角之势,以便抗击关羽有可能发起的进攻。即使十余年来,双方没有发生大的战事,基本上处于对峙状态,但是,曹仁丝毫不敢大意,兵马一直处于高度戒备之中,并且派出不少斥候,分路探听荆州一举一动。一接到关羽亲自率领六万兵马,以王甫为先锋,向襄阳开过来的消息,曹仁大惊失色,立刻召集旗下诸将,说道:"关羽尽起荆州之兵,以攻襄阳。此人骁勇善战,丞相曾经有言,战场遇见此人,应该力求避战。先前,我等不听丞相严令,试图在八岭山一线偷袭关平,结果关羽得知消息,硬是救走关平,打败我军,即是明证。如今,我等该以何策应之?"

骁将夏侯存立马说道:"某见过关羽,并非三头六臂,亦不过凡人一个,纵使再骁勇善战,历来水来土掩,将至兵迎,有何惧哉?我军以逸待劳,自可取胜。"副将翟元随即说道:"夏侯将军所言不差,主帅自从镇守襄阳,早已做好应付关羽发起进攻之准备,此时可令樊城派遣一支兵马进至襄阳附近,分散关羽之兵,我等以全力应之,关羽再勇,亦必败无疑。"夏侯存说道:"翟将军奈何如此胆小,襄阳即有七万兵马,岂用樊城之兵?如今关羽大军还在后面,唯王甫带领几千军马耳。末将愿意率领一支兵马,前去迎战,杀退王甫,令关羽胆寒。"

曹仁壮其言,果然命令夏侯存带领一万兵马,打开城门,前去迎敌。

此时,王甫刚刚把马军带到襄阳附近,遵照关羽的号令,装作布列阵势,准备发起攻击的样子，一见曹军开了出来，即刻命令马军停止布阵，准备迎敌。可人马还没有完全调整到位，夏侯存已率部冲杀过来，赶紧装作不敢抵抗的样子，试图向后逃跑。王甫见了，一刀斩杀了一个兵士，随即纵马横刀，喝令击鼓手击鼓进兵。这时候，夏侯存已经带领兵马，呐喊着冲进了王甫马军的队形。马军在王甫的督率下，奋力拼杀，越杀敌人越多，越杀队伍越发陷入了敌人的包围。王甫一见时机已到，赶紧亲自带路，率领人马杀出一条血路，向后面跑了过去。

夏侯存奋力追赶一程，堪堪将要追赶上，忽听后面传来一阵锣声，不得不停止追击，率领人马回到本军阵营，询问曹仁："末将正要追上敌军，主帅奈何鸣金收兵？"曹仁说道："兵法有云，穷寇勿追。将军已令王甫丧胆，追赶下去，万一中了关羽诡计，就得不偿失。"夏侯存辩解道："末将上阵临敌，眼观六路耳听八方。王甫正在布阵，即被末将冲入其阵，彼把持不住，被迫逃跑，岂有他哉？若不迅速扩张战果，后患无穷。"曹仁听了，信以为然，说道："既如此，汝与翟将军各领一军，兵分两路，从两去包抄王甫马军，务须将其消灭。"

翟元说道："主帅此计甚妙，王甫即使诈败，见夏侯将军收兵，亦必定不会再行提备，末将与夏侯将军定将杀他一个措手不及，一举全歼之。"

于是，夏侯存、翟元各领一支兵马，潜地里向王甫停留的地方奔去。

王甫为人谨慎，夏侯存虽说撤军，仍然担心他会杀一个回马枪，立刻命令马军挖掘陷阱，等待敌人，并且派遣斥候前出十余里去探查曹军的动静。得知端的，王甫心里想道："前将军令吾诱敌，若曹军落入陷阱，吾以全力发起突袭，只要其奋力反抗，便不支而退，定会让曹军相信，本部实力太弱，诱敌之计定可成功。"

主意一定，他命令人马做好作战准备，只等夏侯存、翟元率领的人马落入陷阱，便击鼓进军，向曹军冲杀而去，并在听到鸣金收兵的信号后，迅速撤离。

战况按照王甫想定的轨道发展。夏侯存、翟元之兵落入陷阱，因为队形密集，一下子损失了数千人马，正惊异之间，又遭到王甫马军的迅猛冲杀，士气大受挫折,拔腿就想逃跑。夏侯存、翟元接连亲手斩杀了十余个兵士,稳住了阵形,命令人马在战鼓的催动下,冲进敌阵,与之拼死相搏。一直杀到天黑时分,王甫支撑不住,率领人马后撤。夏侯存、翟元督率兵马追杀一阵,方才收兵回城。

曹仁大喜,设宴为二人庆功。夏侯存、翟元说道:"若非天色已晚,末将定杀光荆州兵马;明日,定教主帅瞧一瞧我等手段。"次日,王甫并没有率部过来叫阵,夏侯存、翟元说道:"王甫定是无力进攻,末将愿率部灭之,令关羽胆寒。""二位将军须提放关羽诡计,不可过于深入。"曹仁说道。

夏侯存、翟元合兵一处,开往战场奔去。可荆州之兵已经没有踪影,二人立刻命令兵马就地安营扎寨,派遣斥候分赴各个方向探查王甫及其人马的消息。天黑时分,二人得到回报,说是王甫后退了三十余里,队伍已经残缺不堪;关羽大军仍没踪迹。二人决计趁着关羽还没有到来之际,一举消灭王甫所部,遂兵分两路,暗地里向王甫军营方向摸去。一抵达那儿,二人立刻命令兵马将营地包围起来,然后点起火把,突然擂动战鼓,向王甫营地发起了冲锋。兵马刚刚冲进营地,就响起了一阵接一阵的扑通声,紧接着,就是撕心裂肺的惨叫声。

"夏侯存、翟元,还不下马受死!"二人正惊异之间,听见了一个熟悉的声音,放眼看去,依稀看出一个手提大刀的将领,骑着战马,威风凛凛地挺立在不远处。"关羽?"二人心头同时泛出一个名字。关羽厉声喝道:"汝等还不下马受死,莫非要等本将军动手?""不消将军动手,末将取下二贼首级。"王甫从后面闪身而出,纵马挥刀,向夏侯存、翟元二人冲杀过来。夏侯存、翟元怒火万丈,双双挺抢出马,杀向王甫:"吾不杀汝,难消心头之恨。"

关羽见了,连忙亲自擂起战鼓。一时间,荆州军马一片怒吼,杀向曹军。曹军心惊胆战,慌乱之间,人马被一片片砍倒在地。夏侯存、翟元与王甫搅杀在一起。王甫越战越勇,夏侯存、翟元越战越心慌,不由得泄了气,相互打量一眼,准备丢开王甫,杀开一条出路,带领兵马逃跑。二人略一放松,王甫看准机会,一刀砍下夏侯存头颅,然后用刀一挑,将头颅提在手里,纵马朝翟元奔了过去。

"曹军听者,夏侯存殒命,尔等投降,可保性命。"关羽放下鼓槌,大喊道。

曹军兵士借着火把,看到夏侯存的首级果然在王甫手里,心里一愣,瞬间过后,纷纷放下兵器,宣布投降。翟元趁着荆州兵士不再攻击的机会,慌忙逃跑。关羽立刻命令王甫:"汝可带领马军,迅速追上前去,趁翟元进城之机,一举冲进襄阳,便是大功一件。"王甫得令,急急忙忙收拢马军,纵马朝翟元赶了过去。

翟元逃得一条性命,犹如漏网之鱼急急忙忙拍打战马,向襄阳奔去。很快,战马奔至城下。城门已经关闭。守城兵将大声喝问:"汝系何人?""吾乃副将翟元,快快打开城门。"城上听到了回答,果然就要打开城门,忽然发现在他身后,奔来了一支队伍,赶紧追问:"那是何人?"翟元见问,回头一看,只见王甫已经率领马军赶了过来,急切之间,催促道:"快快打开城门,敌人已经追赶而来。"城上守将立刻回答:"翟将军勿怪,荆州兵马已到,不能开门。"翟元焦急地大叫道:"两万兵马已没,难道本将军也葬身关羽手下乎?""放箭!"城楼上的守将命令道。城墙上射下了无数箭镞,翟元及其战马被射得像刺猬一样。

王甫率领马军追到翟元身边,一听城墙上响起"放箭"的命令,不再前进。

关羽得到报告,带领数万人马,兵临襄阳城下,在距离城墙一百步远近的地方安营扎寨,命令王甫以及诸将备好云梯以及绳索之类,准备从次日开始攻城。

第二天天一亮,关羽部署好兵马,纵马来到城墙下面,向曹仁邀战:"曹仁,关某大军压境,已经切断樊城襄阳交通,包围襄阳,汝不立刻投降,更待何时?"

曹仁大叫道:"关羽,曹丞相待汝恩重如山,汝奈何恩将仇报,攻我襄阳?"

关羽说道:"丞相待关某确实有恩,关某亦不曾与丞相直接对抗。若丞相不欺君罔上,妄自僭越陛下之礼,关某亦不会与汝等刀兵相见。如今,丞相超越为人臣子本分,形同叛逆,关某一向忠义,岂能坐视不管? 今日关某出兵，便要杀向许都，擒获曹贼，匡扶天下，以救万民。汝屑小鼠辈，投降关某，可以免死。"

"放箭！"曹仁一听关羽完全不把自己放在眼里，勃然大怒，在城墙上喝令。

关羽把手一招，同时拍马向后面退去，身后立刻擂响了战鼓，一整排弓箭手突然挺身而出，朝城墙上放箭。紧接着，几员副将率领无数兵士，用盾牌护体，或抬着云梯，或拿着绳索，奋勇冲向城墙。在冲锋道路上倒下了不少兵士以后，一些云梯、绳索上了城墙，兵士们随即敏捷地向上攀爬。顷刻之间，城墙上出现了无数曹军兵士，他们分成几波，砍绳索，推云梯，搬起巨大石头，或者抬来一锅锅烧滚的开水、粪便，向云梯和绳索上砸去。激战过后，城墙上面以及城墙脚下，堆满双方兵士的尸体，也有许多受伤的兵士在不住地呻吟、哀叫、痛哭。

一连攻了好几天，都无法攻上城墙，旗下将士伤亡惨重，关羽不得不命令人马停止进攻，只每一天都列成阵势，向曹仁叫阵。曹仁企图利用襄阳城坚池深、粮草充足的特点，坚守不出，以此拖垮关羽的大军，等待关羽率部撤退的时候，再行追击，获得胜利，任凭荆州之军如何叫骂，就是不出战。

"将军进迫襄阳，一举一动全在曹仁掌握，难道要与彼长期对峙？"马良问道。关羽说道："吾发动进攻，利在速战。原以为曹仁失了两万兵马，已经丧胆，我军可以很快攻破襄阳，谁知竟然如此困难。"马良笑道："想必将军已经另有决断。""历来攻城之法为不得已，诱敌出来，方为妥当。本将军欲令留驻荆州之水军大造向樊城进攻之声势，不知可否。"马良说道："将军此计甚妙。樊城虽易得到曹军增援，然樊城被围或者被攻破，襄阳便会陷入孤立。曹仁必将出兵救援樊城，抚我军后背。届时，将军布下埋伏，拦截曹仁之军，另外命令一支人马攻城，周仓将军伺机率部以曹仁派兵回援之名进入襄阳，城池唾手可得。"

关羽本来还在踌躇，如今受到马良激励，微微一笑，立刻下定决心，命令水军虚张声势，向樊城进发，关平、廖化亦率领本部人马攻打樊城，把攻打襄阳的兵力撤下来，声称攻打樊城，撤至一个名叫王家坟的地方便停留下来，隐蔽待命。

命令一经下达，关羽随即带领人马撤离襄阳，一路向樊城进发，到了那个名叫王家坟的地方，看到周围地势险要，植被丰盛，很适合隐蔽，便命令人马停止进军，就地隐蔽。接到水军已经朝樊城挺进，关平、廖化均正向樊城发起佯攻的消息，关羽成竹在胸，似乎将攻取襄阳的事情丢在脑后，摊开棋盘与马良对弈起来。

关羽撤军用以攻打樊城，曹仁虽则担心樊城一旦丢失，从襄阳退回许都的道路便被切断，却又疑心这是关羽要把他的兵马骗出襄阳，除派遣斥候进一步探听关羽大军的消息，以及沟通与樊城之间的联系外，丝毫不敢派兵出城。如此过了两日，接连接到报告：关羽大军果然在全力攻打樊城，其水军亦迫近樊城，大有包围樊城之势，不由得万分焦急，立即点起一半兵马，准备前往樊城救援。打开城门出发之前，曹仁叮嘱襄阳守将："若荆州之兵趁机攻城，你等切不可开城迎战，只需紧闭城门坚守即可。"随即，曹仁带领人马出城，径直杀奔樊城而去，试图从背后向关羽之军展开进攻，打其一个措手不及，与樊城守军一道夹击之。

曹兵刚入王家坟地界，关羽摔掉棋子猛然起身，大喝一声，命令击鼓手擂起杀敌的战鼓，亲自提刀上马，杀向曹军。四面埋伏之兵一听击鼓声，刹那间同时涌出，将曹兵团团围住。曹军毫不提防，一时间被打了一个措手不及，人马一片惊慌。今已中计，曹仁心知只有死战到底，才有出路，立刻命令击鼓手，同样敲响了进军的战鼓，并且提起大刀，亦奋力向荆州之兵杀奔而去。曹军一见，精神大振，再也不慌乱了，在曹仁的督率下，与关羽所部人马展开了激烈的拼杀。

关羽从千军万马之中看到了曹仁，立即纵马提刀，踏破曹军将士用肉体组成的阵线，径直奔向曹仁。曹仁立马舍了荆州之兵，迎着关羽冲去。顷刻之间，两人战了几个回合，曹仁力怯，不敢继续打下去，赶紧拍马向战场外面逃去。关羽哪里肯放，率领人马紧紧追赶。曹仁逃至襄阳城下，大叫开门，却城墙上突然竖起了荆州军旗，出现了一名荆州将军，赫然竟是周仓。

周仓大声说道："曹仁，周某奉关将军之命，长期埋伏襄阳附近，趁汝带兵离开襄阳,便换上曹军服饰,关将军另派人马前来攻城之际,佯装救援,赶跑彼等,声称汝得到襄阳遭到攻击消息,派遣本将军回救,骗开城门,夺了襄阳。"说罢,也不等他回答,立刻命令人马放箭。

曹仁怒不可遏,但前面有周仓把守襄阳,后面有关羽亲自带领人马追了过来,哪里还敢耽搁?他赶紧带领人马,绕道匆匆忙忙向樊城逃去。临近樊城,从左右两侧又突然冒出了关平带领的一支马军和廖化带领的一支步军,将他拦截下来。

"曹仁,前将军命我等候多日,还不快快下马就擒。"关平、廖化同时喝道。

原来,关平、廖化佯攻樊城,把曹仁的兵力吸引出来以后,除留下一部分人马继续牵制樊城曹军之外,带领主力在此设下埋伏,专门等候曹仁。

曹仁怒骂道:"凭汝等也想阻拦曹某吗?"拍马向二人冲了过去,同时命令人马迅猛杀将过去。曹军只有回到樊城才有活路,尽皆成了亡命之徒,人人奋力拼杀,击破训练有素的荆州将士,终于在曹仁带领下,杀出一条血路,进入樊城。

关羽得了襄阳,立即挥师北进,准备全力以赴攻打樊城,因担心吕蒙率兵趁机径取荆州,命令王甫带领一彪人马沿江上下,或二十里,或三十里,选高阜处置一烽火台,每台用五十军守之;倘吴兵渡江,夜则明火,昼则举烟为号。

王甫充当先锋,赢了一阵,得到关羽赏识,如今一见关羽有了新的部署,趁机劝说道:"荆州之重,在于南郡和公安,糜芳、傅士仁二人素来怨恨将军,将军却以彼二人把守此两处重地,实为不妥,愿将军另以他人代之,方可确保荆州。"

关羽说道:"彼二人虽说确有过错,但本将军此次出兵以来,彼等还算尽力;再者,攻打樊城,比襄阳更难,吾难以调出其他将领去留守后方。"

王甫说道:"即使如此,将军亦须再派一人以总督荆州。"关羽说道:"吾已差治中从事潘浚守之,有何虑焉?"王甫说道:"潘浚平生多忌而好利,不可任用。军前都督粮料官赵累为人忠诚廉直。若用此人,万无一失。"关羽想了想,说道:"潘浚被刘景升任命为江夏从事时,沙羡县令贪赃枉法,被潘浚审查处死,全郡震惊恐惧。后来担任湘乡县令,治理颇有名声。兄长接任荆州牧,任命潘浚为治中从事,入蜀后又将潘浚留下管理荆州事务,可以信任。赵累现掌粮料,亦是重事。汝勿多疑,筑好烽火台当是大功。"王甫继续劝谏道:"烽火台固然重要,万一潘浚、糜芳、傅士仁均不得力,不能及时识破吕蒙阴谋,造成举火缓慢,或者根本不能举火,荆州至襄阳,数百里之遥,出现紧急情况,将军何以知之?纵使知之,只恐为时已晚。"关羽沉思片刻,说道:"汝所言甚有道理,然出兵之前已有决定,不可中途更改。何况,荆州并非此三人,本将军和汉中王一向体恤军士与黎民百姓,彼等发现有异,亦当竭力阻拦。"王甫见关羽已经打定主意,绝不可能接受自己的建议,心里闷闷不乐,告别关羽,带领兵马修筑烽火台去了。

这时候,荆州水军已经开了过来。关羽立刻命令水军船只渡襄江,攻打樊城。

曹仁逃进樊城,立刻召集诸将商讨战守大计。正商议间,忽报关羽正在率领水军大举横渡襄江,即将攻向樊城。曹仁强作镇定,说道:"前日,关羽已有步军、马军推进至樊城脚下,今又大军前来,其人足智多谋,不可轻敌,只宜坚守。"

部将吕常一听,大声叫道:"襄江素为天险,关羽水军再勇,岂能如何?人人怕他,某独不怕,愿乞兵数千,将关羽之军消灭于襄江之内。"曹仁说道:"将军虽勇,然则夏侯存、翟云殷鉴不远,实在不宜出城迎战。"吕常争辩道:"兵法有云:军半渡而击之,今关羽军半渡襄江,若不趁机领兵出击,一旦兵临城下,将至壕边,更难以抵挡。"曹仁不得已,只好给了吕常两千兵马,令他出城迎战。

吕常得令,立刻带领兵马来到江口,只见荆州人马已经有一半渡过襄江,水面上仍然晃荡着无数条船只,觉得只要击破已登陆之兵,足以令其他荆州人马不敢过江,于是,擂响战鼓,吹起进攻的号角,带领兵马,径直地杀向荆州之兵。

荆州之兵亦奋勇地冲了过来。一面绣旗之下,关羽横刀出马,突然出现在吕常面前,大声喝问:"来者何人,怎敢阻挡关某?""汝即是关羽耶?汝来得正好,且看吕某斩汝首级。"吕常大叫道,纵马向关羽冲了过去。关羽不慌不忙,伸手一把夺过他的大刀,扔在地上,就势一拉把他抓了过来,单手举起,大喝一声,朝前面一丢,青龙偃月刀顺势一挥,把他砍为两段。只听惨绝人寰的号叫声盖过了击鼓声与号角声,在空中久久不绝,令人心悸。关羽大喝道:"汝等鼠辈,还有不服气者乎?"曹军一见关羽神威凛凛,哪敢答话,浑身如筛糠一般颤动不已,纷纷放下兵器,不敢抵抗。关羽乘胜率领人马迅速前进,瞬息之间兵临樊城。

"曹仁,汝今日打开城门投降,关某可饶汝性命;否则,城破之日,必将汝碎尸万段,以示对汝追随曹操,危害天下之惩罚。"关羽纵马城下,大声叫喊。

曹仁把脖子一缩,既不敢开城出战,亦不敢答话,立刻差人向许都求救。

使者星夜奔至许都,向曹操报告。曹操立刻召集众多谋士与将领商议,说道:"乌林之战以来,我军一向与云长相安无事,孰料彼竟夺我襄阳,围我樊城,当以何策应之?"谋士程昱说道:"魏王原打算令曹将军与关羽对峙,以老其师,然后出动兵马一举平定荆州,没想到曹将军一时大意,竟然失了襄阳,造成如今被动之局面。为今之计,仅仅从许都派遣兵马前去救援,只恐来不及了,汝南距离樊城较近,魏王当可立刻命令汝南太守满宠率兵帮助曹将军守城,随后点起大军,共同剿灭关羽。"曹操领首,当场颁下旨意,命令使者火速送达汝南。

紧接着,众人推举于禁做主将,带兵解樊城之围。此人因建安二年,即公元197年出征宛城张绣而得到曹操信任,被封为益寿亭侯,在曹军阵营是一员猛将。

于禁危急时刻受命率部救援,毫不推辞,只是说道:"愿得一员猛将做先锋,领兵同去。"曹操遂问众将:"谁敢做先锋?"一人奋然而出,大声说道:"某愿施犬马之劳,生擒关某,献于麾下。"曹操举目一看,见是西凉降将庞德,素知此人英勇了得,曹操毫不犹豫地予以批准,当场封于禁为征南将军,庞德为征西都先锋,点起七路精锐大军,以董衡、董超为领军将校,共同率军前往樊城救援。

当天，七路大军的头目均来参拜于禁，领受了开拔命令以后，董衡私下里对于禁说道："今将军提七支重兵，去解樊城之厄，期在必胜，却用庞德为先锋，岂不误事？"于禁感到很惊讶，连忙询问缘故。董衡说道："庞德原系马超手下副将，不得已而降魏；今其故主在蜀，职居五虎上将；况其亲兄庞柔亦在西川为官，今使他为先锋，是泼油救火也。将军何不启知魏王，另外换一个人当先锋？"

于禁听了此言，深以为然，连夜进入魏王府，启知曹操。曹操一想也是，万一庞德勾连关羽，这七路大军岂不是会全部成为荆州的俘虏吗？连忙令人叫来庞德，说道："此番救援樊城，非比寻常，庞将军纵然英勇，奈何既不熟悉荆州情况，须交还先锋印，另委他好。"庞德大感意外，说道："此乃借口耳。吾正欲与大王出力，何故不肯见用？"曹操只有实话实说："孤本无猜疑；但今马超现在西川，汝兄庞柔亦在西川，俱佐刘备。孤纵不疑，奈众口何？"庞德一听，立刻顿首不已，说道："某自汉中投降大王，每感厚恩，虽肝脑涂地，不能补报；大王为何以兄长与故主之故疑心德？吾有兄长在西川，但年少之时，与兄长同居，嫂甚不贤，某乘醉杀之；兄长恨我入骨髓，发誓不愿再见，与吾恩断义绝。故主马超，有勇无谋，兵败地亡，孤身入川，今与德各事其主，旧义已绝。庞德已再无亲友，唯感大王恩遇，愿意听凭大王驱遣，万死不辞，安敢萌异志？唯大王察之。"曹操深受感动，亲手扶起庞德，抚慰道："孤素知卿忠义，然众人不以为然，孤不得不安定众人之心。卿可努力建功。卿不负孤，孤亦必不负卿也。"

庞德拜辞而出，回到家里，立刻命令匠人造一木棺，告诉亲友道："吾受魏王厚恩，誓以死报。今去樊城与关某决战，吾若不能杀彼，必为彼所杀；即不为彼所杀，我亦当自杀。故先备下棺材，以示无空回之理。"随后，又把他的夫人李氏以及儿子庞会叫出来，当面对夫人说道："吾今为先锋，义当效死疆场。我若死，汝好生看养吾儿；吾儿有异相，长大必当与吾报仇也。"临行前，庞德把部将召集起来，说道："吾今去与关某死战，吾若被关某所杀，汝等即取吾尸置此榇中；吾若杀了关某，吾亦即取其首，置于棺材之内，回献魏王。"部将五百人一齐说道："将军如此忠勇，某等敢不竭力相助！"誓师以后，庞德命令士卒抬着棺材，自己在一边扶着，带领人马一路耀武扬威地向樊城进发。

关羽带领兵马围住樊城，接连攻打了几日，因曹仁勉力抵挡，又有满宠带领一支人马进入樊城，急切之间难以得手，遂一面继续进攻，一面寻思破城之法。

这一天，关羽正在中军帐里召集众将商议战法，忽然接到探马飞报："曹操差于禁为将，领七支精兵增援曹仁。前部先锋庞德，军前抬一口棺材，出言不逊，誓欲与将军决一死战。兵离城只有三十里。"关公闻言，勃然变色，美髯飘动，大怒道："天下英雄，闻吾之名，无不畏服；庞德竖子，怎敢藐视关某！诸将用心攻打樊城，吾自去斩此匹夫，令于禁之军丧胆！"关平连忙劝谏道："庞德一介莽夫，不足为虑。父亲身为主将，奈何以泰山之重，与顽石争高下？只需派遣一员战将前去擒杀庞德可也。"周仓不等关平话音落地，赶紧请战："某愿生擒庞德，献给将军。"廖化亦不甘落后，说道："某自追随将军，承受将军厚爱，委以重任，恨无建树，愿意出战庞德，斩下彼之头颅，令世上狂妄之辈不敢效尤！""不可。"马良说道，"吾闻庞德本是马超将军副将，不仅勇冠三军，而且甚有谋略，若非有勇有谋之将，未必是庞德对手。"周仓、廖化仍想争辩，关羽似乎被说动了心思，说道："马先生言之有理。平儿，汝与为父武功、兵法都是你外公所教，由汝代为父前去迎战庞德，试一试彼有何本事，再做道理。"

关平领命，立刻奔出中军帐，提刀上马，领兵迎着庞德进军的方向开了过去，在两山之间刚刚设下埋伏，即看见曹军开了过来。等待曹营人马近了，关平放眼望去，只见一面皂旗上大书"南安庞德"四个白字，一将走在队伍最前面，青袍银铠，钢刀白马，威风凛凛，目不斜视，背后五百军兵紧随，步卒数人肩抬一口棺材，位于中央。"此人必是庞德。"关平心里想道，"彼区区五百余人，若用箭射他，纵然全部射死，也不算好汉，不如撤下埋伏，面对面与之决战可也。"

心念一定，关平立刻带领兵马跳将出来，大骂庞德："背主之贼！汝有何本事，敢出口狂言，今日遇上小爷，速速下马投降，关某饶你性命，要不然，汝插翅难逃。"庞德大叫道:"汝即关平? 吾奉魏王旨,来取汝父之首! 汝乃疥癞小儿,吾不杀汝! 快唤汝父来!"关平大怒,喝道:"曹操乃乱臣贼子,人人得而诛之,汝是非不分,以曹贼为君,亦是叛逆。关某岂容汝苟活于人世。"一边说,一边纵马舞刀,向庞德奔去。旗下将士亦在战鼓催动下,呐喊着冲杀过来。

庞德见了,一面横刀迎战关平,一面喝令军士:"杀此逆贼,以报魏王之恩!"那五百军士猛勇地冲进关平队形,肆意砍杀,挡者披靡。关平与庞德大战三十回合,不分胜负,眼见得自己数千兵马,被五百军士打得溃不成军,不得不鸣金收兵。

关羽得到报告,十分恼火,心里想道,如果于禁统领的七路大军都是这般模样,一齐从背后杀将过来,势必难以应付,为今之计,宜尽早迫使曹军救援部队停顿下来,然后想出妥善之策,一举予以歼灭。于是,关羽立刻调整部署,命令廖化统兵继续攻打樊城,亲自带领主力部队从樊城撤围,掉头迎战庞德。

害得父亲陷入被动,关平自责道:"若非孩儿撤了埋伏,庞德已成鬼魂,决不至于连累父亲出战。"关羽安抚道:"平儿不以大欺小,乃是忠义之举,无可厚非。明日,为父匹马单刀,生擒庞德,足令于禁主力胆寒,裹足不前。"

次日,关羽独自一人横刀出马,向庞德叫阵道:"关某在此,庞德何不早降!"

庞德布设好阵势,只等来了关羽一个人,心里不由大是佩服,命令人马击鼓,自己提了大刀,纵马来到关羽面前,说道:"吾奉魏王旨,特来取汝首!汝若怕死,早下马受降!"关羽冷冷一笑,骂道:"汝跟随孟起多年,竟认贼作父,关某当用青龙刀斩下汝首,以上报朝廷,下安百姓!"说罢,关羽纵马舞刀,来取庞德。庞德赶紧抢刀来迎,战有百余回合,不分胜负。曹军深知关羽之勇,担心庞德有失,急令鸣金收军。关平恐父年老,亦率领兵马赶上前来,迎接父亲回营。

庞德收兵回营,对众人说道:"人言关公英雄,今日方信也。"说话之间,于禁率领主力人马赶了过来。相见毕,于禁说道:"闻将军战关公,百合之上，未得便宜，何不暂且退军，以引诱彼军至有利位置一举歼灭之?"庞德说道:"魏王命将军为大将，若将军发令，庞德敢不从命! 若系商量，则某愿斩杀或者擒获关羽，动摇其军心，迫关羽退兵，以解樊城之围。"于禁听了，只有任其主张。

关羽回到本军营寨，感慨地对关平说道:"庞德刀法惯熟，吾杀敌无数，未遇此等敌手，若生擒此人，方遂吾心愿。"关平马上劝说道:"此人不过西羌一小卒耳，父亲奈何与之单打独斗，倘有疏虞，非所以重伯父之托也。"关羽说道:"吾不生擒此人，何以令曹军涣散军心? 何日得以攻破樊城? 吾意已决，勿再多言。"关平说道:"即使如此，父亲不可不带领兵马，以作护身。否则，一旦于禁带领各路人马冲杀过来，猛虎难敌群狼，父亲危矣。"关羽点头说道:"平儿很有见识，为父不仅要带兵以防曹军攻击，而且还要将人马部署在各个隘口，各依地势，布设陷阱，以马军、步军、弓箭手交互布阵，阻挡于禁各路大军的前进。"

次日，关羽上马引兵向前推进，与庞德迎面相遇。两支人马相距一百步远近，各自停了下来。关羽、庞德骑马出阵，也不打话，随即展开交锋。一连斗了五十余合，庞德拨回马，拖刀而走。关羽随后追赶。关平恐有疏失，随后赶去。关羽大骂:"庞贼! 汝欲使拖刀计耶，吾千军万马之中来去自由，岂惧区区小计。"庞德被揭破拖刀计，便虚作拖刀势，却把刀就鞍鞒挂住，偷拽雕弓，搭上箭，朝关羽射了过来。关平眼快，一见庞德拽弓，立刻大叫道:"贼将休放冷箭!"关公急睁眼看时，弓弦响处，箭早到来；躲闪不及，正中左臂。关平马到，救父回营。

庞德勒回马抡刀赶来，忽听得本营锣声大震。庞德担心后军有失，急忙勒马回返，却是于禁见庞德射中关公，恐他成了大功，故而鸣金收军。庞德回马，问道:"主将何故鸣金?"于禁说道:"魏王有戒:关公智勇双全。彼虽中箭，只恐有诈，故鸣金收军。"庞德说道:"若不收军，吾已斩了此人，荆州之兵可灭，樊城之围可解也。"于禁劝道:"紧行无好步，将军宜当缓缓图之。"庞德不知于禁之意，说道:"今番不能成功，关羽必不单独出来，只能安排人马与之大战。"

关羽回营以后，立刻招来随军郎中，拔了箭头。幸而箭射得不深，用金疮药一敷，就能运转如常。随即，关羽召集众将商议道："吾欲在阵上生擒或斩杀庞德，谁料彼竟然敢暗算关某，吾誓报此一箭之仇！诸位可有良策？"众将连忙劝说道："如今曹军势头正盛，将军又刚刚受到箭伤，宜暂且安息几日，静候曹军下一步动向，然后与之作战未迟。"关羽认为很有道理，说道："于禁、庞德乃见利忘义之徒，一旦我等不与之决战，彼必自乱阵脚，我等自可找到破敌之法。"

从次日起，无论庞德如何引军搦战，令手下兵卒毁骂，关羽之军均不予理会。

庞德搦战十余日，一直无人出迎，对于禁说道："关羽性子急，某如此叫阵，彼皆不应战，当是箭疮举发，不能动止；主将不如乘此机会，统七军一拥杀入寨中，可救樊城之围。"于禁说道："关羽善于用兵，已派兵扼守各处隘口，各部互为掎角，联系紧密，一旦轻举妄动，势必落入关羽掌握，宜小心谨慎为妙。"

过了几日，不能找到关羽破绽，因救援樊城心切，于禁召集诸将商议后，移七军转过山口，离樊城北十里，依山下寨，自领兵截断大路，令庞德屯兵于谷后。

这时候，关羽箭疮已经愈合，准备再次升帐召集诸将商讨迎敌之策，忽然听得于禁移七军于樊城之北下寨，遂连忙披挂上马，带领一些亲随登上高阜处观看，只见樊城城上旗号不整，军士慌乱；城北十里山谷之内，屯着军马；而襄江水势甚急。看了半晌，关羽唤来向导官，问道："樊城北十里山谷，是何地名？"向导官回答道："此乃罾口川也。"关羽脸上立马浮现笑容，说道："于禁必为我所擒。"将士问道："将军何以知之？"关羽说道："鱼入罾口，岂能久乎？"

父亲的预言传入耳朵，关平心里想道："于禁屯兵于险要地方，乃是为了防备我军展开进攻，寻找机会杀出隘口，抚我侧背，父亲奈何说出此番话来？"

关平百思不得其解，进入中军帐，询问缘由。关羽说道："时值八月秋天，秋雨连绵，襄江之水必然泛涨；吾只要差人堰住各处水口，待水发之时，乘高就船，放水一淹，樊城罾口川之兵皆为鱼鳖矣。"关平拜服，心里想道，父亲神机妙算，自己深得外公传授的兵法与作战范例，但临战经验不足，仍有天地之别。

因连日大雨不止，曹军督将成何深感不安，特地来见于禁，说道："大军屯于川口，地势甚低；虽有土山，离营稍远。今秋雨连绵，军士艰辛。近有人报说荆州兵移于高阜处，又于汉水口预备战筏；倘江水泛涨，我军危矣，宜早为计。"

于禁不习水战，喜陆战，陆战规则重在挡住隘口，阻断敌人的进击路线，此时一听成何的劝告，不由得勃然大怒："匹夫焉敢惑吾军心！再有多言者斩之！"

成何羞惭而退，认定此时只有庞德肯听自己的意见，又跑到庞德营帐，把这些话说了一遍。庞德果然相信了他的话，思虑着说道："汝所见甚当。于将军不肯移兵，吾明日当自移军屯于他处。"

可是，庞德还没有来得及转移军队，成何担忧的事就发生了。当夜，庞德坐于帐中，忽听得万马争奔，征鼙震地，不免大惊失色，赶紧出帐上马看时，只见四面八方，大水骤至，所到之处，宛如狂风扫落叶，将七军营寨冲毁，致使大量兵马随波逐浪，死伤不计其数。庞德飞身上马，赶紧吆喝本部人马，向高处奔去。

这时候，于禁以及其他诸将尽皆惊慌不已，相继冲出营寨，纵马逃向小山。乱了一夜，平地水深丈余，整个曹军阵营，除于禁、庞德与诸将各登小山避水之外，仅有少数兵马逃过一劫，水里飘荡的尸体相互碰撞，到处一片狼藉。

天亮时分，关羽及众将皆摇旗鼓噪，乘坐大船，率领水军攻了过来。此时此刻，于禁见四下无路，左右止有五六十人，料想难以逃脱，只有放下兵器投降关羽。关羽命令人马去其衣甲，将他拘收入船，然后来擒庞德。

时庞德、董衡、董超，以及成何，与步卒五百余人，皆无衣甲，立在堤上。见关羽亲自前来，庞德全无惧怯，奋然前来接战。关羽将船四面围定，军士一齐放箭，射死魏兵大半。董衡、董超见势已危，劝告庞德道："军士折伤大半，四下无路，不如投降。"庞德大怒道："吾受魏王厚恩，岂肯屈节于人！"遂亲手杀了董衡、董超，厉声说道："再说降者，以此二人为例！"庞德部众为之一振，皆奋力抵抗，无奈关羽之兵都在船上，从四面向其射箭，他们除了打落箭镞，竟然无法施展。庞德对成何说道："吾闻勇将不怯死以苟免，壮士不毁节而求生。今日乃吾之死期来临，何敢避之。汝可不死，带领兵马进入樊城。"成何试图依令督率人马向樊城奔去，被关羽一箭射落水中。不一会儿，堤上止有庞德一人，浑身伤痕累累，箭镞布满躯体。大船无法靠近堤坝，关羽遂派遣数十兵士驾小船靠近堤坝，去捉拿庞德。庞德见状，提刀飞身一跃，跳上小船，立杀十余人，余皆弃船赴水逃命。庞德夺了小船，一手提刀，一手使短棹，欲向樊城而走。

关羽正欲命令人马放箭，只见周仓从上游撑大筏而至，马上收回成命，亲眼看到大筏将小船撞翻，庞德落于水中。周仓赶紧跳下水，生擒庞德上船。原来，周仓素知水性，又在荆州住了数年，愈加惯熟；更兼力大，因此擒了庞德。这一仗，于禁所领七军，绝大部分死于水中，会水者约有三万人，料无去路，皆降。

一战击破于禁七路军马，关羽升帐而坐，令群刀手将于禁押过来。于禁拜伏于地，乞哀请命。关羽怒火未息，呵斥道："汝怎敢带兵抗吾？"于禁胆战心惊，说道："上命差遣，身不由己。望君侯怜悯，誓以死报。"关羽捋了一下美髯，笑道："吾杀汝，犹杀狗彘耳，空污刀斧！"令人缚送荆州大牢内监候。紧接着，关羽令人押来庞德。此人睁眉怒目，立而不跪，关羽虽怒其射了自己一箭，但仍然欣赏他的胆略与勇气，说道："汝兄现在汉中；汝故主马超，亦在蜀中为大将。汝如何不早降？"庞德大怒，厉声斥骂道："吾宁死于刀下，岂降汝耶！"关羽大怒，喝令刀斧手推出斩之。庞德引颈受刑。关羽怜其英勇，令人好生安葬。

紧接着，关羽召集诸将以及众位谋士，继续谋划围攻樊城事宜。马良说道："将军如今水淹七军，足以令曹军胆寒，应在统领兵马继续围攻樊城之时，派人策反附近郡县，争取不战而降，必令曹军丧胆。"关羽颔首道："马先生所言甚是。兵法有云，不战而屈人之兵，善之善者也。关某当传檄各方，令各郡县归顺。只是，围攻樊城，亦不能丝毫懈怠。""如今于禁七军已灭，樊城为之胆寒，父亲宜统领大军，趁水势未退之机，全力攻打樊城，不日即可攻破之。"关平说道。

此时，王甫已经修建好了烽火台，前来复命，亦奋然准备带兵攻打樊城。周仓、廖化等诸将尽皆踊跃。关羽十分欢喜，立即划定了各将攻打的方向，传下号令：诸将俱皆准备好攻城器具之后，驱动人马，乘坐战船，一同向樊城发起进攻。

关羽正督率人马与于禁七路人马作战之际，樊城周围，白浪滔天，水势益甚，城垣渐渐浸塌，曹仁急令民众担土搬砖填塞，却一时间怎能填塞得住。众将无不丧胆，慌忙劝说曹仁趁荆州之兵未至，乘舟夜走。曹仁接纳了他们的建议，方欲备船出走，汝南太守满宠劝谏道："不可。山水骤至，岂能长存？不旬日即当自退。关羽纵使攻城，从水面上进攻，难以成功。今若弃城而去，黄河以南，非国家之有矣。愿将军固守此城，以为保障。"曹仁恍然大悟，拱手称谢道："非伯宁之教，几误大事。"乃骑马上城，召集众将发誓道："吾受魏王命，保守此城；但有言弃城而去者斩！"诸将皆回答道："某等愿以死据守！"曹仁大喜，就城上设弓弩数百，军士昼夜防护，不敢懈怠；驱赶老幼居民，皆担土石填塞城垣。

过了几日，关羽大军攻城之器具已经准备妥当，各路人马在关平、王甫、周仓、廖化等人的带领下，乘坐战船，进抵樊城城下，将战船连在一起，用绳子系上巨石，一端沉入水下，一端系在船只的连接处，以固定船只，搭上云梯和绳索，向城墙上攀爬。曹仁亲自督战，命令人马设下箭镞，射死射伤无数。连攻两日无效，关羽不得不改变计划，命令关平率领人马攻打郏下，亲率主力监视樊城。

这时候，接到关羽的檄文，荆州刺史胡修、南乡太守傅方投降，许昌以南部分官吏也暗中策应关羽；陆浑人孙狼聚众暴动以后，夺取了陆浑，并派人与关羽接洽，试图投靠荆州。关羽大喜，立马给孙狼颁发了委任状与印绶，嘱咐其进一步向许都方向发展，以震慑曹操。

旬日之内，水势渐退。关羽一见攻城机会来临，再一次领兵四面攻打樊城。

第十八章　血沃疆场

关羽擒了于禁，斩了庞德，迫降了胡修、傅方，随之陆浑人孙狼暴动，许昌以南部分官员暗中准备迎接关羽，一时间，威名大震，华夏皆惊。探马报到许都，曹操大惊失色，立马召集文武官员商议，开宗明义提出了迁都以避之的想法。

司马懿劝谏道："魏王万万不可如此。于禁被水所淹，非战之故；于国家大计，本无所损。今孙、刘表面和顺，因孙权夺取荆南早已失好，云长得志，孙权必不喜；且魏王曾与孙权誓重结婚，大王可遣使去东吴陈说利害，令孙权暗暗起兵蹑云长之后，许事平之日，割江南之地以封孙权。孙权出兵，樊城之危自解。"

司马懿字仲达，自幼聪慧。建安六年，即公元 208 年，被曹操任为文学掾，随后，相继担任黄门侍郎、议郎、丞相东曹属、丞相主簿等职。曹操封魏王后，升任司马懿为太子中庶子，此后，常谋国事，多出奇策，不久，转为丞相军司马。

此人曾劝告曹操说，荆州刺史胡修粗暴，南乡太守傅方骄奢，不应驻守边防，但曹操未予重视。今胡修、傅方二人果然投降关羽，致使许都门户洞开，曹操心里后悔不迭。如今，听了司马懿的话，曹操岂能不依，说道："于禁从孤三十年，何期临危反不如庞德也！今一面遣使致书东吴，一面必得一大将以当云长之锐。"

言未毕，阶下一将应声而出道："末将愿领兵前去阻挡。"曹操放眼看去，那人赫然竟是徐晃，连忙说道："孤之营里，谁都可以出战云长，唯公明与文远不可。"徐晃问道："魏王何出此言？自投效魏王以来，吾何曾不拼死效力？"

徐晃乃是河东人氏，与关羽同乡，本为杨奉帐下骑都尉，杨奉被曹操击败后，他转投曹操，跟随曹操四处征战，于延津率兵击杀文丑，在官渡率兵截烧粮草，平马超时率先渡河，守汉中时大败蜀将陈式，多有战功，赢得了曹操的信任，是曹操的五子良将之一。关羽降曹那段日子里，曹营里唯有他和张辽与关羽最亲密。

曹操说道："汝与云长亲密，孤如何放心？"徐晃大声说道："吾于汉津与关羽相遇时，可曾手下留情？奈何今日生疑？吾与云长固有同乡之谊，关系亲密，然公私分明，岂会以私情而坏魏王大事乎？此番出战，愿献云长之头于魏王。"

曹操大喜，安抚了徐晃一阵，立刻拨精兵五万，令徐晃为将，吕建副之，赵俨随军而行，克日起兵，前到阳陵坡驻扎；看东南有应，然后征进。

果然不出司马懿所料，在关羽起兵攻打襄阳、樊城的时候，孙权就一直留意曹刘两家的战局，随时准备介入，以扩充自己的地盘。如今，接得曹操书信，眼见得曹操已经许诺攻破关羽之军以后，将其治下的地盘全部交给自己，孙权欣然应允，修书发付使者先回以后，立马召集文武百官商议具体对策。

由于担心关羽、刘备获悉自己与曹操誓重结婚，会对江东加强戒备，孙权并没有公布这一协议，除了亲自参与其事的徐详之外，江东文武几乎没有一个人知道此事，一听说曹操派遣使者前来联络，希望江东出兵从背后攻击荆州，几乎一边倒地反对道："近闻云长擒于禁，斩庞德，威震华夏，曹操欲迁都以避其锋。今樊城危急，彼无法化解，便遣使求救，一旦主公如其所愿，袭取荆州，助曹操解樊城之围，事定之后，谁能确保曹操不会食言而肥？届时，玄德必将率两川之兵东下，江东将会陷入一场大战，此为他人火中取栗之事，主公必不能行。"

徐详本来很想赞同孙权的主张，可是，没来得及说话，就听到了众口一词的反对,心知自己要是随同众人一样,也表示反对,明显与孙权的打算不合拍,索性闭口不言。陆逊亦看出了孙权的心思,同样不便反对,亦闭口不言。

在这样的情况下,孙权不可能把自己的真实想法说出来,更不能搬出与曹操达成的秘密协议,只有沉吟不语,暗自思考对策。这时候,忽报吕蒙乘小舟自陆口来,有事面禀。这一下可把孙权从尴尬之境中解脱出来了。鲁肃死后,吕蒙是孙权最信任的人,信任程度甚至远远超过鲁肃。毕竟,鲁肃不愿意与荆州方面发生战争,但吕蒙经常鼓动孙权袭取荆州,这与孙权的想法不谋而合,是以鲁肃一死,孙权就任命吕蒙为江东大都督,驻扎陆口,暗中嘱咐他时刻留意荆州的一举一动,为攻取荆州做好了充分的准备。今日吕蒙来到建业,自己的计划就可以得到实施,孙权心里暗喜,不过,还是要摆出一副尊重文武官员的姿态,不要暴露自己的真实目的,让吕蒙去说服众人,方为妥当。思虑一定,孙权赶紧把吕蒙召进来,说了一遍与众人商议的事情,询问他的看法。

吕蒙果然没有让孙权失望,马上说道:"今关羽远离荆州,提兵围樊城,别说曹操相邀,即使没有,江东亦当乘其远出,袭取荆州。"孙权心里大喜,但不动声色,说道:"江东与荆州曾有约定,两家联合以抗曹操,孤奈何要听命于曹操,出兵攻打荆州?岂非自毁诺言乎?不如趁机北取徐州,声援荆州。既可巩固孙刘联盟,又能得到地盘。"吕蒙说道:"如今曹操无暇东顾,徐州守兵无多,主公要想攻打徐州,自然可以轻易拿下;然其地势利于陆战,不利水战,纵然得之,亦难保守。不如先取荆州,全据长江,别作良图。"

"吕都督无视孙刘联盟,攻荆州以媚曹操,只恐为天下笑。江东信誉,亦将为都督破坏矣。"众人一齐说道。

孙权本来打算支持吕蒙,一听众人之言,又一次缄默不语。

吕蒙看出了孙权的心思,说道:"既如此,可否与荆州联合,共同攻击曹操?""此举极为有利。曹军遭云长攻击,已闻风丧胆,江东出兵增援荆州,定能携手云长,一举攻破樊城,然后进军许都,擒获曹操,成不世之功。"众人连忙说道。吕蒙问道:"成功以后,江东有何所得?"众人理所当然地说道:"与荆州平分曹魏之地,有何说焉。"吕蒙冷笑道:"只恐江东一无所得,反而被关羽欺凌。"

众人一愣,说不出话来。孙权心里想道,曹仁据守樊城,已历两月有余,今曹操又派遣徐晃率部救援,军心必然大振,抵抗必然愈发激烈。那徐晃并非于禁可比,有勇有谋,关羽既要攻城,又要应付徐晃,必然非常吃力,樊城决不会轻易被攻破,不如暂且不要出兵进攻荆州,令关羽继续与曹军抗衡,疲惫其军,孤遣一使,求见关羽,要求与其共同攻击曹军,关羽必然不会应允,届时,无论关羽是否说过要与江东为敌的话,秘密令使者诈称关羽之言,以激怒众人,出兵攻打荆州,才是万众一心,岂不是好? 思虑一定,孙权貌似公允地说道:"诸卿所言,均有道理。孤暂且不提出兵之事,派遣使者,前往樊城,面见云长,协商共同进攻曹军,看其结果如何,再做道理。"

众人信以为真,尽皆称颂。等众人散去之后,孙权单独留下吕蒙,说道:"孤早欲取荆州,卿自当明白,只其他众卿不识大体,孤只能行缓兵之策。卿可速为孤图之。一旦时机成熟,孤当亲自领兵攻占荆州。""主公欲众人口服心服,甚为英明。主公托蒙心腹事,蒙绝不敢有半点懈怠,但竭尽全力,达成主公心愿。"

吕蒙辞了孙权,回至陆口,立刻召集旗下诸将商讨进攻荆州之策。这时候,各路哨马纷纷来报:"荆州之兵已在长江北岸一线,或二十里,或三十里,于高阜处各筑有烽火台。""荆州兵力雄厚,军马整肃,似乎预有准备。"吕蒙大惊失色,说道:"关羽攻曹,仍在荆州留下如此强大兵马,且戒备森严,急切之间,吾如何能攻破彼军? 主公委托吾心腹大事,攻取荆州,势在必行,今如何处置?"

寻思一阵,终觉没有切实可行的办法,他心里又想:"主公已遣使往见关羽,彼答应江东出兵,某当率领兵马,与彼协同攻破樊城之后,再来图谋他。"

想到这一层,他慢慢放心了一些,继续派遣人马探听荆州动向,一面关注江东使者的消息。很快,他得到了使者发来的消息:关羽一听江东要求出兵协同攻破樊城,然后进军许都,共分曹魏地盘,勃然大怒,骂道:"关某攻打襄阳之际,江东不愿协同进攻;围困樊城之初,江东按兵不动;于禁统领七路兵马攻我后路，亦不见江东踪迹；如今，关某大破于禁七军，迫降胡修、傅方，华夏震动，曹操心胆俱裂，几欲迁都，曹军将士闻关某之名，即尽皆丧胆，攻破樊城指日可待，如何用得着江东兵马？如江东轻举妄动，关某绝不轻饶。"

吕蒙已经弄不清楚这些话到底是关羽亲口说出来的，还是使者领了孙权的命令，添油加醋虚构出来的，但他清楚地知道，这些话定会引来江东文武百官的一致反感，出兵攻打荆州，灭掉关羽，定当成为江东的共识。出兵迫在眉睫，自己却拿不出攻打荆州的办法，吕蒙非常烦闷，无计可施之下，乃假托有病，闭门不出。

孙权接到使者的报告后，雷霆大怒，立刻召集文武百官，不费吹灰之力，便定下了攻打荆州的大计方针，正要颁布命令，着吕蒙率部攻取荆州，突然听到吕蒙患病的消息，不由得大吃一惊，当即命令侄女婿陆逊前去探视。

此时此刻，陆逊虽然已经初露锋芒，并且获取孙权信任，但并不为人所知，人们往往视之以白面书生。此人本名陆议，字伯言，公元183年出生。二十一岁起担任孙权的幕僚，历仕东、西曹为令史；不久出任海昌屯田都尉，兼海昌县令。当时，海昌连年旱灾，他开仓赈济贫民，组织生产自救，缓和了灾情，深得民心。其在军事上的第一次建树是平定会稽山贼大帅潘临。其后，到了公元216年，鄱阳贼帅尤突作乱，陆逊率军配合奋武将军贺齐联手进讨，斩首数千，因功被拜定威将军，屯兵利浦。孙权由此很器重他，并将孙策的女儿嫁给他。次年，丹阳贼帅费栈被曹操任命为蕲春太守，唆使其在丹阳煽动山区越族居民起事，充当曹军内应，配合曹军作战。孙权命陆逊率兵前往征伐。费栈人多势大，陆逊兵马较少，敌我悬殊。陆逊采用多插旌旗牙幢、分布鼓角、夜里派人潜入山谷吹号击鼓等疑兵之计，很快击破费栈武装，勒令各山区越族居民迁徙到平原地区，编入户籍，种田纳赋，从中挑选强壮者从军，得精兵万余，使江东统治得以巩固和加强。

陆逊虽有功劳，但与周瑜、鲁肃、吕蒙等人无法相提并论，是以在江东文武百官心目中，并没有什么地位。孙权也并不见得会把心腹大事告诉他，他只能从孙权的行为举止方面窥探他的心意，而且往往异常准确。只是，他似乎并不清楚，孙权已经与曹操达成了誓重结婚的秘密协议，暗地里投降了曹操,既然孙权一直对荆州垂涎三尺,希望得到这块宝地,他就一定会帮助这位江东之主达成目的。

领了孙权之命,陆逊星夜来到陆口寨中,一见吕蒙面无病色,说道:"某奉吴侯命,敬探子明贵恙,并未发现病状,何也?"吕蒙说道:"贱躯偶病,幸赖一向身强体壮,故此未见病状,令伯言见笑了。"陆逊微微一笑,说道:"吴侯以重任付公,公不乘时而动,空怀郁结,以至于心里有病,何也?"

吕蒙一听,微微有些吃惊,但沉默不语。陆逊说道:"愚有小方,能治将军之疾,未审可用否?"吕蒙意识到此人窥破了自己心思,乃屏退左右,问道:"伯言良方,乞早赐教。"陆逊笑道:"子明之疾,不过因荆州兵马整肃,沿江有烽火台之备耳。予有一计,令沿江守吏,不能举火;荆州之兵,束手归降,不知可否用以治愈?"吕蒙立刻起身,向陆逊施了礼,说道:"伯言之语,如见我肺腑。伯言胸有良策,务求赐教。"陆逊亦赶紧起身,向吕蒙还礼过后,复又坐下,说道:"云长自恃英雄无敌,任谁都不放在眼里,所虑者唯将军耳。将军乘此机会,托疾辞职,以陆口之任让之他人,使他人卑辞赞美关公,以骄其心,彼必尽撤荆州之兵,以向樊城。若荆州无备,用一旅之师,别出奇计以袭之,则荆州在掌握之中矣。"吕蒙大喜,说道:"真良策也!"由是,吕蒙托病不起,上书辞职。

辞别吕蒙,回到建业以后,陆逊拜见孙权,将自己探望吕蒙病情的详细情况告诉了孙权,最后说道:"主公欲图荆州,必须如此方可成事,请接收吕蒙辞呈。"

孙权颔首,乃立马召吕蒙还建业养病。不几日,吕蒙回到建业,拜见孙权。孙权问道:"陆口之任,昔周公谨荐鲁子敬以自代,后子敬又荐卿自代,今卿亦须荐一才望兼隆者,代卿为妙。"吕蒙说道:"若用望重之人,云长必然提备。陆逊意思深长,而未有远名,非云长所忌;若即用以代臣之任,必然能够济事。"

孙权亦有此意,大喜,即日拜陆逊为偏将军、右都督,代替吕蒙镇守陆口。

陆逊一听,赶紧婉言谢绝:"某年幼无学,恐不堪重任,请主公另选他人。"孙权说道:"卿当初平定山贼,多有建树,今有子明保荐,岂能有差?卿毋得推辞,须立刻上任视事,尽快实施与吕子明商定之方略,取得荆州,方不负孤之重托。""既如此,某当竭力以报主公。"陆逊拜受印绶以后,连夜赶往陆口,接受马步水三军,立即修书一封,具名马、异锦、酒礼等物,遣使赍赴樊城见关羽。

却说关羽围了樊城,一面命令人马准备云梯、绳索、战车等攻城器械,准备等待大水退了以后,再次发起攻击,一面不断地派遣使者前往荆州,催促糜芳、傅士仁及时输送粮草。这时候,接到消息,曹操派遣徐晃统兵数万,赶到宛城,随时准备进援樊城。关羽马上召集旗下诸将以及随军谋士、参谋商量对策。

关羽问道:"徐晃智勇兼备,罕逢敌手,谁可带领一支人马前去迎敌?"

马良不等有人请战,连忙说道:"将军此番出征,破襄阳,淹七军,威名远扬,虽正宜借此机会奋力攻下樊城,然荆州之兵毕竟有限,今又要分兵去抵挡徐晃,围攻樊城之兵势必进一步减少,如此,攻城必将耗时日久,恐非善策。"

关羽问道:"马先生有何见教?"马良说道:"前日,孙权遣使要求与将军共破曹操,本是尽早攻破曹军良机,然被将军拒绝。如今,没有外援,将军若不抽调部分守备荆州兵马,前去迎敌徐晃,吾很担心樊城究竟是何结局。"

王甫立刻响应道:"马先生言之有理。荆州之兵再勇,若不能集中兵力,难以击破樊城。然留守荆州之兵,实为防备江东。如今将军已拒绝江东出兵相助,更应提防其攻击荆州,万不能从荆州抽调兵力。徐晃来到宛城,亦是劲敌,不能不防。为今之计,宜从关平将军之军中分出兵力,令其依据险要,布设陷阱,尽可能阻遏曹军前进,而不是主动攻击敌人,以确保能集中兵力围攻樊城。"

周仓大声叫道:"关平将军已攻破郾城,正宜继续进攻,奈何因为徐晃到来,就缩手缩脚?汝等不敢与徐晃交锋,某只须带领一千兵马,杀他一个片甲不留。"

糜竺说道:"周将军虽勇,然王将军所言甚当,望前将军采纳王将军之策。"

周仓十分生气,瞪大眼睛,就要与糜竺争辩。关羽赶紧阻止道:"王将军之策,深合吾意。就从关平麾下分出兵马,由王将军统领,迎战徐晃,吾才放心。""谨遵将军之命。"王甫说道。关羽继续说道:"本将军出兵以来,历建战功,只要拿下樊城,即可顺势杀向宛城、洛阳,实现隆中决策,诸位还须戮力同心,早日破城。""某等器械已具,只等大水一退,必将攻破樊城。"众人齐声说道。

关羽领首道:"胜敌之法,重在出其不意。等大水完全退去之时,五更以后,全体出动,把战车推近城墙,从战车顶部跃进城墙,曹仁必将难以抵挡。"

简雍说道:"然夜晚推动战车,除去颇多阻碍不说,泥泞之中,亦会制造很大声响,引起曹军警觉。虽是天黑,只要曹军一齐向吾军射箭,吾等即难以前进。"

关羽说道:"天黑之时,曹军射箭岂有准头?不需理会,只用盾牌护体即可。至于大水刚退之时,虽则会给推动战车带来很多不便,但并非不可克服。且各种声音与夜幕,亦可帮助吾军取得突然袭击之效。吾以大军在泥泞地区,即可猛攻,纵使一时接近不了城墙,必将给曹军造成更大恐慌,如此,樊城不难攻破。"

十余天过后,大水全部退去。关羽立刻传令三军,次日以廖化所率人马作为佯攻,主力集结在西门方向,一同展开进攻。当天夜里,由亲随打着火把,关羽带领各路将领最后一次检查了准备情况,看到一辆辆战车高耸入云,不由得心花怒放,走向一辆战车,围绕车身旋转、端详了好一会儿,只见战车大约是方形的,长宽各有八尺至一丈左右,高约数丈,每一个侧面,从底部到顶端,密密麻麻布设了无数台阶,一直通往最顶端,在战车的底部,每一只脚下,都安了一只巨大的木质轮子,以便士卒可以轻易地推动。看到这些,关羽兴致高昂地说:"吾有战车,一旦抵达城墙,将士即可从四面爬上战车顶部,跃入城墙,一举击灭曹军。"

五更以后,三军将士迅速起床,穿上特制的靴子,饱餐一顿,以先头部队推着战车,潜地里向城墙方向运动。大军行动,无论多么小心,都会发出一些声响。曹军那边很快就觉察到了,立刻向这边射来一阵箭镞。可是,天色异常黑暗,曹军看不清人影,也判断不了距离,射出来的箭镞绝大多数难以命中目标。战车两边的兵士迅速反应,各抽出一些人来,用盾牌保护着推动战车的兵士,继续向城墙推进。距离城墙约莫五十步左右的样子,一部分战车停留下来,弓箭手全部爬上战车,全体张弓挽箭,对准城墙,另一部分战车继续前进,即将推到城墙边沿。主力部队则分为两个部分,整装待发:一部分抬着云梯,拿着绳索,另一部分手持兵器,准备一接到战车靠近城墙的消息,立刻奔过去,爬上战车,杀入城墙。

关羽岿然屹立在最前面的一辆战车上,威风凛凛,威严地注视着城墙上的一举一动。几个亲随,身穿重铠,并且人手一面盾牌,布列在关羽的左右。

战车越往城墙方向移动,制造的声音越大。曹军更加警觉,举起火把,向城墙下面照射过去,赫然看到前方隐隐约约出现了一个个巨大的怪物,不由得惊慌失措,赶紧擂起战鼓。一时间,曹军蜂拥着朝城墙上涌了过来,透过火把以及渐渐亮起来的天空,看到如此众多的战车扑了过来,意识到大事不妙,刀枪剑戟跃跃欲试,弓箭手迅疾弯弓搭箭,箭镞宛如蝗虫一样奔着战车射了过来。

停在五十步开外的战车上,关羽所部的弓箭手看得清晰,同样是一阵箭雨向城墙上射了过去。双方都有无数兵士倒在箭镞之下,仍一直射到天亮,未曾停歇。

步军推动战车,愈发费力地向城墙方向移动,渐渐地距离城墙不到二十步了。

已经天光大亮,曹军看到关羽站在战车上,宛如天神,一把青龙偃月刀提在手里,正缓缓扑来,不由心惊胆战,大叫道:"关羽会妖法,人站在战车上,就能自动开动。"一面叫喊,一面拔脚逃跑。曹仁已经披挂完毕,提着大刀冲了上来,见此情景,一连砍倒几个兵将,说道:"定是下面有人推动战车。向战车下面射箭,不要让战车靠近。"城墙上的弓箭手立刻分为两拨,一拨与荆州弓箭手相互射击,一拨俯身向战车下面射箭,可是,大多数被荆州弓箭手射落下去。

"曹仁,汝死期已至,欲垂死挣扎乎?"关羽厉声喝道。"关羽,曹某誓将杀汝。"曹仁说到这里,从一名弓箭手那儿夺过一把弓箭,一拉弓弦,竟然拉断了,气急败坏,又从另一个弓箭手那儿抢过了一把弓箭。关羽不等他再拉弓弦,从一名亲随手里掣出两把还首刀,大声喝道:"曹仁,汝不知死活,关某送汝去见阎王。"话音还没有落地,两把还首刀同时抛了过去。曹仁见了,赶紧仆倒在地,还首刀割断了两名副将的喉管,两具尸体重重地倒了下去。"射箭,射死关羽,重重有赏。"曹仁赶紧爬起来,挥动大刀,指向关羽,大声吆喝。

箭镞如大雨一样扑向关羽。亲随立刻用盾牌组成一道防护网,把关羽保护起来。关羽无法看见曹仁,一把推开盾牌,抢起青龙偃月刀,肆意挥舞,一边打落箭镞,一边怒喝道:"曹仁,关某今日定要取汝项上人头,悬挂于城楼之上。"

"放箭! 放箭!"曹仁气急败坏,更加声嘶力竭地催逼道。

满宠亦走上城墙,看到这种景象,连忙说道:"主帅万勿急躁,荆州战车难以构成致命威胁,我军只需用重型盾牌保护弓箭手,专射关羽,其人身死,则荆州无主将,能奈我何?"曹仁醒悟,大喜过望,立刻传令守城将士照此办理。于是,在重型盾牌组织的保护网之下,曹军弓箭手将箭镞全部对准关羽射了过去。

关羽大怒,继续挥舞大刀,斩落那些箭镞,亲随们亦挥动手里的兵器与盾牌,去抵挡那些箭镞。趁此机会,关羽命令步军继续推动战车,向城墙方向靠近;同时,抬着云梯、拿着绳索的步军,亦奋力跃出阵地,向城墙边沿猛扑过去。

曹军发现了,立刻报告曹仁。满宠说道:"休得惊慌,弓箭手继续向关羽放箭,其他兵士抬来烧开的粪便、石头、原木,等待荆州之兵攀爬城墙之时,一齐打下去,任其多少人马,定当有来无回。"曹仁大喜,说道:"魏王派汝助吾,真得其人也。如此,荆州之兵再多,吾有何惧哉!"

荆州战车一点一点地向城墙边沿推进,距离城墙只有十步左右;抬着云梯、拿着绳索的主力部队已经接近城墙,把云梯搭在城墙上,绳索扔上了城墙,开始敏捷地朝城墙攀爬;准备登上战车攻城或者随着云梯一块行动的主力部队做好了冲过来的准备。突然,曹军撤掉重型盾牌,纷纷抬着烧开的粪便、开水、石头、原木之类的东西,朝云梯上砸了下来。顷刻之间,攀援上云梯和绳索的将士全部倒了下去,发出了一片惨叫;许许多多云梯同时被巨大的石头和原木砸断。

"砸!狠狠地砸!"满宠与曹仁一同走近城墙,向下看去,兴高采烈地说道。

关羽怒火万丈,心里想道:"若不杀掉满宠,此番攻城又将不能成功。"把心一横,准备将青龙偃月刀扔向满宠,去取下他的脑袋。

这时候,从后面嗖嗖嗖地射来无数箭镞,朝城墙上奔去。曹军立刻用重型盾牌保护起来。趁此机会,冲至城墙下面的荆州兵士,再次攀上没有砸坏的云梯和绳索,向上面攀爬。曹军露出盾牌。荆州的弓箭手一齐放箭,那些抬着破坏云梯和攀爬城墙器物的曹军还没有举起那些东西,即纷纷倒地,烧开的粪便、开水、石头、原木向后一扬,反而把正在城墙上的曹军打翻了一大片。满宠急了,赶紧命令:"盾牌保护!"在满宠的命令下,盾牌徐徐向城墙外移动,烧开的粪便、开水、石头、原木全部抬到了城墙边沿。"撤除盾牌!扔下物事!"满宠命令道。盾牌撤除的刹那间,那些东西再一次砸向云梯,将快要攀上城墙的荆州军士全部砸了下去,又是一片惨叫声不绝于耳。荆州弓箭手立刻放箭,射倒了一大片曹军。

此时此刻,关羽看准了满宠所在的位置,大喝一声:"贼将休要猖狂,关某取尔性命来也!"纵深一跃,跳上城墙,一把抱住了满宠。亲随见状,赶紧跟着跳上城墙,护卫着关羽。曹仁就在满宠的身边,大惊失色,赶紧抢上前去解救。关羽大刀一挥,吓得曹仁向后一缩,大骂道:"关某今日就要破城,汝有何本领,全部使出来!"满宠自知不免,大喝一声:"关羽不要猖狂,满某今日与汝同归于尽!"趁着自己仍在关羽手中,奋力向城墙下跳去。但关羽力大无穷,把他像老鼠一样攥在手心,他使出全身力气,亦不能扑下去。"曹将军助我,杀死关羽,樊城可保!"满宠大声喊道。曹仁把心一横,抡起大刀,劈面向关羽砍去。与此同时,其他曹军副将亦一块砍杀过去。关羽亲随即刻用刀阻拦。关羽紧紧地勒住满宠的脖子,同时用大刀向曹仁等人挥去。满宠呼吸越来越困难,但头脑仍然清醒,趁着关羽斩杀的副将尸体向自己扑来之机,奋力一脚蹬在尸体上,抱紧关羽,扑向城墙外面。关羽正在挥刀砍向曹仁,把持不住,随同满宠一道,掉下城墙。亲随见了,万分惊讶,大叫一声:"将军!"再也顾不得与曹仁等人纠缠,纵身一跃,向城墙下面跳去。在跌落城墙的一瞬间,关羽反应极快,立刻调整身体,在空中把满宠置于身下,两人一块倒了下去,满宠死了,关羽亦昏厥过去。亲随们是主动跳下去的,落地之时,又有尸体阻拦,都没有受伤,赶紧奔向关羽,将他抱起来,大声吆喝。荆州之兵已经趁着曹军没有反应之机,再一次爬上城墙。

曹仁发现危局,急令:"把荆州之兵全部打下城墙!"一时间,曹军如法炮制,将烧开的粪便之类扔了下来,再一次把快要冲上城墙的荆州之兵打了下去。

这时候,周仓已经率领兵马冲了过来,一见之下,赶紧命令战车上的弓箭手继续向敌人放箭,自己扑向关羽,抱起他,接连喊了数声,没见反应,急令人马趁弓箭手放箭的机会,撤出战斗,自己把关羽抱回军营,急切命令随军郎中救治。

郎中看了一回,说道:"将军因体内受到撞击而昏厥,某为将军打通经络血管,自会苏醒。只是,将军体内受伤,须小心调理,很长一段时间不能上阵杀敌。"

关羽昏迷不醒,军中无主,荆州诸将与随军谋士商议,决定停止进攻。

天黑时分,关羽苏醒过来,强忍住浑身的疼痛,叫来诸位谋士与将领,询问当天的战果,知道自己一倒下去,全军便停止了作战行动,异常恼火,责备众人道:"满宠已死,曹军心寒,我军攻破樊城,此其时也,岂能因为关某受伤,就鸣金收兵?如此,大好形势尽皆被汝等错失了。"马良说道:"三军之重,重在将军,将军有失,三军失去指挥,岂能战胜敌人乎?今曹军胆寒,他日将军身体痊愈,与之决战可也。"关羽叹息道:"关某求胜心切,导致如此局面。然则曹仁已经胆寒,不趁机奋力攻打樊城,等曹操援军赶来,樊城将不可能为吾所得也。"廖化说道:"今夜末将领兵再攻樊城,不达目的,决不罢休。"简雍说道:"曹军必然严加戒备,恐不易成功,不如等将军痊愈,另想他法破敌。"关羽沉思片刻,说道:"经过此战,曹军必不会令吾军再度接近城墙,将竭力用弓箭阻挡吾军进攻。今夜汝等仍用战车冲击敌阵,制造出更大响动,令曹军发现,用稻草人收曹军弓箭即可。"简雍立刻说道:"此计甚妙。曹军被围,弓箭储备再多,亦经不起如此战阵,待彼弓箭消耗殆尽,我等再行进攻,便不必担心彼之弓箭。反可以弓箭射杀敌人,掩护步军冲上城墙。届时,破城当在弹指之间。"

众人正在议论时,关平、王甫忽然闯了进来。他们是得到关羽身负重伤的消息,安顿好本部人马以后,赶过来探视的。关平痛哭流涕道:"孩儿历次劝谏父亲,勿以万金之躯亲冒矢石,与曹军直接对战,以免辜负伯父重托,奈何不听?父亲有失,荆州之兵该如何是好?"王甫说道:"若末将在此,愿替将军一行。"

"汝等不必担心,吾千军万马之中,任意驰骋,曹仁能奈我何?吾虽有小恙,从今夜起,必将耗尽曹军弓箭,然后奋力一击,击破樊城。"关羽笑道。

关平、王甫连忙询问是何计策。得到了答复,关平思虑片刻,说道:"此计虽妙,不如诈称父亲身死,令曹军失去戒备,再在夜晚偷袭来得更加有效。""不错。"王甫立刻热烈地说道,"曹军敬畏将军,一旦闻此消息,必欣喜若狂,疏于戒备,届时,定能一举击破樊城。"众人恍然大悟,全都心悦诚服。

关羽亦觉得此计非常高明,当即命令关平宣布自己不治而亡,全军停止一切行动,办理丧事,同时调廖化前往郏下,接替关平,与王甫互为掎角,抗拒徐晃。

次日白天,全军营寨全部挂上了白幡,到处悲戚一片。当天夜里,全体人马由关平指挥,抬了云梯、拿了绳索,悄悄地穿过泥泞,向城墙扑去。果然没有被发现。云梯被静悄悄地放上了城墙,步军开始迅速向上攀爬。忽然,城墙上再次倒下了烧开的粪便、开水,推下了石头、原木。攀爬云梯的兵士发出了惨绝人寰的惨叫。刹那间,城墙上亮起了一片火把,紧接着,一阵箭雨向荆州之兵射了下来。关平一见之下,大为惊讶,深知敌人有了防备,又无战车,遂立刻鸣金收兵。

曹仁站在城头，哈哈大笑道："关羽一向命大，曹某自知彼不会死。汝等告诉关羽，曹某在襄阳误中奸计，再不会受迷惑。有曹某在，定教他不能进入樊城。"

关羽得知曹仁有备，说道："吾军可先耗费彼之弓箭，看他如何守城。"

次日夜间，遵照关羽之命，周仓领兵推动战车，再度向樊城进发。曹军一经发现，立刻射箭过来。周仓急令人马取出草人，挡在前面，大声鼓噪，摆出一副继续进军的样子，但人马并不行动。曹军的箭镞像暴雨一样劲射过来，很快就把一只只草人射成刺猬。接连三波草人射满，天色快要亮了，周仓迅速收兵撤离。

曹仁放眼望去，荆州之兵已经撤走，城下却没有新添尸首，想起诸葛亮草船借箭的往事，愤怒不已，破口大骂："今夜再有兵来，曹某定教汝片甲不回。"

半个晚上，得了十万支箭，周仓心里大喜，向关羽汇报道："再过几日，曹仁之箭必定射完，则樊城可破。"关羽问道："今夜汝当如何行动？"周仓说道："自然还是一样办法。"关羽说道："曹仁上了一次当，绝不会再白白送给汝弓箭的。汝需推着战车，用弓箭手在战车上向曹军射箭，方可引他全力射箭。"

周仓虽说不懂兵法，但长期跟随关羽，一下子就明白了关羽的用意，说道："将军之意，像汝亲率兵马攻打樊城一样，以弓箭手在战车上射击曹军，步军继续推动战车推进，曹军必然会再度向吾军射箭。末将明白，今晚就依计而行。"

当天晚上，周仓依计而行，果然又得到了不少弓箭，再来向关羽复命的时候，询问道："将军，某今日应该如何行动？"关羽说道："曹仁连续被汝欺骗了两次，一定会更加小心，今晚，汝需更早展开行动，以弓箭手在五十步远处射向城头，掩护人马登城。曹军点起火把，便会成为吾军弓箭手靶子，不点火把，便无法使用他法，只会再一次射箭。"周仓领命，根据部署，当晚又获得了不少弓箭。

从此以后，几乎每一天，关羽都会用不同的计策，逼迫曹仁从城头射下弓箭。一连持续了好几天，关羽眼见得从城墙上射下的弓箭越来越少，心知曹军的弓箭即将告罄，决定再过几日，就发动攻城之战，一举夺取樊城。不过，因人马大有伤亡，需要增加兵力，方可达成目的，于是，急令关平、王甫诸将赶过来，商议让他们如何摆出空城计欺骗当面曹军，把他们的兵马大部抽过来加强进攻。

正商议间，忽然接到报告："江东陆口守将吕蒙病危，孙权取回调理，近拜陆逊为将，代吕蒙守陆口。今陆逊差人赍书具礼，特来拜见。"关羽命人传进陆逊派来的使者，说道："陆逊一介书生，如何为将？江东岂无他人乎？"来使拜伏于地，说道："吾主之意，陆将军不能推辞，只有勉为其难，今日到任，即呈书备礼：一来与君侯作贺，二来求两家和好。幸乞笑留。"

关羽拆开书函，只见上面尽皆称颂自己的辞藻，看完之后，仰面大笑，令左右收了礼物，发付使者回去以后，说道："陆逊小儿，乃是巧言令色之辈，当无所作为。此番吾可将留守荆州兵马撤回来，以进攻樊城。"关平立刻问道："父亲难道不需防备江东？"关羽说道："吕蒙为将，吾自当防之；陆逊小儿，未经战阵，如有异动，吾只伸出一根手指，就可将其捻死，荆州不必留下众多兵力。"王甫赶紧说道："末将听说，猛虎将要展开袭击，必先做出毫无进攻之意；言语特别甘甜，实则心怀叵测，请将军明察。"关羽说道："关某仍在荆州留下一些兵马即可；何况，早已修筑好了烽火台，一旦江东有异动，吾军旦夕之间就可以返回荆州救援。若关某集中兵力，一举攻破樊城，江东图谋，自无实现之可能。"

陆逊探得关羽把留守荆州的兵力大部调去攻打樊城，差人星夜报知孙权。

机会已经来临，孙权立马拜吕蒙为大都督，总制江东诸路军马，攻打荆州；令孙皎在后接应粮草。吕蒙接到命令，在浔阳迅速点起三万兵马，快船八十余只，选会水者扮作商人，皆穿白衣，在船上摇橹，将精兵伏于船中，然后调集韩当、蒋钦、朱然、潘璋、周泰、徐盛、丁奉等七员大将带领剩余人马，相继而进。

紧接着，孙权派遣使者致书曹操，告知进兵消息："遣兵西上，欲掩取羽。江陵、公安累重，羽失二城，必自奔走。樊城之围，不救自解。乞密不漏，令羽有备";并令人传报陆逊,令其做好支援吕蒙准备,亲率大军,亦前往迎接。

吕蒙命令白衣人驾快船从浔阳出发,船只昼夜趱行,直抵北岸。江边烽火台上守军很警觉,立刻盘问。吕蒙兵将回答道:"我等皆是客商,因江中阻风,到此一避。"并将财物送与守台军士。军士信以为真,遂任其停泊江边。约莫二更时分,船中精兵齐出,将烽火台上官军缚倒以后,发出了暗号,八十余船精兵一齐动手,将紧要去处墩台之军,尽行捉住,各自分开,审问他们的详细情况。吕蒙得到报告,把他们全部集合起来,说道:"本都督领兵进入北岸,荆州唾手可得。汝等俱为荆州人氏,若不听从本都督之令,必将杀尽汝等全家以及所有亲人;听从本都督,可以得到丰厚赏赐。何处何从,汝等自作主张。"众军士虽则深受关羽重恩,然则危及自己及亲人性命,只有跪地哀求道:"只求都督饶吾全家,愿听从都督吩咐。"吕蒙命令人马杀了不愿投降的军士,率领大军一路奔向公安。

即将抵达公安,吕蒙命令投降的荆州之兵在前面赚开城门以后,立刻放火。随即,吕蒙率领人马冲进城,然后兵分数路,点起火把,冲入公安兵营。

城门失守,江东大军已经冲进城池,把守城门的军士趁乱逃向傅士仁的府邸,试图向傅士仁报告险情。可是,傅士仁竟然喝得酩酊大醉,任凭众人怎么呼喊,都无法醒来。不一时,吕蒙带领一队人马闯进来,令人一盆冷水泼了过去。傅士仁一个激灵,清醒过来,正要破口大骂,忽然认出挺立在面前的将领乃是江东人氏,本能地就要拿起兵器,只听吕蒙冷冷地说道:"傅士仁,江东都督在此,汝何敢作乱?"傅士仁心里一惊,问道:"汝乃吕蒙?"吕蒙冷笑道:"今日,本都督已拿下公安,汝是生是死,速速做出选择。"傅士仁脑子里乱了一阵,想起一向与关羽不和,经常受到关羽责罚,今日又酒醉之中丢了公安,一旦关羽知道消息,性命难保,连忙说道:"某愿归降。只要都督有所差遣,万死不辞。"吕蒙说道:"听说糜芳与汝交厚,汝可招彼来归降,吕某启禀主公,定有重赏。"

傅士仁慨然领诺,遂引十余骑,径投南郡招安糜芳。糜芳已经入睡,忽报公安守将傅士仁至,不知道发生了什么事情,连忙起床,把他接入城里,询问缘故。

傅士仁说道:"吕蒙白衣渡江,袭占公安。吾非不忠,势危力困,不能支持,不得已投降江东。将军亦不如早降。"糜芳说道:"汝受汉中王厚恩,如何忍心背叛?"傅士仁说道:"关羽亦忌惮吕蒙,吾等岂能抗拒? 如不投降,恐只有死路一条。"糜芳说道:"即使如此,吾等把守荆州,不能抗击江东之军,天下人将何以视之?"傅士仁劝道:"将军只管性命要紧。关羽一向痛恨吾二人;今日江东白衣渡江,吾等不能举火,令其有备,致使吕蒙进入公安,倘一日得胜而回,必然不会轻恕我等。"糜芳说道:"吾兄弟久事汉中王,岂可一朝相背?"

正犹豫间,忽报关羽遣使至。糜芳立刻把他接入厅上。使者说道:"关公军中缺粮,特来南郡、公安二处取白米十万石,令二将军星夜解去军前交割。如迟立斩。"傅士仁一听,厉声骂道:"不等关羽斩吾二人,汝头即落入吾手。"立刻拔出剑来,斩来使于堂上。糜芳问道:"公如何斩之?"傅士仁说道:"关羽此意,正要斩我二人。我等安可束手受死? 公今不早降江东,必被关羽所杀。"

二人正说间,忽报吕蒙引兵杀至城下。傅士仁急切地说道:"汝不投降,莫非还有退路乎? 关羽之使,已经被吾杀了,关羽不知就里,必然以为是汝所杀。纵使等待关羽大军回到荆州,赶走了吕蒙,汝项上人头,亦被关羽斩落矣。"

糜芳听了,仰天长叹一声,命令军士打开城门,迎接吕蒙入城,率部投降。

拜见吕蒙之际,糜芳说道:"某本是汉中王亲眷,今不得已投降都督,只希望都督善待荆州军民,勿施杀戮。"吕蒙说道:"荆州落入吾主之手,荆州军民即是吾主子民,只要无人抵抗,吕某何须杀戮。"糜芳说道:"荆州素来感恩汉中王与前将军,一旦丢失,岂能不抵抗? 都督若体恤荆州军民,比汉中王、前将军还要仁慈,荆州军民必将感恩戴德,听从都督号令。"吕蒙大喜,说道:"糜将军不愧汉中王亲眷,仁慈宽厚,此征服荆州军民之最佳策略,吕某敢不听从?"

随即,吕蒙传令军中:"如有妄杀一人,妄取民间一物者,定按军法。"

荆州原任官吏，准备各依旧职，但治中潘浚称病不出。吕蒙亲自带领兵将去了关府。胡金定已经从混乱之中得到消息，面孔冷峻，带着儿子女儿，坐在家中。

"胡夫人，请恕吕某无礼，此处恐非汝能居住了。"吕蒙说道。胡金定冷笑道："历来盗贼入室，主人遭殃。他日我夫君定将率领人马，将汝等斩尽杀绝，以酬天道人心。"吕蒙笑道："只恐胡夫人白日做梦。"仿佛这才看到关银屏，打量她几眼，说道："假如关将军当日应允小姐与我家公子婚事，恐无今日之事。"关银屏立刻说道："吾父盖世英雄，岂肯与汝江东狗贼联姻。即使我，绝不可能看得上汝等江东猪狗。"关兴亦骂道："他日吾父回来，必先取汝之狗头。"

吕蒙所带兵马异常愤怒，欲杀胡金定母子三人，被吕蒙喝止。吕蒙冷笑道："吕某等待那一天。"命令人马把关羽一家迁往其他地方，不许任何人前去搅扰。

对待城中军民，吕蒙按照糜芳之策，采取怀柔策略，抚慰各军家属，严令约束本军士卒不得干犯城中百姓，更不能豪取强夺。对待老人，吕蒙更是格外宽待，每天令人问其有何不足，患病者赠给医药，饥寒者赐予衣粮。其时，吕蒙麾下一位军吏，是吕蒙同乡，因天雨而擅取乡民的一个斗笠来保护官家铠甲，吕蒙闻信，垂泪下令处决此人。荆州军民的抵抗情绪，渐渐软化，真心服从江东号令。

不一日，孙权带领众多兵将进入江陵。吕蒙出郭迎接入衙，将傅士仁、糜芳引荐给孙权。孙权慰劳毕，亲赴潘浚府上探望，令其大为感动，投降了孙权，仍然担任治中从事，掌荆州事；监内放出于禁，遣归曹操；安民赏军，设宴庆贺。

曹操收到孙权的书函以后，立刻召集众谋士商议，说道："云长为人忠义，智勇兼备，几乎无人可比，孤实爱之，不愿与其当面决战。今不得不与之战者，皆因云长出兵下襄阳，围樊城，威胁许都，震动华夏。如今，孙权出兵蹑其后，嘱孤不要泄露其谋，孤将以何策对之？"众人纷纷说道："江东与魏王交厚时，背叛魏王；与刘备联盟时，攻打荆州，如此奸诈之徒，魏王不必理睬。

今樊城被困日久，引颈望救，魏王可令人将书射入樊城，以宽军心；且使公明告知关羽知东吴将袭荆州。彼恐荆州有失，速退兵时，樊城之围自解；不欲退兵，以公明率部掩杀，待彼确知孙权袭取荆州，转兵用于荆州，则令公明按兵不动，可使孙权与云长两下交锋，作壁上观可也。"曹操大喜，说道："此真善谋者也。"

于是，曹操立刻差人催徐晃进兵樊城。徐晃得令，急欲行动，接到探马报告："关平率领人马屯驻围头，王甫屯驻四冢，前后一十二个寨栅，连络不绝。"徐晃想道，徐某此番执行魏王命令，主要是安定樊城军心，令关羽知道孙权已经出兵偷袭荆州，不是要真心大打出手，以逼退关平、王甫之军即可，命令副将徐商、吕建假着自己旗号，前赴围头与关平交战，自引精兵五百，循沔水去袭郾城之后。

关平得到报告，遂提本部兵马迎敌，接连两阵，打败了徐商、吕建，率部乘胜追杀了二十余里。这时，他得到城中起火的报告，急忙停止追击，勒兵回救围头。途中，正遇一彪军摆开，徐晃立马在门旗下，高叫道："关平贤侄，好不知死！汝荆州已被江东夺了，犹然在此狂为！"关平心下一惊，瞬息之间镇定下来，大声说道："汝欲使离间计耶？某偏不信汝。"说完，关平纵马抢刀，带领兵马冲杀过去。两军绞杀了一会儿，徐晃又高声叫道："关平贤侄，汝围头已被吾夺了，如今火光大起，还有心思与徐某交战乎？"

关平抬眼一看，果然如此，遂不敢恋战，带领人马奋力杀开一条血路，径奔四冢寨来。王甫接着，问道："人言荆州已被吕蒙袭了，军心惊慌，如之奈何？"关平说道："此必讹言。军士再言者斩之。"

这时候，流星马到，报说正北第一屯被徐晃领兵攻打。关平说道："若第一屯有失，诸营岂得安宁？此间皆靠沔水，贼兵不敢到此。吾与汝同去救第一屯。"王甫唤部将吩咐道："汝等坚守营寨，如有贼到，即便举火。"部将朗声回答："将军放心，四冢寨鹿角十重，虽飞鸟亦不能入，何虑贼兵！"

关平、王甫尽起四冢寨精兵，奔至第一屯驻扎。关平看见徐晃之兵屯于浅山之上，与王甫商议道："徐晃屯兵，不得地利，今夜可引兵劫寨。"王甫说道："虽如此，亦须提防有诈。将军可分兵一半前去，某当谨守本寨。"

当晚，关平率领一半兵马杀入魏寨，却不见一个人影。关平知道中了徐晃诡计，火速率领人马撤退，但徐商、吕建各引一支兵马从两下夹攻而来。关平招架不住，大败回营。魏兵乘势追杀前来，四面围住。关平、王甫支持不住，不得不弃了第一屯，径直奔向四冢寨。远远望去，只见营寨方向火光冲天。关平、王甫心头一凛，方知徐晃前番攻击第一屯，是引诱自己兵马出四冢寨，他好乘虚而入。想到四冢寨外围深壕及鹿角十重，障碍设施极为严密，从营外强攻极为困难，又有胡修、傅方把守，不会轻易落入徐晃之手，赶紧催动大军，试图从徐晃背后展开攻击，与营寨兵马一道，夹击曹军，但到了那儿，赫然发现周围皆是曹军旗号，胡修、傅方之头悬于寨门，徐晃提着大斧，骑着战马，威风凛凛地站在寨门之下。

一见关平、王甫引军来到，徐晃大声说道："关平贤侄，汝以为四冢寨坚固，徐某只需用一支人马，诈称贤侄担心营寨被曹军攻击，派回来坚守，即可叫开寨门，一举夺取之。"关平怒气攻心，大叫道："汝何敢如此！"徐晃笑道："贤侄敢取吾郾城，徐某为何不敢取汝四冢寨？"关平高声叫道："吾誓夺四冢寨！"徐晃说道："关平贤侄，汝荆州已落入吕蒙之手，仍有心思与徐某对战乎？"关平呵斥道："汝休得使离间计。"徐晃大笑道："贤侄，汝奈何不听良言？汝须知四冢寨难以攻破，徐某且不与汝战，放汝回去樊城，见了汝父，便知端的。"

徐晃把手一挥，旗下人马立刻让开大路。关平、王甫率部一路疾行，回到大寨，见了关羽，一齐说道："今徐晃夺了围头等处，分三路来救樊城；多有人言荆州已被吕蒙袭了。"关羽厉声呵斥道："攻破樊城，只在这一两天。敌人知之，故传此讹言，以乱我军心耳！江东吕蒙病危，孺子陆逊代之，不足为虑！"

言未毕，忽报徐晃兵至。关羽命令亲随备马，准备亲自迎战。关平劝谏道："父亲身体尚未痊愈，不可与敌。"关羽说道："徐晃与吾有旧，深知其能；若彼不退，吾先斩之，以警魏将。"遂披挂提刀上马，率领一支队伍，前出到曹军当面，迅速排列阵势。曹军见了，无不惊惧。关羽勒马问道："徐公明安在？"曹营门旗开处，徐晃出马，欠身而言曰："自别君侯，倏忽数载，不想君侯须发已苍白矣！忆昔壮年相从，多蒙教诲，感谢不忘。今君侯英风震于华夏，使故人闻之，不胜叹羡！兹幸得一见，深慰渴怀。"关羽问道："吾与公明交契深厚，非比他人；今何故数穷吾儿耶？"徐晃说道："吾再三良言相告，贤侄不听，不得不以兵相向耳。"关羽冷笑道："汝使离间计，只为早日赶到樊城，别说吾儿，就是吾，亦是不信。"徐晃说道："吾实言相告，信与不信，尽在君侯。"关羽说道："吾攻破樊城，只在今日，汝如何能教吾相信。"徐晃冷冷一笑，说道："只恐君侯得不到樊城。"话音还没有落地，徐晃立刻回顾众将，厉声大叫道："若取得云长首级者，重赏千金！"关羽大惊道："公明何出此言？"徐晃说道："君侯不信吾言，还有何话可说？为了国家之事，某只能与君侯刀兵相向。"

说罢，徐晃挥起大斧，直取关羽。关羽亦挥刀相迎。刹那间，两军都擂起战鼓，展开激烈厮杀。关羽与徐晃大战八十余合，关羽虽武艺绝伦，终是身体未能完全恢复，关平担心父亲有失，火急鸣金。关羽拨马回寨。徐晃亦收兵回营。

这时候，流星马到，向关羽报告道："荆州已被吕蒙所夺，家眷被陷。"

关羽大惊，说道："原来公明所言属实！吕蒙称病，陆逊代其为将，欲令吾放松警惕，撤掉荆州之兵，便利其袭占荆州耳。吾纵横天下，所向无敌，竟堕入江东诡计！"急切之间，关羽询问吕蒙是如何夺占荆州的。探马报告："公安傅士仁率先投降吕蒙，然后往南郡，杀了使者，招糜芳都降江东了。"关羽闻言，怒气冲塞，昏厥于地。众将将之救醒。关羽下意识看了一眼王甫，说道："悔不听足下之言，今日果有此事！"因问："沿江上下，何不举火？"探马回答道："吕蒙使水手尽穿白衣，扮作客商渡江，将精兵伏于船中，先擒了守台士卒，因此不得举火。"关羽跌足叹息道："吾中奸贼之谋矣！有何面目见兄长耶！"

"将军不可自责。如今，樊城已不可得，将军还需仔细谋划如何收复荆州。"马良说道，"江东趁将军围困樊城之机，夺我荆州，实属可恶。将军对荆州军民恩重如山，今刚刚落入敌手，荆州军民人心思念将军，只要将军火速撤出攻打樊城之军，全力回救，必可趁江东立足未稳，一举夺回荆州。"孙乾立刻响应道。管粮都督赵累说道："今事急矣,仅以将军所率兵马,恐难收复荆州,依某愚见,将军可一面差人往成都求救,一面从旱路去取荆州,方为妥当。"

"如此虽好,然则徐晃、曹仁闻讯追赶,如之奈何?"糜竺听说弟弟投降吕蒙,羞愧至极,一直不敢作声,听到这里,终于忍不住了,说道。

关平说道:"吾观曹军之意,欲坐收渔人之利,只需留下一支兵马断后即可。"

关羽依言,差马良、伊籍赍文三道,星夜赴成都求救;随即命令人马拔寨启程,往取荆州,自领前队先行,留关平、王甫断后,以抵挡曹军可能发起的攻击。

人马一路开拔,徐晃确实没有追赶,关羽略略放下心来,不过,想起江陵乃是自己督率荆州军民修筑起来的,万难攻破,不由得愁肠百结,对赵累说道:"江东运用诡计夺取荆州,必然严密戒备,关某虽试图竭力夺回,怎奈吕蒙一旦固守,将比樊城更加坚固,吾军实难与之交锋,如之奈何?"赵累说道:"以吾军实力,汉中王不派遣兵马前来回救,确实难以攻破江陵。昔吕蒙在陆口时,尝致书君侯,两家约好,共诛操贼,今却助操而袭我,是背盟也。君侯暂驻军于此,可差人遗书吕蒙责之,看彼如何回复。""此乃攻心之法。彼背理狡辩,吾可以凝聚三军之心矣。"关羽从其言,果然修书一封,遣使奔赴荆州,来见吕蒙。

吕蒙夺占江陵以后,听从糜芳的建议,不仅善待全体平民百姓,对荆州军士之家,更是格外关照,传下号令:凡荆州诸郡,有随关羽出征将士之家,不许吴兵搅扰,按月给予粮米;有患病者,遣医治疗。将士之家,感其恩惠,安堵不动。

同时,吕蒙一面派遣斥候探听关羽的动向,一面严令兵马把守城池,并且在城外部署了大量的兵马,准备一旦得知准确消息,即在路上设伏,伏击关羽之军。

这一天,听说关羽派遣的使者来到江陵,吕蒙亲自出郭迎接入城,以宾礼相待。看完了使者呈上的关羽亲笔书函,吕蒙说道:"蒙昔日与关将军结好，乃一己之私见；今日之事，乃上命差遣，不得自主。烦使者回报将军，善言致意。"

随即，吕蒙设宴款待使者，把他送归馆驿安歇，招来糜芳，说道："糜将军以善待军民之策教吾，令荆州军民安心。如今，关羽派遣使者至此，吾犹令关某之军全部瓦解，糜将军可有良策？"糜芳感激涕零，说道："关羽一向视某为无能之辈，今幸蒙都督收纳，言听计从，某敢不肝脑涂地，以报都督乎？此事易耳，只要某命令手下兵马，鼓动出征将士家属，前往馆驿，诉说都督恩德。荆州将士知悉家人得到的关照，甚于关羽，谁肯替关羽卖命？军心自然涣散矣。届时，都督一支偏军，即可擒获关羽。"吕蒙大喜，说道："吾固知将军会有良策，今果然如此，一切拜托将军，吴侯处蒙自会推荐。关羽就擒之日，将军前途不可限量。"

使者一到馆驿，再也安歇不了，随征将士之家，尽皆前来探问，有附家书者，有口传音信者，皆言家门无恙，衣食不缺，希望使者回去以后，告诉他们的亲人，别再继续跟着关羽一块打仗了。使者深受震动，对吕蒙以及江东人物的怨恨之情，渐渐消散，于次日辞别吕蒙之时，又由吕蒙亲送出城，心头更加激动，说道："某回去军营，必当告诉将士们荆州事情。"使者回到营寨，拜见关羽，把吕蒙的话转述一遍之后，说道："荆州城中，君侯宝眷并诸将家属，俱各无恙，供给不缺。"

关羽大怒，骂道："此奸贼之计也！吾生不能杀此贼，死必杀之，以雪吾恨！"

喝退使者以后，关羽立刻把赵累以及诸位将领召集起来，把荆州的情况说了一遍，说道："本来希望令吕蒙无言以对，以激励军心，孰料吕蒙已行此瓦解吾军之计，吾等该如何应对？"王甫说道："此消息一经外泄，吾军虽众，必将军心涣散矣。"周仓立刻说道："既然如此，将军可着人将使者抓起来，立刻斩杀，以杜绝其口。""不可。将军杀得了使者，杀不了三军。"赵累说道，"为今之计，将军宜揭破吕蒙奸计，并从速出兵荆州，以凝聚军心。"关平说道："父亲关爱军士，自不会妄杀无辜。揭破吕蒙奸计之举，暂时可能有效，但进兵之时，恐怕仍不免会军心涣散。不如仍旧停留此处，整顿军马，以待汉中王派兵救援。"

众人相持不下之际，关羽思虑良久，做出最终决策："妄杀无辜，本将军不愿为之；兵马停留在此，必然夜长梦多，不如徐徐向荆州进发，吾善待荆州军民，彼等必然不会负吾。"

关羽没有想到，在他采取措施揭破吕蒙阴谋之前，派往荆州的使者已经把他头顶的天空捅破了。此人出了关羽营帐，一见众将皆来探问家中之事，不仅具言吕蒙对待出征将士家属恩恤有加，各家安好，并将书信传送各将，劝说众人不要再打下去了。等到关羽召集三军、宣布吕蒙阴谋之时，有使者以及得到书函的将士暗中挑拨，几乎人人皆无斗志，暗地里准备脚底抹油，溜之大吉了。于是，关羽率兵向荆州进发途中，每走一程，都会有士卒逃跑。

"将军，若不立刻制止军士逃跑行为，及至人马接近荆州，恐十停去了九停，无力与吕蒙对战了。"廖化说道。关羽问道："汝有何策？"廖化说道："凡逃跑者，一律捉回，杀无赦，以儆效尤。"关羽说道："彼均有亲人相招，吾奈何忍心杀之？彼要离开，听取自便，关某仅有一人，亦将杀向荆州。"关平、周仓、王甫、廖化、赵累等人心情激荡，一齐说道："某愿与将军杀回江陵，至死方休。"

关羽呵呵一笑，立刻命令队伍停下来，大声宣布："今传言吕蒙得到荆州，对待汝之父母亲人尤甚于吾，凡不愿跟随关某杀回荆州者，可以自行离开。关某绝不阻拦。留下来者，关某不能给予汝等任何承诺，所能预知者，吾军若得不到增援，必将全军覆灭，关某与汝等同死而已。"剩下的将士均大声吼叫道："愿意跟随将军，誓杀江东贼人，夺回荆州，虽死无憾。"

"出发！"关羽重新调整了行军队形，命令道。万余兵马，在关羽的率领下，继续向荆州挺进。忽然，前面喊声大震，挺出一彪人马，拦住去路，为首大将，乃蒋钦也。蒋钦勒马挺枪，大叫道："云长何在？江东蒋钦在此，何不出来投降！"

关平一听，怒火万丈，骂道："汝乃猪狗，岂能挡住吾军去路？"

一边骂，关平一边拍马舞刀，直奔蒋钦。战不三合，蒋钦抵挡不住，大败而走。关羽见了，立刻挥动人马，追杀过去，一连追杀二十余里，又是一阵呐喊传了过来，只见从左、右两边的山谷中各自冲出一支兵马，领头者正是韩当、周泰。

"汝等鼠辈，怎敢阻挡关某道路！"关羽怒吼道，挥军冲杀而去。

瞬息之间，双方的兵马拼杀在一块。这时候，蒋钦率领本部人马杀将回来。一时间，关羽之军遭到三路夹攻。关羽毫无惧色，挥舞大刀，径直奔向韩当。挡者无不披靡。关平、王甫冲向周泰，廖化、周仓接战蒋钦。其手下兵马人人感奋，均奋力拼杀，江东之兵虽多，亦被杀得血流成河。韩当、周泰、蒋钦抵挡不住，只有落荒而逃。关羽率领兵马继续追赶，赶了一程，没有追上敌人。天色已晚，只有就地安下营寨，埋锅造饭，饱食一餐，随后令军士尽皆休息，只关平、王甫、廖化、周仓诸将各自带领一支亲兵四处巡查，监视江东兵马的动向。

次日天亮，队伍吃完饭，重新编列队形，继续向前进发。行不数里，只见南山冈上人烟聚集，一面白旗招飐，上写"荆州土人"四字。

"此必是土人听到将军回师荆州消息，前来相助。荆州军民，仍然心向将军，荆州可以恢复矣。"赵累高兴地说道。关羽深以为然，赶紧命人把土人唤过来。

土人来到关羽面前，一齐说道："将军对我等有恩，本不忍背叛将军，但江东更加仁爱，吾等岂能让亲人跟随将军与江东为敌？只请将军放了本处将士。"关羽犹如遭到当头一棒，说道："关某已明确宣布，凡有离开吾军者，概不阻拦。"

顷刻之间，又有上千军士离开了关羽队伍。关羽不以为意，正准备率领部众向前进军，从山崦内又有两军撞出：左边丁奉，右边徐盛，并合蒋钦等三路军马，一齐杀了过来，喊声震地，鼓角喧天，将关羽军队困在核心。

"汝等无勇鼠辈，安能挡吾？吕子明何在？教他出来见吾。"关羽纵马提刀，威风凛凛地吼叫道。"关羽，汝今陷入重围，仍欲逞凶乎？只某等即可斩下汝之头颅。"丁奉等人一齐高叫道，但不敢向关羽冲去，只远远命令人马放箭。

关羽大怒，一边斩落弓箭，一边向江东诸将奔去。但与丁奉等人近在咫尺，只因面前挡住无数兵士，亦很难杀将过去。关平、王甫、廖化、周仓诸将一齐上阵，督率人马，在敌人队形里横冲直闯，挡者无不纷纷倒地而亡。这一仗，一直杀到黄昏，直杀得江东兵马尸横遍地，血流成河。

"江东群鼠，还敢继续送死乎？"关羽停止砍杀，大声呵斥道。

拼杀双方均被这雷鸣般的声音慑服了，一时间，停止厮杀，战场上出现了短暂的寂静。忽然，四周响起了一片哀叫声："不要跟随关将军打下去了。汝等父母、兄弟、妻子、孩子，均在等待汝等，希望跟汝等团聚。"

关羽异常震惊，远远望去，只见四山之上，尽皆荆州士兵，在那儿呼兄唤弟，觅子寻爷，喊声不住。这一下，关羽兵马军心尽变，大多放下兵器，应声而去。

眼见得兵马越来越少，关羽怒喝道："江东鼠辈，乱吾军心又该如何？关某即使一人，也要杀得汝等鸡犬不留。"立刻纵马横刀，杀入江东兵马的队形。

关平、王甫、廖化、周仓诸将亦带领残余人马，在敌人队形中反复冲杀，杀倒了一片又一片。关羽更是纵马任意驰骋，一把青龙偃月刀，砍倒无数敌人，径直扑向丁奉。丁奉见了，吓得魂飞魄散，落荒而逃。关羽转而扑向周泰。周泰同样吓得魂不附体，纵马逃了开去。徐盛、蒋钦等人见了，再也不敢等待关羽逼向自己，立刻鸣金收兵。关羽命令部众不要追赶，清点人马，只剩余一两千人了。

"汝等乃是真男儿，有了汝等，关某仍能杀向荆州，令江东鼠辈心胆俱裂。"关羽气势豪迈地说道。但关平很理智，说道："父亲，如今兵马太少，继续进军荆州，无异于飞蛾扑火，必得城池暂屯，以待援兵，方为妥当。不然，吾军覆灭，汉中王即使派来援军，亦不能恢复荆州矣。"关羽沉默了一会儿，说道："如今江东群鼠占领荆州，吾等何处可以安身？"关平说道："麦城虽小，足可屯扎。"

关羽仰天一声叹息，不得不率领残余军马迤逦而行，来到麦城。

兵马一到麦城，关羽立刻相度地形，分兵紧守四门，然后召集众将商议下一步行动。赵累说道："此去上庸不远，彼处现有刘封、孟达把守，将军可速差人往求救兵。若得这支军马接济，以待川兵大至，军心自安矣。"

众人还未商议完毕，江东兵马追踪而至，围住了麦城。关羽问道："谁敢突围而出，往上庸求救？"廖化说道："某愿往。"关平说道："吾护送汝冲出重围。"

关羽立刻修书一封，交给廖化，令其藏在身上，饱食上马，开门出城，被丁奉截住。关平拍马举刀，奋力冲杀，三五个回合，丁奉即支持不住，大败而逃。廖化乘势杀出重围，径直奔向上庸去了。关平反身入城，紧闭城门，坚守不出。

刘封、孟达据守上庸，探知关羽兵败，正商议该如何应付，忽然接到报告，说是廖化前来求见。刘封立刻把他请进来询问究竟。廖化说道："关公兵败，现困于麦城，被围至急。蜀中援兵，不能旦夕即至。特命某突围而出，来此求救。望二将军速起上庸之兵，以救此危。倘稍迟延，公必陷矣。"刘封说道："将军暂且歇息，待某与孟将军计议过后，再做道理。"

命人送廖化至馆驿安歇之后，刘封问孟达："叔父被困，如之奈何？"孟达说道："东吴兵精将勇；且荆州已属彼，止有麦城，乃弹丸之地；又闻曹操亲督大军四五十万，屯于摩陂，量我等山城之众，安能敌得两家之强兵？不可轻敌。"刘封说道："吾亦知之。奈关公是吾叔父，安忍坐视而不救乎？"孟达笑道："将军以关公为叔，恐关公未必以将军为侄也。某闻汉中王初嗣将军之时，关公即不悦。后汉中王登位之后，欲立后嗣，问于孔明，孔明曰：'此家事也，问关、张可矣。'汉中王遂遣人至荆州问关公，关公以将军乃螟蛉之子，不可僭立，劝汉中王远置将军于上庸山城之地，以杜后患。此事人人知之，将军岂反不知耶？何今日犹沾沾以叔侄之义，而欲冒险轻动乎？"刘封说道："君言虽是，但以何词却之？"孟达说道："但言山城初附，民心未定，不敢造次兴兵，恐失所守。"

刘封深以为然，于次日请来廖化，婉拒了他发兵相救的请求。

廖化大惊，立刻下跪叩头，说道："若如此，则关公休矣！"孟达说道："我今即往，一杯之水，安能救一车薪之火乎？将军速回，静候蜀兵可也。"廖化试图继续告求，但刘封、孟达皆拂袖而入。廖化遂上马大骂出城，往成都去求援。

关羽在麦城盼望上庸兵到，但不见动静；手下止有一两千人，多半带伤；城中无粮，甚是苦楚。忽报城下一人教休放箭，有话来见君侯。关羽很有些惊讶，赶紧命令军士把那人放进来，一见之下，竟然是诸葛瑾。礼毕茶罢，诸葛瑾说道："今奉吴侯命，特来劝谕将军。自古道识时务者为俊杰，今将军所统汉上九郡，皆已属他人；止有孤城一区，内无粮草，外无救兵，危在旦夕。将军何不从瑾之言，归顺吴侯，复镇荆襄，可以保全家眷。幸君侯熟思之。"关羽正色道："吾乃解良一武夫，蒙吾主以手足相待，安肯背义投敌国乎？城若破，有死而已。玉可碎而不可改其白，竹可焚而不可毁其节，身虽殒，名可垂于竹帛也。汝勿多言，速请出城，吾欲与孙权决一死战！"话音还没有落地，关羽令左右逐出诸葛瑾。

诸葛瑾满面羞惭，上马出城，回到江陵，见了孙权，说道："云长心如铁石，不可说也。"孙权沉默良久，衷心地赞叹道："云长真忠臣也！"

随即，孙权召集吕蒙等人商议攻打关羽之策，说道："关羽威震华夏，曹操亦欲避其锋芒，遭到吾军偷袭，仍能连败我七路大军，不令其归降，或者擒获他，孤寝食难安。"吕蒙说道："主公勿忧，蒙必使关羽落入主公之手。"孙权问道："卿有何良策？"吕蒙说道："关羽仓促之间，逃往麦城。其地城小，焉能长期供给一两千兵马？即使随军携带粮草，亦可勉强支撑两月，候其粮草罄尽，必会逃出麦城，届时，关羽可擒也。"孙权问道："若刘备派兵救援，吾将奈何？"吕蒙说道："刘备为了提防曹操，不会很快出兵，一旦关羽被擒，彼出兵至此，亦有何用？"孙权大喜，问道："若关羽粮尽出逃，当选择哪条道路？"吕蒙说道："吾料关羽兵少，必不从大路而逃，麦成正北有险峻小路，必从此路而去。可令朱然引精兵五千，伏于麦城之北二十里；彼军至，不可与敌，只可随后掩杀。彼军定无战心，必奔临沮。却令潘璋引精兵五百，伏于临沮山僻小路，关羽可擒矣。围成旬日，便遣将士各门攻打，只空北门，待其出走。"

孙权大喜，立刻命令朱然、潘璋各自带领一支精兵，提前到相应位置设伏，说道："关羽英勇无敌，一朝被俘，处理起来亦很麻烦，孤只要彼项上人头。"

关羽被困麦城，一面督率人马小心守城，一面日夜盼望上庸救兵来到，但旬日过去了，还没有收到救兵的任何消息，心里焦急，召集众将商议继续战守之计。众将纷纷认为，刘封、孟达即使出兵，亦需妥善安排上庸事务，要不然，曹军将乘虚攻取之，因此，仍然坚持守下去。

关羽询问赵累："城中粮草还可支用多久？"赵累回答道："三军大多散去，所剩粮草，可勉强支用两月。"关羽说道："吾等来到麦城，江东兵马只是围困，并不进攻，一者害怕吾军威名，二来欲等待吾军粮草告罄，不战自溃耳。吾等暂且多待一些时日，再做道理。"

他们这么一待，两个月快要过去了，已经是冬天，寒天冷冻，将士们没有冬装，不免格外怕冷。这时候，城外江东兵士又开始召唤守军姓名，进一步瓦解军心，致使越城而去者甚多。关羽不得不再一次召集诸将商议该怎么办。

赵累说道："至今两月有余，上庸救兵不至，乃刘封、孟达按兵不动之故。将军不能再等，何不弃此孤城，奔入西川，再整兵马，以图恢复？"关羽说道："吾亦欲如此。"关平说道："父亲决定突围，须留下一支人马固守麦城，作为牵制。"王甫说道："某愿与部卒百余人，死据此城；城虽破，身不降也！"周仓亦说："王将军兵马不多，吾愿与汝同守麦城。"关羽在王甫、周仓的肩头上重重拍了几下，说道："吾到了西川，必当迅速回援，汝等定要等吾归来。"

随即，关羽走上城墙，亲自察看情况，看到北门外敌军不多，找来本城居民询问，听说此处山僻小路，可通西川，马上决定当晚率部从此路突围。王甫劝谏道："小路恐有埋伏，将军可走大路。"关羽说道："虽有埋伏，吾何惧哉！"

告别了王甫、周仓以及守城兵士，关羽横刀在前，自与关平、赵累引残卒两百余人，突出北门。行至初更以后，走了约莫二十余里，只见山凹处，突然金鼓齐鸣，喊声大震，一彪人马赫然出现挡在那儿，为首大将便是朱然。

此人领了吕蒙的命令，埋伏在此，已有许多时日，终于等到了关羽，格外兴奋，骤马挺枪叫道："云长休走！趁早投降，免得一死！"

关羽何曾听说过朱然的名号，一见此人身材不过七尺，年纪还不如儿子关平大,打心头涌起一种受辱的感觉,怒火冲天,拍马抡刀,向他冲了过去。手下兵马,同时一齐呐喊,猛虎一般扑了过去。只一个回合,朱然就招架不住,赶紧扭头就走。关羽乘势率部追了一程,不见朱然踪影。此时,又是一棒鼓响,从四面涌出了无数伏兵,张弓射箭,箭镞好像冰雹一样向关羽及其人马射来。正是朱然提前设下的另一支伏兵。关羽愈发恼怒,纵马横刀,跃入敌阵,一阵猛砍,砍翻敌人无数。关平、赵累亦带领人马奋力冲上前去,与敌人绞杀在一块。弓箭手用不上了,朱然令击鼓手愈发猛烈地击鼓,驱使步军、马军一块包围过来。

“父亲,敌兵太多,吾等继续恋战,必将全部覆灭,宜打开一条血路,撤出去。”关平急切地说道。关羽说道:“汝断后,赵将军居中,吾在前开路,一齐杀出去!”说罢,关羽立刻拨转马头,沿着临沮小路向前冲杀,一把青龙偃月刀,杀死无数敌兵,打开一条血路,带着人马冲出敌人的伏击圈。收拢人马,清点人数,只有百余人,赵累亦不见踪迹,关羽不胜悲惶,用询问的目光看着儿子。

关平说道:“赵将军死于敌人乱箭之下。”关羽说道:“为父纵横沙场,杀了多少敌人成名将领,又亲眼看到吾军多少将领死于敌手,已经记不清了,也从来没有悲戚过;如今,中了吕蒙奸计,十万大军,一朝散尽,身边人马再有死伤,为父顿觉心脏被敌人剜去一般生疼。也许,为父终将不免。死,对于为父来说,并不可怕,为父别无所求,唯独不能亲手杀了吕蒙,是一大憾事。”

“父亲。”关平差一点流下了泪水,但他强烈地抑制住了。关羽说道:“吕蒙不敢与为父直接交锋,只派虾兵蟹将前来送死。为父纵死,亦绝不会放过吕蒙!”“父亲不必感伤,理当尽快启程,早日到达西川,带兵回来恢复荆州。”关平说道。

关羽点了一下头,扫了一眼在场的将士,说道:“汝等跟随关某至今,栉风沐雨,纵横疆场,历经无数艰险,得以侥幸活了下来。关某一败涂地,前路凶险。继续跟随关某,只有死路一条。汝等均有亲人翘首期盼,勿再跟着关某,回到汝等亲人身边,好生照顾他们。”“将军待吾等恩重如山,吾等绝不愿意离开将军,愿与将军同生共死。"将士们一齐高声说道。

关羽无法遣散兵马,心头大为感动,仍然命令关平断后,亲自在前开路,带领人马继续前进。走不得四五里,前面又响起了一阵叫喊声,随之出现了一大片火光,是潘璋带领一支人马杀了过来。关羽一见此人,想起江东夺占荆南之恨,勃然大怒,抢刀拍马,冲了过去,只几个回合,就将潘璋杀败。关羽不再追击,率部急望山路而走。没见江东兵马,关羽在此清点人数,只有十余人。

他很想说些什么,但一个字也没有说出来,把手一挥,继续带领众人一块上路。行至峡口,又有一彪人马从两边杀出。是潘璋的部将、籍籍无名之辈马忠率部埋伏在此。关羽父子率领残余兵马,奋力拼杀,虽杀敌无数,但仅剩的十余个兵士全部被杀。赤兔马似乎意识到关羽陷入困境,忽然"哧溜"一声,四蹄腾空。马忠见了,想起赤兔马临危救主的传闻,心知赤兔马又要逃跑,赶紧摸出袖箭,"嗖嗖嗖"连放三箭,第一支箭射穿了关羽的铠甲。赤兔马一见,俨然天神一般,迎着马忠狂奔而去,大有一脚将他踏为肉饼的架势。马忠大惊失色,后两支箭失了准头,全部射空,他扭头就跑。其所带兵马,跟着一溜烟地跑得无影无踪。

关平一见父亲受伤,赶紧奔了过去,帮助父亲脱下铠甲,只见血已凝固,伤口发黑,知道中了毒箭,身边没有郎中,亦无其他人,不由万分着急。关羽怒骂道:"江东鼠辈,尽皆使用毒箭之徒,吾只要有一口气,必将杀得汝等鸡犬不留。"

话音还没落地,人就一下子昏迷过去。关平大为焦急。这时候,一条黑影冲了过来。"谁?"关平敏捷地拿起刀,厉声喝问。"小人狄靖,一个猎户。"那人一边回答,一边奔到关平面前,说道,"很早就有兵马埋伏于此。小人见彼等处心不良,一直在晚间出来监视,今见彼等谋害将军,特来察看将军伤势。"

狄靖看了关羽的伤势,连忙拿出金枪药,涂抹伤口,又弄来一杯糖水,喂入关羽口内。过了好一会儿,关羽渐渐地睁开双眼,神志逐渐清醒,询问狄靖:"这是什么地方?"狄靖回答:"丰乐坪!"关平惊喜地说道:"父亲,是这位猎人救了你。"关羽说道:"多谢恩公相救。只可惜关某已沦落如此,无法报答恩公。"狄靖说道:"荆州军民,盛传将军恩德,小民亦有耳闻。能够救得将军,是小民的造化。愿将军早日康复,脱离危局,施展宏图。"关羽哈哈大笑道:"公道自在人心,关某得闻恩公之言,虽死无憾。"说完,关羽穿上铠甲,跨上马鞍,抱拳向狄靖施了一礼,与关平一道,策马扬鞭继续前进。

却说马忠逃了一程,心里想道:"荆州十万兵马,如今只有关羽父子,吾不能擒杀二人,建不世之功,岂不遭人耻笑?"终是恐惧关羽父子勇猛异常,想来想去,决定在山边芦苇败草、树木丛杂之处,重新设下伏兵,以长钩套索绊倒关羽父子的战马,趁其落马不能使力之际,将其擒杀。

当天五更天气,关羽父子行至埋伏之地。突然,一声喊起,两下伏兵尽出,长钩套索,一齐并举,先把关羽坐下马绊倒。关羽翻身落马之际,身子跌倒在一块巨大的石头上,人立马昏死过去,青龙偃月刀朝前一飞,接连削掉了两个兵士的脑袋。趁此机会,马忠带了十余条精壮兵士迅疾扑上前去,按腿的按腿,压胸的压胸,抱手的抱手,将关羽压得紧紧的,马忠挥起一刀,砍下了关羽的脑袋。关平一见父亲倒地,火速来救。这当口,潘璋、朱然率兵从背后一齐攻了过来,把关平四下围住。关平孤身独战,接连打败了潘璋、朱然,又一连砍杀十几名江东兵士,终于力尽被擒,就地遭到杀害。

"关羽死在吾手里! 天下英雄,舍我其谁!"马忠提了关羽的脑袋,欣喜若狂,一边东倒西歪、漫无目标地乱跑,一边放声大叫不休,声音煞是瘆人。

赤兔马从地上挣扎着站起来,朝关羽的尸体望了一眼,再朝马忠看去,也不作势,快如闪电一般朝马忠扑去,奋起前腿,从他头顶上猛地踩了下去,瞬息之间,马忠脑浆迸裂。江东将士吓得目瞪口呆。赤兔马衔了关羽头颅,重新走到关羽躯体跟前,把头颅放在躯体之上,老泪纵横,默默地舔舐着关羽。

潘璋、朱然,见此情景,两人相互使了一个眼色,蹑手蹑脚地向赤兔马走去,同时抓住缰绳,奋力向一边拉去。但任凭二人使出多大的力气,赤兔马一动不动。二人再相互使了一个眼色,一齐拿起兵器,就要打向赤兔马。赤兔马猛一回首,二人一阵错愕,赶紧向后狂奔。赤兔马仰天一阵长嘶,奋起四蹄，朝二人扑了过去。潘璋、朱然已经逃出了五十余步，一听动静不对，连忙大声喊叫："射箭，射死它！"

数千江东兵将慌乱之中，搭箭上弓，一齐朝赤兔马射去。刹那间，赤兔马被射成了一只刺猬，扑通一声，跌倒在地，挣扎着仰起头，看了关羽最后一眼，流下最后一滴泪水……

又过了许久，潘璋、朱然慢慢向赤兔马走了过去，在它跟前站了一会儿，叹息一声，然后走向关羽。潘璋俯下身子，提了关羽的脑袋；朱然继续前行，拿了关平的脑袋，便去捡拾那把青龙偃月刀。

突然，天空中下起雨来，朱然想起当年关羽单刀赴会时关羽那把刀的传说，心道："关羽已死，大刀还能发威乎？"但终不敢取，只有让那把大刀静静地躺在雨中。

关羽被害以后，消息传到麦城，王甫大叫一声，从城墙跳下去，周仓自刎而亡。孙权命人将关羽首级装入一个盒子，送往洛阳，交给在此督率兵马监视孙刘两家动向的曹操。曹操以王侯之礼在洛阳城南予以厚葬。吕蒙则自此每晚做起噩梦，直到因病卧床一命呜呼。

又过了两个月，曹操去世，其子曹丕承继魏王之职，并很快逼迫汉献帝禅位。至此，汉室朝廷在名义上亦不复存在，华夏历史从此开始步入三国时代。

关羽被害以后，先是曹丕称帝，紧接着，刘备在成都称帝，并于次年亲率大军征讨孙权，试图为关羽之死报仇雪恨。孙权将关羽家属送给蜀汉。只是，荆州被吕蒙攻破以后，关羽一家移驻他处之后，赵氏与胡金定商量过后，带着关樾去了民间，关樾改换了姓氏，名唤门樾，没有去成都。刘备兵败以后，孙权亦称帝。至此，华夏历史正式进入三国时代。后来，庞德之子庞会跟随钟会、邓艾伐蜀，为了替父报仇，诛杀关羽全家。关樾得以逃过此祸，三国归晋以后，改回关姓。